COURS DU COLLÈGE DE FRANCE

LEÇONS

SUR LE

CALCUL DES VARIATIONS

PROFESSÉES PAR

J. HADAMARD

PROFESSEUR AU COLLÈGE DE FRANCE

RECUEILLIES PAR M. FRÉCHET

TOME PREMIER

LA VARIATION PREMIÈRE ET LES CONDITIONS DU PREMIER ORDRE
LES CONDITIONS DE L'EXTREMUM LIBRE

PARIS

LIBRAIRIE SCIENTIFIQUE A. HERMANN ET FILS

ÉDITEURS, LIBRAIRES DE S. M. LE ROI DE SUÈDE

6, RUE DE LA SORBONNE, 6

1910

LEÇONS

SUR LE

CALCUL DES VARIATIONS

COURS DU COLLÈGE DE FRANCE

LEÇONS

SUR LE

CALCUL DES VARIATIONS

PROFESSÉES PAR

J. HADAMARD

PROFESSEUR AU COLLÈGE DE FRANCE

RECUEILLIES PAR M. FRÉCHET

TOME PREMIER

LA VARIATION PREMIÈRE ET LES CONDITIONS DU PREMIER ORDRE
LES CONDITIONS DE L'EXTREMUM LIBRE

PARIS
LIBRAIRIE SCIENTIFIQUE A. HERMANN ET FILS
ÉDITEURS, LIBRAIRES DE S. M. LE ROI DE SUÈDE
6, RUE DE LA SORBONNE, 6

1910

ERRATA

Pages	au lieu de	lire :
2, note	eigentlicher minimum	eigentliches Minimum
5, ligne 18	l'inégalité (3)	l'inégalité (3′)
41, lignes 6 et 7 en commençant par en bas	M_i	M_{i-1}
48, ligne 9 à partir du bas	plus petite, plus grande	plus petite (plus grande)
82, note	n° **115**	n° **114**
99, ligne 10 (deuxième formule après (68))	$\overline{J}^{(y)} = \frac{d}{dt}\overline{J}_{y'} - \overline{J}_y$	$\ldots - \overline{J}_y$
101, ligne 7	L	$\mathfrak{L}$
102, formule (74)	$P\,dy + Q\,dx$	$P\,dy - Q\,dx$
103, ligne 9	la variation	de la variation
121, ligne 6 à partir du bas	l'autre et de la frontière S inférieure à ρ_0.	l'autre inférieure à ρ_0 et à une distance de la frontière de S supérieure à ρ_0.
128, ligne 1	la droite a, b	la droite ab
279, dernière formule (179)	x_1	x
320, formule (13′)	$\Omega = A(zy' - yz')$	$\Omega = A(yz' - zy')$
329, ligne 9	B	CB
336, formule (30) (dernier terme du dernier membre)	$\sum \frac{\partial J}{\partial y_i} y'_i$	$\sum \frac{\partial J}{\partial y_i} \mathbf{y}'_i$
336, formules (31) (seconds membres)	$y'_1 - \gamma^1_1 y_1 - \gamma^1_2 y_2 + \cdots$ $y'_2 - \gamma^2_1 y_1 - \gamma_2^2 y_2 + \cdots$	$y'_1 - \gamma^1_1 y_1 - \gamma^1_2 y_2 - \cdots$ $y'_2 - \gamma^2_1 y_1 - \gamma^2_2 y_2 - \cdots$
341, ligne 8	**275**	**276**
398, ligne 6 du 2e alinéa	I	*I*
400, ligne 5 à partir du bas (note non comprise)	*maximum*	*minimum*

AVANT-PROPOS

Le Calcul des variations n'est autre chose qu'un premier chapitre de la doctrine qu'on nomme aujourd'hui le Calcul Fonctionnel et dont le développement sera sans doute l'une des tâches qui s'imposeront les premières à l'Analyse de l'avenir.

Cette idée est celle dont je me suis inspiré avant tout, tant dans le cours professé sur ce sujet au Collège de France que dans la rédaction du présent ouvrage.

Un chapitre spécial a été, en conséquence, consacré au Calcul Fonctionnel envisagé en lui-même. Des travaux tels que ceux de MM. Volterra, Pincherle, Bourlet, etc., ont, on le sait, ouvert la voie à suivre et permettent d'ores et déjà de généraliser parallèlement à la notion de différentielle, celle de variation première. Leur exposition avait sa place marquée dans ce qui va suivre.

Le point de vue ainsi adopté a entraîné certains changements que je n'ai pu me dispenser d'apporter à la terminologie en usage.

Ce n'est pas sans peine que je me suis résigné, en particulier, à m'écarter de la tradition de Weierstrass en renonçant à la locution de champ *d'extrémales, d'autant plus que j'ai dû lui substituer plusieurs mots nouveaux (ceux de* faisceau *et de* régulier*). Ce dédoublement est peut-être, cependant, plus conforme à la nature des choses; et, surtout, je n'avais pas le choix: j'étais obligé, par la conception générale de l'ouvrage, telle que je l'ai indiquée dans ce qui précède, d'introduire la locution de* champ fonctionnel, *consacrée, elle aussi, par l'usage, et qui paraît impossible à remplacer.*

Il m'a fallu, d'autre part, introduire, tant pour les extréma ordinaires que pour ceux du Calcul des variations, les mots « ex-

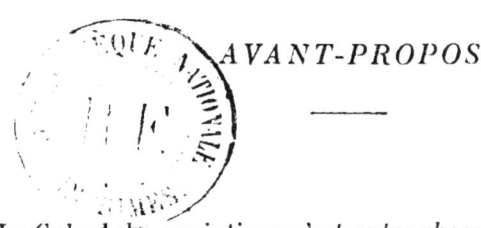

tremum libre » *et « extremum* lié », *substitués à ceux d'extremum* absolu *ou* relatif. *Ces derniers étaient jusqu'ici, employés chacun dans deux sens différents : une telle ambiguité m'a paru inadmissible dans l'étude qui nous occupe.*

C'est avec la même préoccupation de mettre en évidence les analogies et les différences qui existent entre les variations des nombres et celles des fonctions, qu'ont été examinées les difficultés de diverse nature que soulève le Calcul des variations (1). *Aussi ai-je insisté avant tout sur celles qui lui sont particulières, en donnant aussi peu d'importance que possible aux questions qui appartiennent au domaine du Calcul différentiel et intégral* classique (2). *Ces dernières ont été élucidées dans d'excellents traités tels que celui de M. Kneser — qui, faisant connaître d'une manière complète les principales découvertes de Weierstrass sur le sujet qui nous occupe, a été l'occasion de mon enseignement au Collège de France — et celui, plus récent, de M. Bolza. Je n'ai d'ailleurs pu citer, toutes les fois que je les ai utilisés, ces deux ouvrages, non plus que les nombreux travaux auxquels le calcul des Variations a donné lieu dans ces dernières années : J'espère que leurs auteurs voudront bien m'en excuser.*

Je ne veux plus maintenant qu'adresser mes remerciements à mon ami et ancien élève M. Fréchet, qui a pris une si large part à la rédaction de ces leçons. Le Calcul Fonctionnel lui doit déjà, d'ailleurs, de belles et importantes contributions personnelles, et lui en devra, sans doute, d'autres encore dans l'avenir. Il m'est impossible de ne pas associer à ces remerciements M. Hermann, dont la collaboration intelligente et attentive m'a été si précieuse.

J. HADAMARD.

---

(1) *Je citerai, à titre d'exemple, les difficultés relatives aux* champs singuliers, *qui avaient été déjà reconnues à propos du calcul des variations mais qui se présentent d'une manière toute semblable à propos des extrema liés ordinaires.*

(2) *Je me suis contenté de rassembler, dans une note finale, une série de principes relatifs aux fonctions implicites qui interviennent dans la détermination des extrémales.*

NOTIONS PRÉLIMINAIRES

CHAPITRE PREMIER

MAXIMA ET MINIMA DES FONCTIONS D'UNE OU DE PLUSIEURS VARIABLES. FORMES QUADRATIQUES

Avant d'aborder le calcul des variations, nous commençons par rappeler, en les complétant, les propriétés classiques des maxima et minima des fonctions considérées habituellement en analyse, c'est-à-dire des fonctions d'une ou de plusieurs variables.

1. Définitions. — Considérons une fonction réelle de variables réelles $f(x_1, \ldots x_n)$ définie dans un certain domaine D de l'espace à n dimensions, lieu du point $(x_1, \ldots x_n)$: par exemple, dans une aire, si $n = 2$. On dira que cette fonction a un *maximum absolu* pour le point M_0 $(x_{10}, \ldots x_{n0})$ du domaine D si l'on a, en tout point M $(x_1, \ldots x_n)$ de D,

$$(1) \qquad f(x_1, x_2, \ldots x_n) \leqq f(x_{10}, x_{20}, \ldots x_{n0});$$

un minimum absolu, si, dans les mêmes conditions, on a

$$(1') \qquad f(x_1, x_2, \ldots x_n) \geqq f(x_{10}, x_{20}, \ldots x_{n0})$$

Nous dirons (en modifiant légèrement une locution introduite par M. Borel) qu'une inégalité a lieu *au sens strict*, lorsqu'elle exclut l'égalité ; dans le cas contraire (qui est celui des inégalités (1) (1') telles que nous les avons écrites) l'inégalité est dite avoir lieu *au sens large*.

Un maximum (minimum) sera dit *strict* (¹), si l'inégalité (1) ou (1') a lieu au sens strict pour chaque point M différent de M_0, les deux membres étant seulement égaux pour $x_i = x_{i0}$ ($i = 1, 2 \dots n$); *large*, si, au contraire il existe, dans le domaine D, des points M, différents de M_0, qui donnent à $f(M)$ la valeur $f(M_0)$. Par exemple, $x_1^2 + . + x_n^2$ a un minimum absolu strict (par rapport à tout l'espace) au point $x_1 = 0$, $x_2 = 0, \dots$, $x_n = 0$. La fonction $x_n^2 (x_1^2 + \dots + x_n^2)$ a au même point un minimum large.

On dit que $f(x_1, \dots . x_n)$ a en M_0 un *maximum relatif* ou un *minimum relatif* (strict ou large) lorsque l'on peut déterminer un nombre positif ε tel que $f(x_1, \dots x_n)$ ait en M_0 un maximum ou un maximum absolu (strict ou large) *dans la région* D_ε *formée des points de* D *vérifiant les inégalités :*

$$|x_1 - x_{10}| < \varepsilon, \dots \qquad |x_n - x_{n0}| < \varepsilon.$$

Par exemple $\sin^2 x \cos x$ a un minimum relatif strict pour $x = 0$ car, pour $\frac{\pi}{2} > |x| \neq 0$, $\sin^2 x \cos x > 0$. Mais sur l'axe indéfini Ox, cette fonction n'a pas un minimum absolu en $x = 0$.

Nous dirons qu'il y a *extremum* (absolu ou relatif, strict ou large) lorsqu'il y aura soit maximum, soit minimum, sans qu'il soit spécifié dans lequel des deux cas on se trouve.

L'équation

$$f(x_1, x_2, \dots x_n) = a,$$

où *a* est un nombre donné, a, en général, si elle est possible, une infinité (pour $n > 1$) de solutions formant une suite continue. Si, au contraire, a est un extremum strict et absolu, l'équation précédente aura une solution unique ; on aura pour elle une solution isolée si a correspond à un extremum strict relatif.

1 *bis*. Il est clair que si, en M_0, une fonction n'est pas minima dans un domaine déterminé, elle ne peut pas, *a fortiori*, être minima dans un autre domaine comprenant le premier.

(¹) Allemand : *eigentlicher minimum* ; anglais : *proper minimum*.

C'est ainsi que s'il n'y a pas minimum relatif (c'est-à-dire minimum dans le domaine D_ε considéré tout à l'heure), il ne peut pas y avoir minimum absolu dans le domaine D, lequel comprend D_ε.

2. Supposons que dans le domaine D, la fonction reste comprise entre deux nombres fixes A et B. Peut-on affirmer qu'elle a nécessairement un maximum et un minimum dans D?

On sait qu'il n'en est rien tant que l'on ne fait aucune hypothèse sur la nature de la fonction; ainsi la fonction $f(x)$ qui est égale à $\frac{2}{3}$ pour $x = 0$ et $x = 1$ et qui est égale à x pour $0 < x < 1$, n'a aucun extremum dans le domaine : $0 \leq x \leq 1$.

Tout ce qu'on peut dire, c'est que l'ensemble des valeurs de la fonction f dans le domaine D a une limite supérieure et une limite inférieure.

3. Cas des fonctions continues. — Il n'en va plus de même si l'on restreint le choix de la fonction f. On sait ainsi, *qu'une fonction f continue dans un domaine fini* D (*frontière comprise*) *a sûrement au moins un maximum et un minimum absolus dans* D *ou sur sa frontière.*

Rappelons que, pour démontrer ce fait, on divise D en régions partielles $D_1, \ldots D_n$, celles-ci à leur tour en régions plus petites $D_{11}, \ldots D_{nn}$, etc..... Si L est la limite supérieure de f dans D, ce sera aussi la limite supérieure de f dans l'un des domaines $D_1, \ldots D_n$, par exemple dans D_1; puis dans l'un des domaines $D_1, \ldots D_{1n}$ et ainsi de suite. On obtient ainsi une série de domaines $D^{(1)}$, $D^{(2)}$, $D^{(3)} \ldots$ chacun intérieur au précédent, tendant vers un point M_0 de D ou de sa frontière, et où la limite supérieure de f est L. Il résulte alors aisément de la continuité de f que L est la valeur de cette fonction au point M_0 lui-même. Dès lors f a un maximum absolu en ce point.

Il y a toutefois lieu d'observer que le maximum absolu dont l'existence est ainsi démontrée n'est pas nécessairement strict.

Le théorème *n'est plus vrai* si D s'étend indéfiniment. Par exemple la fonction continue $x^2 + y^2$ n'a évidemment pas de maximum lorsque x et y sont susceptibles de prendre toutes les valeurs réelles possibles. Et il en est ainsi, dans les mêmes conditions, pour des fonctions continues qui restent finies, telles que la fonction $\frac{x^2 + y^2}{1 + x^2 + y^2}$, laquelle est toujours comprise entre 0 et 1.

Par contre le théorème redevient valable, pour le minimum par exemple, si l'on sait que dans les parties infinies du domaine, la fonction f est partout très grande et positive ; ou simplement qu'elle y est partout supérieure (algébriquement) à l'une au moins des valeurs qu'elle prend à distance finie ([1]). C'est ainsi que, pour la fonction $x^2 + y^2$, si l'existence du maximum est en défaut, celle du minimum subsiste nécessairement.

Si, outre les x, la fonction f contient un certain nombre de paramètres $\alpha_1, \alpha_2, \ldots \alpha_p$, elle admet, pour chaque système de valeurs de ces dernières quantités, un extremum lorsqu'on la considère comme fonction des x. Lorsque f dépend continuement, non seulement des x mais encore des α, la valeur de cet extremum (dans les conditions où il existe) est elle-même une fonction continue de ces derniers paramètres.

Il n'en est pas forcément ainsi pour la *position* de cet extremum, c'est-à-dire pour les valeurs de x auxquelles il correspond.

3 *bis*. Soient

$$M_1, M_2, \ldots\ldots M_n, \ldots \tag{2}$$

des points de D où f prenne des valeurs $f_1, f_2, \ldots$ tendant vers L. La démonstration du numéro précédent revient à constater que l'on peut trouver dans D des domaines partiels tendant vers un point déterminé M_0 et dont chacun contienne une infinité de points de la suite (2). Un tel point M_0 est dit un *point d'accumulation* ([2]) de cette suite : il est caractérisé par ce fait qu'on peut trouver dans (2) une suite partielle tendant vers M_0.

4. La proposition précédente et le raisonnement qui y conduit servent à démontrer un certain nombre de lemmes de calcul différentiel, dont plusieurs nous seront utiles.

([1]) L'une des démonstrations données par Gauss (voir p. ex. Serret. *Alg. sup.*, t. I, 4e édit., p. 99) du théorème fondamental de d'Alembert sur les équations algébriques, repose sur l'existence nécessaire d'un minimum dans de semblables conditions.

([2]) Voir Tannery, *Introduction à la théorie des fonctions d'une variable*, 2e édition, t. I, p. 71. Paris, Hermann, 1904. Cf. Humbert, *Cours d'analyse*, t. I, p. 5.

Considérons, par exemple, une inégalité

(3) $$f(x_1, x_2,\dots x_n, y_1, y_2,\dots y_p) > 0$$

dont le premier membre est une fonction continue des x et des y et qui a lieu *au sens strict*, pour $y_1 = b_1$, $y_2 = b_2, \dots y_p = b_p$, quelle que soit la position occupée par le point $(x_1, x_2 \dots x_n)$ dans un certain domaine D *limité en tous sens* ou sur la frontière de ce domaine. *Cette inégalité sera encore vérifiée si $y_1, y_2 \dots y_p$ ont respectivement des valeurs voisines de $b_1, b_2 \dots b_p$.*

Dans le cas contraire, en effet, il devrait exister, pour toute valeur positive de ε, des points $M(x_1, x_2, \dots x_n)$ du domaine D et des valeurs des y vérifiant l'inégalité

(3') $$f(x_1, x_2 \dots x_n, y_1, y_2 \dots y_p) \leqq 0$$

en même temps que les suivantes

$$|y_i - b_i| < \varepsilon \dots (i = 1, 2, \dots p).$$

De tels points M devraient comme tout à l'heure, avoir, pour ε tendant vers zéro, au moins un point d'accumulation $M_0(x_{10}, x_{20}, \dots x_{n0})$.

Ce point étant limite de points M pour lesquels les y tendraient vers les b correspondants, l'inégalité (3) devrait, en vertu de la continuité de f, y être vérifiée pour $y_1 = b_1$, $y_2 = b_2 \dots y_p = b_p$. Or ceci est contraire à l'hypothèse.

Il ne faut pas oublier que ce théorème, comme celui du numéro 3, *cesse d'être vrai lorsque le domaine* D *est illimité*. Par exemple, la fonction $x + yx^2$ est positive pour toute valeur positive de x lorsque y est nul. Mais il n'en est plus de même pour y négatif, si petite que soit la valeur absolue de y.

5. Une proposition du même genre intervient dans le raisonnement bien connu de Dirichlet sur la stabilité de l'équilibre.

Supposons qu'une fonction f ait en un point M_0 du domaine D ou de sa frontière un maximum relatif strict et qu'elle ait, par conséquent, un maximum absolu strict par rapport à un domaine D_1 intérieur à D et contenant M_0. Considérons une région Δ de D_1 *ne contenant* M_0, *ni à son intérieur, ni sur sa frontière : on aura* $f(x_{10}, \dots x_{n0}) > f(x_1, \dots x_n)$ dans Δ. Mais on peut ajouter quelque chose de plus *dans le cas où f est continue dans* D. En effet, la limite supérieure de f dans Δ sera $L \leqq f(x_{10}, \dots x_{n0})$. Mais si la fonction f est continue, cette limite sera atteinte pour un point de Δ. Donc $L < f(x_{10}, \dots x_{n0})$. *Il existe ainsi un nombre positif* η (par exemple, $\eta = \frac{1}{2}[f(x_{10}, \dots x_{n0}) - L]$), *tel que l'on ait, sur* Δ : $f(x_1, \dots x_n) < f(x_{10}, \dots x_{n0}) - \eta$.

Nous aurons également à employer une autre conséquence du principe précédent, relative aux *fonctions implicites* (voir note A à la fin du volume).

6. Conditions nécessaires de l'extremum relatif. — (*Conditions du premier ordre*). — Les procédés du calcul différentiel permettent de déterminer les extréma d'une fonction.

Les extrema qu'on obtient ainsi directement sont les extrema relatifs ; mais il est aisé de passer de là aux extrema absolus. Ceux-ci ne peuvent, en effet, se trouver que parmi ceux-là. Or les extrema relatifs sont, en général, en nombre fini [1] : il ne restera donc plus qu'à les comparer par un calcul direct pour déterminer lequel est le plus grand ou le plus petit d'entre eux. L'extremum absolu se présente ainsi comme un *maximum maximorum* ou un *minimum minimorum*.

Considérons donc une fonction f qui, dans un domaine D, soit non seulement continue mais encore dérivable.

Si une telle fonction a un extremum relatif en un point M_0 de D, ses dérivées premières sont toutes nulles en M_0.

On obtient ainsi un nombre d'équations (que nous nommerons *conditions du premier ordre*) précisément égal au nombre des variables indépendantes, c'est-à-dire des inconnues à déterminer.

La démonstration repose sur ce fait que, pour être minima lorsqu'on fait varier toutes les quantités $x_1, x_2, \ldots x_n$ dont elle dépend, *f doit tout d'abord être minima par rapport à chacune d'elles considérée isolément.*

Ce fait est, on doit le noter, une conséquence de la remarque générale faite au n° **1** *bis*. Il résulte, en effet, de ce que la ligne $x_2 = \text{const.}$, $x_3 = \text{const.}$, ... $x_n = \text{const.}$ qui passe par le point M_0 (ou plutôt la partie de cette ligne qui avoisine le point M_0) est tout entière comprise dans le domaine D.

Il suppose d'ailleurs qu'on peut donner des variations d'un signe quelconque à $x_1, \ldots x_n$ à partir de $x_{10}, \ldots x_{n0}$, c'est-à-dire que M_0 soit *intérieur* à D. Nous reviendrons plus loin (n° **10**) sur cette hypothèse.

---

(1) Lorsqu'il existe des extrema relatifs en des points formant une infinité continue, tous ces extrema ont même valeur (comme on le voit en remarquant que la différentielle de f est nulle le long de la multiplicité ainsi constituée). Cette circonstance ne donne donc lieu à aucune difficulté dans le choix de l'extremum absolu, puisqu'il n'y a pas lieu à faire ce choix entre les points de la multiplicité en question.

7. Extremum lié. — Supposons maintenant qu'on cherche les extrema relatifs d'une fonction $f_0(x_1, \ldots x_n)$ dans un domaine D, pour les points de ce domaine tels que l'on ait

$$f_1(x_1, \ldots x_n) = a_1, \ldots f_p(x_1, \ldots x_n) = a_p ;$$

$a_1, \ldots a_p$ étant des constantes données ; $f_1, \ldots f_p$ étant des fonctions indépendantes (ce qui suppose $n > p$). C'est le problème de l'*extremum lié*, qu'on peut d'ailleurs ramener au précédent.

En effet, $f_1, \ldots f_p$ étant indépendants, on peut tirer $x_1, \ldots x_p$, par exemple, des équations $f_1 = a_1, \ldots f_p = a_p$, porter ces expressions dans f_0 et on a à chercher les extrema relatifs d'une certaine fonction $h(x_{p+1}, \ldots x_n)$ dans une domaine D′ de l'espace à $n - p$ dimensions.

On arrive à un résultat équivalent en traitant le problème directement.

Soient M_0 $(x_{10}, \ldots x_{n0})$ un point pour lequel $f_1, \ldots f_p$ prennent les valeurs données $a_1, \ldots a_p$. Désignons par d la différentielle prise dans le domaine D, par d' la différentielle prise dans le domaine D′. Si l'on peut trouver un système de nombres constants $l_0, l_1, \ldots l_p$ *dont le premier soit différent de zéro*, tels que, en posant

$$f = l_0 f_0 + l_1 f_1 + \ldots + l_p f_p$$

on ait $df = 0$ au point $x_{10}, \ldots x_{n0}$, on aura dans le domaine D′

$$f_0 = h, \; f_1 = 0, \ldots f_p = 0$$

donc $d'h = \frac{1}{l_0} d'f = 0$. Les conditions nécessaires de l'extremum de f_0 dans D′ (ou de l'extremum lié dans D) sont donc vérifiées au point $(x_{10}, \ldots x_{n0})$.

La réciproque est vraie. Ou, plus exactement, si $x_{10}, \ldots x_{n0}$ satisfont aux conditions nécessaires de l'extremum lié, il existe un système de nombres $l_0, \ldots, l_p$, *non tous nuls*, tels que df soit identiquement nul en ce point.

En effet, si on peut trouver $l_1, \ldots l_p$ non tous nuls tels que $d(l_1 f_1 + \ldots + l_p f_p) = 0$, le théorème est démontré. Ecartons cette hypothèse (voir plus loin, n° **9**) : alors l'un des déterminants fonctionnels de $f_1, \ldots f_p$ par rapport à p des quantités $x_1, \ldots x_n$ ne sera pas nul. Par exemple : $\frac{D(f_1 \dots f_p)}{D(x_1 \dots x_p)} \neq 0$. On pourra dès lors trouver des nombres $l_0, \dots l_p$ non tous nuls tels que

$$\frac{\partial f}{\partial x_{10}} = \dots = \frac{\partial f}{\partial x_{p0}} = 0,$$

et même le premier d'entre eux l_0 sera différent de zéro. $l_0, \dots l_p$ étant ainsi déterminés, on aura (dans D)

$$df = \frac{\partial f}{\partial x_{p+1}} dx_{p+1} + \dots + \frac{\partial f}{\partial x_p} dx_p.$$

Ceci a lieu, en particulier dans le domaine D′, dans lequel $df = d'f = 0$. Donc on devra avoir, au point M_0

$$\frac{\partial f}{\partial x_{p+1}} = \dots = \frac{\partial f}{\partial x_n} = 0,$$

puisque $\left(\text{en vertu de la condition } \frac{D(f_1, f_2, \dots f_p)}{D(x_1, x_2, \dots x_p)} \neq 0\right)$ les variations de $x_{p+1}, x_{p+2}, \dots x_n$ sont arbitraires dans D′.

On trouvera, par conséquent, les points qui satisfont aux conditions nécessaires de l'extremum lié en cherchant tout d'abord un système de nombres $x_{10}, \dots x_{n0}, l_0, l_1, \dots l_p$ satisfaisant aux $n+p$ équations :

$$(4) \qquad \frac{\partial f}{\partial x_i} = 0 \ (i = 1, \dots n), \quad f_r = a_r \quad (r = 1, \dots p).$$

Comme les nombres $l_0, l_1, \dots l_p$ ne sont déterminés qu'à un facteur commun près, on trouvera ainsi en général un nombre fini de points.

La méthode que nous venons d'exposer est évidemment une forme de celle que nous indiquions tout à l'heure, et qui consistait à appliquer directement les conditions données au numéro précédent, après avoir réduit le nombre des variables au minimum. Le cas de l'extremum lié n'est, en un mot, pas essentiellement distinct, ici, de celui de l'extremum libre.

8. Remarquons que si un point $M_0 (x_{10}, \dots x_{n0})$ satisfait à ces équations, il satisfait aussi aux conditions nécessaires de l'extremum lié de la fonction f_1 (du moins si $l_1 \neq 0$) parmi les points qui véri-vérifient les conditions :

$$f_0 = a_0, f_2 = a_2, \dots f_p = a_p$$

en posant $a_0 = f_0(x_{10}, \dots x_{n0})$.

Il y a ainsi une *réciprocité* entre les fonctions $f_0, f_1, \dots$

C'est ce que l'on verra encore mieux par une représentation géométrique. Bornons-nous au cas où $p = 2$ et posons

$$X = f_0, \qquad Y = f_1, \qquad Z = f_2.$$

Si l'on fait varier le point $x_1, \dots x_n$ dans le domaine D, le point de coordonnées X, Y, Z décrit dans l'espace à 3 dimensions un certain volume V limité par une surface S. Le problème de l'extremum lié consiste à trouver les extrema de X quand Y et Z sont donnés. On obtient de tels extrema en prenant les abscisses des points d'intersection de S avec la droite $Y = a_1$, $Z = a_2$.

La recherche de l'extremum lié revient donc à déterminer la surface limite du volume V : et sous cette forme, la réciprocité annoncée est évidente [1].

Si l'extremum est strict, un point de S correspondra à un seul système de valeurs des variables indépendantes, au lieu qu'un point intérieur à V correspond évidemment à une infinité de tels systèmes, du moment que le nombre n des variables est supérieur d'au moins deux unités à celui des conditions de liaison.

8 *bis*. Traduisons ce qui précède en langage purement algébrique. Supposons, par exemple, que moyennant les conditions $f_1 = a_1, f_2 = a_2, f_0$ ait un maximum a_0. Ce maximum sera évidemment une fonction de a_1 et de a_2. Considérons-le comme fonction de a_1, cette fonction étant par exemple croissante. Alors ε étant un nombre positif, assez petit, les équations

$$f_2 = a_2 \qquad f_1 = a_1 - \varepsilon \qquad f_0 = a_0$$

---

(1) On doit noter toutefois, que les deux raisonnements précédents ne répondent pas au même objet. Celui que nous venons de présenter en dernier lieu établit une réciprocité entre les *conditions nécessaires et suffisantes* de l'extremum. Le premier établit une réciprocité entre les *conditions du premier ordre*, considérées seules.

seront incompatibles (puisque, en changeant a_1 en $a_1 - \varepsilon$, le maximum de f_0 doit devenir inférieur à a_0). Au contraire, les relations

$$f_2 = a_2 \quad f_1 = a_1 + \varepsilon \quad f_0 = a_0$$

sont compatibles.

Cette double conclusion exprime que, moyennant $f_0 = a_0$ (outre $f_2 = a_2$) la valeur de a_1 est un minimum de f_1.

Si a_0, considéré comme fonction de a_1, avait été décroissant, un maximum de f_0 (pour f_1 et f_2 donnés) aurait entraîné un maximum de f_1 lorsqu'on aurait donné f_0 et f_2.

Par contre, aucune conclusion de cette espèce ne subsisterait si a_0 était indépendant de a_1 ou même si, considéré comme fonction de a_1, il présentait un maximum. Il est alors clair que le maximum de f_0 aurait lieu *indépendamment* de la condition $f_1 = a_1$ sur toute la multiplicité $f_2 = a_2$; et on ne saurait évidemment tirer de là aucune conclusion relative à un extremum de f_0.

9. Champs singuliers. — On retombe ainsi sur une hypothèse que nous avions déjà été conduits à exclure précédemment.

Nous avons, en effet, dû écarter au n° **7** *et nous continuerons à écarter dans tout ce qui va suivre*, le cas où l'on a une relation linéaire entre les différentielles df_1, $df_2, \ldots$ df_p, c'est-à-dire (en supposant, par exemple, $l_1 \neq 0$) celui où les conditions du premier ordre pour l'extremum lié de f_1 moyennant $f_2 = a_2, \ldots$ $f_p = a_p$ sont remplies.

Il est aisé de voir qu'une telle exclusion est conforme à la nature des choses et que, dans le cas dont nous venons de parler, le problème se pose effectivement d'une manière toute différente.

Supposons encore $p = 2$ et, en outre, $n = 3$, et considérons les équations $f_1 = a_1$, $f_2 = a_2$ comme représentant (dans l'espace à trois dimensions) deux surfaces S_1, S_2 qui se coupent suivant une courbe, laquelle ne sera autre que le domaine D′ considéré tout à l'heure. Le problème posé consiste à chercher l'extremum de f_0 sur D′ et les conditions nécessaires que nous avons écrites expriment, dans le cas général, que cette courbe est tangente à la surface $f_0 = \text{const}$.

Si au contraire, le déterminant fonctionnel de f_1 et de f_2 est nul, les deux surfaces S_1, S_2 sont tangentes entre elles. L'un des cas qui pourront alors se présenter est que le point de contact M_0 soit un point commun isolé. Dans ces conditions, l'extremum de f_0 — tout au moins l'extremum relatif — aura lieu *ipso facto* ; ou plutôt le problème cessera de se poser, puisque la multiplicité D' se réduira au seul point M_0.

Il est clair qu'il y a là un fait général et que, quel que soit le nombre des variables indépendantes, si f_1 a un extremum a_1 pour $f_2 = a_2$, la multiplicité $f_1 = a_1$, $f_2 = a_2$ se réduit en général à un seul point, de sorte qu'il n'y a pas lieu de rechercher l'extremum d'une fonction quelconque f_0 sur cette multiplicité.

Toutes sortes d'autres circonstances peuvent d'ailleurs se présenter. Prenons encore $n = 3$, mais avec $p = 1$. En général, on aura à déterminer l'extremum de f_0 sur une surface représentée par l'équation $f_1 = a_1$. Mais si, en un point où $f_1 = a_1$ les trois dérivées de f_1 s'annulent, il pourra arriver, soit que ce point soit le seul à donner $f_1 = a_1$: c'est le cas que nous venons d'indiquer ; — soit que les points réels où $f_1 = a_1$ soient les points d'une certaine ligne, et on aura à rechercher l'extremum de f_0 sur cette ligne ; — soit qu'il y ait une surface $f_1 = a_1$, présentant au point considéré un point conique ; dans ce cas, les trois dérivées de f_0 devront, en général, s'annuler en ce point ; — etc., etc.

Il est clair que dans les cas que nous venons d'examiner, le champ de variation du point M, — par exemple l'intersection des surfaces S_1, S_2 — admet en général une singularité au point considéré. Ce sont donc des *champs singuliers* que nous serons ainsi conduits à exclure.

On voit que ces champs singuliers sont caractérisés par la circonstance suivante : *un champ* K, défini par les conditions

$$f_1 = 0, f_2 = 0, \dots f_p = 0$$

est singulier si le premier membre de l'une de ces conditions est extremum (ou satisfait aux conditions du premier ordre correspondantes) *dans le champ* K' *défini par les conditions restantes.*

Dans un tel champ K, les règles fondamentales formulées plus haut *cessent d'être nécessairement exactes*. Par exemple, pour qu'une fonction f de x, y, z soit extrema sur la ligne

$$z = 0, \qquad z + x^2 = 0,$$

la règle des multiplicateurs exigerait que la surface $f =$ const. soit tangente au plan $z = 0$. Il suffit, au contraire, que cette surface soit tangente à la *ligne* $x = 0$, $z = 0$.

10. Cas des points frontières. — Comme nous l'avons dit plus haut, les considérations précédentes ne s'appliquent pas à l'étude de l'extremum en un point appartenant à la *frontière* du domaine que l'on considère.

Il se peut d'ailleurs que celui-ci n'ait aucune frontière.

C'est ce qui arrive lorsque ce domaine est indéfini dans tous les sens, par exemple lorsqu'on cherche un extremum dans l'espace ordinaire tout entier.

Les frontières peuvent également manquer sans que le domaine soit infini. On peut avoir à chercher un extremum sur une surface fermée, telle qu'une sphère.

Prenons le cas opposé où le domaine de variation D du point M est limité par des frontières. D sera alors défini par une ou plusieurs inégalités, jointes ou non à des égalités.

Par exemple, il peut se composer de la portion du plan des xy intérieure à une certaine courbe fermée de ce plan. Si cette courbe est représentée par une équation unique $\varphi(x, y) = 0$, laquelle ne représente qu'elle seule, l'aire intérieure sera définie par une inégalité telle que

$$\varphi \geqslant 0; \tag{5}$$

il en sera de même pour une portion de l'espace ordinaire (ou de l'espace à n dimensions) limitée par une surface;

S'il s'agit de l'intérieur d'un carré ayant pour centre l'origine et ses côtés parallèles aux axes, un tel domaine sera défini par les inégalités

$$-a \leqslant x \leqslant +a, \qquad -a \leqslant y \leqslant +a;$$

Une calotte sphérique, empruntée à la surface de la sphère

$$x^2 + y^2 + z^2 = 1,$$

sera définie par l'équation de cette sphère jointe à une inégalité telle que

$$z > a \qquad (-1 < a < 1);$$

etc.

Lorsque toutes les inégalités qui entrent dans la définition du domaine D ont lieu au sens *strict*, le point correspondant est *intérieur* (au sens strict) à D. Dans ces conditions, les inégalités en question auront encore lieu (leurs premiers membres étant supposés continus) en tout point voisin du premier. Les petits déplacements que l'on peut faire subir au point M sans sortir de D sont donc les mêmes que si ces inégalités n'existaient pas; et, par conséquent, elles n'interviendront pas dans les conditions pour que l'extremum relatif de f ait lieu en un point ainsi choisi de D.

Il en est autrement en un point $M_0(x_{10}, x_{20}, \ldots x_{n0})$ appartenant à la frontière de D, et, où les inégalités qui définissent ce domaine n'ont plus lieu toutes au sens strict. Celles qui sont, en ce point, remplacées par des égalités (les autres devant encore être négligées) fourniront, si on les différentie, des conditions auxquelles devra satisfaire un déplacement pour être intérieur à D. C'est pour de tels déplacements que l'accroissement de f devra être positif s'il s'agit d'un minimum, négatif s'il s'agit d'un maximum.

Si, par exemple, D est une portion de l'espace à 2 ou à 3 dimensions, les dérivées premières $\frac{\partial f}{\partial x_i}$ ne seront plus nécessairement nulles, mais le segment qui a pour projections ces dérivées premières devra simplement (dans le cas du minimum) faire un angle aigu avec tout déplacement intérieur à D. Si le domaine est défini par l'inégalité (5), où φ est nul en M_0 (les déplacements extérieurs à D sont alors ceux qui rendent $d\varphi > 0$), cela signifie que le segment en question devra être dirigé suivant la normale intérieure à la surface $\varphi = 0$, ou que les quantités $\frac{\partial f}{\partial x_i}$ devront être proportionnelles à $\frac{\partial \varphi}{\partial x_i}$ avec un facteur de proportionnalité positif.

10 *bis*. On peut remarquer que l'extremum doit (en vertu de la continuité de f) avoir lieu tout au moins au sens large, par rapport aux déplacements effectués sur la frontière, c'est-à-dire dans le domaine obtenu en remplaçant par des équations les inégalités qui n'ont plus lieu au sens strict en M_0. Les conditions pour qu'il en soit ainsi (conditions d'extremum lié telles que nous les avons obtenues au n° **7**) sont nécessaires (mais non suffisantes) pour l'extremum dans D. C'est une nouvelle application de la remarque du n° **1** *bis*.

11. Introduction des dérivées secondes. — Nous avons, dans ce qui précède, trouvé les *conditions du premier ordre* pour l'extremum d'une fonction, c'est-à-dire celles que fournit la considération des dérivées et différentielles premières. Ces conditions sont nécessaires, mais ne sont pas suffisantes. Il faut encore introduire les dérivées secondes de f et on est amené à considérer la forme quadratique :

(6) $$\Phi(\mathbf{x}_1, \dots \mathbf{x}_n) \equiv \Sigma \mathbf{A}_{ik}\mathbf{x}_i\mathbf{x}_k$$

en posant

(6′) $$\mathbf{A}_{ik} \equiv \frac{\partial^2 f}{\partial x_i \partial x_k},$$

et en outre, dans le cas de l'extremum lié, les formes linéaires :

$$\mathbf{P}_k(\mathbf{x}_1, \dots \mathbf{x}_n) \equiv \sum_i \alpha_{ik}\mathbf{x}_i$$

en posant

$$\alpha_{ik} = \frac{\partial f_k}{\partial x_i}.$$

12. Formes quadratiques. — Etant donnée une forme quadratique à n variables [1]

$$\Phi(\mathbf{x}_1, \mathbf{x}_2, \dots \mathbf{x}_n) = \Sigma \mathbf{A}_{ik}\mathbf{x}_i\mathbf{x}_k$$

on dit qu'elle est *générale* si elle est décomposable en une somme algébrique de n carrés de formes linéaires indépendantes. Si la forme a ses coefficients réels, on sait qu'on peut supposer cette décomposition effectuée avec des coefficients réels. Dans ces conditions on dira que la forme est *définie* si elle est générale et si les carrés sont tous précédés du même signe. Elle est *semi-définie* si les carrés sont tous de même signe sans que leur nombre soit nécessairement égal à n, c'est-à-dire sans que la forme soit générale.

Une condition nécessaire et suffisante pour qu'une forme soit définie est évidemment qu'elle ne puisse être nulle, les variables

---

[1] On sait que, dans cette notation, l'expression de Φ contient deux fois chaque terme rectangle, c'est-à-dire chaque terme en $\mathbf{x}_i\mathbf{x}_k$ pour $i \neq k$ et que ces deux termes (qui se déduisent l'un de l'autre par permutation des indices) sont égaux entre eux, $\mathbf{A}_{ik}$ étant fait par convention égal à $\mathbf{A}_{ki}$ (de sorte que l'ensemble de ces deux termes représente un terme unique à coefficient double). On remarquera que cette convention est respectée lorsque les $\mathbf{A}_{ik}$ ont les valeurs (6′).

étant réelles, si ces variables ne sont pas elles-mêmes toutes nulles : autrement dit, que $x_1 = x_2 = \dots x_n = 0$ représente pour cette fonction un extremum *strict* (n° **1**). Au contraire, une forme semi-définie aura, dans les mêmes conditions, un extremum large.

On sait que la condition nécessaire et suffisante pour qu'une forme soit générale est que son discriminant soit différent de zéro :

$$\begin{vmatrix} A_{11} \dots A_{n1} \\ A_{12} \dots A_{n2} \\ \cdot \quad \cdot \quad \cdot \quad \cdot \\ A_{1n} \dots A_{nn} \end{vmatrix} \neq 0$$

Elle revient à dire que les n équations linéaires $\frac{\partial \Phi}{\partial x_i} = 0$ $(i = 1, 2, \dots n)$ ne peuvent avoir de solution commune non nulle.

Remarque : Les conditions pour qu'une forme soit définie s'expriment par des inégalités que l'on trouvera dans les traités d'Algèbre [1] et qui doivent avoir lieu au sens strict. La forme peut être, au contraire, semi-définie si ces mêmes égalités ont lieu au sens large. Une forme définie reste donc telle (n° **4**) lorsqu'on altère infiniment peu les coefficients. Mais il n'en est pas de même pour une forme semi-définie.

Lorsque les coefficients varient continument, le passage de formes définies à des formes indéfinies ne peut se faire que par des formes non générales.

13. Si, en particulier, les équations

$$\frac{\partial \Phi}{\partial x_i} = 0 \qquad (i = 1, 2, \dots n) \tag{7}$$

sont vérifiées lorsqu'on annule p des variables x, soit $x_1, x_2, \dots x_p$, et cela quelles que soient les valeurs attribuées aux variables restantes $x_{p+1}, \dots x_n$, on voit immédiatement que Φ ne dépend que de $x_1, x_2, \dots x_p$.

On en déduit évidemment, par un changement linéaire de variables (lequel conserve le système des équations (7)) que si $X_1, X_2, \dots X_p$ sont p polynômes linéaires par rapport aux variables

(1) Voir, par exemple, Serret, *Cours d'Algèbre Supérieure*, tome I, numéros 253, 261.

x, et que les équations (7) soient vérifiées pour toutes les valeurs des x qui satisfont aux relations

$$X_1 = X_2 = \dots = X_p = 0,$$

la forme Φ peut s'exprimer en fonction de $X_1, X_2, \dots X_p$.

Cette proposition ne suppose pas les polynômes X indépendants : car ni son hypothèse ni sa conclusion ne changent lorsqu'on adjoint à ces polynômes un ou plusieurs autres, combinaisons linéaires des premiers.

14. Forme polaire. — Etant donnée la forme quadratique

$$\Phi(\mathbf{x}_1, \mathbf{x}_2, \dots \mathbf{x}_n) = \Sigma \mathbf{A}_{ik}\mathbf{x}_i\mathbf{x}_k$$

on a ($\mathbf{x}_1, \mathbf{x}_2, \dots \mathbf{x}_n$; $\mathbf{y}_1, \mathbf{y}_2, \dots \mathbf{y}_n$ étant deux séries de variables quelconques) l'identité (bien connue dans la théorie des coniques)

$$\mathbf{y}_1\frac{\partial\Phi}{\partial\mathbf{x}_1} + \mathbf{y}_2\frac{\partial\Phi}{\partial\mathbf{x}_2} + \dots + \mathbf{y}_n\frac{\partial\Phi}{\partial\mathbf{x}_n} = \mathbf{x}_1\frac{\partial\Phi}{\partial\mathbf{y}_1} + \mathbf{x}_2\frac{\partial\Phi}{\partial\mathbf{y}_2} + \dots + \mathbf{x}_n\frac{\partial\Phi}{\partial\mathbf{y}_n}$$

Le coefficient de $\mathbf{x}_i y_k$ est en effet, quels que soient i et k, le même de part et d'autre, à savoir $\mathbf{A}_{ik} = \mathbf{A}_{ki}$.

La valeur commune des deux membres de l'identité précédente est, une forme *bilinéaire* en $\mathbf{x}_1, \dots \mathbf{x}_n, \mathbf{y}_1, \dots \mathbf{y}_n$, c'est-à-dire qu'elle est linéaire et homogène tant par rapport aux x qu'aux y. C'est (au facteur 2 près) ce que l'on nommera la *forme polaire* de Φ.

Réciproquement, si n polynômes linéaires

$$\varphi_i(\mathbf{x}) = \varphi_i(\mathbf{x}_1, \dots \mathbf{x}_n) = a_{i1}\mathbf{x}_1 + a_{i2}\mathbf{x}_2 + \dots + a_{in}\mathbf{x}_n \qquad (i = 1, 2, \dots n)$$

aux variables $\mathbf{x}_1, \dots \mathbf{x}_n$ donnent lieu, pour deux systèmes quelconques $\mathbf{x}_1, \dots \mathbf{x}_n$; $\mathbf{y}_1, \dots \mathbf{y}_n$ de valeurs attribuées à ces variables, à l'identité

$$(8) \quad \mathbf{y}_1\varphi_1(\mathbf{x}) + \mathbf{y}_2\varphi_2(\mathbf{x}) + \dots + \mathbf{y}_n\varphi_n(\mathbf{x}) - \mathbf{x}_1\varphi_1(\mathbf{y}) - \dots - \mathbf{x}_n\varphi_n(\mathbf{y}) = 0$$

ils sont les dérivées d'une même forme quadratique. Car cette circonstance s'exprime par les relations

$$\frac{\partial\varphi_i}{\partial\mathbf{x}_k} = \frac{\partial\varphi_k}{\partial\mathbf{x}_i},$$

ou

$$a_{ik} = a_{ki}$$

et la quantité $a_{ik} - a_{ki}$ est précisément le coefficient de $\mathbf{y}_i\mathbf{x}_k - \mathbf{y}_k\mathbf{x}_i$ dans le premier membre de l'identité (8).

15. On considère aussi (dans l'extremum lié) les valeurs d'une forme quadratique $\Phi(x_1, \dots x_n)$ lorsque $x_1, \dots x_n$ sont *liés* par p relations linéaires homogènes et indépendantes (ce qui nécessite $n > p$)

$$(9) \qquad P_k \equiv \alpha_{1k}x_1 + \dots + \alpha_{nk}x_n = 0 \qquad (k = 1, \dots p)$$

Supposons par exemple que ces équations soient résolubles en $x_1, \dots x_p$, on aura :

$$\Phi(x_1, \dots x_n) = \Psi(x_{p+1}, \dots x_n)$$

Nous dirons que la forme $\Phi(x_1, \dots x_n)$ est définie ou générale par rapport aux variables liées $x_1, \dots x_n$ si la forme $\Psi(x_{p+1}, \dots x_n)$ est définie ou générale par rapport aux variables indépendantes $x_{p+1}, \dots x_n$.

On voit que la condition nécessaire et suffisante pour que la forme $\Phi(x_1, \dots x_n)$ soit définie par rapport aux variables liées $x_1, \dots x_n$ est encore qu'elle ait pour $x_1 = x_2 = \dots = x_n = 0$ un extremum *strict*, moyennant les équations de liaison (9).

Pour que la forme Φ soit générale par rapport aux variables liées $x_1, \dots x_n$, il faut et il suffit que le déterminant de Ψ ne soit pas nul ; c'est-à-dire qu'il n'existe pas de système de valeurs, non toutes nulles de $x_{p+1}, \dots x_n$ annulant $\frac{\partial \Psi}{\partial x_{p+1}}, \dots \frac{\partial \Psi}{\partial x_n}$. Mais l'évanouissement simultané de ces dérivées constituerait l'ensemble des conditions du premier ordre pour l'extremum lié de $\Phi(x_1, \dots x_n)$ sous les conditions (9). Il équivaudrait donc à l'existence d'un système de nombres $l_1, \dots l_p$ non tous nuls tels que l'on ait :

$$(9) \qquad P_k = 0 \qquad (k = 1, \dots p)$$

$$(10) \qquad \frac{\partial}{\partial x_i}(\Phi + l_1P_1 + \dots + l_pP_p) = 0 \qquad (i = 1, \dots n)$$

Mais les premiers membres des équations (9) peuvent être considérés comme les dérivées partielles, par rapport à $l_1, l_2, \dots l_p$, de la quantité

$$(11) \qquad \Phi_1 = \Phi + l_1P_1 + l_2P_2 + \dots + l_pP_p$$

dont les premiers membres des équations (10) représentent déjà les dérivées partielles par rapport aux x : l'incompatibilité des équations (9), (10) revient donc à exprimer que *la forme* (11) *est géné-*

rale par rapport aux n + p variables indépendantes $\mathbf{x}_1, \ldots \mathbf{x}_n, \mathbf{l}_1, \ldots \mathbf{l}_p$, c'est-à-dire que son discriminant

$$(12)\qquad \begin{vmatrix} A_{11}, \ldots & A_{1n} & \alpha_{11}, \ldots & \alpha_{1p} \\ \vdots & \vdots & \vdots & \vdots \\ A_{n1}, \ldots & A_{nn} & \alpha_{n1}, \ldots & \alpha_{np} \\ \alpha_{11}, \ldots & \alpha_{n1} & 0, \ldots & 0 \\ \vdots & \vdots & \vdots & \vdots \\ \alpha_{1p}, \ldots & \alpha_{np} & 0, \ldots & 0 \end{vmatrix}$$

est différent de zéro.

Dans le cas où $n = 2$, on reconnait la condition pour que la droite $P_1 = 0$ ne soit pas tangente à la conique $\Phi = 0$.

Lorsque $n = 3$, on a la condition pour que la quadrique $\Phi = 0$ ne soit pas tangente au plan $P_1 = 0$ si $p = 1$, ou à la droite $P_1 = 0$, $P_2 = 0$, si $p = 2$: toutes choses évidentes à priori d'après la définition même des mots : « forme générale par rapport à des variables liées ».

Pour $n > 3$, on peut dire de même que la quadrique $\Phi = 0$ n'est pas tangente à la multiplicité linéaire $P_1 = 0, \ldots P_p = 0$.

Lorsque $p = 1$ (quelque soit n) le déterminant (12) est ce qu'on appelle la *forme adjointe* de Φ.

16. Application aux extrema. — Revenons à l'extremum libre d'une fonction $f(x_1, \ldots x_n)$ dans un domaine D. Si cet extremum a lieu au point $(a_1, \ldots a_n)$ de l'intérieur de D, on aura :

$$(13)\qquad \frac{\partial f}{\partial a_1} = 0, \ldots \frac{\partial f}{\partial a_n} = 0.$$

Si la fonction f a des dérivées troisièmes continues, les principes du calcul différentiel (¹) nous apprennent alors à mettre la différence $f(x_1, x_2, \ldots x_n) - f(a_1, a_2, \ldots a_n)$ sous la forme

$$(14)\qquad \left\{ \begin{aligned} f(x_1, x_2, \ldots x_n) - f(a_1, a_2, \ldots a_n) &= \frac{1}{2} \sum_{i,k} (x_i - a_i)(x_k - a_k) \frac{\partial^2 f}{\partial a_i \partial a_k} + R \\ &= \frac{1}{2} \Phi(x_1 - a_1, x_2 - a_2, \ldots x_n - a_n) + R, \end{aligned} \right.$$

(¹) Voir GOURSAT, *Traité d'Analyse*, tome I, page 133 ; JORDAN, *Cours d'Analyse*, tome I (2ᵉ édition), n° 396.

où Φ est la forme quadratique (6) écrite au n° **11**, et où R est une quantité du troisième ordre par rapport aux $x_i - a_i$, c'est-à-dire *telle que le rapport*

$$\frac{R}{(x_1 - a_1)^2 + \dots + (x_n - a_n)^2}$$

tende vers zéro lorsque $x_1, x_2, \dots x_n$ *tendent respectivement vers* $a_1, a_2, \dots a_n$.

Il résulte de la relation précédente que si la forme Φ est définie au point $(a_1, \dots a_n)$, on a certainement en ce point un extremum relatif strict pour f. Cet extremum sera un maximum ou un minimum suivant que $\Phi < 0$ ou $\Phi > 0$.

Réciproquement, si f a un extremum, la forme Φ doit être au moins semi-définie. La condition qu'elle soit définie n'est pas nécessaire : il peut même arriver que toutes les dérivées premières et secondes de f soient nulles et que cependant f ait un extremum. Ainsi, au point $x_1 = \dots = x_n = 0$ la fonction $x_1^4 + \dots + x_n^4$ a un minimum relatif strict. Cependant, *il ne suffit pas*, pour que f ait un extremum, *que la forme* Φ *soit semi-définie*. Par exemple, si l'on prend, avec M. Peano,

$$f(x_1, x_2) = (x_1 - 2x_2^2)(x_1 - x_2^2),$$

on a, au point $x_1 = x_2 = 0$: $\Phi = 2x_1^2$. La forme Φ est semi-définie positive et cependant f n'a pas de minimum relatif (même large) en ce point $\left(\text{puisqu'elle est négative pour } x_1 = \frac{3}{2} x_2^2\right)$.

On remarquera que (x_1, x_2 étant considérés comme des coordonnées cartésiennes planes) cette fonction f est minima sur toute droite passant par l'origine, c'est-à-dire que la fonction $f(\alpha\rho, \beta\rho)$ est minima pour $\rho = 0$ quelles que soient les constantes α, β. Malgré cela, elle n'est pas minima lorsqu'on la considère comme fonction des deux variables indépendantes x_1, x_2. M. Hedrick [1] a même formé des exemples de fonctions qui ne sont pas minima (pour $x_1 = x_2 = 0$) par rapport à x_1 et x_2, tout en étant minima sur toute courbe analytique régulière passant par l'origine.

En résumé, si au point $a_1, \dots a_n$, on a $df = 0$, et si la forme Φ est générale, il faut et il suffit qu'elle soit définie pour qu'il y ait

---

[1] *Annals of Math.*, 2ᵉ série, tome 8 ; 1907, page 172.

extremum relatif et alors cet extremum sera strict. Au contraire, si la forme Φ n'est pas générale, il faudra qu'elle soit semi-définie, mais, pour obtenir les conditions suffisantes, il sera nécessaire dans ce cas d'introduire les dérivées suivantes [1] de f.

17. Passons au problème de l'extremum lié de la fonction f_0, et supposons encore que les conditions du premier ordre soient remplies, c'est-à-dire que l'on ait pu déterminer au point $a_1, \ldots a_n$ des nombres $l_1, \ldots l_p$ donnant lieu à l'identité :

$$df \equiv d(f_0 + l_1 f_1 + \ldots + l_p f_p) = 0$$

C'est ce qui arrivera lorsque les conditions nécessaires seront remplies et que nous écarterons le cas exceptionnel (n° 9).

En conservant les notations précédentes (n° **7**), nous aurons :

$$d'^2 f_0 = d'^2 f_0 + l_1 d'^2 f_1 + \ldots + l_p d'^2 f_p = d'^2 f$$
$$= \sum_{i,k} \frac{\partial^2 f}{\partial a_i \partial a_k} d'x_i d'x_k + \sum_i \frac{\partial f}{\partial a_i} d'^2 x_i.$$

Mais, par hypothèse $\frac{\partial f}{\partial x_1} = \ldots = \frac{\partial f}{\partial x_n} = 0$ en $(a_1, \ldots a_n)$; on a donc :

$$d'^2 f_0 = \Phi(d'x_1, \ldots d'x_n)$$

et $d'x_1, \ldots d'x_n$ sont des variables liées par les seules conditions :

$$\mathrm{P}_k(d'x_1, \ldots d'x_n) \equiv \sum_i \frac{\partial f_k}{\partial x_i} d'x_i = 0 \qquad (k = 1, \ldots p)$$

Il en résulte que les considérations du paragraphe précédent s'appliquent ici en supposant seulement que dans la forme $\Phi(\mathbf{x}_1, \ldots \mathbf{x}_n)$, les variables sont *liées* par les relations $\mathrm{P}_k(\mathbf{x}_1, \ldots \mathbf{x}_n) = 0$. Et nous avons vu en particulier (**15**) comment on exprimait directement que la forme Φ était générale au moyen du *discriminant bordé*.

[1] Voir pour plus de détails GOURSAT, *Traité d'Analyse*, tome I, et surtout SCHEEFFER, *Math. Ann.*, tome 35.

CHAPITRE II

DES ÉQUATIONS DIFFÉRENTIELLES. ÉQUATIONS AUX VARIATIONS

18. Après avoir rappelé les propriétés classiques des maxima et minima, nous avons encore à préciser les principes relatifs aux équations différentielles.

Considérons (¹) le système

$$(15)\qquad \frac{dy_1}{dx} = g_1(\alpha, x, y_1, \ldots\ldots, y_n), \ldots\ldots, \frac{dy_n}{dx} = g_n(\alpha, x, y_1, \ldots\ldots, y_n).$$

Supposons d'abord que (pour une valeur déterminée de α) $g_1, \ldots, g_n$ soient, moyennant les inégalités

$$(16)\qquad |x - x_0| < a,$$

$$(17)\qquad |y_i - y_i^0| < b \qquad (i = 1, 2, 3, \ldots\ldots, n)$$

des fonctions continues en x, y_1, $y_2, \ldots\ldots$ y_n, telles que l'on ait (dans ces mêmes intervalles)

$$(18)\qquad g_i|(\alpha, x, y_1, \ldots\, y_n)| < M \qquad (i = 1, 2, 3, \ldots, n)$$

M étant un nombre positif fixe; et que ces mêmes fonctions vérifient aussi les conditions

$$(19)\quad |g_i(\alpha, x, Y_1, \ldots\, Y_n) - g_i(\alpha, x, y_1 \ldots y_n)| < A_1|Y_1 - y_1| + \ldots + A_n|Y_n - y_n|$$

(¹) Voir Picard, *Traité d'Analyse*, t. II, p. 322 ou 340.

pour

$$|x - x_0| < a, |Y_i - y_i^0| < b, |y_i - y_i^0| < b$$

$A_1, \ldots A_n$ étant également des nombres positifs fixes.

Si on désigne par c le plus petit des nombres a et $\frac{b}{M}$ (ou le premier de ces deux nombres si les g sont continus et vérifient les conditions (19) pour toutes les valeurs de y) on sait (¹) que le système (15) admet un système de n intégrales continues en x entre $x_0 - c$ et $x_0 + c$ et prenant les valeurs respectives $y_1^0, \ldots y_n^0$ pour $x = x_0$.

Observons que s'il en est ainsi pour toutes les valeurs de α d'un certain intervalle (α_1, α_2), il y aura un système d'intégrales de (15) qui seront des fonctions de x et de α. Ces intégrales, bien déterminées pour $\alpha_1 < \alpha < \alpha_2$, sont continues et dérivables en x ; nous allons montrer que, sous certaines conditions, *elles sont aussi continues et dérivables en* α.

Pour cela, nous supposerons encore que $g_1, \ldots g_n$ sont continues en α entre α_1 et α_2, et que les quantités $x_0, y_1^0, \ldots y_n^0$ soient aussi continues entre α_1 et α_2. Nous admettrons même que les g_i soient uniformément continues par rapport à $x, \alpha, y_1, \ldots y_n$ dans le domaine

$$D : \alpha_1 < \alpha < \alpha_2 \quad |x - x_0| < a(\alpha), \quad |y_i - y_i^0(\alpha)| < b(\alpha).$$

A chaque valeur de α correspond un système de valeurs de a, b, M, $A_1, \ldots A_n$: nous admettrons que l'on a pour $\alpha_1 < \alpha < \alpha_2$:

$$a > a_0, \ b > b_0, \ M < M_0 \quad A_i < A_i^0 ;$$

a_0, b_0, étant certainement positifs et M_0, A_i^0 finis. Alors pour chaque valeur de α, on aura le droit de remplacer a, b, M, A_i, c par les nombres indépendants de α : a_0, b_0, M_0, A_i^0, c_0. Cela revient à supposer que les conditions imposées au début sont *uniformément vérifiées*, c'est-à-dire sont vérifiées par des nombres a, b,

---

(¹) Si, au lieu des inégalités (17), (18) on en suppose données d'autres où les seconds membres soient remplacés par des quantités (positives) b_i, M_i qui dépendent de l'indice i, le théorème reste vrai, c étant alors la plus petite des $n + 1$ quantités a, $\frac{b_i}{M_i}$.

M, A_i, c indépendants de α entre α_1 et α_2 ; c'est ce que nous admettrons.

19. Continuité en α. — Les intégrales y_1, $y_2 \ldots$, y_n dont l'existence vient d'être rappelée sont obtenues par la méthode d'approximations successives de M. Picard, comme sommes des séries.

$$(S_i) \qquad y_i^0 + (y_i^1 - y_i^0) + \ldots\ldots + (y_i^n - y_i^{n-1}) + \ldots\ldots$$

dont les termes sont définis par les égalités successives

$$(20) \qquad y_i^p = y_i^0 + \int_{x_0}^{x} g_i(\alpha, x, y_1^{p-1}, \ldots\ldots y_n^{p-1})dx.$$

Et l'on a :

$$|y_i^p - y_i^{p-1}| < M(\Sigma A_i)^{p-1} \frac{x - x_0{}^p}{p!} < M(\Sigma A_i)^{p-1} \frac{c^p}{p!}$$

La série $\sum_{p=1}^{p=\infty} M(\Sigma A_i)^{p-1} \frac{c^p}{p!}$ étant convergente et indépendante de α, il en résulte que $y_i^n = y_i^0 + (y_i^1 - y_i^0) + \ldots + (y_i^n - y_i^{n-1})$ tend *uniformément* vers sa limite y_i quel que soit α entre α_1 et α_2.

D'autre part, les formules (20) nous montrent qu'en vertu de nos hypothèses y_i^n est une fonction continue de α entre α_1 et α_2. Il en est donc de même de sa limite y_i.

20. Dérivabilité en α. — Supposons maintenant que les fonctions : $g_1 \ldots\ldots g_n$; x_0, $y_1^0, \ldots y_n^0$ de α admettent des dérivées en α dans le domaine D.

Posons pour $t \neq 0$:

$$\eta_i = \frac{y_i(\beta + t) - y_i(\beta)}{t}$$

$y_i(\beta)$ étant la valeur de l'intégrale y_i pour $\alpha = \beta$. Nous allons montrer que si β est un nombre fixe quelconque entre α_1 et α_2, η_i a une limite lorsque t tend vers o.

En effet, puisque $y_i(\alpha)$ est une intégrale de (15), on a :

$$\frac{d\eta_i}{dx} = \frac{g_i\big(\beta + t, x, y_1(\beta + t), \ldots y_n(\beta + t)\big) - g_i\big(\beta, x, y_1(\beta), \ldots y_n(\beta)\big)}{t}$$

$$= \frac{g_i\big(\beta + t, x, y_1(\beta) + \eta_1 t, \ldots y_n(\beta) + \eta_n t\big) - g_i\big(\beta, x, y_1(\beta), \ldots y_n(\beta)\big)}{t}$$

pour $t \neq 0$. Donc $\frac{d\eta_i}{dx}$ est de la forme :

$$(21)\qquad \frac{d\eta_i}{dx} = h_i(\beta,\, x,\, y_1(\beta), \ldots\, y_n(\beta),\, \eta_1, \ldots\, \eta_n,\, t).$$

La fonction h_i n'est définie que pour $t \neq 0$; mais d'après les hypothèses, elle a une limite :

$$(22)\qquad \frac{\partial g_i}{\partial \beta} + \sum_{i=1}^{n} \eta_k \frac{\partial g_i}{\partial y_k}$$

lorsque t tend vers o. Appelons $k_i(x, \eta_1, \ldots, \eta_n, t)$ une fonction égale à

$$h_i\big(\beta,\, x,\, y_1(\beta), \ldots\, y_n(\beta),\, \eta_1, \ldots\, \eta_n,\, t)\big)$$

pour $t \neq 0$ et à la quantité (22) pour $t = 0$, *ce qui fait de k_i une fonction de t continue pour* $t = 0$. Considérons le système :

$$(23)\qquad \frac{d\eta_i}{dx} = k_i(x,\, \eta_1, \ldots\, \eta_n,\, t) \qquad (i = 1, \ldots\, n)$$

et cherchons à intégrer ce système avec les conditions initiales

$$\eta_i = \eta_i^0 \qquad \big(\text{pour } x = x_0(\beta)\big)$$

en posant : $\eta_i^0 = \frac{y_i^0(\beta + t) - y_i^0(\beta)}{t}$ pour $t \neq 0$ et $\eta_i^0 = \frac{\partial y_i^0(\beta)}{\partial \beta}$ pour $t = 0$ (de sorte que η_i^0 sera aussi une fonction continue de t dans un intervalle ($t_1 = \alpha_1 - \beta$, $t_2 = \alpha_2 - \beta$) comprenant la valeur $t = 0$).

Il est facile de voir (si l'on admet, pour simplifier, que les fonctions g admettent des dérivées partielles du second ordre continues par rapport à toutes les variables qui y figurent) que le système (23) satisfait à des conditions analogues à celles que nous avions imposées au système (15) au n° **18.** Par conséquent ce système (23) admet un système d'intégrales η_i continues en x et α au voisinage des valeurs $\alpha = \beta$, $x = x_0(\beta)$ et se réduisant à η_i^0 pour $x = x_0(\beta)$.

Pour $t \neq 0$ ces intégrales sont celles du système (21).

Nous voyons que, lorsque t tend vers zéro (x gardant une valeur fixe quelconque), les intégrales $\eta_1, \eta_2, \ldots\, \eta_n$ tendent vers des limites déterminées $\mathbf{y}_1, \mathbf{y}_2, \ldots, \mathbf{y}_n$. Il résulte bien de là que

$y_1, y_2, \ldots y_n$ sont dérivables par rapport à α pour $\alpha = \beta$ comme nous l'avions annoncé.

Il est clair d'ailleurs que les considérations précédentes démontrent également (moyennant d'autres conditions de régularité analogues) l'existence des dérivées secondes, etc., tant en α qu'en x.

21. Équations aux variations. — De plus, les dérivées premières $\mathbf{y}_i = \frac{\partial y_i}{\partial \alpha}$ vérifient le système (23) où l'on fait $t = 0$: par conséquent on voit que $\frac{\partial y_i}{\partial \alpha}, \ldots\ldots \frac{\partial y_n}{\partial \alpha}$ forment un système de solutions des équations linéaires :

$$(24) \qquad \frac{d\mathbf{y}_i}{dx} = \frac{\partial g_i}{\partial \alpha} + \sum_{k=1}^{k=n} \mathbf{y}_k \frac{\partial g_i}{\partial y_k} \qquad (i = 1, \ldots\ldots n)$$

C'est ce que M. Darboux appelle le système *auxiliaire* et M. Poincaré les *équations aux variations*.

Le résultat obtenu en y faisant $\mathbf{y}_i = \frac{\partial y_i}{\partial \alpha}$ est d'ailleurs celui qu'on aurait en dérivant le système (15) par rapport à α après avoir établi d'une manière quelconque la légitimité de cette dérivation (ainsi que nous venons de le faire dans ce qui précède).

En particulier, si l'on a un système d'équations différentielles déterminé (sans paramètre arbitraire)

$$(15') \qquad \frac{dy_i}{dx} = g_i(x, y_1, \ldots\ldots y_n) \qquad (i = 1, 2, \ldots\ldots n)$$

et que $\alpha_1, \alpha_2, \ldots\ldots \alpha_n$ soient les constantes arbitraires qui entrent dans l'intégrale générale, chacune d'elles pourra être considérée comme le paramètre α introduit dans ce qui précède. L'intégrale générale du système peut donc être différenciée par rapport aux constantes d'intégration. Les expressions obtenues

$$\frac{\partial y_1}{\partial \alpha_h}, \ldots\ldots\ldots\ldots \frac{\partial y_n}{\partial \alpha_h}$$

où h est l'un quelconque des entiers 1, 2,... n, sont les solutions des équations aux variations

$$(24') \qquad \frac{d\mathbf{y}_i}{dx} = \Sigma \mathbf{y}_k \frac{\partial g_i}{\partial y_k}$$

On obtient d'ailleurs, en donnant à l'indice h ses n valeurs, n solutions indépendantes ; autrement dit, le déterminant de ces solutions est différent de zéro pour $x = x_0$, par exemple : en effet, ce déterminant n'est autre que le déterminant fonctionnel

$$\frac{D(y_1^0, y_2^0 \dots y_n^0)}{D(\alpha_1, \alpha_2, \dots \alpha_n)},$$

et ne peut être nul si on peut déterminer les α de manière à donner aux y^0 des valeurs arbitraires, c'est-à-dire si l'on a bien affaire à l'intégrale générale du système (15').

L'intégrale générale du système aux variations sera dans ces conditions

$$\mathbf{y}_i = C_1 \frac{\partial y_i}{\partial \alpha_1} + C_2 \frac{\partial y_i}{\partial \alpha_2} + \dots C_n \frac{\partial y_i}{\partial \alpha_n} \qquad (i = 1, 2, \dots n).$$

On voit qu'on peut l'obtenir en dérivant l'intégrale générale du système primitif par rapport à un paramètre α dont les α_i seront des fonctions arbitraires $\left(\text{les } C_i \text{ étant les valeurs des dérivées } \frac{d\alpha_i}{d\alpha}\right)$.

22. Nous avons raisonné en admettant que x varie dans l'intervalle $(x_0 - c, x_0 + c)$, *où c est la quantité définie au n°* **18**. Mais on sait que l'on n'a pas ainsi, en général, le domaine entier d'existence de la solution. Il importe de remarquer que nos conclusions s'étendent à tout intervalle où cette solution existe et est régulière pour la valeur déterminée de α, $\alpha = \beta$, au voisinage de laquelle on se place, — ou, plus exactement, à tout intervalle (x_0, x') intérieur à celui-là.

Un tel intervalle peut, en effet, être considéré, comme intérieur à un système d'intervalles partiels en nombre fini $(x_0 - c, x_0 + c)$, $(x_1, x_1 + c_1)$, $(x_2, x_2 + c_2)$,... empiétant les uns sur les autres et pour chacun desquels les conditions énumérées au n° **18** sont vérifiées. Autrement dit, les nombres successifs x_q, c_q seront tels que l'on ait

$$x_{q-1} < x_q < x_{q-1} + c_{q-1} < x_q + c_q; \tag{25}$$

$$c_q < a_q \quad c_q < \frac{b_q}{M_q} \tag{25'}$$

et que les inégalités

$$(16') \qquad |x - x_q| < a_q,$$

$$(17') \qquad |y_i - y_i^{(q)}| < b_q, \qquad |Y_i - y_i^{(q)}| < b_q$$

entraînent

$$(18') \qquad |g_i(\alpha, x, y_1, \dots, y_n)| < M_q$$

$$(19') \qquad \begin{cases} |g_i(\alpha, x, Y_1, \dots Y_n) - g_i(\alpha, x, y_1, \dots, y_n)| < A_1^{(q)}|Y_1 - y_1| + \dots + \\ \qquad + A_n^{(q)}|Y_n - y_n| \end{cases}$$

Les quantités $y_i^{(q)}$ sont calculées pour $\alpha = \beta$: nous admettons, pour cette valeur de α (mais non pour les autres) l'existence de solutions du système (15) dans tout l'intervalle (x_0, x'), et les $y_i^{(q)}$ sont les valeurs de ces solutions pour $x = x_q$.

Par contre, les inégalités (18'), (19') ont lieu quel que soit α (au voisinage de $\alpha = \beta$). Nous avons même le droit de supposer que ces inégalités (ainsi que les inégalités (25')) ont lieu au sens strict.

Dans ces conditions, elles subsisteront lorsque, dans les inégalités (17'), on changera les valeurs des $y_i^{(q)}$, pourvu que cette altération soit suffisamment petite.

Or s'il en est ainsi, les inégalités relatives à $q = 1$, vérifiées pour $\alpha = \beta$, seront aussi vérifiées (grâce à la continuité démontrée au n° **19**) pour $\beta - h < \alpha < \beta + h$, h étant un nombre positif suffisamment petit ; les y_i continueront donc à être définis dans l'intervalle $(x_1, x_1 + c_1)$; leurs valeurs pour $x = x_2$ vérifieront les conditions relatives à $q = 2$ (du moins si l'on diminue, au besoin, la valeur de h) ; et ainsi de suite, le nombre des restrictions ainsi apportées à la valeur de h étant d'ailleurs fini.

Nous avons donc démontré [1] : 1° qu'il existera des intégrales continues de x_0 à x' non seulement pour $\alpha = \beta$, mais pour des valeurs de α suffisamment voisines de β ; 2° que ces intégrales seront des fonctions continues et dérivables de α.

23. Données analytiques. — Lorsque, près des valeurs initiales, les fonctions g_i sont holomorphes en α, x, $y_1, \dots y_n$ et que

---

(1) Cf. Poincaré, *Les Méthodes nouvelles de la Mécanique céleste*, p. 58.

$x_0, y_i^0 \ldots y_n^0$ sont aussi holomorphes en α, on peut affirmer (¹) que les intégrales, holomorphes en x, *sont aussi holomorphes en* α.

24. Les résultats précédents s'étendent immédiatement au cas où les équations différentielles contiennent des dérivées d'ordre supérieur (ce cas se ramenant, comme on sait, à celui que nous avons traité par l'introduction des dérivées intermédiaires comme inconnues auxiliaires).

Ils subsistent, bien entendu, si le système est donné sous la forme

$$\left\{\begin{array}{l} g_1(\alpha, x, y_1, y'_1, \ldots y_1^{(p_1)}, \ldots, y_n^{(p_n)}) = 0 \\ g_2(\alpha, x, \ldots\ldots\ldots\ldots) = 0 \\ \ldots\ldots\ldots\ldots\ldots\ldots \\ g_n(\alpha, x, \ldots\ldots\ldots\ldots) = 0 \end{array}\right. \qquad \left(y_k^{(i)} = \frac{d^i y_k}{dx^i}\right)$$

pourvu que l'on suppose $\dfrac{D(g_1, g_2, \ldots g_n)}{D(y_1^{(p_1)}, y_2^{(p_2)}, \ldots, y_n^{(p_n)})} \neq 0$; et les équations aux variations seront

$$\sum_{i,k} \mathbf{y}_k^{(i)} \frac{\partial g_h}{\partial y_k^{(i)}} + \frac{\partial g_h}{\partial \alpha} = 0 \qquad \left(h = 1, 2, \ldots, n; \quad \mathbf{y}_k^{(i)} = \frac{d^i \mathbf{y}_k}{dx^i}\right)$$

24 *bis*. Nous n'examinerons pas le cas où le déterminant fonctionnel des premiers membres des équations par rapport aux dérivées des ordres les plus élevés s'annulerait. On sait que si cela arrive pour une valeur déterminée de x, cette valeur est singulière, et que si cela arrive pour toute valeur de x, c'est la solution considérée qui est une solution singulière.

Même dans ce cas, d'ailleurs, il résulte d'une remarque faite au n° **21**, que *si les* y (*et les* y') *admettent par rapport à* α *des dérivées continues*, celles-ci vérifient le système aux variations.

25. Cas des équations aux dérivées partielles. — La démonstration précédente ne s'étend pas à un système quelconque d'équations aux dérivées partielles, même en admettant que les

(¹) Cf. Poincaré, *Les Méthodes nouvelles de la Mécanique céleste*, t. I, Chap. II.

données soient indéfiniment dérivables, car elle repose sur la méthode des approximations successives qui n'est pas toujours applicable. Mais les résultats sont encore vrais lorsqu'on suppose les équations et les données analytiques. Il suffit, pour le voir, de reprendre le raisonnement de Madame Kowalewski ([1]) qui démontre l'existence d'une solution holomorphe. En tenant compte de l'introduction du paramètre auxiliaire α, la méthode des fonctions majorantes permet encore d'établir le résultat cherché. Bien entendu, les dérivées des intégrales par rapport à α satisferont encore aux équations linéaires obtenues en dérivant les équations proposées par rapport à α, c'est-à-dire aux équations aux variations.

Réciproquement, toute solution analytique des équations aux variations peut être considérée comme provenant de la différentiation, par rapport à une constante arbitraire α, d'une solution (contenant cette constante arbitraire) des équations données. En effet, ces dernières (supposées, pour fixer les idées, du second ordre) admettent une solution (telle que les inconnues et leurs dérivées premières soient, pour $x = x_0$ (en désignant par x une des variables indépendantes, convenablement choisie) des fonctions analytiques données arbitraires des variables autres que x. On pourra, dans ces fonctions arbitraires, faire entrer α de manière que leurs dérivées prises par rapport à α, pour $\alpha = 0$, coïncident avec les solutions considérées des équations aux variations et avec leurs dérivées premières (où l'on aura fait $x = 0$). Cette coïncidence aura alors lieu, toujours d'après le théorème fondamental de Cauchy-Kowalewski, non seulement pour $x = 0$, mais pour toute valeur de x.

26. Propriétés des équations linéaires. — D'après ce qui précède les équations aux variations d'un système d'équations différentielles ou aux dérivées partielles sont toujours linéaires. Nous aurons en les employant, l'occasion d'utiliser un certain nombre de propriétés générales des équations linéaires que nous allons rappeler.

([1]) Voir GOURSAT, *Leçons sur les équations aux dérivées partielles du premier ordre*, Chap. I; JORDAN, *Cours d'Analyse*, t. III, Chap. III, § I.

Prenons l'équation linéaire et homogène :

$$\text{(26)} \qquad \mathbf{F}(\mathbf{y}) \equiv r\mathbf{y} + r_1\mathbf{y}' + \ldots + r_n\mathbf{y}^{(n)} = 0$$

où nous désignons par $\mathbf{y}', \mathbf{y}'', \ldots, \mathbf{y}^{(n)}$ les dérivées $\frac{d\mathbf{y}}{dx}, \frac{d^2\mathbf{y}}{dx^2}, \ldots \frac{d^n\mathbf{y}}{dx^n}$; et soit un système de n solutions $\mathbf{y}, \mathbf{z}, \ldots \mathbf{u}$ de cette équation.

On a, en posant :

$$\text{(27)} \qquad \Delta(x) \equiv \begin{vmatrix} \mathbf{y}, \mathbf{z} & \ldots & \mathbf{u} \\ \mathbf{y}' & \ldots & \mathbf{u}' \\ \vdots & & \vdots \\ \mathbf{y}^{(n-1)} & \ldots & \mathbf{u}^{(n-1)} \end{vmatrix}$$

l'égalité :

$$\text{(28)} \qquad \Delta(x) = \Delta(x_0)\, e^{-\int_{x_0}^{x} \frac{r_{n-1}}{r_n} dx}$$

Par conséquent, dans un intervalle où $\frac{r_{n-1}}{r_n}$ n'a pas de points singuliers, la fonction $\Delta(x)$ ne peut s'annuler nulle part sans être identiquement nulle. Si elle est identiquement nulle, on sait qu'il y a entre $\mathbf{y}, \mathbf{z}, \ldots \mathbf{u}$ une relation linéaire et homogène à coefficients constants. Si au contraire $\Delta(x)$ est différent de zéro dans un intervalle (a, b), une solution quelconque de l'équation proposée peut s'écrire sous la forme :

$$C_1\mathbf{y} + \ldots C_n\mathbf{u}$$

$C, \ldots$ étant certaines constantes. Les solutions $\mathbf{y}, \ldots \mathbf{u}$ sont alors *indépendantes*.

Nous donnerons au déterminant (27) le nom de *déterminant général* des n solutions $\mathbf{y}, \mathbf{z}, \ldots \mathbf{u}$, pour le distinguer d'autres déterminants que nous aurons à former avec les solutions d'une équation linéaire.

Un déterminant tout semblable peut d'ailleurs être défini pour un *système* d'équations linéaires. Soit un tel système de r équations différentielles, par rapport à n inconnues $\mathbf{y}_1, \mathbf{y}_2, \ldots \mathbf{y}_n$, d'ordres p_1 par rapport à $\mathbf{y}_1$, p_2 par rapport à $\mathbf{y}_2$, p_n par rapport à $\mathbf{y}_n$. Ce système admettra $p = p_1 + p_2 + \ldots + p_n$ solutions indépendantes et pour définir une solution quelconque, on aura à se donner les valeurs pour $x = x_0$, des quantités

$$(29) \qquad y_1, y'_1\ldots, y_1^{(p_1-1)};\ y_2, y'_2,\ldots\ y_2^{(p_2-1)};\ \ldots$$

Le *déterminant général*, qui est d'ordre p, a l'une quelconque de ses lignes formée avec les valeurs des quantités (29) pour une solution du système, les lignes s'obtenant à l'aide de p solutions différentes. Ce déterminant est identiquement nul si les p solutions ne sont pas indépendantes. Il est, dans le cas contraire, toujours différent de zéro (tant que le système est régulier) et peut s'exprimer par une exponentielle analogue à (28).

Dans le passage d'un système de p solutions indépendantes à un autre système analogue (passage qui n'est autre qu'une substitution linéaire à coefficients constants) le déterminant général est multiplié par une constante (le déterminant de la substitution en question).

27. Equation adjointe. — Revenons à l'équation unique

$$(27) \qquad F(y) = ry + r_1y' + \ldots + r_ny^{(n)} = 0.$$

Au moyen d'intégrations par parties successives, on pourra écrire, en désignant par z une fonction arbitraire de x,

$$(30) \qquad zF(y) \equiv yG(z) + \frac{d}{dx}\left((M(y, z)\right)$$

avec

$$G(z) \equiv rz - \frac{d}{dx}(r_1z) + \frac{d^2}{dx^2}(r_2z) + \ldots\ldots + (-1)^n\frac{d^n}{dx^n}(r_nz)$$

$$M(y, z) \equiv y\left[r_1z - \frac{d}{dx}(r_2z) + \ldots\ldots\right] + \ldots\ldots + y^{(n-1)}[r_nz].$$

On appelle *polynome adjoint* de $F(y)$ une fonction linéaire $P(z)$ de $z, z'\ldots, z^{n}$, telle que l'expression $zF(y) - yP(z)$ soit égale (quelles que soient les fonctions arbitraires y et z), à la différentielle exacte d'une fonction $Q(y, z)$ bilinéaire en $y,\ldots\ y^{n-1}$, $z,\ldots\ z^{(n-1)}$ (les coefficients étant des fonctions déterminées de x) : fait que nous exprimerons encore en disant que les expressions $zF(y)$ et $yP(z)$ sont *équivalentes* entre elles et en écrivant :

$$zF(y) \mathbin{\overline{\smile}} yP(z).$$

On voit que $\mathbf{F}(\mathbf{y})$ a au moins un polynome adjoint : $\mathbf{G}(\mathbf{z})$. Il n'y en a pas d'autres, $\mathbf{P}(\mathbf{z})$. Sans quoi, on aurait :

$$\mathbf{zF}(\mathbf{y}) - \mathbf{yP}(\mathbf{z}) \equiv \frac{d}{dx}\mathbf{Q}(\mathbf{y}, \mathbf{z})$$

et en retranchant de (30), il en résulterait

$$(31) \qquad \mathbf{y}[\mathbf{P}(\mathbf{z}) - \mathbf{G}(\mathbf{z})] \equiv \frac{d}{dx}(\mathbf{M} - \mathbf{Q}).$$

Il est évident que la dérivée d'une fonction $\mathbf{M} - \mathbf{Q}$, bilinéaire en $\mathbf{y}, \dots \mathbf{y}^{(n-1)}, \mathbf{z}, \dots \mathbf{z}^{(n-1)}$ ne peut avoir la forme du premier membre quels que soient $\mathbf{y}$ et $\mathbf{z}$ à moins que ce premier membre ne soit nul : c'est, du reste ce que nous aurons l'occasion d'établir plus loin (liv. II, n° **128**). Donc $\mathbf{P}(z) \equiv \mathbf{G}(z)$.

En appliquant cette proposition au polynome $\mathbf{G}(\mathbf{z})$, on voit que le polynome adjoint de $\mathbf{G}(\mathbf{z})$ est $\mathbf{F}(\mathbf{y})$. Il y a *réciprocité* entre ces deux polynomes.

28. Un polynome $\mathbf{F}(\mathbf{y})$ d'ordre pair : $n = 2m$ est identique à son adjoint $\mathbf{G}(\mathbf{y})$, s'il est de la forme :

$$(32) \quad \mathbf{F}(\mathbf{y}) \equiv \frac{d^m}{dx^m}(\mathbf{A}_m\mathbf{y}^{(m)}) + \frac{d^{m-1}}{dx^{m-1}}(\mathbf{A}_{m-1}\mathbf{y}^{(m-1)}) + \dots\dots + \mathbf{A}_0\mathbf{y}$$

(les $\mathbf{A}$ étant des fonctions quelconques de x) c'est-à-dire qu'on peut écrire

$$(33) \quad 0 \equiv \mathbf{zF}(\mathbf{y}) - \mathbf{yF}(\mathbf{z}) = \sum_k \left(\mathbf{z}\frac{d^k}{dx^k}\mathbf{A}_k\mathbf{y}^{(k)} - \mathbf{y}\frac{d^k}{dx^k}\mathbf{A}_k\mathbf{z}^{(k)}\right).$$

Ceci résulte de l'identité connue [1]

$$\mathbf{u}\frac{d^k\mathbf{v}}{dx^k} - (-1)^k\mathbf{v}\frac{d^k\mathbf{u}}{dx^k} = \frac{d}{dx}\left(\mathbf{u}\frac{d^{k-1}\mathbf{v}}{dx^{k-1}} - \mathbf{u}'\frac{d^{k-2}\mathbf{v}}{dx^{k-2}} + \dots - (-1)^k\mathbf{v}\frac{d^{k-1}\mathbf{u}}{dx^{k-1}}\right).$$

En posant dans celle-ci

$$\mathbf{v} = \mathbf{A}_k\mathbf{y}^{(k)},$$

nous avons :

$$\mathbf{z}\frac{d^k}{dx^k}(\mathbf{A}_k\mathbf{y}^{(k)}) \equiv (-1)^k\mathbf{A}_k\mathbf{y}^{(k)}\mathbf{z}^{(k)}$$

---

[1] JORDAN. *Cours d'analyse* 1re éd., t. II, n° 9. GOURSAT. *Cours d'analyse*, t. I, p. 190.

et de même :

$$\mathbf{y}\frac{d^k}{dx^k}(\mathbf{A}_k\mathbf{z}^{(k)}) \cong (-1)^k\mathbf{A}_k\mathbf{z}^{(k)}\mathbf{y}^{(k)}$$

d'où résulte bien la relation (33) [1].

On voit aisément que la même conclusion s'applique au cas où $\mathbf{F}(\mathbf{y})$ a la forme

$$\mathbf{F}(\mathbf{y}) = \sum_{h,k}\left[(-1)^h\frac{d^h}{dx^h}(\mathbf{A}_{hk}\mathbf{y}^{(k)}) + (-1)^k\frac{d^k}{dx^k}(\mathbf{A}_{hk}\mathbf{y}^{(h)})\right].$$

29. La résolution complète ou partielle de l'équation adjointe permet de simplifier celle de l'équation proposée. En particulier, toute *solution* $\mathbf{z}_1$ de l'équation adjointe fournit une *intégrale première* de l'équation proposée :

$$\mathbf{M}(\mathbf{y}, \mathbf{z}_1) = \text{constante}$$

d'après la formule de définition (30).

30. L'intégration de l'équation adjointe fournit même immédiatement celle de l'équation non homogène :

$$\mathbf{F}(\mathbf{y}) = \mathbf{R}(x). \tag{34}$$

Supposons, en effet qu'on ait trouvé n solutions indépendantes : $\mathbf{z}_1, \ldots, \mathbf{z}_n$ de l'équation adjointe.

D'après (30), on aura :

$$\mathbf{M}(\mathbf{y}, \mathbf{z}_i) = \int \mathbf{z}_i\mathbf{R}(x)\,dx \qquad (i = 1, \ldots n)$$

en résolvant ces équations linéaires en $\mathbf{y}, \mathbf{y}' \ldots \mathbf{y}^{(n-1)}$, on aura l'intégrale générale de l'équation (34).

31. On peut, de même, définir le *système adjoint* d'un système d'équations linéaires :

$$\mathbf{F}_1(\mathbf{y}) = 0, \ldots \qquad \mathbf{F}_n(\mathbf{y}) = 0$$

---

[1] Réciproquement, tout polynome linéaire identique à son adjoint peut être mis sous la forme (32). (Voir Bertrand, *Journal de l'École Polytechnique*, XXVIIIe cahier, 1841, page 276.)

où $F_1, F_2, \ldots F_n$ sont n polynômes linéaires par rapport aux quantités (29), par la condition :

$$\sum_i (\mathbf{z}_i \mathbf{F}_i(\mathbf{y}) - \mathbf{y}_i \mathbf{G}_i(\mathbf{z})) \ \overline{\overline{\upsilon}}\ 0,$$

le symbole $A \ \overline{\overline{\upsilon}}\ B$ indiquant encore que $A - B$ est la différentielle d'une expression différentielle linéaire par rapport aux $\mathbf{y}$ et à leurs dérivées.

On montre encore de la même manière qu'il existe un système adjoint et un seul.

Prenons simplement un système d'équations du premier ordre, soit

$$(35) \qquad \mathbf{F}_i(\mathbf{y}) \equiv \sum_{k=1}^{n} (g_{ik}\mathbf{y}'_k + \gamma_{ik}\mathbf{y}_k) = 0 \qquad (i = 1, 2, \ldots, n)$$

($\mathbf{y}_1, \ldots \mathbf{y}_n$ étant les fonctions inconnues et les g_{ik}, γ_{ik} des fonctions données de x).

Si l'on a les conditions

$$(36) \qquad \gamma_{1k} = \frac{d}{dx} g_{1k} \qquad (k = 1, 2, \ldots n)$$

(et seulement dans ce cas [1]) la quantité $\mathbf{F}_1$ est la dérivée exacte (quels que soient les $\mathbf{y}$) d'une fonction linéaire de $\mathbf{y}_1, \mathbf{y}_2, \ldots \mathbf{y}_n$, à savoir de

$$\sum_k g_{1k}\mathbf{y}_k.$$

En général, il n'en sera pas ainsi. Multiplions alors les n équations données par des fonctions arbitraires $\mathbf{z}_1, \mathbf{z}_2, \ldots \mathbf{z}_n$ et exprimons que le polynome

$$(37) \qquad \mathbf{F} = \mathbf{z}_1\mathbf{F}_1 + \ldots + \mathbf{z}_n\mathbf{F}_n$$

satisfait aux conditions (36) : il viendra

$$(38) \qquad \mathbf{G}_k(\mathbf{z}) = \frac{d}{dx}\sum_i g_{ik}\mathbf{z}_i - \sum_i \gamma_{ik}\mathbf{z}_i = 0 \qquad (k = 1, 2, \ldots n).$$

Ce système, qui est composé, comme le premier, de n équations

(1) Voir encore le n° **128**.

différentielles linéaires et homogènes du premier ordre, et qui admet par conséquent n solutions linéairement indépendantes, est le *système adjoint* cherché. Pour toute solution ($\mathbf{z}_1, \mathbf{z}_2, \ldots \mathbf{z}_n$) de ce système, l'expression (37) est la dérivée de la quantité

$$\mathbf{M} = \sum_{i,k} g_{ik}\mathbf{z}_i\mathbf{y}_k. \tag{39}$$

D'une manière générale $\mathbf{y}_1, \ldots \mathbf{y}_n$; $\mathbf{z}_1, \ldots \mathbf{z}_n$ étant des fonctions quelconques de x, on a l'identité

$$\sum_i \mathbf{z}_i\mathbf{F}_i(\mathbf{y}) + \sum_k \mathbf{y}_k\mathbf{G}_k(\mathbf{z}) = \frac{d\mathbf{M}}{dx}$$

M étant la quantité (39).

Comme précédemment (n° **30**), toute solution du système adjoint nous donne une intégrale première : 1° du système (35), 2° d'un système analogue où les seconds membres ne sont plus nuls mais fonctions connues quelconques de x.

Il en résulte que la connaissance de n solutions indépendantes des équations (35) permet l'intégration complète des deux systèmes en question.

32. Equations linéaires aux dérivées partielles. — Soit, enfin, une équation linéaire aux dérivées partielles d'ordre n $\mathbf{F}(\mathbf{z}) = 0$.

On constate aisément [1] qu'il y a un polynome différentiel $\mathbf{G}(\mathbf{t})$ et un seul [2] vérifiant la condition :

$$\mathbf{tF}(\mathbf{z}) - \mathbf{zG}(\mathbf{t}) = \frac{\partial \mathbf{M}}{\partial x} + \frac{\partial \mathbf{N}}{\partial y}$$

où $\mathbf{G}(\mathbf{z})$ est une expression linéaire et homogène ainsi que $\mathbf{F}(\mathbf{z})$, par rapport à $\mathbf{z}$ et à ses dérivées partielles en x et y, **M** et **N** étant deux expressions bilinéaires par rapport à **t**, **z** et à leurs $n-1$ premières dérivées. **M** et **N** sont d'ailleurs arbitraires dans une certaine mesure : on peut, sans troubler l'identité précédente, remplacer par $\mathbf{M} + \frac{\partial\theta}{\partial y}$, $\mathbf{N} - \frac{\partial\theta}{\partial x}$, θ étant une fonction arbitraire bilinéaire par rapport à **z**, **t** et à leurs $n-2$ premières dérivées.

---

[1] Voir DARBOUX, *Leçons sur la théorie des surfaces*, tome II, p. 71.
[2] Voir plus loin, livre V, chap. II.

LIVRE PREMIER

LA POSITION DU PROBLÈME

CHAPITRE PREMIER

LA MÉTHODE DE LAGRANGE
DÉFINITION DES VARIATIONS

33. Les méthodes du Calcul différentiel telles que nous les avons rappelées aux nos **6** et suivants, permettent de déterminer l'extremum de toute quantité qui est fonction d'un ou plusieurs nombres ou, si l'on veut, géométriquement parlant, des coordonnées d'un ou plusieurs points.

Mais les fondements même de la géométrie nous offrent déjà une question de minimum qui ne rentre pas dans cette catégorie, à savoir celle du *plus court chemin entre deux points donnés*.

Si, dans ce cas, on se contentait de chercher la plus courte, entre les deux points donnés, des lignes brisées *d'un nombre de côtés donné*, on pourrait prendre comme inconnues les coordonnées des sommets de la ligne brisée, et l'on serait en présence d'une question appartenant à la catégorie précédente.

Mais, à priori, la ligne minima peut être, non seulement une ligne brisée d'un nombre de côtés inconnu, mais encore une ligne courbe : or, *un nombre fini quelconque de données numériques*, — par exemple un nombre fini quelconque de points (si grand soit-il) — *ne suffisent pas pour déterminer une courbe* sur la forme de laquelle on ne sait rien par ailleurs.

34. Il s'agissait, en l'espèce, d'une question si anciennement résolue que ces difficultés ne retinrent point l'attention, — même après avoir attiré celle de Newton et de Leibnitz (1) — jusqu'au moment (1696) où Jean Bernouilli souleva le problème des *brachistochrones*, ainsi conçu :

Trouver la ligne joignant deux points donnés A, B *et telle qu'un point pesant mobile sans frottement sur cette ligne et abandonné sans vitesse initiale en* A *parvienne en* B *dans le temps le plus court possible.*

En admettant, pour simplifier, que la ligne cherchée est dans un plan vertical, le problème mis sous forme purement géométrique, peut s'énoncer ainsi :

Trouver la ligne par laquelle un point ira de A *en* B *dans le plus court temps possible, sachant que la vitesse de ce point est proportionnelle à la racine carrée de son ordonnée y rapportée à l'horizontale du point* A.

Le temps T dont il s'agit ainsi de trouver le minimum est donné par l'intégrale

$$(1) \qquad T = \int \frac{ds}{\sqrt{y}} = \int \frac{\sqrt{1+y'^2}}{\sqrt{y}}\,dx$$

où x, y sont les coordonnées de la courbe cherchée (2), y' la dérivée $\frac{dy}{dx}$, s l'arc.

Les méthodes par lesquelles les Bernouilli abordèrent cette question, et que Euler étendit au cas général tel que nous le traiterons dans ce qui va suivre, reviennent toutes au fond à remplacer, comme nous l'avons tenté tout à l'heure, la courbe cherchée par une ligne brisée dont il restera à déterminer les sommets.

Voici, par exemple, comment on pourra raisonner dans le cas de la brachistochrone :

Entre les points A et B, traçons un certain nombre d'horizontales H_1, H_2,... (*fig.* 1) et considérons une ligne brisée AM_1M_2... B ayant ses sommets respectivement situés sur ces horizontales.

---

(1) Voir KNESER, *Euler und die Variationsrechnung*; Leipzig, Teubner, 1907.

(2) L'origine des coordonnées est supposée placée au point A, l'axe des y étant la verticale descendante.

Soient $y_1, y_2, \ldots$ les cotes de celles-ci au-dessous de l'horizontale du point A. Un côté quelconque $M_{i-1}M_i$ de la ligne brisée sera supposé parcouru avec une vitesse v_i égale à $\sqrt{y_i}$.

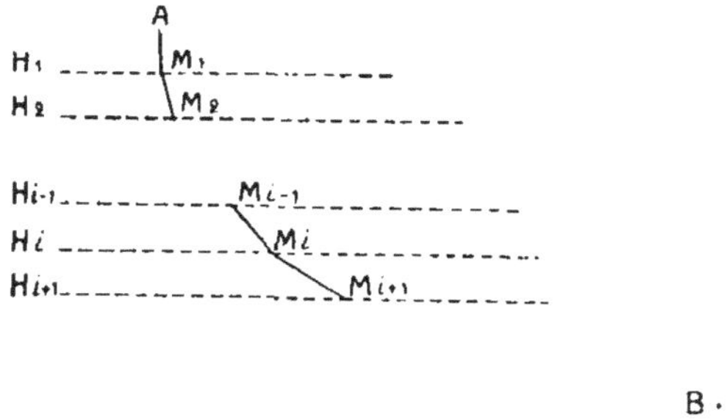

FIG. 1.

Les inconnues sont ici les abscisses $x_1, x_2, \ldots$ des points M, et le temps T nécessaire pour parcourir la ligne brisée sera une fonction de ces abscisses.

Si la ligne brisée $AM_1M_2\ldots B$ est celle qui fournit le minimum cherché, on devra augmenter T toutes les fois qu'on remplacera cette ligne par une autre analogue et, en particulier, si l'on déplace un des sommets, — M_i, par exemple — sans changer les autres.

Donc, M_{i-1} et M_{i+1} étant donnés, le point M_i doit être, sur l'horizontale H_i, celui qui permet de parcourir, dans le temps le plus court possible le chemin $M_{i-1}M_iM_{i+1}$.

La solution de cette question (qui relève des méthodes du calcul différentiel indiquées plus haut) est bien connue : les sinus des angles que font, avec la verticale les côtés $M_{i-1}M_i$, M_iM_{i+1}, doivent être entre eux comme les vitesses v_i, v_{i+1}.

Ceci ayant lieu pour tous les côtés successifs, le rapport $\frac{1}{v_i} \sin(y, \overline{M_{i-1}M_i})$ est constant.

Concevons enfin que le nombre des horizontales H et des côtés de la ligne brisée augmente indéfiniment : nous serons conduits à admettre que la ligne cherchée est une courbe satisfaisant à la condition

$$\frac{1}{\sqrt{y}} \sin \alpha = \frac{1}{\sqrt{y}} \frac{ds}{dx} = \text{constante}$$

α désignant l'angle de la tangente avec la verticale.

35. Comme nous l'avons dit, Euler étendit des méthodes de cette nature à des problèmes généraux dont le précédent n'est qu'un cas particulier. L'intégrale T est évidemment de la forme

$$\int f(y', y, x)\,dx \tag{2}$$

y étant une fonction (inconnue) de la variable x et y' la dérivée de y. Euler put montrer que les méthodes appliquées à l'intégrale (1) s'étendaient naturellement à l'intégrale (2).

Il constata qu'il en était de même si la quantité sous le signe $\int$ contenait des dérivées d'ordre supérieur. Dans ce cas, on devait seulement assujettir les différents sommets de la ligne brisée à correspondre à des valeurs *équidistantes* de la variable indépendante (c'est-à-dire à des valeurs en progression arithmétique de raison très petite) et substituer aux différentielles successives de la fonction inconnue les différences premières, secondes, etc., correspondantes.

36. Sous la forme précédente, les considérations précédentes ne peuvent plus être regardées aujourd'hui que comme un moyen d'investigation et n'ont aucune valeur probante. Nous les retrouverons au contraire, avec des modifications convenables, comme méthode de démonstration rigoureuse au livre VI. Dès à présent nous devons en dégager deux remarques importantes.

I. — Nous avons pu parvenir au résultat en considérant T comme une fonction des abscisses des n sommets de notre ligne brisée, sous réserve de faire croître n indéfiniment. Nous voyons donc qu'on peut concevoir les problèmes qui vont nous occuper comme concernant les extrema *de fonctions d'une infinité de paramètres*.

II. — Pour que la ligne considérée soit brachistochrone entre A et B, il faut *que tout arc A'B' de cette ligne* soit brachistochrone entre A' et B'. C'est ce principe qui, appliqué à la portion très petite $M_{i-1}M_{i+1}$, nous a fourni la solution. Il est clair qu'il est général et que nous le retrouverons dans tous les problèmes analogues.

Il était réservé à Lagrange de parvenir aux résultats des Bernouilli et d'Euler par une voie plus conforme aux exigences de la rigueur moderne, et que l'on a même pu croire entièrement irréprochable. Lagrange ramène la question aux règles antérieurement connues (et que nous avons rappelées ci-dessus) du maximum et du minimum d'une fonction ordinaire, grâce à l'introduction des *variations*. C'est sa théorie que nous allons tout d'abord exposer.

37. Champs fonctionnels. — Revenons auparavant sur ce fait que nous avons à faire jouer maintenant à des *fonctions* le rôle qui appartenait précédemment à des *points*. Ce n'est plus de ceux-ci, mais de celles-là que dépend la quantité dont nous cherchons l'extremum.

De même qu'il nous arrivait précédemment d'assujettir le point variable à être situé dans un certain volume, ou sur une certaine surface, etc., nous chercherons l'extremum d'une quantité qui dépend d'une ou plusieurs fonctions arbitraires en assujettissant celles-ci à un certain nombre de conditions, ou, comme nous dirons souvent, à se trouver dans un certain *champ fonctionnel*. Cette dernière locution (manifestement inspirée par l'analogie avec ce qui se passe pour les extrema ordinaires) ne devra d'ailleurs être considérée que comme un synonyme de la première : le *champ fonctionnel* est, par définition, l'ensemble des fonctions (ou des systèmes de fonctions) qui satisfont aux conditions données.

Il est clair que *la remarque du n° 1 bis trouve encore son application ici* : si une fonction y rend extrema une quantité I dans un certain champ fonctionnel K, l'extremum a lieu a fortiori dans un champ fonctionnel K' contenant y et *intérieur* au premier, c'est-à-dire tel que toutes les fonctions qui appartiennent à K' appartiennent à K.

Dans la question précédente, le champ était constitué par toutes les lignes tracées de A à B. Nous lui avons substitué au cours de la démonstration un champ intérieur constitué par les lignes qui ont en commun, avec celles que l'on considère, les arcs AM''_{i-1}, $M_{i+1}B$ et en diffèrent seulement de M''_{i-1} à M_{i+1}.

Nous dirons que l'extremum est *libre*, non plus comme précédemment lorsque les fonctions cherchées seront entièrement arbitraires (ce qui n'arrivera jamais) mais lorsque les conditions auxquelles elles seront assujetties, à l'exception de certaines conditions de régularité (continuité, existence des dérivées, etc.) porteront exclusivement sur les valeurs de ces fonctions en certains points en nombre fini. C'est le cas des problèmes qui viennent d'être mentionnés.

Lorsque, dans la définition du champ, entreront au contraire une ou plusieurs conditions relatives à l'ensemble des valeurs de la fonction inconnue (ou à une infinité de ces valeurs) l'extremum sera *lié*.

38. Le problème des brachistochrones appartient au cas le plus simple d'extremum libre, celui de l'intégrale

$$(2) \qquad I = \int_{x^0}^{x^1} f(y', y, x)\, dx$$

où f est une fonction donnée de y', y, x ; y, une fonction inconnue ; y' la dérivée de y, la fonction y étant assujettie à prendre des valeurs données y^0, y^1 aux deux limites d'intégration $x = x^0$ et $x = x^1$, de sorte que la ligne représentative de cette fonction est assujettie à avoir pour extrémités les deux points donnés $A(x^0, y^0)$, $B(x^1, y^1)$.

C'est sur ce type de problèmes que nous allons raisonner d'abord pour fixer les idées ; mais notre manière de procéder apparaîtra d'elle-même comme tout à fait générale.

Supposant le problème résolu, soit $y = \psi(x)$ la fonction qui réalise l'extremum, une autre fonction quelconque du champ (c'est-à-dire une fonction qui prend les valeurs y^0, y^1 pour $x = x^0, x^1$) étant désignée par $\Psi(x)$.

L'extremum devra avoir lieu a fortiori si nous restreignons davantage le choix des fonctions Ψ.

Prenons, en particulier, dans le champ K, une famille de fonctions $\Psi(x, \alpha)$ dépendant d'un paramètre α et telle que, pour $\alpha = 0$, on ait la fonction $\psi(x)$ elle-même, soit

$$(3) \qquad \Psi(x, 0) = \psi(x).$$

Les fonctions de cette famille devront prendre aux extrémités x^0 et x^1 de notre intervalle d'intégration, les valeurs données, soit

$$(4) \qquad \Psi(x^0, \alpha) = y^0, \qquad \Psi(x^1, \alpha) = y^1.$$

Alors il est clair qu'en faisant $y = \Psi(x, \alpha)$ dans l'intégrale I, celle-ci, qui sera devenue une fonction de α, aura un extremum pour $\alpha = 0$.

Réciproquement, supposons que l'intégrale I, considérée comme fonction de α grâce à la substitution $y = \Psi(x, \alpha)$, soit, par exemple, minima pour $\alpha = 0$, quelle que soit la fonction $\Psi(x, \alpha)$ sous les seules conditions (3), (4). Alors la fonction $\psi(x)$ possède bien la propriété de minimum demandée. Soit, en effet, $\Psi(x)$ une fonction satisfaisant aux conditions aux limites : on pourra prendre

$$\Psi(x, \alpha) \equiv \psi + \alpha(\Psi(x) - \psi(x)).$$

Or I sera plus petit pour $\alpha = 0$ que pour $\alpha = 1$ puisque $I(\alpha)$ est minimum pour $\alpha = 0$; donc I sera plus petit pour la fonction ψ que pour la fonction quelconque Ψ (à laquelle se réduit $\Psi(x, \alpha)$ pour $\alpha = 1$).

39. Critique du raisonnement précédent. — La première partie de ce raisonnement est inattaquable. Il est établi que I, fonction de α, devra avoir un extremum pour $\alpha = 0$, moyennant les conditions (3) et (4).

La réciproque serait également certaine si le mot *minimum* avait, dans ce qui vient d'être dit, le sens de minimum *absolu*.

Or, nous allons voir qu'il n'en est rien.

Variations. — Pour exprimer en effet que I est minimum par rapport à α, on applique les règles, rappelées plus haut, du Calcul différentiel. La méthode suivie consiste à calculer (à l'aide de la différentiation sous le signe $\int$) les deux premières dérivées de I par rapport à α et à s'assurer que la première est nulle et la seconde positive.

On a l'habitude d'introduire, au lieu de dérivées par rapport à α, les différentielles correspondantes (obtenues en multipliant la dérivée première par l'accroissement de α, la dérivée seconde par le carré de cet accroissement), auxquelles on donne le nom de *variations* et que l'on désigne par le symbole δ.

On écrira donc $\delta I = 0$, $\delta^2 I > 0$. La première condition devra être vérifiée en toute hypothèse, la seconde, toutes les fois que la variation δy de l'inconnue elle-même ne sera pas identiquement nulle dans l'intervalle d'intégration (ce qui donnerait $\delta^2 I = 0$).

Ce sont ces conditions que l'on aurait à considérer comme nécessaires et suffisantes pour le minimum.

40. On voit immédiatement l'insuffisance de ce raisonnement. On applique les conditions du minimum *relatif* de la fonction $I(\alpha)$ et on le traite ensuite comme si c'était un minimum *absolu* en écrivant $I(0) < I(1)$.

Il est d'ailleurs clair *à priori* que les conditions mentionnées tout à l'heure ne peuvent s'appliquer qu'à un minimum qui est lui-même *relatif*, c'est-à-dire restreint aux fonctions $\Psi(x)$ très peu différentes de $\psi(x)$.

C'est cette espèce de minimum que nous considérons exclusivement en général.

Mais même si l'on suppose $\Psi(x)$ très voisin de $\psi(x)$ il n'est nullement évident que les conditions $\frac{\partial I}{\partial \alpha} = 0$, $\frac{\partial^2 I}{\partial \alpha^2} > 0$, vérifiées pour la seule valeur $\alpha = 0$, entraîneront $I(0) < I(1)$.

Si $y = \psi(x)$ n'est pas pour I un minimum relatif dans le champ K, il y aura, il est vrai, des fonctions $\psi_1(x)$ aussi voisines de ψ que l'on voudra, donnant à I des valeurs plus petites que ψ, et on pourra former des familles de fonctions à un paramètre α, prises parmi les ψ_1 telles, par conséquent, que $I(\alpha)$ n'ait pas un minimum relatif pour $\alpha = 0$. Mais la méthode des variations ne s'applique pas toujours aux familles ainsi formées. Elle n'est valable que si la fonction $\Psi(x, \alpha)$ satisfait aux conditions nécessaires pour qu'on puisse différentier sous le signe $\int$.

Or, rien ne dit ici que ces conditions sont vérifiées par la famille de fonctions dont nous venons de parler, puisque la manière dont elles dépendent de α est totalement inconnue.

41. Exemple de Scheeffer. — Mais on pourrait être tenté de croire que, si les raisonnements qui précèdent ne sont pas parfaitement rigoureux, leur conclusion est néanmoins exacte, et que les circonstances qui les mettraient en défaut ne se présentent pas en fait.

L'exemple suivant dû à Scheeffer [1] montre que c'est le con-

[1] *Math. Annalen*, t. XXV.

traire qui a lieu et que les raisonnements peuvent, en effet, conduire à des résultats erronés.

Considérons l'intégrale

$$(5) \qquad I = \int_{x^0}^{x^1} [(x-a)^2 y'^2 + (x-a) y'^3]\, dx$$

où l'on a :

$$x^0 < a < x^1, \qquad y(x^0) = y(x^1) = 0$$

a, x^0, x^1, étant certaines constantes. On voit que la courbe $y = y(x)$ passe par deux points fixes de l'axe Ox. Il en est ainsi en particulier pour la droite $y = 0$. Or on a, en différentiant sous le signe $\int$ par rapport au paramètre α,

$$\delta I = \int_{x^0}^{x^1} [2(x-a)^2 y' \delta y' + 3(x-a) y'^2 \delta y']\, dx$$

$$\delta^2 I = \int_{x^0}^{x^1} [2(x-a)^2 (\delta y')^2 + 6(x-a) y' (\delta y')^2 + 2(x-a)^2 y' \delta^2 y' + 3(x-a) y'^2 \delta^2 y']\, dx.$$

Donc, pour la fonction $y = 0$, on a :

$$\delta I = 0 \qquad \delta^2 I = \int_{x^0}^{x^1} 2(x-a)^2 (\delta y')^2 dx > 0.$$

Par conséquent, $I(\alpha)$ a toujours un minimum pour $\alpha = 0$.

Cependant nous pouvons former des fonctions $y(x)$ aussi voisines de $y = 0$ que l'on veut, s'annulant en x^0 et x^1, et pour lesquelles I ait une valeur négative.

En effet, soient ε et h des quantités positives très petites. On pourra toujours prendre

$y = \varepsilon(x - a + h)$ entre a et $a - h$;

$y = -\varepsilon(x - a - h)$ entre a et $a + h$;

$y = 0$, dans le reste de l'intervalle x^0, x^1.

La fonction y ainsi définie, et qui est représentée par une ligne brisée ACDEB (*fig.* 2), sera nulle en x^0 et x^1, et continue entre ces limites ; elle aura une dérivée continue sauf pour les abscisses

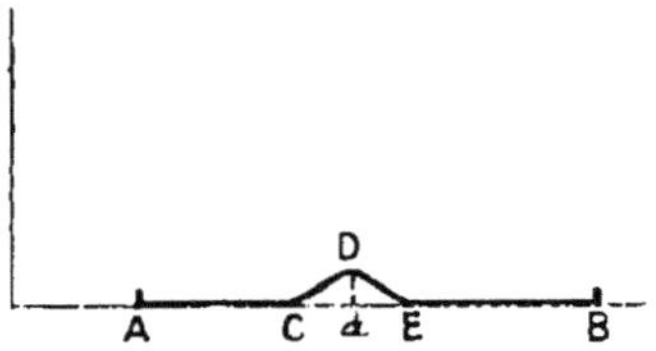

Fig. 2.

$a-h$, a ou $a+h$, ce qui n'empêchera pas l'intégrale I d'avoir un sens.

On aura ainsi :

$$I=\int_{a-h}^{a}[(x-a)^2\varepsilon^2+(x-a)\varepsilon^3]dx+\int_{a}^{a+h}[(x-a)^2\varepsilon^2-(x-a)\varepsilon^3]dx.$$

D'où :

$$I=\frac{2h^2\varepsilon^2}{3}\left(h-\frac{3\varepsilon}{2}\right).$$

Donc en prenant par exemple $h=\frac{3\varepsilon}{4}$ et en faisant tendre ε vers o, on aura une fonction y de x qui tendra vers la fonction $y=0$ de x^0 à x^1 (y' tendant également vers zéro pour toute valeur de x comprise dans le même intervalle) ; et pourtant I restera constamment négatif.

42. On pourrait objecter que la courbe variée représentée par la fonction $y(x)$ que nous avons définie ne répond pas aux conditions de continuité que l'on peut être tenté de s'imposer, puisque y' est discontinue en trois points.

Nous allons voir (chap. II) que cette objection est sans valeur. On peut former une famille de fonctions tendant vers zéro entre x^0 et x_1, pour lesquelles I est négatif et qui, non seulement ont une dérivée première continue, mais sont même analytiques entre x^0 et x^1.

Bien entendu cette famille de fonctions, comme la précédente, sera nécessairement telle que l'on n'ait plus le droit de différentier sous le signe $\int$ par rapport à α, comme nous l'avions fait tout d'abord.

43. D'aucune façon, par conséquent, le raisonnement développé au commencement de ce chapitre ne peut être considéré comme satisfaisant.

Les méthodes calquées sur celles du Calcul différentiel, la considération exclusive des variations, ne peuvent suffire à trancher la question.

La difficulté ainsi soulevée est fondamentale. Elle n'a été résolue que longtemps après Lagrange, par les travaux de Weierstrass, à côté desquels il convient de citer ceux de M. Darboux (et aussi de Scheeffer). C'est de cette résolution que nous aurons, avant tout, à nous occuper dans ce qui va suivre.

CHAPITRE II

LA NOTION DE VOISINAGE

44. Si la question qui nous occupe n'a pas reçu tout d'abord de solution satisfaisante, c'est avant tout, comme nous allons le voir, parce que cette question était mal posée et qu'avant d'y répondre, il est indispensable d'en préciser le sens.

S'il s'agissait d'extremum *absolu*, la difficulté ne se présenterait pas. Il n'y a, à cet égard qu'à reprendre la définition donnée pour les extrema ordinaires : on dira que $y = \psi(x)$ donne à l'intégrale

$$I = \int_{x^0}^{x^1} f(y', y, x)\, dx \qquad (2)$$

un *minimum* (*maximum*) *absolu* (sous des conditions déterminées) si, en remplaçant la fonction y par $\psi(x)$, on obtient pour I une valeur $I_{(\psi)}$ plus petite, (plus grande), que pour toute autre forme de la fonction y (satisfaisant comme elle, aux conditions données).

Cet extremum sera *strict* ou *large* suivant qu'il sera ou non impossible de trouver (sous les mêmes conditions) une autre fonction y donnant à l'intégrale une valeur *égale* à $I_{(\psi)}$.

45. Voisinage. — Mais, nous l'avons dit, les méthodes du calcul des variations ne nous permettront de reconnaître que l'extremum *relatif* : nous pouvons seulement nous proposer de rechercher si $y = \psi(x)$ donne à l'intégrale I une valeur plus petite ou plus grande que toute autre fonction y *suffisamment voisine de la première.*

Seulement, qu'entendrons-nous par fonction *voisine* d'une autre?

La première idée qui se présente (et qu'il convient, en effet, d'adopter dans beaucoup de cas) est de dire que deux fonctions sont voisines si leur différence, pour une même valeur de x, est très petite, quelle que soit cette valeur.

Mais d'autre part, si on dit que les deux fonctions $\psi(x)$ et $\Psi(x)$ sont voisines, il est naturel de se représenter les deux courbes $y = \psi(x)$ et $y = \Psi(x)$ comme ayant à peu près la même forme. Or, par exemple, $y = \alpha \sin \frac{x}{\alpha}$ est très petit quand α tend vers o. Pourtant, la forme de la courbe $y = \alpha \sin \frac{x}{\alpha}$ reste différente de celle de la droite $y = 0$ lorsque α est très petit : les tangentes à ces deux courbes font entre elles des angles qui ne tendent nullement vers zéro.

Nous sommes ainsi amenés à distinguer, avec Weierstrass, divers modes de voisinage et à introduire la définition plus générale suivante :

On dit que deux fonctions $\psi(x)$, $\Psi(x)$ ont entre elles (dans l'intervalle où on les considère) un voisinage d'ordre p défini par le nombre positif ε, si on peut établir une correspondance univoque et réciproque, entre les deux nombres x', x'' variables, telle que l'on ait :

$$(6) \quad |\psi(x') - \Psi(x'')| < \varepsilon, \left|\frac{d\psi(x')}{dx'} - \frac{d\Psi(x'')}{dx''}\right| < \varepsilon \ldots \left|\frac{d^p\psi(x')}{dx'^p} - \frac{d^p\Psi(x'')}{dx''^p}\right| < \varepsilon$$

avec

$$(7) \qquad |x' - x''| < \varepsilon.$$

Il est d'ailleurs aisé de voir que (si la fonction ψ, par exemple, est donnée une fois pour toutes et que ses p dérivées soient continues) le mode de correspondance adopté entre x' et x'' ne joue aucun rôle et que l'on peut toujours supposer $x' = x''$ en remplaçant, au besoin, ε par un nombre plus grand, mais qui tend vers zéro avec le premier.

En effet, l'inégalité (7) entraînera les inégalités

$$\left|\frac{d^i\psi(x')}{dx'^i} - \frac{d^i\psi(x'')}{dx''^i}\right| < \eta \qquad (i = 1, 2, \ldots p)$$

lesquelles, combinées avec (7), donneront

$$(6') \qquad \left| \frac{d^i\psi(x'')}{dx''^i} - \frac{d^i\Psi(x'')}{dx''^i} \right| < \varepsilon',$$

où $\varepsilon' = \varepsilon + \eta$ tend vers zéro avec ε; et réciproquement, les conditions (6') sont de la forme (6).

La notion de voisinage s'étend évidemment aux fonctions de plusieurs variables, les dérivées partielles jusqu'à l'ordre p (inclus) remplaçant les p premières dérivées dans les inégalités (6).

46. Extremum fort et extremum faible. — Moyennant la définition précédente, nous sommes en mesure de préciser celle de l'extremum relatif. Nous devrons, en effet, distinguer entre les extrema relatifs qui correspondent à des voisinages d'ordre 0, 1, 2...

Pour l'intégrale (2), on appelle *extremum fort* celui qui correspond à un voisinage d'ordre zéro, *extremum faible* celui qu'on obtient pour $p = 1$. (Nous verrons que ces deux valeurs de p sont dans ce cas, les seules qu'on ait, en général, besoin de considérer.)

Nous dirons donc que $y = \psi(x)$ correspond pour l'intégrale (2) à un minimum faible (dans un champ quelconque K) *si l'on peut assigner un nombre ε, tel que toute fonction $\Psi(x)$ du champ* K *ayant avec $\psi(x)$ un voisinage d'ordre 1 défini par le nombre ε, donne à cette intégrale une valeur*

$$(8) \qquad \underset{(\Psi)}{I} > \underset{(\psi)}{I}$$

en désignant encore par $\underset{(\psi)}{I}$, $\underset{(\Psi)}{I}$ les valeurs que prend I quand on remplace respectivement y par $\psi(x)$ et par $\Psi(x)$.

Les fonctions du champ K qui ont avec $\psi(x)$ un voisinage d'ordre 1 défini par le nombre ε forment un champ $\mathbf{K}_\varepsilon$ intérieur à K : la fonction $\psi(x)$ devra réaliser le minimum absolu de I dans le champ $\mathbf{K}_\varepsilon$.

Le minimum faible sera *strict* si l'inégalité précédente exclut l'égalité (pour Ψ non identique à ψ); *large*, dans le cas contraire.

Pour définir le minimum fort, il suffit de remplacer les mots « *voisinage d'ordre un* » par : « *voisinage d'ordre zéro* ». La fonction $\psi(x)$ devra réaliser le minimum de I dans le champ $\mathbf{K}_\varepsilon$ formé par les fonctions y du champ K qui ont avec $\psi(x)$ le voisinage d'ordre zéro défini par le nombre ε.

Telle est la définition rigoureuse du minimum, susceptible de servir de base à nos recherches ultérieures.

Il est clair que les conditions du minimum fort devront entraîner celles du minimum faible. Car le champ $\mathbf{K}_\varepsilon$ est intérieur à $\mathbf{K}_\varepsilon$.

Il est également clair, d'après ce qui précède, que les conditions précédemment énoncées $\delta I = 0$, $\delta^2 I \geqslant 0$ sont *nécessaires* pour un minimum même faible. Car, pour α suffisamment petit, les fonctions $\Psi(x, \alpha)$ considérées au n° **39** satisfont aux conditions du voisinage quel que soit l'ordre imposé à celui-ci.

Nous appellerons encore variations fortes celles qui correspondent à un voisinage d'ordre zéro; variations *faibles*, celles qui respectent le voisinage d'ordre un.

Dans l'exemple de Scheeffer (n° **41**), le minimum faible lui-même n'est pas réalisé. Nous avons, en effet, obtenu des valeurs négatives de I à l'aide de lignes le long desquelles non seulement y, mais aussi y' était constamment très petit [1].

47. Fonctions analytiques voisines d'une fonction donnée. — A propos du même exemple de Scheeffer, nous avons été conduits à nous poser (n° **42**) une question qui se présentera à plusieurs reprises dans la suite et à laquelle nous allons répondre une fois pour toutes.

Nous *nous sommes servis au n°* **41**, *de lignes présentant* des points anguleux. Notre raisonnement prouve donc que l'intégrale (5) n'est pas minima dans ces conditions, mais semble laisser entière la question de savoir si le minimum n'existerait pas lorsqu'on impose aux courbes variées la condition d'avoir une tangente qui varie continument.

Nous allons voir qu'il n'en est rien et que les deux questions sont tranchées du même coup.

Si une ligne $\mathfrak{L}$ ne fournit pas l'extremum d'une certaine intégrale de la forme (2) dans un champ K composé de fonctions continues mais dont certaines ont des dérivées discontinues, elle ne

(1) Par contre, nous verrons plus loin (liv. III, chap. III) que le minimum serait, *dans cet exemple, assuré pour un voisinage d'ordre deux.*

le fournira pas davantage, non seulement si on ajoute aux autres conditions qui définissent le champ celle que les dérivées jusqu'à un ordre déterminé quelconque soient continues, mais même si *l'on impose celle que les fonctions inconnues soient analytiques et holomorphes.*

Nous emploierons pour le démontrer le théorème connu de Weierstrass (¹) d'après lequel *toute fonction continue dans un intervalle est représentable, dans cet intervalle, avec une approximation aussi grande qu'on veut, par un polynôme.* Mais nous nous servirons également de l'extension que M. Painlevé (²) a donnée à ce théorème, et qui est relative aux dérivées de la fonction ; et nous nous placerons même dans le cas un peu plus général où l'une de ces dérivées admet des discontinuités isolées.

Nous considérons donc une fonction y de x continue, ainsi que ses $n - 1$ premières dérivées, entre x^0 et x^1 ; nous supposons de plus qu'elle a une dérivée d'ordre n qui est continue entre x^0 et x^1, sauf en un nombre fini de points pour chacun desquels ses valeurs à droite et à gauche existent (³).

Nous allons montrer qu'*on peut former une fonction z holomorphe de x^0 à x^1 (réelle comme y) qui ait un voisinage (aussi étroit qu'on le veut) d'ordre n avec y sauf dans des intervalles aussi petits que l'on veut autour des points de discontinuité de $y^{(n)}$. Dans chacun de ces derniers intervalles, le voisinage sera d'ordre $n - 1$ et l'on aura $\mu' - \varepsilon' < z^{(n)} < \mu + \varepsilon'$, ($\varepsilon'$ étant aussi petit que l'on veut) en désignant par μ et μ' la plus grande et la plus petite des deux valeurs de $y^{(n)}$ au point de discontinuité.*

Considérons d'abord le cas où $y, y', \dots y^{(n)}$ sont continues entre x^0 et x^1. D'après le théorème de Weierstrass, on peut trouver un polynôme $P_0(x)$ ayant dans l'intervalle (x^0, x^1) un voisinage

---

(¹) Voir par exemple, Picard, *Traité d'Analyse*, tome I, Chap. IX, § 5 ; Goursat, *Cours d'Analyse*, tome I, p. 473.

(²) C. R. Ac. Sc., 7 février 1896. Voir aussi *Leçons sur les fonctions des variables réelles et les développements en séries de polynômes*, professées par E. Borel et rédigées par M. Fréchet. Paris, Gauthiers-Villars ; p. 67.

(³) On appelle *valeur à droite* de $\psi(x)$, pour $x = a$, la limite (si cette limite existe) de $\psi(a + h)$, lorsque h tend vers zéro *par valeurs positives* ; valeur *à gauche*, la limite analogue obtenue en faisant tendre h vers zéro par valeurs *négatives*.

d'ordre zéro avec $y^{(n)}$ de façon que l'on ait, dans cet intervalle

$$|P_0(x) - y^{(n)}(x)| < \varepsilon_n.$$

Il en résulte

$$|y^{(n-1)}(x) - y^{(n-1)}(x^0) - \int_{x^0}^{x} P_0(x)dx| < (x^1 - x^0)\varepsilon_n = \varepsilon_{n-1}$$

Autrement dit, le polynôme

$$P_1(x) = y^{(n-1)}(x^0) + \int_{x^0}^{x} P_0(x)dx$$

sera tel que sa différence avec $y^{(n-1)}(x)$ soit, dans tout notre intervalle, inférieure au second membre de l'inégalité précédente, c'est-à-dire à une quantité aussi petite qu'on le veut.

Pareille conclusion s'obtiendra successivement pour toutes les différences $|P_i(x) - y^{(n-i)}(x)|$, si on détermine chaque polynôme P_i à l'aide du précédent P_{i-1} par la relation

$$P_i(x) = y^{(n-i)}(x^0) + \int_{x^0}^{x} P_{i-1}(x)dx$$

Dès lors, le polynôme $Q(x) = P_n(x)$ (lequel aura pour dérivées successives tous les précédents) sera bien tel que l'on ait

$$|Q(x) - y(x)| < \varepsilon_0, \ldots.. |Q^{(n)}(x) - y^{(n)}(x)| < \varepsilon_n$$

Supposons maintenant que la fonction $y^{(n)}(x)$ admette un certain nombre de discontinuités et soit, par exemple, représentée par la ligne $ABB_1C_1C_2D_2$ (*fig.* 3). Du premier arc continu AB, retranchons un arc très petit BB′ et, du second, l'arc très petit $B_1B'_1$. Joignons $B'B'_1$ par une ligne droite qui remplacera la portion correspondante de notre courbe discontinue. Faisons de même pour C_1, C_2; nous aurons une ligne continue à laquelle nous pourrons appliquer le théorème de Weierstrass. En opérant sur le polynôme d'approximation P_0 comme il a été expliqué il y a un instant, on arrivera évidemment à un polynôme Q satisfaisant à toutes les conditions de l'énoncé.

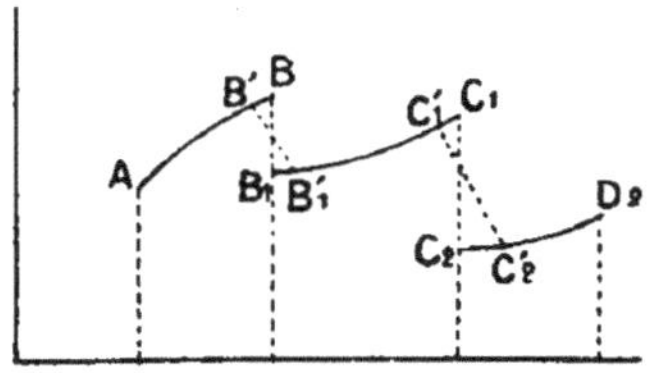

Fig. 3.

Nous aurons besoin que le polynôme Q coïncide *rigoureusement* avec y aux extrémités de l'intervalle. Il suffira, évidemment, de lui ajouter un terme complémentaire convenable. On pourra même trouver un polynôme $R(x)$, tel que $[y(x) - Q(x) - R(x)]$ soit nul, ainsi que ses N premières dérivées, en x^0 et x^1, polynôme qui sera de la forme

$$R(x) = p_0(x)u(x^0) + p_1(x)u(x^0) + \dots + p_N(x)u^{(N)}(x^0) + q_0(x)u(x^1) + \dots + q_N(x)u^{(N)}(x^1),$$

en posant $u(x) = y(x) - Q(x)$, et en désignant par p_i, q_i des polynômes ne dépendant que de x^0, x^1, N. Comme on a :

$$|u^{(i)}x| < \varepsilon_i$$

entre x^0 et x^1, on aura aussi :

$$|R(x)| < r_0\eta_0$$

et de même $|R^{(i)}(x)| < r_i\eta_0$, r_i ne dépendant que de $(x^1 - x^0)$, de i et de N, η_0 étant le plus grand des nombres $\varepsilon_0, \dots \varepsilon_N$. Donc, en posant $S(x) = Q(x) + R(x)$, on aura un polynôme $S(x)$ voisin de y d'ordre n entre x^0 et x^1 et qui coïncide avec y aux extrémités x^0 et x^1, de même que $S'(x)$ avec $y'(x), \dots, S^{(N)}(x)$ avec $y^{(N)}$, de façon que la courbe $y = S(x)$ ait, avec celle qui représente la fonction donnée, un contact d'ordre N en x^0 et x^1.

48. Cela posé, considérons de nouveau l'intégrale

$$I = \int f(y'_1, y'_2, \dots y'_n, y_1, y_2 \dots y_n, x)\, dx \qquad (2')$$

et la courbe analytique λ, joignant deux points donnés A et B (d'abscisses x^0, x^1). Admettons que l'on ait pu trouver des courbes $\mathfrak{L}_0$ ayant un voisinage infiniment étroit (d'ordre 0 ou 1) avec λ et donnant à l'intégrale I une valeur $\underset{(\mathfrak{L}_0)}{I}$ inférieure à $\underset{(\lambda)}{I}$, les courbes $\mathfrak{L}_0$ étant continues, mais présentant un certain nombre q de points anguleux. C'est ce qui arrive, par exemple, pour l'intégrale de Scheeffer.

La courbe λ ne réalise pas alors le minimum relatif (d'ordre 0 ou 1), parmi les courbes $\mathfrak{L}$ qui ont même continuité que $\mathfrak{L}_0$.

Cela suffit pour qu'elle ne le réalise pas davantage, non seulement parmi les courbes à tangente continue, mais même parmi les courbes **analytiques** *joignant* A *et* B.

Pour le démontrer, nous supposerons encore que f soit une fonction finie et continue et, en particulier, que l'on ait : $|f| < M$ (M étant un nombre fixe) lorsque, les valeurs de $x, y_1, \dots y_n$ étant voisines de celles qu'elles prennent sur λ, les valeurs des y'_i sont comprises entre deux limites déterminées A_i, B_i.

Dans ces conditions, considérons, autour de chaque point anguleux $x = a$ de la ligne $\mathfrak{L}_0$, un intervalle $(a - \eta, a + \eta)$ et soient μ'_i, μ_i les valeurs extrêmes de y'_i dans cet intervalle. Je supposerai que μ'_i et μ_i sont compris (au sens strict) entre A_i et B_i quand $\mathfrak{L}_0$ est assez voisine de λ. Nous venons de voir que l'on pouvait trouver une courbe analytique $\mathfrak{L}$ ayant avec $\mathfrak{L}_0$ un voisinage d'ordre 1 défini par le nombre arbitrairement petit ε, sauf dans les petits intervalles $(a - \eta, a + \eta)$ où les valeurs de la dérivée première y'_i seront, à cette quantité ε près, comprises entre μ_i' et μ_i.

Je dis que la différence $(\underset{(\mathfrak{L})}{I} - \underset{(\mathfrak{L}_0)}{I})$ entre les intégrales prises suivant $\mathfrak{L}$ et suivant $\mathfrak{L}_0$ sera infiniment petite.

En effet, cette différence peut se décomposer en deux parties : celle qui est relative aux petits intervalles et le reste. Nous supposons que $|f|$ reste inférieur à M quand les y'_i sont compris entre A_i et B_i. Or c'est ce qui, d'après l'hypothèse faite sur μ_i, μ_i', aura lieu sur la courbe $\mathfrak{L}$ dans les régions $(a - \eta, a + \eta)$. Donc la partie de l'intégrale relative à ces petites régions (en nombre fini) sera inférieure en valeur absolue à $2q\text{M}\eta$. D'autre part, pour le reste de l'intervalle (x^0, x^1) si l'on suppose f continue près de la courbe λ et par conséquent près de $\mathfrak{L}$, il est clair que f ne sera altéré (dans le passage de la courbe $\mathfrak{L}_0$ à la courbe $\mathfrak{L}$) que d'une quantité inférieure à ω, ω étant encore un nombre positif aussi petit que l'on veut si l'on a pris ε assez petit. Donc :

$$\left|\underset{(\mathfrak{L})}{I} - \underset{(\mathfrak{L}_0)}{I}\right| \leq (x^1 - x^0)\omega + 2q\text{M}\eta$$

Comme nous disposons de ε et de η, on pourra bien prendre $\mathfrak{L}$ assez voisine (d'ordre 1) de $\mathfrak{L}_0$ pour que $(\underset{(\mathfrak{L})}{I} - \underset{(\mathfrak{L}_0)}{I})$ soit aussi petit qu'on le veut.

Dès lors, puisque $\underset{(\mathfrak{L}_0)}{I}$ est inférieur (et non égal) à $\underset{(\lambda)}{I}$, il en sera de même pour $\underset{(\mathfrak{L})}{I}$ dès que le voisinage sera suffisamment étroit : de sorte que notre *conclusion est démontrée*.

Elle s'applique, par exemple, à l'intégrale de Scheeffer. Pour celle-ci, l'axe des x ne réalise pas le minimum, même parmi les lignes analytiques.

Ainsi, il est indifférent, pour examiner si une courbe λ rend minima ou maxima une intégrale de la forme (2) ou (2'), de considérer des variations analytiques ou des variations simplement continues avec points anguleux isolés.

De même, pour le minimum d'une intégrale où l'élément différentiel contient des dérivées jusqu'à un certain ordre p, on ne doit avoir aucun scrupule à employer des variations à dérivée $p^{\text{ème}}$ discontinue (en des points isolés), pourvu que les $(p - 1)$ premières dérivées soient continues. La démonstration est exactement la même que pour le cas de $p = 1$.

Par contre, si l'intégrale dépendait des dérivées secondes, le raisonnement ne s'appliquerait plus à une ligne admettant des points anguleux. Le procédé du n° **47**, appliqué à une fonction dont la dérivée première est discontinue, conduit évidemment à un polynôme P_0 dont la dérivée seconde prend de très grandes valeurs au voisinage des discontinuités en question.

Nous verrons (Livre II, n° **132**) qu'en fait, la conclusion est toute différente et qu'alors l'introduction de variations à points anguleux (ou, d'une manière générale l'introduction de variations à dérivée $(p - 1)^{\text{ième}}$ discontinue si l'intégrale donnée contient des dérivées d'ordre p) n'est pas légitime.

LIVRE II

LA VARIATION PREMIÈRE ET LES CONDITIONS DU PREMIER ORDRE

CHAPITRE PREMIER

TRANSFORMATION FONDAMENTALE ET LEMME FONDAMENTAL

50. Les intégrales auxquelles nous appliquerons tout d'abord notre méthode auront la forme

$$(1)\qquad I = \int_{x^0}^{x^1} f(y'_1, y'_2, \dots y'_n, y_1, y_2, \dots y_n, x)\, dx.$$

$y_1, y_2, \dots y_n$ seront des fonctions inconnues de x, qui devront avoir des dérivées premières $y'_1, \dots y'_n$ continues (sauf peut-être en des points isolés) entre les limites données x^0 et x^1. L'ensemble de ces fonctions de x représente une courbe $\mathfrak{L}$ de l'espace à $n+1$ dimensions, qui passe par les deux points A, B d'abscisses x^0, x^1. Nous désignerons d'une manière générale par la notation $I^{A}_{(\mathfrak{L})}{}^{B}$ la valeur de I prise entre A et B, le long de la courbe $\mathfrak{L}$.

f est une fonction donnée de $y'_1, \dots y'_n, y_1, \dots y_n, x$ (ayant, nous l'admettrons, des dérivées premières et secondes continues pour toutes les valeurs que nous aurons à donner à ces quantités sur $\mathfrak{L}$).

Moyennant ces hypothèses, l'intégrale I a un sens pour toutes les courbes $\mathfrak{L}$ que nous nous proposons de comparer les unes aux autres au point de vue de la valeur qu'elles donnent à l'intégrale I; ou en employant la terminologie du n° **37**, pour toutes les courbes du *champ fonctionnel* dans lequel nous cherchons l'extremum de cette intégrale.

La définition de ce champ ne comprendra tout d'abord, outre les restrictions énoncées tout à l'heure, que des conditions portant sur les extrémités A, B ou tout au plus sur un nombre fini d'autres points : nous commençons, autrement dit, (n° **37**), par étudier l'extremum *libre*.

51. Rappelons d'abord un cas classique où la question ne se pose pas.

Supposons que l'on ait :

$$f = P_0 + P_1 y'_1 + P_2 y'_2 + \dots P_n y'_n,$$

$P_0, P_1, \dots, P_n$ étant des fonctions de $x, y_1, y_2, \dots y_n$. L'intégrale peut s'écrire

$$\int_A^B (P_0 dx + P_1 dy_1 + \dots + P_n dy_n).$$

Si $P_0, P_1, \dots P_n$ sont les dérivées partielles d'une même fonction $\varphi(x, y_1, y_2, \dots y_n)$, cette intégrale est *indépendante* du choix de la ligne $\mathfrak{L}$ (du moins tant qu'on ne rencontre pas de point singulier de φ) : elle est égale à $\varphi_B - \varphi_A$. Il n'y a donc pas lieu d'en chercher l'extremum.

Les conditions que doivent remplir les fonctions $P_0, \dots P_n$ pour qu'il en soit ainsi sont bien connues ; pour $n = 1$, par exemple, on devra avoir :

$$\frac{\partial P_0}{\partial y_1} = \frac{\partial P_1}{\partial x}$$

Il est utile d'observer qu'*il est indifférent*, dans un problème quelconque de Calcul des variations, *d'ajouter à l'intégrale dont on cherche l'extremum une intégrale de l'espèce précédente, puisqu'une telle intégrale est constante*. On changerait la *valeur* de l'extremum, mais non la position de la ligne à laquelle il correspond.

52. Conformément à la marche indiquée au livre précédent, nous allons étudier la *variation première* de l'intégrale I, c'est-à-dire (n° **40**) la différentielle de I par rapport à un paramètre auxiliaire α. En annulant cette variation première, nous aurons les *conditions du premier ordre* pour le maximum ou le minimum cherché; c'est seulement parmi les fonctions satisfaisant à ces conditions que pourront se trouver les solutions du problème.

Calculons donc la différentielle de I pour $\alpha = 0$ (soit δI) lorsque les fonctions $y_1, y_2, \ldots y_n$ et, par conséquent, la ligne $\mathfrak{L}$ dépendent d'un paramètre α, la ligne λ qu'il s'agit d'étudier étant la position que prend $\mathfrak{L}$ pour $\alpha = 0$.

$y_1, y_2, \ldots$ sont ainsi des fonctions des deux variables indépendantes x et α. Nous supposerons (ce qui est une hypothèse sur la manière dont $\mathfrak{L}$ dépend de α) que ces fonctions admettent, sauf peut-être pour des valeurs isolées de x, des dérivées qui sont continues par rapport à x et à α tant isolément que simultanément. Nous désignerons par $\frac{d}{dx}$ une dérivée partielle par rapport à x (prise, par conséquent, le long d'une ligne $\mathfrak{L}$ fixe) et par δ une différentielle partielle par rapport à α, dans laquelle par conséquent (au moins jusqu'à nouvel ordre) x reste constant.

Interversion des signes d et δ. — D'après un théorème bien connu, les deux différentiations par rapport à x et à α peuvent être permutées. Il en est donc de même des deux symboles d et δ :

$$\delta\left(\frac{d}{dx}\right) = \frac{d}{dx}\delta; \tag{1}$$

par exemple

$$\delta y'_i = \frac{d}{dx}\delta y_i \tag{2'}$$

On voit que, d'après nos hypothèses, la courbe variée $\mathfrak{L}$ aura avec λ un voisinage d'ordre aussi élevé qu'on voudra (et en tout cas au moins du premier ordre) lorsque α est infiniment petit.

Quant aux limites d'intégration x^0, x^1, elles pourront être, soit des constantes, soit des fonctions de α. Plaçons-nous, pour commencer, dans cette dernière hypothèse, la plus générale des deux.

53. Transformation fondamentale. — Dans ces conditions, la différentiation sous le signe $\int$ donne :

$$\delta I = \Big[f(y_1', \dots y_n, x)\delta x\Big]_{x^0}^{x^1} + \int_{x^0}^{x^1} \Big[\delta f(y_1', \dots y_n, x)\Big] dx.$$

Nous désignerons par les notations $f_{y_i'}, f_{y_i}, f_x$ les dérivées partielles de f par rapport aux $2n + 1$ quantités y_i', y_i, x considérées comme autant de variables indépendantes. On aura, dans ce système de notations,

$$(3) \qquad \delta f = \sum_i (f_{y_i}\delta y_i + f_{y_i'}\delta y_i'),$$

et (φ étant une fonction quelconque de y', y, x)

$$(4) \qquad \frac{d\varphi}{dx} = \varphi_x + \sum_i (\varphi_{y_i} y_i' + \varphi_{y_i'} y_i'')$$

Supposons encore, au moins provisoirement, que $y_1', \dots y_n'$ admettent des dérivées $y_1'', \dots y_n''$, continues entre x^0 et x^1 (voir au n° **64**). Les quantités $f_{y_i'}$ auront alors aussi des dérivées continues.

Moyennant cette hypothèse, notre méthode va consister à faire disparaître de l'expression δf, quantité sous le signe $\int$ dans la valeur de δI, les termes en $\delta y_i'$.

Il suffit, pour cela, d'employer une intégration par parties, et d'écrire

$$f_{y_i'}\delta y_i' = f_{y_i'}\frac{d}{dx}\delta y_i = \frac{d}{dx}(f_{y_i'}\delta y_i) - \delta y_i \frac{d}{dx} f_{y_i'}.$$

On a ainsi :

$$(5) \qquad \delta I = \int_{x^0}^{x^1} \Big(\sum_i I^{(y_i)}\delta y_i\Big) dx + \Big[\Big(\sum_i f_{y_i'}\delta y_i\Big) + f\delta x\Big]_{x^0}^{x^1}$$

en posant :

$$(6) \qquad I^{(y_i)} = F_i(y) = f_{y_i} - \frac{d}{dx}(f_{y_i'}).$$

L'expression (6) dépend, comme on le voit, d'une part de la forme de la fonction f, de l'autre du choix des fonctions y (c'est une fonction des y et de leurs dérivées premières et secondes, en vertu de la formule (4)).

Nous employons, pour désigner cette expression (6), la double notation $F_i(y)$ ou $I^{(y_i)}$ afin de rappeler, suivant les cas, la manière dont elle contient les y ou le rôle qu'elle joue dans la variation de I.

54. Nous allons nous placer maintenant dans le cas où les limites d'intégration sont fixes et où les fonctions $y_1, y_2, \ldots y_n$ sont assujetties à prendre des valeurs données $y^0{}_1, y^0{}_2, \ldots y^0{}_n; y^1{}_1, \ldots y^1{}_n$, en x^0 et en x^1, soit

$$(k) \qquad y_i(x^0) = y^0{}_i; \; y_i(x^1) = y^1{}_i \qquad (i = 1, 2, \ldots n);$$

autrement dit, où les extrémités A, B de l'arc d'intégration sont données. Nous aurons alors :

$$(\mathbf{k_0}) \qquad \delta x^0 = \delta x^1 = 0$$

et, puisque $y_i(x^0)$, $y_i(x^1)$ sont indépendants de α :

$$(\mathbf{k}) \qquad \delta y_i = 0 \qquad (x = x^0, x^1).$$

Réciproquement d'ailleurs, les conditions (**k**) sont les seules auxquelles les hypothèses (k) assujettissent les δy_i. Autrement dit, tout système de fonctions de x satisfaisant à ces conditions (**k**) peut être considéré comme constituant les différentielles, par rapport à α, de fonctions $y_i(x, \alpha)$ satisfaisant, quelque soit α, aux conditions (k). Il suffira, en effet, de prendre

$$(7) \qquad y_i(x, \alpha) = y_i(x, 0) + \alpha \frac{\delta y_i}{\delta \alpha}.$$

Les relations ($\mathbf{k_0}$) et (**k**) réduisent la formule (5) à

$$(8) \qquad \delta I = \int_{x^0}^{x^1} \left(\sum I^{(y_i)} \delta y_i \right) dx$$

55. Dans le cas d'une seule fonction inconnue y, la formule se réduit à :

$$(8') \qquad \delta I = \int_{x^0}^{x^1} I^{(y)} \delta y dx = \int_{x^0}^{x^1} F(y) \, \delta y dx.$$

Si, au lieu de deux positions infiniment voisines de la ligne $\mathcal{L}$, on en prend deux quelconques $\mathcal{L}_0$, $\mathcal{L}_1$ (*fig.* 4) (ayant toujours des extrémités A et B communes) la formule précédente conduit à considérer la différence des intégrales $\int f(y', y, x)dx$ prises suivant ces deux courbes comme une intégrale double étendue à l'aire S comprise entre elles.

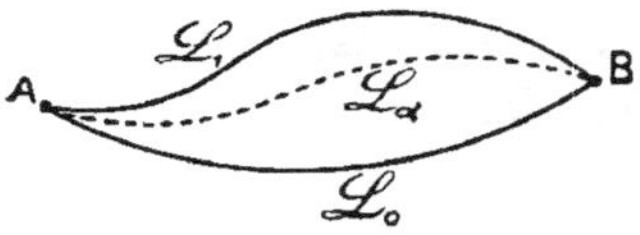

Fig. 4.

Supposons, pour simplifier, que cette aire est unique, c'est-à-dire que $\mathcal{L}_0$ et $\mathcal{L}_1$ ne se coupent pas entre A et B. On peut alors passer de l'une à l'autre (comparer n° **39**) par une suite continue de lignes $\mathcal{L}_\alpha$ ($0 \leqslant \alpha \leqslant 1$) dont les ordonnées soient des fonctions constamment croissantes ou constamment décroissantes de α.

(9) $$y = \Psi(x, \alpha).$$

La formule (8′) fait connaître la dérivée $\frac{\partial I_\alpha}{\partial \alpha}$, en posant pour abréger :

$$I_\alpha = \int_{x^0}^{x^1} f(\Psi', \Psi, x)\,dx ;$$

par conséquent, on aura

$$I_1 - I_0 = \int_0^1 \partial\alpha \int_{x^0}^{x^1} I^{(y)} \frac{\partial y}{\partial \alpha} dx.$$

Cette expression n'est autre qu'une intégrale double étendue aux valeurs de x telles que $x^0 < x < x^1$ et aux valeurs de α telles que $0 < \alpha < 1$. En intervertissant l'ordre des intégrations, elle s'écrit

$$\int_{x^0}^{x^1} dx \int_0^1 I^{(y)} \frac{\partial y}{\partial \alpha} d\alpha$$

ou, plus simplement

(10) $$I_1 - I_0 = \iint I^{(y)} dx dy,$$

cette dernière intégrale étant étendue à l'aire S.

55 *bis*. Lorsque f se réduit à $P + Qy'$, P et Q étant des fonctions données de x, y, on a

$$F = P_y - Q_x$$

d'où, par suite, le résultat classique

$$I_1 - I_0 = \iint \left(\frac{\partial P}{\partial y} - \frac{\partial Q}{\partial x}\right) dx dy.$$

On voit donc bien que si $\left(\frac{\partial P}{\partial y} - \frac{\partial Q}{\partial x}\right)$ est identiquement nul, il en est de même de $(I_1 - I_0)$, quelles que soient $\mathfrak{L}_0$ et $\mathfrak{L}_1$. C'est la circonstance mentionnée au n° **51**. Inversement (en vertu du lemme fondamental qui va être établi au n° suivant), pour que $\frac{\partial I}{\partial \alpha}$ soit nul, quelle que soit la courbe (9) (c'est-à-dire pour que I soit indépendant du choix de cette courbe), il est nécessaire que $\frac{\partial P}{\partial y} - \frac{\partial Q}{\partial x}$ soit identiquement nul. On retrouve donc ainsi la condition nécessaire et suffisante pour que l'intégrale $\int (P dx + Q dy)$ soit indépendante du chemin d'intégration. Le raisonnement précédent revient d'ailleurs à l'une des démonstrations connues de ce résultat (voir Picard, *Traité d'Analyse*, tome I, p. 86).

Dans le cas général où f n'est pas linéaire en y', la formule ne fournit pas immédiatement une expression de $I_1 - I_0$, puisque $F = I^{(y)}$ n'est pas directement exprimé en fonction de x et de y; il faudrait, pour obtenir une telle expression, calculer F en fonction de x et de α, puis y remplacer cette dernière quantité par sa valeur tirée de l'équation générale (9).)

56. Lemme fondamental. — Restons toujours dans l'hypothèse où les coordonnées des points A et B, extrémités de l'arc d'intégration, sont données.

D'après les remarques qui viennent d'être faites sur les δy_i, nous avons à chercher les conditions moyennant lesquelles l'intégrale qui constitue le second membre de la formule précédente (8) s'annule pour toutes les déterminations acceptables (c'est-à-dire nulles aux extrémités) de ces fonctions δy_i.

C'est à quoi répond le théorème suivant, connu sous le nom de *lemme fondamental du calcul des variations* et qui est d'ailleurs utile dans beaucoup d'autres théories d'Analyse.

LEMME FONDAMENTAL. — **$Y_1, Y_2, \dots Y_n$ étant des fonctions déterminées de x, si l'on a**

$$(11) \qquad \int_{x^0}^{x^1} (Y_1 \mathbf{y}_1 + Y_2 \mathbf{y}_2 + \dots\dots + Y_n \mathbf{y}_n) d \; = 0.$$

pour toute détermination des fonctions $\mathbf{y}_1, \mathbf{y}_2 \dots \mathbf{y}_n$ telle que ces fonctions prennent la valeur 0 **aux extrémités de l'intervalle d'intégration, il est nécessaire, pour cela que les fonctions** $Y_1, Y_2 \dots Y_n$ (supposées continues, ou même discontinues en des points isolés) **soient identiquement nulles entre** x^0 **et** x^1 (sauf peut-être, aux points de discontinuité).

Si, en effet Y_1, par exemple, n'était pas constamment nul e avait un signe constant entre deux valeurs x', x'' de x intérieures à notre intervalle, on pourrait prendre $\mathbf{y}_2, \dots \mathbf{y}_n$ identiquement nuls, avec

$$(12) \qquad \mathbf{y}_1 = (x - x')(x'' - x) \qquad (x' \leqq x \leqq x''),$$

$\mathbf{y}_1$ étant nul en dehors de l'intervalle (x', x'') de sorte que sa courbe représentative est celle qui est dessinée (*fig.* 5) Il est clair

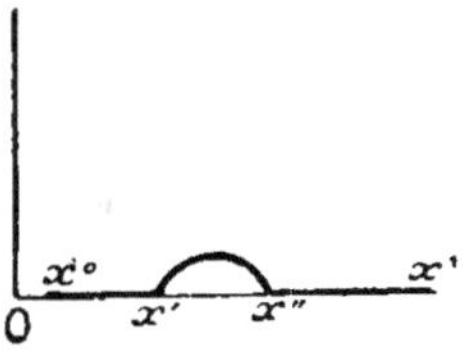

FIG. 5.

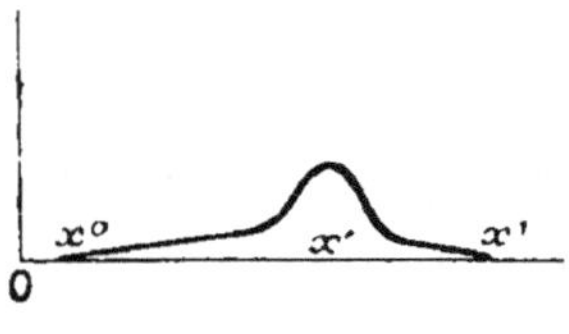

FIG. 6.

que ce choix rendrait l'intégrale (11) différente de zéro, puisque cette intégrale aurait tous ses éléments de même signe entre x' et x'', et nuls en dehors de ces limites.

Weierstrass ([1]) et Kirchhoff, qui a eu à faire intervenir le lemme fondamental dans ses recherches sur le principe de Huyghens ([2]), obtenaient le même résultat en prenant (dans tout l'intervalle donné (x^0, x^1), cette fois)

$$(13) \qquad y_1 = \mu(x - x^0)(x^1 - x)e^{-\mu^2(x-x')^2}$$

où μ est un nombre très grand.

Une telle quantité (*fig.* 6) étant très petite partout ailleurs qu'au voisinage de $x = x'$, on voit sans difficulté que notre intégrale ne saurait être nulle si l'on n'a pas $Y_1(x') = 0$.

57. Il est à observer que l'on peut restreindre le champ fonctionnel (imposé à $y_1, y_2, \ldots y_n$) dans lequel on admet l'équation (11). *Le lemme reste vrai si, dans cette équation, les* y *sont assujettis à avoir une ou plusieurs dérivées nulles aux limites* ou même en un ou plusieurs autres points de l'intervalle d'intégration) : car la première expression choisie pour y_1 vérifie nécessairement ces conditions supplémentaires.

De plus, *le lemme reste vrai si, en outre, l'on assujettit les* y *à avoir une ou plusieurs dérivées continues, ou même à être analytiques.* Car, s'il est vrai que l'expression (12) a sa dérivée discontinue, les considérations du Livre précédent nous ont appris à la remplacer par une fonction analytique conduisant au même résultat, et cela sans changer les dérivées en x^0 et en x^1.

Au reste, l'expression (13) est analytique, et pour lui donner des dérivées nulles aux limites, il suffirait d'affecter les facteurs $(x - x^0)$, $(x^1 - x)$ d'exposants suffisamment grands.

([1]) Voir Zermelo, *Untersuchungen zur Variationsrechnung*, Thèse. Berlin, 1894.

([2]) Voir par exemple, *Vorlesungen über mathematische Physik*, tome II Optique), 2e leçon. Comparer plus loin, Chap. VII.

CHAPITRE II

—

L'EXTREMUM LIBRE (CONDITIONS DU PREMIER ORDRE) DANS LE CAS DES LIMITES FIXES

I. APPLICATION DU LEMME FONDAMENTAL. EXTRÉMALES.

58. Reprenons maintenant notre problème : exprimer que la variation de I est nulle dans un champ fonctionnel K composé des lignes qui ont leurs extrémités en deux points fixes A, B; autrement dit, exprimer que l'expression (8) est nulle pour tous les systèmes de valeurs des δy_i (nuls aux limites).

D'après le lemme fondamental, ceci exige que l'on ait constamment

$$I^{(y_1)} = I^{(y_2)} = \ldots\ldots = I^{(y_n)} = 0.$$

Les fonctions $y_1, y_2, \ldots y_n$ devront être choisies de manière à rendre ces relations identiques en x, — ou plus exactement, à les vérifier pour toute valeur de x comprise entre x^0 et x^1, sauf peut-être des discontinuités en nombre fini.

Nous sommes ainsi conduits (du moins sous les hypothèses de dérivabilité admises précédemment n° **53**)) à l'énoncé suivant, qui est le premier résultat fondamental cherché :

Toute courbe qui satisfait aux conditions du premier ordre (n° 52) pour l'extremum libre de l'intégrale entre les deux points fixes A, B doit vérifier les équations différentielles

$$(E)\quad \begin{cases} F_1(y) = f_{y_1} - \dfrac{d}{dx} f_{y'_1} = 0 \\ F_2 \quad = f_{y_2} - \dfrac{d}{dx} f_{y'_2} = 0 \\ \cdots\cdots\cdots\cdots\cdots \\ F_n \quad = f_{y_n} - \dfrac{d}{dx} f_{y'_n} = 0 \end{cases}$$

On appelle **extrémales** les lignes qui satisfont aux équations différentielles (E). Les considérations précédentes se résument donc dans ce fait que *la ligne* (si elle existe) *qui rend maxima ou minima l'intégrale donnée doit être cherchée parmi les extrémales.*

58 *bis.* La conclusion serait encore la même si l'on avait fait entrer, dans la définition du champ K où l'on cherche l'extremum, la condition de posséder des tangentes données en A et B, c'est-à-dire si on fixait les valeurs des y'_i (ou même de plusieurs dérivées des y_i) aux limites : ceci reviendrait en effet à annuler en ces points quelques-unes des dérivées des δy_i, ce qui laisse subsister (n° **57**) le lemme fondamental.

59. Les équations (E) sont des équations différentielles du second ordre, linéaires en $y''_1, y''_2, \ldots y''_n$. Les termes du second ordre du polynôme F_i proviennent du développement de $-\dfrac{d}{dx} f_{y'_i}$: ils ont d'après la formule (4), la forme

$$\left(\frac{\partial^2 f}{\partial y'_1 \partial y'_i} y''_1 + \ldots + \frac{\partial^2 f}{\partial y'_n \partial y'_i} y''_n\right) = -\frac{1}{2} \frac{\partial}{\partial y''_i} \Phi(y''_1, y''_2, \ldots, y''_n)$$

en introduisant la forme quadratique

$$(14)\qquad \Phi(\mathbf{y}_1, \mathbf{y}_2, \ldots \mathbf{y}_n) = \Sigma \mathbf{A}_{ik} \mathbf{y}_i \mathbf{y}_k$$

dans laquelle

$$\mathbf{A}_{ik} = \frac{\partial^2 f}{\partial y'_i \partial y'_k}.$$

En particulier, le déterminant fonctionnel **A** des équations $F_i = 0$ par rapport aux y_i'' sera précisément (au signe près) le discriminant de cette forme quadratique Φ, c'est-à-dire le hessien de f par rapport aux y'.

Dans le cas de $n = 1$ (intégrale du numéro **55**) ce hessien se réduit à

$$\mathbf{A} = f_{y'^2}$$

et l'équation du problème s'écrit

$$(E_1) \qquad \mathbf{A}y'' = f_y - f_{xy'} - y' f_{yy'}$$

Si le hessien **A** est différent de 0, autrement dit si la forme $\Phi(\mathbf{y}_1, \dots \mathbf{y}_n)$ est une forme générale, ce que nous supposerons toujours dans la suite, les équations (E) sont résolubles en $y_1'', \dots y_n''$ et les donneront sous forme de fonctions continues en x, y_i, y'_i.

Nous dirons que notre problème de Calcul des variations est *ordinaire* si **A** est différent de zéro.

Les équations (E) auront alors des solutions dépendant de $2n$ constantes arbitraires.

Sans être assurés par là (nous aurons à revenir plus loin sur ce point (n° **99**)) que nous puissions assujettir la ligne cherchée à passer par les deux points donnés A et B (comme les conditions du problème l'exigent), nous voyons cependant que nous disposons du nombre de constantes nécessaires pour vérifier cette condition (puisqu'elle s'exprime par les $2n$ équations (k) du n° **54**).

60. On remarquera, au contraire que, si l'on se donnait, en outre, les valeurs d'une ou plusieurs dérivées aux limites, le problème *ne serait plus possible* en général (voir livre VI). Nous savons en effet (n° **58** *bis*) que la courbe cherchée devrait être encore une extrémale, et nous voyons qu'il faudrait assujettir les $2n$ constantes arbitraires dont dépendent les extrémales à plus de $2n$ conditions.

61. Exemple I (*Lignes droites*). — Prenons le cas où l'on donne

$$(15) \qquad I = \int_{x^0}^{x^1} \sqrt{1 + y'^2}\, dx,$$

le radical étant pris avec le signe +. On a

$$(16)\qquad F(y) = f_y - \frac{d}{dx} f_{y'} = -\frac{d}{dx}\frac{y'}{\sqrt{1+y'^2}}.$$

Les extrémales sont définies par l'équation $F(y) = 0$, qui donne $y = Cx + C_1$. Ces extrémales sont des droites.

Si donc on se donne les valeurs de y en x^0 et x^1, soit y^0 et y^1, on aura l'extrémale passant en A et B.

$$(16\ bis)\qquad y = y^0 + \left(\frac{x - x^0}{x^1 - x^0}\right)(y^1 - y^0)$$

laquelle n'est autre, bien entendu, que la ligne droite qui joint ces deux points.

On voit que si l'on se donnait de plus les valeurs de y' en x^0 et x^1, le problème ne serait pas possible, sauf si ces valeurs étaient égales à $\frac{y^1 - y^0}{x^1 - x^0}$.

62. Un cas d'intégrabilité. — L'exemple précédent nous amène à noter un cas d'intégrabilité des équations des extrémales. C'est celui où $f(y'_1, y'_2, \ldots y'_n, y_1, \ldots y_n, x)$ ne dépend pas de l'un des y_i, de y_1, par exemple. Dans ce cas, on a

$$F_1 = -\frac{d}{dx} f_{y'_1}$$

et l'équation $F_1 = 0$ donne

$$f_{y'_1} = C,$$

C désignant une constante d'intégration.

On aurait encore une intégrale première dans le cas plus général où f serait linéaire par rapport à y_1, le coefficient de y_1 étant fonction de x seul.

63. Exemple II. *Action Hamiltonienne.* — Un exemple classique d'extrémales est fourni par les équations générales de la Dynamique.

Soit considéré un système holonome [1] sans frottement, dont

---

[1] Voir Appell, *Traité de Mécanique rationnelle*, tome II, Chap. XXIII, XXIV.

la position dépend de n paramètres indépendants $y_1, y_2, \dots y_n$. Soient T l'énergie cinétique, U la fonction des forces (ou — U l'énergie potentielle). Les équations du mouvement seront

$$-F_i \equiv \frac{d}{dt}\left(\frac{\partial T}{\partial y'_i}\right) - \frac{\partial T}{\partial y_i} - \frac{\partial U}{\partial y_i} = 0 \qquad (i = 1, 2, \dots, n).$$

U dépendant des quantités $y_1, y_2, \dots y_n$ et du temps t, mais étant indépendant des y', ces équations définissent les extrémales relatives à l'intégrale

$$(17) \qquad \int_{t^0}^{t^1} (T + U)\,dt$$

qui s'appelle l'*action hamiltonienne*.

Ce sont les conditions du premier ordre relatives à l'extremum de l'intégrale précédente entre tous les mouvements qui, prenant le système dans une position donnée à l'instant donné t^0, l'amènent, au temps également donné t^1, dans une autre position donnée.

Le cas d'intégrabilité considéré au numéro précédent, savoir celui où ni T, ni U ne contiennent explicitement l'un des paramètres, est bien connu en Dynamique analytique.

64. Objection de du Bois-Reymond. — Lorsque nous avons établi (**58**) que toute courbe qui annule δI est une extrémale, il nous a fallu supposer que les y_i avaient des dérivées secondes. C'était imposer à la courbe λ une condition de plus qu'aux autres courbes $\mathfrak{C}$ du champ K, et il n'y a aucune raison (du moins, *a priori*) pour que cette condition soit remplie d'elle-même par la courbe qui donne l'extremum. Les seules restrictions qu'il soit indispensable d'imposer aux fonctions cherchées sont, outre celles d'être continues pour toute valeur de x sans exception (supposition essentielle, dont nous ne nous départirons à aucun moment [1]), les hypothèses dont on a besoin pour que l'intégrale I existe.

(1) Si on y renonçait, les questions qui nous occupent cesseraient d'exister. Par exemple, le minimum de l'intégrale (15), prise du point (x^0, y^0) au point (x^1, y^1) ne serait plus la distance de ces deux points, mais la différence de leurs abscisses : il serait fourni par une fonction égale à une constante arbitraire pour toute valeur de x, sauf pour $x = x^0$ et $x = x^1$, où elle prendrait les valeurs y^0, y^1.

On sait aujourd'hui définir cette quantité en se plaçant dans des circonstances extrêmement générales, dans lesquelles les dérivées y' peuvent cesser d'exister. C'est ce qui arrive pour la longueur d'une courbe ([1]), autrement dit (lorsque la courbe est plane) pour l'intégrale (15). Une courbe peut être *rectifiable*, tout en n'admettant de tangente en aucun point.

Laissons de côté, au moins quant à présent, ces *intégrales généralisées*. Il n'est néanmoins légitime de faire, *a priori*, que les hypothèses usuellement adoptées pour définir l'intégrale, savoir :

1° que les dérivées premières existent et sont continues, en général, tout en pouvant présenter des discontinuités isolées ;

2° qu'elles ne prennent jamais que des valeurs pour lesquelles f et ses dérivées partielles sont finies.

Du moment que ces hypothèses sont les seules que nous faisons sur les courbes $\mathfrak{C}$, nous avons à nous demander si la courbe λ qui fournit l'extremum est de celles sur lesquelles les y' existent.

65. Pour résoudre cette question, nous partirons encore de la relation

$$\delta I = \int_{x^0}^{x^1} \sum_i (f_{y_i} \delta y_i + f_{y'_i} \delta y'_i)\, dx ;$$

seulement nous intégrerons par parties, non plus les seconds termes, mais les premiers, en posant

$$Q_i(x) = \int_{x^0}^{x} f_{y_i} dx.$$

Nous introduisons ainsi, non plus une nouvelle dérivation, mais une nouvelle quadrature (on sait que l'étude de ces dernières est plus simple que celle des dérivées, dans beaucoup de questions théoriques).

([1]) Voir JORDAN, *Cours d'Analyse*, tome III ; LEBESGUE, *Intégrale, longueur, aire* (Thèse de l'Université de Paris ; Milan, 1902) et *Leçons sur l'intégration et la recherche des fonctions primitives*, professées au Collège de France en 1902-1903 (Paris, 1904). — Les résultats établis relativement à l'intégrale (15) se généralisent aisément à l'intégrale (1) en prenant celle-ci sous la forme paramétrique (voir plus loin, n° **70** et suivants).

Q_i sera une fonction de x continue entre x^0 et x^1 et dérivable sauf aux points anguleux de λ. On pourra légitimement intégrer par parties, ce qui donne

$$f_{y_i}\delta y = \delta y_i \frac{dQ_i}{dx} = \frac{d}{dx}(Q_i \delta y_i) - Q_i \frac{d\delta y_i}{dx};$$

d'où, avec nos conditions aux limites :

$$(18) \qquad \delta I = \int_{x^0}^{x^1} \sum_i G_i \delta y'_i dx$$

avec

$$G_i = f_{y'_i} - Q_i$$

les G_i étant des quantités sur lesquelles nous ne savons rien, sinon qu'elles sont en général continues.

Cette expression de δI doit être nulle pour tous les choix des fonctions δy_i tels que l'on ait les relations

$$(\mathbf{k}) \qquad \delta y_1 = \dots \delta y_n = 0 \qquad (x = x^0, x^1)$$

c'est-à-dire pour tous les choix des fonctions $\delta y'_i$ tels que

$$(\mathbf{k}') \qquad \int_{x^0}^{x^1} \delta y'_i dx = 0 \qquad (i = 1, 2, \dots n).$$

Or, en vertu d'une proposition qui sera démontrée aisément plus loin (ch. V) (sans utiliser les considérations actuelles) et qui peut être envisagée comme une généralisation du lemme fondamental, la condition nécessaire et suffisante pour que (18) soit nul moyennant les seules relations (**k'**) est que chacune des quantités G_i soit constante en tous les points où elle est continue, c'est-à-dire en tous les points où les y'_i sont continus (¹). Pour tous ces points, on a donc :

$$(19) \qquad f_{y'_i} - Q_i = C_i \qquad (i = 1, 2, \dots n)$$

65 *bis*. Considérons ces relations comme définissant les y'_i, les y_i et les Q_i étant supposés d'ores et déjà remplacés par leurs

(¹) D'autres démonstrations de ce fait ont été données par MM. Hilbert (voir Whittemore, *Annals of Math.*, 2ᵉ série, t. II); Zermelo (*Math. Ann.*, t. LVIII).

valeurs en fonctions de x, valeurs dont nous savons d'ailleurs qu'elles admettent toutes des dérivées.

Le déterminant fonctionnel $\frac{D(f_{y'_1}, \dots f_{y'_n})}{D(y'_1, \dots y'_n)}$, lequel n'est autre que le discriminant de la forme quadratique (14), est une fonction continue de x, dans les intervalles où les y'_i existent et sont continus. Si donc il est différent de zéro pour $x = a$, il sera différent de zéro dans un intervalle bb' comprenant ce point.

Des théorèmes bien connus nous apprennent que dans un tel intervalle, les équations (19) ont en $y'_1, \dots y'_n$, un système de solutions continues et que, ces solutions ont elles-mêmes des dérivées continues $y''_1, \dots y''_n$ satisfaisant aux équations qu'on obtient en dérivant les équations (19), c'est-à-dire précisément aux équations (E) déjà obtenues

$$-F_i = \frac{d}{dx} f_{y'_i} - f_{y_i} = 0 \qquad (i = 1, \dots n).$$

Donc, si l'on suppose que la forme $\Phi(\mathbf{y}_1, \dots \mathbf{y}_n)$ est toujours générale entre x^0 et x^1 sauf en des points isolés (c'est-à-dire que le problème est ordinaire sauf en ces points) la courbe λ est formée d'arcs d'extrémales sur lesquelles les y''_i sont continus.

66. Le raisonnement ne laisse de côté comme on voit qu'un seul cas : celui où le déterminant $\mathbf{A} = \frac{D(f_{y'_1}, f_{y'_2}, \dots f_{y'_n})}{D(y'_1, y'_2, \dots y'_n)}$, c'est-à-dire le discriminant de la forme Φ considérée au n° **59**, serait nul pour toute valeur de x, soit que cela ait lieu identiquement, en vertu de la forme de la fonction f, soit que l'on ait ainsi une équation différentielle vérifiée par la courbe λ.

Dans cette dernière hypothèse, l'existence des dérivées secondes est encore assurée (sauf peut-être pour des formes tout exceptionnelles de la fonction f, dans l'examen desquelles nous n'entrerons pas). En effet, on pourra considérer alors les y' comme définis par $n - 1$ des équations (19) et l'équation $\mathbf{A} = 0$. Ils seront donc dérivables [1], à moins que l'on n'ait

$$\Delta = \frac{D(f_{y'_1}, f_{y'_2}, \dots f_{y'_{n-1}}, \mathbf{A})}{D(y'_1, y'_2, \dots y'_n)} = 0.$$

---

[1] On aboutirait encore à la même conclusion dans l'autre cas d'exception qu'on pourrait avoir à considérer, celui où tous les mineurs de $\mathbf{A}$ seraient nuls.

Mais alors, on opérerait avec Δ comme nous venons de le faire avec A; et ainsi de suite. Il est clair qu'on formerait ainsi une suite d'équations $0 = A = \Delta = \Delta_1 = \ldots$ qui, dès qu'elles seraient en nombre supérieur à n deviendraient incompatibles si f était choisi au hasard.

Au contraire, si A était identiquement nul, des circonstances nouvelles pourraient se présenter. Nous en verrons plus loin un exemple général correspondant à $n > 1$. Pour le cas d'une seule inconnue y, A se réduit à $\frac{\partial^2 f}{\partial y'^2}$, et n'est identiquement nul que si f est de la forme

$$f = P(x, y) + y' Q(x, y),$$

de sorte que I n'est autre chose que l'intégrale curviligne bien connue

$$I = \int P dx + Q dy$$

$f_{y'} = Q(x, y)$ peut alors être dérivé sans l'intervention de y'', de sorte que la variation a toujours la forme du nº **55**

$$\delta I = \int_{x^0}^{x^1} \left(\frac{\partial P}{\partial y} - \frac{\partial Q}{\partial x}\right) \delta y dx.$$

Identiquement nulle si la différentielle $(P dx + Q dy)$ est intégrable, cette variation ne l'est, au contraire, jamais en dehors de ce cas, à moins que la courbe λ n'ait pour équation $\frac{\partial P}{\partial y} - \frac{\partial Q}{\partial x} = 0$. La courbe ainsi représentée est, dans ce cas, la seule qui annule la variation de I. Or, elle ne passe pas, en général, par les points A et B.

67. Les équations (19) nous donnent aussi des renseignements sur ce qui se passe pour les valeurs (isolées) de x où nous ne supposons plus l'existence et la continuité des y'. Soit $x = c$ l'une de ces valeurs. Prenons encore $n = 1$ et supposons en outre, que y' reste bornée aux environs de $x = c$. L'ensemble de ces valeurs de y' a au moins un point d'accumulation (nº **3** *bis*), c'est-à-dire qu'il existe au moins un nombre y'_0 vers lequel tend y' lorsque x tend vers c par des valeurs inférieures à c, par exemple, et convenablement choisies $\xi_1, \xi_2, \ldots \xi_n, \ldots$

L'équation (19) sera manifestement vérifiée pour $x = c$, $y' = y'_0$.

Supposons $\frac{\partial^2 f}{\partial y'^2_0} \neq 0$. Alors on sait que l'équation $f_{y'} = Q + C$ (où l'on considère y et Q comme des fonctions données de x) admet en y' une seule solution (y') comprise (pour x voisin de c) entre $y'_0 + \varepsilon$ et $y'_0 - \varepsilon$. Il est dès lors clair que y', qui est continu pour $x \neq c$ et qui coïncide avec (y') pour $x = \xi_1, \xi_2, \ldots \xi_n, \ldots$, ne peut différer de (y') pour aucune valeur de x située au voisinage de c et inférieure à c.

En un mot, y' tend vers une limite $(y'_-) = y'_0$ quand x tend vers c inférieurement. Il admet de même une limite y'_+ quand x tend vers c supérieurement, et l'on a d'après (19)

$$(20) \qquad f_{y'_-} = f_{y'_+}.$$

Ce raisonnement s'étend de lui-même au cas de $n > 1$, moyennant l'hypothèse que le hessien **A** ne s'annule pas pour les valeurs considérées des y'.

On peut souvent aller plus loin. Supposons que $f_{y'^2}$ ait pour les valeurs considérées de x, y, un signe indépendant de y'. Alors la relation (20) exigera $y'_+ = y'_-$. *Donc y' sera continu pour $x = c$.*

68. Figurative. — Il y a avantage à exprimer ce raisonnement — et beaucoup de ceux que nous aurons à présenter dans la suite — sous forme géométrique, en introduisant la courbe

$$u = f(y', y, x) = f(y')$$

qui (x et y étant regardés comme constants) représente la variation de $u = f$, quantité sous le signe $\int$ de notre intégrale, (u étant pris comme ordonnée) en fonction de y' (pris comme abscisse).

Nous appellerons cette courbe la *figurative* du problème.

Par exemple dans le cas des lignes droites (exemple du n° **61**), la figurative est l'hyperbole $u^2 = 1 + y'^2$ (ou, plus exactement, la branche de cette hyperbole qui correspond à $u > 0$).

La condition que $f_{y'^2}$ garde un signe constant signifie que la figurative tourne toujours sa concavité dans le même sens ; et notre raisonnement exprime que, dans ces conditions, elle ne peut avoir deux tangentes parallèles entre elles (impossibilité de la relation (20) pour $y'_+ \neq y'_-$).

69. Pour raisonner d'une manière analogue dans le cas de $n > 1$, nous supposerons que la forme Φ (n° **59**) est définie au point de discontinuité. Soit $n = 2$; considérons y'_1, y'_2, f comme des coordonnées dans l'espace. La *figurative*, — c'est-à-dire, ici, la surface qui représente f en fonction de y'_1, y'_2, — aura partout sa courbure positive et dans un sens invariable. On en déduit aisément (f étant, bien entendu, supposé être une fonction univoque) que cette surface ne peut avoir en deux points différents, des plans tangents parallèles entre eux. Autrement dit, les équations

$$f_{y'_{1+}} = f_{y'_{1}} \quad , \quad f_{y'_{2+}} = f_{y'_{2-}}$$

entraînent

$$y'_{1+} = y'_{1-} \quad , \quad y'_{2+} = y'_{2-}$$

Donc les y' seront tous deux continus ; et une démonstration analogue subsisterait pour n quelconque.

On trouvera au livre III, chap. VII, une démonstration de l'existence des dérivées secondes, suivant une méthode toute différente de celle qui précède, méthode qui s'appliquera, moyennant des hypothèses convenables, aux *intégrales généralisées* mentionnées au n° **64**.

II. INTÉGRALES SOUS FORME PARAMÉTRIQUE

70. Nous avons, jusqu'ici, parlé indifféremment de *fonctions* $y_1, y_2, \ldots, y_n$ de x ou de *lignes* dans l'espace à $n + 1$ dimensions.

Ces deux locutions ne sont cependant pas rigoureusement synonymes. Toute fonction (continue et dérivable) y de x représente une ligne plane. Mais l'inverse n'est pas vrai : une ligne n'est représentée par une fonction (bien déterminée) de x que si l'abscisse x varie toujours dans le même sens, de sorte qu'elle ne soit coupée par une ordonnée quelconque qu'en un seul point.

Reprenons, par exemple, l'intégrale (15). Supposons démontré que l'extrémale obtenue au n° **61**, c'est-à-dire la ligne droite AB, fournit le minimum de cette intégrale.

Nous ne serons pas ainsi assurés que AB est la ligne la plus courte qui joigne ces deux points, mais seulement qu'elle est la plus courte parmi les lignes le long desquelles x est toujours croissant.

Cette difficulté n'existe pas lorsqu'il s'agit du minimum faible, si l'on convient de ne considérer deux lignes tracées entre A et B comme voisines d'ordre 1 que là où les deux tangentes, *prises chacune en suivant la courbe dans le sens* AB, font un angle très petit, car alors, si l'une de ces demi droites fait avec la direction positive de l'axe des x un angle aigu (et non droit) il en sera de même de l'autre.

Mais ceci n'a plus lieu dans le cas du minimum fort. C'est à tort que la manière dont nous avons mis le problème en équation exclut toute variation dans laquelle x aurait des maxima ou des minima. Elle exclut même à tort une autre possibilité, celle d'une courbe variée à tangente parallèle à l'axe des y, puisqu'alors y' (ou l'une au moins des dérivées y'_i, si $n > 1$) serait infinie.

71. On évite ces difficultés en transformant l'intégrale, comme le fait systématiquement Weierstrass, par l'introduction d'une nouvelle variable indépendante quelconque. Au lieu de représenter la ligne considérée (dans le cas du plan) par

$$y = \psi(x) \tag{21}$$

nous la représenterons par deux équations simultanées de la forme

$$x = \xi(t) \quad , \quad y = \eta(t). \tag{22}$$

Au contraire de la première, cette seconde forme est susceptible de représenter une ligne quelconque (d'un seul trait et continue, si les fonctions ξ et η sont continues). Cette représentation est même possible d'une infinité de manières pour une ligne donnée : si, par exemple, il s'agit de la ligne (21), la fonction $\eta(t)$ sera donnée par

$$\eta(t) = \psi[\xi(t)],$$

mais la fonction ξ sera arbitraire.

D'une manière générale, si une ligne est représentée par les équations (22), il est clair qu'on aura la même ligne en faisant dans ces équations la substitution

$$|t \qquad m(t)| \tag{23}$$

où la fonction m est simplement assujettie à pouvoir prendre toutes les valeurs que doit recevoir t sur la ligne considérée dans le même ordre de sorte que m varie toujours dans le même sens.

Nous désignerons ([1]) par $\dot{x}$, $\dot{y}$ les dérivées $\frac{dx}{dt}$, $\frac{dy}{dt}$. La quantité jusqu'ici désignée par y', à savoir $\frac{dy}{dx}$, sera

$$(24) \qquad y' = \frac{\dot{y}}{\dot{x}}.$$

Moyennant ces nouvelles notations, l'intégrale

$$(25) \qquad I = \int_{x^0}^{x^1} f(y', y, x)\,dx$$

deviendra

$$(26) \qquad I = \int_{t^0}^{t^1} \bar{f}(\dot{x}, \dot{y}, x, y)\,dt$$

ou simplement

$$(26') \qquad I = \int_{A}^{B} \bar{f}(dx, dy, x, y)$$

en posant

$$(27) \qquad \bar{f}(\dot{x}, \dot{y}, x, y) = \dot{x} f\left(\frac{\dot{y}}{\dot{x}}, x, y\right).$$

C'est ce que nous appellerons la forme *paramétrique* de l'intégrale.

72. Etant donnée la manière dont nous l'avons obtenue, l'intégrale (26) ne dépend que de la forme et des extrémités de la ligne d'intégration, et non pas de la manière (indéterminée dans une large mesure, comme nous l'avons vu) dont elle est représentée paramétriquement.

Cette circonstance est liée au double caractère que possède $\bar{f}$, en vertu de la formule (27) :

1° De ne pas contenir explicitement t;

2° D'être homogène et du premier degré en $\dot{x}$, $\dot{y}$.

C'est ce que l'on voit immédiatement en remarquant que cette double condition est nécessaire et suffisante pour que la fonc-

---

([1]) C'est la notation de Newton, pour désigner les vitesses.

tion $\bar{f}$ puisse être mise sous la forme (27), c'est-à-dire pour que l'intégrale (26) puisse être mise sous la forme (25) (qui correspond à $t = x$), dans laquelle on aura d'ailleurs

$$(27') \qquad f(y', y, x) = \bar{f}(1, y', x, y).$$

Mais on peut encore (on verra dans un instant pourquoi nous préférons opérer ainsi) remarquer que si l'intégrale

$$(28) \qquad I = \int_{t^0}^{t^1} \varphi(\dot{x}, \dot{y}, x, y, t)\, dt$$

(où φ est une fonction quelconque de $\dot{x}$, $\dot{y}$, x, y, t) est déterminée par la forme de la ligne décrite par le point (x, y), indépendamment de la manière dont les coordonnées sont exprimées en fonction de t, cela revient à dire qu'elle ne change pas par la substitution (23) (pourvu qu'on fasse le changement correspondant sur les limites[1]), $m(t)$ étant une fonction de t et les nombres t'^0, t'^1 étant définis par les conditions

$$m(t'^0) = t^0 \quad , \quad m(t'^1) = t^1,$$

on aura

$$(29) \qquad I = \int_{t'^0}^{t'^1} \varphi\left(\frac{dx}{d\bar{t}}, \frac{dy}{d\bar{t}}, x, y, t\right) dt$$

en même temps que

$$I = \int_{t'^0}^{t'^1} \varphi\left(\frac{1}{m'}\frac{dx}{dt}, \frac{1}{m'}\frac{dy}{dt}, x, y, m(t)\right) m'dt$$

(autre forme de l'égalité (28)) ; par conséquent :

$$(30) \quad \int_{t'^0}^{t'^1} \varphi\left[\frac{\dot{x}}{m'}, \frac{\dot{y}}{m'}, x, y, m(t)\right] m'dt = \int_{t'^0}^{t'^1} \varphi(\dot{x}, \dot{y}, x, y, t)\, dt.$$

---

(1) Si l'intégrale devait n'être invariante que pour les changements de paramètre qui conservent les valeurs limites t^0, t^1 (c'est-à-dire en imposant à la fonction m les conditions $m(t^0) = t^0$, $m(t^1) = t^1$), la forme la plus générale serait celle qui est indiquée dans le texte, augmentée du terme additionnel $\frac{\partial \chi}{\partial t} + \dot{x}\frac{\partial \chi}{\partial x} + \dot{y}\frac{\partial \chi}{\partial y}$, où χ est une fonction quelconque de x, y, t : c'est ce que l'on verra aisément en remarquant que δI doit être nul pour la variation (37) (voir plus loin n° **79**) lorsque ε est nul aux deux extrémités.

Nous supposons que cette condition est remplie quelle que soit la longueur de l'arc d'intégration.

Les deux intégrales sont donc égales élément à élément, et l'on a

$$\varphi\left(\frac{\dot{x}}{m'}, \frac{\dot{y}}{m'}, x, y, m(t)\right) = \frac{1}{m'} \varphi(\dot{x}, \dot{y}, x, y, t)..$$

Cette identité est vérifiée lorsque $m(t)$ est une fonction croissante continue quelconque. En prenant d'abord $m(t) = t + k$ (k étant une constante arbitraire), on voit immédiatement que φ ne peut dépendre de t; soit

$$\varphi = \bar{f}(\dot{x}, \dot{y}, x, y)$$

puis on aura

$$\frac{1}{m'} \bar{f}(\dot{x}, \dot{y}, x, y) = \bar{f}\left(\frac{1}{m'} \dot{x}, \frac{1}{m'} \dot{y}, x, y\right)$$

quel que soit m'. Autrement dit (condition qui d'ailleurs est évidemment suffisante) la fonction $\bar{f}$ doit être homogène et du premier degré en $\dot{x}$ et $\dot{y}$.

73. En réalité cependant, dans les exemples que l'on a à considérer, la relation (31) n'a jamais lieu sans restriction, elle ne s'applique pas aux valeurs négatives de m'. Nous verrons plus loin, en effet (Liv. III, n° **331**) que, sans cela, aucun extremum (j'entends extremum fort) ne serait possible pour la forme paramétrique de l'intégrale. Aussi arrive-t-il toujours que $\bar{f}$ *n'est pas une fonction analytique et uniforme de* $\dot{x}$, $\dot{y}$ et que, grâce à cette circonstance, la relation (31), vérifiée par $m' > 0$, ne l'est pas pour $m' < 0$ [1].

Reprenons, par exemple, l'intégrale

$$\int \sqrt{dx^2 + dy^2}, \tag{15'}$$

forme paramétrique de l'intégrale

$$\int \sqrt{1 + y'^2}\, dx. \tag{15}$$

---

[1] On peut, avec M. Bolza, donner à $\bar{f}$ le nom de fonction *positivement homogène* en $\dot{x}$, $\dot{y}$.

Dans ces deux formules, les radicaux sont, bien entendu, supposés pris positivement. Or dans ces conditions, la fonction

$$\overline{f}(\dot{x}, \dot{y}, x, y) = \sqrt{\dot{x}^2 + \dot{y}^2}$$

ne vérifie pas la relation (31) *pour toutes les valeurs de m', mais seulement pour les valeurs positives.*

Bien entendu, il faut pour cela que cette fonction ne soit pas, pour toutes les valeurs de $\dot{x}$, $\dot{y}$, celle qui dérive de $f = +\sqrt{1+y'^2}$ par la formule (27) : et c'est ce qui a lieu en effet [1].

Nous n'admettrons donc dans l'avenir la relation (31) que pour $m' > 0$. Cela revient évidemment à dire que, dans la substitution (23), $m(t)$ *devra être une fonction croissante de t*; et c'est, par conséquent, ce que nous admettrons également. D'une manière plus précise, il sera supposé que, dans la formule (22) et suivantes, le paramètre t va constamment en croissant lorsqu'on suit la courbe de A en B; et la transformation (23) conservera cette propriété.

74. Les propriétés correspondantes relatives au cas où il y a plusieurs fonctions inconnues s'aperçoivent immédiatement : il suffit de les énoncer. Si par exemple, l'intégrale dépend d'une ligne inconnue de l'espace ordinaire (c'est-à-dire de deux fonctions inconnues d'une variable), sa forme paramétrique sera

$$(32) \qquad I = \int \overline{f}(\dot{x}, \dot{y}, \dot{z}, x, y, z)\,dt = \int \overline{f}(dx, dy, dz, x, y, z)$$

x, y, z étant les trois coordonnées et $\overline{f}$ étant homogène du premier degré par rapport aux dérivées ou aux différentielles de ces coordonnées avec la restriction du n° précédent. Cette forme est liée à la forme primitive

$$(32') \qquad I = \int f(y', z', y, z, x)\,dx$$

(1) On aurait par la formule (27)

$$\overline{f} = \sqrt{\dot{x}^2 + \dot{y}^2},$$

le radical étant pris avec le signe de $\dot{x}$. L'intégrale (15') ainsi entendue représenterait la différence entre la longueur totale des arcs de notre ligne sur lesquels x est croissant et la longueur totale des arcs sur lesquels x est décroissant.

par les formules

$$(33) \qquad \overline{f}(\dot{x}, \dot{y}, \dot{z}, x, y, z) = \dot{x} f\left(\frac{\dot{y}}{\dot{x}}, \frac{\dot{z}}{\dot{x}}, y, z, x\right)$$

ou

$$(33') \qquad f(y', z', y, z, x) = \overline{f}(1, y', z', x, y, z).$$

75. Quoique les formules précédentes permettent de passer de l'une des deux formes à l'autre, il est clair, d'après ce qui précède, que ces deux formes ne sont pas équivalentes, ne peuvent pas se substituer l'une à l'autre (du moins dans le cas de l'extremum fort). Elles peuvent s'appliquer à une même intégrale, mais l'une convient lorsque, d'après la nature de la question, l'une des variables doit toujours aller en croissant; l'autre, lorsque rien de pareil n'est nécessaire *à priori*.

On sait que, dans beaucoup de problèmes de géométrie, il n'y a pas lieu d'établir une distinction de cette espèce, parce qu'on peut ramener l'un des deux cas à l'autre, soit en divisant la courbe en arcs partiels sur chacun desquels x varie dans un sens constant, soit par un changement de coordonnées [1]. Dans le cas actuel, ces moyens, qui seraient applicables à la courbe déterminée λ qui fournit l'extremum, sont sans valeur en ce qui concerne les courbes variées, dont la forme est inconnue.

En fait, nous verrons qu'il existe des intégrales qui ont un minimum fort si on les prend sous la forme (32) et qui n'en auraient pas si on les prenait sous la forme paramétrique.

Tel est le cas de l'*action hamiltonienne* (n° **63**). Le problème de Dynamique qui conduit à la considérer rentre dans la première des deux catégories que nous avons distinguées tout à l'heure. L'action hamiltonienne est relative à un *mouvement* déterminé, dans lequel les paramètres $y_1, y_2, \ldots, y_n$ prennent des valeurs bien déterminées à chaque instant t.

Un exemple d'une intégrale qui se présente sous la forme paramétrique est, au contraire, fourni par l'*action maupertuisienne*

$$(34) \qquad I = \int \sqrt{T(U + h)}\, dt.$$

[1] Comparer plus loin, n° **115**.

Dans cette expression, on suppose que les forces agissantes et les liaisons sont indépendantes du temps. U est donc une fonction de $y_1, y_2, \ldots, y_n$, tandis que T contient en outre les y', par rapport auxquels il est homogène et quadratique :

$$T = \Sigma a_{ik} y_i' y_k'$$

(les a_{ik} fonctions des y). La quantité sous le signe $\int$ est donc bien homogène et du premier degré par rapport aux y' ; on peut écrire :

$$I = \int \sqrt{U + h} \sqrt{\Sigma a_{ik}\, dy_i\, dy_k}.$$

Le mouvement naturel est un de ceux, en nombre infini, qui correspondent à un extremum [1] de I, parmi tous ceux qui amènent de la même position initiale à la même position finale. On est donc conduit à déterminer les y_i en fonction les uns des autres de manière à annuler la variation de I. Toutefois, le mouvement n'est pas encore ainsi complètement connu, puisqu'il reste à trouver [2] la relation qui lie t à l'un quelconque des y_i.

Dans le cas le plus simple, celui d'un seul point matériel libre, l'action maupertuisienne prend la forme

$$\text{(35)} \qquad \boxed{\int V(x, y, z) \sqrt{dx^2 + dy^2 + dz^2} = \int V ds}$$

V étant ici égal à $\sqrt{U + h}$.

Les extrémales relatives à l'intégrale (35) et dont nous écrirons plus loin (n° **82**) les équations différentielles sont les trajectoires du point matériel (x, y, z), dans le champ de forces définies par la fonction U. Elles se rencontrent d'ailleurs, comme on sait, dans plusieurs autres questions, telles que :

Celle des brachistochrones [3], dont nous avons parlé plus haut; V est alors égal à $\dfrac{1}{\sqrt{2(U + h)}}$;

Celle de l'équilibre d'un fil [3]. On a alors $V = U + h$;

---

(1) Plus exactement, qui vérifient les conditions du premier ordre correspondantes.

(2) Cette relation s'obtient d'ailleurs aisément par une quadrature, à l'aide du théorème des forces vives.

(3) APPELL, *Traité de Mécanique rationnelle*, t. I, p. 205.

Celle de la marche des rayons lumineux dans un milieu d'indice variable. V est alors l'indice de réfraction (1).

76. Variations. — Dans une intégrale considérée sous forme paramétrique, on variera la ligne d'intégration en changeant la forme des fonctions x, y, z.

Il est clair que ce changement peut se faire d'une infinité de manières pour arriver à une même ligne variée. Il définit, non seulement la ligne variée, mais une correspondance entre les points de cette ligne et ceux de la ligne primitive.

Cette correspondance étant arbitraire, nous pourrons supposer, en particulier, que les limites d'intégration se correspondent : c'est ce que nous ferons en général dans la suite.

77. Le *Voisinage* d'ordre p aura lieu lorsqu'on pourra disposer de la correspondance dont nous venons de parler, de manière à satisfaire aux conditions du n° **45**.

Dans le voisinage d'ordre 1, par exemple, cela revient à dire, on le voit aisément, que les tangentes aux points voisins des deux courbes, prises chacune dans le sens des t croissants, font entre elles un angle très petit ; pour le voisinage d'ordre 2, qu'en outre les éléments géométriques du second ordre (position de la normale principale et courbure) sont également très voisins, etc.

79. Plaçons-nous au point de vue adopté dans ce chapitre, celui de la variation envisagée comme différentiation par rapport à un paramètre. Si l'on change la correspondance qui existe entre les points de la courbe λ et de la courbe variée sans changer celle-ci, on n'altère pas la valeur de δI. Or si $(\delta x, \delta y, \delta z)$ et $(\Delta x, \Delta y, \Delta z)$ sont deux variations qui correspondent à la même courbe variée, la différence de ces deux vecteurs sera un vecteur sensiblement parallèle au vecteur (dx, dy, dz). On aura donc

$$(36) \qquad \Delta x = \delta x - h\,dx, \quad \Delta y = \delta y - h\,dy, \quad \Delta z = \delta z - h\,dz.$$

Cela revient à dire que la variation

$$(37) \qquad \delta x = \varepsilon \dot{x}, \; \delta y = \varepsilon \dot{y}, \; \delta z = \varepsilon \dot{z}$$

(1) Appell, *loc. cit.*, t. I, p. 215.

correspond (quelle que soit la fonction ε de t) au cas où la courbe primitive n'est pas changée, la distribution des valeurs de t étant seule modifiée ; et, en effet, c'est elle que l'on obtient en opérant la substitution (25), c'est-à-dire en remplaçant les fonctions

$$x(t),\ y(t),\ z(t) \quad \text{par} \quad x[m(t)],\ y[m(t)],\ z[m(t)]$$

et supposant que la fonction m dépende de α. On a alors $\varepsilon = \frac{\partial m}{\partial \alpha}$.

80. *Variation normale.* — On pourra profiter de cette transformation pour donner à la variation Δ une expression qui permette d'interpréter géométriquement les formules obtenues.

Ainsi on peut toujours s'arranger pour que la variation soit normale à la courbe considérée, c'est-à-dire que l'on ait :

$$\Delta x\, dx + \Delta y\, dy + \Delta z\, dz = 0.$$

Il suffit de prendre dans la formule (36)

$$h = \frac{dx\,\delta x + dy\,\delta y + dz\,\delta z}{dx^2 + dy^2 + dz^2}.$$

Cependant cette nouvelle correspondance peut ne pas être compatible avec la convention du n° **76** relative aux limites, si celles-ci ne sont pas fixes.

Variation tronquée. — La même transformation (36) nous montre immédiatement ce que seraient les variations de y et de z si l'intégrale, au lieu d'être prise sous la forme paramétrique

$$(32) \qquad I = \int \overline{f}(\dot{x}, \dot{y}, \dot{z}, x, y, z)\,dt$$

était considérée sous la forme primitive (22'), y et z étant considérées comme fonctions de x.

Dans ce cas, en effet, les variations, telles que nous les avons étudiées en commençant, s'obtiendraient en faisant correspondre entre eux les points qui ont même abscisse. Nous devrons donc déterminer h de manière à annuler Δx ; nous voyons ainsi que la ligne qui correspond aux variations δx, δy, δz serait donnée, dans notre notation primitive, par les variations

$$(38) \qquad \delta_0 x = 0, \qquad \delta_0 y = \delta y - \frac{dy}{dx}\,\delta x, \qquad \delta_0 z = \delta z - \frac{dz}{dx}\,\delta x.$$

C'est ce que nous appellerons (avec M. Kneser) les *variations tronquées* de y et de z.

81. Extrémales. — La variation première de l'intégrale [1]

(32) $$I = \int_{t^0}^{t^1} \overline{f}(\dot{x}, \dot{y}, \dot{z}, x, y, z)\,dt$$

se calculera évidemment par la formule générale (5). Si, conformément à la convention du nº **76,** on admet que les valeurs de t aux limites ne varient pas, on aura

(39) $$\delta I = \left(\overline{f}_{\dot{x}}\delta x + \overline{f}_{\dot{y}}\delta y + \overline{f}_{\dot{z}}\delta z\right)_{t^0}^{t^1} + \int_{t^0}^{t^1}\left(\overline{I}^{(x)}\delta x + \overline{I}^{(y)}\delta y + \overline{I}^{(z)}\delta z\right)dt$$

en posant

(40) $$\overline{I}^{(x)} \equiv \overline{f}_x - \frac{d}{dt}\overline{f}_{\dot{x}}, \qquad \overline{I}^{(y)} \equiv \overline{f}_y - \frac{d}{dt}\overline{f}_{\dot{y}}, \qquad \overline{I}^{(z)} \equiv \overline{f}_z - \frac{d}{dt}\overline{f}_{\dot{z}}.$$

Et pour que δI soit nul, il faut que ces trois expressions soient nulles sur λ, soit

$(\overline{E})$ $$\overline{I}^{(x)} = \overline{I}^{(y)} = \overline{I}^{(z)} = 0.$$

Il semble qu'on ait une équation de plus qu'en partant de la forme :

(32′) $$I = \int_{x^0}^{x^1} \overline{f}(1, y'_x, z'_x, x, y, z)\,dx.$$

Il n'en est rien, car ces expressions sont liées par la relation identique :

(40′) $$\overline{I}^{(x)}\dot{x} + \overline{I}^{(y)}\dot{y} + \overline{I}^{(z)}\dot{z} = 0$$

qui résulte immédiatement de ce que δI est nul pour la variation (37) sous la condition $\varepsilon(t^0) = \varepsilon(t^1) = 0$; et que l'on vérifierait sans aucune difficulté sur les expressions (40) en partant de l'identité

$$\dot{x}\overline{f}_{\dot{x}} + \dot{y}\overline{f}_{\dot{y}} + \dot{z}\overline{f}_{\dot{z}} = \overline{f}$$

à laquelle satisfait la fonction homogène et du premier degré $\overline{f}$.

---

[1] Ici encore, comme dans tout ce qui va suivre, nous distinguerons, en les surmontant d'un trait horizontal, les quantités qui se rapportent à la forme paramétrique de l'intégrale.

81 *bis*. Il est même aisé d'indiquer les relations entre les expressions (40) et les expressions analogues $I^{(y)}$ et $I^{(z)}$ auxquelles on arriverait en calculant (n° **53**), la variation de l'intégrale considérée sous la forme (32'). Cette dernière variation s'obtiendrait, en effet, en multipliant $I^{(y)}$ et $I^{(z)}$ par les *variations tronquées* $\delta^0 y$, $\delta^0 z$, $\delta^0 x$ calculées au n° **80** : elle aurait, en supposant les extrémités fixes, la valeur

$$\int_{x^0}^{x^1} (I^{(y)}\delta^0 y + I^{(z)}\delta^0 z)\,dx.$$

Pour que ceci soit identiquement égal, moyennant les relations (38)

$$\delta^0 y = \delta y - \frac{\dot{y}}{\dot{x}}\delta x,$$

$$\delta^0 z = \delta z - \frac{\dot{z}}{\dot{x}}\delta x$$

du n° **80** (et l'identité $dx = \dot{x}dt$), à l'expression

$$\int_{t^0}^{t^1} (\overline{I}^{(x)}\delta x + \overline{I}^{(y)}\delta y + \overline{I}^{(z)}\delta z)\,dt$$

il faut, d'après le Lemme fondamental, que l'on ait

$$\overline{I}^{(x)} = -\dot{y}I^{(y)} - \dot{z}I^{(z)}$$
$$\overline{I}^{(y)} = \dot{x}I^{(y)}$$
$$\overline{I}^{(z)} = \dot{x}I^{(z)}$$

et c'est bien entendu, ce que donneraient aisément les formules de passage (33), (33').

Finalement, nous avons donc bien un nombre d'équations distinctes *inférieur d'une unité* à celui des équations écrites au premier abord, c'est-à-dire *à celui des inconnues*. Il devait évidemment en être ainsi, puisqu'il doit rester dans la solution une fonction absolument arbitraire, celle qui fait connaître la variable t en chaque point de l'extrémale cherchée.

82. Exemple. — Prenons par exemple l'intégrale (35) : les équations différentielles des extrémales seront

$$\bar{f}^{(x)} \equiv -\frac{d}{dt}\left(V\frac{\dot{x}}{\sqrt{\dot{x}^2+\dot{y}^2+\dot{z}^2}}\right)+\sqrt{\dot{x}^2+\dot{y}^2+\dot{z}^2}\,\frac{\partial V}{\partial x}=0$$

$$\bar{f}^{(y)} \equiv -\frac{d}{dt}\left(V\frac{\dot{y}}{\sqrt{\dot{x}^2+\dot{y}^2+\dot{z}^2}}\right)+\sqrt{\dot{x}^2+\dot{y}^2+\dot{z}^2}\,\frac{\partial V}{\partial y}=0$$

$$\bar{f}^{(z)} \equiv -\frac{d}{dt}\left(V\frac{\dot{z}}{\sqrt{\dot{x}^2+\dot{y}^2+\dot{z}^2}}\right)+\sqrt{\dot{x}^2+\dot{y}^2+\dot{z}^2}\,\frac{\partial V}{\partial z}=0.$$

En divisant par $\sqrt{\dot{x}^2+\dot{y}^2+\dot{z}^2}$ — ou, ce qui revient au même, en prenant pour variable t l'arc s de courbe —, ceci s'écrit :

$$(41)\qquad \begin{cases} -\dfrac{d}{ds}\left(V\dfrac{dx}{ds}\right)+\dfrac{\partial V}{\partial x}=0\\ -\dfrac{d}{ds}\left(V\dfrac{dy}{ds}\right)+\dfrac{\partial V}{\partial y}=0\\ -\dfrac{d}{ds}\left(V\dfrac{dz}{ds}\right)+\dfrac{\partial V}{\partial z}=0. \end{cases}$$

83. Un cas d'intégrabilité. — Comme précédemment, l'une des équations $(\bar{E})$ s'intègre une première fois si $\bar{f}$ ne dépend pas explicitement de y, par exemple. Il en est encore de même si $\bar{f}$ ne dépend pas explicitement de x : l'intégrale est alors

$$\bar{f}_{\dot{x}} = \text{const}.$$

Ceci nous donne, comme on voit, un résultat qui n'était pas apparu sur la forme (32′) et qu'il est, d'ailleurs, facile de transporter au cas où l'intégrale est donnée sous cette forme. La formule de passage (33) donne, en effet,

$$(42)\qquad \bar{f}_{\dot{x}} = f-\frac{\dot{y}}{\dot{x}}f_{y'}-\frac{\dot{z}}{\dot{x}}f_{z'} = f-y'f_{y'}-z'f_{z'};$$

c'est cette quantité qui donne, si $f_x \equiv 0$, une intégrale de nos équations différentielles, ainsi qu'on le vérifie directement sur la forme (32′) de celles-ci.

84. Puisque dans le cas de la forme paramétrique les équations différentielles du problème ne sont pas distinctes, on ne peut plus dire, comme nous l'avions fait primitivement, qu'elles sont résolubles par rapport aux dérivées secondes ; et, en effet, le hessien de la forme Φ considérée au n° **59**, c'est-à-dire, ici, de la forme

$$(43) \quad \overline{\Phi}(\mathbf{x}, \mathbf{y}, \mathbf{z}) = \bar{f}_{\dot{x}^2}\mathbf{x}^2 + \bar{f}_{\dot{y}^2}\mathbf{y}^2 + \bar{f}_{\dot{z}^2}\mathbf{z}^2 + 2\bar{f}_{\dot{y}\dot{z}}\mathbf{yz} + 2\bar{f}_{\dot{z}\dot{x}}\mathbf{zx} + 2\bar{f}_{\dot{x}\dot{y}}\mathbf{xy},$$

est nul. Car les équations

$$(43') \quad 0 = \dot{x}\bar{f}_{\dot{x}^2} + \dot{y}\bar{f}_{\dot{x}\dot{y}} + \dot{z}\bar{f}_{\dot{x}\dot{z}} = \dot{x}\bar{f}_{\dot{x}\dot{y}} + \dot{y}\bar{f}_{\dot{y}^2} + \dot{z}\bar{f}_{\dot{y}\dot{z}} = \dot{x}\bar{f}_{\dot{x}\dot{z}} + \dot{y}\bar{f}_{\dot{y}\dot{z}} + \dot{z}\bar{f}_{\dot{z}^2}$$

(qui résultent immédiatement de ce que les dérivées premières de $\bar{f}$ par rapport à $\dot{x}$, $\dot{y}$, $\dot{z}$ sont des fonctions homogènes de degré zéro) montrent que les trois dérivées de $\overline{\Phi}$ s'annulent pour

$$\mathbf{x} = \dot{x}, \ \mathbf{y} = \dot{y}, \ \mathbf{z} = \dot{z}.$$

Certaines des conditions établies précédemment, en particulier celles du n° **65** *bis*, doivent dès lors être modifiées.

Nous serons encore sûrs que *les quantités* $\bar{f}_{\dot{x}}$, $\bar{f}_{\dot{y}}$, $\bar{f}_{\dot{z}}$ *sont continues partout et admettent des dérivées elles-mêmes continues en général* : nous n'avons, en effet, rien à modifier sur ce point au raisonnement du n° **65**.

Mais il n'en résulte plus que les fonctions x, y, z admettent des dérivées secondes par rapport à t. Il est même clair qu'il peut ne pas en être ainsi puisque l'une de ces fonctions est tout à fait arbitraire ; mais, par contre, on peut *admettre*, pour la même raison, que x, par exemple, a une dérivée seconde par rapport à t. On peut même tout de suite prendre x comme variable indépendante et ramener l'intégrale (32) à la forme (32') (puisque cherchant en ce moment des conditions nécessaires, nous pouvons supposer qu'il s'agit d'un minimum faible). La condition pour que (la fonction $x(t)$ étant choisie comme il vient d'être dit) les conclusions du n° **65** *bis* soient applicables est que le hessien de la fonction f correspondant à l'intégrale ainsi réduite soit différent de zéro.

Il est bien entendu qu'il y aura exception si $\frac{dx}{dt}$ s'annule. Il suffira alors de substituer à x une des autres coordonnées ou, plus généralement, une fonction quelconque ψ de ces coordonnées telles que $\frac{d\psi}{dt}$ soit différent de zéro au point considéré.

84 *bis*. — Il est d'ailleurs clair que le résultat doit être indépendant de la forme de la fonction ψ.

C'est ce que nous allons vérifier en effet en nous plaçant d'abord dans le

Cas du plan. — Les identités (43) se réduisent alors à

$$\dot{x}\bar{f}_{\dot{x}\dot{x}} + \dot{y}\bar{f}_{\dot{x}\dot{y}} = 0 \quad , \quad \dot{x}\bar{f}_{\dot{x}\dot{y}} + \dot{y}\bar{f}_{\dot{y}\dot{y}} = 0$$

et donnent

$$\frac{\bar{f}_{\dot{x}^2}}{\dot{y}^2} = -\frac{\bar{f}_{\dot{x}\dot{y}}}{\dot{x}\dot{y}} = \frac{\bar{f}_{\dot{y}^2}}{\dot{x}^2} = \bar{\mathbf{A}} \tag{44}$$

$\bar{\mathbf{A}}$ étant une fonction de $\dot{x}$, $\dot{y}$, x, y, homogène et de degré (-3) par rapport à $\dot{x}$, $\dot{y}$.

La forme $\bar{\Phi}$ est donc un carré parfait

$$\bar{\Phi}(x, y) = \bar{\mathbf{A}}(\mathbf{x}\dot{y} - \mathbf{y}\dot{x})^2 \tag{45}$$

L'hypothèse faite au numéro précédent, et moyennant laquelle les considérations du n° **65** *bis* sont valables, revient à $\bar{\mathbf{A}} \neq 0$.

Nous dirons que notre problème est *ordinaire* si cette inégalité est vérifiée.

85. Figuratives. — Pour interpréter géométriquement ce qui précède, nous introduirons encore la *figurative* du problème.

Celui-ci pouvant être ramené, soit à la détermination de deux fonctions inconnues (x et y en fonctions de t) soit à celle d'une seule fonction (y en fonction de x), on doit s'attendre à obtenir à volonté la figurative sous forme d'une surface (comme au n° **69**) ou sous forme d'une ligne (comme au n° **68**). C'est bien ce qui a lieu. L'équation de cette figurative est, en effet,

$$u = \bar{f}(\dot{x}, \dot{y}) \tag{46}$$

(où nous n'avons pas écrit au second membre les quantités x, y qui sont regardées comme constantes). En vertu de la propriété fondamentale de $\bar{f}$, elle est homogène en $\dot{x}$, $\dot{y}$, u. Si donc ces trois variables sont considérées comme des coordonnées dans l'espace, cette équation représente une surface conique ayant son sommet à l'origine [1].

Du moins, c'est ce qui aurait lieu si la propriété d'homogénéité de $\overline{f}$ était entièrement générale. Mais nous avons vu qu'il n'en est pas ainsi. D'après ce qui a été dit au nº **73**, on peut seulement affirmer que l'équation (46), vérifiée en un point déterminé quelconque, le sera également sur toute la *demi*-droite issue de l'origine et qui passe par ce point. Ceci revient à dire que l'équation en question représente *une des nappes d'une surface conique*.

D'autre part, nous pouvons considérer x, y, u comme des coordonnées homogènes dans le plan. L'équation (46) représente alors *une courbe plane*, que l'on peut d'ailleurs représenter en coordonnées absolues en donnant à l'une des trois variables précédentes la valeur 1.

L'équation

$$(47) \qquad u = \overline{f}(1, y') = f(y')$$

n'est autre que cette figurative obtenue conformément à la définition du nº **68** en prenant x comme variable indépendante avec emploi de la formule de passage (33').

Mais, en conservant à l'intégrale sa forme paramétrique, nous prendrons de préférence comme *figurative* la ligne obtenue en faisant $u = 1$, soit

$$(47') \qquad \overline{f}(\dot{x}, \dot{y}) = 1.$$

D'après la manière même dont nous y sommes parvenus, les deux lignes (47) et (47') autrement dit, les figuratives correspondant aux deux formes équivalentes (32) et (32') d'une même intégrale) sont homographiques l'une de l'autre. Elles se déduisent d'ailleurs très simplement du cône (46), dont elles représentent respectivement les sections par les deux plans $\dot{x} = 1$, $u = 1$.

L'égalité $\overline{\mathbf{A}} = 0$ correspondrait, pour l'une ou l'autre de ces deux courbes, à une inflexion. Le cône (46) aurait alors un contact du second ordre avec le plan tangent correspondant.

---

[1] Un cône étant une surface développable, ceci donne bien $\overline{f}_{\dot{x}^2}\overline{f}_{\dot{y}^2} - (\overline{f}_{\dot{x}\dot{y}})^2 = 0$.

86. Figuratrice. — De la figurative définie par l'équation (47), se déduit une autre courbe qui jouera également un rôle important dans la suite : c'est sa polaire réciproque par rapport à un cercle ayant l'origine pour centre et l'unité pour rayon, courbe dont le problème isopérimétrique (voir liv. IV) nous fournira une interprétation simple et que nous nommerons la *figuratrice*.

Grâce à la relation $\dot{x}f_{\dot{x}} + \dot{y}f_{\dot{y}} = f = 1$, l'équation de la tangente à la ligne (47′) peut s'écrire

$$X\overline{f}_{\dot{x}} + Y\overline{f}_{\dot{y}} = 1$$

(X, Y, étant des coordonnées courantes). La polaire réciproque dont nous venons de parler est donc le lieu du point de coordonnées

$$(48) \qquad p = \overline{f}_{\dot{x}}, \qquad q = \overline{f}_{\dot{y}}.$$

Pour obtenir ce lieu, il semblerait que l'on doive éliminer $\dot{x}$ et $\dot{y}$ entre les *trois* équations (48) et (47′).

Il importe d'observer qu'il n'en est pas ainsi.

En effet, les fonctions $\overline{f}_{\dot{x}}$, $\overline{f}_{\dot{y}}$, étant homogènes et de degré zéro par rapport à $\dot{x}$ et à $\dot{y}$ ne contiennent (outre x et y) qu'une seule variable : le rapport $\frac{\dot{y}}{\dot{x}}$. Il suffira donc d'éliminer cette quantité entre les seules équations (48) pour avoir l'équation

$$(49) \qquad \overline{\Pi}(p, q, x, y) = 0$$

de la figuratrice.

On voit que cette courbe représente le lieu du point (48) non seulement pour les valeurs de $\dot{x}$ et de $\dot{y}$ qui vérifient la condition (47′), mais pour toutes les valeurs possibles de $\dot{x}$ et de $\dot{y}$.

87. Forme géométrique de l'équation du problème. — L'introduction de la quantité $\overline{\mathbf{A}}$ définie au nº **84** *bis* permet d'écrire sous une forme simple l'unique équation du problème à laquelle doivent se réduire les deux relations

$$(\overline{E}) \qquad \overline{I}^{(x)} = 0, \ \overline{I}^{(y)} = 0.$$

Si, en effet, on applique aux fonctions $\overline{f}_{x}$, $\overline{f}_{y}$ homogènes et du premier degré en $\dot{x}, \dot{y}$ l'identité d'Euler et qu'on remplace $\overline{f}_{\dot{x}\dot{x}}, \ldots$ par leurs valeurs (44), il vient :

$$\overline{I}^{(x)} = \dot{y}\overline{F}, \qquad \overline{I}^{(y)} = -\dot{x}\overline{F} \tag{50}$$

avec

$$\overline{F} = \overline{\mathbf{A}}(\dot{x}\ddot{y} - \dot{y}\ddot{x}) + \overline{f}_{x\dot{y}} - \overline{f}_{y\dot{x}} \tag{51}$$

$\left(\ddot{x}, \ddot{y}\right.$ désignant $\left.\frac{d^2x}{dt^2}, \frac{d^2y}{dt^2}\right)$, de sorte que

$$\overline{F} = 0 \tag{$\overline{E}_1$}$$

est l'équation du problème.

De plus, l'équation ainsi écrite admet une interprétation géométrique immédiate : car l'expression $\dot{x}\ddot{y} - \ddot{x}\dot{y}$ représente, au dénominateur $(\dot{x}^2 + \dot{y}^2)^{\frac{3}{2}}$ près la courbure $\frac{1}{R}$ de la courbe cherchée. On a donc :

$$\frac{\overline{\mathbf{A}}}{R} + \frac{1}{(\dot{x}^2 + \dot{y}^2)^{\frac{3}{2}}}(\overline{f}_{x\dot{y}} - \overline{f}_{y\dot{x}}) = 0. \tag{52}$$

La courbure d'une extrémale est ainsi exprimée en fonction des coordonnées x, y d'un point de cette courbe et du rapport $\frac{\dot{y}}{\dot{x}}$, qui définit la direction de la tangente en ce point.

En vertu des relations (39) et (50), la variation de I (à partir d'une courbe quelconque) est, si du moins les extrémités restent fixes,

$$\int \overline{F}(dy\delta x - dx\delta y). \tag{53}$$

Le facteur $(dy\delta x - dx\delta y)$ est, comme cela est évident *a priori*, invariant par la transformation (36) du n° **79**. Il représente, comme on sait, l'aire du petit parallélogramme construit sur un élément (dx, dy) de la courbe considérée et sur la variation $(\delta x, \delta y)$. Ce parallélogramme peut être considéré comme étant le produit de sa base $ds = \sqrt{dx^2 + dy^2}$, longueur de l'élément de courbe par sa hauteur Δn, distance normale de la courbe primitive et de la courbe variée, de sorte qu'on peut écrire

$$\delta I = \int \overline{F} \Delta n ds. \tag{54}$$

88. Exemple. *Géodésiques.* — Supposons que I soit l'expression

$$I = \int \sqrt{\mathrm{E}du^2 + 2\mathrm{F}du\,dv + \mathrm{G}dv^2} \tag{55}$$

(où E, F, G sont des fonctions de u et de v) qui représente la longueur d'un arc de courbe tracé sur une surface rapportée aux coordonnées curvilignes u, v : on aura en appliquant la formule (51) :

$$\begin{aligned} \overline{F} = \frac{1}{\sqrt{\mathrm{E}\dot{u}^2 + 2\mathrm{F}\dot{u}\dot{v} + \mathrm{G}\dot{v}^2}^{\,3}} \Big\{ & (\mathrm{EG} - \mathrm{F}^2)(\dot{u}\ddot{v} - \dot{v}\ddot{u}) \\ & + \frac{1}{2}(\mathrm{E}\dot{u}^2 + 2\mathrm{F}\dot{u}\dot{v} + \mathrm{G}\dot{v}^2)\left[(\mathrm{F}_u - \mathrm{E}_v)\dot{u} + (\mathrm{G}_u - \mathrm{F}_v)\dot{v}\right] \\ + \frac{1}{2}(\mathrm{E}\dot{u} + \mathrm{F}\dot{v})(\mathrm{E}_v\dot{u}^2 + 2\mathrm{F}_v\dot{u}\dot{v} + \mathrm{G}_v\dot{v}^2) & - \frac{1}{2}(\mathrm{F}\dot{u} + \mathrm{G}\dot{v})(\mathrm{E}_u\dot{u}^2 + 2\mathrm{F}_u\dot{u}\dot{v} + \mathrm{G}_u\dot{v}^2)\Big\} \end{aligned} \tag{56}$$

et, moyennant cette expression de $\overline{F}$, la variation de I, lorsqu'on change la forme de la courbe en en laissant les extrémités fixes, sera donnée par la formule (54), pendant que

$$\overline{F} = 0 \tag{$\overline{E}_1$}$$

sera l'équation différentielle des extrémales correspondantes, c'est-à-dire des *géodésiques* de la surface.

89. Cas de l'espace. — Prenons ensuite l'intégrale

$$\int \overline{f}(\dot{x}, \dot{y}, \dot{z}, x, y, z)\,dt$$

(ce que nous dirons à son sujet restant d'ailleurs applicable pour un plus grand nombre de dimensions). La forme $\overline{\Phi}$ se réduit, nous l'avons vu, à deux carrés au lieu de trois et son discriminant

$$\begin{vmatrix} \overline{f}_{\dot{x}\dot{x}} & \overline{f}_{\dot{x}\dot{y}} & \overline{f}_{\dot{x}\dot{z}} \\ \overline{f}_{\dot{y}\dot{x}} & \overline{f}_{\dot{y}\dot{y}} & \overline{f}_{\dot{y}\dot{z}} \\ \overline{f}_{\dot{z}\dot{x}} & \overline{f}_{\dot{z}\dot{y}} & \overline{f}_{\dot{z}\dot{z}} \end{vmatrix} \tag{57}$$

est nul.

A la forme (32′) de la même intégrale obtenue en prenant x comme variable indépendante correspond un polynôme Φ_0 analogue à Φ

$$\Phi_0 = f_{y'y'}\mathbf{y}^2 + 2f_{y'z'}\mathbf{yz} + f_{z'z'}\mathbf{z}^2$$

dont les coefficients ne sont autres (moyennant l'hypothèse $\dot{x} = 1$) que les coefficients correspondants de $\overline{\Phi}$, de sorte que son discriminant $\mathbf{A}_0$ est le mineur du déterminant (57) par rapport au premier élément.

La forme $\overline{\Phi}$ n'est autre que l'ensemble des termes du second degré de l'accroissement de $\overline{f}$, lorsqu'on considère $\mathbf{x}, \mathbf{y}, \mathbf{z}$ comme des accroissements très petits donnés à $\dot{x}, \dot{y}, \dot{z}$ et par rapport auxquels on développe suivant la formule de Taylor. Nous voyons, d'autre part, que Φ_0 est ce à quoi se réduit cette quantité $\overline{\Phi}$ lorsqu'on fait $\mathbf{x} = 0$ $\left(\text{en remplaçant en outre } \dot{x}, \dot{y}, \dot{z} \text{ par } 1, \frac{\dot{y}}{\dot{x}}, \frac{\dot{z}}{\dot{x}}\right)$. La condition postulée au n° **84** est que la forme *ainsi simplifiée* contienne bien deux carrés et non un seul.

Moyennant cette condition, les équations du problème se réduisent à deux (et non pas à une seule) entre lesquelles on ne peut pas éliminer les dérivées secondes.

Il est clair que nous pourrions en dire autant pour le cas où l'on prendrait y ou z comme variable. Il est même clair maintenant que les conditions obtenues dans ces trois cas seront en général (c'est-à-dire si la courbe considérée n'a sa tangente parallèle à aucun des plans coordonnés) équivalentes entre elles.

On peut mettre ce fait directement en évidence en considérant le déterminant

$$(58) \qquad \overline{\mathbf{A}}_\psi = \begin{vmatrix} \overline{f}_{\dot{x}\dot{x}} & \overline{f}_{\dot{x}\dot{y}} & \overline{f}_{\dot{x}\dot{z}} & \psi_1 \\ \overline{f}_{\dot{y}\dot{x}} & \overline{f}_{\dot{y}\dot{y}} & \overline{f}_{\dot{y}\dot{z}} & \psi_2 \\ \overline{f}_{\dot{z}\dot{x}} & \overline{f}_{\dot{z}\dot{y}} & \overline{f}_{\dot{z}\dot{z}} & \psi_3 \\ \psi_1 & \psi_2 & \psi_3 & 0 \end{vmatrix}$$

c'est-à-dire le déterminant (57) bordé à l'aide de trois quantités arbitraires ψ_1, ψ_2, ψ_3, que nous considérerons ensuite comme les dérivées partielles d'une fonction ψ de x, y, z.

Grâce à ce fait que le discriminant de $\overline{\Phi}$ est nul, ce déterminant (*forme adjointe* de $\overline{\Phi}$) est un carré parfait, lorsqu'on le considère comme fonction de ψ_1, ψ_2, ψ_3 : on a [1]

$$(59) \qquad \overline{\mathbf{A}}_\psi = m(\psi_1\dot{x} + \psi_2\dot{y} + \psi_3\dot{z})^2$$

$$\left(m = \frac{1}{\dot{x}^2}\begin{vmatrix} \overline{f}_{\dot{y}\dot{y}} & \overline{f}_{\dot{y}\dot{z}} \\ \overline{f}_{\dot{z}\dot{y}} & \overline{f}_{\dot{z}\dot{z}} \end{vmatrix} = \frac{1}{\dot{y}^2}\begin{vmatrix} \overline{f}_{\dot{z}\dot{z}} & \overline{f}_{\dot{z}\dot{x}} \\ \overline{f}_{\dot{x}\dot{z}} & \overline{f}_{\dot{x}\dot{x}} \end{vmatrix} = \dots\right)$$

---

(1) Ce fait bien connu (SERRET, *Alg. supér.*, 4e édit., t. I, p. 560) se reconnaît d'ailleurs immédiatement en multipliant les trois premières lignes du déterminant (58) par $\dot{x}, \dot{y}, \dot{z}$, et ajoutant, puis opérant de même sur les trois premières colonnes.

Ceci montre que la condition $\overline{\mathbf{A}}_\psi \neq 0$ est indépendante du choix de ψ_1, ψ_2, ψ_3, c'est-à-dire du choix de la fonction ψ, tant que l'on n'a pas $\psi_1\dot{x} + \psi_2\dot{y} + \psi_3\dot{z} = 0$, c'est-à-dire tant que cette quantité $\dot{\psi}$ est de celles qu'on pourrait prendre comme variables indépendantes sur la courbe λ aux environs du point considéré ([1]).

Cette inégalité $\overline{\mathbf{A}}_\psi \neq 0$ exprime (notions préliminaires n° **15**) que la forme Φ est générale par rapport aux variables $\mathbf{x}, \mathbf{y}, \mathbf{z}$ liées par la relation

$$\psi_1\mathbf{x} + \psi_2\mathbf{y} + \psi_3\mathbf{z} = 0.$$

Elle représentera pour nous la condition pour que le problème soit *ordinaire*.

90. Quant à la *figurative*, on pourra la représenter par l'équation homogène

$$u = \overline{f}(\dot{x}, \dot{y}, \dot{z}) \tag{60}$$

en y considérant $\dot{x}, \dot{y}, \dot{z}, u$ comme des coordonnées homogènes dans l'espace ordinaire ([2]).

Si l'on fait $\dot{x} = 1$, on retombe sur la figurative

$$u = \overline{f}(1, y', z') = f(y', z') \tag{61}$$

du n° **69**, relative à la variable indépendante x.

En prenant au contraire $\dot{x}, \dot{y}, \dot{z}$ comme coordonnées absolues, nous aurons la figurative

$$\overline{f}(\dot{x}, \dot{y}, \dot{z}) = 1 \tag{61'}$$

évidemment homographique de la première.

Le hessien de la forme Φ_0 (numéro précédent) est

$$f_{y'y'}f_{z'z'} - (f_{y'z'})^2,$$

([1]) Si l'on fait un changement de variables de déterminant fonctionnel 1, où la nouvelle variable x ne soit autre que la quantité $\dot{\psi}$, et que l'on prenne cette quantité comme variable indépendante, la valeur de $\mathbf{A}_0$ obtenue dans ces nouvelles conditions sera égale au déterminant (58). C'est ce que l'on reconnaît immédiatement en faisant appel à la propriété d'invariance du discriminant (Serret, *loc. cit.*, n° **248**) et, par conséquent (Not. prélimin., n° **15**) du déterminant $\overline{\mathbf{A}}_\psi$.

([2]) En regardant $\dot{x}, \dot{y}, \dot{z}, u$ comme autant de coordonnées absolues, on serait conduit à considérer l'équation (60) comme représentant, dans l'espace à quatre dimensions, une multiplicité conique.

de sorte que la condition examinée au numéro précédent exprime (1) que la surface (61) n'a pas au point (y', z', u) un *point parabolique*. Elle revient donc aussi à exprimer qu'*il en est de même pour la surface* (61'), puisque ces deux surfaces sont homographiques.

La figurative (60) interviendra également par sa polaire réciproque

$$\overline{\Pi}(p, q, r, x, y, z) = 0 \tag{62}$$

par rapport à la sphère de rayon 1 qui a l'origine pour centre. Cette polaire réciproque, la *figuratrice*, qui est, en général, une surface (voir plus loin nos **140** *bis*, **140** *ter*) sera encore le lieu du point de coordonnées

$$p = \overline{f}_{\dot{x}},\ q = \overline{f}_{\dot{y}},\ r = \overline{f}_{\dot{z}} \tag{62'}$$

que $\dot{x}, \dot{y}, \dot{z}$ soient liées par l'équation (61') ou non : les quantités p, q, r ne dépendent en effet que des rapports mutuels de $\dot{x}, \dot{y}, \dot{z}$.

91. Pour étendre au cas de trois variables les calculs du n° **87**, on remarquera que $\overline{\Phi}(\mathbf{x}, \mathbf{y}, \mathbf{z})$ peut s'écrire comme une forme quadratique par rapport aux trois quantités

$$u = \dot{y}\mathbf{z} - \dot{z}\mathbf{y},\ v = \dot{z}\mathbf{x} - \dot{x}\mathbf{z},\ w = \dot{x}\mathbf{y} - \dot{y}\mathbf{x}; \tag{63}$$

c'est ainsi, en effet, que peut s'exprimer une forme à trois variables dont toutes les dérivées sont nulles au point $(\dot{x}, \dot{y}, \dot{z})$; les trois combinaisons précédentes n'étant d'ailleurs pas indépendantes, mais liées par la relation

$$\dot{x}(\dot{y}\mathbf{z} - \dot{z}\mathbf{y}) + \dot{y}(\dot{z}\mathbf{x} - \dot{x}\mathbf{z}) + \dot{z}(\dot{x}\mathbf{y} - \dot{y}\mathbf{x}) = u\dot{x} + v\dot{y} + w\dot{z} = 0 \tag{64}$$

Si d'une manière générale, on cherche une ligne dans l'espace à $n + 1$ dimensions, la forme $\overline{\Phi}$, à $n + 1$ variables se réduira à n carrés : la condition suffisante pour l'existence des dérivées secondes est que ce nombre de carrés ne se réduise pas à $n - 1$. La forme $\overline{\Phi}$ s'exprimera, d'autre part, à l'aide de $\frac{n(n+1)}{2}$ combinaisons analogues

(1) JORDAN, *Cours d'Analyse*, 2e édit., t. I, p. 515 ; GOURSAT, *Cours d'Analyse*, t. I, p. 563 ; HUMBERT, *Cours d'Analyse*, t. I, p. 433.

à (63), lesquelles se réduiront à n distinctes en vertu de relations analogues à (64).

92. La possibilité d'exprimer $\overline{\Phi}$ en fonction des variables (63) peut s'interpréter géométriquement de la manière suivante : elle exprime que l'équation

$$\overline{\Phi}(\mathbf{x}, \mathbf{y}, \mathbf{z}) = 1 \tag{65}$$

représente un cylindre dont les génératrices sont parallèles à la direction de paramètres directeurs $\dot{x}$, $\dot{y}$, $\dot{z}$.

On peut d'ailleurs construire simplement ce cylindre en partant de la figurative représentée par l'équation

$$\overline{f}(\dot{x}, \dot{y}, \dot{z}) = 1 \tag{61'}$$

La surface (61′) a son plan tangent défini (en désignant par X, Y, Z des coordonnées courantes) par l'équation

$$(X - \dot{x})\overline{f}_{\dot{x}} + (Y - \dot{y})\overline{f}_{\dot{y}} + (Z - \dot{z})\overline{f}_{\dot{z}} = 0$$

ou en posant $X = \dot{x} + \mathbf{x}$, $Y = \dot{y} + \mathbf{y}$, $Z = \dot{z} + \mathbf{z}$, par l'équation

$$\mathbf{x}\overline{f}_{\dot{x}} + \mathbf{y}\overline{f}_{\dot{y}} + \mathbf{z}\overline{f}_{\dot{z}} = 0$$

Or, si l'on se reporte à l'expression (43) de $\overline{\Phi}$ (n° **84**), on voit que l'équation $\overline{\Phi}(\mathbf{x}, \mathbf{y}, \mathbf{z}) = 1$, jointe à l'équation du plan tangent telle que nous venons de l'écrire, représente l'*indicatrice* de la surface (61′).

Considérée isolément, par conséquent, cette même équation

$$\overline{\Phi}(\mathbf{x}, \mathbf{y}, \mathbf{z}) = 1, \tag{65}$$

représente le cylindre mené par l'indicatrice en question parallèlement à la direction ($\dot{x}$, $\dot{y}$, $\dot{z}$).

93. Passons au calcul de $\overline{I}^{(x)}$, $\overline{I}^{(y)}$, $\overline{I}^{(z)}$. Nous savons que ces quantités doivent vérifier la relation

$$\dot{x}\overline{I}^{(x)} + \dot{y}\overline{I}^{(y)} + \dot{z}\overline{I}^{(z)} = 0 \tag{40'}$$

Nous remarquerons comme l'a fait M. Volterra [1] dans des circonstances plus générales que nous retrouverons au Chap. VII, que cette relation conduit à poser

$$\overline{I}^{(x)} = Q\dot{z} - R\dot{y},\quad \overline{I}^{(y)} = R\dot{x} - P\dot{z},\quad \overline{I}^{(z)} = P\dot{y} - Q\dot{x} \tag{66}$$

---

[1] *Acta Math.*, t. XII.

et, par conséquent, à définir les extrémales par les équations (au nombre de deux, cette fois)

$$\frac{\mathrm{P}}{\dot{x}} = \frac{\mathrm{Q}}{\dot{y}} = \frac{\mathrm{R}}{\dot{z}}. \tag{67}$$

Nous tombons bien, pour $\bar{I}^{(x)}$, $\bar{I}^{(y)}$, $\bar{I}^{(z)}$, sur des expressions de la forme (66) si nous partons de l'expression de $\overline{\Phi}$ en fonction des variables (63)

$$\overline{\Phi}(\mathbf{x}, \mathbf{y}, \mathbf{z}) = \varphi(u, v, w). \tag{68}$$

Introduisons cette valeur de $\overline{\Phi}$ dans les quantités

$$\bar{I}^{(x)} = \frac{d}{dt}\bar{f}_{\dot{x}} - \bar{f}_x = \frac{1}{2}\frac{\partial\overline{\Phi}}{\partial\ddot{x}} + \dot{x}\bar{f}_{\dot{x}x} + \dot{y}\bar{f}_{\dot{x}y} + \dot{z}\bar{f}_{\dot{x}z} - \bar{f}_x,$$

$$\bar{I}^{(y)} = \frac{d}{dt}\bar{f}_{\dot{y}} - \bar{f}_y = \frac{1}{2}\frac{\partial\overline{\Phi}}{\partial\ddot{y}} + \dot{x}\bar{f}_{\dot{y}x} + \dot{y}\bar{f}_{\dot{y}y} + \dot{z}\bar{f}_{\dot{y}z} - \bar{f}_y,$$

$$\bar{I}^{(z)} = \frac{d}{dt}\bar{f}_{\dot{z}} - \bar{f}_z = \frac{1}{2}\frac{\partial\overline{\Phi}}{\partial\ddot{z}} + \dot{x}\bar{f}_{\dot{z}x} + \dot{y}\bar{f}_{\dot{z}y} + \dot{z}\bar{f}_{\dot{z}z} - \bar{f}_z,$$

celles-ci deviendront (en appliquant l'identité d'Euler aux fonctions $\bar{f}_x$, $\bar{f}_y$, $\bar{f}_z$).

$$\bar{I}^{(x)} = \frac{1}{2}\left(\dot{z}\frac{\partial\varphi}{\partial v} - \dot{y}\frac{\partial\varphi}{\partial w}\right) + \dot{y}\,(\bar{f}_{\dot{x}y} - \bar{f}_{\dot{y}x}) + \dot{z}(\bar{f}_{\dot{x}z} - \bar{f}_{\dot{z}x}),$$

$$\bar{I}^{(y)} = \frac{1}{2}\left(\dot{x}\frac{\partial\varphi}{\partial w} - \dot{z}\frac{\partial\varphi}{\partial u}\right) + \dot{z}\,(\bar{f}_{\dot{y}z} - \bar{f}_{\dot{z}y}) + \dot{x}(\bar{f}_{\dot{y}x} - \bar{f}_{\dot{x}y}),$$

$$\bar{I}^{(z)} = \frac{1}{2}\left(\dot{y}\frac{\partial\varphi}{\partial u} - \dot{x}\frac{\partial\varphi}{\partial v}\right) + \dot{x}\,(\bar{f}_{\dot{z}x} - \bar{f}_{\dot{x}z}) + \dot{y}(\bar{f}_{\dot{z}y} - \bar{f}_{\dot{y}z}).$$

(avec $u = \dot{y}\ddot{z} - \dot{z}\ddot{y}$, $v = \dot{z}\ddot{x} - \dot{x}\ddot{z}$, $w = \dot{x}\ddot{y} - \dot{y}\ddot{x}$). Nous aurons donc les formules (66) avec

$$\left\{\begin{aligned} \mathrm{P} &= \bar{f}_{\dot{z}y} - \bar{f}_{\dot{y}z} + \frac{1}{2}\frac{\partial\varphi}{\partial u}, \\ \mathrm{Q} &= \bar{f}_{\dot{x}z} - \bar{f}_{\dot{z}x} + \frac{1}{2}\frac{\partial\varphi}{\partial v}, \\ \mathrm{R} &= \bar{f}_{\dot{y}x} - \bar{f}_{\dot{x}y} + \frac{1}{2}\frac{\partial\varphi}{\partial w}. \end{aligned}\right. \tag{69}$$

94. Cherchons une interprétation géométrique des termes $\frac{\partial\varphi}{\partial u}$, $\frac{\partial\varphi}{\partial v}$, $\frac{\partial\varphi}{\partial w}$.

La fonction φ n'est définie par la relation (68) que pour les valeurs de u, v, w qui vérifient la condition (64) ([1]). Par conséquent, nous ne devons pas considérer l'équation

$$(70) \qquad \varphi(u, v, w) = 1$$

(lorsque u, v, w y désignent des coordonnées cartésiennes) comme représentant une surface, mais comme représentant une courbe $\mathcal{L}$ située dans le plan

$$(64) \qquad u\dot{x} + v\dot{y} + w\dot{z} = 0$$

c'est-à-dire dans un plan de section droite du cylindre (65). La courbe en question est évidemment une conique. Si l'on remarque que (u, v, w) est le moment du segment $(\mathbf{x}, \mathbf{y}, \mathbf{z})$ par rapport à l'extrémité d'un segment de même origine que lui et de projections $\dot{x}$, $\dot{y}$, $\dot{z}$, on voit que cette conique est homothétique à la section droite du cylindre (65) que l'on aurait fait tourner d'un angle droit dans son plan. Elle est même égale à cette section droite si $\dot{x}$, $\dot{y}$, $\dot{z}$ sont des cosinus directeurs : c'est donc ce qui a lieu si le paramètre t est l'arc s de la courbe considérée $\mathcal{L}$.

D'autre part, si le paramètre t est ainsi choisi, le segment dont les projections sur les axes coordonnées sont les quantités

$$(63') \qquad u = \dot{y}\ddot{z} - \dot{z}\ddot{y}, \quad v = \dot{z}\ddot{x} - \dot{x}\ddot{z}, \quad w = \dot{x}\ddot{y} - \dot{y}\ddot{x}$$

est, d'après les formules de Frenet, perpendiculaire au plan osculateur à la courbe $\mathcal{L}$ et égal à l'inverse du rayon de courbure. On peut le nommer le *segment de courbure* de la courbe $\mathcal{L}$.

On en déduira le segment qui a pour projections

$$(71) \qquad \frac{\partial\varphi}{\partial u}, \quad \frac{\partial\varphi}{\partial v}, \quad \frac{\partial\varphi}{\partial w}$$

en prenant la polaire du point (63') par rapport à la conique représentée par l'équation (70), puis le pôle de cette droite par rapport au cercle de rayon 1 qui a l'origine pour centre dans le plan de cette conique. En joignant ce pôle à l'origine, on a le segment (71) que l'on devra ensuite composer avec celui dont les projections sont

$$\bar{f}_{\dot{z}y} - \bar{f}_{\dot{y}z}, \quad \bar{f}_{\dot{x}z} - \bar{f}_{\dot{z}x}, \quad \bar{f}_{\dot{y}x} - \bar{f}_{\dot{x}y}$$

et qui ne dépend (outre le point (x, y, z) et les dérivées de la fonction $\bar{f}$) que de la direction de la tangente.

([1]) Autrement dit, on peut ajouter à la forme quadratique φ un multiple quelconque de la forme linéaire $u\dot{x} + v\dot{y} + w\dot{z}$. Une telle modification de φ augmenterait les quantités (69) (pour les valeurs de u, v, w liées par la relation (64)) de termes proportionnels à $\dot{x}$, $\dot{y}$, $\dot{z}$, ce qui ne changerait pas les relations (67).

Le segment total devra si la ligne considérée est une extrémale, être dirigé suivant la tangente, en vertu des équations (67).

95. Si, en un point M de la courbe $\mathfrak{L}$, $\overline{I}^{(x)}$, $\overline{I}^{(y)}$, $\overline{I}^{(z)}$ ne sont pas nuls simultanément, ils définissent une direction de plan Π, laquelle, en vertu de la relation (40'), passe par la tangente MT à la courbe.

La variation de I sera nécessairement nulle (les extrémités étant fixes), si, en chaque point de L, la variation (δx, δy, δz) a lieu dans le plan Π correspondant ; autrement dit, si l'on suppose que notre courbe se déplace en engendrant une surface tangente à tous ces plans.

Mais nous n'avons ainsi tenu compte que des valeurs proportionnelles de $\overline{I}^{(x)}$, $\overline{I}^{(y)}$, $\overline{I}^{(z)}$, autrement dit, de la direction du segment

(72) $$\overline{I}^{(x)},\ \overline{I}^{(y)},\ \overline{I}^{(z)}.$$

Introduisons maintenant la longueur

$$\sqrt{\overline{I}^{(x)2} + \overline{I}^{(y)2} + \overline{I}^{(z)2}}$$

de ce segment, longueur que nous désignerons par $\nu \frac{ds}{dt}$ (ds étant l'élément d'arc).

Soit, d'autre part, M' le point ($x + \delta x$, $y + \delta y$, $z + \delta z$) et soit θ l'angle que fait $\overline{MM'}$ avec le plan Π, — cet angle étant considéré comme positif $\left(0 \leqq \theta < \frac{\pi}{2}\right)$ ou comme négatif $\left(0 \geqq \theta \geqq -\frac{\pi}{2}\right)$ suivant que MM' est ou non du même côté du plan Π que le segment (72) —, de sorte que $\left(\frac{\pi}{2} - \theta\right)$ sera l'angle de ce segment avec MM'. L'élément de l'intégrale δI sera

(73) $$\nu ds \,.\, \overline{MM'} \sin \theta.$$

Si MM' est une variation normale, — ce qu'on peut toujours supposer moyennant la transformation (36) laquelle n'altère pas la valeur de la quantité précédente —, il représentera la distance normale Δn de la courbe primitive et de la courbe variée de sorte que l'élément de l'intégrale δI s'écrira

(73') $$\nu ds \,.\, \Delta n \sin \theta$$

θ étant alors l'angle dièdre formé par le plan Π et le plan MM'T.

Soit ε une quantité positive très petite. Menons à la tangente MT de notre courbe au point M une parallèle mt (*fig.* 7) située dans le plan II à une distance égale à $\varepsilon\nu$ (cette distance étant portée de gauche à droite (¹) pour un observateur placé dans la direction du segment (72)) et sur cette parallèle, prenons un point quelconque m voisin de M. La quantité $\varepsilon\nu ds$ représentera l'aire d'un petit parallélogramme $d\varpi$ ayant deux côtés, égaux à l'élément de courbe ds, dirigés suivant les deux parallèles précédentes et un côté suivant Mm. L'élément d'intégrale (73) multiplié par ε représente le volume du parallélipipède construit sur ce parallélogramme et sur le segment $\overline{\text{MM}'}$, parallélipipède dont la hauteur est MM′ sin θ.

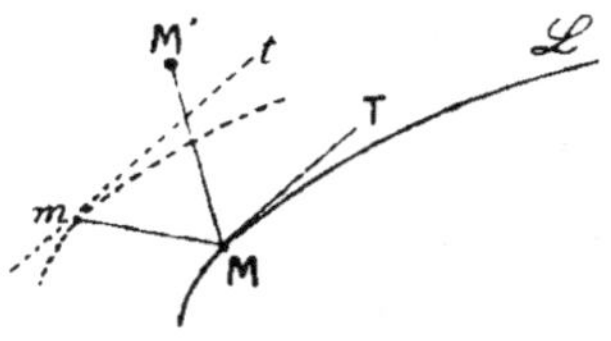

Fig. 7

Le même fait apparaîtra sous une autre forme si l'on part des expressions (66). En substituant celles-ci à la place de $\overline{I}^{(x)}$, $\overline{I}^{(y)}$, $\overline{I}^{(z)}$ dans la variation, on voit que cette dernière est représentée par l'intégrale

$$(74)\qquad \int \delta x\,(\mathrm{Q}dz - \mathrm{R}dy) + \delta y\,(\mathrm{R}dx - \mathrm{P}dz) + \delta z\,(\mathrm{P}dy + \mathrm{Q}dx)$$

$$= \int \begin{vmatrix} dx & dy & dz \\ \delta x & \delta y & \delta z \\ \mathrm{P} & \mathrm{Q} & \mathrm{R} \end{vmatrix}$$

dont l'élément n'est autre que le parallélépipède construit sur les trois segments

$$(dx,\ dy,\ dz),\qquad (\delta x,\ \delta y,\ \delta z),\qquad (\mathrm{P},\ \mathrm{Q},\ \mathrm{R}).$$

εP, εQ, εR sont d'ailleurs les projections du segment (²) Mm.

95 *bis*. Supposons maintenant qu'on trace ce segment Mm en chaque point de la courbe. Il engendre, lorsque le point M varie,

(¹) Nous supposerons les axes de coordonnées choisis (comme il est d'usage en Astronomie) de manière qu'un observateur placé suivant la direction de l'axe des z voie le plan des yz à gauche de celui des xz.

(²) P, Q, R ne sont définis par les relations (66) qu'à des termes près de la forme ρx, ρy, ρz, où ρ est arbitraire. La variation de ρ correspondrait précisément à un déplacement du point m sur la parallèle qu'il est assujetti à décrire.

un *ruban de surface* (*fig.* 7, 8) de largeur infiniment petite (et, en général, variable) égale à $\varepsilon\nu$.

Se donner les quantités (72) en chaque point de $\mathcal{L}$ revient à se donner ce ruban de surface.

Considérons le déplacement (δx, δy, δz) comme résultant du mouvement de molécules fluides qui subissent ce déplacement pendant un certain intervalle de temps très petit δT. Le produit par ε de l'intégrale (74), c'est-à-dire la variation cherchée δI, n'est autre que le *flux* ([1]) qui traverse, pendant cet intervalle de temps, le ruban de surface dont nous venons de parler. Ce flux sera considéré comme positif ou comme négatif suivant qu'il traverse le ruban de surface de gauche à droite ou de droite à gauche pour un observateur placé suivant la tangente à la courbe prise dans le sens des l croissants.

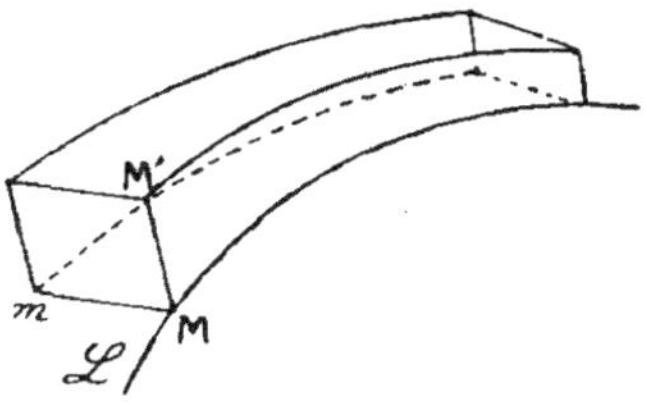

Fig. 8.

On pourrait d'ailleurs, l'expression (74) étant, au signe près, symétrique par rapport aux segments (P, Q, R), (δx, δy, δz), considérer le second de ces segments comme engendrant un ruban de surface et le premier comme représentant la vitesse d'une molécule; δI sera alors le flux qui traversera ce nouveau ruban de surface dans l'unité de temps.

Enfin le parallélogramme construit sur les deux segments précédents engendre, en se déplaçant, un volume (sorte de prisme à arêtes curvilignes) et c'est ce volume (*fig.* 8) qui représente $\varepsilon\delta I$.

96. Prenons, par exemple, l'intégrale (35) avec $V = 1$, de sorte que l représente la longueur de la ligne AB.

En désignant par Δx, Δy, Δz des variations normales, on aura :

$$\delta l = \int_{A}^{B} - \left[d\left(\frac{\dot{x}}{\sqrt{\dot{x}^2+\dot{y}^2+\dot{z}^2}}\right)\Delta x + d\left(\frac{\dot{y}}{\sqrt{\dot{x}^2+\dot{y}^2+\dot{z}^2}}\right)\Delta y \right.$$
$$\left. + d\left(\frac{\dot{z}}{\sqrt{\dot{x}^2+\dot{y}^2+\dot{z}^2}}\right)\Delta z \right].$$

([1]) Appell. *Traité de mécanique rationnelle*, tome III, nos 535, 700.

En appelant α, β, γ; α', β', γ' les cosinus directeurs de la tangente et de la normale principale à la courbe AB, R le rayon de courbure et Δn la longueur de la variation normale, le crochet pourra s'écrire :

$$-[\Delta x d\alpha + \Delta y d\beta + \Delta z d\gamma] = \left(\alpha' \frac{\Delta x}{\Delta n} + \beta' \frac{\Delta y}{\Delta n} + \gamma' \frac{\Delta z}{\Delta n}\right) \frac{\Delta n}{R} ds = \frac{\sin \theta}{R} \Delta n . ds$$

où θ est l'angle de la normale principale avec la normale commune à la courbe et au déplacement. Cette normale commune peut être considérée comme la normale au ruban de surface engendrée par la courbe variée. $\frac{R}{\sin \theta}$ est dit le *rayon de courbure géodésique* (1) ρ_g de la courbe AB sur cette surface.

Le plan II est ici perpendiculaire à la normale principale et $\nu = \frac{1}{R}$.

97. Lorsque la surface sur laquelle se déplace notre courbe est rapportée à des coordonnées curvilignes u, v, la longueur de cette courbe est représentée par une expression de la forme (55) et sa variation a la valeur

$$\int \overline{F} (dv \delta u - du \delta v) \tag{75}$$

avec la valeur (56) de $\overline{F}$.

Comparons cette valeur avec l'expression

$$\int \frac{\sin \theta}{R} \Delta n ds \tag{75'}$$

que nous venons d'obtenir.

Le facteur $(dv\delta u - du\delta v)$ qui figure dans la quantité (75) est l'élément d'aire d'un plan sur lequel on représenterait chaque point de la surface par le point ayant pour coordonnées cartésiennes rectangulaires les valeurs correspondantes de u, v. On sait qu'il faut le multiplier par $\sqrt{EG - F^2}$ pour obtenir l'élément d'aire correspondant de la surface considérée, à savoir celui qui est compris entre un élément de notre courbe et un élément voisin de la courbe variée et que nous avons représenté plus haut par $\Delta n ds$.

---

(1) Voir Darboux, *Leçons sur la Théorie des surfaces*, tome II, p. 355 et tome III, liv. VI, chap. vi.

On a donc

$$\int \frac{\overline{F}}{\sqrt{EG - F^2}} \Delta u ds = \int \frac{\sin \theta}{R} \Delta u ds.$$

Dans cette égalité entre la quantité Δu, arbitrairement choisie en chaque point de notre arc de courbe (pourvu qu'elle soit nulle aux extrémités). Donc, en vertu du *lemme fondamental*, on doit avoir

$$\frac{\sin \theta}{R} = \frac{1}{\rho_g} = \frac{\overline{F}}{\sqrt{EG - F^2}} \tag{76}$$

$\overline{F}$ étant la quantité (56).

ρ_g est ainsi exprimé en fonction de l'élément linéaire de la surface.

On voit par cet exemple, qu'indépendamment de ses conséquences en Calcul des variations, notre lemme fondamental est utile comme moyen de transformation des expressions différentielles. Il intervient plus fréquemment encore à ce titre à propos des équations aux dérivées partielles.

98. Cas des lignes fermées. — L'introduction de la forme paramétrique permet de traiter le cas où la ligne cherchée n'est plus assujettie à la condition d'avoir ses extrémités en deux points donnés, mais à celle d'être *fermée*.

Cette ligne devant être telle que chacun de ses arcs satisfasse aux conditions de l'extremum par rapport aux lignes qui ont mêmes extrémités que lui, tout doit se passer, sur chacun de ces arcs, comme nous l'avons expliqué dans ce qui précède. Si l'on se trouve dans les conditions où les résultats du n° **84** excluent une discontinuité des dérivées premières, (voir plus loin chap. IV) *l'extremum ne peut être fourni que par une extrémale fermée à tangente partout continue.*

C'est ainsi que sur l'hyperboloïde à une nappe, la ligne fermée la plus courte faisant le tour de la surface est une géodésique fermée, l'ellipse de gorge.

III. L'EXTRÉMALE QUI JOINT DEUX POINTS

99. Nous allons maintenant, en considérant successivement chacune des deux formes de l'intégrale, discuter le problème qui s'est posé à nous précédemment : *joindre deux points donnés par une extrémale*.

Partons d'abord, en commençant par le cas du plan, de la forme

$$(8') \qquad \int_{x^0}^{x^1} f(y', y, x)\, dx$$

où x^1 est supposé plus grand que x^0.

Moyennant l'hypothèse $f_{y'^2} \neq 0$, l'équation différentielle

$$F(y) \equiv f_y - \frac{d}{dx} f_{y'} = 0$$

fournit une extrémale bien déterminée passant par le point A (x^0, y^0) et admettant en ce point une tangente donnée quelconque.

Désignons par y'^0 le coefficient angulaire de la tangente en A à une extrémale prise une fois pour toutes et par $y'^0 + \alpha$ le coefficient angulaire de la tangente à une autre extrémale quelconque issue de A, l'ordonnée y de cette extrémale étant, par conséquent, une fonction de x et de α.

D'après les résultats rappelés aux n^os **20-21**, la fonction y ainsi obtenue a, par rapport à α, une dérivée partielle (ou variation) $\mathbf{y}$: cette dernière quantité est évidemment nulle pour $x = x^0$, pendant que sa dérivée par rapport à x

$$\mathbf{y}' = \frac{\partial y'}{\partial \alpha}$$

est égale à 1.

La fonction $\dfrac{\mathbf{y}}{x - x^0}$ est donc positive et non nulle, pour $\alpha = 0$, depuis $x = x^0$ jusqu'à une certaine valeur de x.

Supposons qu'elle soit positive, et non nulle entre x^0 et x^1.

Alors, $\dfrac{\mathbf{y}}{x - x^0}$ étant une fonction continue de α, l'inégalité

$$(77) \qquad \mathbf{y} = \frac{\partial y}{\partial \alpha} > 0$$

sera encore vérifiée (n° **4**) de $x = x^0$ (exclus) à $x = x^1$ inclus) pour toutes les valeurs de α comprises dans un certain intervalle $(-\alpha_1, +\alpha_1)$.

Menons, par le point A, les deux extrémales de coefficients angulaires $y'^0 - \alpha_1$, $y'^0 + \alpha_1$. *L'équation*

$$Y = y(X, \alpha) \tag{78}$$

sera, comme il est connu, *résoluble sans ambiguïté par rapport à* α tant que le point (X, Y) sera dans la région R comprise entre ces deux extrémales et l'ordonnée $x = x^1$ (celle qui est ombrée sur la figure 9) : par tout point B de cette région, passera une extrémale et une seule issue de A et ayant un coefficient angulaire compris entre $y'^0 - \alpha_1$ et $y'^0 + \alpha_1$.

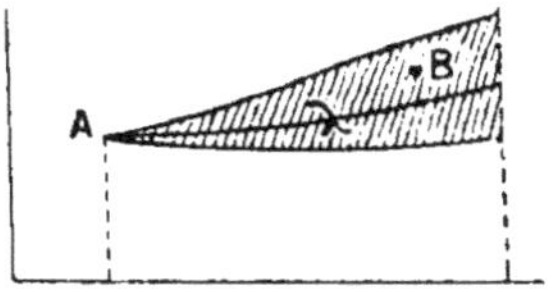

Fig. 9.

100. Foyer conjugué. — L'équation

$$y = \frac{\partial y}{\partial \alpha} = 0 \tag{79}$$

peut n'admettre d'autre racine que $x = x^0$. Alors les considérations précédentes sont applicables quel que soit x^1.

Dans le cas contraire, soit $x = \mathfrak{x}$ la racine de l'équation (79) supérieure à x^0 et la plus rapprochée de x^0 : on pourra prendre pour x^1 toute valeur supérieure à x^0 et inférieure (mais non égale) à $\mathfrak{x}$.

On appelle *foyer conjugué* du point A, sur notre extrémale de coefficient angulaire y'^0, le point $\mathfrak{A}$ de cette extrémale qui correspond à l'abscisse $\mathfrak{x}$.

A a en général, bien entendu, sur cette même extrémale, un autre foyer conjugué ayant pour abscisse la racine de l'équation (79) immédiatement inférieure à x^0 et correspondant aux intervalles qui ont x^0 pour limite supérieure.

On peut aussi avoir à considérer les *second*, *troisième*, etc... *foyers* conjugués : on nomme ainsi les autres points définis par les racines successives de l'équation (79).

100 *bis*. Son interprétation géométrique. — Le foyer conjugué a une définition géométrique simple. Considérons, en effet, la famille de courbes à un paramètre définie par l'équation générale (78), c'est-à-dire la famille des extrémales issues de A. Ces courbes ont une enveloppe $\mathfrak{E}$ obtenue en adjoignant à l'équation (78) sa dérivée par rapport à α, c'est-à dire l'équation (79).

Le foyer conjugué est donc le point où l'extrémale considérée touche cette enveloppe.

101. On peut avoir à déterminer le foyer conjugué de A lorsqu'on se donne non l'équation générale des extrémales issues de A, mais l'équation générale

$$(78') \qquad y = \Psi(x, \alpha_1, \alpha_2)$$

de *toutes* les extrémales (α_1 et α_2 étant les constantes arbitraires de cette équation). La courbe (78) dépend alors des deux paramètres α_1, α_2 liés par la relation

$$y^0 = \Psi(x^0, \alpha_1, \alpha_2)$$

qui exprime qu'une extrémale passe en A.

On sait [1] que, dans ces conditions, le point de contact de cette courbe avec son enveloppe — c'est-à-dire notre foyer conjugué — s'obtient en annulant un déterminant fonctionnel, savoir :

$$(79') \qquad \frac{D[\Psi(x, \alpha_1, \alpha_2); \Psi(x^0, \alpha_1, \alpha_2)]}{D(\alpha_1, \alpha_2)} = 0.$$

102. L'enveloppe $\mathfrak{E}$ divise le plan (ou du moins la partie du plan située au voisinage de notre extrémale) en deux régions $\mathfrak{R}$, $\mathfrak{R}'$ (*fig.* 10, 10 bis, 11, 12) dont la première est celle qui est située du même côté que l'arc $A\mathfrak{A}$. Tout point M de $\mathfrak{R}$ d'abscisse inférieure à $\mathfrak{x}$ (et suffisamment rapproché de l'extrémale primitive) pourra être joint à A par un arc d'extrémale voisin du premier, bien déterminé et variant continument avec la position de M.

---

[1] Voir, par exemple, Goursat, *Cours d'Analyse*, t. I, p. 483.

Soit en effet m un point de λ ayant une abscisse inférieure à $\mathfrak{x}$: en ce point, la dérivée $\frac{\partial y}{\partial \alpha}$ sera positive.

Si donc, laissant x fixe, nous faisons croître α, l'ordonnée y croîtra et il en sera ainsi jusqu'à ce que α atteigne une valeur α_0 (s'il en existe) qui vérifie $\frac{\partial y}{\partial \alpha} = 0$. Le point correspondant (x, y) décrira donc un certain segment d'ordonnée, lequel (s'il ne sort pas du domaine où nos fonctions sont régulières) sera limité par un point de l'enveloppe $\mathfrak{E}$. Par tout point de ce segment passe une extrémale bien déterminée comme nous l'avons annoncé, et nous trouverons un segment tout semblable au-dessous de l'extrémale λ en considérant de même des valeurs négatives décroissantes de α.

102 *bis*. **Diverses sortes de foyers.** — Voyons maintenant ce qui se passe pour les points dont l'abscisse est supérieure à $\mathfrak{x}$. Pour cela, étudions d'abord la forme de $\mathfrak{E}$.

La quantité $\mathbf{y}$ est positive sur λ pour tout point compris entre A et $\mathfrak{A}$. Au-delà de $\mathfrak{A}$, au contraire, elle devient nécessairement néga-

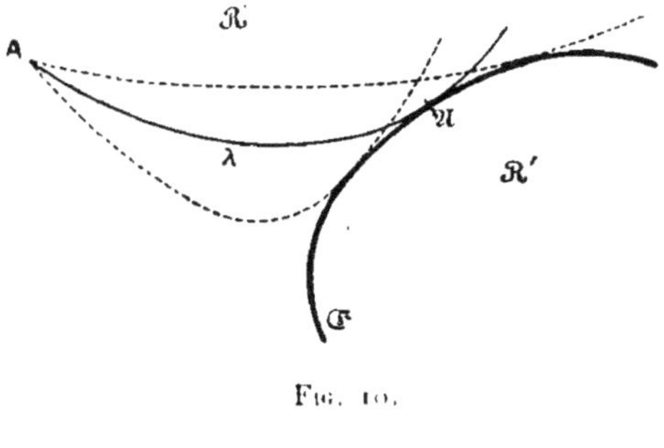

Fig. 10.

tive. Sans cela, en effet $x = \mathfrak{x}$ serait pour elle une racine double. Or, ceci ne peut pas être, du moins si $f_{y'^2}$ reste différent de zéro : car $\mathbf{y}$ est alors une solution d'une équation linéaire du second ordre à coefficients réguliers, l'équation aux variations du n° **21**, et une telle solution ne peut être nulle en même temps que sa dérivée, du moment qu'elle n'est pas identiquement nulle.

Si donc nous considérons deux abscisses x', x'' l'une inférieure, l'autre supérieure (d'aussi peu qu'on le voudra) à $\mathfrak{x}$, il existera un nombre positif α_0 tel que pour toute valeur de α inférieure en valeur absolue à α_0 (quel que soit son signe) la dérivée $\mathbf{y} = \frac{\partial y}{\partial \alpha}$ soit positive pour $x = x'$ et négative pour $x = x''$.

Pour $x = \mathfrak{x}$, au contraire, $\mathbf{y}$, qui est nul avec α, changera en général de signe quand α variera en passant par la valeur o. Une discussion classique montrera dans ces conditions l'existence de

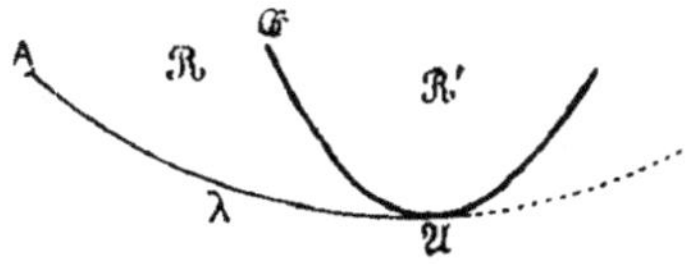

Fig. 10 bis.

deux arcs de courbe satisfaisant à l'équation $\mathfrak{E} = 0$ de l'enveloppe et disposés comme l'indique la *fig*. 10 ou la *fig*. 10 bis suivant que $\mathbf{y}$ passe du négatif au positif ou inversement. Ces deux arcs seront d'ailleurs les seuls, sans quoi $\mathbf{y}$ serait nul au point $\mathfrak{A}$, contrairement à ce qui vient d'être établi. Le point $\mathfrak{A}$, foyer conjugué de A, est alors dit un *foyer ordinaire*.

103. Supposons au contraire que sur l'ordonnée $x = \mathfrak{x}$ la dérivée $\mathbf{y}$ ne change pas de signe en s'annulant en $\mathfrak{A}$. On constatera

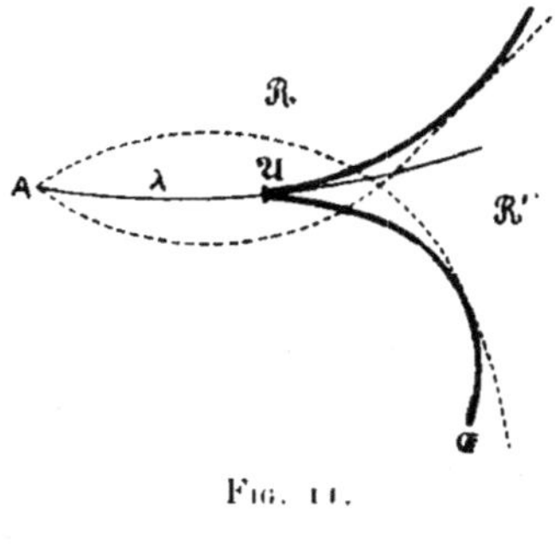

Fig. 11.

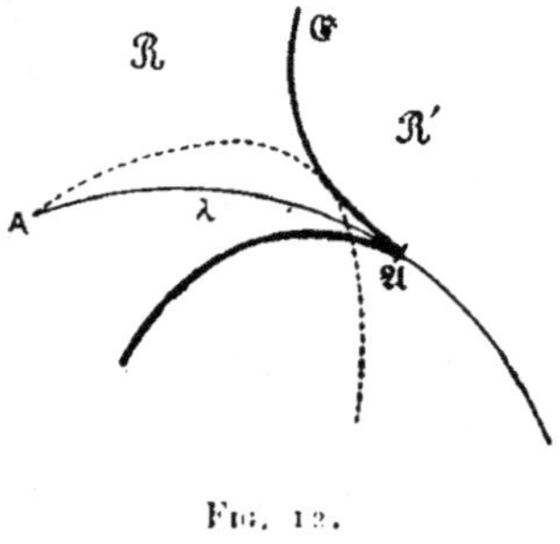

Fig. 12.

alors de même l'existence de deux arcs de $\mathfrak{E}$ situés cette fois de part et d'autre de λ, mais tous les deux à droite (*fig*. 11) ou tous les deux à gauche (*fig*. 12) de l'ordonnée en question, suivant le signe de $\mathbf{y}$ sur cette ordonnée). La tangente en $\mathfrak{A}$ étant encore celle de λ [1], $\mathfrak{A}$ sera un point de rebroussement. On désignera un tel point sous le nom de *foyer en pointe* dans le cas de la fig. 11 et de *foyer en talon* dans le cas de la *fig.* 12 [2].

Dans le cas d'un foyer ordinaire, — celui de la fig. 10 pour fixer les idées —, les extrémales correspondant à $\alpha > 0$ (et voisines de λ) viennent toutes couper λ en-deçà du foyer et celles qui correspondent à $\alpha < 0$, au-delà. Dans le cas du foyer en talon, les intersections sont toutes en-deçà du foyer et toutes au-delà pour le cas du foyer en pointe (*fig.* 11). C'est ce qui résulte immédiatement du théorème de Rolle appliqué à y considéré comme fonction de α.

Enfin, il peut arriver que $\frac{\partial y}{\partial \alpha}$ soit identiquement nul pour $x = \mathbf{x}$, autrement dit, que y soit alors indépendant de α. Toutes les extrémales issues du point A vont alors passer par le même point $\mathfrak{A}$. C'est le cas des grands cercles (c'est-à-dire des géodésiques) de la sphère.

On peut donner à un foyer de cette espèce le nom de foyer *absolu*.

Ces quatre hypothèses sont les seules possibles, *si les données sont analytiques*.

104. Dans chacune d'elles, d'ailleurs, une discussion analogue aux précédentes permet d'étudier la distribution des extrémales considérées pour les points situés au-delà de $\mathfrak{C}$.

Dans le cas d'un foyer ordinaire, il ne passe aucune extrémale issue de A et voisine de λ dans la région $\mathcal{R}'$ (*fig.* 10) située du côté de $\mathfrak{C}$ où ne se trouve pas λ. Au contraire, tout point M de $\mathcal{R}$ voisin de $\mathfrak{A}$ peut être joint à A par deux extrémales voisines de λ. Mais une et une seule de ces deux extrémales est telle que son point de contact avec $\mathfrak{C}$ soit au-delà de M (par rapport à A).

Pour un foyer en talon, tout point de $\mathcal{R}'$ peut être joint à A par une seule extrémale voisine de λ.

---

[1] En effet, le coefficient angulaire de cette tangente est la limite vers laquelle tend le coefficient angulaire d'une tangente voisine menée à $\mathfrak{C}$, c'est-à-dire d'une tangente à une extrémale voisine de λ.

[2] Poincaré. *Les méthodes nouvelles de la Mécanique céleste*, t. III, chap. xxxi, p. 332-333.

Enfin, pour un foyer en pointe, il passe, par chaque point M voisin de λ et situé du même côté de $\mathfrak{E}$ que le prolongement de λ, trois extrémales voisines de λ : une pour laquelle α a le même signe que la différence d'ordonnée entre le point M en question et λ, deux pour lesquelles il a le signe opposé.

Contentons-nous d'indiquer la démonstration dans ce dernier cas. Supposons le point M situé au-dessus de λ. Son abscisse étant forcément supérieure à $\mathfrak{x}$, si l'on donne d'abord à α des valeurs négatives décroissantes, l'ordonnée de l'extrémale correspondante croîtra jusqu'à un certain maximum, puis décroîtra (sans que puisse intervenir un minimum, au moins pour $|\alpha|$ assez petit et au voisinage de $\mathfrak{A}$, puisque $\mathfrak{E}$ n'a qu'une branche correspondante à $\alpha < 0$). Ce maximum étant forcément supérieur à l'ordonnée de M (sans quoi celui-ci serait dans $\mathfrak{R}$), cette ordonnée sera, pour deux valeurs négatives de α, celle d'une extrémale issue de A.

Cela aura lieu également pour une des valeurs positives du même paramètre, puisque, pour de telles valeurs, l'ordonnée après avoir décru, est croissante, sans que sa croissance soit (au voisinage de $\mathfrak{A}$ et de la valeur $\alpha = 0$) arrêtée par un maximum.

105. S'il y a *plusieurs fonctions inconnues* — deux, par exemple, y et z, — une extrémale passant par un point donné A (x^0, y^0, z^0) sera définie par les valeurs y'^0, z'^0 des dérivées y', z' en ce point. Pour que l'on puisse appliquer des considérations analogues aux précédentes, il faudra que le déterminant

$$D = \begin{vmatrix} \mathbf{y}_1 & \mathbf{z}_1 \\ \mathbf{y}_2 & \mathbf{z}_2 \end{vmatrix} = \begin{vmatrix} \dfrac{\partial y}{\partial y'^0} & \dfrac{\partial z}{\partial y'^0} \\ \dfrac{\partial y}{\partial z'^0} & \dfrac{\partial z}{\partial z'^0} \end{vmatrix}$$

soit différent de zéro. C'est ce qui a toujours lieu pour x suffisamment voisin de x^0. En effet, pour $x = x^0$, les quatre fonctions $\mathbf{y}_1$, $\mathbf{z}_1$, $\mathbf{y}_2$, $\mathbf{z}_2$ sont nulles, ainsi que les dérivées premières, par rapport à x, de $\mathbf{z}_1$ et de $\mathbf{y}_2$ pendant que $\mathbf{y}_1$ et $\mathbf{z}_2$ ont leurs dérivées premières égales à un (comme nous l'avons vu pour le cas d'une seule inconnue). Ces deux dernières quantités, x étant voisin de x^0, ont donc pour partie principale $(x - x^0)$, pendant que les deux premières sont d'ordre supérieur ; et le quotient $\frac{D}{(x-x^0)^2}$ (ou $\frac{D}{(x-x^0)^n}$ s'il y avait n fonctions inconnues), tend vers l'unité quand x tend vers x^0.

Le triangle mixtiligne de la figure 9 sera alors remplacé par une sorte de cône (*fig.* 13) ayant A pour sommet et qu'il faudra limiter par un plan parallèle à celui des yz, d'abscisse inférieure à la plus petite racine $\mathfrak{x}$, supérieure à x^0, de l'équation $D = 0$.

Le point $\mathfrak{A}$ qui, sur notre extrémale, a l'abscisse $\mathfrak{x}$ est encore dit le *foyer conjugué* de A. On peut lui donner une interprétation géométrique analogue à celle qui a été obtenue tout à l'heure. Les extrémales issues de A dépendent, cette fois, de deux paramètres, soient α et β. En exprimant ceux-ci en fonction d'un même troisième γ, on a une famille de courbes à un paramètre qui, en général, n'auront pas d'enveloppe, c'est-à-dire que deux d'entre elles infiniment voisines du premier ordre ne seront nulle part (sauf en A) à une distance infiniment petite d'ordre supérieur au premier. Mais il pourra en être autrement si l'on choisit convenablement la loi de variation de α et de β.

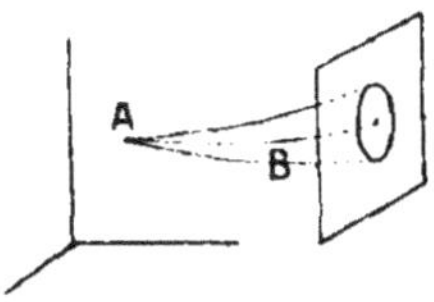

Fig. 13.

Le point où une telle enveloppe touche notre extrémale, c'est-à-dire où la distance de celle-ci et de sa consécutive est d'ordre supérieur au premier, sera déterminé par les relations

$$\frac{\partial y}{\partial \alpha} d\alpha + \frac{\partial y}{\partial \beta} d\beta = 0$$

$$\frac{\partial z}{\partial \alpha} d\alpha + \frac{\partial z}{\partial \beta} d\beta = 0.$$

Ces équations, dans lesquelles nous disposons du rapport $\frac{d\beta}{d\alpha}$, pourront être vérifiées simultanément si l'on a l'équation $D = 0$ et dans ce cas seulement.

On peut d'ailleurs transformer l'équation $D = 0$ (comme nous l'avons vu (**101**) pour $n = 1$) dans le cas où l'on veut partir de l'intégrale générale des équations (E), intégrale qui dépend de $2n$ constantes arbitraires. Il suffira d'annuler le déterminant fonctionnel, par rapport à ces $2n$ constantes, des valeurs des n inconnues, pour $x = \mathfrak{x}$ et des valeurs de ces mêmes inconnues pour $x = x^0$.

Nous retrouverons cette forme de l'équation au livre III (¹).

105 *bis*. Le quotient $\frac{D}{(x - x^0)^n}$, qui dépend de x, de x^0 et de nos $2n$ constantes arbitraires, est fonction continue de ces quantités. Si donc il est différent de zéro, pour $x^0 \leqslant x \leqslant x^1$, sur une extrémale déterminée, il le sera également sur les extrémales voisines de celles-là.

Ainsi, *si, sur une certaine extrémale, le foyer conjugué du point* $x = x^0$ *est extérieur* (au sens strict) *à l'intervalle* (x^0, x^1), *il en sera de même sur les extrémales suffisamment voisines de la première.*

L'énoncé inverse (c'est-à-dire celui qu'on déduirait du précédent en remplaçant le mot « extérieur » par « intérieur ») est vrai pour $n = 1$: on le déduit aisément du fait que l'équation (79) n'a que des racines simples. Mais cette déduction n'est plus possible pour $n > 1$.

106. Il est à remarquer que ce qui précède ne s'applique pas seulement à des extrémales issues d'un même point. On pourra supposer que l'extrémale considérée fasse partie, s'il s'agit du plan d'une famille quelconque à un paramètre z, ou dans l'espace à $n+1$ dimensions, d'une famille à n paramètres, la dérivée ou les dérivées par rapport à ce ou à ces paramètres donnant une ou plusieurs solutions des équations aux variations.

De telles familles auront donc, sur l'extrémale donnée λ, leurs *foyers*, qui seront les points où leur enveloppe touchera λ. Dans le plan, leur disposition autour de ces foyers, suivant que ceux-ci seront *ordinaires*, en *pointe* ou en *talon*, sera donnée par la discussion des nos **102** *bis*-**104**.

107. La distance entre deux foyers conjugués. — Les théorèmes généraux sur les équations différentielles (voir *Notions pré-*

(¹) Pour $n = 1$, le premier et le deuxième foyer conjugué d'un même point sont foyers conjugués l'un de l'autre, de même que le deuxième et le troisième, etc. Il n'en est généralement pas ainsi si n est différent de 1.

liminaires, chap. II) nous permettent de préciser les intervalles dans lesquels les considérations précédentes sont applicables.

Prenons l'intégrale $\int f(y', y, x)\,dx$. Soient, — lorsque x varie de x^0 à $(x^0 + a)$, y de $(y^0 - \tau a)$ à $(y^0 + \tau a)$ et y' de $(y'^0 - \tau)$ à $(y'^0 + \tau)$ —, μ une limite supérieure des valeurs absolues des dérivées partielles premières, secondes et troisièmes de f; ν, une limite supérieure commune aux modules de la quantité $\frac{1}{\mathbf{A}} = \frac{1}{f_{y'^2}}$ et de ses dérivées partielles du premier ordre (limite qui existe, du moment que $\mathbf{A}$ est différent de zéro).

L'extrémale issue du point A et de coefficient angulaire initial y'^0 sera, d'après les théorèmes généraux, définie par l'équation (E_1) du n° **59**, dans un intervalle d'origine $x = x^0$ et d'amplitude supérieure à la plus petite a_1 des quantités a et $\frac{1}{k\mu\nu}$, k désignant une quantité [1] indépendante de μ et de ν.

Dans ce même intervalle seront définies les solutions de l'équation aux variations, laquelle sera de la forme

$$(\mathbf{E}_1) \qquad \mathbf{y}'' = \mathrm{P}\mathbf{y}' + \mathrm{Q}\mathbf{y}.$$

Soient $\mathbf{y}^0$, $\mathbf{y}'^0$ les valeurs initiales d'une telle solution et de sa dérivée par rapport à x pour $x = x^0$; h étant un nombre positif quelconque, les mêmes théorèmes généraux nous apprennent que $\mathbf{y}$ et $\mathbf{y}'$ resteront compris, l'un entre $(\mathbf{y}^0 - h\mathbf{y}'^0)$ et $(\mathbf{y}^0 + h\mathbf{y}'^0)$, l'autre entre $\mathbf{y}'^0(1 - h)$ et $\mathbf{y}'^0(1 + h)$ tant que $(x - x^0)$ ne dépassera pas la valeur $\frac{h\mathbf{y}'^0}{\mathrm{M}}$, en désignant par M une limite supérieure de la valeur absolue du second membre de l'équation $(\mathbf{E}_1)$ dans ces conditions. Or, on peut visiblement prendre

$$\mathrm{M} = (\mathrm{P})[\mathbf{y}^0 + \mathbf{y}'^0(1 + 2h)]$$

(P) étant le maximum des valeurs absolues des coefficients P et Q. Ce maximum est lui-même de la forme $k'\mu\nu$, k' désignant un nouveau facteur [2] indépendant comme le précédent de μ et de ν.

---

(1) Ici, $k = \frac{|y'^0| + \tau + 2}{\tau}$.

(2) $k' = 2(|y'^0| + \tau + 3)$.

Si donc (en même temps que $\mathbf{y}^0 = 0$), nous prenons $\mathbf{y}'^0 = 1$, $h = \frac{1}{2}$, nous voyons que $\mathbf{y}'$ est toujours supérieur à $\frac{1}{2}$ — et, par conséquent, ne peut s'annuler — entre les limites

$$(80) \qquad x = x^0, \quad x = x^0 + \frac{h}{k'\mu\nu(1+2h)} = x^0 + \frac{1}{4k'\mu\nu}.$$

Dès lors, en vertu du théorème de Rolle, il est impossible que $\mathbf{y}$ s'annule une seconde fois entre ces limites après s'être annulé une première fois en A.

Ainsi *l'abscisse du foyer conjugué de* A *est supérieure à la seconde des quantités* (80) (si du moins celle-ci est inférieure à $x^0 + a_1$).

Ces résultats subsistent sans modification essentielle pour un nombre quelconque d'inconnues. Prenons, pour simplier l'écriture, $n = 2$: le déterminant **D** précédemment considéré et dont tous les éléments sont nuls en A, peut s'écrire

$$(x - x^0)^2 \begin{vmatrix} 1 + \eta_1 & \zeta_1 \\ \eta_2 & 1 + \zeta_2 \end{vmatrix}$$

en désignant par η_1, ζ_1, η_2, ζ_2 des valeurs prises respectivement par $\mathbf{y}'_1 - 1$, $\mathbf{z}'_1$, $\mathbf{y}'_2$, $\mathbf{z}'_2 - 1$ entre x^0 et x. Le déterminant qui multiplie $(x - x^0)^2$ — ou le déterminant analogue qui lui correspond pour une valeur quelconque de n, et qui, en A, a tous ses éléments principaux égaux à 1 et ses éléments non principaux nuls —, sera certainement différent de zéro tant que les premiers seront compris entre $(1 - \varkappa)$ et $(1 + \varkappa)$, les seconds entre $-\varkappa$ et $+\varkappa$ ($\varkappa$ étant une constante numérique fonction de n seul [1]).

D'ailleurs l'intervalle dans lequel devra varier x pour que $\mathbf{y}'_1, \ldots$ restent compris entre les limites ainsi indiquées s'évaluera comme tout à l'heure, sauf qu'on devra :

1° Multiplier par n la valeur précédemment écrite de **M** ;

2° Désigner par **A**, cette fois, le discriminant de la forme Φ, et par ν une limite supérieure commune aux modules des quantités $\frac{\mathbf{A}'}{\mathbf{A}}$

---

(1) Pour $n = 2$, $\varkappa < \frac{-1 + \sqrt{3}}{2}$.

et de leurs dérivées premières, A′ désignant l'un quelconque des n^2 $\left(\text{ou plutôt des } \frac{n(n+1)}{2}\right)$ mineurs de ce discriminant.

La grandeur de l'intervalle compris entre deux foyers conjugués (si elle est plus petite que a) aura donc une limite inférieure de la forme

$$\text{(80}'\text{)} \qquad \frac{1}{K\mu\nu}$$

K étant une constante analogue aux précédentes.

108. Soit enfin $r^2 = (x - x^0)^2 + (y - y^0)^2 + (z - z^0)^2$, le carré de la distance d'un point de l'extrémale au point A. La dérivée $\frac{1}{2}\frac{d(r^2)}{dx} = (x - x^0) + (y - y^0)\,y' + (z - z^0)\,z'$ est nulle en A, mais la dérivée seconde

$$1 + (y - y^0)\,y'' + (z - z^0)\,z'' + y'^2 + z'^2$$

est positive en ce point et reste positive tant que l'on a

$$|(y - y^0)\,y''| + |(z - z^0)\,z''| < 1.$$

Or, d'après les évaluations faites relativement à y, z, y'', z'' (et la formule des accroissements finis appliquée à y, z) ceci aura lieu tant que x restera compris dans l'intervalle

$$\text{(81)} \qquad 0 \leqq x - x^0 \leqq \frac{1}{K^2\mu\nu}$$

où K est la constante qui figure dans la formule (80′). Donc, dans tout cet intervalle (à moins, bien entendu, qu'il ne soit supérieur à a), *la distance r sera croissante*. Elle croîtra donc évidemment au moins jusqu'à la limite (81) puisque $r \geqq x - x^0$.

Quant à la demi droite qui porte cette distance, et qui est initialement confondue avec la tangente en A, on peut aisément assigner une limite supérieure à l'angle dont elle tourne autour de A. Il nous suffira de remarquer (dans le cas de $n = 1$) que cet angle est inférieur à π, puisque la direction opposée à la direction initiale est tournée du côté des x décroissants.

109. Si, laissant y'^0 fixe, nous faisons varier le point A dans une certaine région finie S, — autour de chaque point de laquelle les considérations précédentes soient applicables, — les intervalles (80) — (81) d'après la manière même dont ils ont été formés, auront un certain minimum.

Il en est de même si, au lieu de laisser y'^0 fixe, on le fait varier entre deux limites finies déterminées.

Donc *la construction demandée est possible* (lorsque les points A et B sont tous deux situés dans S), *si leur distance est inférieure à une certaine quantité convenablement choisie* r_0 *et l'angle de la droite* AB *avec l'axe des* x *à une autre quantité convenablement choisie* θ_0, — quantités que l'on peut assigner dès que l'on connaît la région S.

110. Forme paramétrique. — Dans le cas de la forme paramétrique, la seconde partie de la double hypothèse que nous venons d'énoncer devient inutile.

Tout d'abord, laissant A fixe, nous allons voir que la construction est possible [1] (moyennant des hypothèses de régularité analogues aux précédentes sur la fonction $\bar{f}$) pour toute position de B telle que sa distance à A soit inférieure à une certaine limite.

Prenons

$$I = \int \bar{f}(dx, dy, dz, x, y, z).$$

Mettons d'abord cette intégrale sous la forme que nous venons d'examiner jusqu'ici en posant comme précédemment

$$f(y', z', y, z, x) = \bar{f}(1, y', z', x, y, z). \tag{33'}$$

Supposons que A ait été pris pour origine des coordonnées et donnons aux coefficients angulaires initiaux y'^0, z'^0 la valeur 0 : dans ces conditions, les résultats établis tout à l'heure consistent dans l'existence d'un intervalle de variation de x tout le long duquel :

1° y' et z' restent en valeur absolue inférieurs à τ ;

---

[1] Cette question a été élucidée, pour la première fois, par M. Darboux (*Leçons sur la théorie des surfaces*, tome II, n° 518) pour le cas des géodésiques ; puis, pour le problème général à deux dimensions par M. Bliss (*Transactions of the American math. Soc.*, t. V (1904), p. 113.)

2° Le déterminant D, c'est-à-dire le déterminant fonctionnel

$$\frac{D(y,\, z)}{D(y'^{0},\, z'^{0})} \tag{82}$$

est différent de o, sauf au point de départ A ;

3° La distance du point M (x, y, z) au point A est constamment croissante.

La grandeur ρ_0 de cet intervalle est d'ailleurs égale à a ou à la plus petite des quantités (80'), (81), μ et ν étant calculés à l'aide de la fonction f définie par l'égalité (33').

Si ρ est une quantité positive quelconque inférieure à ρ_0, la sphère de centre A et de rayon ρ sera coupée en un point M et en un seul par l'arc d'extrémale issu de A avec tangente en ce point parallèle à l'axe des x, et même par tout arc d'extrémale issu du même point avec une tangente suffisamment voisine de cette parallèle (pourvu qu'on ne poursuive pas ces différentes extrémales en dehors de la sphère de rayon ρ_0).

De plus, si le point m où la tangente en A à une telle extrémale coupe la sphère de centre A et de rayon 1, décrit sur cette sphère une petite aire σ autour du point m_0 qui correspond à $y'^{0} = z'^{0} = 0$, le point M correspondant (pour une valeur donnée de ρ) décrit sur la sphère de rayon ρ une aire Σ dont le rapport à la première tend vers une limite *différente de zéro* lorsque toutes les dimensions de σ tendent vers zéro [1].

111. Effectuons maintenant une transformation de coordonnées rectangulaires quelconque

$$\left\{\begin{aligned} X &= \alpha x + \beta y + \gamma z,\\ Y &= \alpha_1 x + \beta_1 y + \gamma_1 z,\\ Z &= \alpha_2 x + \beta_2 y + \gamma_2 z \end{aligned}\right.$$

(ce qui entraîne évidemment une transformation tout analogue sur les dérivées $\dot{x}$, $\dot{y}$, $\dot{z}$) et, après avoir exprimé f à l'aide de ces nou-

---

[1] Cela revient à dire que la quantité (82) est différente de zéro : cette quantité (82) est en effet, avec la limite mentionnée dans le texte, dans un rapport égal à celui des cosinus des angles que fait la tangente en M à l'extrémale avec l'axe des x et avec le rayon vecteur AM.

velles variables, recommençons les opérations précédentes de manière à déterminer l'arc d'extrémale tangent en A à la droite $Y = Z = 0$, autrement dit à la droite

$$\frac{x}{\alpha} = \frac{y}{\beta} = \frac{z}{\gamma}.$$

Nous aurons à considérer de nouvelles valeurs des dérivées premières, secondes et troisièmes de f, ainsi que de nouvelles valeurs pour $\frac{1}{A}$ et ses dérivées du premier ordre.

Les premières sont évidemment des fonctions continues (elles sont mêmes des polynômes) par rapport aux coefficients de la transformation de coordonnées précédente. Il en sera de même des secondes si, quand on fait cette transformation, la nouvelle valeur obtenue pour la quantité **A** est toujours différente de zéro. *Nous ferons cette nouvelle hypothèse.* Elle équivaut (n° **89**) à dire que la forme $\overline{\mathbf{A}}_\varphi$ est toujours différente de zéro pour $\psi_1 \dot{x} + \psi_2 \dot{y} + \psi_3 \dot{z} \neq 0$, c'est-à-dire que le problème est toujours ordinaire.

112. Dans ces conditions, les valeurs transformées de chacune des quantités μ et ν admettront une limite supérieure déterminée. Nous supposerons qu'on ait substitué ces différentes limites à μ et à ν pour le calcul de ρ_0. Alors : 1° la sphère de centre A et de rayon $\rho < \rho_0$ sera coupée en un point déterminé M par toute extrémale issue de A : de sorte qu'à chaque point $m(\alpha, \beta, \gamma)$, de la sphère de rayon 1, correspond un point déterminé de la sphère de rayon ρ, le point de rencontre de cette sphère avec l'arc d'extrémale dont la tangente en A a les cosinus directeurs α, β, γ.

2° Dans la correspondance ainsi définie, le rapport de deux aires infiniment petites homologues aura toujours une limite différente de zéro.

Or ces conditions suffisent (voir la note A à la fin de l'ouvrage) pour affirmer qu'inversement chaque point (x, y, z) de la sphère de rayon ρ correspond à un point et à un seul de la sphère de rayon 1, c'est-à dire qu'il existe une extrémale et une seule issue de A et aboutissant en (x, y, z) sans être sortie de la sphère de rayon ρ_0.

112 *bis.* Nous nous sommes placés dans l'espace à trois dimensions. Mais le raisonnement précédent est général et s'applique sans modification au cas où le nombre de coordonnées est supérieur à trois.

Dans le cas du plan, il demande au contraire à être complété (voir la note A citée). Si ρ, θ désignent les coordonnées polaires, rapportées au point A, d'un point d'un arc d'extrémale issue de A ; θ^0, l'angle polaire correspondant à la demi droite tangente à cet arc en A, nous avons démontré :

1° Que pour une valeur donnée de ρ, inférieure à ρ_0, θ est une fonction bien déterminée de θ^0 (à un multiple près de 2π).

2° Que cette fonction est croissante.

Lorsque θ^0 varie de o à 2π, θ augmente évidemment de $2k\pi$, k étant un entier positif.

Il faut encore prouver que $k = 1$.

Mais ceci résulte de ce que, comme nous l'avons remarqué plus haut, $(\theta - \theta^0)$ ne peut pas être égal en valeur absolue à π et, par conséquent ne peut varier d'un nombre entier de circonférences.

La proposition que nous avons en vue est donc complètement démontrée.

113. Imaginons maintenant que le point A prenne successivement toutes les positions possibles dans une certaine région S dans laquelle les équations du problème ne cessent pas de vérifier les hypothèses du n° **111** : autrement dit, dans laquelle $\bar{f}$ et ses dérivées jusqu'au troisième ordre restent finies et la quantité $\bar{\mathbf{A}}_\varphi$ différente de zéro. μ et ν auront alors chacun un maximum ; et les conclusions précédentes resteront vraies en calculant ρ_0 à l'aide de ces valeurs maxima.

Donc : *à toute région S dans laquelle les hypothèses du n°* **111** *ne cessent pas d'être vérifiées correspond un nombre positif ρ_0, tel que deux points* A, B *situés dans cette région et à une distance l'un de l'autre et de la frontière S inférieure à ρ_0 puissent être joints par un arc d'extrémale, et par un seul* (si l'on exclut les arcs sur lesquels la distance de deux points peut devenir supérieure à ρ_0).

Notons encore que si la fonction $\bar{f}$ est telle que le rapport $\frac{\bar{f}}{\sqrt{x^2+y^2+z^2}}$ soit constamment positif et même supérieur à un nombre positif fixe, le rapport de l'intégrale prise suivant l'arc d'extrémale AB à la distance $\overline{AB}$ est, lui aussi, évidemment compris entre deux limites fixes positives et non nulles.

L'hypothèse en question est vérifiée comme nous le verrons plus loin, — ou, du moins peut être considérée comme vérifiée — par toutes les intégrales qui remplissent les conditions du maximum ou du minimum (conditions qui reviennent à exprimer que la figurative est convexe [1]).

114. Quant à la position, sur une extrémale déterminée, du foyer conjugué d'un point déterminé A, on l'obtient encore comme l'intersection de cette extrémale avec les extrémales infiniment voisines issues de A ; autrement dit, comme point de contact avec l'enveloppe des extrémales issues de A.

Le cas de la forme paramétrique ne doit pas, en effet être considéré ici comme distinct de celui où x est pris comme variable indépendante, auquel on le ramènera en faisant choix d'un système de coordonnées convenables, c'est-à dire tel que l'une d'elles ait sa différentielle d'un signe constant sur l'extrémale considérée (et, par conséquent, sur les extrémales voisines). Si, par exemple d'un point quelconque $M(x, y, z)$ voisin de notre extrémale, on abaisse une normale Mm sur celle-ci et que dans le plan normal en m, on se soit donné (pour chaque position de m sur la courbe) un système d'axes, on pourra déterminer la position du point M par ses coordonnées u, v rapportées aux axes en question, jointes à un paramètre s qui détermine la position du point m [2] (par exemple l'arc d'extrémale compté à partir de A).

Il est clair que cette dernière coordonnée s sera toujours croissante sur les extrémales infiniment voisines de la première et qu'on pourra, par conséquent la prendre comme variable indépendante. Donc, comme précédemment, le point M (supposé toujours voisin de la ligne $u = v = 0$) pourra être joint au point A par une extrémale voisine de la première tant que le point m correspondant ne dépassera pas le foyer conjugué de A ou ne s'en approchera pas.

114 *bis*. Lorsque les équations des extrémales issues de A ont été obtenues elles-mêmes sous forme paramétrique, — c'est-à-dire que x, y, z

---

(1) Au contraire, si la figurative était partout à courbures opposées, elle aurait nécessairement des nappes infinies, et $\overline{f}$ serait forcément susceptible de s'annuler, pour des valeurs convenables de $\dot{x}$, $\dot{y}$, $\dot{z}$.

(2) Il est clair que, si λ avait un point double, il faudrait faire correspondre à ce point deux valeurs s_1, s_2 de s. Un point voisin devrait alors être regardé comme la superposition de deux points distincts, l'un ayant une coordonnée s voisine de s_1, l'autre une coordonnée de s voisine de s_2. Moyennant cette fiction, les considérations du texte subsisteraient sans autre modification.

sont exprimés en fonction d'un paramètre t variable sur chacune de ces extrémales, celle-ci étant caractérisée par deux autres paramètres α, β — le foyer conjugué est déterminé par la relation

$$\frac{D(x, y, z)}{D(t, \alpha, \beta)} = 0 ; \tag{82'}$$

c'est-à-dire que tant que le premier membre ne sera pas nul, la détermination de l'extrémale AM sera possible, et cela d'une seule façon. Ce fait peut se démontrer d'une manière analogue à celui qui fait l'objet du n° **105** ; mais il s'y ramène immédiatement, lorsqu'on suppose x constamment croissant sur l'extrémale, en tirant des expressions de x, y, z par rapport à t, α, β celles de y, z par rapport à x, α, β moyennant quoi l'évanouissement du déterminant (82') dépend de celui du déterminant (82). D'autre part, le cas général se ramène à celui-là par l'introduction des coordonnées du n° précédent, $\frac{D(x, y, z)}{D(s, u, v)}$ étant fini et différent de zéro.

115. Exemples. — Une discussion directe fera d'ailleurs connaître, dans chaque cas particulier, l'étendue exacte de la région où pourra varier le point B (le point A étant donné) pour que le problème soit possible et déterminé.

Il est des cas où cela aura lieu quel que soit le point B. C'est ce qui arrivera évidemment pour *le plus court chemin d'un point à un autre dans l'espace*, les extrémales étant les lignes droites.

Il en est de même pour les *brachistochrones d'un point pesant*, qui sont les extrémales correspondant à l'intégrale (35) (n° **74**), où l'on fait

$$V = \frac{1}{\sqrt{z}}$$

et où le plan des xy est le plan horizontal passant par le premier point donné A, l'axe des z étant une verticale descendante.

On trouve ainsi [1] toutes les cycloïdes tracées dans des plans verticaux et ayant leurs bases dans le plan des xy (au-dessous duquel elles doivent être situées).

Le point A est, ici, supposé pris dans le plan des xy ; il est le point de rebroussement de la cycloïde cherchée. Par ce point et par le second point donné B que doit contenir cette cycloïde, fai-

(1) Appell, *Traité de Mécanique rationnelle*, t. I, p. 439.

sons passer un plan vertical (à moins que AB ne soit vertical, auquel cas c'est cette verticale qui est la solution du problème), toutes les extrémales situées dans ce plan et ayant A pour point de rebroussement sont homothétiques par rapport à A. Si donc nous traçons l'une d'elles (*fig.* 14), il suffira de la couper en un point b, par la droite AB ; la courbe cherchée sera homothétique de la précédente, avec un rapport d'homothétie égal à $\frac{AB}{Ab}$.

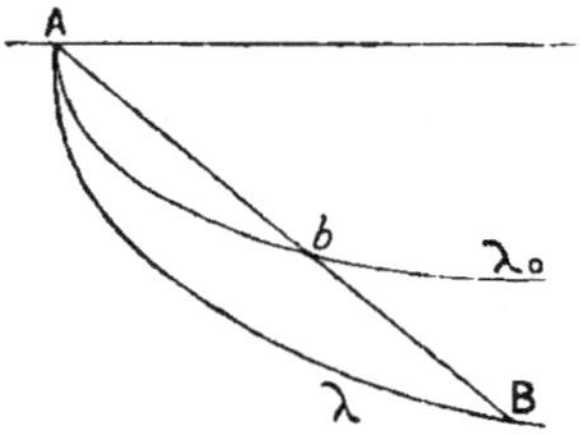

Fig. 14.

La solution ainsi trouvée est unique pourvu qu'il soit bien entendu que l'arc cherché ne doit pas contenir de point de rebroussement.

116. Le même principe, convenablement appliqué, permet de résoudre le problème analogue relatif à l'intégrale plus générale

$$\int z^p ds \tag{83}$$

p étant un exposant donné quelconque.

Pour $p = -\frac{1}{2}$, on retombe sur la question précédente.

Mais nous ne considérerons plus cette valeur et nous nous attacherons au contraire au cas où p est *positif*.

C'est ce qui a lieu dans l'étude des *trajectoires d'un point matériel pesant* : on a alors $p = \frac{1}{2}$. L'intégrale

$$\int \sqrt{z}\, ds$$

n'est autre, en effet (à un facteur constant près) que l'action maupertuisienne relative au cas de la pesanteur.

Les extrémales, dans cette question comme dans la précédente, sont chacune dans un plan parallèle à l'axe des z (plan que nous prendrons comme plan des xz, de sorte que nous ferons $y = 0$) et, par hypothèse, comprises tout entières dans la région $z > 0$.

Pour $p = \frac{1}{2}$ ce sont[1] des paraboles représentées par l'équation générale

$$(x - h)^2 - 4m(z - m) = 0$$

h et m étant des constantes. Géométriquement, ces paraboles λ sont caractérisées (outre l'inégalité $z > 0$) par la condition d'avoir toutes $z = 0$ pour directrice (le foyer de chacune d'elles étant le point $(h, 2m)$ correspondant[2]).

Le problème de faire passer une telle extrémale par deux points donnés A, B se résout dès lors élémentairement d'une manière bien connue[3] : il suffit de déterminer le foyer F de la parabole cherchée par l'intersection de deux cercles de centres respectifs A, B tangents à la directrice donnée (fig. 15).

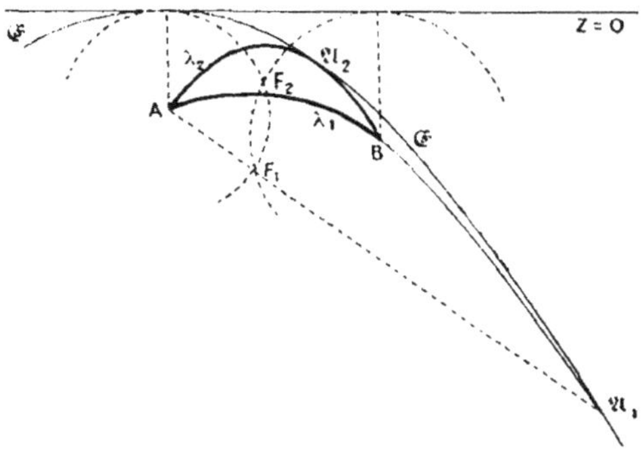

Fig. 15.

Lorsque les deux solutions ainsi obtenues sont confondues, B est un point de l'enveloppe $\mathfrak{E}$, c'est-à-dire le foyer conjugué de A sur une extrémale λ : il est alors sur le prolongement de la droite qui joint A au foyer F de λ (puisque nos deux cercles doivent être tangents). Cette enveloppe $\mathfrak{E}$, lieu des foyers conjugués de A, n'est autre que la *parabole de sûreté*[4], parabole qui a A pour foyer et l'axe des x pour tangente au sommet (*fig.* 15).

Notre problème n'est possible que si B est intérieur à cette parabole : on a alors deux paraboles extrémales λ_1, λ_2, répondant à la

---

(1) Appell, *Traité de Mécanique rationnelle*, t. I, pp. 333-338.

(2) Les constantes h et m ont la même signification qu'au numéro suivant.

(3) Cf. Appell, *loc. cit.*, p. 337.

(4) Appell, *loc. cit.*

question. La plus grande λ_1 de ces deux paraboles (celle qui a le plus grand paramètre) se distingue de l'autre en ce que son point de contact $\mathfrak{A}_1$ (*fig.* 15) avec la parabole de sûreté n'est pas situé sur l'arc AB, mais sur son prolongement.

116 *bis*. Le cas de $p = 1$, par conséquent de l'intégrale

$$I = \int z\,ds \tag{83'}$$

se présente dans la recherche de la *surface de la révolution minima*. Le problème est alors le suivant : « Mener, entre deux points donnés A, B du plan des xz situés d'un même côté de l'axe des x, une ligne qui, en tournant autour de cet axe, engendre la plus petite surface possible ».

La surface engendrée par la ligne $\mathfrak{L}$ en tournant autour de l'axe des x est en effet, en supposant z constamment positif, représentée, au facteur 2π près, par l'intégrale (83').

Les extrémales, que nous retrouverons à propos du problème isopérimétrique, sont des chaînettes [1] représentées par l'équation générale

$$z = m\,\mathrm{Ch}\,\frac{x-h}{m} = \frac{1}{2}\,m\left(e^{\frac{x-h}{m}} + e^{\frac{-x+h}{m}}\right)$$

où h et m sont deux constantes arbitraires dont la seconde doit être ici positive.

A la limite, pour $m = 0$, on a, soit l'axe donné $z = 0$, soit des droites $x = \text{const.}$ perpendiculaires à cet axe.

Pour faire passer une extrémale par les deux points donnés A, B, on devra résoudre en h, m le système des deux équations

$$z^1 = m\,\mathrm{Ch}\,\frac{x^1-h}{m} \tag{84}$$

$$z^0 = m\,\mathrm{Ch}\,\frac{x^0-h}{m}. \tag{84'}$$

117. Dans le cas de p quelconque, l'intégrale première

$$z^p\frac{dx}{ds} = \text{const.} = m^p \tag{85}$$

(1) APPELL, *Traité de Mécanique rationnelle*, t. I, p. 189.

de l'équation (E) (laquelle résulte encore de ce que la quantité sous le signe $\int$ ne contient pas explicitement x) permet de même d'obtenir les extrémales par la quadrature :

$$x = \int \frac{m^p dz}{\sqrt{z^{2p} - m^{2p}}}. \tag{85 bis}$$

Si dans l'équation (85), la constante du second membre est nulle, on trouve comme tout à l'heure, l'axe des x ou une perpendiculaire quelconque à cet axe.

Si elle est différente de zéro, l'extrémale λ obtenue est, — comme le montre encore la même intégrale première — sans point commun avec l'axe xx' et constamment convexe vers cet axe : elle est d'ailleurs symétrique par rapport à une certaine verticale ([1]).

Elle a d'ailleurs des branches infinies également verticales ([1]). Ces branches admettent des asymptotes (toujours d'après la formule (85 *bis*)) si $p > 1$; au contraire, pour $0 < p \leq 1$, elles sont *paraboliques*, de sorte que x varie, sur chaque extrémale de $-\infty$ à $+\infty$.

Mais, de plus, toutes les extrémales qu'on peut ainsi obtenir sont *semblables* ([2]) : elles dérivent les unes des autres par des translations ou des homothéties (directes, si l'on se borne aux courbes situées dans la région $z > 0$) qui conservent la droite xx'.

118. Grâce à cette circonstance, nous allons pouvoir remplacer par une construction géométrique simple la résolution des équations (84), (84') obtenues tout à l'heure pour la chaînette et d'une manière générale, la recherche de l'extrémale relative à l'intégrale (83) qui passe par deux points donnés A, B.

Traçons, en effet, une fois pour toutes, une extrémale déterminée λ_0 (fig. 16). Celle-ci étant semblable à λ, il doit exister sur elle deux points a, b formant avec elle et l'axe des x, une figure semblable à celle que forme avec les points donnés A, B et le même axe, l'extrémale cherchée λ.

([1]) Nous considérons encore comme verticale la direction de l'axe des z.

([2]) Le rapport de similitude de deux quelconques d'entre elles est celui des valeurs correspondantes de m.

Pour qu'il en soit ainsi, il suffira évidemment (¹) que la droite a, b soit parallèle à AB et divisée dans le même rapport qu'elle par l'axe des x. Nous sommes donc conduits à la construction suivante :

Menons, dans la courbe λ_0, toutes les cordes ab parallèles à AB, et, sur le prolongement de chacune d'elles, déterminons un point c qui la divise extérieurement dans un rapport donné (celui des z des points A et B). Le lieu de c est une courbe (c) dont l'intersection avec l'axe des x fournit une solution du problème (fig. 16) (²).

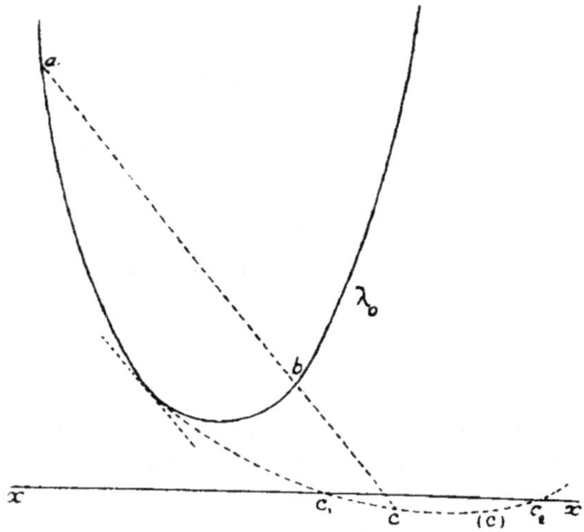

FIG. 16.

118 *bis*. Il est facile de déduire de là la condition pour que deux solutions viennent à se confondre, c'est-à-dire pour que B soit foyer conjugué de A. Cela a lieu lorsque la courbe (c) est tangente

---

(¹) Cette solution serait en défaut si AB était parallèle à l'axe. On pourrait la modifier de manière à l'appliquer à cette hypothèse spéciale. Nous nous contenterons de regarder cette dernière comme un cas limite du cas général.

D'autre part, si les points A, B étaient sur une même verticale, les solutions se réduiraient l'une au segment de droite AB, l'autre au chemin vertical qui va de A à l'axe et revient en B (Comparer plus loin, n° **183**).

(²) La courbe (c), visiblement tangente à λ_0, se compose de deux arcs (séparés par le point de contact) en prolongement analytique et que l'on déduit l'un de l'autre en permutant les deux points a, b. Celui qui est tel que ce point c soit du même côté de ab que l'axe est évidemment seul utile.

à xx'. Or la tangente en un point quelconque c de (c) passe par l'intersection des tangentes aux points a, b correspondants de λ_0 (car cette même propriété appartient à une corde quelconque cc' de (c) par rapport aux cordes correspondantes aa', bb' de λ_0).

Donc les tangentes en deux foyers conjugués se coupent sur xx'.

C'est, bien entendu, ce que l'on constate directement [1] dans le cas des chaînettes du numéro **116** *bis*, en prenant l'enveloppe de la courbe (84') lorsque les paramètres h et m sont liés par la relation (84), c'est-à-dire en annulant le déterminant fonctionnel des seconds membres de ces équations par rapport à h, m.

Tout point de λ a dès lors un foyer conjugué et un seul, puisque λ est convexe *du côté* de l'axe. Toutefois il *n'y a plus aucun* foyer conjugué à distance finie lorsque A est le point de la courbe le plus rapproché de l'axe.

119. D'autre part, la construction précédente montre que *le problème a, au plus, deux solutions* : car, λ_0 étant convexe, il en est de même de la courbe (c), comme on le voit en prenant un des axes de coordonnées parallèle aux cordes ab.

Notons que ce résultat entraîne les deux conséquences suivantes :

1° λ étant une extrémale donnée issue de A et λ' une autre extrémale variable issue du même point, le second point d'intersection B de ces deux courbes [2] se déplace dans un sens constant sur λ lorsque la tangente à λ' tourne autour de A ;

2° Dans les mêmes conditions, l'ordonnée de cette courbe variable λ' correspondante à une abscisse fixe quelconque (autre que celle de A) admet un seul minimum et point de maximum.

Si, en effet, l'une ou l'autre des deux assertions précédentes était

---

(1) Voir Kneser, *Lehrbuch der Variationsrechnung*, pp. 83-85 ; Bolza, *Lectures on the calculus of Variations*, p. 64 ; Hancock, *Calculus of Variations*, chap. III. Dans le cas des paraboles du n° **116**, le même fait résulte de ce que la droite qui joint les foyers conjugués passe par le foyer F. (c) est alors une parabole.

(2) Deux extrémales (non égales entre elles) qui se coupent en un point A se *recoupent (si p n'est pas supérieur à 1) en un second point* B (car la différence de leurs ordonnées, qui change de signe en A, a le même signe — signe contraire à la différence des valeurs de m — pour $x = -\infty$ et pour $x = +\infty$). Ce point d'intersection (en admettant son existence pour $p > 1$) est d'ailleurs unique, parce que, à ordonnée égale ou supérieure, l'extrémale correspondant à la plus petite valeur de m a une pente plus grande que l'autre, d'après l'équation (85).

en défaut, il en résulterait aisément l'existence de trois extrémales passant par deux points A, B convenablement choisis.

La première de ces deux remarques montre que lorsque deux extrémales λ et λ' issues de A se recoupent en B, le foyer conjugué de A sur λ (qui serait la position du point B si λ' coïncidait avec λ) est ou non sur l'arc AB, suivant que la tangente en A à λ' (prise dans un sens correspondant au sens AB de la courbe) est intérieure ou extérieure à l'angle formé par la tangente analogue à λ et la perpendiculaire abaissée de A sur xx'.

Donc, des deux extrémales λ, λ', une et une seule (celle qui correspond à la plus grande valeur de la constante m) est telle que le foyer conjugué de A ne soit pas entre A et B. C'est ce que nous avions déjà trouvé (n° **116**) pour $p = \frac{1}{2}$.

Les abscisses des foyers conjugués de A sur diverses extrémales passant par ce point étant, d'après cela, rangées dans le même ordre que celles des points d'intersection de l'axe avec les tangentes correspondantes en A, l'enveloppe $\mathfrak{C}$ ne peut avoir de point de rebroussement [1]. Elle est d'ailleurs (pour $m = 0$) tangente à xx' au point A_1, projection de A.

Quand à la seconde des remarques faites tout à l'heure, elle prouve que la condition nécessaire et suffisante pour l'existence des solutions est que le point B soit intérieur à $\mathfrak{C}$ (c'est-à-dire non compris entre l'axe et cette courbe).

119 *bis*. On aurait à raisonner de même dans le problème des

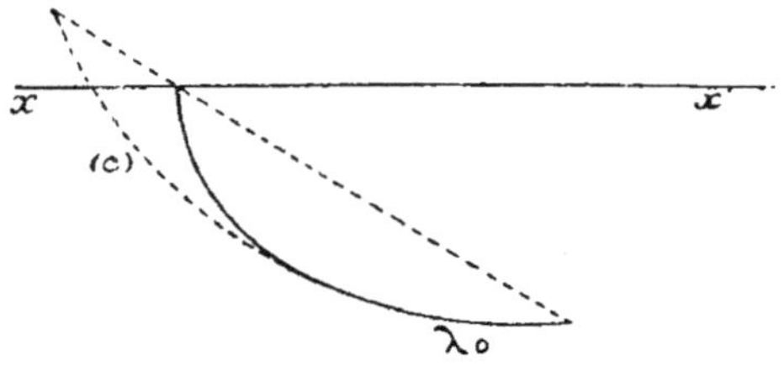

FIG. 17.

brachistochrones (n° **115**) si la vitesse initiale en A avait une valeur (donnée) différente de zéro. On aurait encore $V = \frac{1}{\sqrt{z}}$, mais

[1] Autrement dit, tous les foyers sont ordinaires.

la droite xx' ($z = 0$) serait au-dessus des points A et B, au lieu de passer par A.

λ_0 étant, comme ci-dessus, l'une des cycloïdes qui ont cette droite pour base, on aurait encore à tracer une corde de λ_0 qui soit parallèle à AB et divisée par xx' dans un rapport donné (celui des z des points A, B).

On tracerait donc encore la courbe (c) (*fig.* 17). Mais ici l'arc utile de cette courbe (celui qui correspond à des points c situés au-dessus des points a, b correspondants coupe nécessairement xx', et cela en un point unique [1]).

Donc le problème a toujours *une solution et une seule* [2].

120. On trouvera des résultats analogues à ceux du n° **116** dans l'étude des *trajectoires d'un point attiré par l'origine suivant la loi de Newton*, c'est-à-dire pour les extrémales correspondant à l'intégrale

$$\int \sqrt{\frac{1}{r} - \frac{1}{r_0}}\, ds \qquad (r = \sqrt{x^2 + y^2}),$$

r_0 désignant d'ailleurs une constante, que nous supposerons positive. Toutes les lignes $\mathfrak{C}$ doivent être alors comprises à l'intérieur du cercle $r = r_0$.

Les extrémales sont les ellipses qui ont ce cercle pour cercle directeur (et, par conséquent, l'origine pour foyer). Si une de ces extrémales doit passer par deux points donnés A, B, son second foyer sera à l'intersection des circonférences C_A, C_B décrites de A, B comme centres respectifs et tangentes au cercle directeur (*fig.* 18). Les points ainsi obtenus seront bien, inversement, les seconds foyers de deux ellipses satisfaisant aux conditions imposées.

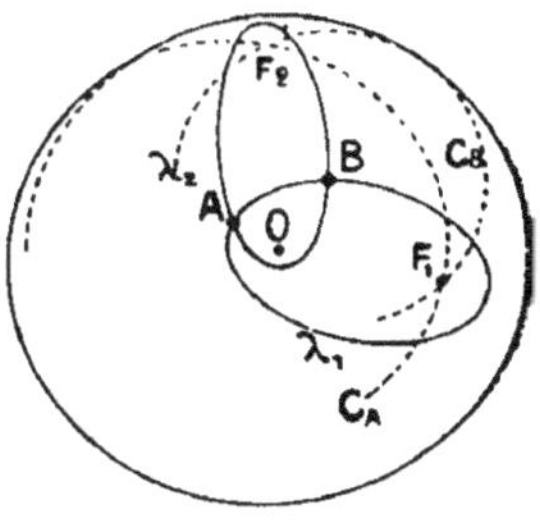

FIG. 18.

Ces foyers ne seront réels que si la distance AB est plus petite que la somme des rayons des cercles C_A, C_B, soit

$$\overline{AB} < 2r_0 - r_A - r_B.$$

[1] Les deux extrémités de cet arc (correspondant à des cordes dont l'une est tangente à la cycloïde λ_0 et dont l'autre passe par un des points de rebroussement) sont visiblement de part et d'autre de xx'. Il y a donc un point d'intersection; et, s'il y en avait plus d'un, il y en aurait trois, ce que nous savons impossible.

[2] Pour une démonstration algébrique du même fait, voir BOLZA, *Bull. of the Amer. math. soc.*, 2e série, t. X, 1904, pp. 185-188.

Lorsque le point A est donné, cette condition définit une *ellipse de sûreté*, à l'intérieur de laquelle doit se trouver le point B. Si elle n'est pas remplie (et même dans certains cas où elle l'est), l'extremum est, comme dans l'exemple précédent, fourni par une ligne à points anguleux, composée de deux rayons et d'un arc du cercle directeur.

IV. EXTRÉMALES SUR UNE SURFACE DONNÉE

121. Nous avons traité, jusqu'ici, d'extrema libres (n° **37**). Les questions relatives à l'extremum *lié* (conditions restrictives vérifiées en *tous* les points de la courbe) ne seront d'une manière générale, abordées que dans le chapitre V. Il est un cas de cette espèce qu'on ramène cependant aux méthodes précédentes ; c'est celui où les fonctions inconnues sont liées par des *relations en termes finis* : par exemple, où le champ fonctionnel donné est composé de courbes $\mathcal{L}$ assujetties à être entièrement situées sur une surface donnée :

$$\text{(86)} \qquad S \; : \; \varphi(x, y, z) = 0$$

(laquelle passe, bien entendu, par les points fixes A et B).

Il faudra que l'expression $\delta \bar{I} = \int_A^B (\bar{I}^{(x)}\delta x + \bar{I}^{(y)}\delta y + \bar{I}^{(z)}\delta z)\, dt$

soit nulle lorsqu'on suppose l'équation de S vérifiée pour la ligne λ à partir de laquelle on prend les variations, et pour les courbes variées elles-mêmes.

On ramenera ce problème à ceux que nous avons traités jusqu'ici en résolvant l'équation de S par rapport à l'une des quantités x, y, z : par rapport à z par exemple. Portant son expression dans l'intégrale donnée, on aura à annuler la variation première d'une intégrale I qui ne dépend plus que d'une fonction y de x et où cette fonction n'est assujettie qu'aux conditions aux limites.

121 *bis.* On peut encore, ce qui revient d'ailleurs au même (comparer *Notions prélim.*, n° **7**) opérer directement.

Une variation (δx, δy, δz) sera acceptable si elle s'annule en A et B et vérifie l'équation :

$$\text{(86')} \qquad \delta\varphi = \varphi_x \delta x + \varphi_y \delta y + \varphi_z \delta z = 0.$$

Cette condition, évidemment nécessaire est, d'autre part suffisante, puisque (si φ_z est différent de zéro) δx et δy peuvent être pris arbitrairement dans un déplacement infinitésimal sur la surface.

D'autre part, δI est de la forme

$$(87) \qquad \delta I = \int (\overline{I}^{(x)}\delta x + \overline{I}^{(y)}\delta y + \overline{I}^{(z)}\delta z)\,dt.$$

La courbe λ devra satisfaire à l'équation :

$$\delta I = 0$$

pour tout système de valeurs de δx, δy, δz, acceptables, c'est-à-dire vérifiant l'équation (86').

Autrement dit, $\overline{I}^{(x)}\delta x + \overline{I}^{(y)}\delta y + \overline{I}^{(z)}\delta z$ devra être nul moyennant cette même équation, car s'il avait, en un point quelconque de l'arc d'intégration, une valeur différente de zéro, on pourrait s'arranger comme aux n^{os} **56-57**, pour que cette valeur donne son signe à la quantité (87).

Donc, les conditions nécessaires et suffisantes cherchées seront

$$\frac{\overline{I}^{(x)}}{\varphi_x} = \frac{\overline{I}^{(y)}}{\varphi_y} = \frac{\overline{I}^{(z)}}{\varphi_z}$$

ou, si l'on veut, il devra exister une quantité l, définie en chaque point de la courbe, telle que l'on ait

$$\overline{I}^{(x)} + l\varphi_x = 0, \ \overline{I}^{(y)} + l\varphi_y = 0, \ \overline{I}^{(z)} + l\varphi_z = 0.$$

Il est clair que tout ceci s'étend sans modifications essentielles au cas où les fonctions inconnues $y_1, y_2, \ldots y_n$, en nombre quelconque, sont liées par un nombre quelconque d'équations en termes finis

$$\varphi_h(x, y_1, \ldots y_n) = 0 \qquad (h = 1, 2 \ldots p).$$

En introduisant p *multiplicateurs* $l_1, l_2, \ldots l_p$ définis en chaque point de la courbe, on aura les équations

$$\overline{I}^{(y_i)} + l_1\frac{\partial \varphi_1}{\partial y_i} + l_2\frac{\partial \varphi_2}{\partial y_i} + \ldots + l_p\frac{\partial \varphi_p}{\partial y_i} = 0 \qquad (i = 1, 2, \ldots n)$$

toutes semblables à celles que l'on forme dans les mêmes circonstances en mécanique rationnelle [1].

122. Dans le cas considéré tout d'abord, celui des fonctions x, y, z liées par la relation (86), notre conclusion peut se mettre sous la forme suivante, à peu près intuitive :

Le plan II de cosinus directeurs $\overline{l}^{(x)}$, $\overline{l}^{(y)}$, $\overline{l}^{(z)}$, dans lequel la courbe doit se déplacer pour donner une variation nulle, devra être tangent à la surface S. L'angle ζ (nº **95**) sera nul.

122 *bis*. Supposons par exemple que l'intégrale I soit la longueur d'un arc de courbe. Alors (nº **96**) le plan II sera le plan mené par la tangente à λ perpendiculairement au plan osculateur. Ce plan devra donc être tangent à la surface. C'est la propriété classique :

La normale principale coïncide avec la normale à la surface

qui définit les *géodésiques*.

V. CAS DES DÉRIVÉES D'ORDRE SUPÉRIEUR

123. Transformation fondamentale. — Considérons maintenant l'intégrale :

$$I = \int_{x^0}^{x^1} f(y^{(p)}, y^{(p-1)}, \ldots y', y, x)\,dx \tag{88}$$

où y^h est la dérivée d'ordre h de la fonction y. Nous allons évaluer $\delta I = \left(\frac{\partial I}{\partial \alpha}\right)_{\alpha=0}$ lorsque l'on prend pour y une fonction de x et de α ayant $2p$ dérivées continues en x, toutes les fonctions y, y',... $y^{(p)}$ étant dérivables en α pour $\alpha = 0$ et ces dérivées en α étant continues en x.

Dans ces conditions, on a (en supposant aussi x^0 et x^1 continues et dérivables en α) :

$$\delta I = \Big[f(y^{(p)}, \ldots y, x)\,\delta x\Big]_{x^0}^{x^1} + \int_{x^0}^{x^1} (f_{y^{(p)}}\delta y^{(p)} + \ldots f_y \delta y)\,dx. \tag{88'}$$

[1] Appell, *Traité de Mécanique rationnelle*, t. II, p. 299.

Or on peut écrire au moyen d'intégrations par parties :

$$\int_{x^0}^{x^1} f_{y^{(i)}}\delta y^{(i)}dx = \Big\{ f_{y^{(i)}}\delta y^{(i-1)} - \left[\frac{d}{dx}(f_{y^{(i)}})\right]\delta y^{(i-2)} + \ldots$$

$$+ (-1)^{i-1}\left[\frac{d^{(i-1)}}{dx^{(i-1)}}(f_{y^{(i)}})\right]\delta y \Big\}_{x^0}^{x^1} + \int_{x^1}^{x^0}\left[(-1)^i \frac{d^i}{dx^i}(f_{y^{(i)}})\right]\delta y dx,$$

$$(i = 1, \ldots p).$$

D'où en ajoutant les expressions analogues :

$$\delta I = \int_{x^0}^{x^1} I^{(y)}\delta y dx + \Big[M_0\delta x + M_1\delta y + \ldots + M_p\delta y^{(p-1)}\Big]_{x^0}^{x^1}$$

en posant :

(89) $$I^{(y)} = F(y) = f_y - \frac{d}{dx}f_{y'} + \frac{d^2}{dx^2}f_{y''} - \ldots + (-1)^p \frac{d^p}{dx^p}(f_{y^{(p)}})$$

(89') $$\begin{cases} M_0 = f;\ M_1 = f_{y'} - \frac{d}{dx}f_{y''} + \ldots + (-1)^{p-1}\frac{d^{p-1}}{dx^{p-1}}(f_{y^{(p)}});\ldots \\ M_i = f_{y^{(i)}} - \frac{d}{dx}f_{y^{(i+1)}} + \ldots + (-1)^{p-i}\frac{d^{p-i}}{dx^{p-i}}(f_{y^{(p)}}), \ldots, M_p = f_{y^{(p)}}. \end{cases}$$

Dans ces expressions, les dérivées $\frac{d}{dx}$ se calculent par des formules analogues à la formule (4) du n° **53**.

On peut remarquer que l'on a :

$$F(y) = f_y - \frac{dM_1}{dx},\ M_1 = f_{y'} - \frac{dM_2}{dx}, \ldots\ M_{p-1} = f_{y^{(p-1)}} - \frac{dM_p}{dx}.$$

124. Nous envisagerons, en particulier, le cas où les fonctions $y, y', \ldots y^{(p-1)}$ prennent des valeurs fixes en x^0 et x^1, lesquels sont également supposés fixes : la forme (88') se réduit alors à

$$\delta I = \int_{x^0}^{x^1} I^{(y)}\delta y dx.$$

La condition nécessaire et suffisante pour que la courbe λ annule la variation première parmi les courbes $\mathfrak{L}$ ayant un contact d'ordre $(p-1)$ avec λ en x^0 et x^1 est que λ soit une extrémale, c'est-à-dire vérifie l'équation :

$$F(y) = 0.$$

Cette condition évidemment suffisante, est également nécessaire, d'après le lemme fondamental. La courbe λ doit satisfaire à l'équation différentielle d'ordre $2p$:

$$F(y) = 0$$

dont l'intégrale générale dépend de $2p$ paramètres.

De plus, y et ses $(p - 1)$ premières dérivées doivent avoir des valeurs données en x^0 et x^1, ce qui fixe la valeur de ces $2p$ paramètres : il y aura donc en général si les équations sont résolubles, un nombre limité de solutions.

Au contraire, si l'on se donne encore d'autres dérivées en x^0 ou x^1, il sera en général impossible de trouver une extrémale satisfaisant à ces conditions.

125. Il faut remarquer de plus que l'équation des extrémales est bien d'ordre $2p$ en général ; mais qu'elle peut s'abaisser si le coefficient de $y^{(2p)}$, qui est $f_{y^{(p)2}} = \frac{\partial^2 f}{\partial (y^{(p)})^2}$, s'annule. C'est le cas où f est linéaire en $y^{(p)}$:

$$f = \chi(y^{(p-1)}, \ldots y, x) + y^{(p)}\psi(y^{(p-1)}, \ldots y, x).$$

Il est aisé de voir pourquoi l'ordre de l'équation s'abaisse dans ces conditions, et même de prévoir que l'abaissement sera de deux unités au lieu d'une. On peut, en effet, toujours poser

$$\psi = \frac{\partial}{\partial y^{(p-1)}} \varphi(y^{(p-1)}, \ldots y, x) = \varphi_{y^{(p-1)}}.$$

Si on fait encore

$$f_1 = \chi - \varphi_x - y'\varphi_y - y''\varphi_{y'} - \ldots - y^{(p-1)}\varphi_{y^{(p-2)}}$$

il vient

$$f = f_1(y^{(p-1)}, \ldots y, x) + \frac{d\varphi}{dx}$$

et l'intégrale du dernier terme ne dépend que des valeurs initiales et finales φ^0 et φ^1 de φ.

L'extrémum de l'intégrale I, sous les conditions données, n'est donc autre que celui de l'intégrale

$$I_1 = \int_{x^0}^{x^1} f_1 dx$$

laquelle ne dépend que des dérivées d'ordre $p - 1$ et qui est liée à la première par la relation

(90) $$I = I_1 + \varphi^1 - \varphi^0.$$

126. En général, pour

(91) $$I = \int_{x^0}^{x^1} f(y_1^{(p_1)}, \ldots y_1, y_2^{(p_2)}, \ldots y_n^{(p_n)}, \ldots y_n, x)\, dx$$

on aura, par le même mode de calcul

(92) $$\left\{ \begin{aligned} \delta I &= \int_{x^0}^{x^1} (I^{(y_1)}\delta y_1 + \ldots + I^{(y_n)}\delta y_n)\, dx \\ &+ \Big[M_0 \delta x + \sum_{i=1}^{i=n} (M_{i1}\delta y_i + \ldots + M_{ip_i}\delta y_i^{(p_i - 1)}) \Big]_{x^0}^{x^1} \end{aligned} \right.$$

avec

$$I^{(y_i)} = F_i(y_1, y_2, \ldots y_n) = f_{y_i} - \frac{d}{dx} f_{y'_i} + \ldots + (-1)^{p_i} \frac{d^{p_i}}{dx^{p_i}} (f_{y^{(p_i)}})$$

$M_0 = f$ et en général :

$$M_{ik} = f_{y_i^{(k)}} - \frac{d}{dx}(f_{y_i^{(k+1)}}) + \ldots + (-1)^{p_i - k} \frac{d^{p_i - k}}{dx^{p_i - k}} (f_{y_i^{(p_i)}}).$$

Si, en particulier, on se donne les valeurs de $y_i, \ldots . y_i^{(p_i - 1)}$ $(i = 1, \ldots n)$ aux limites et si celles-ci sont supposées fixes (de sorte que $\delta x = 0$), on a :

$$\delta I = \int_{x^0}^{x^1} (I^{(y_1)}\delta y_1 + \ldots + I^{(y_n)}\delta y_n)\, dx.$$

Et on voit comme précédemment que la condition nécessaire et suffisante pour qu'une ligne λ annule (dans le champ ainsi défini) la variation première, est que l'on ait :

(E) $$I^{(y_1)} = I^{(y_2)} = \ldots I^{(y_n)} = 0.$$

La solution générale dépend de $2p_1 + \ldots + 2p_n$ constantes arbitraires qui serviront à déterminer l'*extrémale* satisfaisant aux $2p_1 + \ldots + 2p_n$ conditions aux limites. Il y a donc en général un nombre limité de solutions.

On connaît des intégrales du système si y_i (ou y_i et ses $k - 1$ premières dérivées) ne figurent pas dans f. En effet dans ce cas, on peut remplacer l'équation :

$$F_i \equiv (-1)^k \frac{d^k}{dx^k} f_{y_i^{(k)}} + \dots + (-1)^{p_i} \frac{d^{p_i}}{dx^{p_i}} f_{y_i^{(p_i)}} = 0$$

par :

$$f_{y_i^{(k)}} - \frac{d}{dx} f_{y_i^{(k+1)}} + \dots + (-1)^{p_i - k} \frac{d^{p_i - k}}{dx^{p_i - k}} f_{y_i^{(p_i)}}$$
$$= C_1 + C_2 x + \dots + C_k x^{k-1}$$

où $C_1, \dots C_k$ désignent des constantes arbitraires.

127. Forme paramétrique dans le cas des dérivées d'ordre supérieur. — On peut opérer pour l'intégrale :

$$(88) \qquad I = \int_{x^0}^{x^1} f(y^{(p-1)}, y^{(p)} \dots y', y, x)\, dx$$

comme nous l'avons fait dans le cas où $p = 1$. Si l'on considère x et y comme fonction d'un paramètre t, on pourra écrire :

$$(93) \qquad y' = \frac{\dot{y}}{\dot{x}}, \quad y'' = \frac{\dot{x}\ddot{y} - \dot{y}\ddot{x}}{\dot{x}^3}, \dots\dots$$

et la quantité sous le signe $\int$ est remplacée (en nous bornant pour simplifier, à $p = 2$) par une expression de la forme

$$f(y'', y', y, x)\, dx = \bar{f}(\ddot{x}, \ddot{y}, \dot{x}, \dot{y}, x, y)\, dt$$

ou

$$\bar{f}(d^2x, d^2y, dx, dy, x, y).$$

On voit aisément que $\bar{f}$ doit être homogène et du premier degré par rapport à dx, dy, $(d^2x)^{\frac{1}{2}}, \dots$: mais cette condition n'est pas la seule à laquelle elle doit satisfaire.

Les équations des extrémales se formeront comme pour l'intégrale prise sous la forme (91) : elles entraînent en particulier (comparer n° **83**) l'existence d'un cas d'intégrabilité analogue à celui du numéro précédent, lorsque x ne figure pas explicitement sous le signe $\int$.

Les propriétés de la forme paramétrique dans le cas des dérivées d'ordre supérieur sont, on le voit, un peu plus compliquées que dans le cas où il n'entre que des dérivées premières. Au reste il apparaîtra plus loin (voir : livre III, chap. V) qu'elle n'a plus alors la même importance théorique.

128. Dérivées exactes. — Les quantités $I^{(y_i)}$ peuvent-elles être toutes identiquement nulles : autrement dit, la variation de l'intégrale (91) peut-elle être nulle identiquement, quelles que soient les fonctions y?

Nous avons vu cette circonstance se présenter pour l'intégrale du n° **51** lorsque la quantité sous le signe $\int$ est la dérivée totale d'une fonction de x, y_1, $y_2 \ldots y_n$.

Dans le cas général que nous examinons ici, elle exprime de même, comme nous allons le voir, la condition nécessaire et suffisante pour l'existence d'une fonction $\varphi(x, y_1, \ldots y_1^{(p_1-1)}, y_2, \ldots, y_n^{(p_n-1)})$ vérifiant (quelles que soient les fonctions y) l'identité

$$(94) \qquad \frac{d\varphi}{dx} = f$$

(la différentiation du premier membre étant faite en tenant compte de ce que les y sont fonctions de x) ; — ou, comme nous dirons plus brièvement, la condition pour que l'expression $f(y_1^{(p_1)}, \ldots y_n, x)$ soit une *dérivée exacte*.

La condition est nécessaire. Car la relation (94) donne (φ^0 et φ^1 étant encore les valeurs de φ en x^0 et en x^1)

$$(94') \qquad \int_{x^0}^{x^1} f dx = \varphi^1 - \varphi^0$$

d'où résulte que l'intégrale ainsi écrite est indépendante du choix des fonctions y, pourvu que les valeurs initiales et finales de ces fonctions et de leurs dérivées (jusqu'aux ordres $p_1 - 1$, $p_2 - 1, \ldots$ $p_n - 1$ respectivement) soient constantes. La variation de cette intégrale est donc identiquement nulle dans ces conditions.

La condition est suffisante. Car, si elle est remplie, et que l'on fasse varier les fonctions y en y faisant figurer d'une manière arbitraire un paramètre α, de manière que les valeurs initiales et finales des dérivées dont nous venons de parler restent constantes, la variation de l'intégrale (91) sera nulle d'après la formule (92) et, par conséquent, cette intégrale sera indépendante de α. C'est donc une fonction des quantités

$$(95) \qquad x^0,\ y_i^{(h)} \begin{pmatrix} i = 1, 2, \dots n \\ h = 0, 1, \dots p_i \end{pmatrix} \Big\} \text{ pour } x = x^0$$

$$(95') \qquad x^1,\ y_i^{(h)} \begin{pmatrix} i = 1, 2, \dots n \\ h = 0, 1, \dots p_i \end{pmatrix} \Big\} \text{ pour } x = x^1.$$

Si l'on convient en particulier de donner toujours aux quantités (95) les mêmes valeurs choisies une fois pour toutes, notre intégrale sera, quel que soit d'ailleurs x^1, une fonction φ des quantités (95').

En remplaçant la quantité arbitraire x^1 par x, cette fonction φ donnera évidemment lieu à l'identité (94).

En vertu de celle-ci, d'ailleurs, l'égalité (94') sera vérifiée indépendamment de la convention que nous nous étions imposée tout à l'heure relativement aux valeurs initiales (95) de x, des y et de leurs dérivées.

Par conséquent, la condition nécessaire et suffisante pour que f soit une dérivée exacte est que les équations (E) (n° **126**) soient vérifiées quelles que soient les fonctions y : c'est-à-dire, qu'elles soient des identités par rapport à ces quantités et à toutes les dérivées, tant celles qui entrent dans f que les dérivées suivantes introduites par les différentiations.

En particulier, la disparition des termes en $y_i^{(2p_i)}$ montre, ainsi qu'il était évident *à priori*, que f doit d'abord être linéaire par rapport aux dérivées de l'ordre le plus élevé pour chaque fonction y.

Par exemple, s'il n'entre que des dérivées premières

$$(p_1 = p_2 = \dots p_n = 1),$$

$f dx$ devra être une différentielle

$$P_0 dx + P_1 dy_1 + \dots + P_n dy_n$$

satisfaisant aux conditions connues d'intégrabilité.

Un autre résultat que l'on pouvait prévoir *à priori* et qui est confirmé par ce qui précède est que f ne peut dépendre d'une des fonctions arbitraires — y_1, par exemple, — sans dépendre de ses dérivées (car alors, l'une des équations (E) se réduirait à $f_{y_1} = 0$).

Nous avons déjà utilisé ce résultat, au n° **27** pour l'expression (31) qui dépend (linéairement) de la fonction arbitraire **y**.

Remarque. — Comme au n° **51**, une intégrale vérifiant les conditions précédentes peut être ajoutée à une autre intégrale quelconque sans que cette addition altère les extrémales correspondantes.

CHAPITRE III

LA FORMULE AUX LIMITES ET LES PROPRIÉTÉS ANALYTIQUES DES EXTRÉMALES

I. FORMULE AUX LIMITES. TRANSVERSALITÉ

129. Nous allons, maintenant reprendre la formule fondamentale (5) établie au n° **53**, en cessant de supposer les limites d'intégration fixes.

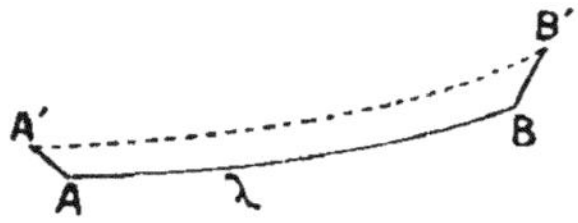

Fig. 19.

Nous comparerons donc la valeur de l'intégrale donnée I sur la ligne λ (*fig.* 19) entre les points A, B, à la même intégrale prise le long de la ligne $\mathfrak{L}$ entre les points A', B'.

Par contre, nous supposerons que la ligne λ est une extrémale. Dans ces conditions, *l'intégrale définie disparaît dans l'expression de δI.*

Prenons d'abord l'intégrale donnée sous la forme

$$(32) \qquad I = \int \bar{f}(\dot{x}, \dot{y}, \dot{z}, x, y, z)\,dt;$$

si la ligne initiale satisfait aux équations $I^{(x)} = I^{(y)} = I^{(z)} = 0$, la formule (39) du n° **81** se réduit à

$$(\gamma) \qquad \delta I = (\bar{f}_{\dot{x}}\delta x + \bar{f}_{\dot{y}}\delta y + \bar{f}_{\dot{z}}\delta z)^1 - (\bar{f}_{\dot{x}}\delta x + \bar{f}_{\dot{y}}\delta y + \bar{f}_{\dot{z}}\delta z)^0.$$

Elle nous fait connaître la variation infinitésimale de l'intégrale I lorsqu'on passe de l'extrémale λ à une ligne infiniment voisine quelconque. Il est remarquable que cette variation soit indépendante du changement de forme de la ligne variée et ne dépende que *des déplacements infinitésimaux* $\overline{AA'}$ ($\delta x^0, \delta y^0, \delta z^0$), $\overline{BB'}$ ($\delta x^1, \delta y^1, \delta z^1$) *de ses extrémités*.

Bien entendu, cette propriété est spéciale aux extrémales. D'après la manière même dont elle est obtenue, elle ne subsisterait pas si on partait d'une ligne $\mathfrak{L}_0$ quelconque. Dans ce cas, il faudrait écrire la formule (39) au complet.

Pour $f = \sqrt{\dot{x}^2 + \dot{y}^2 + \dot{z}^2}$, par exemple, c'est-à-dire si I est la longueur du chemin d'intégration, les coefficients $f_{\dot{x}}, f_{\dot{y}}, f_{\dot{z}}$ sont les cosinus directeurs $\frac{dx}{ds}$, $\frac{dy}{ds}$, $\frac{dz}{ds}$ (n° **82**) de la tangente à ce chemin. Si donc AB est une ligne droite, on aura (ce qui est une formule bien connue)

$$\delta I = \overline{BB'} \cos B - \overline{AA'} \cos A, \tag{96}$$

A et B étant les angles que font AA' et BB' avec AB.

Mais si l'on part d'une ligne courbe (à tangente continue) joignant A et B, on devra ajouter au second membre l'intégrale (75') du n° **97**, et écrire

$$\delta I = \overline{BB'} \cos B - \overline{AA'} \cos A + \int \frac{\sin \theta}{R} \Delta n ds. \tag{97}$$

130. Nous appliquerons surtout la formule ($\overline{7}$) au cas où la ligne A'B' est elle-même une extrémale. Celle-ci étant, en général, comme nous l'avons vu, déterminée par ses deux extrémités, l'intégrale $I_{A'}^{B'}$ correspondante est une certaine fonction (ordinaire) des coordonnées de ces points : la formule ($\overline{7}$) fait connaître la différentielle de cette fonction.

Nous donnerons à la formule ($\overline{7}$) le nom de *formule aux limites*. On pourrait aussi, à juste titre, l'appeler *formule de Gauss;* non qu'à proprement parler elle lui appartienne en aucune façon — Euler et Lagrange avaient calculé l'expression de δI dans les conditions où nous venons de nous placer — ; mais c'est dans le théorème de Gauss sur les lignes géodésiques (voir, plus loin, n° **138**) qu'intervient pour la première fois le fait essentiel qui fait l'importance de cette formule, à savoir qu'elle fait connaître δI sans aucun signe d'intégration. Or de cette circonstance découlent, comme nous allons le voir, toutes les propriétés analytiques des équations du Calcul des variations.

131. La formule aux limites s'écrit également pour l'intégrale prise sous la forme

$$(1') \qquad I_{A}^{B} = \int_{x^0}^{x^1} f(y', y, x)\,dx.$$

Il n'y a qu'à reprendre la formule (5) du n° **53**. Mais il faut faire subir au résultat une modification si nous voulons que δx^0, δy^0 représentent, comme tout à l'heure, les projections du déplacement $\overline{AA'}$ et δx^1, δy^1, celles du déplacement BB'. δy^0, δy^1 auraient en effet, dans la formule en question, une signification différente : ils désignent les variations de y *pour x constant*, c'est-à-dire ce que nous avons appelé la *variation tronquée* (n° **80**). Ce sont les segments AA'_0, BB'_0 (*fig.* 20) interceptés sur les ordonnées $x = x^0$, $x = x^1$ entre les deux lignes λ_0, $\mathcal{L}$ au lieu des projections verticales des segments AA', BB'. Nous devrons donc remplacer ces variations tronquées par leur expression (obtenue au n° **80**) en fonction des quantités actuellement désignées par δx^0, δy^0, δx^1, δy^1. Il vient alors

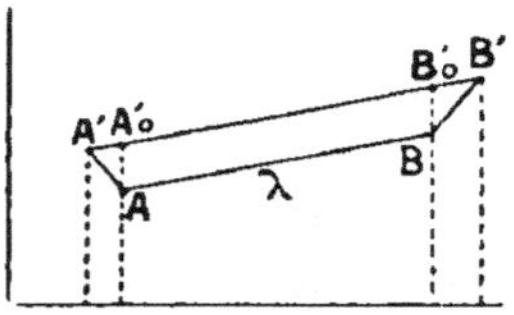

Fig. 20.

$$(\gamma) \qquad \delta I = f_{y'}{}^{1}\delta y^1 + (f - y'f_{y'})^{1}\delta x^1 - \left[f_{y'}{}^{0}\delta y^0 + (f - y'f_{y'})^{0}\delta x^0\right].$$

De même, pour

$$I = \int_{x^0}^{x^1} f(y'_1, y'_2, \ldots, y'_n, y_1, y_2, \ldots, y_n, x)\,dx$$

on aura

$$(\gamma) \qquad \left\{ \begin{aligned} \delta I = & \left[\sum_i f_{y'_i}(\delta y_i - y'_i\delta x) + f\delta x\right]_{x = x^1} \\ & - \left[\sum_i f_{y'_i}(\delta y_i - y'_i\delta x) + f\delta x\right]_{x = x^0} \end{aligned} \right.$$

et, si l'on part d'une ligne $\mathfrak{L}_0$ quelconque au lieu de partir d'une extrémale,

$$(98)\quad \left\{ \begin{aligned} \delta I = & \left[\sum_i f_{y'_i}(\delta y_i - y'_i \delta x) + f \delta x \right]_{x = x^1} \\ & - \left[\sum_i f_{y'_i}(\delta y_i - y'_i \delta x) + f \delta x \right]_{x = x^0} + \int_{x^0}^{x^1} \left[\sum_i I^{(y_i)} \delta y_i \right] dx. \end{aligned} \right.$$

Plus généralement, pour l'intégrale

$$I = \int_{x^0}^{x^1} f(y_1^{(p_1)} \ldots y_1, y_2^{(p_2)} \ldots y_2, \ldots y_n^{(p_n)} \ldots y_n, x)\, dx$$

considérée au n° **126**, on devra remplacer dans la formule (92) $\delta y_i^{(k)}$ par $(\delta y_i^{(k)} - y_i^{(k+1)} \delta x)$ et l'on aura (si la ligne primitive est quelconque)

$$(99)\quad \left\{ \begin{aligned} \delta I = & \int_{x^0}^{x^1} [I^{(y_1)} \delta y_1 + \ldots + I^{(y_n)} \delta y_n]\, \delta n \\ & + \Big[M_0 \delta x + \sum_i M_{i1} (\delta y_i - y'_i \delta x) + \ldots \\ & + \sum_i M_{ip_i} (\delta y_i^{(p_i - 1)} - y_i^{(p_i)} \delta x) \Big]_{x^0}^{x^1} \end{aligned} \right.$$

où M_0, M_{ik} gardent les mêmes significations que dans l'expression (92).

Le terme intégral disparaîtra si la ligne initiale est une extrémale.

132. La formule (99) nous permettra de montrer comme nous l'avions énoncé précédemment (n° **48**) que l'on ne doit pas, lorsque la fonction sous le signe $\int$ contient des dérivées d'ordre supérieur au premier, envisager des courbes variées à points anguleux. Nous allons voir, en effet, que si l'on prenait en considération de pareilles courbes, l'extremum serait, en général, impossible, la variation première elle-même ne pouvant pas être annulée.

Prenons simplement une seule fonction inconnue, figurant avec ses dérivées première et seconde. Une courbe λ répondant à la question devra annuler tout d'abord la variation δI, lorsqu'on se restreint aux courbes à tangente et courbure continues. Donc λ est nécessairement une extrémale. Prenons ensuite une famille de courbes variées $\mathfrak{L}$, tangentes à λ en A et B et ayant toutes un point anguleux C d'abscisse constante x^*. On pourra appliquer la formule qui donne la variation première pour les arcs AC et CB séparément. D'où

$$\delta I = \left[\left(f_{y'} - \frac{d}{dx} f_{y''}\right)\delta y + f_{y''}\delta y'\right],$$

le signe [ ] désignant le saut brusque que subit l'expression qui y est renfermée lorsque, au point C, on passe de l'arc AC à l'arc CB.

Or, en C, δy a la même valeur sur AC et CB ; mais, puisque C est un point anguleux, $\delta y' = m$ sur AB et $\delta y' = n$ sur CB.

D'où

$$\delta I = (m - n)(f_{y''})_{x = x^*}.$$

Pour que δI soit nul, il faut donc que $f_{y''}$ soit nul en C, puisque m et n sont différents. On peut d'ailleurs prendre arbitrairement la valeur x^* : par conséquent $f_{y''}$ doit être nul de A à B. Alors λ doit satisfaire à la fois aux *deux* équations différentielles

$$f_{y''} = 0 \quad , \quad f_y - \frac{d}{dx} f_{y'} + \frac{d^2}{dx^2} f_{y''} = 0,$$

lesquelles n'ont, en général, aucune solution commune.

133. L'intégrale définie de la formule (98) disparaît, alors même que $\overline{I}^{(x)}$, $\overline{I}^{(y)}$, $\overline{I}^{(z)}$ ne sont pas identiquement nuls, si le plan qui a ces quantités pour paramètres directeurs est celui dans lequel s'effectue la variation (n° **95**).

C'est ce qui arrive, nous le savons, lorsque $\mathfrak{L}_0$, au lieu d'être une extrémale libre, est une extrémale sur une surface donnée (ou d'une manière générale, pour les extrémales correspondant aux problèmes dans lesquels les fonctions inconnues sont liées par des relations quelconques en termes finis).

Donc *la formule* ($\overline{7}$) ou (7) *est applicable à de telles extrémales.*

Ainsi elle s'applique aux *géodésiques d'une surface.* Si I est la longueur d'une géodésique AB, la variation de I, lorsque cette ligne se déplace sur la surface, sera, comme dans le cas d'une ligne droite

$$\delta I = \overline{BB'} \cos B - \overline{AA'} \cos A \tag{96}$$

A et B étant toujours les angles de AA' et de BB' avec la géodésique.

134. Transversalité. — Soit Λ une extrémale relative à l'intégrale

$$I = \int_A^B \bar{f}(\dot{x}, \dot{y}, \dot{z}, x, y, z)\, dt.$$

Si Λ a une extrémité fixe B, on a :

$$\underset{(\Lambda)}{\delta I} = -(\bar{f}_{\dot{x}}\delta x + \bar{f}_{\dot{y}}\delta y + \bar{f}_{\dot{z}}\delta z)_A.$$

Il n'est pas nécessaire que A soit fixe pour que δI soit nul. Il suffit que la tangente au déplacement de A soit dans le plan P dont l'équation est :

$$\bar{f}_{\dot{x}}(X - x) + \bar{f}_{\dot{y}}(Y - y) + \bar{f}_{\dot{z}}(Z - z) = 0,$$

c'est-à-dire que le point A se déplace sur une courbe C ou une surface S tangente à P en A (*fig.* 21). Nous dirons avec M. Kneser

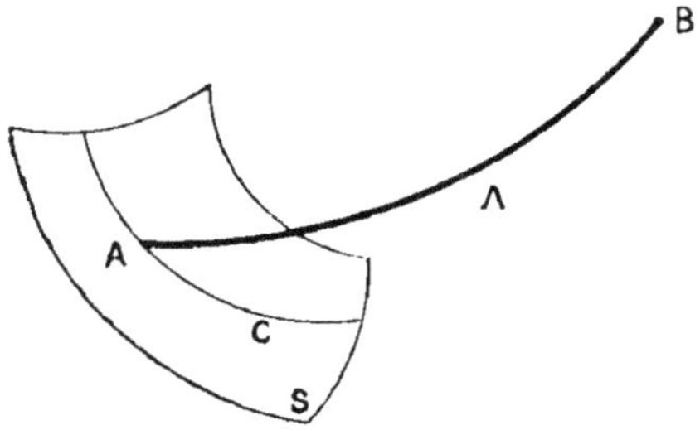

FIG. 21.

que l'extrémale Λ est *transversale* en A à C ou S. D'ailleurs, lorsque $\bar{f}$ n'est pas nul au point A, le plan P est déterminé et n'est pas tangent à l'extrémale, car on a :

$$\dot{x}\bar{f}_{\dot{x}} + \dot{y}\bar{f}_{\dot{y}} + \dot{z}\bar{f}_{\dot{z}} = \bar{f}.$$

Les résultats du n° **131** font, d'autre part, connaître la condition de transversalité lorsque l'intégrale est prise sous la forme

$$I = \int_{x^0}^{x^1} f(y', z', y, z, x)\, dx.$$

Cette condition est

$$(f - y'f_{y'} - z'f_{z'})\,\delta x + f_{y'}\,\delta y + f_{z'}\,\delta z = 0.$$

135. Si on a en particulier : $\bar{f} = \sqrt{\dot{x}^2 + \dot{y}^2 + \dot{z}^2}$, les extrémales sont des droites et la condition de transversalité devient :

$$\dot{x}\,\delta x + \dot{y}\,\delta y + \dot{z}\,\delta z = 0.$$

C'est-à-dire qu'une droite est transversale en A à une courbe C ou à une surface S si elle est normale à C ou S en A.

Il est facile d'obtenir (dans l'espace ordinaire) tous les cas d'extremum libre où les mots *transversalité* et *orthogonalité* sont synonymes. En effet, on doit alors avoir :

$$\frac{\dot{x}}{\bar{f}_{\dot{x}}} = \frac{\dot{y}}{\bar{f}_{\dot{y}}} = \frac{\dot{z}}{\bar{f}_{\dot{z}}}.$$

D'où, en faisant varier seulement $\dot{x}$, $\dot{y}$, $\dot{z}$:

$$\frac{\dot{x}\,d\dot{x} + \dot{y}\,d\dot{y} + \dot{z}\,d\dot{z}}{\dot{x}^2 + \dot{y}^2 + \dot{z}^2} = \frac{d\bar{f}}{\bar{f}}$$

et par suite :

$$\bar{f}(\dot{x}, \dot{y}, \dot{z}, x, y, z) = \sqrt{\dot{x}^2 + \dot{y}^2 + \dot{z}^2}\, V(x, y, z).$$

La transversalité se confond également avec l'orthogonalité dans le cas des géodésiques d'une surface. C'est ce qui résulte immédiatement du n° **133**, puisque la formule (96) est la même pour une droite ou pour une géodésique.

On pourrait d'ailleurs le constater aussi en prenant l'élément de ligne tracée sur la surface sous la forme

$$\sqrt{E\,du^2 + 2F\,du\,dv + G\,dv^2}$$

la condition de transversalité étant alors, comme celle d'orthogonalité

$$E du \delta u + F(du \delta v + dv \delta u) + G dv \delta v = 0.$$

136. Lorsque $f = \sqrt{\psi(x, y, z)}$, ψ étant une forme quadratique, la condition de tranversalité est symétrique par rapport aux deux déplacements (dx, dy, dz) (effectué sur l'extrémale) et $(\delta x, \delta y, \delta z)$. Bien entendu, il n'en est pas de même dans le cas général, la condition n'étant même plus linéaire par rapport à $\dot{x}, \dot{y}, \dot{z}$. Il nous arrivera, cependant, même dans ce cas, de dire indifféremment qu'une extrémale λ est transversale à une courbe quelconque Γ, ou que celle-ci est transversale à la première, aucune confusion n'étant à craindre de ce chef.

137. Familles transversales. — Considérons une famille d'extrémales Λ issues d'un point fixe A. Si B est un point quelconque de Λ, on aura :

$$\delta I_{\Lambda}'' = (f_{\dot{x}}'\delta x + f_{\dot{y}}'\delta y + f_{\dot{z}}'\delta z)''.$$

Supposons que sur chacune des extrémales Λ, on prenne le point B de façon que $I_{(A)\Lambda}''$ ait une valeur constante k. Le point B dépendra au plus de deux paramètres, par suite il décrira une surface S', ou une courbe C', ou restera fixe.

δI étant nul, on voit que Λ sera *transversale à S' ou à C' en* B.

Il en serait encore de même si, A étant variable, Λ était en ce point transversale à une ligne ou à une surface fixe. En un mot, *lorsqu'une extrémale variable reste transversale à une surface fixe, elle reste transversale à une infinité d'autres surfaces* (puisqu'on peut prendre arbitrairement, dans ce que nous venons de dire, la valeur constante de I_{Λ}'').

En nous inspirant d'une locution créée par M. Darboux [1], nous donnerons le nom de *famille transversale* à une famille d'extrémales — à deux paramètres dans l'espace ordinaire, ou, en général à autant de paramètres qu'il y a de fonctions inconnues dans le problème — qui possède la propriété précédente.

---

(1) *Leçons sur la théorie des surfaces*, t. II, p. 485.

138. Théorèmes de Gauss, de lord Kelvin et Tait, de Malus. — L'exemple le plus simple, et l'un des plus remarquables, du fait constaté au numéro précédent est le *théorème de Gauss* :

Si, sur une surface quelconque, on mène les géodésiques issues d'un point fixe ou, plus généralement, les géodésiques normales à une courbe fixe, et que l'on porte sur chacune d'elles un arc de même longueur, les géodésiques considérées seront encore normales au lieu des points ainsi obtenus.

Cet énoncé est bien un cas particulier du précédent, appliqué à la longueur d'un arc puisque les lignes orthogonales entre elles sont ici transversales.

Le même principe, appliqué à l'*action*, dans le cas de la Dynamique d'un point matériel, donne le théorème de *lord Kelvin et Tait*, d'après lequel *les trajectoires (correspondant à une même valeur de la constante des forces vives) normales à une surface, le sont à une infinité d'autres.*

Enfin, *la même propriété a lieu pour les rayons lumineux* donnés eux aussi, par les équations (41) du n° **82**. C'est, du moins en ce qui regarde les milieux continus, le célèbre théorème de *Malus*.

Ce théorème s'étend de lui-même à la réfraction en milieu *anisotrope* (la propagation de la lumière en un pareil milieu se ramenant également à un problème de calcul des variations); mais, cette fois, il n'y a que *transversalité* et non plus orthogonalité.

Qu'il y ait ou non isotropie, les surfaces transversales ne sont autres que les positions successives d'une *onde* lumineuse.

139. Cas des extrémales fermées. — Supposons maintenant que pour l'intégrale

$$\int \bar{f}(dx, dy, dz, x, y, z) \tag{32}$$

existent une infinité d'extrémales fermées formant une suite continue.

Toutes ces lignes donneront la même valeur à l'intégrale (32).

On peut, en effet, considérer chacune d'elles comme joignant un point A à lui-même et par conséquent appliquer la formule ($\overline{7}$) le point C coïncidant avec le point A. Il est alors clair que tous les termes de cette formule se détruisent, puisque toutes les quantités qu'ils contiennent ont les mêmes valeurs de part et d'autre de A.

Si par exemple une surface admet une infinité continue de géodésiques fermées, comme il arrive pour la sphère, *toutes ces géodésiques ont la même longueur.*

139 *bis*. Il en est de même si toutes les extrémales issues du point A vont passer par un même point $\mathfrak{A}$, foyer absolu (nº **103**) de A. Alors tous les arcs A$\mathfrak{A}$ ainsi tracés donneront *pour l'intégrale* $I_A^{\mathfrak{A}}$ *la même valeur.*

Car la variation de cette intégrale sera identiquement nulle, tous les termes de la formule (7) disparaissant.

C'est ainsi que sur la sphère tous les arcs de grands cercles joignant deux points diamétralement opposés ont même longueur. On voit qu'il en serait de même pour toute surface où les géodésiques issues d'un point déterminé A auraient un foyer absolu.

Cette remarque est, au fond identique à celle qui a été faite au nº **6** (note de la page 6).

II. PROPRIÉTÉ DES ÉQUATIONS DIFFÉRENTIELLES DU CALCUL DES VARIATIONS

140. Les équations de la Mécanique sont, nous l'avons vu, un cas particulier des équations du Calcul des variations. Mais la plupart des propriétés qu'elles présentent, au point de vue de l'intégration, — et auxquelles sont consacrés, totalement ou partiellement, les traités classiques sur la Dynamique — subsistent dans le cas général. L'identité est assez complète pour que nous devions nous contenter de rappeler l'existence de ces propriétés : en les développant, nous ne pourrions que répéter purement et simplement le *Traité de Mécanique rationnelle* de M. Appell ou les *Méthodes nouvelles de la Mécanique céleste* de M. Poincaré.

Tout d'abord, nos équations, comme celles de la Dynamique, peuvent être mises sous la *forme canonique*, par la transformation de Legendre [1] relative aux y' c'est-à-dire par l'introduction des

[1] SERRET, *Calcul différentiel et intégral*, tome I, p. 129 ; GOURSAT, *Cours d'Analyse*, tome I, p. 88 ; HUMBERT, *Cours d'Analyse*, tome I, p. 105.

nouvelles variables

$$(100) \qquad q_i = f_{y'_i} \qquad (i = 1, 2, \ldots, n)$$

(substituées aux y') et de la nouvelle fonction

$$(101) \qquad H = -f + \sum_i y'_i f_{y'_i}$$

qui donnent

$$y'_i = \frac{\partial H}{\partial q_i}, \quad f_{y_i} = -\frac{\partial H}{\partial y_i}, \quad f = -H + \sum_i q_i \frac{\partial H}{\partial q_i}.$$

Moyennant ces relations, les équations (E) du n° **58** prennent la forme canonique.

$$(C) \qquad \frac{dy_i}{dx} = \frac{\partial H}{\partial q_i}, \quad \frac{dq_i}{dx} = -\frac{\partial H}{\partial y_i} \qquad (i = 1, 2, \ldots n).$$

140 *bis*. Toutefois, cette transformation suppose la condition, déjà bien des fois introduite, que le déterminant fonctionnel

$$\mathbf{A} = \frac{D(f_{y'_1}, f_{y'_2}, \ldots f_{y'_n})}{D(y'_1, y'_2, \ldots y'_n)}$$

des seconds membres des équations (101) est différent de zéro, c'est-à-dire que le problème est *ordinaire au sens du n°* **59**.

Elle ne serait donc pas directement applicable dans le cas de la forme paramétrique, par exemple pour l'intégrale (32) (n° **74**). On reconnaîtra cependant par le même calcul que, dans ce cas encore, on peut en général écrire les équations sous la forme canonique (¹)

$$(\overline{C}) \qquad \frac{dx}{dt} = \frac{\partial \overline{H}}{\partial p}, \frac{dy}{dt} = \frac{\partial \overline{H}}{\partial q}, \frac{dz}{dt} = \frac{\partial \overline{H}}{\partial r}, \frac{dp}{dt} = -\frac{\partial \overline{H}}{\partial x}, \frac{dq}{dt} = -\frac{\partial \overline{H}}{\partial y}, \frac{dr}{dt} = -\frac{\partial \overline{H}}{\partial z},$$

p, q, r étant les quantités (62') du n° **90**. $\overline{H}$ (lequel ne contient pas explicitement t) est alors le premier membre de l'équation (62),

(¹) Ces équations, comme les équations ($\overline{E}$) (n° **81**) dont elles dérivent, sont surabondantes. On doit, effectivement, supposer x, y, z, p, q, r astreints à vérifier l'équation $\overline{H} = 0$ de la figuratrice. Moyennant cette relation, qui est compatible avec le système ($\overline{C}$) (car son premier membre en est une intégrale), l'une des équations ($\overline{C}$) est une conséquence des autres.

c'est-à-dire de l'équation de la *figuratrice*. La condition pour que l'on puisse écrire les équations ($\overline{C}$) est que cette équation soit unique. Nous en aurons une interprétation simple en la rapprochant de celle qui a été formée au numéro précédent.

140 *ter*. L'introduction de la fonction $\overline{H}$ est, en effet, tout analogue à la transformation de Legendre effectuée plus haut : car on sait[1] que celle-ci revient à une transformation par polaires réciproques, par rapport à une courbe (parabole) ou à une surface du second degré.

Nous donnerons donc encore le nom de *figuratrice* (dans le cas de l'intégrale (1), où x est variable indépendante) à la courbe (pour $n = 1$) ou à la surface de l'espace à $n + 1$ dimensions, qui (pour x et y constants) a pour coordonnées les valeurs des n quantités q_i et de la fonction H. Cette figuratrice dérive, ici encore, de la figurative, par polaires réciproques.

La figuratrice est représentée par une seule équation, donnant H en fonction des x, y, q, *si le problème est ordinaire*.

La réciproque est vraie. Si le problème n'est pas ordinaire (pour des valeurs non particulières des x, y, y') l'élimination de f et des y' entre les équations (100), (101) fournit plusieurs équations entre les quantités H, x, y, q. C'est ainsi que la polaire réciproque d'une développable est une *courbe*.

Revenons maintenant à la figuratrice du n° **90** (forme paramétrique). La condition pour qu'elle ne soit pas une courbe est encore que la figurative correspondante ne soit pas développable. Or, ceci revient à dire que *le problème doit être ordinaire au sens du n°* **89**.

C'est ce qu'on verra en se reportant aux relations établies dans ce numéro entre la figurative en question, obtenue à l'intégrale (32), et celle qui dérive de l'intégrale (32') correspondante : en particulier, à l'homographie qui existe entre ces deux surfaces.

141. La forme canonique est la source de tous les théorèmes fondamentaux de la Dynamique analytique. Ceux-ci sont par conséquent communs aux équations en question et à celles, plus générales, du Calcul des variations.

---

(1) GOURSAT, *Traité d'Analyse*, tome I, p. 89; HUMBERT, *Traité d'Analyse*, tome I, p. 105.

Mais il y a plus : on peut dire que ces propriétés dérivent toutes de la formule aux limites précédemment démontrée (¹) (formule (γ ou $\overline{\gamma}$)), laquelle s'écrit dans notre notation actuelle, pour l'intégrale (1),

$$(103) \quad \delta I = (q_1\delta y_1 + \ldots + q_n\delta y_n - H\delta x)^1 - (q_1\delta y_1 + \ldots + q_n\delta y_n - H\delta x)^0$$

(où les indices supérieurs ^{0}, ^{1} désignent les expressions relatives aux points A, B respectivement), et pour la forme paramétrique

$$(104) \quad \delta I = (q_1\delta y_1 + q_2\delta y_2 + \ldots + q_n\delta y_n)^1 - (q_1\delta y_1 + \quad + q_n\delta y_n)^0$$

formule également applicable à l'intégrale (1) si on ne fait pas varier x^0, x^1.

L'équation (104) ainsi écrite (où I est une fonction des y aux deux extrémités) peut s'interpréter de deux façons différentes.

Intégrons-la d'abord en supposant que le point (y_1^0, y_2^0,... y_n^0, q_1^0,... q_n^0) de l'espace à $2n$ dimensions qui a pour coordonnées les valeurs initiales de y_1,... y_n, q_1,... q_n décrive dans cet espace un chemin quelconque σ^0 (et par conséquent le point (y_1^1,... y_n^1, q_1^1,... q_n^1, qui a pour coordonnées les valeurs finales des mêmes quantités) un chemin correspondant σ^1) : nous aurons

$$(105) \int (q_1^1 dy_1^1 + q_2^1 dy_2^1 \ldots + q_n^1 dy_n^1) - (q_1^0 dy_1^0 + \ldots + q_n^0 dy_n^0) = \int dI.$$

Au second membre, figure une différentielle exacte, qui disparaît lorsque le chemin σ^0 ainsi décrit est fermé. La valeur de l'intégrale

$$(105') \qquad \int q_1 dy_1 + q_2 dy_2 + \ldots + q_n dy_n$$

reste donc constante par rapport à x dans ces conditions. C'est ce que l'on nomme, avec M. Poincaré (²), un *invariant intégral relatif*.

(¹) M. Kœnigs a établi (*Comptes-rendus*, décembre 1895) que si un système d'équations différentielles admet l'invariant intégral relatif (105'), il a nécessairement la forme canonique. Toutes les propriétés de cette dernière doivent donc, *à priori*, pouvoir se déduire de la formule (103).

(²) *Les méthodes nouvelles de la Mécanique Céleste*, t. III, p. 9.

Lorsqu'il s'agit de l'intégrale (1), cette propriété suppose que sur le chemin σ^0, x a une valeur constante x^0 et sur le chemin σ^{I}, une valeur différente de la première, mais également constante, x^{I}.

Si, au contraire, il s'agit de la forme paramétrique, non seulement la loi de variation de $y_1^0, \ldots y_n^0, q_1^0, \ldots q_n^0$ sur σ^0 sera arbitraire, mais — toujours dans l'espace à deux dimensions — pour chaque point P^0 de σ^0, le point correspondant P^{I} de σ^{I} sera l'un quelconque de ceux qui sont situés sur la même trajectoire que P^0 (c'est-à-dire sur la même courbe intégrale des équations (C)).

142. D'autre part nous pouvons écrire la formule (104) sous la forme

$$q_1^{\text{I}} \frac{\partial y_1^{\text{I}}}{\partial \alpha} + \ldots q_n^{\text{I}} \frac{\partial y_n^{\text{I}}}{\partial \alpha} - \left(q_1^0 \frac{\partial y_1^0}{\partial \alpha} + \ldots + q_n^0 \frac{\partial y_n^0}{\partial \alpha} \right) = \frac{\partial I}{\partial \alpha}$$

en supposant que les y^0 et les q^0 dépendent d'un paramètre α. Comme, pour une valeur déterminée quelconque de ce paramètre, $y_1, y_2, \ldots y_n, q_1, q_2, \ldots q_n$ forment une solution du système (C), les dérivées

$$\text{(106)} \qquad \mathbf{y}_i = \frac{\partial y_i}{\partial \alpha}, \qquad \mathbf{q}_i = \frac{\partial q_i}{\partial \alpha}$$

sont solutions des *équations aux variations* (n° **21**) correspondant à (C), savoir (en supposant qu'il s'agit de l'intégrale (1) et par conséquent, que la variable indépendante est x)

$$\text{(C)} \quad \frac{d\mathbf{y}_i}{dx} = \sum_k \left(\frac{\partial^2 \text{H}}{\partial y_i \partial y_k} \mathbf{y}_k + \frac{\partial^2 \text{H}}{\partial y_i \partial q_k} \mathbf{q}_k \right), \frac{d\mathbf{q}_i}{dx} = - \sum_k \left(\frac{\partial^2 \text{H}}{\partial q_i \partial y_k} \mathbf{y}_k + \frac{\partial^2 \text{H}}{\partial q_i \partial q_k} \mathbf{q}_k \right).$$

Faisons maintenant dépendre la solution (y_i, q_i) de deux paramètres α et β et par conséquent introduisons une nouvelle solution des équations aux variations, savoir

$$\text{(106')} \qquad \mathbf{z}_i = \frac{\partial y_i}{\partial \beta}, \quad \mathbf{r}_i = \frac{\partial q_i}{\partial \beta} \qquad (i = 1, 2, \ldots n).$$

La formule (104) a lieu tant lorsque l'on fait varier α que lorsque l'on fait varier β, et donne

$$\text{(107)} \quad \begin{cases} q_1^{\text{I}} \dfrac{\partial y_1^{\text{I}}}{\partial \alpha} + \ldots q_n^{\text{I}} \dfrac{\partial y_n^{\text{I}}}{\partial \alpha} - \left(q_1^0 \dfrac{\partial y_1^0}{\partial \alpha} + \ldots + q_n^0 \dfrac{\partial y_n^0}{\partial \alpha} \right) = \dfrac{\partial I}{\partial \alpha} \\ q_1^{\text{I}} \dfrac{\partial y_1^{\text{I}}}{\partial \beta} + \ldots q_n^{\text{I}} \dfrac{\partial y_n^{\text{I}}}{\partial \beta} - \left(q_1^0 \dfrac{\partial y_1^0}{\partial \beta} + \ldots + q_n^0 \dfrac{\partial y_n^0}{\partial \beta} \right) = \dfrac{\partial I}{\partial \beta}. \end{cases}$$

Différentions la première de ces deux équations par rapport à β, la seconde par rapport à α et retranchons : les seconds membres disparaissent et il en est de même de tous les termes qui contiennent les dérivées secondes telles que $\frac{\partial^2 y_i}{\partial\alpha\partial\beta}$. Il reste

$$(108) \qquad \sum_i \left(\frac{\partial y_i}{\partial\alpha}\frac{\partial q_i}{\partial\beta} - \frac{\partial y_i}{\partial\beta}\frac{\partial q_i}{\partial\alpha}\right)^1 = \sum_i \left(\frac{\partial y_i}{\partial\alpha}\frac{\partial q_i}{\partial\beta} - \frac{\partial y_i}{\partial\beta}\frac{\partial q_i}{\partial\alpha}\right)^0$$

ou, avec les notations (106), (106')

$$(109) \qquad \sum_i (\mathbf{y}_i\mathbf{r}_i - \mathbf{z}_i\mathbf{q}_i)^1 - \sum_i (\mathbf{y}_i\mathbf{r}_i - \mathbf{z}_i\mathbf{q}_i)^0 = 0.$$

Donc enfin (puisque ceci a lieu entre deux valeurs quelconques de x), on a

$$(109') \qquad \sum_i (\mathbf{y}_i\mathbf{r}_i - \mathbf{z}_i\mathbf{q}_i) = \text{constante}$$

Deux solutions quelconques des équations aux variations donnent lieu à la relation précédente. Si l'on regarde l'une d'elles ($\mathbf{z}_i$, $\mathbf{r}_i$) comme donnée, cette relation qui lie alors entre elles les quantités $\mathbf{y}$, $\mathbf{q}$ constitue une intégrale du système aux variations. Ainsi, *toute solution de ce système en fournit une intégrale.*

Cette propriété (comparer Notions préliminaires, nos **29**, **31**) n'est pas au fond distincte de la suivante, que nous retrouverons au livre III :

Le système aux variations est identique à son adjoint.

143. La formule (108), intégrée par rapport à α et à β, dans une portion quelconque du plan des $\alpha\beta$, fournit une intégrale double

$$\iint \sum_i \left(\frac{\partial y_i}{\partial\alpha}\frac{\partial q_i}{\partial\beta} - \frac{\partial y_i}{\partial\beta}\frac{\partial q_i}{\partial\alpha}\right) d(\alpha, \beta) = \iint \sum_i \frac{D(y_i, q_i)}{D(\alpha, \beta)} d(\alpha, \beta)$$

$$= \iint \sum_i d(y_i, q_i)$$

dont la valeur est indépendante de x. C'est précisément cet *inva-*

riant intégral d'ordre deux qui a permis à M. Poincaré de former tous les autres (1).

Le dernier d'entre eux (invariant d'ordre $2n$) joue un rôle particulièrement important dans l'intégration du système (C). Son existence revient (2) à dire que :

Le système canonique (C) *admet pour multiplicateur l'unité.* Ce dernier fait se vérifie d'ailleurs directement d'une manière immédiate.

On sait, en effet (3), que si $Y_1, Y_2, \ldots Y_n, Q_1, Q_2, \ldots Q_n$ désignent les seconds membres des équations (C), un multiplicateur de ces équations est une fonction M qui vérifie l'équation aux dérivées partielles

$$\frac{\partial M}{\partial x} + \frac{\partial (MY_1)}{\partial y_1} + \frac{\partial (MY_2)}{\partial y_2} + \ldots + \frac{\partial (MY_n)}{\partial y_n} + \frac{\partial (MQ_1)}{\partial q_1} + \ldots + \frac{\partial (MQ_n)}{\partial q_n} = 0$$

et que, dans les mêmes conditions, $\int\int \ldots \int M dy_1 dy_2 \ldots dy_n dq_1 \ldots dq_n$ est un invariant intégral.

Or, on a ici, évidemment

$$\frac{\partial Y_1}{\partial y_1} + \ldots \frac{\partial Y_n}{\partial y_n} + \frac{\partial Q_1}{\partial q_1} + \ldots + \frac{\partial Q_n}{\partial q_n} = 0.$$

D'autre part, la formule (109) entraîne les propriétés des « exposants caractéristiques » relatifs aux solutions périodiques (4).

144. Ce même fait que les équations (C) ont pour multiplicateur 1, nous apprend aussi (5) que les équations (E) (n° **58**) résolues, par rapport aux y''_i, ont pour multiplicateur **A**. Par exemple, pour $n = 1$, $f_{y'^2}$ est un multiplicateur.

Cette circonstance joue un rôle fondamental dans la résolution de la question suivante : *Trouver un problème de Calcul des Variations qui conduise à une équation différentielle donnée.*

---

(1) *Les méthodes nouvelles de la Mécanique céleste*, t. III, p. 21 et suiv.
(2) POINCARÉ, *Ibid.*, p. 41.
(3) JORDAN, *Cours d'Analyse*, t. III, n° 60.
(4) POINCARÉ, *loc. cit.*, chap. XXIII.
(5) En vertu de la formule (JORDAN, *loc. cit.*, n° 45) qui fait connaître comment le multiplicateur se comporte dans un changement d'inconnues.

Par exemple, pour $n = 1$, si l'on donne l'équation différentielle des extrémales et que l'on cherche f, on commencera par déterminer un multiplicateur M de l'équation (résolue par rapport à y'') et par intégrer (à l'aide de deux quadratures évidentes) l'équation $\frac{\partial^2 f}{\partial y'^2} = \mathrm{M}$.

Nous laisserons également de côté cette question, en nous contentant de renvoyer aux *Leçons sur la Théorie des Surfaces* de M. Darboux (¹) et aux travaux de MM. Hamel et Hirsch (²). Nous retiendrons seulement de leurs résultats que le problème a une infinité de solutions, c'est-à-dire qu'il y a une infinité de formes de la fonction f qui conduisent aux mêmes extrémales (³).

145. Application aux équations aux dérivées partielles. — Nous insisterons un peu plus sur l'application du calcul des variations à l'intégration des équations aux dérivées partielles directement liée, comme on va le voir, aux formules (γ) et $(\overline{\gamma})$.

(¹) Tome III, p. 54 (n° 605).

(²) HAMEL, *Über die Geometrieen in denen die Geraden die kürzesten sind. Inaug. Diss. Göttingue* 1901. HIRSCH, Math. Ann., t. XLIX.

(³) Par exemple pour $f(y', y, x) = \chi(y')$ les extrémales sont les droites du plan, quelle que soit la fonction χ. (Voir un exemple plus loin, n° **218**.)

Mais cette forme de f n'est pas la plus générale : pour que toutes les extrémales soient des droites, il suffit évidemment d'après l'équation (E_1) (n° **59**) que f soit (lorsqu'on le considère comme fonction des variables indépendantes x, y, y') une solution quelconque de l'équation aux dérivées partielles

$$\frac{\partial f}{\partial y} - \frac{\partial^2 f}{\partial y' \partial x} - y' \frac{\partial^2 f}{\partial y' \partial y} = 0.$$

L'intégrale générale de cette équation est (DARBOUX, *loc. cit.*, p. 59 n° 606)

$$f = \int_0^{y'} (y' - \eta)\,\mathcal{F}(\eta, y - \eta x)\,d\eta + \frac{\partial\theta(x, y)}{\partial x} + \frac{\partial\theta}{\partial y} y'.$$

$\mathcal{F}$ étant une fonction arbitraire de η, $y - \eta x$ et θ une fonction arbitraire de x, y.

L'équation prend une forme particulièrement élégante lorsqu'on part de la forme paramétrique. (Voir HAMEL, *loc. cit.*) Elle se ramène à la recherche des intégrales homogènes et du premier degré en $\dot{x}$, $\dot{y}$ de l'équation

$$\overline{f}_{\dot{x}y} - \overline{f}_{\dot{y}x} = 0$$

à laquelle se réduit la relation (52) du n° **87** lorsqu'on annule la courbure.

Partons d'abord de la forme paramétrique (32) (1). Considérons une extrémale variable A limitée aux points $A(x^0, y^0, z^0)$ et $B(x, y, z)$. Lorsque A reste transversale en A à une surface fixe ou à une courbe fixe Γ ou bien lorsque A est fixe, elle engendre une famille transversale (Γ) pour laquelle :

$$(\gamma) \qquad \delta I = (\overline{f}_{\dot{x}}\delta x + \overline{f}_{\dot{y}}\delta y + \overline{f}_{\dot{z}}\delta z)''.$$

Si B_1 est un point voisin de B, extrémité d'une extrémale de la famille (Γ), il y aura en général une courbe A_1 de la même famille, terminée en B_1 et pour laquelle I aura une valeur bien déterminée. Par conséquent, $\underset{(A)}{I}^{''}_{\wedge}$ est une fonction des coordonnées x, y, z de B lorsque A reste dans la famille (Γ). Et la formule $(\overline{\gamma})$ montre que l'on a :

$$(110) \qquad p = \frac{\partial I}{\partial x} = \overline{f}_{\dot{x}} \quad ; \quad q = \frac{\partial I}{\partial y} = \overline{f}_{\dot{y}} \quad , \quad r = \frac{\partial I}{\partial z} = \overline{f}_{\dot{z}}$$

les valeurs de $\dot{x}, \dot{y}, \dot{z}$, étant prises sur l'extrémale de F qui aboutit en (x, y, z).

Or, nous avons vu (n° **90**), qu'entre les équations (110) que nous venons d'écrire on peut éliminer $\dot{x}, \dot{y}, \dot{z}$. On a donc entre p, q, r (c'est-à-dire entre les dérivées partielles de I) la relation

$$\overline{\Pi}(p, q, r, x, y, z) = 0$$

$\overline{\Pi} = 0$ étant l'équation de la figuratrice.

Donc la quantité $\underset{(A)}{I}^{(x, y, z)}_{\wedge}$ *est une intégrale de l'équation aux dérivées partielles :*

$$(111) \qquad \overline{\Pi}\left(\frac{\partial I}{\partial x}, \frac{\partial I}{\partial y}, \frac{\partial I}{\partial z}, x, y, z\right) = 0.$$

Par exemple, pour $\overline{f} = V\sqrt{(\dot{x}^2 + \dot{y}^2 + \dot{z}^2)}$ (cas du n° **82**), on aura

$$\overline{f}_{\dot{x}} = \frac{V\dot{x}}{\sqrt{\dot{x}^2 + \dot{y}^2 + \dot{z}^2}}, \quad \overline{f}_{\dot{y}} = \frac{V\dot{y}}{\sqrt{\dot{x}^2 + \dot{y}^2 + \dot{z}^2}}, \quad \overline{f}_{\dot{z}} = \frac{V\dot{z}}{\sqrt{\dot{x}^2 + \dot{y}^2 + \dot{z}^2}}$$

---

(1) Cf. DARBOUX, *Leçons sur la théorie générale des surfaces*, t. II, liv. V, n° 536.

et il viendra

$$(112)\quad p^2+q^2+r^2=\left(\frac{\partial I}{\partial x}\right)^2+\left(\frac{\partial I}{\partial y}\right)^2+\left(\frac{\partial I}{\partial z}\right)^2=[V(x, y, z)]^2.$$

Pour $\bar{f}=\sqrt{E\dot{u}^2+2F\dot{u}\dot{v}+G\dot{v}^2}$, d'où $p=\frac{1}{f}(E\dot{u}+F\dot{v})$, $q=\frac{1}{f}(F\dot{u}+G\dot{v})$, on aura

$$(113)\qquad E\left(\frac{\partial I}{\partial v}\right)^2-2F\frac{\partial I}{\partial u}\frac{\partial I}{\partial v}+G\left(\frac{\partial I}{\partial u}\right)^2=EG-F^2.$$

On connaît ainsi une infinité d'intégrales de l'équation (111). D'abord *toutes les fonctions* $I_{(\Lambda)(x^0, y^0, z^0)}^{(x, y, z)}$ *où* Λ *est une extrémale passant par le point fixe* (x^0, y^0, z^0). Ces fonctions dépendent de trois constantes arbitraires x^0, y^0, z^0 (comme les intégrales complètes de $\overline{\Pi}=0$).

Ensuite *les fonctions* $I_{(\Lambda)^A}^{(x, y, z)}$, *où* Λ *est une extrémale transversale* (au point variable A) *à une courbe ou une surface fixe, sont des intégrales* qui dépendent de une ou deux fonctions arbitraires, comme l'intégrale générale.

Nous allons en effet montrer qu'on *obtient ainsi toutes les intégrales non singulières de l'équation* (111).

146. Tout d'abord, *lorsque* x^0, y^0, z^0 *sont des constantes arbitraires, la fonction*

$$u(x, y, z, x^0, y^0, z^0)=I_{(\Lambda)(x^0, y^0, z^0)}^{(x, y, z)}$$

est une intégrale complète de (111). Autrement dit [1], on peut déterminer les 3 paramètres x_0, y_0, z_0 de façon que cette intégrale possède un élément déterminé : $(I_1, x_1, y_1, z_1, p_1, q_1, r_1)$ (satisfaisant à l'équation $\overline{\Pi}(x_1, y_1, z_1, p_1, q_1, r_1)=0$), c'est-à-dire de façon à vérifier les équations :

$$(114)\quad u(x_1, y_1, z_1, x^0, y^0, z^0)=I_1,\ \frac{\partial u}{\partial x_1}=p_1,\ \frac{\partial u}{\partial y_1}=q_1,\ \frac{\partial u}{\partial z_1}=r_1.$$

---

[1] Voir GOURSAT, *Leçons sur les équations aux dérivées partielles du premier ordre*, Hermann, p. 97.

En effet, l'équation (111) exprime qu'il existe des quantités $\dot{x}$, $\dot{y}$, $\dot{z}$ satisfaisant aux relations (110).

Nous savons même (cf. n° **140**) que ces quantités sont données par

$$\frac{\dot{x}}{\left(\frac{\partial \Pi}{\partial p}\right)} = \frac{\dot{y}}{\left(\frac{\partial \Pi}{\partial q}\right)} = \frac{\dot{z}}{\left(\frac{\partial \Pi}{\partial r}\right)}.$$

Déterminons de pareilles quantités $\dot{x}_1$, $\dot{y}_1$, $\dot{z}_1$, pour $p = p_1$, $q = q_1$, $r = r_1$ et traçons par le point (x_1, y_1, z_1) l'extrémale qui est tangente à ce point, à la direction $(\dot{x}_1, \dot{y}_1, \dot{z}_1)$. Le point $A(x^0, y^0, z^0)$ se trouve sur cette extrémale. Sa position sur cette courbe sera telle que l'on ait :

$$I_{(A)(x^0, y^0, z^0)}^{(x_1, y_1, z_1)} = I_1.$$

Cette dernière relation définit bien le point cherché sur notre extrémale, si I_1 est suffisamment petit, sauf le cas singulier où les valeurs trouvées de $\dot{x}_1$, $\dot{y}_1$, $\dot{z}_1$ annulent $\overline{f}$. Donc, on peut construire le seul point qui puisse répondre à la question ; si l'on choisit ce point pour point $A(x^0, y^0, z^0)$, l'intégrale

$$u(x, y, z, x^0, y^0, z^0) = I_{(A)}^{(x, y, z)}{}_{A}$$

répond aux conditions demandées.

Passons maintenant à l'intégrale générale. Soient $U(x, y, z)$ une intégrale non singulière quelconque et $(x_1, y_1, z_1, p_1, q_1, r_1, I_1)$ un élément de cette intégrale. On peut toujours déterminer un point x^0, y^0, z^0, tel que l'intégrale complète $u(x, y, z, x^0, y^0, z^0)$ possède cet élément. (La condition que I_1 soit suffisamment petit ne constitue pas un obstacle : il suffit de retrancher de la solution I une constante convenable pour qu'elle soit remplie). Lorsque x_1, y_1, z_1 varient, x^0, y^0, z^0 varient aussi et sont trois certaines fonctions :

$$(115) \quad x^0 = g(x_1, y_1, z_1) \quad , \quad y^0 = h(x_1, y_1, z_1) \quad , \quad z^0 = k(x_1, y_1, z_1).$$

Donc la fonction :

$$u[x, y, z, g(x, y, z), h(x, y, z), k(x, y, z)]$$

coïncide avec la fonction U et l'on a :

$$U = \underset{(\Lambda)}{I}{}_{A}^{B}$$

Λ étant une extrémale allant de $A(x^0, y^0, z^0)$ à $B(x_1, y_1, z_1)$.

Il suffira maintenant de montrer que A *décrit une surface* (ou une courbe) *à laquelle* Λ *est constamment transversal, ou encore reste fixe*. Or, c'est ce que montre le raisonnement classique [1] par lequel on passe d'une intégrale complète d'une équation aux dérivées partielles à l'intégrale générale. Pour répéter ici ce raisonnement, on partira de l'équation

$$\underset{(\Lambda)}{\delta I} = p_1 \delta x_1 + q_1 \delta y_1 + r_1 \delta z_1,$$

qui exprime que p_1, q_1, r_1 sont les dérivées partielles de u en x_1, y_1, z_1, et on la comparera à la formule ($\overline{7}$) que u vérifie d'après sa définition. Il vient ainsi évidemment

$$\overline{f}_{x^0} \delta x^0 + \overline{f}_{y^0} \delta y^0 + \overline{f}_{z^0} \delta z^0 = 0.$$

Cette équation exprime : 1° que les fonctions (115) de x_1, y_1, z_1 ne sont pas indépendantes, — donc, que le point A est fixe ou décrit une courbe ou une surface — ; 2° que Λ est transversal à cette courbe ou cette surface.

Ainsi pour $\lambda = 1$, l'équation (112) a pour intégrale générale la distance du point (x, y, z) à une surface fixe. De même l'équation (113) a pour intégrale générale la distance géodésique du point (u, v) à une ligne fixe [2].

On retrouve bien aussi, conformément à ce qu'enseigne la théorie classique des équations aux dérivées partielles, que les diverses catégories d'intégrales obtenues ainsi, les unes à l'aide de points, les autres à l'aide de lignes ou de surfaces fixes, *ne sont pas essentiellement distinctes entre elles*. Par exemple, pour l'équation (112), on aura la même intégrale, à une constante additive près, en prenant la distance du point (x, y, z) à un point fixe A ou sa distance à une sphère fixe ayant pour centre ce point. Au lieu de la distance

---

(1) GOURSAT, *Équations aux dérivées partielles du premier ordre*, chap. IV ; HUMBERT, *Cours d'analyse*, t. II, p. 456.

(2) DARBOUX, *loc. cit.*, t. II, liv. V, chap. V.

à une droite fixe, on pourra, de même introduire la distance à un cylindre de révolution ayant cette droite pour axe, en lui ajoutant une constante (le rayon du cylindre) ; etc.

Les intégrales de l'équation (111) pourront ainsi (moyennant l'introduction d'une constante additive) être toujours considérées comme déduites de surfaces, puisque les extrémales transversales à un point ou à une courbe fixe sont aussi transversales à des surfaces fixes.

147. Voyons, en dernier lieu, comment le calcul se présentera si nous partons de la forme

$$(32') \qquad I = \int_{x^0}^{x^1} f(y', z', y, z, x)\,dx.$$

Nous serons ainsi conduits à une méthode d'intégration des équations aux dérivées partielles du premier ordre qui est la première méthode de Jacobi.

Le raisonnement qui nous a fait obtenir pour la forme paramétrique, les expressions (110) de $\frac{\partial I}{\partial x}$, $\frac{\partial I}{\partial y}$, $\frac{\partial I}{\partial z}$ montre que l'on a ici (d'après le nº **131**) :

$$p = \frac{\partial I}{\partial x} = f - y'f_{y'} - z'f_{z'} = -H, \quad q = \frac{\partial I}{\partial y} = f_{y'}, \quad r = \frac{\partial I}{\partial z} = f_{z'}.$$

Ceci donne

$$(116) \qquad p + H(q, r, x, y, z) = 0$$

l'équation précédente étant, lorsqu'on y regarde x, y, z comme constantes et p, q, r comme des coordonnées, celle de la figuratrice.

L'intégrale définie I, prise du point fixe (x^0, y^0, z^0) au point variable (x, y, z), est une intégrale complète de l'équation précédente, et l'intégrale générale s'obtient comme au nº **145**.

Si on remarque que les extrémales sont données par les équations canoniques (C), on aura la

Méthode d'intégration de Jacobi. Soit une équation aux dérivées partielles du premier ordre. Supposons qu'elle ne contienne pas explicitement la fonction inconnue I. En la résolvant par rapport à $\frac{\partial I}{\partial x}$, on la mettra sous la forme

$$\frac{\partial I}{\partial x} + H\left(\frac{\partial I}{\partial y}, \frac{\partial I}{\partial z}, x, y, z\right) = 0.$$

D'après les résultats qui précèdent, on obtiendra l'intégrale générale de cette équation de la façon suivante. On résoudra le système canonique d'équations différentielles (C); on en tirera y, z, q, r, en fonction de x et on remplacera ces quantités dans l'expression :

$$f \equiv q\frac{\partial H}{\partial q} + r\frac{\partial H}{\partial r} - H.$$

L'intégrale générale cherchée sera la fonction :

$$I(x, y, z) = \int_A^{x, y, z} f dx = \int_A^{x, y, z} \left(q\frac{\partial H}{\partial q} + r\frac{\partial H}{\partial r} - H\right) dx$$

où l'intégrale est prise suivant une extrémale issue du point fixe A ou tranversale en A à une surface ou une ligne fixe Γ.

Ainsi, pour trouver les intégrales, il suffira de résoudre un système différentiel (équivalent à celui qui détermine les extrémales) puis (en prenant x^0 fixe) d'effectuer une quadrature.

148. Les considérations précédentes ne sont, il est vrai, valables que si l'équation (116) peut être considérée comme déduite, par la méthode précédente, d'un problème de calcul des variations. C'est ce qui n'a pas lieu nécessairement : cela exige que la transformation de Legendre inverse (celle qui permet de passer de H à f) puisse être effectuée, c'est-à-dire que les quantités $\frac{\partial H}{\partial q}$, $\frac{\partial H}{\partial r}$ soient des fonctions indépendantes de q, r; ou enfin, que le hessien $\mathcal{H}$ de H par rapport à q, r soit différent de zéro.

Mais si les raisonnements employés dépendent de la transformation de Legendre effectuée sur la fonction H, les règles auxquelles nous avons été conduits en fin de compte (numéro précédent) ne font plus intervenir cette transformation et comme on peut aussi (1)

(1) C'est précisément à cela que revient la méthode de Jacobi sous sa forme classique. (Voir Goursat, *Equations aux dérivées partielles du premier ordre*, ch. VI).

répéter les calculs qui précèdent en partant directement de la fonction H, ces règles resteront valables indépendamment de la transformation en question.

Nous trouverons d'ailleurs plus loin (chap. VI) des problèmes de Calcul des variations conduisant à des équations aux dérivées partielles pour lesquelles le hessien $\mathcal{H}$ serait nul, et servant, par conséquent, à constituer pour de telles équations une théorie analogue à la précédente.

Cependant, la méthode (sous la forme précédente) restera en défaut dans un cas : celui où on ne peut pas joindre deux points arbitraires A, B par un arc d'extrémale. Nous avons vu (chap. II, § III) que cette circonstance ne peut jamais se présenter, du moins lorsque A et B sont suffisamment voisins, si la quantité $\mathbf{A}$ (ou $\overline{\mathbf{A}}_\varphi$, dans le cas de la forme paramétrique) est différente de zéro ; mais il n'en sera pas nécessairement de même pour les problèmes du chap. VI.

148 *bis*. Il importe de remarquer que la forme sous laquelle nous avons écrit l'équation pour appliquer la méthode de Jacobi, nous offre précisément un exemple des circonstances exceptionnelles dont nous venons de parler.

Nous avons supposé (n° **147**) que la fonction inconnue ne figurait pas explicitement dans l'équation aux dérivées partielles.

Il semble, au premier abord, que cette supposition soit toujours légitime : car on peut, par une transformation bien connue [1], ramener le cas général à celui-là.

Seulement cette transformation, appliquée à l'équation

$$(116') \qquad h\left(x, y, z, -\frac{\partial z}{\partial x}, -\frac{\partial z}{\partial y}\right) = 0,$$

consiste à remplacer $-\frac{\partial z}{\partial x}, -\frac{\partial z}{\partial y}$ par les valeurs

$$(117) \qquad \frac{\partial z}{\partial x} = \frac{\frac{\partial l}{\partial x}}{\frac{\partial l}{\partial z}}, \qquad \frac{\partial z}{\partial y} = \frac{\frac{\partial l}{\partial y}}{\frac{\partial l}{\partial z}}.$$

---

[1] GOURSAT, *loc. cit.*, p. 27.

Elle fournit donc nécessairement un résultat homogène en $\frac{\partial I}{\partial x}, \frac{\partial I}{\partial y}, \frac{\partial I}{\partial z}$: autrement dit, *dans l'équation* (116) *formée par ce procédé*, H *est nécessairement homogène et du premier degré en* q, r.

Ainsi *il n'est pas légitime*, au moins quant à présent, de traiter cette équation (116) par la méthode de Jacobi ([1]).

Nous verrons qu'en effet, une telle équation présente nécessairement le cas d'exception qui met les considérations précédentes en défaut. On ne peut pas lui appliquer la méthode de Jacobi sous la forme précédente, mais seulement sous celle qui sera indiquée au chap. VI. Nous verrons même qu'il convient, à cet effet, de *ne pas* opérer la transformation (117) : que même, si l'on se trouvait en présence d'une équation (116) où H serait homogène et du premier degré par rapport aux dérivées, il faudrait opérer la transformation inverse.

([1]) La découverte des cas d'exception que peut présenter la méthode de Jacobi appartient à M. Mayer (*Math. Ann.*, t. III). Mais dans son Mémoire (*loc. cit.* particulièrement p. 439), ces cas apparaissaient comme se produisant toutes les fois que H est nul. Grâce à l'extension de la méthode aux problèmes traités au Chap. VI, laquelle est due à M. Mayer lui-même *, nous montrerons qu'il n'en est point ainsi. Mais on peut s'en rendre compte dès à présent de la manière suivante :

Pour que deux points arbitraires A, B ne puissent pas, en général, être joints par un arc d'extrémale, il faut que l'on ait :

$$\frac{D(y_1, \ldots y_n)}{D(q_1^0, q_2^0, \ldots q_n^0)} = 0,$$

(les q_i^0 étant les valeurs initiales des q_i) ou encore, que l'on puisse trouver une famille d'extrémales dépendant d'un paramètre α, telle que ce paramètre entre dans les q, mais non dans les y. Les dérivées $\frac{\partial q_i}{\partial \alpha} = \mathbf{q}_i$ devraient alors vérifier les équations aux variations (**C**), soit

$$(\mathbf{C}') \qquad 0 = \sum_k \frac{\partial^2 H}{\partial q_i \partial q_k} \mathbf{q}_k,$$

$$(\mathbf{C}'') \qquad \frac{d\mathbf{q}_i}{dt} = -\sum_k \frac{\partial^2 H}{\partial y_i \partial q_k} \mathbf{q}_k \qquad (i = 1, 2, \ldots n).$$

La condition $\mathcal{H} = 0$ est donc bien nécessaire pour que les $\mathbf{q}_i$ existent, en vertu des équations (**C**′) ; mais elle n'est pas suffisante, à cause des équations (**C**″).

* Leipz. Ber., 1895, p. 138.

149. Inversement, *on peut intégrer les équations différentielles* (C) *si l'on a trouvé une intégrale complète de l'équation* (116) :

$$(118) \qquad I = u(x, y, z, a_1, a_2) + c.$$

La solution sera donnée par les équations :

$$(119) \qquad \frac{\partial u}{\partial a_1} = b_1, \quad \frac{\partial u}{\partial a_2} = b_2$$

jointes à

$$q = \frac{\partial u}{\partial y}, \quad r = \frac{\partial u}{\partial z}$$

b_1, b_2 désignant, comme a_1, a_2, c, des constantes arbitraires.

Cette proposition, qui s'établit habituellement en Dynamique par une vérification directe, ressort aisément des résultats qui précèdent.

Pour chaque système de valeurs de a_1, a_2, en effet, la fonction $(I - c)$ représente l'intégrale prise entre le point (x, y, z) et une certaine surface Γ (laquelle dépend de a_1, a_2) le long de l'extrémale transversale à cette surface. Faisons alors varier a_1, a_2, c'est-à-dire la surface Γ, en laissant x, y, z fixes et cherchons la variation infinitésimale de $(I - c)$. Elle proviendra d'abord de ce que l'intégrale est prise sur une ligne un peu différente de l'extrémale primitive; mais la variation due à cette cause est nulle (ou plutôt du second ordre), puisque la ligne d'intégration Λ est extrémale et transversale à Γ. La différentielle de $u = I - c$ se réduit donc à l'élément d'intégrale prise sur Λ entre les deux positions de Γ, c'est-à-dire qu'elle est de la forme $b_1 da_1 + b_2 da_2$, où b_1, b_2 dépendent de a_1, a_2 et de l'extrémale Λ, mais restent indépendants de la position du point (x, y, z) sur cette extrémale.

150. Si maintenant, inversement, les équations (119) définissent bien une ligne (c'est-à-dire si leurs premiers membres sont des fonctions indépendantes de y, z), cette ligne λ devra être une extrémale, puisque que l'extrémale qui passe par un quelconque de ses points et qui est transversale à la surface Γ (celle-ci ayant une position déterminée, une fois données les valeurs de a_1 et de a_2) vérifie les équations en question.

Or la restriction que $\frac{\partial u}{\partial a_1}$ et $\frac{\partial u}{\partial a_2}$ soient des fonctions indépendantes de y et de z, c'est-à-dire que l'on ait

$$(120) \qquad \frac{D\left(\frac{\partial u}{\partial a_1}, \frac{\partial u}{\partial a_2}\right)}{D(y, z)} \neq 0$$

fait partie de notre hypothèse. Elle est en effet nécessaire, ici, pour que $u(x, y, z, a_1, a_2)$ soit une *intégrale complète*, telle que les définit la théorie des équations aux dérivées partielles du premier ordre [1].

Notre proposition est donc complètement démontrée.

De ce qui précède résulte encore que, pour a_1 et a_2 constants, les équations (119), où l'on fait varier b_1 et b_2, représentent une famille transversale (nº **137**) d'extrémales.

151. Mais le résultat précédent découle aussi de la théorie des équations aux dérivées partielles du premier ordre.

Les formules (117) représentent, en effet, les *caractéristiques* de l'équation (116) déduites de l'intégrale complète [2]. Or *ces caractéristiques ne sont autres que nos extrémales*.

Elles sont, d'après la théorie des équations aux dérivées partielles [3], déterminées précisément par les équations différentielles (C).

C'est d'ailleurs ce qu'on peut aussi reconnaître d'après leur définition même.

Une ligne λ est en effet [4], caractéristique de l'équation (116), si on peut trouver deux solutions l et l' de cette équation qui soient tangentes en tous les points de λ, c'est-à-dire telles que l'on ait en

---

(1) Goursat, *loc. cit.*, nº 43, p. 97. Il résulte, il est vrai, de la théorie développée en cet endroit, qu'une expression de la forme (118) peut fournir une intégrale complète d'une équation aux dérivées partielles, même lorsque la condition (120) est en défaut. Mais on se convaincra aisément que cela est impossible si l'équation en question doit être (comme celle qui nous occupe), résoluble par rapport à p en fonction de x, y, z, q, r.

(2) Goursat, *loc. cit.*, p. 128.

(3) Goursat, *ibid.*, p. 115.

(4) Goursat, *ibid.*, pp. 120-128.

chacun de ces points

$$I = I'$$

$$\frac{\partial I}{\partial x} = \frac{\partial I'}{\partial x}, \quad \frac{\partial I}{\partial y} = \frac{\partial I'}{\partial y}, \quad \frac{\partial I}{\partial z} = \frac{\partial I'}{\partial z}.$$

Or il suffit pour cela de prendre successivement pour la surface F du n° **147** deux surfaces tangentes entre elles et transversales à λ en un point de cette ligne.

151 *bis*. Si l'on ne connait qu'une seule solution U de l'équation aux dérivées partielles (116), il résulte de ce qui précède qu'on aura des extrémales en déterminant des courbes qui soient transversales à toutes les surfaces U = constante.

Or on obtiendra ici une telle transversalité en donnant aux quantités $q_i = f_{y'_i}$ les valeurs $\frac{\partial U}{\partial y_i}$ (puisqu'alors on aura aussi $\frac{\partial U}{\partial x} = -H$, en vertu de (116)). Mais ceci revient à *intégrer le système des n premières équations* (C), soit

$$\frac{dy_i}{dx} = \frac{\partial H}{\partial q_i}$$

dans lesquelles on donne aux q_i les valeurs $\frac{\partial U}{\partial y_i}$. Si les y_i sont déterminées par ces n équations du premier ordre, les n suivantes

$$\frac{dq_i}{dt} = -\frac{\partial H}{\partial y_i}$$

seront aussi vérifiées d'elles-mêmes.

Ceci est également un résultat classique de la théorie des équations aux dérivées partielles du premier ordre, celui sur lequel on est conduit à faire reposer cette théorie lorsqu'on cherche à la fonder directement sur l'intervention des caractéristiques [1].

---

[1] Voir JACOBI, *Vorlesungen über Dynamik*; JORDAN, *Cours d'Analyse*, t. III, n° 244; GOURSAT, *Equat. aux dérivées partielles du premier ordre*, n° 50; *Cours d'Analyse*, t. II, n° 438.

CHAPITRE IV

CAS DES LIMITES VARIABLES VARIATIONS UNILATÉRALES. SOLUTIONS DISCONTINUES

I. CONDITIONS DU PREMIER ORDRE DANS LE CAS DES LIMITES VARIABLES

152. La formule aux limites, à laquelle a été consacré le chapitre précédent, va nous permettre d'étendre les résultats du chap. I à divers cas où les conditions, imposées jusqu'ici à l'arc d'intégration, d'avoir ses extrémités en deux points donnés, sont remplacées par d'autres.

Extrémités variables. — Si les limites de l'arc d'intégration ne sont pas fixes, mais sont assujetties à une ou plusieurs conditions données ne portant que sur ces limites A, B, la ligne qui correspond à l'extremum (si elle existe) est sûrement une extrémale. En effet, si cette ligne a pour extrémités les deux points A_1, B_1, elle doit, en particulier, annuler la variation première de *I parmi les courbes joignant* A_1 *et* B_1 ; donc c'est une extrémale passant par ces deux points.

Pour déterminer quelle est l'extrémale qui répond au problème, on peut remarquer que si l'on se donne les extrémités A et B, il n'y a en général [1] qu'un nombre fini d'extrémales A qui y passent.

---

[1] Si les extrémales joignant A et B formaient une infinité continue, les valeurs correspondantes de l'intégrale seraient (nº **139** *bis*) toutes égales entre elles : et par conséquent (cf. *Notions préliminaires*, nº **6**) le raisonnement du texte ne serait pas essentiellement modifié.

Donc $I_{(A)}^{B}$ est une fonction ordinaire des coordonnées de A et de B, et on obtiendra la courbe cherchée en cherchant l'extremum de cette quantité par les méthodes du Calcul différentiel, c'est-à-dire en calculant les dérivées de I par rapport aux coordonnées en question.

Mais, d'autre part, ces dérivées nous sont, en l'espèce, immédiatement connues, au moyen de la formule fondamentale qui donne dans tous les cas la valeur de δI. Dans cette formule, il y aura une intégrale qui sera nulle pour les extrémales et δI se réduira à une fonction linéaire des variations aux extrémités : fonction qu'on devra annuler en tenant compte des conditions aux limites.

Par exemple, soit

$$I = \int_{x^0}^{x^1} \bar{f}\,(dx, dy, dz, x, y, z)$$

et supposons qu'on se borne aux courbes $\mathfrak{L}$ partant d'un point fixe A et dont l'extrémité se trouve sur une courbe donnée C (ou sur une surface donnée S).

Toute solution sera une extrémale λ satisfaisant à ces conditions ; pour de telles courbes on aura :

$$\delta I = [\bar{f}_{dx}\delta x + \bar{f}_{dy}\delta y + \bar{f}_{dz}\delta z]^{B}$$

où δx, δy, δz sont relatifs à un déplacement quelconque sur C (ou S). Comme $\delta I = 0$ quel que soit ce déplacement, on voit que toute courbe cherchée *sera une extrémale passant par* A *et transversale à* C (*ou* S) *en* B. Si, de son côté, l'extrémité A n'est pas fixe, mais assujettie aussi à se trouver sur une courbe C^0 (ou une surface S^0), notre courbe devra être une extrémale transversale à C^0 (ou S^0) en A et à C (ou S) en B, puisqu'elle doit satisfaire aux conditions du problème lorsque A est fixe, B variable sur C (ou S) et aussi lorsque B est fixe, A variable sur C^0 (ou S^0) et qu'on doit, par conséquent, avoir séparément

$$(e)\qquad \begin{cases} (\bar{f}_{dx}\delta x + \bar{f}_{dy}\delta y + \bar{f}_{dz}\delta z)^0 = 0 \\ (\bar{f}_{dx}\delta x + \bar{f}_{dy}\delta y + \bar{f}_{dz}\delta z)^1 = 0. \end{cases}$$

153. Plus généralement, supposons qu'on cherche les courbes qui annulent la variation première de l'intégrale

$$I = \int_{x^0, y^0, z^0}^{x^1, y^1, z^1} \overline{f}(x, y, z, dx, dy, dz)$$

où les extrémités doivent vérifier p conditions indépendantes

$$(k) \qquad \chi_h(x^0, y^0, z^0, x^1, y^1, z^1) = 0 \qquad (h = 1, \ldots p).$$

Le problème ne se posera que si $p < 6$. S'il en est ainsi, nous aurons (toute solution étant une extrémale)

$$\delta I \equiv \overline{f}_{dx^1} \delta x^1 + \overline{f}_{dy^1} \delta y^1 + \overline{f}_{dz^1} \delta z^1 - \overline{f}_{dx^0} \delta x^0 - \overline{f}_{dy^0} \delta y^0 - \overline{f}_{dz^0} \delta z^0 = 0.$$

Cette égalité devra être satisfaite lorsque les équations (k) seront vérifiées. La méthode que nous avons employée dans les NOTIONS PRÉLIMINAIRES relativement à l'extremum lié nous montre que les extrémités de la courbe cherchée (qui sera nécessairement une extrémale) s'obtiendront en écrivant :

$$\delta I + l_1 \delta \chi_1 + \ldots + l_p \delta \chi_p \equiv 0.$$

Il y aura ainsi en général, un nombre fini de solutions.

154. Toutes ces conclusions subsisteraient sans modification essentielle (d'après ce qui a été dit au n° **133**) relativement aux extrémales sur une surface donnée $\varphi = 0$. Pour qu'une ligne AB donne l'extremum d'une intégrale sur une telle surface lorsque les points A et B ne sont pas fixes, il faut que les déplacements de A et de B soient *transversaux* à l'extrémale, la transversalité étant définie à l'aide de l'intégrale donnée comme si la condition $\varphi = 0$ n'existait pas.

Par exemple, dans le cas des géodésiques, il y aura transversalité lorsqu'il y aura orthogonalité. Donc : *la ligne la plus courte tracée, sur une surface S, entre deux courbes données, est une géodésique normale à ces deux courbes.*

155. Arrêtons-nous un instant sur le cas où la quantité sous le signe $\int$ est linéaire par rapport aux dérivées. Soit, simplement,

$$f(y', y, x) = P(x, y) + y'Q(x, y).$$

Nous avons déjà remarqué (n° **66**) qu'il n'y a dans ce cas qu'une extrémale (ou un nombre limité d'extrémales), définie par l'équation

$$(121) \qquad \frac{\partial P}{\partial y} - \frac{\partial Q}{\partial x} = 0$$

du moment que celle-ci ne se réduit pas à une identité, — et que, de ce fait, l'extremum est impossible lorsque les limites sont fixes. Considérons maintenant le cas où ces extrémités A, B sont mobiles respectivement sur deux courbes

$$(k) \qquad C^0 \quad \left(\chi^0(x^0, y^0) = 0\right) \qquad ; \qquad C^1 \quad \left(\chi^1(x^1, y^1)\right) = 0.$$

La ligne cherchée devra encore être un arc de la courbe (121) et, par conséquent, A et B devront être choisis parmi les points communs à cette courbe et aux lignes (k) : ce qui suffit en général à les déterminer.

Mais, de plus, on devra avoir en chacun d'eux l'une des relations (e) du n° **152** : cette relation se réduit ici à

$$P\delta x + Q\delta y = 0.$$

Si (comme il arrive en général) elle n'est pas vérifiée en un point commun à la ligne (121) et à C^0, *par la direction de* C^0, *et en un point commun à la ligne (121) et à* C^1, *par la direction de* C^1, *l'extremum est encore impossible.*

156. Qu'arriverait-il si, aux conditions relatives aux extrémités A et B, s'en joignaient d'autres portant sur un ou plusieurs autres points de la ligne demandée?

Cherchons, par exemple, à déterminer les courbes qui annulent la variation première de l'intégrale I_A^B lorsque, outre les extrémités fixes A et B, la ligne $\mathfrak{L}$ est assujettie à passer par un point fixe C.

Cela revient évidemment à déterminer successivement l'extremum de I_A^C et celui de I_C^B.

Par conséquent, la courbe cherchée doit être formée des deux extrémales AC et CB ; et il est clair qu'on arriverait à des conclusions semblables si l'on s'était donné non pas un, mais plusieurs points de l'arc d'intégration.

On voit par là ce qui adviendrait des considérations au chapitre I, si, dans l'intégrale $\int_{x^0}^{x^1} f(y', y, x)\,dx$ au lieu de se donner la valeur de y pour $x = x^0$, on remplaçait cette donnée par celle de la valeur de y pour une autre valeur ξ de x.

Si ξ était compris entre x^0 et x^1, la courbe représentative de y devrait être une extrémale entre $x = x^0$ et $x = \xi$, de même qu'entre $x = \xi$ et $x = x^1$. De plus, y^0 n'étant plus donné, elle devrait couper transversalement l'ordonnée $x = x^0$, c'est-à-dire qu'on devrait avoir $(f_{y'})_{x = x^0} = 0$.

Il n'y a d'ailleurs évidemment pas lieu de tenir compte de la donnée de y pour une valeur extérieure à l'intervalle d'intégration.

157. Supposons maintenant qu'un point C de la ligne d'intégration soit non plus donné, mais assujetti à être situé sur une courbe ou sur une surface donnée. Cette condition est évidemment sans influence (tant que la fonction f ou $\overline{f}$ est continue) si l'extremum est fourni par une extrémale unique AB rencontrant la ligne ou la surface donnée : nous devons donc nous placer dans le cas où il n'en est pas ainsi.

La ligne cherchée devra fournir l'extremum si l'on restreint le champ en fixant le point C : elle devra donc se composer de deux arcs d'extrémales AC et CB. Dans ces conditions, si on donne au point C une variation quelconque $(\delta x, \delta y, \delta z)$ sur la ligne ou la surface donnée, et si l'on désigne par $\dot{x}_-, \dot{y}_-, \dot{z}_-$ les valeurs de $\dot{x}, \dot{y}, \dot{z}$ correspondant à AC ; par $\dot{x}_+, \dot{y}_+, \dot{z}_+$, les valeurs analogues correspondant à CB, la variation de

$$I = \int_{ACB} \overline{f}(dx, dy, dz, x, y, z)$$

sera

$$(122)\qquad (\overline{f}_{\dot{x}_-}\delta x + \overline{f}_{\dot{y}_-}\delta y + \overline{f}_{\dot{z}_-}\delta z) - (\overline{f}_{\dot{x}_+}\delta x + \overline{f}_{\dot{y}_+}\delta y + \overline{f}_{\dot{z}_+}\delta z)$$

et devra être nulle pour tout déplacement $(\delta x, \delta y, \delta z)$ tangent au lieu du point C. Autrement dit, la direction

$$(123)\qquad (\overline{f}_{\dot{x}_-} - \overline{f}_{\dot{x}_+},\quad \overline{f}_{\dot{y}_-} - \overline{f}_{\dot{y}_+},\quad \overline{f}_{\dot{z}_-} - \overline{f}_{\dot{z}_+})$$

devra être normale à ce lieu.

Soit, par exemple $\overline{f} = \sqrt{\dot{x}^2 + \dot{y}^2 + \dot{z}^2}$, par conséquent

$$\overline{f}_{\dot{x}}\delta x + \overline{f}_{\dot{y}}\delta y + \overline{f}_{\dot{z}}\delta z = \frac{\dot{x}\delta x + \dot{y}\delta y + \dot{z}\delta z}{\sqrt{\dot{x}^2 + \dot{y}^2 + \dot{z}^2}}.$$

Les deux termes de la différence (122) sont alors proportionnels aux cosinus des angles que la direction (δx, δy, δz) fait avec AC et CB. Si donc le lieu du point C est une courbe, l'extremum ne pourra être donné que par un chemin composé de deux droites AC, CB faisant avec cette courbe des angles égaux.

La même conclusion se retrouvera si le lieu du point C est une surface ; mais, de plus, la direction (123) étant manifestement dans le plan CAB, ce plan devra contenir la normale à la surface. Nous retrouvons en un mot les lois connues de la *réflexion*.

Ces lois subsistent lorsque $\overline{f}$ a la forme (35) (n° **75**) : par exemple dans un milieu hétérogène, où l'indice de réfraction V varie continûment, la proposition d'après laquelle *les rayons lumineux correspondent à l'extremum de l'intégrale* $\int V ds$, subsiste lorsque ces rayons subissent des réflexions.

158. Cas où la fonction sous le signe $\int$ change de forme. — Quant aux lois de la *réfraction*, on y est également conduit en partant des considérations précédentes. Il y a lieu, en effet, de recourir encore à celles-ci lorsque la fonction $\overline{f}$, au lieu de rester continue, change brusquement de forme au passage d'une certaine surface S. Si C est le point où cette surface coupe la ligne cherchée ($\overline{f}$ étant parfaitement continue de chaque côté de S), les deux lignes partielles AC et CB seront encore des extrémales, et leurs tangentes en C devront annuler les quantités (120) (elles devront, pour cela, être en général différentes, en raison du changement de forme de $\overline{f}$).

Si l'on a $\overline{f} = V\sqrt{\dot{x}^2 + \dot{y}^2 + \dot{z}^2}$, la fonction $V(x, y, z)$ étant continue de chaque côté de S, mais discontinue au passage de S et prenant, en chaque point de cette surface, deux valeurs différentes V_-, V_+, on aura

$$(124)\qquad V_-\frac{\dot{x}_-\delta x + \dot{y}_-\delta y + \dot{z}_-\delta z}{\sqrt{\dot{x}_-^2 + \dot{y}_-^2 + \dot{z}_-^2}} - V_+\frac{\dot{x}_+\delta x + \dot{y}_+\delta y + \dot{z}_+\delta z}{\sqrt{\dot{x}_+^2 + \dot{y}_+^2 + \dot{z}_+^2}} = 0.$$

Autrement dit, les deux tangentes Ct, Ct_1 (*fig.* 22) devront faire, avec une direction quelconque du plan tangent à S, des angles dont les cosinus sont inversement proportionnels à V_-, V_+. Il est aisé de voir que cela équivaut aux lois connues de Descartes.

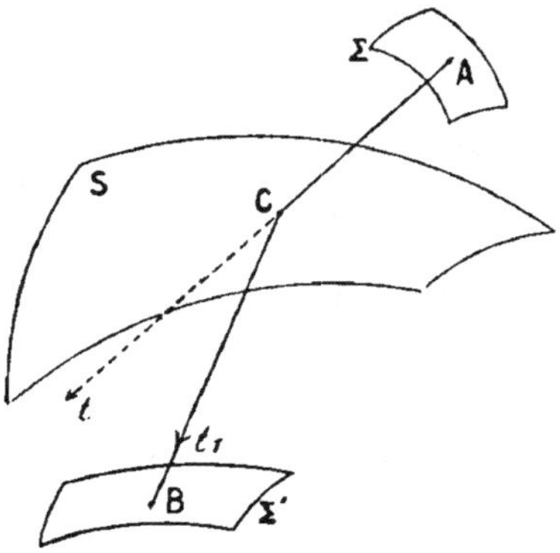

Fig. 22.

Le fait que le théorème de Malus (Cf. n° **138**) est vrai pour une telle réfraction tient à ce que, si la condition (124) est vérifiée au point C, la formule $(\overline{\gamma})$ (n° **120**) relative à une variation des points A et B subsiste.

159. Le problème de l'extremum d'une somme telle que

$$(125) \qquad S = \int_{x^0}^{x^1} f(y', y, x)\,dx + \varphi(\xi, \eta),$$

(où ξ est un nombre donné compris entre x^0 et x^1 ; η, la valeur (inconnue) correspondante de y) peut se traiter soit directement — en supposant d'abord η connue et appliquant les considérations du n° **156**, puis la formule (γ) — soit par réduction à la question précédente, en écrivant

$$(126) \quad S = \varphi(x^0, y^0) + \int_{x^0}^{\xi} \left[f(y', y, x) + \frac{\partial \varphi}{\partial x} + \frac{\partial \varphi}{\partial y} y' \right] dx + \int_{\xi}^{x^1} f(y', y, x)\,dx.$$

Par l'un ou l'autre de ces procédés, on trouve que les extrémales qui joignent le point (ξ, η) aux deux extrémités (x^0, y^0), (x^1, y^1), ont leurs coefficients angulaires en (ξ, η) liés par la relation

$$(127) \qquad f_{y'^+} - f_{y'^-} = \frac{\partial \varphi}{\partial \eta}.$$

Le problème analogue pour la forme paramétrique serait celui de l'extremum de la somme

$$\int_{x^0, y^0}^{x^1, y^1} \overline{f}(\dot{x}, \dot{y}, x, y)\,dt + \varphi(\xi, \eta)$$

(ξ, η) étant un point (inconnu) de l'arc d'intégration : on trouverait en ce point, les conditions

$$(128) \qquad \bar{f}_{x'+} - \bar{f}_{x'-} = \frac{\partial\varphi}{\partial\xi}, \qquad \bar{f}_{y'+} - \bar{f}_{y'-} = \frac{\partial\varphi}{\partial\eta}.$$

Toutefois ce problème n'équivaut pas à celui qui a été résolu tout à l'heure par la condition (127), il en diffère par le fait que ξ est lui-même inconnu. On peut avoir également à supposer ξ variable en même temps que η, dans l'étude de l'expression (125). La solution, dans ce cas, se déduit des formules (128) à l'aide de la formule de passage (33) (n° **74**) ou s'obtient directement (comparer plus loin, n° **170**) : on a ainsi

$$(127') \quad f_{y'+} = f_{y'-} + \frac{\partial\varphi}{\partial\eta}, \qquad (f - y'f_{y'})_{+} = (f - y'f_{y'})_{-} + \frac{\partial\varphi}{\partial\xi}.$$

On serait évidemment conduit à procéder d'une façon tout analogue si φ dépendait non seulement de ξ, η mais de la *direction* de la courbe en ce point. Mais alors nous reconnaîtrons (Cf. plus loin, n° **218** et liv. VI) que l'extremum est en général *impossible*.

160. Il n'y a évidemment aucune difficulté à traiter les cas où les circonstances envisagées aux numéros précédents se présentent simultanément en différents points de la courbe. Les conditions correspondantes doivent être vérifiées pour chacun d'eux.

II. VARIATIONS UNILATÉRALES

161. Nous avons vu, dans les NOTIONS PRÉLIMINAIRES, qu'il y avait lieu de distinguer, dans la recherche de l'extremum, le cas où le point variable est sur la frontière. Dans ce cas la variation du point n'est pas possible dans tous les sens ; elle ne se fait que d'un côté de la frontière. C'est ce qu'on appelle une variation *unilatérale*. Les champs que nous avons considérés jusqu'ici sont, au contraire, des champs *bilatéraux* : ils doivent être regardés comme n'ayant pas de frontières. Celles-ci n'apparaissent en effet (comparer n° **10**) que lorsque les conditions de définition comprennent des *inégalités*.

De plus, comme au n° **10**, celles de ces inégalités qui sont vérifiées au sens *strict* par la ligne considérée λ le seront encore par les lignes voisines [1] et n'interviendront pas dans les conditions de l'extremum. Nous n'aurons donc à modifier ce qui a été dit jusqu'à présent et à parler de variations unilatérales (autrement dit, λ ne devra être regardée comme appartenant à la *frontière* du champ) que si certaines de ces inégalités sont, sur λ, remplacées par des égalités. Toutes les fois qu'il n'en sera pas ainsi, le champ sera encore dit *bilatéral*.

Les problèmes de variations unilatérales que nous avons à examiner en ce moment dérivent tous du suivant : « trouver une courbe λ joignant deux points fixes A et B, qui donne un extremum à l'intégrale

$$I = \int_{x^0}^{x^1} f(y', y, x)\,dx$$

parmi les courbes $\mathcal{L}$ qui sont situées par rapport à elle du côté des y positifs ».

Une variation δy sera acceptable dans le champ ainsi défini, si elle est positive ou nulle de A à B et nulle en A et B.

Pour que λ soit une solution, il faut que $\delta I = \int_{x^0}^{x^1} I^{(y)}\delta y\,dx$ soit positif ou nul (s'il s'agit d'un minimum) pour tous les choix acceptables de δy. *La condition nécessaire et suffisante pour qu'il en soit ainsi est que $I^{(y)}$ soit positif ou nul le long de λ* (négatif ou nul pour un maximum).

En effet si $I^{(y)} \geqq 0$, $I^{(y)}\delta y$ sera positif ou nul le long de AB et par conséquent :

$$\delta I = \int_{x^0}^{x^1} I^{(y)}\delta y\,dx$$

sera positif ou nul.

Réciproquement, si λ doit donner un minimum par exemple, $I^{(y)}$ ne peut être négatif en un point x' de AB, sans quoi $I^{(y)}$ serait négatif dans un intervalle $x' - \varepsilon$, $x' + \varepsilon$ compris dans AB. Or en

---

(1) Il y a, bien entendu, là une hypothèse, laquelle concerne le mode de continuité (voir plus loin, chap. VII) des premiers membres des conditions d'inégalité, et aussi le mode de voisinage adopté. Cette hypothèse sera toujours vérifiée dans les problèmes que nous poserons dans ce chapitre.

prenant $\frac{\delta y}{\delta \alpha} = f^{(x)}(x - x' + \varepsilon)(x' + \varepsilon - x)$ et $\delta\alpha > 0$, on aurait une variation acceptable pour laquelle δI serait négatif.

On doit noter que, dans le cas actuel (comme il arrivait déjà, d'ailleurs, dans les extrema ordinaires traités au n° **10**), les conditions du premier ordre permettent de distinguer le maximum du minimum : distinction qui, dans les problèmes traités précédemment, ne pourra être faite que plus loin (liv. III).

162. Le problème que nous venons de traiter se généralise ainsi : *Trouver une courbe λ telle que la variation première de*

$$I = \int_{x^0}^{x^1} \bar{f}(dx, dy, dz, x, y, z)$$

soit positive ou nulle lorsque les courbes variées ont pour extrémités deux points fixes et vérifient la condition :

$$A(x, y, z)\,\delta x + B(x, y, z)\,\delta y + C(x, y, z)\,\delta z \geq 0.$$

Pour que cette question puisse avoir un sens, il faut que le signe de $A\delta x + B\delta y + C\delta z$ soit indépendant de la manière dont on passe de λ à une courbe variée. Nous savons, en effet que l'on peut considérer la variation $(\delta x - h dx, \delta y - h dy, \delta z - h dz)$ comme provenant de la même famille à un paramètre que $(\delta x, \delta y, \delta z)$, mais avec des correspondances point par point différentes.

Il faut donc que $A\delta x + B\delta y + C\delta z - h(A dx + B dy + C dz)$ ait un signe indépendant de la quantité arbitraire h. Le problème ne peut donc se poser que si l'on a :

$$A dx + B dy + C dz = 0 \tag{129}$$

sur λ de x^0 à x^1.

La condition (129) peut s'exprimer géométriquement en disant que le plan Π_1 de paramètres directeurs A, B, C doit être tangent à λ en tout point x, y, z de λ. Alors les variations auront lieu, en chaque point, d'un côté déterminé de ce plan.

Pour que λ soit une solution (correspondant à un minimum par exemple) il faut et il suffit que l'on ait le long de λ :

$$\frac{\bar{f}^{(x)}}{A} = \frac{\bar{f}^{(y)}}{B} = \frac{\bar{f}^{(z)}}{C} \geq 0. \tag{E'}$$

En effet, on démontrerait comme précédemment que l'on doit avoir :

(130) $$\overline{I}^{(x)}\delta x + \overline{I}^{(y)}\delta y + \overline{I}^{(z)}\delta z \geqslant 0$$

pour toutes les variations acceptables (c'est-à-dire nulles aux limites) et telles que :

$$A\delta x + B\delta y + C\delta z \geqslant 0.$$

Il faudrait donc que toute variation effectuée d'un certain côté du plan Π_1, soit aussi d'un certain côté du plan obtenu en remplaçant l'inégalité (130) par une égalité, c'est-à-dire du plan Π du n° **95**. Par conséquent ces deux plans doivent coïncider :

(131) $$\frac{\overline{I}^{(x)}}{A} = \frac{\overline{I}^{(y)}}{B} = \frac{\overline{I}^{(z)}}{C}.$$

La valeur commune de ces rapports peut s'écrire :

$$\frac{\overline{I}^{(x)}\delta x + \overline{I}^{(y)}\delta y + \overline{I}^{(z)}\delta z}{A\delta x + B\delta y + C\delta z}.$$

Elle doit être positive ou nulle. Et ces conditions sont évidemment suffisantes.

Nous retrouvons bien ainsi, comme nécessaire, l'équation

$$Adx + Bdy + Cdz = 0 :$$

celle-ci résulte, en effet, de l'identité (40′) du n° **81**.

Remarque. Il était évident *à priori*, que, si λ correspond à un minimum pour les variations telles que :

$$A\delta x + B\delta y + C\delta z \geqslant 0$$

elle correspond à un maximum pour les autres variations ; et, par conséquent, que la variation doit être nulle pour

$$A\delta x + B\delta y + C\delta z = 0.$$

C'est ce que nous montrent bien les relations (E') ; et c'est ce que faisaient prévoir les remarques du n° **10** *bis* (Notions préliminaires).

163. Exemples géométriques. — Prenons en particulier

$$\bar{f}=\sqrt{dx^2+dy^2+dz^2}\ ;\quad A=\frac{\partial\varphi(x,y,z)}{\partial x}\ ,\quad B=\frac{\partial\varphi(x,y,z)}{\partial y}\ ,\quad C=\frac{\partial\varphi(x,y,z)}{\partial z}.$$

Il faudra que l'on ait sur λ :

$$o = A dx + B dy + C dz = d\varphi.$$

Par conséquent, le problème n'est possible que si

$$\varphi(x^0, y^0, z^0) = \varphi(x^1, y^1, z^1)$$

et alors nous pourrons supposer nulle cette valeur commune. On est donc ramené à trouver sur la surface $\varphi(x, y, z) = o$, une courbe passant par deux points fixes et dont la longueur soit par exemple minimum parmi celles qui, passant par les mêmes points sont situées du côté positif de cette surface S (celui qui correspond à $\varphi > o$).

Les équations (131) deviennent ici, en posant : $\bar{f} = ds$:

$$\frac{d^2x}{ds^2} = l\frac{\partial\varphi}{\partial x},\quad \frac{d^2y}{ds^2} = l\frac{\partial\varphi}{\partial y},\quad \frac{d^2z}{d^2s} = l\frac{\partial\varphi}{\partial z}.$$

Alors λ doit être une géodésique ; de plus la normale principale à λ, qui coïncide en direction avec la normale à la surface S, doit être dirigée dans le sens $\varphi > o$.

164. Soit encore à chercher une courbe λ située sur S qui donne un minimum à l'intégrale $I = \int_A^B \bar{f}(dx, dy, dz, x, y, z)$ parmi les courbes $\mathfrak{L}$ de cette surface qui passent par deux points fixes de λ et qui sont situées d'un côté déterminé de λ. On pourrait par un changement de variables (en employant des coordonnées curvilignes sur S) ramener cette question à la première que nous avons traitée. Mais on peut opérer directement sur les coordonnées cartésiennes x, y, z.

Désignons toujours par $\varphi(x, y, z) = o$ l'équation de S, de sorte que $\varphi_x, \varphi_y, \varphi_z$ sont proportionnels aux cosinus directeurs de la normale à cette surface ; — et soient ξ, η, ζ les paramètres directeurs d'une normale à λ située dans le plan tangent à S et dirigée vers la région permise, celle où peuvent être situées les lignes $\mathfrak{L}$ du champ.

Une variation acceptable devra faire avec la direction (ξ, η, ζ) un angle aigu, c'est-à-dire satisfaire à l'inégalité

$$(\mathrm{K}_2) \qquad \xi\delta x + \eta\delta y + \zeta\delta z \geqslant 0$$

en même temps qu'à l'équation différentielle de la surface

$$(\mathrm{K}_1) \qquad \varphi_x\delta x + \varphi_y\delta y + \varphi_z\delta z = 0.$$

Pour que, dans ces conditions, l'intégrale

$$\int (\overline{I}^{(x)}\delta x + \overline{I}^{(y)}\delta y + \overline{I}^{(z)}\delta z)\, dl,$$

variation de I, soit nécessairement positive, il faut, nous le savons (n° **161**), qu'il en soit de même de l'élément de cette intégrale, c'est-à-dire que l'inégalité

$$(130) \qquad \overline{I}^{(x)}\delta x + \overline{I}^{(y)}\delta y + \overline{I}^{(z)}\delta z \geqslant 0$$

soit une conséquence des relations (K_1), (K_2).

Comme on peut écrire

$$\overline{I}^{(x)} = m\varphi_x + n\xi, \qquad \overline{I}^{(y)} = m\varphi_y + n\eta, \qquad \overline{I}^{(z)} = m\varphi_z + n\zeta$$

— puisque les trois directions $(\delta x, \delta y, \delta z)$, (ξ, η, ζ), $(\overline{I}^{(x)}, \overline{I}^{(y)}, \overline{I}^{(z)})$ sont dans un même plan (le plan normal à λ) et que les deux premières sont perpendiculaires entre elles —, la condition cherchée se traduit par la seule inégalité

$$n > 0$$

ou encore, par l'inégalité

$$(E) \qquad \xi\overline{I}^{(x)} + \eta\overline{I}^{(y)} + \zeta\overline{I}^{(z)} > 0$$

qui exprime, comme la précédente que le segment $(\overline{I}^{(x)}, \overline{I}^{(y)}, \overline{I}^{(z)})$ fait avec la direction (ξ, η, ζ) un angle aigu.

Si par exemple, I est la longueur de λ, nous avons vu que le segment en question est directement opposé à la normale principale à λ. Donc la projection de cette normale sur le plan tangent à S —

ou, ce qui revient au même, la *concavité géodésique* de λ, doit être dirigée du côté opposé aux variations acceptables.

Si l'on avait pris $\overline{I}^{(x)}$, $\overline{I}^{(y)}$, $\overline{I}^{(z)}$ sous la forme

$$(66) \qquad \overline{I}^{(x)} = Q\dot{z} - R\dot{y} \qquad \overline{I}^{(y)} = R\dot{x} - P\dot{z} \qquad \overline{I}^{(z)} = P\dot{y} - Q\dot{x}$$

du n° **93**, le premier membre de (E) serait $\begin{vmatrix} \dot{x} & \dot{y} & \dot{z} \\ \xi & \eta & \zeta \\ P & Q & R \end{vmatrix}$. La condition cherchée deviendrait alors

$$P\varphi_x + Q\varphi_y + R\varphi_z \leqq 0$$

si $(\varphi_x, \varphi_y, \varphi_z)$ est la direction normale à la surface qui forme avec une variation acceptable et la tangente à la ligne λ parcourue dans le sens de A vers B un trièdre direct.

Autrement dit *le ruban de surface du n°* **95** *bis doit être d'un certain côté de* S.

165. Nous avons supposé que les conditions d'inégalité étaient imposées aux variations sur tout le parcours de la ligne d'intégration.

Mais la ligne λ doit encore être regardée comme appartenant à la frontière du champ lorsque les inégalités qui entrent dans la définition de ce champ se transforment en égalités sur certains arcs de λ et sont vérifiées au sens strict sur d'autres.

Si, par exemple, on demande le minimum de l'intégrale

$$I = \int \overline{f}(dx, dy, x, y)$$

pour les chemins joignant deux points donnés A, B et assujettis à rester dans la région $\mathfrak{R}$ représentée par l'inégalité

$$(K) \qquad \varphi(x, y) \geqq 0,$$

la ligne qui fournit ce minimum pourra se composer d'arcs de la courbe C représentée par l'équation

$$\varphi(x, y) = 0,$$

raccordés entre eux par des arcs de courbe passant à l'intérieur de la région ℛ. C'est ce qui arrivera forcément si les points A et B ne sont pas sur la courbe C (*fig.* 23) (à moins, bien entendu, qu'ils ne puissent être joints par un arc d'extrémale intérieur à ℛ).

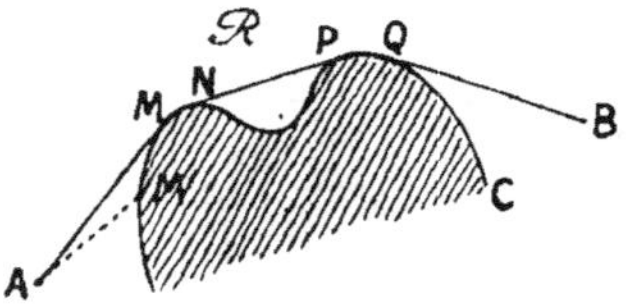

Fig. 23.

Sur les arcs MN, PQ (*fig.* 23) qui sont empruntés à la courbe C, les résultats du n° **162** sont valables : on a

$$(E) \qquad \frac{\bar{f}_{(x)}}{\varphi_x} = \frac{\bar{f}_{(y)}}{\varphi_y} \geqq 0.$$

Les arcs AM, NP, QB qui passent à l'intérieur de la région ℛ devront, au contraire, donner un minimum quel que soit le sens des variations δx, δy. Ce seront donc des arcs d'extrémales.

Moyennant ce choix des arcs MN, PQ d'une part ; des arcs AM, NP, QB de l'autre, δI sera positif ou nul pour toute variation admissible telle que les points M, N, P, Q restent fixes.

166. Mais nous aurons de nouvelles conditions en faisant varier, sur C, la position d'un quelconque de ces points, M par exemple.

Une telle variation (δx, δy) étant *bilatérale*, c'est-à-dire pouvant se faire dans les deux sens sur C, la valeur correspondante de δI devra être nulle.

I se composant des termes $I_A^M + I_M^N + \ldots$, δI sera la somme de termes tels que $\delta I_A^M + \delta I_M^N + \ldots$

Le second de ces termes n'est évidemment autre que l'élément d'intégrale $\bar{f}(dx, dy, x, y)$ pris sur C en M et N (au signe près). Quant au premier, il est, d'après notre formule fondamentale, égal à

$$\bar{f}_{\dot{x}}\delta x + \bar{f}_{\dot{y}}\delta y,$$

$\dot{x}$, $\dot{y}$ étant relatifs à la ligne AM.

En additionnant ces deux termes, nous trouvons pour δI (changé de signe), une expression qui jouera un rôle fondamental dans les chapitres suivants, à savoir la quantité

$$(132)\quad \begin{cases} \overline{\mathcal{E}}(x, y; \dot{x}, \dot{y}, \delta x, \delta y) \\ = \overline{f}(\delta x, \delta y, x, y) - \delta x \overline{f}_{\dot{x}}(\dot{x}, \dot{y}, x, y) - \delta y \overline{f}_{\dot{y}}(\dot{x}, \dot{y}, x, y). \end{cases}$$

On peut remarquer immédiatement que cette quantité serait visiblement nulle (pour toute valeur de $\dot{x}$, $\dot{y}$, δx, δy) si $\overline{f}$ était linéaire en dx, dy, c'est-à-dire avait la forme

$$\overline{f}(dx, dy, x, y) = P(x, y)\,dx + Q(x, y)\,dy.$$

C'est cette quantité $\overline{\mathcal{E}}$ qui doit s'annuler en chacun des points M, N, P, Q, lorsqu'on substitue (pour $\dot{x}$, $\dot{y}$,) les paramètres directeurs de l'extrémale et (pour δx, δy) ceux de l'arc de courbe C qui se rejoignent en ce point, ces lignes étant toutes deux suivies dans le sens AB.

La quantité $\overline{\mathcal{E}}$ est toujours nulle (en vertu de l'identité $\dot{x}\overline{f}_{\dot{x}} + \dot{y}\overline{f}_{\dot{y}} = \overline{f}$) *si l'on a*

$$(133)\qquad \frac{\delta x}{\dot{x}} = \frac{\delta y}{\dot{y}}.$$

Mais réciproquement (ainsi que nous le constaterons plus loin) dans des cas qui, non seulement sont très généraux, mais qui sont les plus usuels, *la condition $\overline{\mathcal{E}} = 0$ exige la relation* (133).

S'il en est ainsi, cette relation doit être vérifiée dans le cas actuel et, par conséquent *les deux lignes* AM, MN *devront être tangentes en* M.

167. Soit, par exemple,

$$(15')\qquad \overline{I} = \int \sqrt{dx^2 + dy^2},$$

de sorte que le problème consiste à trouver entre A et B, le chemin le plus court parmi ceux qui ne sortent pas de la région $\mathcal{R}$.

On aura

$$\overline{\mathcal{E}}(x, y; \dot{x}, \dot{y}, \delta x, \delta y) = \sqrt{\delta x^2 + \delta y^2} - \left(\delta x \frac{\dot{x}}{\sqrt{\dot{x}^2 + \dot{y}^2}} + \delta y \frac{\dot{y}}{\sqrt{\dot{x}^2 + \dot{y}^2}}\right) = \sqrt{\delta x^2 + \delta y^2}\,(1 - \cos\alpha),$$

en désignant par α l'angle de la tangente à MN avec la tangente (prolongée) à AM. $\overline{\mathcal{E}}$ n'est donc nul que pour $\alpha = 0$. Le chemin cherché se composera dès lors d'arcs de C (convexes vers la région $\mathfrak{R}$, en vertu de l'inégalité (E) du numéro précédent) et de segments de droites tangents à ces arcs aux points où ils se raccordent avec eux (*fig.* 23).

Le contact devra encore avoir lieu si, au lieu de l'intégrale (15'), on prend l'intégrale plus générale (35) du n° **82**, du moins tant que V ne s'annule pas. On a, en effet,

$$\overline{\mathcal{E}} = V\sqrt{\delta x^2 + \delta y^2}(1 - \cos\alpha).$$

167 *bis*. Au contraire, il est des cas où la condition $\overline{\mathcal{E}} = 0$ est remplie quelles que soient les directions $(\dot{x}, \dot{y})$, $(\delta x, \delta y)$. Tel est, par exemple, celui de l'intégrale

$$\int \sqrt{z}\, ds$$

c'est-à-dire de l'*action relative à un poids matériel pesant* (n° **118**), en un point où z s'annule.

Comme ici toutes les lignes $\mathfrak{L}$ doivent vérifier l'inégalité $z \geqslant 0$ (sans laquelle l'élément d'intégrale est imaginaire), un chemin donnant le minimum de l'intégrale pourra être constitué — et le sera en effet dans certains cas, comme nous le verrons au liv. III — par un segment de la ligne $z = 0$ et par des portions d'extrémales aboutissant aux extrémités de ce segment.

Cette dernière condition ne peut en général être remplie par les paraboles λ du n° **118**, lorsqu'elles ont $z = 0$ pour directrice ; mais il y a exception dans un cas limite, celui où ces paraboles se réduisent à des droites verticales.

Des observations identiques s'appliquent au problème du n° **116** *bis*. La condition $z > 0$ est alors nécessaire, non plus, il est vrai, pour que l'intégrale ait un sens, mais pour qu'elle représente l'aire de révolution qui fait l'objet de ce problème.

168. Soit de même à *trouver un minimum de l'intégrale*

$$I = \int_A^B \overline{f}(dx, dy, dz, x, y, z)$$

pour les chemins qui ne traversent pas un volume donné $\mathcal{R}$, représenté par l'inégalité

$$\varphi(x, y, z) < 0.$$

Toute solution λ devra être formée d'arcs AM,... d'extrémales et d'arcs MN,... situés sur la surface

$$(134) \qquad \varphi(x, y, z) = 0.$$

Ces dernières doivent vérifier les conditions du n° **162**.

Enfin, on aura en M par exemple :

$$\overline{f}_{dx_1}\delta x + \overline{f}_{dy_1}\delta y + \overline{f}_{dz_1}\delta z = \overline{f}_{dx_2}\delta x + \overline{f}_{dy_2}\delta y + \overline{f}_{dz_2}\delta z$$

en appelant dx_1, dy_1, dz_1 et dx_2, dy_2, dz_2 les différentielles en M prises sur l'arc MN et sur l'extrémale λ_1 terminée en M.

Cette relation doit avoir lieu lorsque δx, δy, δz forment un système quelconque de solutions de l'équation :

$$(135) \qquad \varphi_x\delta x + \varphi_y\delta y + \varphi_z\delta z = 0$$

écrite en M. Elle est d'ailleurs vérifiée quand on a

$$(136) \qquad \frac{dx_1}{dx_2} = \frac{dy_1}{dy_2} = \frac{dz_1}{dz_2}.$$

D'autre part, si nous y remplaçons δx, δy, δz par dx_1, dy_1, dz_1 (quantités qui vérifient l'équation (135) elle devient

$$\overline{\mathcal{E}}(dx_2, dy_2, dz_2, dx_1, dy_1, dz_1) = 0$$

avec

$$\overline{\mathcal{E}} \equiv \overline{f}(dx_1, dy_1, dz_1) - (dx_1\overline{f}_{dx_2} + dy_1\overline{f}_{dy_2} + dz_1\overline{f}_{dz_2}).$$

Or, nous serons conduits par la suite à supposer $\overline{f}$ tel que cette quantité $\overline{\mathcal{E}}$, comme la quantité analogue (132), ne puisse pas s'annuler si l'on n'a pas les relations (136).

C'est, par exemple ce qui arrive si $\overline{f} = \sqrt{dx^2 + dy^2 + dz^2}$. On a alors

$$\overline{\mathcal{E}} = \sqrt{dx_1^2 + dy_1^2 + dz_1^2} - \frac{dx_1dx_2 + dy_1dy_2 + dz_1dz_2}{\sqrt{dx_2^2 + dy_2^2 + dz_2^2}},$$

ou

$$\bar{\mathcal{E}} = \sqrt{dx_1^2 + dy_1^2 + dz_1^2}\,(1 - \cos\alpha),$$

α étant encore l'angle en M.

Si la fonction $\bar{f}$ vérifie l'hypothèse ainsi faite, *les deux lignes* AM, MN *doivent être tangentes en* M.

169. Le lecteur trouvera sans difficulté comment les conclusions précédentes devraient être modifiées s'il y avait des conditions d'inégalité portant sur les limites : si, par exemple, le point M du n° **166** devait être sur un arc déterminé de C, ou celui du numéro précédent, sur une région donnée de la surface (134).

III. SOLUTIONS DISCONTINUES

170. Lorsque nous avons (n^{os} **64-67**) établi l'existence de la dérivée seconde pour la fonction y qui fournit l'extremum de l'intégrale

$$I = \int f(y', y, x)\,dx,$$

nos raisonnements n'ont pas exclu la possibilité d'un certain nombre de points de discontinuité pour y' ; autrement dit de points anguleux pour la ligne d'intégration λ cherchée.

De pareilles solutions *discontinues* (c'est-à-dire présentant des points anguleux) peuvent, en effet, se présenter.

Dans ce cas, nous avons vu (n° **67**) que (si $\frac{\partial^2 f}{\partial y'^2}$ n'est pas nul, quel que soit y', au point de discontinuité) les deux branches de la ligne λ admettent des tangentes en ce point et que les coefficients angulaires de ces tangentes vérifient la relation

$$f_{y'-} = f_{y'+}. \tag{20}$$

Cette relation exprime que la variation de I est nulle lorsqu'on choisit pour la variation δy une fonction continue quelconque de x. Les courbes variées correspondantes ont évidemment un point anguleux sur la même ordonnée $x = \xi$ que celui de la courbe primitive λ.

Mais si, comme cela doit être en général, on fait varier aussi bien l'abscisse que l'ordonnée de ce point anguleux, l'évanouissement de la variation première implique une seconde relation entre les coefficients angulaires y'_-, y'_+. Cette relation, évidente d'ailleurs sur la forme paramétrique de l'intégrale, résulte immédiatement de la formule fondamentale (7).

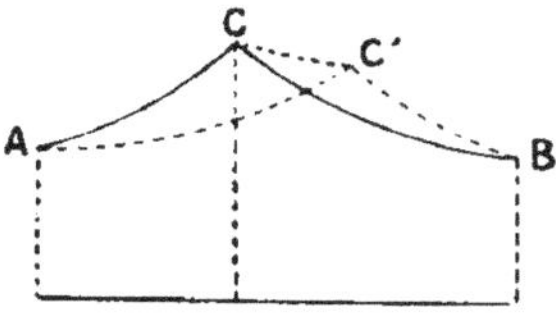

Fig. 24.

Soient $C(\xi, \eta)$ le point anguleux de λ (*fig.* 24); $C'(\xi + \delta\xi, \eta + \delta\eta)$, le point anguleux de la ligne variée AC'B. AC, CB étant des arcs d'extrémales, la variation de l'intégrale sera

$$[f_{y'}\delta\eta + (f - y'f_{y'})\delta\xi]_- - [f_{y'}\delta\eta + (f - y'f_{y'})\delta\xi]_+.$$

Elle devra être nulle, quels que soient $\delta\xi$ et $\delta\eta$.

Le coefficient de $\delta\eta$ est nul, en vertu de l'égalité (20). Mais les termes en $\delta\xi$ nous donnent une seconde relation, qui constitue avec la première le *théorème de Weierstrass-Erdmann* (¹), savoir

$$(137) \qquad (f - y'f_{y'})_- = (f - y'f_{y'})_+.$$

171. Nous avons indiqué, au n° **67**, certaines formes de la fonction f pour lesquelles l'équation (20) ne pourrait avoir lieu : ce sont celles pour lesquelles $\frac{\partial^2 f}{\partial y'^2}$ a un signe invariable.

Par contre, si l'équation en question peut être vérifiée, on peut y satisfaire, en général, par une infinité de couples de valeurs de y'_-, y'_+.

Mais il en est autrement si l'on adjoint l'équation (137). Une interprétation géométrique simple permet même de trouver les solutions communes à ces deux équations.

Construisons, en effet, la figurative

$$(138) \qquad u = f(y', \eta, \xi).$$

La tangente en un point (y', u) de cette courbe a pour équation

$$U - u - f_{y'}(Y' - y') = 0.$$

(¹) Pour tout ce qui regarde les solutions discontinues, voir la Thèse de M. Carathéodory (Göttingue, 1904).

Les relations (20), (137) expriment, dès lors, que les tangentes aux points (y'_-, u_-) (y'_+, u_+) coïncident.

Ainsi, *les valeurs acceptables des deux coefficients angulaires* y'_-, y'_+ *correspondent aux points de contact d'une tangente double à la courbe* (138).

Ces valeurs sont donc en nombre limité.

Pour la forme paramétrique, les relations

$$(139) \qquad \bar{f}_{\dot{x}_-} = \bar{f}_{\dot{x}_+}, \qquad \bar{f}_{\dot{y}_-} = \bar{f}_{\dot{y}_+}$$

du nº **84** permettent d'établir la même conclusion, et admettent une interprétation géométrique toute semblable à la précédente.

On considérera, pour cela, la figurative représentée par l'équation

$$(47') \qquad 1 = \bar{f}(\dot{x}, \dot{y}, \xi, \eta).$$

La tangente à cette ligne a pour équation (Cf. nº **86**)

$$X\bar{f}_{\dot{x}} + Y\bar{f}_{\dot{y}} = 1$$

(X et Y désignant les coordonnées courantes).

Donc les relations (139) expriment encore que $(\dot{x}_-, \dot{y}_-)$, $(\dot{x}_+, \dot{y}_+)$ sont les points de contact d'une tangente double à la ligne (47').

172. Nous pouvons tirer des résultats précédents une conséquence importante au point de vue de la détermination des solutions du problème (¹).

Ce qui a été dit sur ce sujet, au Ch. II, § III (nºˢ **99-116**) suppose, en effet, qu'il n'y a pas de points anguleux ou, du moins, que ces points sont connus. Or (sauf si $\frac{\partial^2 f}{\partial y'^2}$ garde un signe invariable, ou, pour la forme paramétrique, si la condition correspondante est vérifiée pour la quantité $\bar{A}$), non seulement nous ne connaissons pas la position de ces points, mais nous ne pouvions pas jusqu'ici, indiquer leur nombre, ou même lui assigner une limite supérieure.

C'est cette lacune que nous sommes maintenant en mesure de combler (¹).

(¹) Voir Carathéodory, *loc. cit.*

Nous savons, en effet (numéro précédent), que le coefficient angulaire $y' = \frac{\dot y}{\dot x}$ d'une tangente en un point anguleux donné (ξ, η) ne peut avoir que certaines valeurs déterminées, que nous désignerons par $\varphi_i(\xi, \eta)$.

Considérons les courbes définies par les équations différentielles du premier ordre

$$\frac{dy}{dx} = \varphi_i(x, y). \tag{140}$$

Sauf pour des formes exceptionnelles de la fonction f, — formes que nous exclurons —, ces courbes ne seront pas des extrémales.

Dès lors, supposons que (ξ, η) soit un point anguleux, et partons de ce point sur une des branches qui y aboutissent, celle dont la tangente a, par exemple, le coefficient angulaire $\varphi_1(\xi, \eta)$. La ligne que nous suivons devant être une extrémale, c'est-à-dire ne satisfaisant pas à l'équation différentielle (140), y' cessera (pour $x \neq \xi$) d'être égal à $\varphi_1(x, y)$. On peut même asssigner aisément un intervalle $(\xi, \xi + h)$ dans lequel cette égalité ne peut être vérifiée à nouveau, et dans lequel, également, on ne peut pas avoir l'équation (140) pour $i \neq 1$. *Un tel intervalle ne peut dès lors, contenir qu'un seul point anguleux.*

De même, pour la forme paramétrique, on peut trouver une région du plan jouissant de la même propriété que l'intervalle précédent.

Pour chaque forme donnée de la fonction f (moyennant la restriction faite tout à l'heure) on peut trouver une limite inférieure de h dans un intervalle donné (x^0, x^1) et, par conséquent, une limite supérieure du nombre des points anguleux. On pourra alors, en prenant pour inconnues les coordonnées de ces points, les trouver eux-mêmes s'il en existe.

Les équations (139) sont en relation avec la quantité $\bar{\mathcal{E}}$ précédemment introduite (n° **166**). Si, en effet, on tient compte de l'identité d'Euler

$$\dot x \bar f_{\dot x} + \dot y \bar f_{\dot y} = \bar f$$

vérifiée par la fonction $\bar f$, on voit que les relations en question entraînent

$$\bar{\mathcal{E}}(\dot x_-, \dot y_-, \dot x_+, \dot y_+) = \bar f(\dot x_+, \dot y_+) - (\dot x_+ \bar f_{\dot x_-} + \dot y_+ \bar f_{\dot y_-}) = 0.$$

Donc *il ne peut y avoir aucun point anguleux si* (comme nous l'avons supposé plus haut) *cette relation entraîne* $\left(\frac{dy}{dx}\right)_- = \left(\frac{dy}{dx}\right)_+$.

173. Dans les cas que nous avons envisagés précédemment, plus précisément, dans celui de l'intégrale (35) du n° **82**, il ne peut y avoir de solutions discontinues tant que V ne s'annule pas, puisqu'alors (n° **168**) la condition $\overline{\mathcal{E}} = 0$ ne peut être vérifiée.

Par exemple en ce qui concerne l'intégrale

$$(83) \qquad \int z^p ds$$

examinée aux n°s **116-119**, il ne peut exister de point anguleux en dehors de la frontière $z = 0$.

Comme les seules extrémales rencontrant cette frontière sont $x =$ const, le chemin (s'il existe) qui fournit l'extremum de l'intégrale entre deux points donnés A, B est nécessairement, soit un arc d'extrémale à tangente continue, soit une ligne brisée composée d'un segment de l'axe xx' et de deux perpendiculaires à cet axe [1].

Nous prouverons au Livre III que l'un ou l'autre des deux chemins ainsi définis fournit en effet un minimum absolu. Ce dernier peut d'ailleurs être donné par la ligne brisée dont nous avons parlé en second lieu et non par un arc d'extrémale, alors même que celui-ci existerait.

---

[1] Si $z = 0$ n'était pas une frontière (ce qui peut arriver si p est un entier ou une fraction à dénominateur impair), une ligne brisée ainsi composée annulerait encore la variation première, les conditions (139) étant évidemment modifiées lorsque z est nul.

CHAPITRE X

PROBLÈMES ISOPÉRIMÉTRIQUES

174. Nous allons aborder, dans ce Chapitre, l'étude d'une première catégorie d'extrema *liés* (en ne considérant pas comme tel celui dont nous nous sommes occupés aux nos **120-122**, et qui, nous l'avons vu, se ramène aisément à un extremum libre).

A cette catégorie appartient la question classique :

Trouver, parmi toutes les lignes de même longueur, celle qui délimite la plus grande aire.

L'aire délimitée par une ligne étant donnée par l'intégrale

$$I_0 = \int y dx$$

et sa longueur, par l'intégrale

$$I_1 = \int \sqrt{dx^2 + dy^2},$$

la question dont nous venons de parler est un cas particulier de la suivante, à laquelle nous donnerons, par extension, le nom de *problème isopérimétrique :*

Trouver l'extremum de l'intégrale

$$I_0 = \int f_0 dx,$$

la ligne d'intégration étant assujettie à cette condition que les p intégrales

$$I_1 = \int f_1 dx \;,\ldots \qquad I_p = \int f_p dx$$

prises entre les mêmes limites, aient des valeurs données $a_1, a_2, \ldots a_p$, *et devant, en outre, satisfaire à des conditions aux limites données* (par exemple, avoir pour extrémités deux points donnés A et B).

175. Pour trouver les conditions du premier ordre nécessaires pour un tel extremum, nous devons exprimer que la variation première de I_0 est nulle, non pour toutes les variations possibles de la ou des fonctions inconnues, mais seulement pour celles qui sont intérieures au champ K défini par les conditions aux limites et les conditions

$$(K) \qquad I_1 = a_1,\ I_2 = a_2, \ldots\ I_p = a_p.$$

Il est clair que ces variations δ seront telles que l'on ait

$$(\mathbf{K}) \qquad \delta I_1 = \delta I_2 = \ldots = \delta I_p = 0.$$

Inversement, soit y une fonction inconnue. Supposons-la assujettie (outre les hypothèses de régularité habituelles) d'une part aux conditions (K), de l'autre à

$$(k) \qquad y(x^0) = y^0 \quad , \quad y(x^1) = y^1,$$

l'ensemble de toutes ces conditions définissant le champ K. Nous allons montrer que si l'on a pu trouver une variation δy respectant (k) (c'est-à-dire nulle aux limites) pour laquelle $\delta I_1, \ldots \delta I_p$ soient nulles, on peut considérer cette variation comme ayant lieu dans le champ K : autrement dit, on peut faire dépendre la fonction y d'un paramètre auxiliaire α de telle manière que, pour $\alpha = 0$, la dérivée de y par rapport à α se réduise à δy et que, pour toute valeur de α, les conditions (K), (k) soient vérifiées. Pour cela, considérons p autres variations $\delta^{(h)} y$, $\qquad (h = 1, \ldots p)$, nulles aux limites. On peut évidemment former une fonction

$$(141) \qquad \Psi(x,\ \alpha,\ \alpha_1, \ldots\ \alpha_p)$$

ayant les valeurs données en A et B, se réduisant à y pour $\alpha = \alpha_1 = \ldots\ldots = \alpha_p = 0$ et telle que

$$(142) \quad \frac{\partial \Psi}{\partial \alpha}(x, 0, \ldots 0) = \delta y, \frac{\partial \Psi}{\partial \alpha_1}(x, 0, \ldots 0) = \delta^{(1)} y, \ldots \frac{\partial \Psi}{\partial \alpha_p}(x, 0, 0, \ldots 0) = \delta^{(p)} y.$$

Je dis qu'on peut, en général, choisir dans la famille des courbes à $p+1$ paramètres ainsi définie une famille à un paramètre satisfaisant aux conditions du problème. En effet, pour cette famille à $p+1$ paramètres, $I_1, \ldots I_p$ sont des fonctions de $\alpha, \ldots \alpha_p$ qui se réduisent à $a_1, \ldots a_p$ pour $\alpha = \alpha_1 = \ldots = \alpha_p = 0$. Supposons que l'on ait : $\frac{D(I_1, \ldots I_p)}{D(\alpha_1, \ldots \alpha_p)} \neq 0$. Alors on pourra prendre pour $\alpha_1, \ldots \alpha_p$ des fonctions de α se réduisant à 0 pour $\alpha = 0$ et telles que l'on ait :

$$I_1 = a_1, \ldots \qquad I_p = a_p.$$

Soit Δ la variation relative à cette famille à un paramètre ; Δy sera nécessairement de la forme :

$$\Delta y = \delta y + \lambda_1 \delta^{(1)} y + \ldots + \lambda_p \delta^{(p)} y,$$

en désignant par $\delta^{(h)}$ la dérivée partielle $\frac{\partial}{\partial \alpha_h}$. La réciproque sera bien démontrée si l'on prouve que $\lambda_1, \ldots \lambda_p$ sont nuls. Or la variation

$$\Delta I_h = \int_{x^0}^{x^1} F_h \Delta y dx \qquad (h = 1, 2, \ldots p)$$

aura évidemment la valeur

$$\Delta I_h = \delta I_h + \lambda_1 \delta^{(1)} I_h + \ldots + \lambda_p \delta^{(p)} I_h.$$

Mais, par hypothèse :

$$\delta I_h = 0 = \Delta I_h \quad \text{avec} \quad \frac{D(I_1, \ldots I_p)}{D(\alpha_1, \ldots \alpha_p)} \neq 0.$$

Donc, on a :

$$\lambda_1 \delta^{(1)} I_h + \ldots + \lambda_p \delta^{(p)} I_h = 0 \qquad (h = 1, \ldots p),$$

le déterminant de ces p équations étant différent de 0 ; par conséquent $\lambda_1 = \ldots = \lambda_p = 0$ et la variation Δy se réduira bien à δy.

Cette démonstration est évidemment valable quel que soit le

nombre n des inconnues, que nous avons pris égal à 1 uniquement pour simplifier l'écriture.

D'autre part, elle ne suppose nullement que les conditions jointes à (K) aient la forme (k) précédente.

Soit K' un premier champ dont la définition *ne comporte pas* les conditions (K) (et même n'entraîne aucune d'entre elles). Soit K le champ formé des fonctions comprises dans K' qui vérifient les conditions (K). On démontrera encore que toute variation intérieure à K' et satisfaisant aux conditions (**K**) est intérieure à K. Il faudra seulement pour cela que, comme tout à l'heure, on puisse, de p variations quelconques intérieures à K', déduire une famille analogue à (141) comprise dans ce même champ et vérifiant les relations (142) : ce qui a lieu dans des cas très généraux, et, en particulier, dans tous les champs bilatéraux envisagés jusqu'ici.

Par contre, le raisonnement précédent n'est plus exact lorsque quelles que soient les variations $\delta^{(h)}y$, on a

$$\begin{vmatrix} \delta^{(1)}I_1 & \ldots & \delta^{(p)}I_1 \\ \vdots & & \vdots \\ \delta^{(1)}I_p & \ldots & \delta^{(p)}I_p \end{vmatrix} = 0$$

c'est-à-dire s'il existe un système de nombres $l_1, l_2, \ldots l_p$ non tous nuls tels que l'on ait, quels que soient les δy

$$l_1\delta I_1 + l_2\delta I_2 + \ldots + l_p\delta I_p = 0.$$

Mais nous conviendrons d'*exclure une telle hypothèse*. Elle correspond aux *champs singuliers* qui seront examinés au n° **187**.

176. Réduction du problème à un extremum libre. — Moyennant cette même restriction, nous allons démontrer que **la condition nécessaire et suffisante pour qu'une courbe λ annule la variation première de l'intégrale I_0 dans un champ K bilatéral (n° 161), dont la définition comprend les conditions**

$$(K) \qquad I_h = a_h \qquad (h = 1, 2, \ldots p)$$

du numéro précédent, est que l'on puisse trouver des nombres constants $l_1, l_2, \ldots l_p$ tels que la variation de l'intégrale

$$I = I_0 + l_1 I_1 + l_2 I_2 \ldots + l_p I_p$$

soit nulle dans le champ K′ que l'on déduit de K (toutes choses égales d'ailleurs) en ne tenant pas compte des conditions (K).

La condition est évidemment suffisante.

Pour démontrer qu'elle est nécessaire, supposons d'abord $p = 1$. Une variation intérieure à K doit vérifier la condition (unique)

$$(K_1) \qquad \delta I_1 = 0.$$

Soient alors δ', δ'' deux variations intérieures à K′, mais dont l'une au moins (la seconde) *ne vérifie pas* la relation précédente. ρ étant un nombre quelconque, la variation $\delta' + \rho\delta''$ sera encore intérieure à K′ : elle sera également intérieure à K si l'on a

$$(144) \qquad \delta' I_1 + \rho\delta'' I_1 = 0.$$

S'il en est ainsi, cette même variation devra donner, par hypothèse

$$\delta' I_0 + \rho\delta'' I_0 = 0.$$

Puisque la même valeur de ρ donne lieu à ces relations, on doit avoir

$$(145) \qquad \delta' I_0 \delta'' I_1 - \delta'' I_0 \delta' I_1 = 0$$

et, par conséquent, le nombre l_1 défini par l'équation

$$(146) \qquad \delta'' I_0 + l_1 \delta'' I_1 = 0$$

donnera, quelle que soit la variation δ' intérieure au champ K′,

$$(147) \qquad \delta' I_0 + l_1 \delta' I_1 = 0.$$

ce que nous voulions démontrer.

Le raisonnement n'admet qu'un seul cas d'exception : celui où $\delta'' I_1$ serait nul (et où par conséquent (145) et (146) n'entraîneraient plus (147)). Il faudrait d'ailleurs que cette circonstance ne puisse être évitée par aucun choix de δ'', c'est-à-dire que *toute variation intérieure à* K′ *vérifie la relation* (K_1).

C'est ce qui caractérise un champ *singulier* (n° **187**).

176 *bis*. Le cas de $p > 1$ (sur lequel on pourrait d'ailleurs opérer d'une façon tout analogue) se ramène au précédent. Soit en effet K_h le champ qu'on déduit de K en ne tenant pas compte des h premières conditions (K), mais conservant les suivantes.

K peut être considéré comme la partie de K_1 définie par la relation $I_1 = a_1$.

Si donc I_0 a sa variation nulle dans le champ K, il doit exister, d'après ce que nous venons de voir, un nombre l_1 tel que la variation de la quantité

$$I_0 + l_1 I_1$$

soit nulle dans le champ K_1 (le seul cas d'exception étant celui où δI_1 serait identiquement nul dans K_1).

De là, on déduira de même l'existence d'un nombre l_2 tel que la variation de $I_0 + l_1 I_1 + l_2 I_2$ soit nulle dans K_2 — à moins que, dans ce dernier champ, ce ne soit la variation de I_2 qui s'annule.

En continuant ainsi de proche en proche, on arrivera bien à établir (sauf, encore une fois, le cas d'un champ singulier, que nous devons examiner plus loin) l'existence de nombres $l_1, l_2, \ldots l_p$ qui rendent la variation de la somme

$$I_0 + l_1 I_1 + \ldots + l_p I_p$$

nulle dans K_p, c'est-à-dire dans K'. C. q. f. d.

Si, en particulier, K est un champ défini comme nous l'avons supposé au chap. I, la proposition précédente permet de réduire la recherche de l'extremum dans K, — c'est-à-dire d'un extremum *lié*, — à celle d'un extremum *libre*.

177. Remarques. — La démonstration précédente s'applique quels que soient l'ordre des dérivées qui entrent dans les intégrales I, le nombre des fonctions inconnues, celui des dérivées données aux limites ; et aussi que l'intégrale soit prise avec une variable indépendante donnée ou sous sa forme paramétrique.

Elle comprend le cas où les intégrales $I_0, I_1, \ldots I_p$ ne seraient pas toutes prises entre les mêmes limites. Il suffirait de supposer certaines des fonctions $f_0, f_1, \ldots$ nulles dans une partie de l'intervalle d'intégration.

Nous ne nous sommes d'ailleurs pas fondés sur ce que $I_0, \ldots I_p$ étaient des intégrales définies. Il nous a suffi d'avoir sous cette forme cette expression de $\delta I_0, \ldots \delta I_p$.

Mais ces expressions elles-mêmes n'interviennent pas d'une manière essentielle. Notre raisonnement ne repose que sur une chose :

c'est que, si $\delta^{(1)}y_i$, $\delta^{(2)}y_i$ sont deux systèmes de variations des y appartenant au champ K' et donnant respectivement à la variation δI_h les valeurs $\delta^{(1)}I_h$, $\delta^{(2)}I_h$, la variation $\alpha\delta^{(1)}y_i + \beta\delta^{(2)}y_i$ (où α, β sont deux nombres quelconques) appartient aussi au champ K' et donne à δI_h la valeur

$$\alpha\delta^{(1)}I_h + \beta\delta^{(2)}I_h.$$

Il repose, en un mot, sur le caractère *linéaire* des conditions imposées à nos variations.

177 *bis*. Ce raisonnement est dès lors valable dans tout champ satisfaisant à la condition précédente et montre, dans ce champ, l'extremum lié de l'intégrale I_0 comme entièrement équivalent, du moins au point de vue des conditions du premier ordre, à l'extremum libre de l'intégrale I. On peut donc transporter sans réserve au cas actuel ce qui a été dit sur les limites variables, les solutions discontinues, etc. Toutes les formules établies à cet égard au chap. IV s'appliquent encore ici, en remplaçant f par son expression $f_0 + l_1 f_1 + l_2 f_2 + \ldots$

178. Réciprocité. — La condition à laquelle nous avons abouti offre en $I_0, \ldots I_p$ (si, du moins, on y fait figurer devant I_0 un coefficient arbitraire l_0, ce que l'on peut faire en multipliant toutes les relations précédentes par ce coefficient) la *symétrie* déjà rencontrée au n° **8** : symétrie qui s'explique par les mêmes considérations géométriques (n° **8**), sur lesquelles nous reviendrons encore à propos du problème de Mayer.

Si, par exemple, une courbe déterminée annule la variation de l'intégrale I_0 lorsqu'on donne la valeur de I_1, elle annule aussi la variation de I_1, lorsqu'on donne la valeur de I_0.

179. Si, pour fixer les idées, nous nous plaçons dans le cas où le champ K est défini uniquement : 1° par les conditions (K), 2° par des conditions aux limites, il faudra pour déterminer les solutions trouver un système de nombres constants $l_1, \ldots l_p$ et de fonctions $y_1, \ldots y_n$ qui vérifient les équations :

$$I_1 = a_1, \ldots \qquad I_p = a_p$$
$$F_1 = 0, \ldots \qquad F_n = 0,$$

les polynômes différentiels F_i étant formés comme nous l'avons vu au n° **53**, à l'aide de la fonction

$$f = f_0 + l_1 f_1 + \dots + l_p f_p.$$

Nous chercherons donc les extrémales relatives à cette fonction en intégrant les équations $F_i = 0$, lesquelles dépendront des paramètres $l_1, \dots l_p$. Ces p paramètres et les $2n$ autres constantes arbitraires introduites par l'intégration seront déterminés par les p équations $I_h = a_h$ et par les conditions aux limites, lesquelles sont précisément au nombre de $2n$ dans les cas traités aux ch. II et IV.

180. Exemple I (*Objection de du Bois-Reymond*). — Proposons-nous de rechercher comment devra être choisie la fonction $G(x)$ pour que quelle que soit la fonction (continue et dérivable) $\mathbf{y}$ nulle pour $x = x^0$ et pour $x = x^1$, on ait

$$\int_{x^0}^{x^1} \mathbf{y}' G dx = \int_{x^0}^{x^1} \frac{d\mathbf{y}}{dx} G(x) dx = 0$$

aucune autre hypothèse n'étant d'ailleurs faite *à priori* sur G si ce n'est sa continuité, laquelle pourra même être en défaut en des points isolés.

C'est la question qui s'est posée à nous au n° **65**, lorsqu'il s'est agi de discuter l'objection de du Bois-Reymond.

En posant $\frac{d\mathbf{y}}{dx} = \mathbf{z}$, nous voyons qu'elle revient à la suivante :

« Comment devra être choisie la fonction G pour que l'intégrale

$$\int_{x^0}^{x^1} \mathbf{z} G dx$$

soit nulle chaque fois que la fonction $\mathbf{z}$ vérifiera la condition

$$\int_{x^0}^{x^1} \mathbf{z} dx = 0 \qquad (148)$$

? ».

Cette dernière condition est en effet nécessaire et suffisante pour que $\mathbf{z}$ admette une fonction primitive $\mathbf{y}$ nulle en x^0 et en x^1.

Le raisonnement des numéros précédents s'applique au problème ainsi posé : il nous montre (sans supposer à la fonction G d'autres propriétés que celles qui nous sont données) l'existence d'une constante l telle que l'on ait pour toute fonction $\mathbf{z}$ et sans faire intervenir la condition (148), l'égalité

$$\int_{x^0}^{x^1} \mathbf{z}\,(G + l)\,dx = 0.$$

D'après le lemme fondamental, ceci montre que G doit être égal à la constante $(-\,l)$.

180 *bis*. Plus généralement, comment devra être choisie la fonction $G(x)$ pour que l'on ait

(149) $$\int_{x^0}^{x^1} \frac{d^p\mathbf{y}}{dx^p}\,G(x)\,dx = 0$$

toutes les fois que la fonction $\mathbf{y}$ vérifiera les conditions

(150) $$\mathbf{y} = \mathbf{y}' = \ldots\ \mathbf{y}^{(p-1)} = 0 \qquad \text{pour } x = x^0,\ x^1$$

(G étant toujours assujetti à la condition d'être en général continu)?

Posons $\dfrac{d^p\mathbf{y}}{dx^p} = \mathbf{z} = \psi(x)$. Pour $i < p$, la dérivée $\dfrac{d^i\mathbf{y}}{dx^i}$, qui s'obtient en intégrant $p - i$ fois la fonction $\psi(x)$, aura [1], si elle est nulle en x^0, l'expression

$$\frac{d^i\mathbf{y}}{dx^i} = \frac{1}{(p-i-1)!}\int_{x^0}^{x} (x-\xi)^{p-i-1}\psi(\xi)\,d\xi \qquad (i = 0, 1, 2, \ldots, p-1).$$

Pour que les p expressions ainsi formées soient également nulles en x^1, la fonction $\mathbf{z}$ devra vérifier les conditions

$$0 = \int_{x^0}^{x^1} (x^1 - x)^{p-i-1}\mathbf{z}\,dx \qquad (i = 0, 1, 2, \ldots, p-1).$$

Réciproquement, ces conditions sont les seules qu'entraînent pour $\mathbf{z}$ les relations (150). Ces conditions doivent donc entraîner l'égalité (149).

En raisonnant comme tout à l'heure, nous voyons que $l, l_1, \ldots, l_p$ désignant des constantes, G doit avoir la forme

$$G = -\,l - l_1(x^1 - x) - l_2(x^1 - x)^2 - \ldots - l_{p-1}(x^1 - x)^{p-1}$$

c'est-à-dire être *un polynome de degré* $p - 1$ *en* x.

---

[1] GOURSAT, *Cours d'Analyse*, t. II, p. 340.

181. Exemple II. *Problème isopérimétrique proprement dit.* — Etant donnés dans un plan ou sur une certaine surface, deux points A, B d'une courbe C, il s'agit de trouver, parmi les courbes $\mathfrak{L}$ dont la longueur I_1 est égale à une quantité donnée a, celle pour laquelle l'aire S limitée par C et $\mathfrak{L}$, sur le plan ou la surface donnée, est maxima ou minima.

Cette aire (comptée positivement ou négativement suivant qu'elle est d'un côté ou de l'autre de la courbe C) a, si l'on est dans le plan, une expression de la forme

$$(151) \qquad S = I_0 = \frac{1}{2} \int_{A \atop (\mathfrak{L}+C)}^{B} (xdy - ydx).$$

Sur une surface quelconque, elle sera également représentée par une intégrale curviligne (prise suivant $\mathfrak{L}$) à laquelle on parviendrait en transformant par le théorème de Green la formule bien connue qui fournit cette aire sous forme d'intégrale double.

Quant à sa variation, elle est, dans tous les cas, donnée (si A et B sont fixes) par la formule

$$\delta I_0 = \int_A^B \delta n ds$$

en appelant toujours s l'arc de la courbe $\mathfrak{L}$ et δn la variation normale. D'autre part nous avons trouvé au n° **96**,

$$\delta I_1 = \int_A^B \delta n \frac{\sin \theta ds}{R} = \int_A^B \frac{\delta n}{\rho_g} ds.$$

Dans le plan, cette formule se réduit à

$$\delta I_1 = \int_A^B \frac{\delta n ds}{R} \quad ,$$

R étant le rayon de courbure. La courbe cherchée devra alors annuler, pour une valeur convenable de l, l'intégrale

$$\int_A^B \delta n \left(1 + \frac{l}{R}\right) ds$$

quel que soit δn (nul aux limites). Elle vérifiera par conséquent (n° **176**) l'équation

$$R = -l = \text{constante}$$

qui caractérise les *circonférences* du plan.

Les solutions sont donc des arcs de cercles de longueur a terminés en A, B. Il n'en existe évidemment que si $a \geqslant AB$. Si cette condition est remplie, on trouve toujours deux arcs de cercle, symétriques l'un de l'autre par rapport à la droite AB (sauf pour $a = AB$, auquel cas ces arcs sont confondus tous deux avec la droite en question).

Il est à remarquer que si le rapport $\frac{a}{AB}$ dépasse une certaine limite τ [1], le nombre des solutions doit être considéré comme supérieur à deux. On peut, en effet, aller du point A au point B en parcourant plusieurs fois une circonférence passant par ces deux points. Un tel chemin pourra vérifier la condition $l_1 = a$ si a est suffisamment grand. Il ne définit pas, il est vrai, une aire au sens de la géométrie élémentaire. Mais l'intégrale (151) garde un sens dans ces conditions.

Si l'on cherchait, parmi les courbes *fermées* de même longueur celle dont l'aire est un extremum, ou, — ce qui revient au même (n° **178**) — parmi toutes les courbes fermées de même aire, celles dont la longueur est extrema, il résulte des calculs qui précèdent (comparer n° **98**) que cette courbe ne pourrait être qu'un cercle.

182. Si maintenant l'aire S est délimitée sur une surface donnée quelconque S, on aura de même (ρ_g étant le rayon de courbure géodésique)

$$\int_A^B \delta n\left(1 + \frac{l}{\rho_g}\right)ds = 0 \tag{152}$$

$$\rho_g = -l = \text{constante}.$$

De telles lignes ont reçu le nom de *cercles géodésiques* [2]. Les

---

[1] τ est le minimum de la fonction $\frac{\pi + x}{\sin x}$ pour $0 < x < \pi$.

[2] Darboux, *Leçons sur la théorie des surfaces*, tome III, p. 151.

solutions seront des arcs de cercles géodésiques de longueur a joignant A et B, s'il en existe (ce qui exige tout au moins que a ne soit pas inférieur au minimum de la longueur des courbes de la surface qui joignent A et B).

Parmi les lignes *fermées* de longueur a, celle qui délimite la plus grande aire est également un cercle géodésique. Si donc on peut montrer (voir plus loin liv. VI) que sur une surface donnée, ce maximum est nécessairement atteint (au moins lorsque a est compris entre certaines limites), on aura prouvé que, sur cette surface, il existe une infinité de cercles géodésiques fermés.

Au contraire (1), un cercle géodésique pris au hasard n'est pas fermé, si la surface donnée n'est pas applicable sur une sphère.

182. Exemple III. *Chaînette.* — L'étude de l'équilibre des systèmes matériels conduit, comme on sait, à des questions de maximum.

Si, en effet, le système est sans frottement, les conditions d'équilibre ne sont autres que les conditions du premier ordre pour l'extremum d'une certaine fonction U (*fonction des forces*) de l'état du système.

Lorsque les forces agissantes ne sont autres que la pesanteur, U n'est autre, à un facteur près, que la cote du centre de gravité.

Dans le cas d'un *fil homogène pesant* (flexible et inextensible) il faut trouver la courbe $\mathcal{C}$ de longueur donnée a joignant deux points donnés A et B et dont le centre de gravité est le plus bas.

Appelons $Z = I_0$ la cote du centre de gravité par rapport au plan de comparaison. On a :

$$I_0 = Z = \frac{1}{a}\int_A^B z\sqrt{dx^2 + dy^2 + dz^2} \quad , \quad I_1 = \int_A^B \sqrt{dx^2 + dy^2 + dz^2} = a.$$

Les courbes cherchées seront des extrémales pour l'intégrale :

$$\int_A^B (z + l)\sqrt{dx^2 + dy^2 + dz^2}.$$

---

(1) Voir plus loin liv. IV ou DARBOUX, *loc. cit.*

Elles satisferont aux équations :

$$(E)\left\{\begin{array}{l} -d\left[\dfrac{(z+l)\,dx}{\sqrt{dx^2+dy^2+dz^2}}\right]=0 \quad , \quad -d\left[\dfrac{(z+l)\,dy}{\sqrt{dx^2+dy^2+dz^2}}\right]=0 \\ \sqrt{dx^2+dy^2+dz^2}-d\left[\dfrac{(z+l)\,dz}{\sqrt{dx^2+dy^2+dz^2}}\right]=0. \end{array}\right.$$

Des deux premières, on déduit $\dfrac{dy}{dx}=$ constante. La courbe devra donc être dans un plan vertical passant par A et B et que nous pourrons prendre pour plan $y=0$. Alors, on peut supposer $y=dy=0$ dans les équations précédentes et l'intégrale générale (déjà écrite au n° **116** *bis*) est (¹)

$$(153) \qquad z+l=m\,\mathrm{Ch}\,\frac{x-h}{m}=\frac{m}{2}\left(e^{\frac{x-h}{m}}+e^{-\frac{x-h}{m}}\right).$$

Les extrémales sont donc des chaînettes. Nous avons à chercher (²) celles qui passent par A, B et ont pour longueur a. On peut prendre A comme origine et supposer l'axe des x dirigé de façon que le point B (α, β) ait une abscisse positive. Il faut choisir maintenant l, h, m, de façon à satisfaire aux équations :

$$l=\frac{m}{2}\left(e^{\frac{h}{m}}+e^{-\frac{h}{m}}\right), \qquad l+\beta=\frac{m}{2}\left(e^{\frac{\alpha-h}{m}}+e^{-\frac{\alpha-h}{m}}\right)$$

et

$$a=\int_A^B\sqrt{dx^2+dz^2}=\left|\frac{m}{2}\left(e^{\frac{\alpha-h}{m}}-e^{-\frac{\alpha-h}{m}}+e^{\frac{h}{m}}-e^{-\frac{h}{m}}\right)\right|.$$

Ces trois équations équivalent au système

$$(154)\left\{\begin{array}{l} l=\dfrac{m}{2}\left(e^{\frac{h}{m}}+e^{-\frac{h}{m}}\right) \\ \beta=\dfrac{m}{2}\left(e^{\frac{\alpha-h}{m}}-e^{-\frac{h}{m}}+e^{-\frac{\alpha-h}{m}}-e^{\frac{h}{m}}\right) \\ a^2-\beta^2=m^2\left(e^{\frac{\alpha-h}{m}}-e^{-\frac{h}{m}}\right)\left(e^{-\frac{\alpha-h}{m}}-e^{\frac{h}{m}}\right) \\ \qquad =\left[m\left(e^{\frac{\alpha}{2m}}-e^{-\frac{\alpha}{2m}}\right)\right]^2. \end{array}\right.$$

(¹) Voir APPELL, *Traité de Mécanique rationnelle*, t. I, p. 189.

(²) APPELL, *Ibid.*, p. 191.

α étant positif, la quantité entre crochets est positive et la dernière équation peut s'écrire (en supposant $a^2 > \beta^2$) :

$$+\sqrt{a^2 - \beta^2} = m\left(e^{\frac{\alpha}{2m}} - e^{-\frac{\alpha}{2m}}\right)$$

ou, en posant : $\frac{\alpha}{2|m|} = u$,

$$\frac{\sqrt{a^2 - \beta^2}}{\alpha} = \frac{e^u - e^{-u}}{2u} = 1 + \frac{u^2}{1.2.3} + \frac{u^4}{1.2.3.4.5} + \dots + \frac{u^{2n}}{(2n+1)!} + \dots$$

Il faut trouver les racines positives en u de cette équation. Or lorsque u croît par valeurs positives, le second membre croît constamment de 1 à $+\infty$. Par suite, il n'y a de racines que si l'on a :

$$a > \sqrt{\alpha^2 + \beta^2}.$$

Si cette condition (qui comprend $a^2 > \beta^2$) est remplie, c'est-à-dire si l'on a $a > \overline{AB}$, il y a une racine positive en u et une seule, u_1. D'où l'on tire : $m = \pm \frac{\alpha}{2u_1}$ et les deux premières équations du système (154) déterminent pour chaque valeur de m, h, puis l. Il y a donc deux solutions qui correspondent à deux chaînettes égales entre elles (et même symétriques l'une de l'autre par rapport au milieu de AB), correspondant à deux signes opposés de m et tournant, par conséquent, leurs concavités en sens contraires.

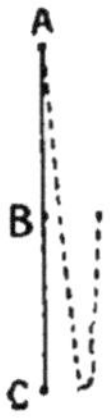

Fig. 25.

Ces chaînettes cessent à proprement parler d'exister, lorsque le point B est sur la verticale du point A. Mais il est aisé de voir que, lorsque le point B tend vers une telle position, chacune d'elles tend (toujours sous la condition $a > \overline{AB}$) vers un système de deux segments de verticale, tels que AC, CB (*fig.* 25), le point C étant choisi de manière que $AC + CB = a$. Ce chemin rectiligne ACB représente alors la solution du problème.

L'inégalité $a > AB$ suffit toujours, on le voit, pour l'existence des solutions.

Dans ce problème, comme dans celui du n° **181**, les conditions de possibilité sont, par conséquent, réduites au minimum. L'inégalité $a > AB$ est évidemment nécessaire pour qu'on puisse tracer entre A et B des lignes ayant la longueur donnée, c'est-à-dire pour que le champ K existe. Une telle condition sera évidemment sous-entendue, toutes les fois que l'intégrale I_1 admettra un extremum libre.

184. D'après ce qui a été dit au n° **177** *bis*, nous pouvons appliquer sans modification les considérations du ch. IV lorsqu'une des extrémités de la ligne d'intégration n'est pas fixe, mais assujettie à se déplacer sur une ligne ou sur une surface donnée. La courbe cherchée devra donc alors être transversale à cette ligne ou à cette surface. Bien entendu, la condition de transversalité devra être formée en partant de la fonction totale

$$f = f_0 + l_1 f_1 + l_2 f_2 + \ldots + l_p f_p.$$

Par exemple, dans le cas de la chaînette, cette fonction est

$$(z + l)\sqrt{x'^2 + y'^2 + z'^2}$$

et, par conséquent, la transversalité est ici synonyme de l'orthogonalité.

Donc, si l'on demande de mener entre deux lignes données de l'espace, une courbe de longueur donnée dont le centre de gravité soit situé le plus bas possible, cette courbe devra être une chaînette orthogonale aux deux lignes données.

Lorsque celles-ci sont des lignes droites, situées dans un même plan vertical, on détermine la chaînette cherchée par une méthode d'homothétie [1] toute semblable à celle du n° **118**.

185. Considérons encore à ce même point de vue le *problème isopérimétrique proprement dit*.

Soit, à mener une ligne AB de longueur donnée, dont les extrémités soient situées sur une courbe donnée C et qui délimite, avec cette courbe une aire $\mathcal{S}$ maxima ou minima. Plaçons-nous d'abord, pour simplifier, dans le cas du plan. La courbe cherchée devra être un cercle, et la variation de $\mathcal{S} + lI_1$ (l désignant, au signe

---

[1] Voir le *Traité de Mécanique* de M. Appell, t. I, p. 191.

près, le rayon du cercle et l_1 la longueur du chemin AB) devra être nulle quand les points A et B se déplaceront sur C.

l_1 est une intégrale étendue à l'arc AB ; l'aire $\mathcal{S}$, au contraire, est représentée par l'intégrale (151) étendue non plus seulement à l'arc AB, mais aussi à la courbe C. Si donc nous faisons varier le point A, le déplacement (δx^0, δy^0) de ce point ayant lieu sur C, la variation de l_1 sera

$$(155) \qquad \frac{\dot{x}\delta x^0 + \dot{y}\delta y^0}{\sqrt{\dot{x}^2 + \dot{y}^2}}$$

mais la variation de $\mathcal{S}$ aura une expression différente : elle sera représentée par la quantité

$$\overline{\mathcal{E}}(x, y, \dot{x}, \dot{y}, \delta x, \delta y)^1$$

définie au n° **166**.

Or ici, cette quantité est identiquement nulle puisque, dans l'intégrale $\mathcal{S}$, la quantité sous le signe $\int$ est de la forme $Pdx + Qdy$.

Donc le terme (155) doit s'annuler, et *la ligne cherchée doit être transversale* (c'est-à-dire, en l'espèce, *orthogonale*) *à* C.

La même conclusion subsiste sur une surface quelconque, car $\mathcal{S}$ continue, dans ces conditions, à être représenté par une intégrale de la forme $Pdx + Qdy$.

Si, par contre, on donnait non la longueur AB, mais le périmètre total de l'aire $\mathcal{S}$ (c'est-à-dire de la somme des arcs AB pris sur $\mathfrak{L}$ et sur $\mathfrak{C}$) il faudrait (comme le montre le raisonnement du n° **166**) annuler la quantité $\overline{\mathcal{E}}$ relative à l'intégrale totale $\mathcal{S} + l\mathrm{I}_1$, ou ce qui revient au même (comme nous venons de le voir) à l'intégrale l_1,

Or, cette quantité n'est nulle (n° **167**) que si $\mathfrak{L}$ est *tangent* à C en A et en B.

Notre cercle devra donc remplir cette condition pour annuler la variation première.

186. Le problème de *l'équilibre d'un fil homogène pesant sur lequel peut glisser sans frottement un point matériel pesant* conduit au problème du n° **159**. Il s'agit, en effet, d'abaisser le plus possible le centre de gravité du système formé par le fil et le point. Le raisonnement du n° **176** est encore applicable et, par conséquent, nous avons à chercher l'extremum de la somme

$$M\zeta + \int_{x^0, z^0}^{x^1, z^1} (z + l)\sqrt{dx^2 + dz^2}$$

ξ, ζ étant les coordonnées du point matériel.

Nous voyons donc que les deux arcs de chaînette dont se compose la courbe cherchée correspondent tout d'abord à la même valeur de l, qu'ensuite (d'après des conclusions du n° **159**) ils donnent lieu, au point (ξ, ζ), aux relations

$$\left(\frac{dx}{ds}\right)_- = \left(\frac{dx}{ds}\right)_+ , \qquad (z + l)\left[\left(\frac{dz}{ds}\right)_+ - \left(\frac{dz}{ds}\right)_-\right] = M$$

ce qui est conforme aux équations que l'on obtient directement.

187. Les champs singuliers. — Revenons au cas où le raisonnement des n^os **176-177** est en défaut : celui où δI_1 est nul pour toute variation qui laisse constantes les intégrales données autres que I, ou, plus généralement, celui où δI_h est nul pour toute variation qui laisse constantes les intégrales $I_{h'}$ correspondant à $h' > h$.

Il est aisé d'écrire la condition nécessaire et suffisante pour qu'il en soit ainsi. Supposons qu'il s'agisse d'exprimer que la singularité indiquée a lieu pour $h = 1$, c'est-à-dire que δI_1 est nul dans le champ que nous avons appelé K_1 au n° **176** *bis*. Si les raisonnements des n^os **176-176** *bis* sont valables, cela revient à dire qu'il existe un système de constantes (non toutes nulles) [1] $l_1, l_2, \ldots l_p$ donnant lieu à la relation

$$(147) \qquad l_1\,\delta I_1 + l_2\,\delta I_2 + \ldots\ldots l_p\,\delta I_p = 0$$

quelle que soit la variation δ dans le champ K'.

C'est ce qui aura assurément lieu si la singularité en question ne se produit pour aucune valeur de h supérieure à 1.

[1] Ici, plus spécialement, $l_1 \neq 0$.

Mais la condition (147') est nécessaire et suffisante en toute hypothèse.

Si, en effet, la singularité dont il s'agit a lieu pour des valeurs de h autres que 1, nous prendrons h égal à la plus grande h_1 de ces valeurs. Cette singularité étant ainsi écartée pour $h > h_1$, le raisonnement des nos **176-176** *bis* pourra être appliqué pour exprimer que δI_{h_1} est nul dans K_{h_1}, le raisonnement du no **175** étant d'ailleurs également valable ([1]) : on aura donc, entre les variations δI_{h_1}, δI_{h_1+1},... dans le champ K', une relation

$$l_{h_1}\delta I_{h_1} + l_{h_1+1}\delta I_{h_1+1} + \ldots + l_p\delta I_p = 0 \qquad (l_{h_1} \neq 0).$$

Or cette relation est encore de la forme (147') ([2]).

Le cas d'exception actuel est donc précisément celui-même que nous avons dû réserver dans le raisonnement du no **175**.

Nous continuerons à exclure les cas où une circonstance de cette nature se présenterait, c'est-à-dire où *le premier membre de l'une des conditions* (K) *serait un extremum* (ou simplement remplirait les conditions du premier ordre correspondantes) *dans le champ défini* (*à l'intérieur de* K') *par les conditions restantes*. Pour les raisons qui ont été indiquées aux Notions préliminaires (no **8**), la ligne considérée devrait être regardée comme une **singularité** *du champ* K.

Il est clair que, si, par exemple, la ligne considérée fournissait pour l'intégrale I_1 un extremum absolu, toute la question disparaîtrait, la condition $I_1 = a_1$ n'étant plus vérifiée que par cette seule ligne.

Supposons seulement que la variation première de I_1 soit nulle dans K. La relation $I_1 = a_1$ ne permet cependant pas de prendre arbitrairement la variation ou les variations δy. Celles-ci sont assujetties à une condition que l'on obtient (voir liv. III) en annulant

---

([1]) Pour que ce dernier raisonnement tombe en défaut, il faudrait (no **175**) une relation de la forme

$$l_{h_1+1}\,\delta I_{h_1+1} + \ldots\, l_p\delta I_p = 0.$$

Une telle relation serait visiblement *suffisante* à entraîner l'existence de notre singularité pour $h > h_1$ contrairement à l'hypothèse.

([2]) Le cas extrême est celui de $h_1 = p$. On aurait alors $\delta I_p = 0$ dans K'.

la variation seconde $\delta^2 I_1$. Mais cette condition : 1° ne découle pas de $\delta I_1 = 0$; 2° est quadratique, et non plus linéaire, par rapport aux valeurs des δy.

La première de ces deux remarques met en défaut le principe du n° **175** ; la seconde, celui du n° **176**.

187 *bis*. Si nous tenons compte des résultats que nous venons d'obtenir, ceux des n°s **176-176** *bis* peuvent se traduire par l'énoncé suivant, valable, cette fois, sans exception (pourvu que K' soit bilatéral et non singulier) :

Pour que la variation δI_0 *soit nulle dans le champ* K (défini à l'intérieur de K' par les conditions (K) du n° **175**) *il est :*

nécessaire que l'on ait, dans K', *une relation de la forme*

$$l_0 \delta I_0 + l_1 \delta I_1 + \ldots + l_p \delta I_p = 0,$$

les constantes l n'étant pas toutes nulles ;

suffisant, que l'on ait une telle relation avec l_0 *différent de zéro.*

188. Cas des variations unilatérales. — Nous allons maintenant montrer que la conclusion qui nous a permis de ramener le problème isopérimétrique à un problème d'extremum libre est encore vraie dans le cas des variations unilatérales, c'est-à-dire lorsque la définition du champ contient des conditions d'*inégalité* et que la ligne considérée appartient à la frontière du champ.

Dans ces hypothèses si δy est une variation acceptable, il n'en est pas en général de même pour la variation $-\delta y$. Mais nous admettrons encore :

1° Que si δy [ou $(\delta y_1, \delta y_2, \ldots \delta y_n)$ dans le cas de plusieurs fonctions inconnues] est une variation acceptable, il en est de même pour $\rho \delta y$, ρ étant une constante positive : — il en est nécessairement ainsi dès que les variations sont considérées, ainsi que nous l'avons fait, comme des différentielles par rapport à un paramètre α ; car la multiplication par ρ revient à un simple changement de ce paramètre ;

2° Que si $\delta' y$, $\delta'' y$ sont deux variations acceptables, il en est de même de la variation $\delta y = \delta' y + \delta'' y$ (et, par conséquent, eu égard à 1°, de la variation $\rho' \delta' y + \rho'' \delta'' y$, ρ' et ρ'' étant deux constantes positives quelconques) : ce que l'on peut exprimer en disant que *la multiplicité formée par les variations acceptables est convexe* [1]. — Le cas contraire sera encore regardé comme constituant une *singularité* [2].

Prenons d'abord le cas où l'on donne la valeur (égale à a_1) d'une seule intégrale I_1. Conformément à ce qui a été expliqué précédemment, nous devrons exclure le cas où la courbe considérée donnerait un extremum (ou satisferait aux conditions du premier ordre pour l'extremum) de I_1 dans le champ K′ qui est défini par toutes les conditions données, à l'exception de la relation $I_1 = a_1$.

Nous devons donc admettre qu'il existe des variations appartenant au champ K′ et qui donnent à δI_1 un signe arbitraire. Appelons δ' les variations du champ K′ qui rendent δI_1 positif; δ'', celles qui le rendent négatif.

Dans le cas actuel, nous n'aurons plus le droit de combiner ces variations comme nous l'avons fait aux n^{os} **176-177**.

Mais, si K est le champ défini par toutes les conditions données (y compris, cette fois, la condition $I_1 = a_1$), nous pourrons encore d'une variation δ' et d'une variation δ'' quelconque, déduire une variation appartenant à K : il suffit de les ajouter après les avoir multipliées respectivement par les nombres

$$\rho' = -\delta'' I_1, \qquad \rho'' = \delta' I_1$$

ce qui est légitime, puisque ces nombres sont positifs.

---

(1) C'est la définition de la convexité telle que l'emploie M. Minkowski, dans sa *Geometrie der Zahlen*.

(2) Considérons une fonction de trois variables dans un domaine D limité par une ou plusieurs surfaces. M_0 étant un point de la frontière de ce domaine, les directions suivant lesquelles le point M peut se déplacer à partir de la position M_0 pour rester compris dans D sont, en général, les directions situées d'un certain côté du plan tangent à la surface limite, ou, s'il y en a plusieurs, les directions intérieures à un certain angle polyèdre *convexe* déterminé par les plans tangents à ces surfaces. Les directions en question ne peuvent donc former un cône concave que si l'une au moins des surfaces limites admet en M_0 un point conique (la région intérieure à D correspondant en outre à l'extérieur du cône tangent si celui-ci est du second degré).

Toutefois, certains domaines présentent des angles rentrants : tel est, entre autre, le volume formé par l'ensemble de m sphères sécantes; et l'on peut, sur le terrain fonctionnel, trouver des exemples analogues (qui peuvent même correspondre à $m = \infty$). Mais, au moins dans tous les cas simples, les problèmes ainsi obtenus se ramènent aisément à d'autres qui vérifient notre hypothèse.

Si, par exemple, I_0 doit être *minimum* dans le champ K, on doit avoir

$$\rho'\delta' I_0 + \rho''\delta'' I_0 \geqq 0$$

ou (en tenant compte des valeurs de ρ', ρ'' et des signes de $\delta' I_1$, $\delta'' I_1$)

$$(156) \qquad \frac{\delta' I_0}{\delta' I_1} \geqq \frac{\delta'' I_0}{\delta'' I_1}.$$

Chacune des valeurs de $\frac{\delta' I_0}{\delta' I_1}$ étant supérieure à chacune des valeurs de $\frac{\delta'' I_0}{\delta'' I_1}$, il existe (¹) au moins un nombre $-l_1$ qui est inférieur à chacune des premières et supérieur à chacune des secondes. Or les inégalités

$$\frac{\delta' I_0}{\delta' I_1} \geqq -l_1, \qquad \frac{\delta'' I_0}{\delta'' I_1} \leqq -l_1$$

donnent

$$\delta' I_0 + l_1 \delta' I_1 \geqq 0, \qquad \delta'' I_0 + l_1 \delta'' I_1 \geqq 0.$$

Autrement dit, comme nous voulions le démontrer, *il existe un nombre l_1 tel que la variation de $I_0 + l_1 I_1$ soit toujours positive dans le champ K'*. Si les conditions qui définissent ce dernier champ appartiennent aux types envisagés au chap. IV (nᵒˢ **161-167** *bis*), nous n'aurons qu'à appliquer les résultats obtenus dans ce chapitre.

Supposons maintenant $p = 2$, de sorte que les courbes $\mathfrak{L}$ sont assujetties aux relations

$$(K) \qquad I_1 = a_1, \qquad I_2 = a_2.$$

Soit K_1 le champ obtenu en faisant abstraction de la première de ces deux conditions. En prenant le champ K_1 de cette façon, toutes les considérations précédentes seront encore applicables. Donc il existera un nombre l_1 tel que la variation de l'intégrale

$$J = I_0 + l_1 I_1$$

soit positive ou nulle à l'intérieur de K_1.

(¹) TANNERY, *Introduction à la théorie des fonctions d'une variable*, 2ᵉ édition, tome I, chap. I. — Il est d'ailleurs évident que le nombre l_1 est unique, la différence des deux membres de l'inégalité (156) pouvant être rendue aussi petite qu'on le veut.

Mais, par une nouvelle application du même raisonnement, nous déduirons de là l'existence d'un second nombre l_2 tel que l'intégrale

$$J + l_2 I_2 = I_0 + l_1 I_1 + l_2 I_2$$

ait sa variation positive ou nulle à l'intérieur du champ K′ qu'on obtient en faisant abstraction des deux conditions (K); et ainsi de suite pour toutes les valeurs de p.

On peut évidemment opérer de même pour un plus grand nombre d'intégrales données.

Donc la conclusion obtenue au numéro précédent est maintenant étendue à toute valeur de p.

189. On peut enfin avoir à traiter le cas où l'une des conditions d'inégalité données serait

$$(K_1) \qquad I_1 \leqslant a_1.$$

La question n'existe, bien entendu, que si la courbe λ que l'on envisage rend I_1 *égal* à a_1.

L'extremum devant avoir lieu (comparer n° **10** *bis*) lorsque l'inégalité précédente est remplacée par l'égalité, il existe un nombre l_1 tel que

$$I_0 + l_1 I_1$$

soit extremum dans le champ K′ obtenu en faisant abstraction de la condition (K_1).

Soit maintenant K'_0 le champ déduit de K′ en remplaçant toutes les conditions d'inégalité (s'il en existe) qui peuvent entrer dans sa définition par les égalités correspondantes. Dans ce champ K'_0, on aura

$$(157) \qquad \delta(I_0 + l_1 I_1) = 0.$$

Mais I_1 ne doit pas (pour les raisons précédemment développées) être extremum dans K'_0 et on pourra, par conséquent, trouver des variations satisfaisant à la condition (157) et telles que δI_1 soit négatif (comme l'exige la condition (K_1)).

Si donc I_0 doit être un *minimum*, le nombre l_1 devra être positif; et, réciproquement, l'existence d'un nombre *positif* l_1 fournissant le minimum dans le champ K′ est évidemment suffisante.

On voit que si plusieurs intégrales données $I_1, I_2, \ldots I_p$ devaient être respectivement inférieures à des nombres donnés $a_1, a_2, \ldots a_p$, les coefficients correspondants $l_1, l_2 \ldots$ devraient être positifs.

Plus généralement, on peut chercher l'extremum de I_0 en imposant aux fonctions inconnues les conditions

$$F(I_0, I_1, \ldots I_p) = 0. \tag{158}$$

Une méthode toute semblable à celle qui nous a servi dans tout ce chapitre, montrera que la quantité $I_0 + l_1 F$ (le nombre l_1 étant convenablement choisi) devra être extrema dans le champ obtenu en ne tenant pas compte de la condition (158).

Si, d'autre part, cette dernière est remplacée par l'inégalité $F \leqq 0$ et que I_0 doive être minimum, la même conclusion subsistera, le nombre l_1 devant, en outre, être positif.

On voit immédiatement comment on généraliserait au cas où interviendraient plusieurs conditions de l'espèce (158).

190. On peut étendre au problème isopérimétrique le théorème relatif aux *variations analytiques* (liv. I, nos **47-48**). Supposons en effet qu'il existe une courbe L aussi voisine que l'on veut d'une courbe λ et telle que : 1° L et λ aient mêmes extrémités A, B, 2° $\underset{(L)}{I_1} = \underset{(\lambda)}{I_1} = a$, 3° $\underset{(L)}{I_0} < \underset{\lambda}{I_0}$. Nous avons vu que L étant continu, mais pouvant avoir des points anguleux, on pouvait former une courbe analytique L_1 joignant A et B, aussi voisine que l'on veut de L, et telle que $\left|\underset{(L)}{I_0} - \underset{(L_1)}{I_0}\right| < \omega$, ω étant une quantité positive aussi petite que l'on veut.

Le théorème serait démontré si l'on avait [1] $\underset{(L_1)}{I_1} = a$.

Pour obtenir ce résultat, L_1 étant d'abord déterminé (de manière à satisfaire aux conditions autres que $I_1 = a$) en fonction d'un paramètre que nous pourrons supposer n'être autre que ω, nous substituerons à L_1 une courbe analytique L_2 obtenue de la manière suivante. La différence des ordonnées de L_1 et de L_2 sera donnée par l'expression $\varepsilon\eta_1(x)$, où ε est un paramètre quelconque et où $\eta_1(x)$ est une fonction holomorphe de A à B, nulle en A et B. Ceci étant, on pourra prendre ε assez petit pour que $\left|\underset{(L_1)}{I_0} - \underset{(L_2)}{I_0}\right|$ soit aussi petit que l'on veut. D'autre part $\underset{(L_2)}{I_1}$ sera une certaine fonction $I_1(\varepsilon, \omega)$ qui est égale à a pour $\varepsilon = \omega = 0$. D'ailleurs nous pouvons toujours admettre moyennant un choix convenable de la fonction $\eta_1(x)$, que l'expression $\frac{\partial I_1(\varepsilon, \omega)}{\partial \varepsilon}$ n'est pas nulle pour $\varepsilon = \omega = 0$; en effet on a :

$$\underset{(L)}{\delta I_1} = \left(\frac{\partial I_1(\varepsilon, \omega)}{\partial \varepsilon}\right)_{\substack{\varepsilon = 0,\\ \omega = 0}} \times \delta\varepsilon.$$

---

[1] Nous savons seulement que $\underset{(L_1)}{I_1} - a$ est très petit (puisque L_1 est très voisin de L).

Or, le cas où $\underset{(\lambda)}{\delta I_1}$ serait nul est précisément celui d'un *champ singulier*, exclu de nos raisonnements au n° **187**. Si $\underset{(\lambda)}{\delta I_1}$ n'est pas nul, il en sera de même de $\underset{(L)}{\delta I_1}$ puisque L et λ sont aussi voisins que l'on veut [1]. D'après le théorème sur les fonctions implicites, on peut donc résoudre l'équation $I_1(\varepsilon, \omega) = a$ pour des valeurs suffisamment petites de ω. Par suite, si l'on prend ω assez petit, ε sera aussi très petit et l'on aura une courbe analytique L_2 joignant A, B, aussi voisine que l'on veut de λ, telle que $\underset{(L_2)}{I_1} = a_1$ et pour laquelle $\underset{(L_2)}{I_0} < \underset{(\lambda)}{I_0}$.

---

[1] Pour que δI_1 fût nul sur L, cette ligne devrait être une extrémale, ou tout au plus une ligne brisée composée d'arcs d'extrémales satisfaisant aux conditions des nos **170-172** — et, par conséquent, limités en nombre (n° **173**). Comme de telles lignes dépendent continument d'un nombre déterminé de constantes arbitraires, elles ne peuvent être infiniment voisines, — *même d'ordre zéro* —, d'une ligne λ sans que celle-ci appartienne à la même catégorie c'est-à-dire annule également δI_1.

CHAPITRE VI

—

LE PROBLÈME DE MAYER

I. ÉTABLISSEMENT DES ÉQUATIONS DIFFÉRENTIELLES

191. Problème de Lagrange. — Tous les problèmes examinés précédemment sont des cas particuliers du problème suivant, formulé d'une manière générale par Lagrange :

Etant donnée l'intégrale

$$(158)\qquad I_0 = \int_A^B f_0(y'_1, y'_2, \dots y'_n, y_1, \dots, y_n, x)\,dx$$

trouver, dans l'espace à $n+1$ dimensions : $(x, y_1, y_2, \dots y_n)$ une courbe qui annule la variation première de cette intégrale, où l'on suppose que $y_1, \dots y_n$ sont assujetties à vérifier les équations différentielles :

$$(K_1)\quad g_1(y'_1, y'_2, \dots y'_n, y_1, \dots y_n, x) = 0, \dots,\ g_p(y'_1, y'_2, \dots y'_n, y_1, \dots y_n, x) = 0.$$

Les extrémités A et B peuvent être aussi supposées assujetties à des conditions aux limites quelconques.

Il est, en effet aisé de faire rentrer dans ce type général :

1° Le cas où *la quantité sous le signe* $\int$ *contient des dérivées d'ordre supérieur*. Si, par exemple, il y figure les m premières dérivées de y_1, il suffira d'introduire $m - 1$ inconnues auxiliaires, les $m - 1$ premières $y'_1, y''_1, \dots$ de ces dérivées : celles-ci seront définies par les conditions

$$y'_1 = \frac{dy_1}{dx},\ y''_1 = \frac{dy'_1}{dx}, \dots$$

lesquelles sont de la forme (K_1). La fonction f_0 s'exprime à l'aide de ces quantités et de la dérivée $\frac{dy^{(q-1)}}{dx}$.

2° Le cas où *certaines intégrales définies sont assujetties à prendre des valeurs données* (ch. précédent). Soit

$$(159) \qquad I_1 = \int_{x^0}^{x^1} f_1(y'_1, y'_2, \dots y'_n, y_1, \dots y_n, x)dx$$

l'une d'elles ; on introduira l'inconnue auxiliaire y_{n+1} définie par l'équation

$$(160) \qquad \frac{dy_{n+1}}{dx} = f_1$$

et cette inconnue sera assujettie à prendre des valeurs données o, a_1 aux deux extrémités de l'intervalle d'intégration. Cette condition équivaut évidemment à $I_1 = a_1$.

3° Quant aux *conditions en termes finis* (n° **121**) telles que $\varphi(x, y_1, \dots y_n) = 0$, on peut soit en tirer une inconnue en fonction des autres (n° **121**), soit les différentier par rapport à x (en adjoignant la condition que la relation $\varphi = 0$ soit vérifiée pour une des limites). Toutefois, nous verrons plus loin (n° **207**) que la première de ces méthodes doit être préférée à la seconde, tout au moins au point de vue théorique.

On peut également ramener au même problème général d'autres questions plus compliquées encore. Si, par exemple, on donne une relation entre deux ou plusieurs intégrales définies

$$I_1 = \int f_1 dx, \qquad I_2 = \int f_2 dx, \dots :$$

on introduira des inconnues auxiliaires $y_{n+1}, \dots$, (les primitives de f_1, $f_2 \dots$) et on raisonnera comme plus haut (2°). Il en serait de même si l'on avait à chercher l'extremum d'une fonction quelconque de plusieurs intégrales définies ; etc.

192. On doit toutefois observer que la nouvelle forme ainsi donnée à ces différentes questions n'est pas toujours complètement équivalente à la primitive. Nous avons à tenir compte en effet non seulement des relations données et de l'expression des quantités dont nous cherchons l'extremum, mais de toutes les autres conditions du problème. Or pour exprimer l'extremum relatif de l'intégrale I_0, nous supposerons qu'entre la ligne primitive et la ligne variée existe un voisinage (au moins d'ordre zéro). Rien n'est changé à cette condition si nous donnons en outre la valeur de l'intégrale I_1.

Mais si, au lieu de cela, nous introduisons la fonction y_{n+1} définie par l'équation différentielle (160), nous devrons supposer entre les valeurs primitives de cette nouvelle fonction et ses valeurs variées le même voisinage que nous avons admis pour $y_1, y_2, \ldots, y_n$: c'est-à-dire que l'intégrale

$$\int_{x^0}^{x} f_1(y'_1, y'_2, \ldots y'_n, y_1, \ldots y_n, x)\,dx$$

devra, pour toute valeur de x, avoir une valeur très peu différente sur une courbe et sur l'autre, condition qui n'existait pas primitivement.

193. Dans le problème de Lagrange que nous venons de nous poser au nº **191**, le nombre p des équations (K_1) est supposé inférieur à n, de sorte qu'elles laissent arbitraires $n - p$ des fonctions inconnues [1].

Le champ fonctionnel dans lequel on cherche l'extremum est défini par ces équations et des conditions aux limites [2].

Celles-ci peuvent être de diverses formes. Mais, — du moins si elles ne portent que sur les coordonnées des extrémités A, B de l'arc d'intégration, — nous avons vu, au chap. IV, qu'on peut commencer par supposer que ces points A et B sont fixes et donnés, soit

$$(k_1) \qquad y_i(x^0) = y_i^0 \quad , \quad y_i(x^1) = y_i^1 \qquad i = 1, 2, \ldots, n.$$

---

(1) On donne le nom d'*équations de Monge* à un tel système indéterminé d'équations différentielles. Monge a, en effet (*Mémoires de l'Académie des Sciences*, 1784) appris dans le cas le plus simple, celui de $n = 2$, $p = 1$, à exprimer la solution générale d'un tel système à l'aide de fonctions arbitraires, sans signe de quadrature. Grâce à ces expressions (qui exigent toutefois l'intégration d'une certaine équation aux dérivées partielles, l'équation (203) du nº **221**), le problème de Lagrange pourrait (pour ces valeurs de n, p) être ramené à un problème d'extremum libre. Mais on ne sait pas étendre le résultat de Monge à $n > 2$.

(2) L'existence même des équations (K_1) entraîne (en général) celles des dérivées des y. Mais il convient d'y joindre, pour la définition du champ, la condition que ces dérivées soient continues, sauf en des points isolés.

Le champ K_1 défini par les conditions (K_1), (k_1) étant forcément intérieur à celui dans lequel on doit opérer, nous aurons ainsi assurément des conditions nécessaires.

193 *bis*. Nous pouvons admettre que, des déterminants fonctionnels de $g_1, \ldots g_p$ par rapport à p des quantités $y'_1, \ldots y'_n$, l'un au moins n'est pas identiquement nul. Sinon, on pourrait éliminer $y'_1, \ldots y'_n$ entre les équations différentielles données et il y aurait une relation de la forme :

$$\pi(g_1, \ldots g_p, x, y_1, \ldots y_n) \equiv 0.$$

Si π ne dépendait que de $g_1, \ldots g_p, x$, les équations du système (K_1) ne seraient pas indépendantes ou seraient même contradictoires; si, au contraire, π dépendait de y_n, par exemple, on pourrait tirer y_n (et par suite y'_n) de la relation

$$\pi(0, \ldots, 0, x, y_1, \ldots, y_n) = 0$$

et porter dans le système (K_1) qui dépendrait d'une inconnue de moins; et ainsi de suite. Comme on ne peut pas avoir $n \leqq p$, il arrivera certainement dans cette suite d'opérations un moment où les déterminants fonctionnels considérés ne seront pas tous nuls.

Nous avons même le droit d'admettre que ces déterminants ne s'annulent jamais ensemble sur la courbe particulière

$$\lambda \qquad (y_1 = \psi_1(x), \ldots y_n = \psi_n(x))$$

que l'on se propose d'étudier; sans quoi [1] on se trouverait en présence d'une singularité des équations différentielles (K_1).

Nous irons un peu plus loin; nous admettrons — quitte à revenir sur cette hypothèse [2] —, que l'un au moins des déterminants fonctionnels mentionnés tout à l'heure, par exemple, le déterminant

$$\frac{D(g_1, \ldots g_p)}{D(y'_1, \ldots y'_p)},$$

reste constamment différent de zéro sur la courbe λ. Alors on pourra déterminer un système de solutions en $y_1, \ldots y_p$ du sys-

---

[1] Cf., *Notions préliminaires*, n° **24**.

[2] Voir plus loin, n° **214** *bis*.

tème (K_1) en prenant pour $y_{p+1}, \ldots y_n$ des fonctions continues et dérivables respectivement voisines de $\psi_{p+1}(x), \ldots \psi_n(x)$.

194. Ceci posé, pour que la courbe λ soit une des courbes cherchées, il faut que la variation

$$\delta I_0 = \int_{x^0}^{x^1} (I_0^{(y_1)}\delta y_1 + \ldots + I_0^{(y_n)}\delta y_n)\,\delta x$$

de I_0 soit nulle pour tout système de variations acceptables. Comme dans le problème isopérimétrique, remarquons qu'il en sera certainement ainsi lorsqu'on pourra déterminer des quantités $l_1, l_2, \ldots l_p$, ou *multiplicateurs*, fonctions de x (et non plus, cette fois, constantes) telles que la variation de l'intégrale

$$I = \int_{x^0}^{x^1} (f_0 + l_1 g_1 + \ldots + l_p g_p)\,dx$$

soit nulle quelles que soient les variations $\delta y_1, \delta y_2, \ldots \delta y_n$ pourvu qu'elles soient nulles aux limites : autrement dit, telles que l'on ait $F_1 = F_2 = \ldots F_n = 0$, en posant

(161) $$F_i(y, l) = f_{y_i} - \frac{d}{dx} f_{y'_i}$$

avec

$$f = f_0 + l_1 g_1 + \ldots + l_p g_p.$$

195. Supposons inversement, que l'équation $\delta I_0 = 0$ soit vérifiée pour des variations acceptables ; il en sera de même de l'équation $\delta I = 0$ quelles que soient les fonctions $l_1, l_2, \ldots l_p$; ou encore de l'équation

(162) $$\int_{x^0}^{x^1} (F_1 \mathbf{y}_1 \ldots + F_n \mathbf{y}_n)\,dx = 0.$$

F_i étant l'expression (161) et $\mathbf{y}_i$ désignant δy_i.

Or, on peut déterminer $l_1, \ldots l_p$ par les équations

(163) $$F_1 = 0, \ldots F_p = 0.$$

Moyennant celles-ci, l'équation (162) se réduira à :

$$\int_{x^0}^{x^1} (F_{p+1}\mathbf{y}_{p+1} + \ldots\ldots + F_n\mathbf{y}_n)dx = 0.$$

Le premier membre doit être nul pour tout système de valeurs *acceptables* de $\mathbf{y}_{p+1}, \mathbf{y}_{p+2}, \ldots, \mathbf{y}_n$.

Ceux-ci sont assujettis tout d'abord à la condition de s'annuler en x^0 et en x^1.

Si cette restriction était la seule, les conditions cherchées nous seraient connues. Ce seraient les équations

$$(163') \qquad F_{p+1} = F_{p+2} = \ldots F_n = 0$$

c'est-à-dire les analogues des équations (163).

C'est ce qu'admettait Lagrange [1].

Mais nous nous sommes placés dans d'autres hypothèses. Nous admettons non seulement que $\mathbf{y}_{p+1}, \mathbf{y}_{p+2}, \ldots \mathbf{y}_n$ sont nuls aux limites, mais qu'il en est de même de $\mathbf{y}_1, \mathbf{y}_2, \ldots \mathbf{y}_p$.

Il n'est dès lors pas légitime (bien qu'on s'en soit souvent contenté) d'écrire immédiatement les équations (163), (163'). Nous sommes d'ailleurs avertis *a posteriori* que cette solution serait fausse. Elle pourrait, en effet, être présentée en partant de n'importe quelles valeurs des fonctions $l_1, l_2, \ldots l_p$ vérifiant le système (163). *Toutes* les solutions de ce système devraient donc satisfaire aux équations (163'). Or, il suffit évidemment, pour notre problème, que les équations (163) et (163') aient en $l_1, l_2, \ldots l_p$ *une* solution commune.

Il est donc nécessaire de savoir quelles conditions doivent être imposées aux $n - p$ dernières variations si nous voulons que, non seulement $y_{p+1}, y_{p+2}, \ldots y_n$, mais encore $y_1, y_2, \ldots y_p$ aient des valeurs données aux limites.

Nous avons même à nous demander *si ces conditions seront compatibles*, et, cette dernière question, directement liée à la précédente, sera nécessairement résolue en même temps qu'elle.

---

(1) P. ex., *Leçons sur le calcul des fonctions*, Œuvres, tome X, p. 419.

196. Le nouveau problème auquel nous sommes ainsi conduits, et qui comprend à son tour le problème de Lagrange comme cas particulier est le **problème de Mayer**, dont l'énoncé est le suivant :

On considère des fonctions inconnues $y_0, y_1, \dots y_n$ assujetties aux $p+1$ équations différentielles

$$(K) \quad \begin{cases} g_0(y'_0, y'_1, \dots y'_n, y_0, y_1, \dots y_n, x) = 0 \\ g_1(y'_0, y'_1, \dots y'_n, y_0, y_1, \dots y_n, x) = 0 \\ \dots\dots\dots\dots \\ g_p(y'_0, y'_1, \dots y'_n, y_0, \dots\dots \quad x) = 0 \end{cases}$$

et l'on donne les valeurs de $y_0, \dots y_n$ aux deux extrémités, sauf la valeur de y_0 en x^1. Il s'agit de trouver l'extremum de cette valeur de y_0 en x^1.

Le champ K dans lequel cet extremum doit avoir lieu est donc défini par les équations (K) et

$$(k) \quad \begin{cases} y_0 = (y_0)^0, \ y_1 = (y_1)^0 \quad , \quad y_p = (y_p)^0 & \text{pour } x = x^0, \\ \qquad\qquad y_1 = (y_1)^1 \quad , \quad y_p = (y_p)^1 & \text{pour } x = x^1 \end{cases}$$

(dans lesquelles les seconds membres désignent des nombres donnés).

196 *bis*. *Ce problème est bien une généralisation du précédent* ; il suffit de supposer que les relations (K) soient de la forme :

$$\begin{cases} g_0 \equiv y'_0 - f(y'_1, \dots y'_n, y_1, \dots y_n, x) = 0 \\ g_h \equiv g_h(y'_1, \dots y'_n, y_1, \dots y_n, x) = 0 \end{cases} \qquad (h = 1, 2, \dots p)$$

pour être ramené à chercher l'extremum [1] de

$$(y_0)_{x^1} = (y_0)_{x^0} + \int_{x^0}^{x^1} f(y'_1, \dots y_n, x)\, dx$$

---

[1] Toutefois comme au n° **192**, l'identité des deux questions n'est pas absolue, du moins dans le cas de l'extremum fort. La condition que les valeurs de y_0 sur la ligne variée soient très voisines de ce qu'elles sont sur λ ne figure pas, en effet, dans la position primitive du problème de Lagrange.

où $(y_0)_{x^0}$ est fixe et où $y_1, \ldots y_n$ sont des solutions, fixes aux limites, des équations

$$g_h = 0 \qquad (h = 1, 2, \ldots p).$$

197. Inversement, d'ailleurs, Euler et Lagrange qui s'étaient déjà posé des questions de minimum appartenant à la catégorie que nous allons étudier, avaient cru les ramener à la recherche du minimum d'une intégrale de la forme (158). Il suffit, pour cela, de résoudre l'une des équations (K) par rapport à y'_0, soit

$$y'_0 = f_0(y'_1, y'_2, \ldots y'_n, y_0, y_1, \ldots y_n, x)$$

On peut alors obtenir l'extremum de $(y_0)_{x^1}$ en recherchant celui de l'intégrale

$$\int_{x^0}^{x^1} f_0(y'_1, \ldots y'_n, y_0, y_1, \ldots, y_n, x)\, dx$$

où les fonctions $y_0, y_1, \ldots y_n$ continuent à être liées par les relations différentielles (K).

Les équations que l'on obtiendrait de cette façon sont bien celles que nous trouverons plus loin. Malgré cela, on n'a pas ainsi une solution satisfaisante du problème.

Nous avons admis, en effet, lorsque nous nous sommes posé plus haut le problème de Lagrange que l'on se donnait les valeurs des fonctions inconnues (c'est-à-dire de $y_0, y_1, y_2, \ldots y_n$) aux deux extrémités de la ligne d'intégration. Ceci est inadmissible dans le cas actuel puisque l'une de ces valeurs est celle dont nous cherchons l'extremum.

Rien n'empêche il est vrai de se poser, dans l'ordre d'idées auquel est consacré le chapitre actuel comme dans ceux qui ont fait l'objet des chapitres précédents, des problèmes dans lesquels les valeurs des inconnues aux limites sont variables, en totalité ou en partie. Mais on ne pourrait alors appliquer la méthode que nous avons employée aux n^{os} **152** et suivants, et qui consiste à supposer d'abord les valeurs en question fixes. Nous venons de voir qu'une telle supposition serait ici absurde.

Cette circonstance se manifesterait, dans les développements qui vont suivre (tant immédiatement qu'au livre IV) par l'apparition d'un *champ singulier* (n° **205**).

Si, d'autre part, on cherchait à tourner cette difficulté (en renonçant à la manière de procéder du n° **152**), comme nous apprendrons plus loin à le faire (voir n^{os} **206**. **213**), on retomberait sur l'étude *directe* du problème de Mayer, telle que nous l'exposons dans le texte.

Il y a d'ailleurs tout avantage à traiter la question sous la forme que lui a donnée Mayer, au point de vue de la symétrie des résultats.

197 *bis*. Avant d'entrer dans l'étude du problème ainsi posé, il y a lieu de noter tout de suite qu'il ne se comporte pas comme les précédents (Chap. I, III, IV) vis à vis de la remarque II du n° **36** (liv. I).

Si une ligne λ du champ K, définie par les équations

$$y_0 = \psi_0(x), \ldots, y_n = \psi_n(x)$$

fournit un extremum de y_0 en x^1 parmi toutes celles qui satisfont aux conditions (K) et (k), il ne s'ensuit pas d'une manière évidente (et il n'est même pas absolument vrai, comme nous le verrons [1])) qu'un segment quelconque A'B' de cette ligne, compris entre les points d'abscisses x' et x'' $\left(x^0 < x' < x'' < x^1\right)$, doive pour cela fournir l'extremum de la valeur de y_0 en x'' parmi toutes les lignes qui vérifient les conditions analogues (K) et

$$(k') \quad \begin{cases} y_0 = \psi_0(x'),\ y_1 = \psi_1(x'), \ldots, y_n = \psi_n(x') & (\text{pour } x = x'), \\ y_1 = \psi_1(x''), \ldots, y_n = \psi_n(x'') & (\text{pour } x = x''). \end{cases}$$

Par contre, *nous pourrons appliquer notre principe si* B' *coïncide avec* B. Cela reviendra à ne comparer la ligne λ qu'aux lignes $\mathfrak{L}$ qui coïncident avec elle entre les abscisses x^0, x' et ont, par conséquent, en commun avec elle le point A'.

198. Ceci dit, considérons les équations (K), dont nous supposerons que le déterminant fonctionnel

$$(164) \qquad \frac{D(g_0, \ldots g_p)}{D(y'_0, \ldots y'_p)}$$

par rapport aux dérivées des $p+1$ premières inconnues est différent de 0 pour tous les systèmes de valeurs des variables que nous aurons à considérer. Les équations en question pourront donc être considérées comme faisant connaître $y_0, y_1, \ldots y_p$ lorsqu'on donnera les fonctions $y_{p+1}, y_{p+2}, \ldots y_n$. Ces dernières sont arbitraires (sous

(1) La conclusion en question ne serait exacte que si on ne faisait pas entrer en ligne de compte la condition $q_0 \neq 0$, q_0 étant la quantité qui sera considérée aux n^{os} **203-204**. On verra au n° **214** *bis* qu'une solution de notre problème de Mayer dans l'intervalle AB, si elle n'est pas solution de ce problème entre A et B' (et par conséquent, entre A' et B') sera, dans cet intervalle, solution d'un autre problème de Mayer.

réserve des conditions aux limites) ; ce sont ces arbitraires que nous avons à déterminer de manière à rendre extrema la valeur de y_0 pour $x = x^1$.

Cet extremum devra avoir lieu dans le champ K défini par les équations (K) et (k) du n° **196**.

Variations acceptables. — Introduisons maintenant les variations des y et cherchons à quelles conditions ces variations pourront être considérées comme ayant lieu dans le champ K.

Supposons que $y_0, \dots y_n$ soient des fonctions d'un paramètre α, satisfaisant (quel que soit α) aux équations (K). Si $y_{p+1}, \dots y_n$ sont continus et dérivables en α, leurs dérivées étant dérivables en x, nous savons (n° **24**) qu'il en sera de même pour $y_0, y_1, \dots y_p$ (pourvu que le déterminant (164) soit différent de zéro et que les valeurs initiales des y soient fixes) ; que, de plus, en posant

$$\left(\frac{\partial y_i}{\partial \alpha}\right)_{\alpha=0} = \mathbf{y}_i,$$

les $\mathbf{y}_i$ devront être solutions des équations aux variations

$$(\mathbf{K}) \qquad \mathbf{g}_h \equiv \sum_i \left(\frac{\partial g_h}{\partial y'_i}\mathbf{y}'_i + \frac{\partial g_h}{\partial y_i}\mathbf{y}_i\right) = 0 \qquad (h = 0, 1, \dots p)$$

Ces quantités $\mathbf{y}$ doivent être, en outre, nulles pour $x = x^0$ et (sauf $\mathbf{y}_0$) pour $x = x^1$.

Voyons, réciproquement, si les conditions ainsi obtenues sont suffisantes.

199. Le déterminant fonctionnel des $\mathbf{g}_i$ par rapport à $\mathbf{y}'_0, \dots \mathbf{y}'_p$ n'est autre que le déterminant (164) du n° précédent.

Il est donc différent de zéro de A à B et, par conséquent, $\mathbf{y}_0, \mathbf{y}_1, \dots \mathbf{y}_p$, supposés nuls en x^0, sont complètement déterminés, une fois donnés $\mathbf{y}_{p+1}, \dots \mathbf{y}_n$, par les équations $(\mathbf{K})$. Les valeurs ainsi obtenues coïncidant nécessairement avec celles que l'on aurait en tirant $y_0, \dots y_p$ des équations (K) et les différenciant en α, il résulte de là qu'un système de valeurs des $\mathbf{y}$ dérivera toujours d'une solution des équations (K) s'il satisfait aux équations $(\mathbf{K})$.

200. Mais la courbe variée correspondant à cette solution pourrait-elle toujours être prise de manière à vérifier les conditions aux limites, du moment que $\mathbf{y}_0, \dots \mathbf{y}_n$ seront nuls en A et $\mathbf{y}_1, \dots \mathbf{y}_n$ en B ?

Cela n'est nullement évident, au moins en ce qui regarde les fonctions $y_1, \dots y_p$, lesquelles ne sont pas données arbitrairement, mais déterminées par nos équations différentielles.

Nous tournerons cette difficulté comme pour le problème isopérimétrique (n° **175**). Nous définirons les courbes variées en donnant aux fonctions inconnues de nouvelles valeurs $z_0, z_1, \dots z_n$ dont les $n - p$ dernières $z_{p+1}, \dots z_n$ soient définies par les expressions :

$$\left.\begin{aligned} z_i &= \Psi_i(x, \alpha, \alpha_1, \dots \alpha_n) \\ \Psi_i &= y_i + \alpha \mathbf{y}_i + \alpha_1 \mathbf{v}^{(1)}{}_i + \dots + \alpha_n \mathbf{v}^{(n)}{}_i + \dots \end{aligned}\right\} (i = p + 1, \dots n)$$

(où les y_i sont relatifs à la courbe primitive λ et où $\alpha, \alpha_1, \dots$ sont des paramètres très petits, les expressions écrites en dernier lieu représentant les premiers termes des développements des z_i suivant les puissances des α).

Les quantités $z_0, \dots z_p$, seront alors déterminées par les équations de conditions (K) et les valeurs données en x^0 : ce seront des fonctions de $x, \alpha, \alpha_1, \dots \alpha_n$.

La courbe variée ainsi définie serait acceptable si les différences $z_1 - y_1, \dots$ étaient nulles en x^1. Il suffit pour cela de déterminer les paramètres $\alpha_1, \dots$ en fonction de α par les équations :

$$(165) \qquad (z_1 - y_1)_{x^1} = 0, \dots \qquad (z_n - y_n)_{x^1} = 0.$$

Ces équations admettent évidemment pour $\alpha = 0$ la solution $\alpha_1 = 0 \dots \alpha_n = 0$. Il suffira, pour qu'elles aient un système de solutions très petites lorsque α est très petit, que le déterminant fonctionnel :

$$\frac{D(z_1, \dots z_n)}{D(\alpha_1, \dots \alpha_n)}$$

ne soit pas nul en x^1 pour $\alpha = \alpha_1 = \dots = 0$.

Or ce déterminant est égal à :

$$\begin{vmatrix} \mathbf{v}^{(1)}{}_1 \dots & \mathbf{v}^{(1)}{}_n \\ \vdots & \\ \mathbf{v}^{(n)}{}_1 \dots & \mathbf{v}^{(n)}{}_n \end{vmatrix}$$

où les fonctions $\mathbf{v}^{(i)}_1, \ldots \mathbf{v}^{(i)}_p$ sont des solutions nulles en x^0 des équations :

$$\sum_{i=1}^{n} \frac{\partial g_h}{\partial y_i} \mathbf{v}_i + \sum_{i=1}^{n} \frac{\partial g_h}{\partial y'_i} \mathbf{v}'_i = 0 \qquad (h = 0, 1, \ldots p)$$

Comme les fonctions $\mathbf{v}^{(i)}_{p+1} \ldots \mathbf{v}^{(i)}_n$ ont été choisies arbitrairement (sous la seule condition d'être nulles en x^0), ce déterminant ne serait forcément nul en x^1 que si une certaine relation de la forme

(166) $$q_1(\delta y_1)_{x=x^1} + q_2(\delta y_2)_{x=x^1} + \ldots + q_n(\delta y_n)_{x=x^1} = 0$$

(les q_n étant des coefficients numériques non tous nuls) était vérifiée pour toute variation nulle en x^0 qui respecte les équations (K). Or *cette hypothèse n'est autre que celle qui caractérise un champ singulier* (voir plus loin n° **205**) et nous aurons à l'exclure pour cette raison.

Le déterminant précédent pourra donc (par un choix convenable des fonctions $\mathbf{v}$) être pris différent de zéro, et les équations (165) donneront $\alpha_1, \ldots \alpha_n$ en fonction de α. Si maintenant nous supposons $\mathbf{y}_1, \ldots \mathbf{y}_n$ nuls pour $x = x^1$, on aura (comparer n° **175**), pour $\alpha = 0$

$$\frac{d\alpha_1}{d\alpha} = \frac{d\alpha_2}{d\alpha} = \ldots = \frac{d\alpha_n}{d\alpha} = 0.$$

Les fonctions z choisies comme nous venons de le dire correspondront bien aux variations $\mathbf{y}$ considérées.

En un mot, si l'on exclut la possibilité d'une identité telle que (166), les relations

(K) $$\mathbf{g}_h = \sum_i \frac{\partial g_h}{\partial y'_i} \mathbf{y}'_i + \frac{\partial g_h}{\partial y_i} \mathbf{y}_i = 0 \qquad h = 0, \ldots p$$

(k) $$\left\{ \begin{array}{ll} \mathbf{y}_0 = \mathbf{y}_1 = \ldots = \mathbf{y}_n = 0 & \text{pour } x = x^0 \\ \mathbf{y}_1 = \ldots = \mathbf{y}_n = 0 & \text{pour } x = x^1 \end{array} \right.$$

sont (avec celle que les $\mathbf{y}'$ soient continus, sauf peut être en des points isolés) les conditions nécessaires et suffisantes que doivent remplir des variations $\mathbf{y}$ pour appartenir au champ K.

On peut dire qu'elles définissent le *champ linéaire* K *tangent* à K. Si ces mêmes relations entraînent

$$(\mathbf{y}_0)^1 = (\mathbf{y}_0)_{x=x^1} = 0,$$

la variation première de y_0, pour $x = x^1$, est nulle dans le champ K.

201. Les équations (K) (jointes à la condition de s'annuler pour $x = x^0$) déterminent les fonctions $\mathbf{y}_0, \dots \mathbf{y}_p$, une fois $\mathbf{y}_{p+1}, \dots \mathbf{y}_n$ donnés. Les relations (k) peuvent, moyennant cette remarque, être regardées comme des restrictions imposées à $\mathbf{y}_{p+1}, \dots \mathbf{y}_n$.

Elles sont encore *linéaires* par rapport à ces dernières quantités.

Autrement dit, soient $\mathbf{z}_{p+1}(x), \dots \mathbf{z}_n(x)$ une détermination des fonctions $\mathbf{y}_{p+1}, \dots \mathbf{y}_n$, à laquelle correspondent pour $\mathbf{y}_0, \dots \mathbf{y}_p$ les valeurs $\mathbf{z}_0(x), \dots \mathbf{z}_p(x)$; $\mathbf{t}_{p+1}, \dots \mathbf{t}_n$, une autre détermination analogue, à laquelle correspondent les valeurs $\mathbf{t}_0, \dots \mathbf{t}_p$ de $\mathbf{y}_0, \dots \mathbf{y}_p$. Si maintenant, α et β étant deux coefficients numériques, on prenait

$$\mathbf{y}_{p+1} = \alpha\mathbf{z}_{p+1} + \beta\mathbf{t}_{p+1}, \quad \dots\dots \quad \mathbf{y}_n = \alpha\mathbf{z}_n + \beta\mathbf{t}_n, \tag{167}$$

on aurait aussi, en donnant à i les valeurs $0, \dots, p$,

$$\mathbf{y}_i = \alpha\mathbf{z}_i + \beta\mathbf{t}_i \tag{167'}$$

(puisque ces valeurs constituent avec les premières une solution de (K)) ; et, par conséquent, en prenant pour $\mathbf{y}_{p+1}, \dots \mathbf{y}_n$ les valeurs (167), les premiers membres des conditions (k) auraient la forme (167').

201 *bis*. C'est ce que nous retrouverons en formant les expressions de $\mathbf{y}_0, \dots \mathbf{y}_p$.

Considérées comme déterminant $\mathbf{y}_0, \mathbf{y}_1, \dots \mathbf{y}_p$, les équations (K) sont des équations différentielles linéaires à seconds membres

$$\left\{\begin{aligned} &\frac{\partial g_h}{\partial y'_0}\mathbf{y}'_0 + \frac{\partial g_h}{\partial y'_1}\mathbf{y}'_1 + \dots + \frac{\partial g_h}{\partial y'_p}\mathbf{y}'_p \\ &\quad + \frac{\partial g_h}{\partial y_0}\mathbf{y}_0 + \dots + \frac{\partial g_h}{\partial y_p}\mathbf{y}_p \end{aligned}\right\} = -\sum_{i=p+1}^{n}\left(\frac{\partial g_h}{\partial y'_i}\mathbf{y}'_i + \frac{\partial g_h}{\partial y_i}\mathbf{y}_i\right) \tag{168}$$

$$(h = 0, 1, \dots p)$$

Pour les intégrer, nous emploierons encore des *multiplicateurs* $l_0, l_1, \ldots l_p$: nous déterminerons ces fonctions par les $p+1$ équations

$$(169) \quad \frac{d}{dx}\left(l_0\frac{\partial g_0}{\partial y'_i}+l_1\frac{\partial g_1}{\partial y'_i}\ldots+l_p\frac{\partial g_p}{\partial y'_i}\right)-\left(l_0\frac{\partial g_0}{\partial y_i}+l_1\frac{\partial g_1}{\partial y_i}\ldots+l_p\frac{\partial g_p}{\partial y_i}\right)=0$$
$$(i=0, 1, \ldots p)$$

Ces équations qui sont ici les analogues du système (163) du n° **195**, ne sont autres que le système *adjoint* (n° **31**) à (168). Si elles sont vérifiées, en multipliant les $p+1$ équations (168) par l_0, $l_1, \ldots l_p$ respectivement et ajoutant, on obtient au premier membre une dérivée exacte par rapport à x, savoir (n° **31**) celle de

$$(169') \quad l_0\left(\frac{\partial g_0}{\partial y'_0}\mathbf{y}_0+\ldots\frac{\partial g_0}{\partial y'_p}\mathbf{y}_p\right)+\ldots+l_p\left(\frac{\partial g_p}{\partial y'_0}\mathbf{y}_0+\ldots+\frac{\partial g_p}{\partial y'_p}\mathbf{y}_p\right)$$

et nous aurons (en tenant compte de ce que tous les $\mathbf{y}_i$ sont nuls pour $x=x^0$)

$$(170) \quad \left(\sum_{i,h=0}^{p} l_h\frac{\partial g_h}{\partial y'_i}\mathbf{y}_i\right)_{x=x^1}=-\int_{x^0}^{x^1}\sum_{h=0}^{p}\sum_{i=p+1}^{n} l_h\left(\frac{\partial g_h}{\partial y'_i}\mathbf{y}'_i+\frac{\partial g_h}{\partial y_i}\mathbf{y}_i\right)dx$$

du moins si la quantité (169') est continue, ce qui aura toujours lieu (les fonctions y_n étant régulières) si les y' sont continus et si les l sont également pris de manière à vérifier cette condition.

202. Les équations (169) (qui sont résolubles en $l'_0, l'_1, \ldots l'_p$ puisque le déterminant (164) n'est pas nul) admettent $p+1$ solutions linéairement indépendantes ; ou encore, elles admettent une solution telle que pour une valeur donnée de x, $x=x^1$ par exemple, les nombres l prennent des valeurs numériques données quelconques. Par conséquent aussi, si nous désignons par $q_0, \ldots q_p$ des nombres donnés arbitrairement, nous pourrons trouver une solution (et une seule) du système (169) telle que l'on ait pour $x=x^1$

$$(171) \quad \left\{\begin{array}{l} l_0\dfrac{\partial g_0}{\partial y'_0}+l_1\dfrac{\partial g_1}{\partial y'_0}+\ldots+l_p\dfrac{\partial g_p}{\partial y'_0}=q_0, \\ l_0\dfrac{\partial g_0}{\partial y'_1}+l_1\dfrac{\partial g_1}{\partial y'_1}+\ldots+l_p\dfrac{\partial g_p}{\partial y'_1}=q_1, \\ \ldots\ldots\ldots\ldots\ldots\ldots \\ l_0\dfrac{\partial g_0}{\partial y'_p}+l_1\dfrac{\partial g_1}{\partial y'_p}+\ldots+l_p\dfrac{\partial g_p}{\partial y'_p}=q_p ; \end{array}\right.$$

car les équations ainsi écrites sont résolubles en $l_0, \ldots l_p$, leur déterminant (savoir le déterminant (164)) étant différent de zéro.

Supposons $l_0, \ldots l_p$ choisis de cette façon. Comme les premiers membres des équations (171) sont les coefficients de $\mathbf{y}_0, \ldots \mathbf{y}_p$ dans le premier membre de la formule (170), celle-ci fera connaître la quantité

$$q_0(\mathbf{y}_0)^1 + q_1(\mathbf{y}_1)^1 + \ldots + q_p(\mathbf{y}_p)^1$$

$(\mathbf{y}_j)^1$ étant la valeur de $\mathbf{y}_j$ pour $x = x^1$.

Les nombres q étant arbitraires, on aura ainsi les $p + 1$ quantités

$$(\mathbf{y}_0)^1, \ldots (\mathbf{y}_p)^1; \tag{172}$$

pour avoir l'une d'entre elles, $(\mathbf{y}_j)^1$ ($j = 0, 1, \ldots p$), il suffira de prendre nuls tous les seconds membres des équations (171) à l'exception de q_j que l'on prendra égal à 1.

Les quantités (172) sont d'ailleurs ainsi exprimées par des intégrales définies tout analogues aux variations d'intégrales dont nous nous sommes occupés dans les chapitres précédents.

203. Cela posé, si nous n'avions à imposer à $\mathbf{y}_{p+1}, \ldots \mathbf{y}_n$ que la condition de s'annuler en x^0 et en x^1, soit

$$\left\{\begin{array}{l}(\mathbf{y}_{p+1})^0 = \ldots = (\mathbf{y}_n)^0 = 0 \\ (\mathbf{y}_{p+1})^1 = \ldots = (\mathbf{y}_n)^1 = 0\end{array}\right. \tag{k'}$$

(jointe à celle d'être continues et d'avoir des dérivées continues sauf en des points isolés), le champ ainsi obtenu serait — comme il arrivait dans le cas analogue envisagé au n° **195** — tout semblable à ceux qui s'introduisaient dans les recherches d'extremum libre.

Soit **K**′ ce champ.

Le champ **K** peut être considéré comme défini à l'intérieur de **K**′ par les conditions

$$(\mathbf{y}_1)^1 = \ldots = (\mathbf{y}_p)^1 = 0 \tag{k''}$$

et nous avons à exprimer que l'on a

$$(\mathbf{y}_0)^1 = 0 \tag{173}$$

pour tous les systèmes de fonctions $\mathbf{y}_{p+1}, \dots \mathbf{y}_n$ appartenant à **K**′ qui satisfont aux conditions (**k**″).

Ce problème n'est pas distinct de celui que nous avons traité aux nos **176-177**.

Les premiers membres des équations (**k**″) et (173) sont, en effet, des intégrales définies toutes semblables aux variations étudiées en cet endroit.

D'après les conclusions auxquelles nous avons abouti — et qui, d'après le no **177**, ressortent déjà du caractère linéaire (cf. no **201**) des premiers membres en question, — il devra exister $p+1$ constantes $q_0, q_1, \dots q_p$ telles que l'on ait, pour tout système de valeurs de $\mathbf{y}_{p+1}, \dots \mathbf{y}_n$ appartenant à **K**′

$$(174) \qquad q_0 (\mathbf{y}_0)^1 + q_1 (\mathbf{y}_1)^1 + \dots + q_p (\mathbf{y}_p)^1 = 0.$$

Mais nous avons vu (**202**) qu'à ce système de valeurs de $q_0, \dots q_p$, on peut faire correspondre une solution déterminée du système (169) qui, pour $x = x^1$, vérifie les équations (171), c'est-à-dire telle que le premier membre de l'équation (170) coïncide avec celui de l'équation (174).

Soit $(l_0, l_1, \dots l_p)$ cette solution : d'après la formule (170) elle devra être telle que l'intégrale

$$\int_{x^0}^{x^1} \sum_{i=p+1}^{n} \left[l_0 \left(\frac{\partial g_0}{\partial y'_i} \mathbf{y}'_i + \frac{\partial g_0}{\partial y_i} \mathbf{y}_i \right) + l_1 \left(\frac{\partial g_1}{\partial y'_i} \mathbf{y}'_i + \frac{\partial g_1}{\partial y_i} \mathbf{y}_i \right) + \dots \right.$$
$$\left. + l_p \left(\frac{\partial g_p}{\partial y'_i} \mathbf{y}'_i + \frac{\partial g_p}{\partial y_i} \mathbf{y}_i \right) \right] dx$$

s'annule identiquement dans le champ **K**′, c'est-à-dire pour toutes les valeurs de $\mathbf{y}_{p+1}, \dots \mathbf{y}_n$ nulles aux limites : pour cela elle devra [1] (chap. I) vérifier, outre les équations (169), les équations nouvelles

$$F_i = -\frac{d}{dx} \left(l_0 \frac{\partial g_0}{\partial y'_i} + l_1 \frac{\partial g_1}{\partial y'_i} + \dots + l_p \frac{\partial g_p}{\partial y'_i} \right)$$
$$+ \left(l_0 \frac{\partial g_0}{\partial y_i} + \dots + l_p \frac{\partial g_p}{\partial y_i} \right) \quad 0 \; (i = p+1, \dots n).$$

---

[1] On procédera comme aux nos **65-65** *bis* pour tenir compte de l'objection de Du Bois Reymond. La réfutation de cette objection a été étudiée spécialement en ce qui regarde le problème actuel par M. Hahn (*Math. Ann.*, t. LXIII, 1906, p. 253 et suiv.)

Or celles-ci ne diffèrent des équations (169) que parce que l'indice i reçoit cette fois les valeurs $p+1, \dots n$ au lieu de $0, 1, \dots p$.

Notre conclusion est donc la suivante :

Pour que la ligne λ supposée à tangente continue et appartenant au champ K (et par conséquent, vérifiant les équations (K)) soit une solution du problème, il faut que l'on puisse déterminer un système de fonctions (non toutes identiquement nulles) $l_0, l_1, \dots l_p$ de x, telles que l'on ait :

$$(E) \qquad F_0 = 0, \dots F_n = 0,$$

avec

$$F_i \equiv \sum_h l_h \frac{\partial g_h}{\partial y_i} - \frac{d}{dx}\left(\sum_h l_h \frac{\partial g_h}{\partial y'_i}\right).$$

Dans ce cas, on dira que la ligne λ est une *extrémale*.

Remarquons que l'on peut écrire :

$$(175) \qquad F_i \equiv f_{y_i} - \frac{d}{dx} f_{y'_i}$$

en posant :

$$(176) \qquad f \equiv l_0 g_0 + l_1 g_1 + \dots + l_p g_p.$$

Par conséquent, la courbe λ doit annuler la variation de l'intégrale

$$(177) \qquad \int_{x^0}^{x^1} f dx$$

où f a la forme (176).

204. D'après les considérations développées aux nos **187-187** *bis*, la conclusion précédente — j'entends la nécessité de la relation (174) et, par conséquent, des équations (E), l'un au moins des nombres $q_0, q_1, \dots q_p$ étant différent de zéro — est vraie en toute hypothèse [1].

---

[1] Tout au plus pourrait-il y avoir exception si le raisonnement du no **200** était en défaut. Mais pour qu'il en soit ainsi, il faut que l'on ait une relation de la forme (166). Or celle-ci est un cas particulier de (174) : elle correspond à un *champ singulier*, au sens indiqué dans le texte.

D'autre part, si le nombre que nous avons appelé q_0 est différent de zéro, la relation (174) est suffisante (Cf. n° **194**) pour annuler δy_0 : il résulte bien de cette relation que $(\mathbf{y}_0)^1$ est nul pour toutes les déterminations de $\mathbf{y}_{p+1}, \dots \mathbf{y}_n$ nulles aux limites qui vérifient les conditions ($\mathbf{k}''$), et à plus forte raison pour toutes les variations des y qui respectant leurs valeurs initiales, ne changent pas non plus les valeurs finales (pour $x = x^1$) de $y_1, \dots y_n$.

L'énoncé auquel on parvient est donc le suivant, tout semblable à celui du n° **187** *bis* :

Pour que la ligne λ annule la variation $(\delta y_0)_{x=x^1}$ dans le champ K, il est

nécessaire (mais non suffisant), qu'il existe un système de fonctions $l_0, \dots l_p$, de x, non toutes identiquement nulles, vérifiantles équations différentielles

$$(E) \qquad -F_i = \frac{d}{dx}\left(\sum_{h=0}^{p} l_h \frac{\partial g_h}{\partial y'_i}\right) - \sum_{h=0}^{p} l_h \frac{\partial g_h}{\partial y_i} = \frac{d}{dx} f_{y'_i} - f_{y_i} = 0$$

$$(i = 0, 1, \dots n.)$$

$$f = l_0 g_0 + l_1 g_1 \dots + l_p g_p;$$

suffisant, qu'il existe un tel système pour lequel la valeur numérique de $f_{y'_0}$ pour $x = x^1$

$$q_0 = \left(l_0 \frac{\partial g_0}{\partial y'_0} + \dots + l_p \frac{\partial g_p}{\partial y'_0}\right)_{x=x^1} = (f_{y'_0})^1$$

soit différente de zéro.

205. Champs singuliers. — Nous nous bornerons, dans tout ce qui va suivre, au second cas, celui où q_0 n'est pas nul.

Dans l'hypothèse contraire, on dira que λ correspond à une *singularité* du champ K.

On peut dire qu'alors, dans le champ plus étendu K_1 obtenu en ne se donnant pour $x = x^1$ que les valeurs de $n - 2$ des fonctions $y_2, \dots y_n$ la $n - 1^{\text{ème}}$ a sa variation nulle.

Dans ce cas, et s'il n'existe qu'une relation de la forme (174), la variation première $(\delta y_0)_{x=x^1}$ n'est plus nécessairement nulle dans

K. Les conditions moyennant lesquelles on aurait $\delta y_0 = 0$ ne sauraient d'ailleurs (cf. n° **187**) découler alors des seules considérations précédentes.

205 *bis*. Il peut arriver que, pour une même extrémale λ, je veux dire pour une même détermination de $y_0, y_1, \dots y_n$ en fonction de x, les équations (E) soient vérifiées par *deux* systèmes (au moins) de valeurs des l, de sorte qu'on puisse écrire dans K' deux relations linéaires et homogènes de la forme (174), distinctes entre elles, c'est-à-dire à coefficients *non proportionnels*.

En supposant que l'une d'elles contient effectivement $(\mathbf{y}_0)'$ cette dernière variation est forcément nulle dans le champ donné; la condition demandée est donc vérifiée.

Nous aurons cependant à écarter dans la suite cette hypothèse comme la précédente.

On peut en effet, par une combinaison linéaire des deux relations linéaires dont l'existence est ainsi supposée, faire disparaître le terme en $(\mathbf{y}_0)'$, et l'on aura ainsi une relation entre les variations des quantités $y_1, \dots y_n$, caractérisant encore un champ singulier.

206. On retombe sur le problème de Lagrange, comme nous l'avons vu, si $g_1, \dots g_p$ ne dépendent pas de y_0, ni de y'_0 et si

$$g_0 \equiv y'_0 - f_0 (y'_1, \dots y'_n, y_1, \dots y_n, x).$$

L'équation $F_0 = 0$, se réduit alors à $\frac{d}{dx} l_0 = 0$.

Par suite, l_0 est une constante; et la condition $f_{y'_0} \neq 0$ devenant ici : $l_0 \neq 0$, on pourra prendre $l_0 = 1$, car les l_h ne sont déterminés qu'à un même facteur constant près. Par conséquent, on voit que nous sommes ramenés aux équations :

$$(E_1) \qquad F_1 = 0, \dots F_n = 0$$

avec

$$F_i = f_{y_i} - \frac{d}{dx} f_{y'_i}$$

$$(176') \qquad f = f_0 + l_1 g_1 + \dots + l_p g_p.$$

Nous obtenons d'une manière rigoureuse les équations trouvées au n° **195** (à ceci près, bien entendu, que nous arrivons à un *seul* système de valeurs des l).

Les équations précédentes expriment que la variation première de l'intégrale :

$$\int_{x^0}^{x^1} f dx = \int_{x^0}^{x^1} (f_0 + l_1 g_1 + \dots + l_p g_p) dx$$

est nulle.

Lorsque le problème donné est celui de Lagrange, les conditions pour qu'il y ait singularité du champ sont données (comparer n° **195**) par les équations du problème de Mayer correspondant : soit

$$(178) \qquad \frac{d}{dx}\varphi_{y'_i} - \varphi_{y_i} = 0 \qquad \varphi = l_1 g_1 + l_2 g_2 + \dots l_p g_p.$$

Lorsque celles-ci ont lieu, on ne doit plus considérer les équations (E_1) comme nécessaires.

On comprend ainsi, par exemple, que si l'on essaye de traiter le problème de Mayer en le réduisant à celui de Lagrange (n° **197**) on arrive à des équations différentielles identiques à celles que l'on obtient directement, mais elles correspondent aux conditions de singularité (178) et non aux équations (E_1).

207. Un autre cas où s'introduit un champ singulier est celui où, dans le problème de Lagrange, on donne une ou plusieurs relations en termes finis entre y_1, y_2, ... y_n et où l'on essaie de ramener ce cas au cas général par différentiation de ces relations. Soit

$$\varphi(y_1, y_2, \dots y_n, x) = 0$$

l'une d'entre elles, et

$$\frac{\partial\varphi}{\partial y_1} dy_1 + \frac{\partial\varphi}{\partial y_2} dy_2 + \dots + \frac{\partial\varphi}{\partial y_n} dy_n \qquad 0$$

cette relation différentiée : on aura, entre les variations des y, la relation

$$\frac{\partial \varphi}{\partial y_1}\delta y_1 + \dots + \frac{\partial \varphi}{\partial y_n}\delta y_n = 0$$

et, par conséquent, le champ considéré est singulier.

Cette méthode par différentiation doit donc être rejetée (du moins au point de vue théorique) et remplacée par celle qui consiste à résoudre les relations en termes finis par rapport à quelques unes des fonctions inconnues, de manière à diminuer le nombre de celles-ci.

208. Nombre des constantes arbitraires. — Revenons au problème de Mayer. Les extrémales de ce problème sont données par les $p+1$ équations (K) et les $n+1$ équations (E).

Des $p+1$ premières, on peut tirer (si nous supposons différent de zéro le déterminant fonctionnel (164) du n° **198**) $y'_0, y'_1, \dots y'_p$ en fonction des quantités restantes soit

$$(179)\qquad \begin{cases} y'_0 = \varphi_0\,(x, y_0, y_1, \dots y_n, y'_{p+1}, y'_{p+2}, \dots y'_n) \\ y'_1 = \varphi_1\,(x, \quad . \quad . \quad . \quad . \quad . \quad . \quad . \quad . \quad y'_n) \\ . \quad . \quad . \quad . \quad . \quad . \quad . \quad . \quad . \quad . \quad . \quad . \\ y'_p = \varphi_p\,(x_1, \quad . \quad . \quad y_n, y'_{p+1} \quad . \quad . \quad . \quad y'_n) \end{cases}$$

La différentiation de ces formules (ou, ce qui revient au même, celle des équations (K)), soit

$$(179')\qquad \begin{cases} \dfrac{\partial g_0}{\partial y'_0}y''_0 + \dots + \dfrac{\partial g_0}{\partial y'_p}y''_p + \dots = 0 \\ \dfrac{\partial g_1}{\partial y'_0}y''_0 + \dots + \dfrac{\partial g_1}{\partial y'_p}y''_p + \dots = 0 \\ . \quad . \quad . \quad . \quad . \quad . \quad . \quad . \quad . \quad . \\ \dfrac{\partial g_p}{\partial y'_0}y''_0 + \dots + \dfrac{\partial g_p}{\partial y'_p}y''_p + \dots = 0 \end{cases}$$

(où l'on a remplacé par des points des termes qui ne dépendent que des variables elles-mêmes et de leurs dérivées premières) permettrait de même d'exprimer $y''_0, y''_1, \dots y''_p$ en fonction de $x, y_0, y_1, \dots y_n, y'_{p+1}, y'_{p+2}, \dots y'_n$ et de $y''_{p+1}, y''_{p+2}, \dots y''_n$, les expressions ainsi écrites étant d'ailleurs linéaires par rapport à ces $n - p$ dernières quantités.

D'autre part, les $n + 1$ équations (E) sont linéaires par rapport à $l'_0, l'_1, \ldots l'_p, y''_0, y''_1, \ldots y''_n$. Elles s'écrivent

$$(180)\left\{\begin{aligned}
&l'_0 \frac{\partial g_0}{\partial y'_0} + l'_1 \frac{\partial g_1}{\partial y'_0} + \ldots + l'_p \frac{\partial g_p}{\partial y'_0} + y''_0 f_{y'^2_0} + y''_1 f_{y'_0 y'_1} + \ldots \\
&\qquad + y''_n f_{y'_0 y'_n} + \ldots = 0 \\
&l'_0 \frac{\partial g_0}{\partial y'_1} + l'_1 \frac{\partial g_1}{\partial y'_1} + \ldots + l'_p \frac{\partial g_p}{\partial y'_1} + y''_0 f_{y'_0 y'_1} + y''_1 f_{y'^2_1} + \ldots \\
&\qquad + y''_n f_{y'_1 y'_n} + \ldots = 0 \\
&l'_0 \frac{\partial g_0}{\partial y'_n} + l'_1 \frac{\partial g_1}{\partial y'_n} + \ldots + l'_p \frac{\partial g_p}{\partial y'_n} + y''_0 f_{y'_0 y'_n} + y''_1 f_{y'_1 y'_n} + \ldots \\
&\qquad + y''_n f_{y'^2_n} + \ldots = 0
\end{aligned}\right.$$

en remplaçant par des points les termes indépendants des l' et des y''.

Ces équations restent linéaires par rapport à $l'_0, l'_1, \ldots l'_p, y''_{p+1}, \ldots y''_n$ si l'on substitue à $y''_0, y''_1, \ldots y''_p$ leurs valeurs calculées à l'aide des équations (179). Si, dans ces conditions, leur déterminant est différent de zéro, on aura exprimé les dérivées premières de $l_0, l_1, \ldots l_p$ et les dérivées secondes de $y_{p+1}, y_{p+2} \ldots y_n$ en fonction de $x, l_0, \ldots l_p, y'_0, \ldots y'_n, y_0, \ldots y_n$, soit, en tenant encore compte de (179) :

$$(181)\left\{\begin{aligned}
&\frac{dl_h}{dx} = l'_h = \lambda_h(x_1, y_0, \ldots, y_n, y'_{p+1}, \ldots, y'_n, l_0, \ldots l_p) \qquad (h = 0, 1, 2 \ldots p) \\
&\frac{dy'_i}{dx} = y''_i = \eta_i(x_1, y_0, y_n, y'_{p+1}, \ldots y'_n, l_0, \ldots l_p) \qquad (i = p+1, \ldots n)
\end{aligned}\right.$$

Il est d'ailleurs clair qu'au lieu de tirer $y''_0, y''_1, \ldots y''_p$ de (179') et de résoudre les équations (180) ainsi modifiées par rapport à $l'_0, l'_1, \ldots l'_p, y''_{p+1} \ldots y''_n$, il revient au même de résoudre par rapport aux $p + 1$ quantités l' et aux $n + 1$ quantités y'' les équations (179'), (180). La condition pour que cette résolution soit possible d'une seule manière est que le déterminant

$$(182)\qquad \begin{vmatrix} 0 & \cdot & \cdot & \cdot & 0 & \frac{\partial g_0}{\partial y'_0} & \frac{\partial g_0}{\partial y'_1} & \cdots & \frac{\partial g_0}{\partial y'_n} \\ 0 & \cdot & \cdot & \cdot & 0 & \frac{\partial g_1}{\partial y'_0} & \frac{\partial g_1}{\partial y'_1} & \cdots & \frac{\partial g_1}{\partial y'_n} \\ \cdot & \cdot & \cdot & \cdot & \cdot & \cdot & \cdot & \cdot & \cdot \\ 0 & \cdot & \cdot & \cdot & 0 & \frac{\partial g_p}{\partial y'_0} & \frac{\partial g_p}{\partial y'_1} & \cdots & \frac{\partial g_p}{\partial y'_n} \\ \frac{\partial g_0}{\partial y'_0} & \frac{\partial g_1}{\partial y'_0} & \cdots & & \frac{\partial g_p}{\partial y'_0} & f_{y'^2_0} & f_{y'_0 y'_1} & \cdots & f_{y'_0 y'_n} \\ \cdot & \cdot & \cdot & \cdot & \cdot & \cdot & \cdot & \cdot & \cdot \\ \frac{\partial g_0}{\partial y'_n} & \frac{\partial g_1}{\partial y'_n} & \cdots & & \frac{\partial g_p}{\partial y'_n} & f_{y'_0 y'_n} & f_{y'_1 y'_n} & \cdots & f_{y'^2_n} \end{vmatrix}$$

soit différent de zéro.

Elle coïncide comme on le voit, avec la condition (n° **15**) pour que la forme quadratique $\Phi = \Sigma f_{y'_i y'_k} \mathbf{y}_i \mathbf{y}_k$, formée comme au n° **59**, soit générale par rapport aux variables $\mathbf{y}_0, \dots \mathbf{y}_n$ supposées liées par les relations linéaires

$$\sum_i \frac{\partial g_h}{\partial y'_i} \mathbf{y}_i = 0 \qquad (h = 0, 1, \dots p).$$

Nous dirons que le problème est *ordinaire* si cette condition a lieu.

S'il en est ainsi et si, par conséquent, on peut écrire les équations (179), (181), on aura, en leur adjoignant les relations

$$(181')\qquad \frac{dy_i}{dx} = y'_i \qquad (i = p + 1, \dots n),$$

un système de $2n + 2$ équations différentielles du premier ordre par rapport aux $2n + 2$ fonctions inconnues $l_1, \dots l_p, y_0 \dots y_n, y'_{p+1}, \dots y'_n$, satisfaisant à toutes les hypothèses de régularité exigées par la théorie générale. Celle-ci nous apprend dès lors que la solution dépend de $2n + 2$ constantes arbitraires : pour la déterminer complètement, il conviendra de se donner, par exemple, les valeurs de $l_0, l_1, \dots l_p, y_0, y_1, \dots y_n, y'_{p+1}, \dots y'_n$ pour $x = x^0$.

Toutefois, ce nombre de constantes doit être réduit à $2n + 1$, à cause de ce fait que de toute solution des équations (K), (E), on en peut déduire une infinité d'autres en multipliant $l_0, l_1, \ldots l_p$ par une même constante $\varkappa$ quelconque. Il est clair que de telles solutions ne doivent pas être considérées comme distinctes les unes des autres, puisqu'elles correspondent à une seule et même courbe dans l'espace à $n+2$ dimensions, lieu du point $(x, y_0, y_1, \ldots y_n)$. On pourra, par exemple, se borner aux solutions telles que la valeur de l'un des l pour $x = x^0$ soit égale à 1 ou encore aux solutions telles que la quantité q_0 (n^{os} **203-204**) soit égale à 1.

Pour résoudre le problème d'extremum posé, on devra déterminer ces $2n+1$ paramètres de manière que l'extrémale appartienne au champ donné, c'est-à-dire que $y_0, y_1, \ldots y_n$ aient les valeurs données pour $x = x^0$ et $y_1, \ldots y_n$ pour $x = x^1$: conditions qui sont en nombre précisément égal à $2n+1$.

Dans le cas du problème de Lagrange (avec les notations du n° **206**) on obtiendra de même le nombre des constantes arbitraires comme égal [1] à $2n$. Ce nombre ne subit pas, cette fois, la réduction d'une unité que nous venons de constater dans le problème de Mayer : la constante $\varkappa$ a, en effet déjà été déterminée au n° **206** de manière à faire $l_0 = 1$.

Le déterminant qui devra être différent de zéro pour que le problème soit ordinaire est encore le déterminant (182), ou, si l'on veut, celui qu'on en déduit en supprimant les deux colonnes et les deux lignes où figure l'indice zéro : ces deux déterminants sont égaux dans les notations des n^{os} **196** *bis*, **206**.

209. Les équations (E) peuvent-elles être des *identités*, comme il arrivait au n° **55** *bis* et au n° **128** ?

Plus exactement, peut-il arriver que toutes les lignes du champ soient des extrémales ? c'est-à-dire que les fonctions $l_0, \ldots l_p$ puissent être pour toute ligne vérifiant les équations (K), choisies de manière à vérifier les équations (E) ?

Supposons qu'il en soit ainsi. Donnons-nous les coordonnées du point A et $n+1$ des coordonnées du point B. La coordonnée restante sera alors la même pour toutes les lignes $\mathfrak{L}$ correspon-

---

[1] Si l'on voulait obtenir ce nombre en déduisant le problème de Lagrange du problème de Mayer, il faudrait ne pas oublier que l'on prend toujours nulle la valeur initiale de y_0.

dantes qui vérifient en outre les équations différentielles (K) puisque la variation de cette quantité est identiquement nulle lorsque $\mathfrak{L}$ se déforme dans ces conditions en dépendant d'un paramètre quelconque α.

Il existe dès lors au moins une relation

$$(183) \qquad \varphi\left[x^0, (y_0)^0, (y_1)^0, \ldots (y_n)^0; x, y_0, y_1, \ldots y_n\right] = 0$$

entre les coordonnées x^0, $(y_0)^0$, ... $(y_n)^0$; x, y_0, ... y_n des deux points en question.

L'égalité

$$(184) \qquad \frac{\partial\varphi}{\partial x} + \frac{\partial\varphi}{\partial y_0} y'_0 + \frac{\partial\varphi}{\partial y_1} y'_1 + \ldots + \frac{\partial\varphi}{\partial y_n} y'_n = 0$$

obtenue en différentiant (183) par rapport à x, *doit alors être une conséquence algébrique des équations* (K).

Dans le cas contraire, en effet, il existerait au point B une direction satisfaisant à ces équations, mais non à (184), et l'arc AB pourrait être prolongé par un arc BB′ tangent à cette direction et appartenant au champ. Alors l'équation (183) n'aurait plus lieu entre A et B′, contrairement à ce qui vient d'être établi.

Le chemin ABB′ présente, il est vrai, un point anguleux, mais nous avons vu, et nous verrons d'une manière plus précise au n° suivant, que cette objection est sans valeur.

Donc *les équations* (K) *devront entraîner une relation linéaire par rapport aux dérivées, et l'équation aux différentielles totales ainsi obtenue devra être intégrable* : condition évidemment suffisante d'ailleurs.

Il peut, bien entendu, arriver que sans être identiquement vérifiées, les équations (E) ne soient pas toutes distinctes; nous en verrons un exemple au n° **228**.

210. Régularité des variations. — Nous venons d'employer une fois de plus le théorème sur les variations établi aux nos **47-48** (livre I). Montrons que ce théorème s'étend au champ K actuellement considéré.

$\mathfrak{L}$ étant une ligne continue (mais qui peut présenter des points anguleux), satisfaisant d'ailleurs aux équations différentielles (K) et définie par

$$y_i = \psi_i(x) \qquad (i = 0, 1, \ldots n),$$

nous allons constater qu'on peut trouver une courbe analytique $\mathcal{L}_\alpha$ dont les coordonnées

$$z_i = \Psi_i(x, \alpha) \qquad (i = 0, 1, \ldots n)$$

aient les mêmes valeurs respectives en x^0 et x^1 que celles de $\mathcal{L}$ (sauf pour z_0 en x^1), vérifiant ainsi que $\mathcal{L}$ les équations (supposées analytiques)

$$(K) \qquad g_0(z'_0, \ldots z_n, x) = 0, \ldots\ldots g_p(z'_0, \ldots z_n, x) = 0$$

et telle que $\mathcal{L}_\alpha$ et $\mathcal{L}$ soient aussi voisines que l'on veut pour α assez petit. En effet, on peut toujours (n° **47**) trouver des fonctions analytiques dépendant de plusieurs paramètres $\alpha \ldots$

$$t_{p+1}(x, \alpha \ldots), \ldots t_n(x, \alpha, \ldots),$$

qui soient voisines du premier ordre de $y_{p+1} \ldots y_n$ avec les mêmes valeurs aux limites. Si la tangente de $\mathcal{L}$ est discontinue en quelques points isolés $a, \ldots$, le voisinage sera seulement d'ordre zéro dans des intervalles $(a - \varepsilon, a + \varepsilon), \ldots$, ε tendant vers zéro lorsque le voisinage se resserre.

Ces mêmes conditions de voisinage seront vérifiées pour les fonctions restantes $y_0, y_1, \ldots y_p$ tirées des équations (K). Cela est évident tout d'abord pour l'intervalle de x^0 à $a - \varepsilon$ (a étant la première valeur de x pour laquelle les dérivées des y sont discontinues).

Mais ε peut être pris aussi petit qu'on veut, et, d'autre part, les dérivées des t, comme celles des y, ont, en valeur absolue, une limite supérieure finie. Donc on peut rendre également très petites les valeurs des différences $t_0 - y_0, \ldots t_p - y_p$ pour $x = a + \varepsilon$. Nous supposons d'ores et déjà qu'il en est de même (toujours pour $x = a + \varepsilon$) des différences

$$t'_i - y'_i \qquad (i = p + 1, \ldots n).$$

Dès lors, la même conclusion s'applique à $t'_0 - y'_0, t'_1 - y'_1, \ldots t'_p - y'_p$, les quantités $t'_0, \ldots t'_p$ se tirant des équations de condition (K) (dans lesquelles on remplace y_i par t_i et $y'_{p+1} \ldots, y'_n$ par $t'_{p+1} \ldots, t'_n$), si le théorème de la continuité des fonctions implicites s'applique aux quantités définies par les équations en question.

Pour préciser supposons que pour $x = a_1$ les y' passent brusquement des valeurs y'_{i-} aux valeurs y'_{i+}. L'un et l'autre de ces deux systèmes de valeurs satisfont aux équations (K) (dans lesquelles les y sont les mêmes de part et d'autre ainsi que la valeur de x, $x = a$). Supposons que les deux points y'_{i-} et y'_{i+} de l'espace à n dimensions sont sur une même nappe réelle de la multiplicité définie par ces équations, c'est-à-dire qu'on peut passer de l'un à l'autre par une série continue σ de systèmes de valeurs η'_i des y'_i sans cesser de vérifier les équations en question. Supposons en outre que tout le long du chemin ainsi suivi le déterminant

$$(164) \qquad \frac{D(g_0, \dots g_p)}{D(y'_0 \dots y'_p)}.$$

du n° **198** est constamment différent de zéro.

Ces conditions seront sûrement remplies si la ligne variée considérée est très voisine (d'ordre un) d'une extrémale λ sur laquelle les y' sont supposés continus et le déterminant (164) non nul.

Si elles sont vérifiées, il existera ([1]) des nombres ε_1, β, β', tels que, si $\eta'_0, \dots \eta'_n$ est un quelconque des systèmes des valeurs des y' appartenant à la série continue σ mentionnée tout à l'heure ; X, Y_i, Y'_i, des valeurs de x, y_i, y'_i satisfaisant aux inégalités

$$(185) \qquad \begin{array}{ll} |X - a| < \varepsilon_1 & \\ |Y_i - y_i| < \beta & (i = 0, 1, \dots n) \\ |Y'_i - \eta'_i| < \beta & (i = p+1, \dots n) \end{array}$$

les quantités Y'_0, Y'_1, ... Y'_n supposées définies par les équations (K) soient de par ces équations, des fonctions

$$\left.\begin{array}{ll} (186) & Y'_i = \rho_i(X, Y_0, \dots Y_n, Y'_{p+1}, \dots Y'_n) \\ (186') & |Y'_i - \eta'_i| < \beta' \end{array}\right\} (i = 0, 1, \dots p)$$

bien déterminées et continues de X, Y_0, Y_1, ... Y_n, Y'_{n+1}, Y'_n.

La continuité de ces fonctions ρ_i montre bien, si ε a été pris suffisamment petit ([2]) et les valeurs des y_i convenablement choisies entre

---

([1]) Voir la note A à la fin du volume.

([2]) Soit M la limite supérieure des valeurs absolues des fonctions ρ_i lorsque X, Y_i, ... prennent tous les systèmes de valeurs possibles satisfaisant aux inégalités (156), le point $(\eta'_0, \dots \eta'_n)$ décrivant le chemin σ. ε sera une quantité inférieur à ε_1, à $\frac{\beta}{2M}$ et, de plus, assez petite pour que, sur la ligne variée donnée, les valeurs $\psi_0(a-\varepsilon)$, $\psi_1(a-\varepsilon)$ ..., $\psi_n(a-\varepsilon)$ de y_0, y_1, ... y_n correspondant à $x = a - \varepsilon$ aient avec celles qui correspondent à $x = a$ une différence inférieure à $\frac{\beta}{2}$ et qu'on ait aussi pour $i = p + 1, \dots n$,

$$|\psi'_i(a-\varepsilon) - y'_{i-}| < \beta.$$
$$|\psi_i(a+\varepsilon) - y'_{i+}| < \beta.$$

On donnera à $y_{p+1}, \dots y_n$ entre $x = a - \varepsilon$ et $x = a + \varepsilon$ des valeurs coïncidant avec $\psi_{p+1}(a-\varepsilon)$, ... $\psi_n(a-\varepsilon)$ pour $x = a - \varepsilon$ et telles que $y_{p+1}, \dots y_n$, y'_1, ... y'_n égaux initialement à $\psi_{p+1}(a-\varepsilon)$, ..., $\psi_n(a-\varepsilon)$, $\psi_1(a-\varepsilon)$, ... $\psi'_n(a-\varepsilon)$, prennent finalement (pour $x = a + \varepsilon$) les valeurs $\psi_{p+1}(a+\varepsilon)$, ..., $\psi_n(a+\varepsilon)$, $\psi'_1(a+\varepsilon)$, ... $\psi'_n(a+\varepsilon)$ sans avoir cessé de vérifier les inégalités (185).

$a - \varepsilon$ et $a + \varepsilon$ —, la possibilité de rendre les quantités $t'_i - y'_i$ aussi petites que nous le voulons pour $x = a + \varepsilon$.

Autrement dit, le voisinage du premier ordre demandé aura lieu pour $x = a + \varepsilon$ et par conséquent aussi (toujours d'après nos théorèmes généraux sur les équations différentielles) à partir de cette valeur.

Ceci a lieu jusqu'aux environs de la seconde valeur de x pour laquelle les y' sont discontinus.

Mais, sur cette seconde valeur, nous pourrons raisonner comme sur la première, et ainsi de suite jusqu'à l'extrémité de l'intervalle donné, après quoi, rien n'empêchera plus de prendre pour les t des fonctions analytiques. Pour $x = x^1$, nous pouvons admettre que $t_{p+1} - y_{p+1}, \ldots t_n - y_n$ sont nuls. Il résulte d'ailleurs du raisonnement précédent que $t_1 - y_1, \ldots t_p - y_p$ seront nécessairement très petits.

Mais il faut que ces dernières quantités soient *rigoureusement nulles*, afin que nous ayons affaire à des variations acceptables. C'est ce que l'on obtiendra, comme au n° **200**, en faisant dépendre les t non seulement de α, mais de p autres paramètres $\alpha_1, \alpha_2, \ldots \alpha_p$, par rapport auxquels ces fonctions seront supposées admettre des dérivées partielles. On déterminera ensuite ces paramètres en fonction de α par les équations

$$t_i - y_i = 0 \qquad (i = 1, 2, \ldots p).$$

Ces dernières seront résolubles (Cf. n° **200**) si la ligne $\mathfrak{L}$ n'est pas une singularité du champ K ; les $t_i(x, \alpha, \alpha_1, \ldots \alpha_p)$ deviendront ainsi certaines fonctions $z_i(x, \alpha)$ analytiques en x, satisfaisant aux équations de conditions (K), prenant les mêmes valeurs que les y_i aux limites, sauf z_0 en x^1, et voisines des premières *même pour* z_0 *en* x^1 (le voisinage étant du premier ordre, sauf dans certains intervalles tendant vers 0, ... où le voisinage n'est que d'ordre zéro).

Il résulte de ce théorème que si, près d'une courbe λ satisfaisant aux conditions du problème de Mayer, on a pu trouver une courbe $\mathfrak{L}$ à tangente continue sauf en des points isolés, qui soit voisine de λ, appartenant au champ donné et telle que la valeur de y_0 pour $x = x^1$ soit plus grande sur $\mathfrak{L}$ que sur λ, on pourra trouver une courbe $\mathfrak{L}_\alpha$ *analytique* et jouissant des mêmes propriétés. Par suite, si le minimum de $(y_0)^1$ n'a pas lieu lorsque l'on admet des variations à tangentes discontinues en des points isolés, il n'a pas lieu non plus lorsqu'on se restreint aux variations analytiques.

II. PROPRIÉTÉS DES EXTRÉMALES. EXEMPLES

211. Forme paramétrique. — Les équations (E) étant de forme identique aux équations fondamentales du chap. II, on peut leur appliquer les principales remarques faites à propos de ces dernières.

Telles sont, en particulier, les considérations relatives à la *forme paramétrique*. x sera alors considéré comme une fonction y_{n+1} d'un paramètre arbitraire t, et les conditions (K), écrites sous la forme

$$g_h\left(\frac{dy_0}{dy_{n+1}}, \dots \frac{dy_n}{dy_{n+1}}, y_0, \dots y_{n+1}\right) = 0 \qquad (h = 0, 1, \dots p)$$

doivent être considérées comme des relations homogènes entre

$$dx = dy_{n+1}, dy_0, dy_1, \dots dy_n, \text{ ou } \dot{y}_{n+1}, \dot{y}_0, \dot{y}_1, \dots \dot{y}_n.$$

Leur degré d'homogénéité est (lorsqu'on les écrit sous cette forme) égal à zéro. Mais on peut évidemment ramener ce degré à être égal à l'unité en multipliant par un facteur convenable, en posant, par exemple

$$\overline{g}_h(\dot{y}_0, \dot{y}_1, \dots \dot{y}_{n+1}, y_0, y_1, \dots y_{n+1})$$

$$= \sqrt{\dot{y}^2_0 + \dot{y}^2_1 + \dots + \dot{y}^2_{n+1}}\; g_h\left(\frac{\dot{y}_0}{\dot{y}_{n+1}}, \frac{\dot{y}_1}{\dot{y}_{n+1}}, \dots \frac{\dot{y}_n}{\dot{y}_{n+1}}, y_0, y_1, \dots y_{n+1}\right).$$

En faisant ensuite

$$\overline{f}(\dot{y}_0, \dot{y}_1, \dots \dot{y}_{n+1}, y_0, \dots y_{n+1}) = \sum_h l_h\, \overline{g}_h(\dot{y}_0, \dots \dot{y}_{n+1}, y_0, \dots y_{n+1})$$

et substituant $\overline{f}(dy_0, dy_1, \dots dy_{n+1}, y_0, \dots y_{n+1})$ à $f dx$ dans l'intégrale (177) du n° **203**, celle-ci ne différera en rien de celles que nous avons envisagées aux n^{os} **70** et suivants.

Son extremum donne lieu, comme en cet endroit, à une équation de plus qu'on n'en trouve lorsque la variable indépendante est déterminée, les $n + 2$ équations n'étant pas distinctes et leurs premiers membres ayant entre eux la même relation linéaire et homogène qu'au n° **81** (équation (40')). On devra d'ailleurs recourir à cette forme paramétrique ou à la forme (177), suivant le problème particulier auquel on aura affaire, ainsi que nous l'avons expliqué au n° **75**.

Intégrales premières. Comme cela avait lieu pour l'extremum libre, l'une des équations (E) s'intègre toutes les fois que l'un des y ne figure pas explicitement dans les conditions (K) ; et, d'après la forme paramétrique, cette remarque s'applique à la variable $y_{n+1}=x$.

212. Formule aux limites. — Le cas où les δy ne sont pas supposés nuls aux limites n'exigera également aucune modification dans la méthode suivie au chap. III. En tenant compte des valeurs de ces δy, la variation de l'intégrale (177) — laquelle est ici nécessairement nulle dans le champ défini par les conditions (K) — s'écrit

$$(f_{y'_0}\delta y_0 + \dots + f_{y'_n}\delta y_n)_{x=x^1} - (f_{y'_0}\delta y_0 + \dots + f_{y'_n}\delta y_n)_{x=x^0}$$
$$- \int_{x^0}^{x^1} \sum_i F_i\, \delta y_i\, dx$$

et, si la ligne primitive λ satisfait aux équations (E), on voit que la *formule aux limites* sera

$$(f_{y'_0}\delta y_0 + \dots + f_{y'_n}\delta y_n)_{x=x^1} = (f_{y'_0}\delta y_0 + \dots + f_{y'_n}\delta y_n)_{x=x^0}.$$

Si on fait varier également les valeurs extrêmes de la variable indépendante x, on devra opérer comme au n° **131** et écrire

$$(\gamma)\quad \begin{cases} \left[(\delta y_0 - y'_0\delta x)f_{y'_0} + (\delta y_1 - y'_1\delta x)f_{y'_1} + \dots + (\delta y_n - y'_n\delta x)f_{y'_n}\right]^1 \\ \qquad = \left[(\delta y_0 - y'_0\delta x)f_{y'_0} + \dots\right]^0. \end{cases}$$

Il n'y aura point lieu à une telle addition si on emploie la forme paramétrique.

Dans le cas du problème de Lagrange, la formule aux limites est

$$(\gamma_1)\quad \begin{cases} \delta I = \left[\delta y_1 f_{y'_1} + \dots + \delta y_n f_{y'_n} + (f - y'_1 f_{y'_1} - \dots - y'_n f_{y'_n})\delta x\right]^1 \\ \quad - \left[\delta y_1 f_{y'_1} + \dots + \delta y_n f_{y'_n} + (f - y'_1 f_{y'_1} - \dots - y'_n f_{y'_n})\delta x\right] \end{cases}$$

Enfin, on peut supposer que la ligne variée ne soit plus assujettie à vérifier les équations (K). Il est clair qu'alors, — dans le cas du problème de Mayer, par exemple, — la formule serait

$$(\gamma') \qquad \left[(\delta y_0 - y'_0 \delta x) f_{y'_0} + (\delta y_1 - y'_1 \delta x) f_{y'_1} + \dots\right]^1 - \left[(\delta y_0 - y'_0 \delta x) + \dots\right]^0 = \int_{x^0}^{x^1} \left(\sum_h l_h \mathbf{g}_h\right) dx$$

où le second nombre représente la variation de l'intégrale (177) écrite directement.

213. Limites variables. — La formule précédente une fois acquise, nous pourrons trouver, par la même méthode qu'au chap. IV les conditions de l'extremum dans le cas des limites variables.

Toutefois, nous avons à tenir compte de la présence possible de champs singuliers.

Supposons que pour définir le champ fonctionnel, on ait donné, au point B, non pas les valeurs de x, y_0, $y_1, \dots y_n$, mais un certain nombre de relations ([1])

$$(k) \qquad \left.\begin{array}{l} \chi_1(x, y_0, y_1, \dots y_n) = 0 \\ \chi_2(x, y_0, y_1, \dots y_n) = 0 \\ \dots\dots\dots \end{array}\right\} (x = x^1)$$

entre ces valeurs.

Si une ligne λ annule dans le champ K ainsi défini, la variation première, on montrera, comme au ch. IV qu'elle doit, à cet effet :

1° Posséder, *a fortiori*, la même propriété lorsqu'on fixe le point B et, par conséquent, vérifier les équations différentielles (E).

2° Être, au point B, *transversale* à la multiplicité définie par les équations (k), c'est-à-dire être telle que la relation différentielle (γ) ait lieu, en B, pour tout déplacement $(\delta x, \delta y_0, \dots \delta y_n)$ effectué sur cette multiplicité. Autrement dit, cette relation doit être une combinaison de celle qu'on obtient en différentiant les conditions (k).

Seulement, pour arriver à ce résultat, nous avons du (cf. n° **152**.) restreindre d'abord le champ en rendant fixes les coordonnées du point B.

([1]) On traiterait de même, sans difficulté, le cas où le point A serait également variable.

Or le champ ainsi restreint peut être singulier alors même que que le champ K ne l'est pas.

Mais nous savons maintenant que, même s'il en est ainsi, la ligne cherchée λ doit satisfaire aux équations différentielles (E) des extrémales. Celles-ci étant acquises, on a aussi la formule aux limites du n° **212**, ce qui achève de lever la difficulté.

D'ailleurs il est à remarquer qu'on peut aussi arriver au même résultat directement. Les relations (k) donnent entre les variations des y les conditions

$$(\mathbf{k}) \qquad \left.\begin{array}{l} \frac{\partial \chi_1}{\partial y_0}\mathbf{y}_0 + \frac{\partial \chi_1}{\partial y_1}\mathbf{y}_1 + \ldots = 0 \\ \frac{\partial \chi_2}{\partial y_0}\mathbf{y}_0 + \ldots \qquad = 0 \\ \ldots\ldots\ldots \end{array}\right\} \qquad (x = x^1)$$

et, si le champ K n'est pas singulier, on démontrera comme ci-dessus qu'elles suffisent à définir les variations acceptables et à entraîner par conséquent, $\mathbf{y}_0 = \delta y_0 = 0$: d'où l'existence d'un système de fonctions $l_0, l_1, \ldots l_p$ vérifiant les équations différentielles (E).

213 *bis*. Au problème de Mayer se rattachent également des questions de **variations unilatérales** plus générales que celles que nous avons traitées jusqu'ici.

Lorsqu'en effet (n^os **161-169**) nous avons étudié le cas où la définition du champ comportait des inégalités, celles-ci étaient en termes finis : elles avaient lieu entre les coordonnées d'un point arbitraire de la courbe cherchée. Or il peut fort bien arriver que les fonctions inconnues soient assujetties à des *inégalités différentielles*, c'est-à-dire à des conditions de la forme

$$(K') \qquad g_h(y'_0, \ldots y'_n, y_0, \ldots y_n, x) \geq 0, \qquad h = 0, 1, \ldots, p.$$

Si la ligne λ (dont nous voulons savoir si elle réalise ou non l'extremum) vérifie ces inégalités — ou quelques-unes d'entre elles — au sens *strict*, tout se passera encore, au moins en ce qui regarde le minimum faible (et, *a fortiori*, en ce qui regarde la variation première), comme si elles n'intervenaient pas, puisqu'alors on serait assuré que toute ligne ayant avec λ un voisinage d'ordre 1 les vérifierait également. Il en serait de même pour tout *arc* de λ satisfaisant, au sens strict, à tout ou partie des inégalités données.

Il n'y a donc de question nouvelle que si, sur λ, ou sur certains arcs de λ, les inégalités (K') sont remplacées par des égalités. Alors les variations $\mathbf{y}_i$ des y seront soumises aux conditions

$$(\mathbf{K}') \qquad \mathbf{g}_h(\mathbf{y}'_0, \mathbf{y}'_1, \ldots \mathbf{y}'_n, \mathbf{y}_0, \ldots \mathbf{y}_n, x) = \sum_i \left(\frac{\partial g_h}{\partial y'_i} \mathbf{y}'_i + \frac{\partial g_h}{\partial y_i} \mathbf{y}_i \right) \geqq 0$$

obtenues en différentiant (K').

Proposons nous de chercher si, dans le champ $\mathbf{K}$ défini par les conditions (K') et les conditions aux limites (k) (n° **196**), $(y_0)^{\mathrm{I}}$ est un minimum. Nous serons ramenés [1] à exprimer que l'inégalité

$$(\mathbf{y}_0)^{\mathrm{I}} \geqq 0$$

est une conséquence des conditions $(\mathbf{k})$ (n° **200**) et des inégalités $(\mathbf{K}')$.

Comme précédemment (cf. n° **10** *bis*), la variation $(\mathbf{y}_0)^{\mathrm{I}}$ devra tout d'abord s'annuler dans le champ obtenu en remplaçant les inégalités (K') par les *égalités* $g_h = 0$ correspondantes, champ que nous désignerons par $\mathbf{K}'_0$ (ou ce qui revient au même, dans le champ $\mathbf{K}'_0$ qui est défini par les équations $\mathbf{g}_h = 0$, considérées comme restreignant les $\mathbf{y}$).

Nous sommes ainsi ramenés à un problème de Mayer. Nous supposerons que ce problème vérifie les hypothèses admises dans ce qui précède, c'est-à-dire qu'il ne présente pas les singularités exclues, soit au n° **198**, soit au n° **205**.

Il en résulte tout d'abord que λ *devra vérifier*, sur les arcs où les g_h sont nuls, *les équations* (E), telles que nous les avons écrites au n° **204**.

De plus, le déterminant (164) (n° **198**) étant différent de zéro, le système

$$\mathbf{g}_h(\mathbf{y}', \mathbf{y}, x) = \varphi_h(x) \qquad (h = 0, 1, \ldots p)$$

---

[1] Cette question est même un peu plus générale que la précédente : car nous pourrions supposer, sans rien changer d'essentiel à ce qui va suivre, que les relations $(\mathbf{K}')$, tout en restant linéaires par rapport aux $\mathbf{y}$, $\mathbf{y}'$, ne soient plus déduites d'inégalités de la forme (K'), mais soient données *a priori*.

où les φ_h sont des fonctions arbitrairement données de x, admettra des solutions (en nombre infini) satisfaisant aux conditions initiales $(y_0)^0 = \ldots = (y_n)^0 = 0$; et, de ce que le champ K'_0 n'est pas singulier (c'est-à-dire de ce qu'on peut vérifier les équations $\mathbf{g}_h = 0$ et les conditions initiales, en prenant en outre $n - 1$ quelconques des quantités $(\mathbf{y}_1)^1, (\mathbf{y}_2)^1, \ldots (\mathbf{y}_n)^1$ nulles, la $n^{\text{ème}}$ étant différente de zéro) on déduira aisément que, parmi ces solutions en nombre infini, il en existe qui satisfont également aux conditions finales $(\mathbf{y}_1)^1 = (\mathbf{y}_2)^1 = \ldots = (\mathbf{y}_n)^1 = 0$.

Dès lors le résultat du n° **212** va nous permettre de répondre à la question. En effet, puisque λ vérifie les équations (E), on peut écrire la formule (γ'), laquelle, pour

$$\delta x^1 = (\mathbf{y}_1)^1 = \ldots (\mathbf{y}_n)^1 = \delta x^0 = (\mathbf{y}_0)^0 = (\mathbf{y}_1)^0 = \ldots (\mathbf{y}_n)^0 = 0,$$

donne

$$q_0(\mathbf{y}_0)^1 \equiv (f_{y'_0}\mathbf{y}_0)^1 = \int_{x^0}^{x^1} \left(\sum_h l_h \mathbf{g}_h\right) dx.$$

Puisque, comme il résulte de ce qui précède, les quantités $\mathbf{g}_h$ peuvent être prises arbitrairement en fonction de x, l'intégrale du second membre devra avoir le signe de q_0 quelles que soient ces fonctions, pourvu qu'elles soient positives (comme le veulent les relations $(\mathbf{K}')$)

Ceci exige (cf. n° **161**) que *les quantités $l_0, l_1, \ldots, l_p$ aient, dans tout l'intervalle (x^0, x^1), le signe de q_0.* Telle est donc la condition cherchée.

On voit immédiatement comment il faudrait modifier les conclusions précédentes si on avait affaire à la fois à des inégalités différentielles et à des équations différentielles (les multiplicateurs l correspondant à ces dernières ne seraient plus soumis à des conditions de signe); — si les valeurs des y aux limites n'étaient pas données, mais assujetties à des relations ou même à des inégalités, etc. C'est, dans toutes ces circonstances, la formules (γ') qu'il conviendra d'employer.

Nous nous bornerons à ces indications sur ce sujet encore incomplètement étudié, et nous nous contenterons de renvoyer à une note que lui a consacré M. Zermelo (¹). Nous indiquerons plus loin (n° **215** *bis*) une des difficultés signalées par l'auteur.

214. La formule aux limites permet (cf. n° **170**), d'étudier les *solutions discontinues*. En un point anguleux M, les deux tangentes devront, pour que la variation première cherchée s'annule, être telles que les coefficients des δy_i, soit

$$\bar{f}_{y'_i} \tag{187}$$

dans le cas de la forme paramétrique (n° **211**), — ou, dans le cas où x est pris comme variable indépendante, les coefficients

$$f_{y'_i} \quad , \quad f - \sum y'_i f_{y'_i} \tag{187'}$$

des δy_i et de δx, — aient les mêmes valeurs de part et d'autre.

Dans ces expressions, f a la valeur (176') (n° **206**) pour le problème de Lagrange, la valeur (176) pour celui de Mayer. Toutefois, dans ce dernier, les rapports mutuels des expressions (187) ou (187') sont seuls assujettis — en vertu de la formule (γ) — à être continus, mais on peut toujours supposer qu'il en soit ainsi pour ces expressions elles-mêmes, puisqu'on les multiplie par un même facteur constant arbitraire sur l'un des arcs aboutissant en M.

Quant aux multiplicateurs l qui servent à former f, ils sont, en général, discontinus en même temps que les y'.

Si, au contraire, nous considérons un point où la tangente est continue, les conditions que nous venons de former nous montrent que les *multiplicateurs sont continus*, du moment que le déterminant (164) est différent de zéro. Car s'il en est ainsi, à un système de valeurs déterminé des expressions (187) ou (187') (et à des valeurs déterminées des y') ne correspond qu'un seul système de valeurs des l.

214 *bis*. Cette dernière remarque est sans intérêt dans les conditions où nous nous sommes placés jusqu'ici, les l ayant été pris continus par définition au n° **201** *bis* où nous les avons introduits.

(¹) *Jahresbericht der deutschen Mathematiker-Vereinigung*, tome XI (1902), p. 184.

Mais c'est elle qui va nous servir à nous affranchir de l'hypothèse faite au n° **193** *bis* et au n° **198**, d'après laquelle un déterminant tel que (164) est différent de zéro dans tout l'intervalle (x^0, x^1).

Nous allons voir [1] que *nos considérations subsistent* alors même que chacun des déterminants de la forme

$$(164') \qquad \frac{D(g_0, g_1, \ldots g_p)}{D(y'_i, y'_j, \ldots)}$$

est susceptible de s'annuler dans cet intervalle, *pourvu qu'ils ne s'annulent jamais ensemble*.

On peut, en effet, dans ces conditions, diviser notre intervalle en un nombre fini de parties (x^0, ξ_1), $(\xi_1, \xi_2), \ldots (\xi_{s-1}, \xi_s)$, (ξ_s, x^1) dans chacune desquelles (extrémités comprises) l'un des déterminants en question ne s'annule pas [2].

La variation première considérée devra encore être nulle (n° **197** *bis*) si nous traitons notre problème, non plus dans l'intervalle (x^0, x^1), mais dans l'intervalle (ξ_s, x^1). Comme, dans cet intervalle, notre théorie précédente est applicable (si, du moins, celui des déterminants (164') qui, par hypothèse, y est constamment différent de zéro est formé avec des indices dont l'un est $i = 0$) les équations (E) seront vérifiées par un certain système de valeurs (non toutes identiquement nulles) des l : d'où moyennant les équations (K), une relation identique de la forme

$$(q_0\delta y_0 + q_1\delta y_1 + \ldots + q_n\delta y_n)_{x=x^1} = (q'_0\delta y_0 + q'_1\delta y_1 + \ldots + q'_n\delta y_n)_{x=\xi_s},$$

où les q'_i sont les valeurs des $f_{y'_i}$ pour $x = \xi_s$.

Le premier membre étant nul dans tout le champ K, il devra en être de même du second.

D'autre part, l'un des déterminants (164') est différent de zéro entre $x = \xi_{s-1}$ et $x = \xi_s$. Dès lors, il en est certainement de même pour l'une au moins des quantités $q'_i, q'_j \ldots$ dont les indices concourent à la formation de ce déterminant. Car, si l'on avait

$$q'_i = l_0 \frac{\partial g_0}{\partial y'_i} + l_1 \frac{\partial g_1}{\partial y'_i} + \ldots + l_p \frac{\partial g_p}{\partial y'_i} = 0,$$

$$q'_j = l_0 \frac{\partial g_0}{\partial y'_j} + l_1 \frac{\partial g_1}{\partial y'_j} + \ldots + l_p \frac{\partial g_p}{\partial y'_j} = 0,$$

$$\ldots\ldots\ldots\ldots\ldots,$$

---

(1) Voir HAHN, *Math. Ann.*, t. LVIII, p. 140 et suiv., spécialement p. 152.

(2) La possibilité d'une telle division se démontre par le même procédé que le théorème sur l'*uniforme continuité* des fonctions continues (voir p. ex. GOURSAT, *Cours d'Analyse*, t. I, n° **70**, pp. 161-162) : si cette division n'était pas possible, le procédé en question montrerait l'existence, dans l'intervalle (x^0, x^1) ou en l'une des limites de cet intervalle, d'une valeur de x pour laquelle tous les déterminants de la forme indiquée dans le texte seraient nuls.

on aurait aussi, pour $x = \xi_s$,

$$l_0 = l_1 = \ldots = l_p = 0.$$

Or, si les déterminants (164') ne sont pas tous nuls, les l ne peuvent pas s'annuler tous pour une même valeur de x sans s'annuler identiquement, en vertu des équations linéaires du premier ordre (les équations (E)) auxquelles ils satisfont.

Soit, par exemple, $q'_i \neq 0$. Nous voyons, par la relation

$$(q'_0 \delta y_0 + \ldots + q'_i \delta y_i + \ldots + q'_n \delta y_n)_{x=\xi_s} = 0,$$

que λ devra être solution d'un problème de Mayer analogue au premier, mais dans lequel l'intervalle (x^0, ξ_s) est substitué à (x^0, x^1) et l'inconnue y_i à l'inconnue y_0.

Comme, entre $x = \xi_{s-1}$ et $x = \xi_s$, le déterminant (164') (dans lequel la valeur de i est celle qui vient d'être utilisée) est différent de zéro, nous pourrions raisonner sur l'intervalle (ξ_{s-1}, ξ_s) comme nous l'avons fait sur (ξ_s, x^1); et ainsi de suite jusqu'à $x = x^0$.

Donc l'existence de fonctions l vérifiant les équations (E) est établie dans chacun de nos intervalles partiels.

Faisons maintenant usage des conclusions du numéro précédent : nous voyons que *les l devront être continus de $x = x^0$ à $x = x^1$*, si les y' le sont. C'est ce qui restait à démontrer.

Notre raisonnement ne réserve plus maintenant que deux cas d'exception :

1° *En un point $x = x'$ de l'intervalle donné, tous les déterminants* (164') *s'annulent.* — *Si l'on peut* trouver pour les y des fonctions de α satisfaisant toujours aux équations (K) et admettant en α (ainsi que les y' correspondants) des dérivées premières continues, ces dérivées doivent encore (**24** *bis*) vérifier les équations aux variations (**K**) du n° **198** : Or entre celles-ci, on peut, pour $x = x'$, éliminer tous les $\mathbf{y}'$, ce qui donne en général, une relation de la forme

$$(188) \qquad r_0 \mathbf{y}_0 + \ldots + r_n \mathbf{y}_n = 0.$$

Si $x' = x^1$, on peut dès lors dire que la variation de y_0 est nécessairement nulle dans le champ K (du moins si $r_0 \neq 0$).

Si $x' < x^1$, les raisonnements précédents montrent que les équations (E) sont encore nécessaires entre $x = x'$ et $x = x^1$. Il n'y a plus de raison pour qu'elles le soient pour $x < x'$, puisqu'on a, de toute façon, la relation (188).

$x = x'$ est, pour les équations (K), une singularité, quelles que soient les $p + 1$ quantités y qu'on y considère comme inconnues.

2° *Pour $x = x^1$, tous les déterminants* (164') *dans lesquelles intervient l'indice zéro sont nuls, un des autres déterminants* (164') (par exemple

$\frac{D(g_0, g_1, \dots g_p)}{D(y'_{n-p}, \dots y'_n)}$ *étant différent de zéro.* — Les propriétés des déterminants montrent aisément qu'alors les $p+1$ quantités $\frac{\partial g_p}{\partial y'_h}$, $(h = 0, 1, \dots p)$ sont nulles.

(Ce deuxième cas ne peut pas se présenter dans le problème de Lagrange.)

Nos raisonnements généraux peuvent se recommencer en se donnant les variations $\mathbf{y}_0, \mathbf{y}_1, \dots \mathbf{y}_{n-p-1}$ et déduisant de là $\mathbf{y}_{n-p}, \dots \mathbf{y}_n$ par les équations (**k**). Le champ K étant encore linéaire au sens du n° **201**, pour que $(\mathbf{y}_0)^{\mathrm{I}}$ soit nul moyennant les conditions

$$(\mathbf{y}_1)^{\mathrm{I}} = \dots = (\mathbf{y}_{n-p-2})^{\mathrm{I}} = (\mathbf{y}_{n-p-1})^{\mathrm{I}} = \dots (\mathbf{y}_n)^{\mathrm{I}} = 0,$$

il faut encore qu'il existe une relation linéaire et homogène entre $(\mathbf{y}_0)^{\mathrm{I}}$, $(\mathbf{y}_1)^{\mathrm{I}}, \dots, (\mathbf{y}_n)^{\mathrm{I}}$, vérifiée par tous les systèmes de valeurs des $\mathbf{y}$ qui vérifient les équations (**k**) et s'annulent pour $x = x^0$. On en déduira, comme précédemment, l'existence des équations (E).

Mais, de plus, la quantité $q_0 = \left(l_0 \frac{\partial g_0}{\partial y'_0} + \dots + l_p \frac{\partial g_p}{\partial y'_0}\right)^{\mathrm{I}}$ est forcément nulle. Donc on est toujours en présence d'un champ singulier, de sorte que les équations (E) ne sont pas suffisantes.

215. Les équations (E), comme celles du problème isopérimétrique, et aussi la formule (γ), manifestent, par rapport aux différentes fonctions introduites, la symétrie que les considérations développées aux Notions préliminaires (n° **7**) nous faisaient prévoir. Il est clair qu'on obtiendrait les mêmes extrémales en cherchant l'extremum de $(y_1)^{\mathrm{I}}$ par exemple, pour $(y_0)^{\mathrm{I}}$, $(y_2)^{\mathrm{I}}$, $(y_3)^{\mathrm{I}} \dots$ $(y_n)^{\mathrm{I}}$ donnés ainsi que $(y_0)^{\mathrm{II}}$, $(y_1)^{\mathrm{II}}, \dots (y_n)^{\mathrm{II}}$.

Cette *réciprocité* peut d'ailleurs s'interpréter géométriquement comme nous l'avons fait au n° **8**. Considérons $x, y_0, y_1, \dots y_n$ comme des coordonnées dans l'espace à $n+2$ dimensions. La courbe $\mathfrak{C}$ sera tracée dans cet espace. Le fait que $y_{p+1}, y_{p+2}, \dots y_n$ peuvent être pris arbitrairement en fonction de x peut être exprimé en disant qu'une telle courbe, solution des équations différentielles (K), est déterminée par sa *projection* sur un espace à $n-p+1$ dimensions.

Par exemple, pour $n=1$, $p=0$, c'est-à-dire, si l'on a deux fonctions y et z de x liées par une équation différentielle, on représentera ainsi une courbe de l'espace ordinaire, laquelle courbe sera déterminée lorsqu'on donnera sa projection sur le plan des xy (ainsi que la valeur de z en l'un des points).

D'un point $A(x^0, y_0^0, \ldots y_n^0)$ quelconque de l'espace à $n+2$ dimensions, partiront une infinité d'arcs de courbes satisfaisant aux équations différentielles (K), de sorte que le point B qui, sur un de ces arcs, correspond à l'abscisse x^1 est susceptible d'occuper une infinité de positions. Si, en particulier, on donne toutes les coordonnées de ce point à l'exception d'une seule $(y_0)^1$, cette dernière variera, soit entre $-\infty$ et $+\infty$, soit entre certaines limites déterminées. Dans le second cas, le point qui correspond à une valeur extrême de la dernière coordonnée décrit évidemment une surface ([1]) de l'espace à $n+2$ dimensions, laquelle limite la région de cet espace où peut se mouvoir le point B.

Sous cette forme, la propriété de réciprocité est intuitive.

Au lieu qu'un point B, pris à l'intérieur de la région dont nous venons de parler, pourra être joint au point A par une infinité de lignes satisfaisant aux équations différentielles du champ, un point pris sur la surface limite ne pourra (tout au moins si l'extremum est absolu et strict) être joint à A que par une seule (voir nos **1** et **8**) de ces lignes, à savoir une extrémale ([2]). La surface limite Σ que nous venons de considérer est, comme on le voit, le lieu (sorte de surface conique) des extrémales issues de A.

On peut dire que la formule (γ) représente l'équation du plan tangent à la surface Σ.

Plus généralement, considérons toutes les courbes $\mathfrak{L}$, vérifiant les équations différentielles données (K), qui rencontrent en outre une ligne ou une multiplicité Γ fixe r fois étendue $(r < n)$ donnée par des équations de la forme (K) (no **213**). (Prenons, par exemple, comme tout à l'heure $n = 1$ de manière à avoir des courbes $\mathfrak{L}$

([1]) Nous appellerons toujours *surface*, dans un espace à N dimensions, une multiplicité définie par une seule équation entre les N coordonnées : la position d'un point variable sur une surface donnée dépendra de $N-1$ paramètres.

([2]) Si la variation première de y_0 s'annule sans qu'il y ait extremum, la surface Σ lieu des extrémales issues de A ainsi obtenues sera une enveloppe de lignes $\mathfrak{L}$ issues de ce point, en ce sens que toute multiplicité, lieu de telles lignes $\mathfrak{L}$ et qui contient une extrémale est tangente à Σ tout le long de cette extrémale.

de l'espace ordinaire, Γ étant alors une ligne). On verra, par le même raisonnement, que ces courbes sillonnent une certaine région de l'espace et que la recherche de la surface qui limite cette région équivaut au problème de Mayer, le point initial (x^0, y^0, z^0) étant, non plus fixe, mais assujetti à décrire Γ. Cette surface Σ_Γ sera donc le lieu des extrémales qui rencontrent transversalement (n° **213**) Γ. Son plan tangent en un point quelconque sera encore défini par la formule (7).

215 *bis*. La même interprétation géométrique s'applique aux *champs unilatéraux* (n° **213** *bis*). La question de savoir *quels sont les points* B *de l'espace que l'on peut joindre à un point donné* A *par des chemins satisfaisant à des inégalités différentielles données*, reviendra de même à une question d'extremum.

Mais il convient d'observer avec M. Zermelo (1), que la réponse à une telle question peut être totalement modifiée suivant qu'on admet ou non des chemins à points anguleux (solutions discontinues) : il suffit, pour s'en convaincre, de considérer le problème usuel suivant : « Sur une surface donnée (par exemple, le flanc d'une montagne) joindre deux points donnés par un chemin dont la pente ne dépasse pas une valeur donnée ». La solution peut n'être fournie que par des *chemins en lacets* (2).

216. Exemple. — La combinaison des diverses remarques précédentes permet quelquefois de simplifier notablement l'intégration des équations.

Considérons, par exemple, le problème du **mouvement d'un point pesant, avec résistances passives**, traité dans un cas particulier par Euler et Lagrange et dont la solution pourrait, le cas échéant, intervenir dans l'utilisation des chutes d'eau.

(1) Voir la note de la page 251.

(2) Si, dans l'exemple cité dans le texte, on assujettissait la pente à être *égale* à une quantité donnée, on pourrait néanmoins, en satisfaisant à cette condition, aller par des chemins en lacets d'un point donné A à un point donné B. L'emploi des solutions discontinues aboutit donc à ce résultat paradoxal de permettre la construction d'une ligne joignant deux points donnés et satisfaisant à une équation du *premier* ordre donné. Cela tient évidemment à ce que cette équation différentielle fournit *deux* directions possibles pour la tangente en un point quelconque.

Un point pesant descend sans vitesse initiale (ou avec une vitesse initiale connue) d'une position donnée A à une position donnée B en suivant une ligne $\mathfrak{L}$. Il est soumis à l'action du frottement et à une résistance fonction de la vitesse. Comment doit être choisie la ligne $\mathfrak{L}$ pour que le point matériel considéré arrive au point B avec la vitesse la plus grande possible ?

Nous admettrons, pour simplifier, que la trajectoire doit être contenue dans le plan vertical qui contient AB. Soient Ox, Oy deux axes rectangulaires dans ce plan, le premier étant vertical et descendant ; s, l'arc de la courbe (compté à partir de A) ; $u = \left(\frac{ds}{dt}\right)^2$, le carré de la vitesse ; θ, l'angle de la tangente avec Ox ; g, l'accélération due à la pesanteur ; τ, le coefficient de frottement. L'équation du mouvement projeté sur la tangente — ou, ce qui revient au même, l'équation des forces vives, — donne

$$(189) \qquad \frac{1}{2}\, du = g\, dx - \left[\varphi(u) + \tau|N|\right] ds$$

en prenant pour unité de masse la masse du point considéré, et en désignant par $\varphi(u)$ la résistance fonction de la vitesse. N est la réaction normale, donnée en fonction des forces agissantes et du rayon de courbure $R = \frac{ds}{d\theta}$ de la trajectoire, par la relation

$$(189') \qquad N = g\frac{dy}{ds} + \frac{u}{R} = g\sin\theta + u\frac{d\theta}{ds}.$$

Dans le cas où on ne fait intervenir que la résistance $\varphi(u)$ et non le frottement, l'équation (188) se réduit à

$$(K') \qquad \frac{1}{2}\, du = g\, dx - \varphi(u)\, ds = g\, dx - \varphi(u)\sqrt{dx^2 + dy^2}.$$

C'est le cas traité par Euler et Lagrange. L'équation différentielle donnée ne contenant explicitement ni x ni y, on a (n° **211**) en désignant par μ un multiplicateur, les deux intégrales premières

$$(190) \qquad \begin{cases} \mu\left(g - \varphi(u)\dfrac{dx}{ds}\right) = \text{const.} \\ \mu\varphi(u)\dfrac{dy}{ds} = \text{const.} \end{cases}$$

qui permettent d'achever l'intégration sans difficulté.

Il n'en est plus de même lorsqu'on tient compte du frottement. L'équation différentielle est

$$(K) \qquad \frac{1}{2}\,du = g\,dx - \varphi(u)\sqrt{dx^2+dy^2} \mp \tau(g\,dy + u\,d\theta).$$

Si l'on y remplace θ par sa valeur $\theta = \operatorname{arc}tg\,\frac{dy}{dx}$, elle devient du second ordre. On obtient donc, pour les extrémales, des équations différentielles qui, même intégrées une fois (comme nous l'avons fait pour $\tau = 0$) restent du troisième ordre.

216 *bis*. Reprenons au contraire la relation (K) et, au lieu du problème de Mayer qui nous est proposé, savoir :

« Trouver le maximum de la valeur finale de u lorsqu'on donne « la valeur initiale de cette quantité, ainsi que les valeurs initiales « et finales de x et de y »

considérons le suivant :

« Trouver l'extremum de la valeur finale de y, connaissant sa « valeur initiale, ainsi que les valeurs initiales et finales de u et « de x ».

Les extrémales ne seront pas changées.

Or, dans ces nouvelles conditions, nous pouvons admettre qu'on se donne d'abord arbitrairement la relation entre u et θ : relation qui, en considérant u et θ comme des coordonnées dans un plan auxiliaire, sera représentée par un arc de courbe (¹) $\mathcal{C}$ aux deux extrémités duquel u aura les valeurs initiale et finale (maintenant données) u^0, u^1. Dès lors, l'équation différentielle (K), pouvant s'écrire

$$(191) \qquad g\,dx \mp \tau g\,dy - \varphi(u)\,ds = \frac{1}{2}\,du \pm \tau u\,d\theta$$

avec

$$dx = \cos\theta\,ds, \qquad dy = \sin\theta\,ds$$

(¹) Cet arc de courbe peut d'ailleurs se réduire à un point, le mouvement étant alors rectiligne et uniforme : il suffit, pour cela, de prendre pour θ et u deux constantes telles que $g(\cos\theta \mp \tau\sin\theta) - \varphi(u) = 0$. Nous n'entrons pas ici dans l'examen complet des restrictions que l'on doit imposer à $\mathcal{C}$ pour que les équations (191') définissent une trajectoire acceptable. L'une de ces restrictions intervient plus loin (nº **219**).

permettra de déterminer les valeurs finales x^1, y^1 de x et de y en fonction des valeurs initiales x^0, y^0 par les intégrales (prises le long de l'arc de courbe $\mathcal{C}$).

$$(191') \quad \left\{ \begin{aligned} x^1 - x^0 &= \int \frac{\cos\theta \left(\frac{1}{2}\, du \pm \tau u\, d\theta\right)}{g(\cos\theta \mp \tau \sin\theta) - \varphi(u)} \\ y^1 - y^0 &= \int \frac{\sin\theta \left(\frac{1}{2}\, du \pm \tau u\, d\theta\right)}{g(\cos\theta \mp \tau \sin\theta) - \varphi(u)} \end{aligned} \right.$$

Les courbes cherchées correspondent à l'extremum d'une de ces intégrales lorsqu'on donne la valeur de l'autre, par conséquent à l'extremum libre de l'intégrale

$$\int_{u=u^0}^{u=u^1} \frac{\left(\frac{1}{2}\, du \pm \tau u\, d\theta\right)(l \cos\theta + m \sin\theta)}{g(\cos\theta \mp \tau \sin\theta) - \varphi(u)}$$

où l, m sont des constantes [1].

D'après la forme particulière de cette intégrale, nous savons (n° **66**) que l'extremum en question, s'il existe, correspond nécessairement à la courbe représentée par l'équation

$$(192) \quad \frac{1}{2} \frac{\partial}{\partial\theta} \left(\frac{l \cos\theta + m \sin\theta}{g(\cos\theta \mp \tau \sin\theta) - \varphi(u)} \right) = \pm \tau (l \cos\theta + m \sin\theta) \frac{\partial}{\partial u} \left(\frac{u}{g(\cos\theta \mp \tau \sin\theta) - \varphi(u)} \right)$$

laquelle se réduit, pour $\tau = 0$, à celle qu'avait obtenue Lagrange.

L'équation *en termes finis* qui lie u et θ étant ainsi connue, les intégrales (191') donnent x et y.

217. Mais nous voyons en même temps que le problème précédent, — ou plutôt le problème primitif auquel nous allons revenir, maintenant que nous avons obtenu les extrémales — rentre dans une catégorie exceptionnelle (Cf. n° **155**) où les conditions

---

[1] Nous introduisons les *deux* constantes l, m, lesquelles n'interviendront dans les résultats que par leur rapport, parce que ce rapport est susceptible de devenir infini, chacune des constantes l, m pouvant devenir nulle. Ces constantes ne sont d'ailleurs (à l'ordre près) que les seconds membres des équations (190).

du premier ordre *ne peuvent pas* être toutes vérifiées en même temps (¹).

Observons en effet que l'extrémale définie par les équations précédentes dépend (outre les valeurs initiales x^0, y^0) de la seule constante arbitraire $\frac{l}{m}$. Son extrémité (x^1, y^1) dépend en outre de la valeur finale u^1 de u. Si l'on écrit que les intégrales (191') ont des valeurs données, les deux constantes $\frac{l}{m}$ et u^1 seront en général déterminées. Or on obtient des conditions nouvelles en exprimant que l'arc d'extrémale correspondant annule la variation première même lorsque x^0, y^0, x^1, y^1 restant fixes, on varie les valeurs initiale et finale θ^0 et θ^1 de l'argument θ.

Il suffit pour cela d'écrire la formule aux limites, soit ici (comparer encore nº **155**)

$$(193)\quad l\,\delta(x^1 - x^0) + m\,\delta(y^1 - y^0) = \frac{\left(\frac{1}{2}\delta u^1 \pm \tau u^1 \delta\theta^1\right)(l\cos\theta^1 + m\sin\theta^1)}{g(\cos\theta^1 \mp \tau\sin\theta^1) - \varphi(u^1)} - \frac{\left(\frac{1}{2}\delta u^0 \pm \tau u^0 \delta\theta^0\right)(l\cos\theta^0 + m\sin\theta^0)}{g(\cos\theta^0 \mp \tau\sin\theta^0) - \varphi(u^0)}.$$

Le premier membre doit être nul dans nos hypothèses, ainsi que δu^0 ; on a donc

$$\frac{\left(\frac{1}{2}\delta u^1 \pm \tau u^1 \delta\theta^1\right)(l\cos\theta^1 + m\sin\theta^1)}{g(\cos\theta^1 \mp \tau\sin\theta^1) - \varphi(u^1)} = \pm\frac{\tau u^0 \delta\theta^0 (l\cos\theta^0 + m\sin\theta^0)}{g(\cos\theta^0 \mp \tau\sin\theta^0) - \varphi(u^0)}$$

et, en la résolvant par rapport à δu^1, on voit que δu^1 ne peut pas être nul quel que soit $\delta\theta^1$ (du moins pour $\tau \neq 0$) si l'on n'a pas $u^1 = 0$.

L'hypothèse $u^1 = 0$, — incompatible en général avec les équations (191), (192), puisqu'on disposerait alors du seul paramètre $\frac{l}{m}$ pour vérifier les deux équations (191) — donnerait évidemment, au lieu du maximum cherché, un minimum, dû à ce que

(¹) Ces problèmes cessent forcément d'être ordinaires au sens du nº **208**.

l'inégalité $u^1 \geqslant 0$ fait évidemment partie de la définition du champ.

218. Considérons en particulier le cas où il n'y a pas de résistance $\varphi(u)$. L'équation (192) se réduit à

$$(194) \qquad \frac{1}{2}\frac{\partial}{\partial\theta}\left(\frac{l\cos\theta + m\sin\theta}{\cos\theta \mp \tau\sin\theta}\right) = \pm\tau\frac{l\cos\theta + m\sin\theta}{\cos\theta \mp \tau\sin\theta},$$

et donne par conséquent $\theta = \text{const.}$ Les extrémales sont donc des *lignes droites*.

Nous pouvons, dans ce cas, former l'équation du problème par une autre voie, en laissant de côté la ligne auxiliaire $\mathcal{C}$ pour revenir à la ligne $\mathcal{L}$ elle-même. Si, en effet, on suppose celle-ci donnée, l'équation (K) est (pour $\varphi(u) = 0$), une équation linéaire du premier ordre en u, et nous donne (en y prenant, pour fixer les idées, le signe supérieur)

$$(195) \qquad u^1 = e^{-2\tau\theta^1}\left[u^0 e^{2\tau\theta^0} + 2g\int e^{2\tau\theta}(dx - \tau dy)\right]$$

θ étant égal à arc tg $\frac{dy}{dx}$.

Nous sommes ainsi ramenés à un problème d'extremum *libre*.

Mais ce problème appartient à une catégorie à laquelle nous avons fait allusion au n° **159**, et pour laquelle la quantité qui doit être extrema dépend :

1° d'une intégrale définie du type étudié aux Chap. I et II ;

2° de la *direction* de la ligne d'intégration en un ou plusieurs de ses points (ici ses extrémités).

Dans un problème de cette nature, il est en général impossible d'annuler la variation première.

Cela résulte de ce que (**58** *bis*) pour que la variation de l'intégrale définie

$$(196) \qquad \int_{x^0}^{x^1} e^{2\tau\,\text{arc tg}\,y'}(1 - \tau y')\,dx$$

qui figure au second membre de (195) soit nulle pour x^0, y^0, x^1, y^1, θ^0, θ^1 donnés (et, par conséquent, pour que δu^1 soit nul dans les mêmes conditions) il faut la même condition que si θ^0, θ^1 étaient variables, savoir que $\mathfrak{L}$ soit une extrémale relative à l'intégrale en question. Ceci donne bien, comme nous l'avons trouvé tout à l'heure

$$y' = \text{const.} \tag{197}$$

Mais de plus, il faudra encore écrire que δu^1 est nul pour $\delta\theta^0$, $\delta\theta^1 \neq 0$. Or, moyennant (197), la formule (195) donne

$$\delta\left(u^1 e^{2\tau\theta^1}\right) = \delta\left(u^0 e^{2\tau\theta^0}\right)$$

et l'on voit que les coefficients de $\delta\theta^0$, $\delta\theta^1$ dans l'expression de δu_1 ne peuvent être nuls tous les deux que si les vitesses initiale et finale u^0, u^1 sont elles-mêmes nulles.

219. Il n'est cependant pas exact que u^1 ne puisse pas en général être rendu maximum : il est évident au contraire qu'un tel maximum est atteint lorsque le point (x^1, y^1) est situé à l'intérieur de la parabole de sûreté (n° **116**) relative au point initial (x^0, y^0) et à la vitesse initiale u^0, en prenant pour trajectoire $\mathfrak{L}$, la parabole que devrait suivre un mobile pesant *libre* pour aller d'un de ces points à l'autre. La résistance passive de frottement a alors un travail nul, au lieu que ce travail serait négatif dans tout autre cas.

Ce fait n'est nullement en contradiction avec les résultats que nous venons d'obtenir. Rappelons-nous, en effet, que l'équation (191) représente en réalité deux équations différentielles distinctes suivant qu'on y prend le signe supérieur ou le signe inférieur devant les termes en τ et que, par conséquent, on peut, suivant les cas, avoir affaire à *deux* problèmes de Mayer différents. Nous avons admis provisoirement que le choix était fait une fois pour toutes entre ces deux problèmes.

Or, ce choix dépend, en fait, du signe de la réaction normale N : on devra prendre les signes supérieurs dans les formules (191) à (196), si l'on a

$$N > 0 \tag{198}$$

et les signes inférieurs si l'on a

$$(198') \qquad N < 0.$$

Les trajectoires de la première espèce qui sont à gauche de la parabole de chute libre tangente peuvent être appelées *sinistrorsum*, les secondes, celles qui correspondent à l'inégalité (198'), trajectoires *dextrorsum*.

Le cas intermédiaire est celui où l'on a

$$(199) \qquad N = g\frac{dv}{ds} + \frac{u}{R} = 0.$$

Il correspond évidemment aux trajectoires de chute libre puisque alors la force de liaison disparaît ; et c'est bien, on le vérifie aisément, ce que représente le système des équations (191) (avec $\varphi(u) = 0$) et (199).

Les paraboles de chute libre sont donc situées à la frontière des champs où nos deux équations différentielles (celles qui correspondent aux deux signes que l'on peut adopter dans (191)) sont respectivement valables. De telles lignes ne satisfont pas en général (ni en particulier, dans le problème actuel) à l'équation différentielle des extrémales, mais seulement aux conditions relatives aux *variations unilatérales*, telles que nous les avons écrites au n° **213** *bis* (1). Il est clair, d'après ce qui précède, qu'une parabole de chute libre donnera $\delta u^1 < 0$ pour toutes les variations acceptables.

Ce cas est, comme nous le voyons, le seul où le maximum ne soit pas fourni par une extrémale.

Si donc l'extrémité B est intérieure à la parabole de sûreté relative à A, la solution est donnée par l'une quelconque des deux paraboles de chute libre qui vont de l'une à l'autre.

Dans le cas contraire, le maximum (en admettant qu'il existe) ne peut correspondre qu'à une ligne composée de segments d'extrémales, — c'est-à-dire de segments de droites — et d'arcs de paraboles de chute libre, ce dernier cas étant forcément (d'après les considérations précédentes) celui qui se présente pour les deux

---

(1) Les relations (198), (198') sont, en effet, des inégalités différentielles.

portions terminales, celle qui aboutit au point B, et celle qui part du point A (sauf si la vitesse initiale est nulle) ([1]).

Quant à la droite AB elle-même, elle peut fournir et fournit en effet (voir liv. III, chap. III) l'extremum par rapport aux lignes qui sont tangentes à cette droite en A et en B ([2]).

220. Bien entendu, ces particularités ne se présentent pas dans le cas de Lagrange ($\tau = 0$) : les termes en $\delta\theta^0$ et $\delta\theta^1$ disparaissent de la formule aux limites (193). Celle-ci se réduit à

$$P^0\delta u^0 - P^1\delta u^1 = l\delta x^1 + m\delta y^1 - (l\delta x^0 + m\delta y^0)$$

P^0 et P^1 n'étant (comme on s'en assure aisément) ni nuls, ni infinis en vertu des équations du problème. Donc, pour A et B fixes, $\delta u^0 = 0$ entraîne bien $\delta u^1 = 0$.

Si A et B sont mobiles sur des courbes données, on doit avoir, sur chacune d'elles,

$$l\delta x + m\delta y = 0$$

autrement dit, *les tangentes à ces courbes entre A, B doivent être parallèles entre elles* : résultat également obtenu par Lagrange.

221. Applications analytiques. — La formule (γ), comme l'équation correspondante relative aux extréma libres, permet de passer de l'étude de notre système différentiel à celle d'une équation aux dérivées partielles.

Partons d'abord du problème de Lagrange, et posons comme précédemment

$$q_i = f_{y'_i} \qquad (i = 1, \dots n) \tag{200}$$

$$H = \sum_{i=1}^{n} y'_i f_{y'_i} - f. \tag{201}$$

([1]) On doit, dans le problème actuel, exclure les trajectoires à points anguleux, un tel point donnant évidemment lieu à des chocs qui mettraient en défaut nos équations. D'ailleurs, si on admettait de tels points anguleux, en y supposant u continu, le problème cesserait de se poser : sa solution serait fournie par une suite de paraboles de chute libre, par lesquelles on pourrait toujours joindre A à B.

([2]) Au contraire, si $\mathfrak{T}$ était assujettie à avoir en A ou en B une tangente donnée distincte de AB, il résulte de ce qui précède qu'aucun extremum ne serait possible.

Entre les $n+1$ équations que nous venons d'écrire et les p équations (K_1), on peut éliminer les n quantités y'_i et les p quantités l.

Si le problème est ordinaire, on obtiendra ainsi une seule équation exprimant H en fonction de $q_1, q_n, \ldots x, y_1, \ldots y_n$: autrement dit, les premiers membres des équations (K_1) et (200) forment un système de $n+p$ fonctions indépendantes par rapport aux variables y'_i, l_h. En effet, le déterminant fonctionnel de ces fonctions n'est autre que le déterminant (182) du n° **208** (après suppression des lignes et des colonnes où figure l'indice zéro).

Moyennant l'expression ainsi obtenue

$$H = H(q_1, \ldots q_n, y_1, \ldots y_n, x) \tag{202}$$

de H, la formule (γ_1) (n° **212**) montre, comme au chap. III, que *l'intégrale*

$$I_{(\lambda)(x^0, y_1^0, \ldots y_n^0)}^{(x, y_1, \ldots y_n)}$$

considérée comme fonction des coordonnées $x, y_1, \ldots y_n$ vérifie l'équation aux dérivées partielles

$$\frac{\partial I}{\partial x} + H\left(\frac{\partial I}{\partial y_1}, \frac{\partial I}{\partial y_2}, \ldots \frac{\partial I}{\partial y_n}, y_1, \ldots y_n, x\right) = 0. \tag{203}$$

222. Cherchons, d'autre part, les dérivées de H par rapport à nos nouvelles variables.

On remarquera que les équations (K_1) peuvent s'écrire

$$\frac{\partial f}{\partial l_h} = 0 \qquad (h = 1, 2, \ldots p)$$

et que, par conséquent, dans la différentiation totale de H, ces équations (K_1) feront disparaître les termes qui proviennent de la différentiation par rapport aux l.

Grâce à cette circonstance, nous pourrons, dans cette différentiation, traiter les l comme des constantes (quoique ce soient en réalité des fonctions des variables précédentes) absolument comme on peut substituer au plan tangent de l'enveloppe celui de l'enveloppée.

La différentielle totale de H sera dès lors la même qu'au n° **140**

$$(204) \qquad dH = \sum_i y'_i dq_i - f_{y_i} dy_i.$$

Il suit de là que nos extrémales vérifieront encore les équations *canoniques*

$$(C) \qquad \frac{dy_i}{dt} = \frac{\partial H}{\partial q_i}, \qquad \frac{dq_i}{dt} = -\frac{\partial H}{\partial y_i}.$$

223. L'intervention de la *figurative* et de la *figuratrice* éclaire notablement les considérations précédentes.

x, y_1, y_2,... y_n étant encore considérés comme constants, y'_1, y'_2,... y'_n, f_0 seront les coordonnées d'un point de l'espace à $n+1$ dimensions. Les y', n'étant plus ici indépendants mais liés par les équations (K_1), le point en question décrira dans cet espace une multiplicité $n-p+1$ fois étendue. C'est cette multiplicité qui sera la *figurative*.

Prenons, par exemple, pour simplifier les représentations géométriques, le cas de deux fonctions inconnues y_1, y_2 liées par une seule équation différentielle

$$(K_1) \qquad g_1 = 0.$$

La figurative sera, dans l'espace ordinaire, lieu du point (y'_1, y'_2, f_0), une *courbe* définie par l'équation (K_1) de sa projection sur le plan des $y'_1\, y'_2$ et par la valeur de l'ordonnée f_0 correspondant à chaque point de cette projection.

La transformation de Legendre, définie par les équations (200), (201) reviendra encore à prendre la polaire réciproque de cette figurative par rapport au paraboloïde

$$(205) \qquad {y'_1}^2 + {y'_2}^2 - 2f_0 = 0.$$

On voit bien ainsi comment, de la figurative qui est une courbe, nous déduirons une surface, celle qui est représentée par l'équation (202). Cette surface, — qui est encore dite la *figuratrice* — est une développable : les différents points d'une même génératrice sont les pôles des différents plans qu'on peut mener par une même tangente à la figurative. Les quantités q_1, q_2, H, lorsqu'on y laisse

y'_1, y'_2 constants et qu'on fait varier le multiplicateur l, représentent bien le pôle d'un plan qui tourne autour d'une telle tangente.

Cette interprétation rend évident un fait qui, sans elle, n'apparaîtrait pas immédiatement sur les équations (C). Celles-ci sont vérifiées par toute solution du système (K_1), (E_1); inversement, ces mêmes équations entrainent bien les équations (E_1). Mais en déduit-on également les équations différentielles données (K_1)?

Il est maintenant clair qu'il en est bien ainsi. Les valeurs des y' tirés de (204') donnent en effet (avec la valeur correspondante de f_0) les coordonnées du pôle (par rapport au paraboloïde analogue à (205)) d'un plan tangent quelconque à la figuratrice. Ce sont donc les coordonnées d'un point de la figurative. Elles vérifient bien les équations (K_1).

223 *bis*. De plus *la condition nécessaire et suffisante pour que la figuratrice soit une surface est que le problème soit ordinaire*.

Ce résultat est remarquable en ce qu'il est identique à celui qui a été obtenu au n° **140** *ter*.

Nous avons donc, sous cette forme, le même énoncé pour une question d'extremum libre et pour une question d'extremum lié prise sous la forme du problème de Lagrange.

Il en est encore de même, comme nous allons le voir, pour le problème de Mayer.

224. Venons à ce dernier problème. Soit

$$\Sigma(x, y_0, y_1, \ldots y_n) = 0$$

l'équation de la surface Σ ou Σ_1 considérée au n° **215**. Les coefficients de son plan tangent sont proportionnels à ceux qui figurent dans la formule (7). Posons donc

$$(206) \qquad q_i = \varkappa f_{y'_i} \qquad (i = 0, 1, \ldots n)$$

$$(207) \qquad \mathrm{H} = \varkappa \sum_i y'_i f_{y'_i} - \sum_i y'_i q_i,$$

$\varkappa$ étant une nouvelle arbitraire. Nous éliminerons cette inconnue, les rapports mutuels des l et les $n+1$ valeurs des y' entre les $n+2$

relations précédentes et les $p+1$ équations (K) du problème, et nous aurons ainsi une relation de la forme

$$H = H_0(q_0, q_1, \ldots q_n, y_0, \ldots y_n, x) \tag{208}$$

(où H_0 est évidemment homogène et de degré 1 par rapport à $q_0, \ldots q_n$). De même que, précédemment, (203) était l'équation aux dérivées partielles à laquelle satisfait l'intégrale I.

$$\frac{\partial \Sigma}{\partial x} + H_0\left(\frac{\partial \Sigma}{\partial y_0}, \frac{\partial \Sigma}{\partial y_1}, \cdots \frac{\partial \Sigma}{\partial y_n}, y_0, \ldots y_n, x\right) = 0 \tag{209}$$

est l'équation aux dérivées partielles des surfaces Σ *ou* Σ_Γ. On verra, comme précédemment, qu'on obtient ainsi l'intégrale générale de cette équation.

D'autre part, de la fonction H_0, on déduira encore les équations du problème sous la forme canonique.

L'équation (207) donne, en effet, en la différentiant et tenant compte de $f = 0$, la différentielle de H sous la forme (204) (au facteur $\varkappa$ près par lequel seront multipliés les termes en dy_i), ce qui suffit pour qu'on ait les équations canoniques.

L'intégrale générale de celles-ci dépend, comme celles des équations du n° **208**, de $2n+2$ constantes arbitraires alors qu'il n'en entre que $2n+1$ dans la solution du problème actuel. La dernière constante est, comme dans le cas des équations du n° **208**, un facteur commun constant par lequel on peut multiplier les I.

La *figurative* sera ici représentée par les équations (K). L'équation (209) représentera la *figuratrice*. La condition pour que cette dernière soit définie par une seule équation est précisément que le déterminant (182) soit différent de zéro.

Les modifications à faire subir à ces calculs et à ceux du n° **221** dans le cas où le problème est pris sous forme paramétrique sont calquées sur ce qui a été dit au n° **140** *bis*. On aboutira donc, là encore, à une équation aux dérivées partielles et à une forme canonique (¹) des équations différentielles.

(¹) Ces équations seront déduites d'une fonction $\overline{H}_0$, qui en sera une intégrale et devra avoir la valeur zéro, ce qui diminuera d'une unité le nombre des constantes d'intégration.

225. A l'aide de ces données, nous sommes en mesure de compléter les résultats obtenus aux n^{os} **147-148** *bis*.

Soit l'équation aux dérivées partielles

$$(210)\qquad \frac{\partial I}{\partial x} + H(q_1,\dots q_n, x, y_1,\dots y_n) = 0 \quad ; \quad q_i = \frac{\partial I}{\partial y_i}$$

débarrassée de la fonction inconnue et résolue par rapport à la dérivée $\frac{\partial I}{\partial x}$. Ecrivons les relations

$$(211)\qquad y'_i = \frac{\partial H}{\partial q_i} \qquad (i = 1, 2,\dots n).$$

Si ces équations peuvent être résolues par rapport aux n quantités q_i, elles nous serviront à exprimer, en fonction de x, des y et des y', la quantité

$$(212)\qquad f_0 = \sum q_i \frac{\partial H}{\partial q_i} - H.$$

On intégrera alors notre équation aux dérivées partielles par la méthode exposée au n° **147**, en résolvant le problème de l'extremum libre de l'intégrale $\int f_0 dx$. *Ce problème est d'ailleurs ordinaire au sens du* n° **59** (sans quoi les q_i ne seraient pas des variables indépendantes) et, par conséquent, les considérations développées à l'endroit cité sont certainement applicables.

Supposons, au contraire, que le hessien $\mathcal{H}$ de H par rapport à $q_1 \dots, q_n$ soit nul. Alors la surface représentée (H, $q_1 \dots q_n$ étant les coordonnées) par l'équation

$$(213)\qquad H = H(q_1,\dots q_n)$$

aura pour polaire réciproque non plus une surface définie par une seule équation [1], mais une multiplicité (par exemple, une courbe, si $n = 3$) représentée :

1° Par un certain nombre de relations

$$(K)\qquad g_h(y'_1,\dots, y'_n, y_1,\dots y_n, x) = 0 \qquad (h = 1, 2,\dots p)$$

entre les y';

2° Par une expression, en fonction de ces variables, de la quantité f_0, premier membre de (212).

---

[1] Comme la polaire réciproque d'une ligne ou d'une surface peut être rejetée tout entière à l'infini, il y a lieu de remarquer que cette circonstance est impossible ici, ainsi que le montrent les équations (211).

Nous intégrerons, en général, notre équation aux dérivées partielles par la résolution d'un problème de Lagrange, celui qui est relatif à l'extremum de l'intégrale $\int f_0 dx$ moyennant les équations (K).

De plus, les calculs auxquels nous sommes ainsi conduits en fin de compte sont entièrement identiques à ceux que nous avions obtenus précédemment pour $\mathcal{H} \not\equiv 0$. Dans un cas comme dans l'autre, on est ramené à l'intégration du système canonique (C).

On peut donc dire que dans ces conditions la méthode de Jacobi ne subit *aucune modification*.

Toutefois pour qu'elle soit applicable, il faut :

1° Que le déterminant fonctionnel des quantités q par rapport à p, convenablement choisis, des y' soit en général différent de zéro. Il en est toujours ainsi, car, d'après la manière même dont elles sont obtenues, les relations (K) ne sauraient entraîner de relation entre les variables x et y;

2° Que le problème de Lagrange en question soit ordinaire. Cette condition est également toujours vérifiée : nous avons vu en effet qu'elle revient à dire que la figuratrice est représentée par une seule équation. Or, c'est ici cette équation unique qui est donnée *à priori*;

3° Que l'on puisse faire passer une extrémale par deux points arbitrairement choisis de l'espace à $n+1$ dimensions; autrement dit, que le déterminant fonctionnel des $2n$ équations de condition ainsi écrites par rapport aux $2n$ constantes arbitraires dont dépend l'intégrale générale des équations (C) soit en général différent de zéro.

Or nous verrons au Livre IV que (lorsque le problème est ordinaire) le déterminant fonctionnel en question ne peut être nul tout le long d'une extrémale déterminée que si celle-ci rend le champ donné *singulier*.

Cette circonstance devrait dans le cas actuel se présenter pour toutes les extrémales du problème.

Autrement dit, notre méthode ne sera en défaut que dans le cas où les extrémales du problème de Lagrange coïncident avec celles du problème de Mayer correspondant aux équations (K).

226. De tels cas peuvent d'ailleurs effectivement se présenter. Les solutions du problème de Mayer, lesquelles dépendent de $2n-1$ constantes arbitraires, comptent alors chacune pour ∞ solutions du problème de Lagrange (¹) (différant entre elles par les valeurs des l).

C'est ce qui arrive forcément si H *est homogène et du premier degré par rapport à* $q_1, q_2, \dots q_n$. La quantité f_0 définie par la formule (212) est

(¹) La singularité qui se présente est celle du n° **205** *bis* et non celle du n° **205**. Dans le problème de Lagrange, en effet, la quantité q_0 se réduit à l_0. Or pour une solution quelconque des équations (E) (et, par conséquent, sur une extrémale arbitraire), l_0 a une valeur (constante) arbitraire.

alors visiblement *nulle*, de sorte que la fonction f du problème de Lagrange se réduit bien à celle du problème de Mayer.

Si maintenant nous nous reportons à ce qui a été dit au n° **148** *bis*, nous voyons qu'en faisant disparaître la fonction inconnue d'une équation aux dérivées partielles par la transformation (117), *on aboutira nécessairement à une équation présentant la singularité en question.*

227. Il est aisé de voir que le cas où H est homogène et de premier degré n'est pas le seul qui mettte en défaut la méthode du n° **225**.

Soient, par exemple, I_0, I_1 deux intégrales définies dont l'extremum libre conduit aux mêmes extrémales, — telles que (voir la note (3) de la page 158, n° **144**)

$$(214)\qquad \begin{cases} I_0 = \displaystyle\int f_0(y')\,dx \\ I_1 = \displaystyle\int f_1(y')\,dx. \end{cases}$$

Le problème de l'extremum de I_0 pour une valeur donnée de I_1 présentera précisément la singularité qui nous occupe.

Si (comme il arrivera en général) ce problème est ordinaire, il correspondra à une équation aux dérivées partielles à laquelle la méthode de Jacobi ne s'appliquerait plus directement.

On généralise d'ailleurs immédiatement l'exemple (214) au cas d'un nombre quelconque de variables : il suffit de considérer deux (ou plusieurs) intégrales I_0, I_1 dans lesquelles la quantité sous le signe $\int$ ne contienne que les dérivées (et non pas les variables elles-mêmes).

Par exemple, pour

$$(214')\qquad \begin{cases} I_0 = \displaystyle\int f_0(y', z')\,dx \\ I_1 = \displaystyle\int f_1(y', z')\,dx \end{cases}$$

les équations différentielles des extrémales, soit

$$(E)\qquad \begin{cases} \dfrac{d}{dx}\dfrac{\partial(f_0 + lf_1)}{\partial y'} = 0, \\ \dfrac{d}{dx}\dfrac{\partial(f_0 + lf_1)}{\partial z'} = 0 \end{cases}$$

donneront

$$(215)\qquad \begin{cases} \dfrac{\partial f_0}{\partial y'} + l\dfrac{\partial f_1}{\partial y'} = \alpha \\ \dfrac{\partial f_0}{\partial z'} + l\dfrac{\partial f_1}{\partial z'} = \beta \end{cases}$$

(α, β, l étant des constantes) : d'où, en général

$$y' = z' = \text{const.}$$

Les droites ainsi obtenues seront des extrémales libres pour I_1, c'est-à-dire des singularités du champ.

Il y aura exception si, pour des valeurs particulières de l, α, β, les deux équations (215) se réduisent à une seule. Elles seront alors vérifiées par des courbes dépendant de fonctions arbitraires (y pouvant, par exemple, être pris arbitrairement en fonction de x) et qui seront des solutions singulières [1] des équations (E), pour lesquelles par conséquent (si le problème est supposé mis sous la forme de Mayer), le déterminant (182) s'annule.

Ces solutions singulières des équations (E) sont ici les seules extrémales qui ne soient pas (en général) des singularités du champ. Toutes les solutions (singulières ou non) des équations (E) annulent d'ailleurs la variation première de I_0 dans les conditions indiquées, et sont les seules à l'annuler, conformément à notre théorie générale.

228. *Exemple.* — Ce curieux cas d'exception intervient, en particulier, dans le problème suivant, dont M. Kneser a signalé la solution donnée par Vieille [2] en 1851 :

Etant donnés deux plans parallèles, mener entre eux une ligne de longueur donnée, telle que l'aire de la surface cylindrique ayant cette ligne pour directrice et pour génératrices des perpendiculaires terminées aux deux plans, soit maxima (ou, ce qui revient évidemment au même, *telle que la longueur de sa projection sur l'un des plans soit maxima*).

I_1 étant la longueur de la ligne cherchée; I_0, celle de sa projection sur l'un des plans (pris pour plan des xy), on aura [3]

$$I_1 = \int \sqrt{1 + y'^2 + z'^2}\, dx, \qquad I_0 = \int \sqrt{1 + y'^2}\, dx.$$

---

(1) En effet, si une solution d'un système d'équations différentielles ordinaires n'est pas singulière, les solutions voisines ont nécessairement le degré de généralité donné par les théorèmes fondamentaux de la théorie des équations différentielles, c'est-à-dire dépendent de constantes arbitraires.

(2) VIEILLE, *Cours Complémentaire d'Analyse et de Mécanique rationnelle*; Paris 1851, p. 118; KNESER, *Encyclop. der Math. Wiss.* II A 8 p. 584.

(3) Nous prenons x comme variable indépendante, afin de ne pas changer les notations des numéros précédents. Il est clair qu'il faudrait employer ici la forme paramétrique (voir la note suivante).

Les équations (215), soit ici

$$\frac{ly'}{\sqrt{1+y'^2+z'^2}}+\frac{y'}{\sqrt{1+y'^2}}=\alpha,$$

$$\frac{lz'}{\sqrt{1+y'^2+z'^2}}=\beta,$$

définissent, en général, des lignes droites, mais, pour toutes les valeurs de α, β, l qui vérifient les relations

$$\alpha=0, \qquad 1\pm l\sqrt{1-\beta^2}=0$$

elles se réduisent à une seule

$$\frac{z'}{\sqrt{1+y'^2}}=\text{const.}$$

qui définit les vraies solutions du problème (les lignes droites étant celles de ces solutions qui sont en même temps singularités du champ).

On voit que ces solutions sont des hélices tracées sur des cylindres parallèles à l'axe des z et de forme d'ailleurs quelconque.

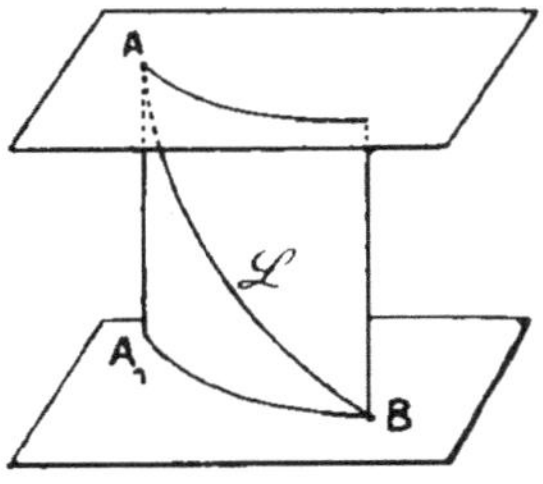

Fig. 26.

Ce résultat apparaît d'ailleurs a priori, en remplaçant la question posée par la question inverse : minimum de I_1, lorsque I_0 est donné.

En effet, sur un cylindre donné, le plus court chemin entre deux points est une hélice, et la longueur I_1 de cette hélice ne dépend que de la différence d'ordonnée de deux points (qui est ici constante et égale à la distance de nos deux plans) et de la longueur de l'arc de section droite correspondant. Si cette dernière quantité I_0 est également donnée, la forme de la section droite n'a pas d'influence sur la valeur de I_1 et peut être choisie arbitrairement sans cesser de fournir le minimum.

Ce minimum correspond d'ailleurs (cf. notions préliminaires, n° **8** *bis*) au maximum (¹) de I_0 quand on donne I_1.

Les équations aux dérivées partielles correspondant à la catégorie de problèmes considérée au n° **227** sont évidemment celles qui possèdent la double propriété : 1° que le hessien $\mathcal{H}$ de H est nul ; 2° que les dérivées partielles y figurent seules, à l'exclusion des variables (²).

229. Il existe donc une infinité d'équations aux dérivées partielles auxquelles l'objection de M. Mayer (nᵒˢ **148-148** *bis*) s'applique.

Mais M. Darboux a montré (³) que l'insuffisance de la méthode de Jacobi n'est qu'apparente et qu'on peut appliquer cette méthode de manière à ce qu'elle ne soit jamais en défaut.

Il est aisé de voir que si l'objection dont il s'agit met en défaut la détermination de l'intégrale complète indiquée précédemment, elle est sans influence sur celle de l'intégrale générale.

Etant donnée, en effet, l'équation aux dérivées partielles

$$(210) \qquad \frac{\partial u}{\partial x} + H(q_1, q_2, \dots q_n, y_1, \dots y_n, x) = 0, \qquad q_i = \frac{\partial u}{\partial y_i}$$

formons le système canonique correspondant,

$$(C) \qquad \frac{dy_i}{dx} = \frac{\partial H}{\partial q_i}, \qquad \frac{dq_i}{dx} = -\frac{\partial H}{\partial y_i}, \qquad (i = 1, 2, \dots n)$$

dont l'intégrale générale sera

$$(216) \qquad y_i = \eta_i(x, x^0, y^0_i, q^0_i), \qquad q_i = \varkappa_i(x, x^0, y^0_i, q^0_i)$$

(¹) Si nous avions employé la forme paramétrique, nous aurions également trouvé la solution $x =$ const., $y =$ const. Cette solution fournit (cf. VIEILLE, *loc. cit.* p. 120) le *minimum* (égal à zéro) de I_0, le chemin correspondant étant formé de segments de la droite en question, parcourus alternativement dans un sens et dans l'autre (cf. n° **183**) de manière à former une longueur totale égale à I_1.

(²) Pour le problème de Vieille traité en dernier lieu, on a

$$H = -\sqrt{(1 - s\sqrt{1 - r^2})^2 - q^2}$$

où $q = \frac{du}{dy}$, $r = \frac{du}{dz}$, $s = \frac{du}{dt}$, t étant une variable égale (sur une extrémale) à $\int_{x^0}^{x} \sqrt{1 + y'^2 + z'^2}\, dx$ et introduite conformément à ce qui a été dit au n° **191** (2°).

(³) *Bull. Sc. Math.* 1ʳᵉ série, t. VIII, p. 249.

ou, ce qui revient au même

$$(216') \qquad y_i^0 = \eta_i(x^0, x, y_i, q_i), \qquad q_i^0 = \varkappa_i(x^0, x, y_i, q_i).$$

Si nous formons l'intégrale définie

$$(217) \qquad I = \int_{x^0}^{x} f_0 dx = \int_{x^0}^{x} \left(\sum_i q_i \frac{\partial H}{\partial q_i} - H\right) dx = I(x^0, x, y_i, q_i),$$

on aura, en toute hypothèse (et, en particulier, indépendamment de la possibilité de joindre deux points par une extrémale)

$$(218) \qquad \delta I = \sum q_i \delta y_i - H\delta x - \left(\sum q_i^0 \delta y_i^0 - H^0 \delta x^0\right)$$

car le calcul direct [1] de δI ne peut (comme nous l'avons déjà remarqué au n° **148**) donner d'autre résultat, puisque la formule précédente est vraie toutes les fois que $\mathcal{H}$, hessien de H, est différent de zéro. Ce calcul est d'ailleurs celui qui a été fait, dans toutes les suppositions possibles, au chap. III et dans celui-ci.

Supposons que H *n'est pas homogène et du premier degré* (de sorte que f n'est pas nul en général).

Soit alors

$$(219) \qquad u(y_1, \ldots, y_n, x)$$

une solution déterminée quelconque de (210). Si se donnant x et les y, on calcule les valeurs correspondantes de u et des dérivées partielles q_i à l'aide de la solution en question, à ce système de valeurs de x, des y_i, des q_i et de u, on pourra faire correspondre un point parfaitement déterminé $(x^0, y_1^0, \ldots, y_n^0)$ de l'espace à $n+1$ dimensions comme il a été expliqué au n° **146**. Il suffira d'écrire les équations (216') en déterminant x^0 par l'équation

$$(217') \qquad I(x^0, x, q_i, y_i) = u$$

ce qui est possible si u est suffisamment petit [2], dès que $f = \frac{\partial I}{\partial x^0} \neq 0$.

Or, si l'on choisit ainsi x^0, y^0, q_i^0, en tous les points de la surface intégrale qui représente la fonction (219), la formule (218) donne, en remarquant que $-H$, $q_1, \ldots q_n$ sont les dérivées partielles de u,

$$(220) \qquad \sum q_i^0 \delta y_i^0 - H^0 \delta x^0 = 0.$$

---

[1] GOURSAT, *Équations aux dérivées partielles du premier ordre*, ch. VI.
[2] Sur cette restriction, voir n° **146**, page 161.

On en déduit :

1° Qu'il existe entre x^0, $y_1^0, \ldots y_n^0$, une ou plusieurs relations

(221) $\varphi_\nu(x^0, y_1^0, \ldots y_n^0) = 0 \qquad (\nu = 1, 2, \ldots r;\ 1 \leqq r \leqq n+1);$

indépendantes de x et des y, c'est-à-dire qui restent les mêmes en tous les points de la surface intégrale;

2° Qu'il existe, en chacun de ces points, r quantités $m_1, \ldots m_r$ telles que

$$(222)\quad \begin{cases} q_i^0 = \sum_\nu m_\nu \dfrac{\partial \varphi_\nu}{\partial y_i^0} \\ -H^0 \equiv -H(q_1^0, q_2^0, \ldots q_n^0, y_1^0, \ldots y_n^0, x^0) = \sum_\nu m_\nu \dfrac{\partial \varphi_\nu}{\partial x^0} \end{cases}$$

(ces dernières équations exprimant, au point de vue du calcul des variations, que l'extrémale définie par les équations (216) est transversale à la multiplicité (221)).

On devra donc éliminer les $3n + r + 1$ *quantités* $x^0, y_i^0, q_i^0, q_i, m_\nu$ *entre les* $3n + r + 2$ *relations* (216′), (217′), (221), (222). La multiplicité (221) sera choisie arbitrairement sous la réserve que l'élimination ainsi opérée conduise à une seule équation [1] (ce qui est certainement possible, puisque l'équation (210) admet des solutions).

229 *bis*. Toutefois, les calculs précédents peuvent être en défaut pour deux raisons :

1° Bien que $f = \sum q_i \dfrac{\partial H}{\partial q_i} - H$ ne soit pas identiquement nul pour toutes les valeurs de x, y_i, q_i, il peut arriver que la fonction considérée u vérifie l'équation aux dérivées partielles

$$(210')\qquad f = \sum q_i \frac{\partial H}{\partial q_i} - H = 0,$$

cette relation ayant, par conséquent, lieu quels que soient x, y_i.

---

(1) Si l'élimination en question conduisait à plusieurs équations entre x, $y_1, \ldots y_n$, u, on aurait ainsi une intégrale au sens généralisé (voir la note suivante) de l'équation (210).

On évitera toujours cette circonstance si l'on prend $r = 1$, la multiplicité représentée par l'équation (unique) (221), jointe à $u = 0$ *ne donnant pas* une intégrale de (210) (c'est-à-dire étant telle que la relation (223) (n° **229** *bis*) ne soit pas une identité en m_1). Cette manière d'opérer donne d'ailleurs, — pourvu qu'on y ajoute au résultat obtenu une constante arbitraire — l'intégrale (proprement dite) la plus générale de (210) qui ne satisfasse pas à l'équation (210′) du n° **229** *bis*.

On voit donc que *notre méthode ne s'applique pas aux intégrales communes à l'équation* (210) *et à l'équation* (210′).

Ceci ne concerne, comme on voit, que des intégrales exceptionnelles d'équations exceptionnelles.

2° Notre solution est illusoire si les relations (216′), (217′), (221), (222) ne sont pas distinctes.

Mais si l'on remplace les équations (216′) par les équivalentes (216), chacune d'elles contient une variable qui ne figure pas dans les autres. Il en est de même de (217′). Quant aux équations (221), elles sont évidemment distinctes par définition.

Seules, les $n+1$ équations (222) pouraient se réduire à n.

Les n premières d'entre elles sont encore évidemment distinctes les unes des autres et des équations (221), pour la même raison que tout à l'heure.

Reste donc le cas où la $n+1^{\text{ème}}$ serait conséquence des autres, c'est-à-dire où les équations (221) entraîneraient

$$(223)\quad \sum m_\nu \frac{\partial \varphi_\nu}{\partial x^0} = -\mathrm{H}\left[\sum m_\nu \frac{\partial \varphi_\nu}{\partial y_1{}^0}, \ldots, \sum m_\nu \frac{\partial \varphi_\nu}{\partial y_n{}^0}, y_1{}^0, \ldots y_n{}^0, x^0\right],$$

cette dernière relation *étant une identité par rapport aux* m_ν.

Une telle circonstance admet une interprétation simple si l'on fait intervenir la notion d'intégrale d'une équation aux dérivées partielles au sens généralisé que lui a donné Lie (¹) : elle exprime que la multiplicité ponctuelle P représentée par l'ensemble des équations (222) et de l'équation $u=0$ définit (²) une telle intégrale pour l'équation (210).

On peut, en général, éviter cette particularité en remplaçant, au besoin, u par $u+C^{te}$ (comparer fin du n° **146**). Mais il peut en être autrement dans certains cas exceptionnels. *Ce second cas d'exception* (³) *rentre d'ailleurs dans celui que nous avons indiqué en premier lieu.* Si, en effet, dans la relation (223), identique par rapport aux m_ν, on multiplie les valeurs de ces dernières quantités par un même paramètre λ, et qu'on dérive par rapport à λ, on trouve que les seconds membres des équations (222) vérifient non seulement la relation (210) mais

---

(¹) Voir Goursat, *Equations aux dérivées partielles du premier ordre*, chap. X (spécial. nos **87, 90**).

(²) Au sens expliqué dans Goursat (*loc. cit.*, n° **89**) : une intégrale de (210) sera donnée par la multiplicité M_n correspondant à la multiplicité ponctuelle P.

(³) Soit S un système en involution (Goursat, *loc. cit.*, chap. VIII) d'équations homogènes par rapport aux dérivées partielles. Si l'équation (210) est une conséquence algébrique des équations de ce système, elle admettra toutes les solutions de S. De telles solutions (qui sont particulières si l'équation n'est pas elle-même homogène) présenteraient notre second cas d'exception : ce sont les seules.

aussi (210'), de sorte que cette dernière équation admet aussi pour intégrale la multiplicité P, ainsi que toutes celles qu'on en déduit en changeant u en $u + C^{te}$.

Notons d'ailleurs qu'en opérant comme il va être expliqué pour les équations homogènes, c'est-à-dire en recherchant la relation entre x, y_i et y sans supposer cette relation résolue par rapport à u, les exceptions précédentes peuvent toujours être évitées.

230. Si H est une fonction homogène et du premier degré en $q_1, \ldots q_n$, nous n'aurons, pour intégrer notre équation aux dérivées partielles qu'à recourir *non plus à la méthode du n°* **221**, *mais à celle du n°* **224**.

En même temps que l'équation (212) nous donnera $f_0 = 0$, les équations (211), entre lesquelles on n'aura, en réalité, à éliminer que les *rapports* des q_i, nous donneront une ou plusieurs relations

$$(K) \qquad g_h(y'_1, \ldots y'_n, y_1, \ldots y_n, x) = 0$$

entre les y' et les variables x, y. Le problème de Mayer défini par les équations (K) aura sa figuratrice représentée par l'équation donnée. Celle-ci sera celle à laquelle on parviendra en appliquant au problème en question les calculs du n° **224**.

Considérons, par exemple, l'équation (116') du n° **148** *bis* et l'équation (116) qui lui correspond par la transformation (117). On pourra leur faire correspondre, comme nous venons de l'indiquer, un problème de Mayer, et, par conséquent (n° **215**), une surface

$$\Sigma(x, y, z\,;\, x^0, y^0, z^0) = 0$$

lieu des extrémales issues d'un point fixe x^0, y^0, z^0 arbitraire. Σ *sera une surface intégrale de l'équation* (116') et l'on en déduira, comme d'habitude, l'intégrale générale.

Enfin toute intégrale de (116') renfermant une constante arbitraire fournit [1] une intégrale de (116).

D'une manière générale, toute équation de la forme (210) dans laquelle H est homogène en $q_1, \ldots q_n$ peut-être considérée comme dérivant par la transformation (117) d'une équation aux dérivées partielles

$$(223) \qquad h = 0$$

qui définit non pas u comme fonction de x, $y_1 \ldots y_n$, mais l'une de ces $n + 1$ quantités comme fonction des n autres.

231. L'intégrale complète Σ peut, ici encore, ne pas exister; mais comme au n° **229**, nous pourrons toujours écrire l'intégrale générale.

---

[1] Voir Goursat, *loc. cit.*, p. 27-29.

Si l'on forme, en effet, les équations canoniques (C) et leur intégrale générale (216′), la relation (218) sera remplacée par

$$\sum q_i \delta y_i - H\delta x - \left(\sum q_i^0 \delta y_i^0 - H^0 \delta x^0\right) = 0.$$

Si à chaque point M d'une surface intégrale de (223), on fait correspondre (comme il a été expliqué au n° précédent) une courbe λ solution des équations (C) et que sur chacune des courbes ainsi obtenues, on prenne, suivant une loi arbitraire, un point $M^0(x^0, y_i^0, q_i^0)$, on aura toujours

$$(220') \qquad \sum q_i^0 \delta y_i^0 - H^0 \delta x^0 = 0.$$

Je dis qu'on peut toujours supposer qu'il existe, entre x^0, y_i^0, q_i^0, au moins *deux* relations indépendantes de la position du point (x, y_i) sur notre surface intégrale.

Donnons-nous, en effet, une de ces relations

$$(225) \qquad \varphi_1(x^0, y^0_1, \ldots y_n^0) = 0$$

qui représente une surface dans l'espace à $n+1$ dimensions. Nous pouvons supposer que cette surface ne soit pas tangente aux courbes λ précédemment obtenues, mais coupe chacune d'elles en un point (que nous prendrons pour le point M^0). S'il en est ainsi ([1]), la relation résultant de la différentiation de (225) ne sera pas équivalente à (220′).

Il existera donc entre $x^0, y_1^0, \ldots y_n^0$ au moins une relation distincte de (225).

Une fois ceci acquis, on a une conclusion tout analogue à la précédente.

Pour avoir l'intégrale générale de (224) (et, par conséquent, comme nous l'avons dit plus haut, celle de (210)), on se donnera *à priori* un système de r relations de la forme (221), mais dans lequel r sera au moins égal à *deux*. Puis on éliminera les $n+1$ quantités x^0, y_i^0 et les rapports mutuels ([2]) des $2n+2$ quantités q_i, q_i^0, m_ν entre les $3n+r+1$ équations (216′), (221), (222).

Ces relations sont toujours distinctes d'après ce qui a été dit au n° 229 *bis*, à moins que la multiplicité ponctuelle (221) ne définisse une solution de notre équation (224). C'est ce qu'on pourra d'ailleurs toujours éviter. Il suffira qu'au point M^0, la direction du plan tangent

---

([1]) La relation (220′) est vérifiée par un déplacement sur λ. Cela revient à dire que toute extrémale est ici transversale à elle-même, f étant nulle.

([2]) Les seconds membres des équations (C) étant ici homogènes et de degrés zéro ou un par rapport à $q_1, q_2, \ldots q_n$, il est aisé d'en conclure qu'il en est de même pour ceux des équations (216′).

à la surface (225) ne vérifie pas l'équation (224) : les équations (222) seront alors incompatibles pour $m_1 = 1$, $m_2 = \ldots = m_r = 0$.

De plus, nous voyons que *toute surface intégrale est un lieu de courbes* λ.

En effet, une surface intégrale de (224) comprend ∞^n points (x, y_i). Il n'existe, au contraire, que ∞^{n-r+1} points M^0 et chacun d'eux ne correspond qu'à ∞^{r-2} courbes λ, parce que : 1° les rapports mutuels des q_i^0, m_ν entrent seuls en jeu ; 2° les équations (222) entraînent (par élimination des q_i^0) une relation non identique entre les m_ν, ainsi que nous venons de le voir.

Donc la courbe λ est la même pour ∞ points M de notre surface, points dont elle constitue le lieu [1].

---

[1] Il est d'ailleurs évident que, s'il en était autrement, il n'existerait pas deux relations entre les coordonnées des points M^0 où la surface arbitraire (225) est coupée par les lignes λ.

CHAPITRE VI

GÉNÉRALISATIONS.
LE CALCUL FONCTIONNEL

232. Fonctionnelles. — Le caractère essentiel du Calcul des Variations réside, nous l'avons vu, dans le fait que l'intégrale

$$I = \int_{x^0}^{x^1} f(y', y, x)\, dx,$$

qui est bien déterminée lorsque la fonction $y(x)$ est donnée, dépend de *la forme de cette fonction*.

Le problème de Mayer nous a offert un second exemple du même fait. Prenons, pour simplifier $p = 1$, nous avons à considérer une quantité (la valeur de la fonction y_0 pour $x = x^1$) qui dépend de la forme des fonctions $y_1, \ldots y_n$: ces dernières sont arbitraires sous la condition de prendre des valeurs données pour $x = x^0$, $x = x^1$.

Le problème de Mayer offre, par rapport à notre problème primitif, un premier degré de généralisation. Mais il est clair qu'il n'est lui-même, à ce point de vue, qu'un cas particulier. De nombreux problèmes empruntés aux diverses branches des mathématiques — et spécialement, à la Physique mathématique — font intervenir des considérations analogues, mais plus générales.

Par exemple [1], si l'on se donne une courbe plane fermée $\mathfrak{L}$,

---

[1] L'ordonnée du point le plus bas d'une courbe $y = \psi(x)$ est également une quantité qui dépend de la forme de $\psi(x)$.

la fonction harmonique qui prend sur $\mathfrak{L}$ une suite donnée continue de valeurs $V(t)$, est bien déterminée ; mais elle varie : 1° avec la forme de la fonction $V(t)$; 2° avec celle de la courbe $\mathfrak{L}$.

Nous dirons en général qu'une quantité U déterminée par la fonction $\psi(x)$ est une *fonctionnelle* de $\psi(x)$. Il est clair qu'il n'y a, en général, aucun rapport entre une fonctionnelle telle que U et une *fonction de fonction*, c'est-à-dire le résultat que l'on obtient en remplaçant t par $\psi(x)$ dans une certaine fonction de t. Nous les distinguerons par les notations : $U_{\psi(x)}$ pour la première, $U(\psi(x))$ pour la seconde.

Plus généralement, on pourra considérer une quantité U qui est déterminée par l'ensemble de plusieurs fonctions de plusieurs variables : $\psi_1(x_1, \ldots x_n)$, ... $\psi_p(x_1, \ldots x_n)$. Ce sera une fonctionnelle de ces fonctions : $U_{\psi_1, \ldots, \psi_p}$.

L'étude de ces expressions constitue ce qu'on appelle le *calcul fonctionnel*.

233. Outre les fonctions $\psi_1, \ldots,$ la quantité U pourra dépendre, comme c'est le cas pour les fonctions ordinaires, de un ou plusieurs *nombres* x (qui peuvent ou non coïncider avec les variables mêmes dont dépendent les fonctions données). U est alors une fonction de x, dont la forme dépend (d'une manière quelconque) de celle des ψ. Ce point de vue a été adopté par MM. Pincherle et Bourlet ([1]). Nous voyons que nous pouvons (au moins dans notre étude actuelle) le considérer comme compris dans celui où nous sommes placés tout d'abord (point de vue de M. Volterra).

234. Les fonctionnelles qu'il y a évidemment lieu de considérer les premières sont manifestement celles auxquelles on peut étendre les principes du Calcul infinitésimal.

Tout d'abord, nous dirons qu'une fonctionnelle est *continue* (pour une détermination donnée de la fonction y sur laquelle elle porte) si, pour toute fonction z suffisamment voisine de y, la valeur absolue de $U_z - U_y$ est inférieure à un nombre positif ε lequel peut être pris aussi petit qu'on veut.

([1]) U_y est nommée par M. Bourlet une *transmuée* de la fonction y. Une transmuée de la fonction $y(x)$ est donc dans notre dénomination, une fonctionnelle de y, qui est, en outre, fonction de la variable x.

Comme nous avons défini plusieurs espèces de voisinage, différant par leurs ordres, il y aura une continuité *d'ordre zéro*, une continuité *d'ordre un*, etc. La plus restrictive est évidemment la continuité d'ordre zéro. Autrement dit, une fonctionnelle continue d'ordre zéro est, par cela même, continue d'ordre un, tandis que la réciproque n'a pas lieu.

235. Passons à la notion de *dérivée*. La variation, telle que nous l'avons envisagée dans ce qui précède, est évidemment analogue à la différentielle d'une fonction ordinaire. L'expression de cette variation telle qu'elle résulte de la formule (8) (n° **54**) a conduit M. Volterra (¹) à la notion de *dérivée par rapport à une fonction*.

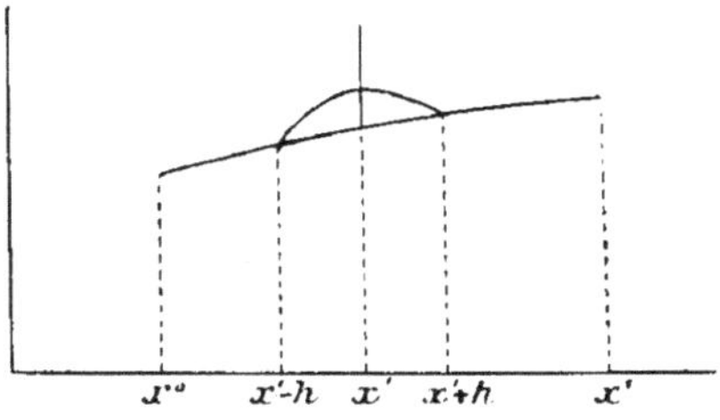

FIG. 27.

Considérons (dans l'intervalle $x^0 \leqslant x \leqslant x^1$) une fonction déterminée $y = \psi(x)$. Soit z une autre fonction de x (également définie entre x^0 et x^1) coïncidant avec la première sauf entre $x = x' - h$ et $x = x' + h$ et qui, même lorsqu'elle est distincte de y ait, avec cette dernière, un voisinage (d'ordre zéro, par exemple) défini par le nombre η.

Soit

$$\sigma = \int_{x'-h}^{x'+h} (z - y)\, dx$$

l'aire comprise entre les deux courbes qui représentent respectivement les fonctions y et z (*fig.* 27). Si le rapport

$$\frac{U_z - U_y}{\sigma}$$

(¹) *Rendic. dell Acc. dei Lincei*, t. III.

tend vers une limite déterminée lorsque h et η tendent vers zéro, x' restant constant, cette limite que nous désignerons par

$$U^{(y)}(x')$$

sera dite *la dérivée* de la fonctionnelle U par rapport à la fonction y pour $x = x'$.

Cette dérivée sera en général une nouvelle fonctionnelle de y, mais qui dépendra en outre du nombre x'.

Supposons, en outre, que le rapport qui vient d'être considéré tende vers sa limite *uniformément* quel que soit x' et quelle que soit la fonction y dans un champ déterminé K (auquel appartiendront toutes les fonctions continues suffisamment voisines de celles que l'on considère), c'est-à-dire que pour satisfaire à l'inégalité

$$(226) \qquad \left| \frac{U_z - U_y}{\sigma} - U^{(y)} \right| < \varepsilon$$

on puisse assigner η et h connaissant ε, mais sans connaître ni x' (pourvu qu'on sache qu'il est compris entre x^0 et x^1) ni la fonction y (pourvu qu'on sache qu'elle est comprise dans le champ K).

Alors la variation infinitésimale de U, lorsqu'on passera de y à une autre fonction voisine z *quelconque*, sera donnée par la formule

$$(227) \qquad \delta U = \int_{x^0}^{x^1} U^{(y)}(x)\,\delta y\,dx\;;$$

plus exactement, la différence entre les deux membres de cette équation sera, pour les petites valeurs du nombre que nous avons appelé η et qui mesure le voisinage de y et de z, d'un ordre supérieur au premier en η.

La démonstration, pour les détails de laquelle nous renverrons au mémoire cité de M. Volterra, consiste à remarquer :

1° Que le théorème est exact lorsque la fonction z ne se distingue de y que dans des intervalles ayant chacun une étendue très petite, mais pouvant être en nombre quelconque m (c'est ce qui résulte de l'application m fois répétée de l'inégalité (226) ;

2° Que deux courbes voisines $\mathfrak{L}_0$ (représentative de la fonction y) et $\mathfrak{L}_1$ (représentative de la fonction z) étant données, on peut trouver une troisième courbe $\mathfrak{L}_2$ (composée de portions de $\mathfrak{L}_1$ et de traits MN, serpentant de $\mathfrak{L}_0$ à $\mathfrak{L}_1$ comme l'indique la figure 28) et qui, tout en coïncidant avec $\mathfrak{L}_1$ sauf dans des intervalles l' d'étendue totale arbitrairement petite, ait, avec $\mathfrak{L}_0$ une série de points communs dont les abscisses successives aient entre elles des différences inférieures à un nombre aussi petit qu'on veut h.

Nous avons supposé, avec M. Volterra, que le voisinage envisagé est d'ordre zéro. On pourrait tout aussi bien admettre que le voisinage moyennant lequel l'inégalité (226) a lieu est d'un ordre quelconque p. Le raisonnement resterait valable dans ces conditions : on peut, en effet, comme on s'en convainc aisément, tracer la portion MN de $\mathfrak{L}_2$ (*fig.* 28) présentant un voisinage d'ordre p

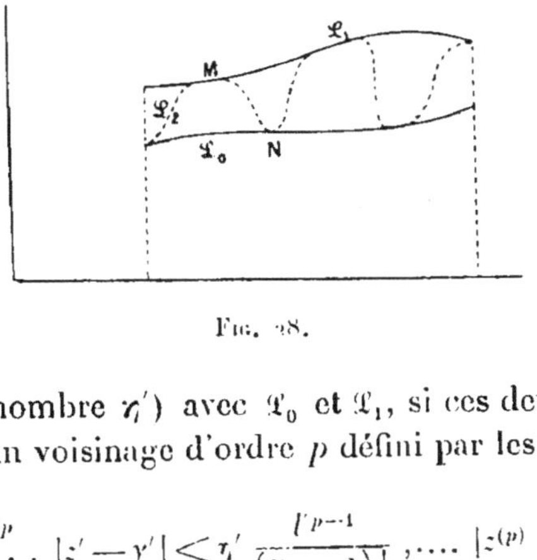

FIG. 28.

(défini par le nombre η') avec $\mathfrak{L}_0$ et $\mathfrak{L}_1$, si ces dernières courbes ont entre elles un voisinage d'ordre p défini par les inégalités

$$|z - y| < \eta' \frac{l'^p}{p!}, \quad |z' - y'| < \eta' \frac{l'^{p-1}}{(p-1)!}, \ldots \quad |z^{(p)} - y^{(p)}| < \eta' l'$$

l' étant la limite supérieure (supposée très petite) qu'on assigne à la projection de chaque arc MN sur l'axe des x.

Si, de même, U dépend de plusieurs fonctions $y_1, y_2, \ldots y_n$ et a, par rapport à chacune d'elles, une dérivée en chaque point, sa variation infinitésimale sera de la forme

$$\int \left(U^{(y_1)}(x)\,\delta y_1 + U^{(y_2)}(x)\,\delta y_2 + \ldots \right) dx$$

($U^{(y_1)}$, $U^{(y_2)}$ désignant les n dérivées), ainsi qu'on le voit par le raisonnement classique qui consiste à faire varier successivement chacune des fonctions y.

Il est d'ailleurs facile de voir qu'il y a des fonctions satisfaisant à cette condition qui ne sont pas des intégrales. Il suffit de prendre une fonction ordinaire d'une intégrale quelconque.

236. Fonctionnelles de lignes. — La formule (227) suppose que les variations de $y_1, \ldots y_n$ se font pour x constant. On peut la transformer comme nous l'avons fait pour les intégrales que nous avons mises sous forme paramétrique.

Pour cela, on peut considérer la fonction U comme déterminée par une courbe de l'espace à $n+1$ dimensions $(x, y_1, \ldots y_n)$; sur celle-ci $x, y_1, \ldots y_n$ sont exprimés au moyen d'un paramètre t ; U est une fonctionnelle de ces expressions, et ne change pas lorsqu'elles changent en représentant la même courbe. Nous emploierons, dans ce cas, la notation $\overline{U}_{x, y_1, \ldots y_n}$; et l'on aura :

$$\delta \overline{U}_{x, y_1, \ldots y_n} = \int_{\mathfrak{L}} \left(\overline{U}^{(x)}\, \delta x + \overline{U}^{(y_1)}\, \delta y_1 + \ldots + \overline{U}^{(y_n)}\, \delta y_n\right) dt.$$

Pour plus de simplicité, bornons-nous au cas de $n+1=3$. Nous pourrons écrire pour la fonctionnelle $U_{\mathfrak{L}}$ de la ligne $\mathfrak{L}$:

$$\delta \overline{U}_{\mathfrak{L}} = \int_{\mathrm{A}}^{\mathrm{B}} \left(\overline{U}^{(x)}_{\mathfrak{L},\, t}\, \delta x + \overline{U}^{(y)}_{\mathfrak{L},\, t}\, \delta y + \overline{U}^{(z)}_{\mathfrak{L},\, t}\right) dt.$$

La fonction U aura ainsi, *en chaque point de* $\mathfrak{L}$, trois *dérivées* $\overline{U}^{(x)}_{\mathfrak{L},\, t}$, $\overline{U}^{(y)}_{\mathfrak{L},\, t}$, $\overline{U}^{(z)}_{\mathfrak{L},\, t}$, qui sont fonctionnelles de la ligne $\mathfrak{L}$ et du point M en question. On peut leur donner une interprétation géométrique, en considérant un petit arc $\mathrm{MM}'(t, t+dt)$ de $\mathfrak{L}$ et menant par chaque point de cet arc une parallèle à l'axe des x (par exemple) de longueur δx ; autrement dit, en transformant MM', par la translation δx, en un nouvel arc NN' (*fig.* 29). Soit $\overline{U}+\Delta\overline{U}$ la valeur nouvelle qui prend $\overline{U}$ lorsque nous remplaçons l'arc MM' par le contour MNN'M' (le reste de $\mathfrak{L}$ n'étant pas modifié). On a

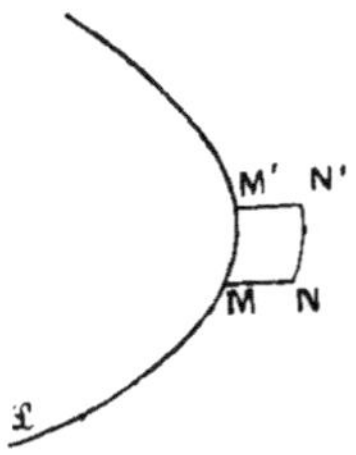

Fig. 29.

$$\overline{U}^{(x)}_{\mathfrak{L};\, t} = \lim_{\delta x = dt = 0} \frac{\Delta \overline{U}}{\delta x\, dt}.$$

D'après la manière dont nous les avons obtenues, les quantités $U_{\mathfrak{L},t}^{(x)}, \ldots$ ne sont pas indépendantes. Si, comme nous l'avons fait aux nos **79, 81**, nous employons la variation particulière (δx, δy, δz) définie par les relations

$$\frac{\delta x}{dx} = \frac{\delta y}{dy} = \frac{\delta z}{dz} = \varepsilon(t)$$

$\varepsilon(t)$ étant une fonction de t nulle aux extrémités A et B, nous voyons immédiatement, comme à l'endroit indiqué, qu'on doit avoir

$$\overline{U}^{(x)}\,dx + \overline{U}^{(y)}\,dy + \overline{U}^{(z)}\,dz = 0.$$

Donc, comme au no **93**, il existera des quantités P, Q, R telles que l'on ait

$$\overline{U}^{(x)} = Q\dot{z} - R\dot{y}, \qquad \overline{U}^{(y)} = R\dot{x} - P\dot{z}, \qquad \overline{U}^{(z)} = P\dot{y} - Q\dot{x}$$

et, par conséquent,

$$\delta U_{\mathfrak{L}} = \int (Q\,dz - R\,dy)\,\delta x + (R\,dx - P\,dz)\,\delta y + (P\,dy - Q\,dx)\,\delta z.$$

Dès lors, tout ce que nous avons dit au no **95** sur l'intégrale (32) s'applique à la fonctionnelle U, sous les hypothèses précédentes. La variation de U pourra être représentée par un *flux* sous l'une quelconque des formes (73) et (74) du no **95**.

Les expressions ainsi obtenues sont bien indépendantes du choix du paramètre t sur $\mathfrak{L}$.

Nous renverrons, pour le développement de cette théorie, aux mémoires de M. Volterra [1] et nous nous contenterons d'indiquer que les dérivées des fonctionnelles ne peuvent être des fonctionnelles arbitraires, pas plus que les dérivées partielles d'une même fonction ne peuvent être prises arbitrairement. Elles sont liées par une série de relations, comme on le voit [2] en formant les quantités qui jouent le rôle de dérivées secondes.

238. Mais, en adoptant la valeur (227) pour la variation de U, nous laissons de côté une grande partie des expressions mêmes qui

(1) Volterra, *Rendic. Acc. Lincei*, t. III ; *Acta Math.*, t. XII.
(2) Volterra, *loc. cit.*

nous ont occupés dans les chapitres précédents, à savoir toutes les intégrales définies dans lesquelles les limites ne sont pas fixes, puisque la variation d'une telle intégrale comprend, outre une intégrale définie, des termes finis aux limites.

Les dérivées fonctionnelles elles-mêmes, telles que nous venons de les introduire, nous offrent un exemple topique du même fait. Le raisonnement même auquel nous venons de faire allusion au numéro précédent et qui fournit des conditions auxquelles ces dérivées fonctionnelles doivent satisfaire montre en outre [1] que, lorsque la fonction y varie, la variation infinitésimale de la dérivée fonctionnelle $U^{(y)}(x')$ ne se compose pas, en général, uniquement d'une intégrale définie analogue à (227) : elle comprend, en outre, un terme proportionnel à la variation de y correspondant à la valeur x' de la variable indépendante.

Ceci nous montre que nous avons, en opérant ainsi, restreint la généralité plus qu'il n'est désirable, et que, pour obtenir l'équivalent de la notion de dérivée, nous devons nous placer à un point de vue plus large.

C'est à quoi l'on arrivera en prenant le résultat fondamental du calcul différentiel sous la forme suivante :

« La différentielle d'une fonction est une fonction linéaire des différentielles des variables ».

On est ainsi conduit à considérer comme fonctionnelles auxquelles on peut étendre les méthodes du Calcul infinitésimal, toutes les fonctionnelles U_y dont la variation est une fonctionnelle *linéaire* de la variation de y.

Il reste à définir ce que l'on nomme *fonctionnelle linéaire*.

239. Fonctionnelle linéaire. — Nous donnerons ce nom à toute fonctionnelle [2] $\mathbf{U_y}$ telle que, $\mathbf{y_1}$, $\mathbf{y_2}$ étant des fonctions quelconques (pour lesquelles l'opération **U** est définie) on ait [3]

$$\mathbf{U}_{\mathbf{y}_1+\mathbf{y}_2} = \mathbf{U}_{\mathbf{y}_1} + \mathbf{U}_{\mathbf{y}_2} \tag{228}$$

---

(1) Voir HADAMARD, *Bull. Soc. Math. de France*, t. XXX, 1902; p. 40.

(2) *Opérations fonctionnelles distributives* de M. Pincherle (Rendic. Acc. Lincei, 1895-7); *transmutations additives* de M. Bourlet (Ann. E. Norm. sup. Série 3; t. IV, 1897).

(3) Nous supposons, pour simplifier l'écriture, que **U** ne dépende que d'une seule fonction **y**, et aussi que cette dernière ne contienne qu'une seule variable x. Il n'y a aucune difficulté à passer de là au cas général.

et que, de plus, c désignant une constante quelconque, on ait

(229) $$\mathbf{U}_{c\mathbf{y}_1} = c\mathbf{U}_{\mathbf{y}_1}$$

d'où résulte évidemment

(229') $$\mathbf{U}_{c_1\mathbf{y}_1 + c_2\mathbf{y}_2} = c_1\mathbf{U}_{\mathbf{y}_1} + c_2\mathbf{U}_{\mathbf{y}_2}.$$

De plus, nous admettrons que la fonctionnelle $\mathbf{U}$ est *continue* (n° **234**).

Moyennant cette dernière hypothèse, la relation (229) n'est pas foncièrement distincte de (228). En effet (quel que soit d'ailleurs l'ordre de la continuité admise pour notre fonctionnelle) le second membre de l'égalité (229) est une fonction continue de c et, d'après (228), il vérifie l'identité

$$\mathbf{U}(c_1 + c_2) = \mathbf{U}(c_1) + \mathbf{U}(c_2).$$

Or, on sait [1] que cette double propriété suffit à caractériser une quantité $\mathbf{U}(c)$ proportionnelle à c. Il en est ainsi du moins pour les valeurs réelles de ce paramètre.

Par contre, la conclusion pourrait ne plus être exacte pour les valeurs imaginaires : elle souffrirait en effet une exception, le cas où l'on aurait

$$\mathbf{U}_{c\mathbf{y}} = c_0\mathbf{U}_{\mathbf{y}},$$

c_0 désignant l'imaginaire conjuguée de c.

Nous admettrons, bien entendu, qu'il n'en est pas ainsi et que la relation (229') est générale. Nous noterons, de plus, que l'on ne restreint jamais la généralité en admettant que l'opération $\mathbf{U}$ a un sens même lorsque la fonction $\mathbf{y}$ (la variable étant pour le moment supposée réelle) est imaginaire. Si, en effet, $\mathbf{U}$ n'était donné que pour $\mathbf{y}$ réel, on poserait, par définition,

$$\mathbf{U}_{\mathbf{y}_1 + i\mathbf{y}_2} = \mathbf{U}_{\mathbf{y}_1} + i\mathbf{U}_{\mathbf{y}_2}.$$

---

(1) C'est un théorème classique de la théorie de la mesure des grandeurs. Voir, par exemple, J. TANNERY, *Leçons d'Arithmétique élémentaire*, n° **493**. Paris, Armand Colin ; et aussi : *Introduction à la théorie des Fonctions d'une variable*, 2e édition, p. 277.

Des propriétés précédentes et de la continuité d'ordre zéro [1] de **U**, on déduit aisément (en remontant à la définition de l'intégrale considérée comme limite de somme) que si (outre x) **y** dépend continûment d'un paramètre auxiliaire α et qu'on pose

$$(230) \qquad \mathbf{z}(x) = \int_\beta^\gamma \mathbf{y}(x, \alpha)\,d\alpha \qquad (\beta, \gamma \text{ constants}),$$

on a aussi

$$(231) \qquad \mathrm{U}_{\mathbf{z}} = \int_\beta^\gamma \mathrm{U}_{\mathbf{y}}\,d\alpha.$$

240. On obtient une première expression générale d'une fonctionnelle linéaire en supposant la fonction **y** analytique et remarquant que, dans ces conditions, elle est complètement déterminée par la suite des coefficients $c_0, c_1, \ldots c_n, \ldots$ de son développement de Taylor suivant les puissances de $x - a$. La quantité **U** devra alors dépendre linéairement de ces coefficients. D'une manière plus précise, posons

$$\rho_m = \mathrm{U}_{(x-a)^m}.$$

L'ensemble

$$(232) \qquad \mathrm{S}_n = c_0 + c_1(x - a) + \ldots + c_n(x - a)^n$$

des n premiers termes du développement de **y** donne évidemment (en vertu de la relation fondamentale (229′))

$$(233) \qquad \mathrm{U}_{\mathrm{S}_n} = \rho_0 c_0 + \rho_1 c_1 + \ldots + \rho_n c_n.$$

D'ailleurs, si le domaine de convergence de la série **y** comprend l'intervalle (x^0, x^1), S_n tend (uniformément, comme on sait) vers **y**. Donc, en vertu de la continuité de **U**, la quantité cherchée $\mathrm{U}_{\mathbf{y}}$ est la limite vers laquelle tend le second membre de (232) lorsque n augmente indéfiniment, c'est-à-dire la somme de la série

$$c_0\rho_0 + c_1\rho_1 + \ldots + c_m\rho_m + \ldots.$$

---

(1) Toutefois, cette continuité devra être supposée *uniforme* par rapport au paramètre α qui figure aux seconds membres des formules (230), (231).

ou, si l'on veut,

$$(234) \qquad \mathbf{y}_0\rho_0 + \mathbf{y}_0'\rho_1 + \dots + \frac{\mathbf{y}_0^{(m)}}{m!}\rho_m + \dots\dots$$

$\mathbf{y}_0, \mathbf{y}_0', \dots \mathbf{y}_0^{(m)}, \dots$ désignant les dérivées successives de **y** pour $x = a$.

Toutes les fois que $\mathbf{y}_0, \mathbf{y}_0' \dots$ sont tels que la série de Taylor formée avec les termes (232) converge dans un domaine plus grand que (x^0, x^1), la série (234) converge vers $\mathbf{U_y}$. Mais cette expression de $\mathbf{U_y}$ n'est pas nécessairement valable dans les autres cas.

Réciproquement, si l'on considère une série de la forme (234), elle représente évidemment (toutes les fois qu'elle est convergente) une fonctionnelle linéaire de y.

241. Mais, outre qu'elle n'est pas toujours convergente, l'expression (234) de **U** est loin, à beaucoup d'égards, de fournir une solution satisfaisante du problème.

En premier lieu, elle est *par essence* (et non par une apparence due au raisonnement qui nous a servi à la démontrer) limitée au cas où **y** est analytique ; dans le cas contraire, en effet, la connaissance des dérivées successives pour $x = a$ (en admettant qu'elles existent) ne suffirait pas à déterminer la fonction **y**, ni par conséquent **U**.

D'ailleurs, même pour **y** analytique, les coefficients c sont liés d'une manière extrêmement compliquée aux propriétés de y. Ils dépendent essentiellement du point arbitraire a, à partir duquel on applique la méthode précédente.

242. On peut obtenir pour **U** une expression valable même lorsque la fonction **y** n'est pas analytique (ou lorsque son développement ne converge pas dans l'intervalle (x^0, x^1)) en partant non plus du développement de Taylor, mais du développement en série de polynômes, valable (comme nous l'avons rappelé au livre I) pour toute fonction **y** continue.

En effet, on sait qu'on peut faire correspondre à un nombre positif ε quelconque un polynôme :

$$P(x) = A_0 + A_1(x - a) + \dots + A_n(x - a)^n$$

tel que l'on ait : $|y - P(x)| < \varepsilon$ dans (x^0, x^1). Par suite, en prenant ε assez petit, on aura :

$$|U_y - U_P| < \eta,$$

de sorte que l'expression

$$U_P = A_0\rho_0 + A_1\rho_1 + \ldots + A_n\rho_n$$

donnera, avec une erreur inférieure au nombre arbitrairement petit η, la valeur de U_y.

En faisant tendre ε vers zéro, on est conduit, nous le savons, à exprimer **y** par une série de la forme

$$(235) \qquad Q_0(x) + Q_1(x) + \ldots Q_n(x) + \ldots = \sum_h Q_h(x)$$

où chaque terme est un polynôme en x

$$Q_h(x) = \alpha_{h,0} + \alpha_{h,1}(x - a) + \ldots \alpha_{h,n_h}(x - a)^{n_h}.$$

D'une manière tout analogue à ce qui a été constaté au n° **240**, on voit qu'alors U_y sera donné par la série

$$(236) \qquad \sum_h (\alpha_{h,0}\rho_0 + \alpha_{h,1}\rho_1 + \ldots + \alpha_{h,n_h}\rho_{n_h}).$$

Seulement, il restera à exprimer les coefficients α qui devront être eux-mêmes des fonctionnelles de **y**.

Ceci doit évidemment pouvoir se faire d'une infinité de manières, car le développement d'une fonction en série de polynômes est arbitraire dans une très large mesure. On peut, en particulier, employer une représentation indiquée [1] par M. Borel et qui consiste à déduire la série de polynômes (235) des valeurs que prend **y** pour les valeurs

$$(237) \qquad x^0 + \frac{p}{q}(x^1 - x^0)$$

données à la variable x $\left(\frac{p}{q}\right.$ désignant successivement toutes les fractions proprement dites$\left.\right)$.

---

(1) Leçons sur les fonctions de variables réelles et les développements en séries de polynômes, rédigées par M. Fréchet ; p. 80.

La représentation (236) est bien générale. Elle s'applique à toute fonctionnelle linéaire continue, — même si cette continuité est d'ordre supérieur au premier, puisque (n° **47**) on peut établir entre la fonction **y** et le polynôme P(x) un voisinage d'ordre aussi élevé qu'on veut — et à toute fonction continue.

Il est évident, par contre, que cette représentation est plus artificielle encore que celle qui a été indiquée au n° **240**, précisément parce que le développement en série de polynômes comporte plus d'arbitraire que le développement de Taylor. Si même on se limite au mode de calcul de M. Borel, il faudra faire intervenir les valeurs (237) de x, valeurs qu'il n'y a en réalité aucune raison de considérer de préférence à d'autres.

243. Représentation par une intégrale définie. — Des inconvénients de cette nature sont inhérents à toute représentation de $U_{\mathbf{y}}$ par des séries, c'est-à-dire par des sommes de termes ne formant qu'une infinité *dénombrable*. On ne peut espérer les éviter qu'en revenant, comme nous allons le faire, à des intégrales définies, c'est-à-dire à des sommes portant sur *toutes* les valeurs de **y** dans l'intervalle considéré.

Commençons par supposer encore la fonction **y** holomorphe en tous les points de l'intervalle réel (x^0, x^1) : on peut trouver un contour fermé c entourant (x^0, x^1) dans lequel y soit une fonction holomorphe et reste holomorphe quand c tend à se réduire au segment (x^0, x^1) parcouru deux fois. Elle aura donc

$$\mathbf{y}(x) = \frac{1}{2i\pi}\int_c \frac{\mathbf{y}(z)}{z - x}\,dz.$$

La fonction $\frac{1}{z - x}$ est holomorphe en tous les points de l'intervalle (x^0, x^1) du moment que z est imaginaire ou extérieur à cet intervalle. La quantité $U_{\frac{1}{z-x}}$ a donc, dans ces conditions, une valeur bien déterminée

$$U_{\frac{1}{z-x}} = \mathbf{u}(z)$$

dépendant uniquement du paramètre z, et en dépendant continument.

Nous pourrons dès lors appliquer la formule (231) du n° **239** et écrire

$$(238) \qquad 2i\pi\, \mathbf{U}_{\mathbf{y}} = \int_c \mathbf{y}(z)\,\mathbf{u}(z)\,dz.$$

Cette expression de la fonctionnelle cherchée **U** peut s'appliquer en particulier au cas de $\mathbf{y} = \frac{1}{\xi - x}$, ξ étant l'affixe (complexe) d'un point aussi voisin qu'on le veut de notre segment de droite (x^0, x^1). On aura donc

$$(239) \qquad \mathbf{U}_{\frac{1}{\xi - x}} = \mathbf{u}(\xi) = \frac{1}{2i\pi}\int_{-c} \frac{1}{z - \xi}\,\mathbf{u}(z)\,dz$$

— c désignant le contour c décrit dans le sens inverse de celui qui figure dans la formule (238), c'est-à-dire en laissant l'aire *extérieure* à gauche.

Cette égalité montre que la fonction $\mathbf{u}(z)$ est holomorphe en tout point extérieur au contour c —, c'est-à-dire, en définitive, en tout point non situé sur notre segment de droite, dont le contour c peut s'approcher autant qu'on veut.

$\mathbf{u}(z)$ est donc une fonction analytique dont les singularités ne peuvent être que réelles et situées sur le segment (x^0, x^1).

Ces singularités interviennent seules dans l'expression de **U**. Car si la fonction $\mathbf{u}(z)$ était holomorphe sur (x^0, x^1), on aurait : $\mathbf{U}_{\mathbf{y}} \equiv 0$. Si $\mathbf{u}(z)$ n'a que des pôles, elle n'en a qu'un nombre fini :

$$a_1,\ a_2,\ \ldots\ a_n$$

et on a :

$$\int_c \mathbf{u}(z)\,\mathbf{y}(z)\,dz = 2i\pi \sum_{j=1}^{j=n} \mathcal{E}_{a_j}\left[\mathbf{u}(z)\,\mathbf{y}(z)\right]$$

$\mathcal{E}$ désignant le résidu en a_j.

Or, si l'on a :

$$\mathbf{u}(z) = \frac{\rho_{p,j}}{(x - a_j)^p} + \ldots\ldots + \frac{\rho_{1,j}}{(x - a_j)} + \rho_{0,j} + \ldots\ldots$$

et

$$\mathbf{y}(z) = \mathbf{y}_j + (x - a_j)\mathbf{y}_j' + \ldots\ldots + \frac{(x - a_j)^p}{p!}\mathbf{y}_j^{(p)} + \ldots\ldots$$

le résidu de $\mathbf{u}(z)\ \mathbf{y}(z)$ en a_j sera :

$$\frac{1}{p!}\rho_{p,j}\,\mathbf{y}_j^{(p-1)} + \frac{1}{(p-1)!}\rho_{p-1,j}\,\mathbf{y}_j^{(p-2)} + \ldots\ldots + \rho_{1,j}\mathbf{y}_j.$$

D'où :

$$\mathrm{U}_\mathbf{y} = \sum_{j=1}^{j=n}\left\{\rho_{1j}\,\mathbf{y}_j + \frac{1}{2!}\rho_{2j}\,\mathbf{y}_j' + \ldots + \frac{1}{p_j!}\rho_{pj}\,\mathbf{y}_j^{(p-1)}\right\}.$$

Réciproquement, une telle expression — qui, dans le cas le plus simple, celui de $j = p = 1$, se réduit à $\mathbf{y}(a)$ — définit bien une fonctionnelle linéaire de toutes les fonctions qui sont continues et dérivables jusqu'à l'ordre p_j en chacun des n points fixes $a_1, \ldots a_n$, la continuité de cette fonctionnelle étant d'ordre suffisamment élevé.

La fonction $\mathbf{u}(z)$ peut avoir sur (x^0, x^1) d'autres singularités que des pôles, par exemple, un point singulier essentiel. Considérons pour simplifier, le cas où il n'y a d'autres singularités que ce point essentiel et soit :

$$(240)\qquad \frac{\rho_1}{z - a} + \frac{\rho_2}{(z - a)^2} + \ldots\ldots + \frac{\rho_n}{(z - a)^n} + \ldots\ldots$$

la partie principale de $\mathbf{u}(z)$. On aura :

$$\mathrm{U}_\mathbf{y} = \rho_1\mathbf{y}_0 + \frac{1}{2!}\rho_2\mathbf{y}_0' + \ldots\ldots + \frac{1}{n!}\rho^n\mathbf{y}_0^{(n-1)} + \ldots$$

Nous obtenons ici un développement tout analogue à celui du n° **240**, mais *avec cette condition que* $\sqrt[n]{|\rho_n|}$ *tende vers zéro.* C'est ce qui est, en effet, nécessaire pour que la série (240) représente une fonction entière de $\frac{1}{z-a}$, ainsi que cela a lieu lorsque le point a est un point essentiel isolé.

On continuera d'ailleurs à avoir :

$$\rho_1 = \mathrm{U}_1,\ \rho_2 = \mathrm{U}_{(x-a)},\ \ldots\ \rho_n = \mathrm{U}_{(x-a)^n},\ \ldots\ldots$$

Mais, contrairement à ce qui avait lieu au n° **241**, le point a joue ici un rôle qui est justifié par ce fait qu'il est un point singulier de la fonction $\mathbf{u}(z) = \mathbf{U}\,\frac{1}{z - x}$. Son choix correspond à des propriétés inhérentes à la fonctionnelle **U**. Celle-ci étant donnée, le point a — ou les points a, s'il y en a plusieurs — sont déterminés.

De plus, d'après la condition $\lim\limits_{n=\infty} \sqrt[n]{\rho_n} = 0$, *la série* $\mathbf{U_y}$ *convergera pour toute fonction holomorphe entre* x^0 *et* x^1.

La condition $\lim\limits_{n=\infty} \sqrt[n]{|\rho_n|} = 0$ est d'ailleurs caractéristique de l'expression précédente de $\mathbf{U_y}$: autrement dit, *pour que l'expression*

$$\mathbf{U_y} = \rho_1 \mathbf{y}_0 + \frac{\rho_2}{2!}\mathbf{y}_0' + \dots + \frac{\rho_n}{n!}\mathbf{y}_0^{(n-1)} + \dots$$

(qui représente une fonctionnelle linéaire) *soit identique à celle que l'on obtient pour le premier membre par la méthode précédente, il suffit que* $\sqrt[n]{\rho_n}$ *tende vers zéro.*

Car, appliquée à la fonction $\mathbf{y} = \frac{1}{\xi - x}$, la fonctionnelle **U** donnera

$$\mathbf{u}(\xi) = \frac{\rho_1}{\xi - a} + \frac{\rho_2}{(\xi - a)^2} + \dots + \frac{\rho_n}{(\xi - a)^n} + \dots\dots$$

c'est-à-dire, en vertu de la supposition $\lim\limits_{n=\infty} \sqrt[n]{\rho_n} = 0$, une fonction de ξ ayant un point essentiel en a.

C'est, par conséquent, cette condition $\lim \sqrt[n]{\rho_n} = 0$ qui est suffisante pour que, **U** étant donnée, le point a soit déterminé.

Tout ceci reste d'ailleurs évidemment valable lorsqu'il y a plusieurs points a.

Supposons maintenant que le segment (x^0, x^1) joue pour $\mathbf{u}(z)$ le rôle d'une *coupure*. Supposons d'ailleurs qu'en tous les points de (x^0, x^1), $\mathbf{u}(z)$ soit finie et continue sur chacun des bords de droite et de gauche : autrement dit, que $\mathbf{u}(z)$ tende vers $\mathbf{u}_1(x)$ lorsque z tend vers x d'un côté de (x^0, x^1) et vers $\mathbf{u}_2(x)$ de l'autre côté, les fonctions $\mathbf{u}_1$ et $\mathbf{u}_2$ étant continues sur (x^0, x^1). Alors, on pourra écrire :

$$\mathbf{U_y} = \int_{x^0}^{x^1} \mathbf{y}(x)\,\Psi(x)\,dx$$

en posant $\Psi(x) = \mathbf{u}_1(x) - \mathbf{u}_2(x)$. On arrive donc ainsi à une expression de **U** sous forme d'intégrale définie, telle que nous l'avons rencontrée dans tout ce qui précède et en particulier, lorsque **U** est la variation d'une fonctionnelle satisfaisant aux conditions de M. Volterra (n° **235**).

244. L'expression (238) suppose d'ailleurs la fonction **y** analytique.

Dans l'hypothèse contraire, on peut considérer **y** comme limite de fonctions analytiques, puisque nous savons même que **y** est développable en série de polynômes.

Nous trouverons directement une expression tout à fait générale de **U**, s'appliquant à toute fonction **y** continue, en partant d'une fonction particulière $F(x)$ à laquelle nous supposerons les propriétés suivantes :

I. Elle est régulière et bornée, ainsi que toutes ses dérivées (¹), même pour $x = \pm \infty$;

II. Elle est positive pour toute valeur réelle de x ;

III. On a

$$\int_{-\infty}^{+\infty} F(x)\,dx = 1. \qquad (241)$$

Il y a bien au moins une fonction remplissant ces conditions par exemple la fonction $\frac{1}{\sqrt{\pi}} e^{-x^2}$. Considérons maintenant la quantité

$$V_{\mathbf{y}} = \int_{x^0}^{x^1} \mathbf{y}(u)\,\mu F[(\mu(u - x)]\,du.$$

Cette expression a une valeur bien déterminée lorsque $\mathbf{y}(x)$ est une fonction continue de x dans l'intervalle (x^0, x^1). L'opération $V_{\mathbf{y}}$ est d'ailleurs évidemment une fonctionnelle linéaire de **y**. Elle est continue d'ordre zéro, car l'inégalité :

$$|\mathbf{y}_1(u) - \mathbf{y}_2(u)| < \varepsilon$$

entre x^0 et x^1, entraîne

$$|V_{\mathbf{y}_1} - V_{\mathbf{y}_2}| < \varepsilon M \mu (x^1 - x^0)$$

(¹) On déduit aisément de là que les dérivées en question doivent même tendre vers zéro.

en appelant M le maximum de $F(x)$. Mais, d'autre part, si la fonction $\mathbf{y}$ est donnée, $\mathbf{V}$ est une fonction des deux paramètres x et μ nous pouvons poser $\mathbf{V}\mathbf{y} = v(x, \mu)$. Supposons x fixe *entre* x^0 *et* x^1 ; si alors $\mathbf{y}$ est continu [1], $v(x, \mu)$ tend uniformément vers $\mathbf{y}(x)$ lorsque μ croît indéfiniment par valeurs positives.

En effet, on pourra diviser l'intégrale en trois parties

$$(242) \qquad \int_{x^0}^{x^1} = \int_{x-\varepsilon}^{x+\varepsilon} + \int_{x^0}^{x-\varepsilon} + \int_{x+\varepsilon}^{x^1}$$

où ε est une quantité très petite. Dans la première on aura :

$$(243) \qquad \int_{x-\varepsilon}^{x+\varepsilon} = \int_{-\varepsilon\mu}^{\varepsilon\mu} \mathbf{y}\left(x + \frac{t}{\mu}\right) F(t)\,dt = \mathbf{y}(x + \theta\varepsilon) \int_{-\varepsilon\mu}^{\varepsilon\mu} F(t)\,dt.$$

avec $|\theta| < 1$.

Pour que l'expression ainsi obtenue (243) tende vers $\mathbf{y}(x)$, il suffit (la fonction $\mathbf{y}$ étant supposée continue) que ε tende vers zéro et que, d'autre part, $\varepsilon\mu$ augmente indéfiniment. C'est ce qui est toujours possible du moment que μ est indéfiniment croissant : on peut prendre, par exemple, $\varepsilon = \frac{1}{\sqrt{\mu}}$.

Cette convergence est, d'ailleurs, uniforme quel que soit x dans l'intervalle (x^0, x^1), du moment que $\mathbf{y}$ est continu sans exception (et, par conséquent, uniformément continu) dans cet intervalle et en ses limites : car alors le premier facteur du dernier membre de (243) tend uniformément vers $\mathbf{y}(x)$ tandis que le second facteur est indépendant de x.

Dans les mêmes conditions, les deux derniers termes de (242) tendent (uniformément) vers o : on a par exemple,

$$\int_{x+\varepsilon}^{x^1} \mu \mathbf{y}(u) F[\mu(u-x)]\,du < \int_{\varepsilon\mu}^{\infty} \left|\mathbf{y}\left(x + \frac{t}{\mu}\right)\right| F(t)\,dt < N \int_{\varepsilon\mu}^{\infty} F(t)\,dt$$

N étant le maximum de $|\mathbf{y}(x)|$ dans notre intervalle. Or, $\int_{\varepsilon\mu}^{\infty} F(t)\,dt$ est bien nul pour $\varepsilon\mu = \infty$.

---

[1] La condition que $\mathbf{y}$ soit continu est d'ailleurs évidemment nécessaire pour que la convergence soit uniforme, puisque $\mathbf{y}$ est obtenu comme limite de la fonction continue $v(x, \mu)$. — Voir la note suivante, page 299.

Notre conclusion est donc démontrée (1). On voit que pour μ assez grand, la valeur de $\mathbf{V_y}$ dépendra surtout des valeurs de $\mathbf{y}$ près de l'abscisse x.

245. Cela posé, considérons une fonctionnelle linéaire $\mathbf{U_y}$ (continue d'ordre zéro) définie pour toute fonction $\mathbf{y}$ continue entre x^0 et x^1.

Introduisons la quantité

$$\Psi(\xi, \mu) = \mathbf{U}_{\mu F[\mu(\xi - x)]} = \mu \mathbf{U}_{F[\mu(\xi-x)]} .$$

L'expression $\Psi(\xi, \mu)$ ne fait pas intervenir la fonction $\mathbf{y}$: elle ne dépend que de notre opération fonctionnelle donnée.

$\Psi(\xi, \mu)$ est pour une valeur fixe de μ, une fonction continue de ξ, moyennant la continuité supposée à $\mathbf{U}$. On pourra donc encore appliquer la formule (231) du n° **239** et écrire

$$(244) \qquad \mathbf{U}_{v(x, \mu)} = \int_{x^0}^{x^1} \mathbf{y}(\xi) \Psi(\xi, \mu) d\xi .$$

Maintenant observons que $v(x, \mu)$ tend uniformément vers $\mathbf{y}(x)$ entre x^0 et x^1 lorsque μ croît indéfiniment.

Donc $\mathbf{U}_{v(x, \mu)}$ tend vers $\mathbf{U}_{\mathbf{y}(x)}$ et l'on a enfin la formule fondamentale (2) :

$$(245) \qquad \mathbf{U}_{\mathbf{y}(x)} = \lim_{\mu = +\infty} \int_{x^0}^{x^1} \mathbf{y}(\xi) \Psi(\xi, \mu) d\xi$$

---

(1) Le résultat est encore vrai si on suppose que $\mathbf{y}(x)$ est continue entre x^0 et x' et entre x' et x^1. Seulement si $x' = x$, on voit facilement que la limite de $v(x, \mu)$ est $\alpha \mathbf{y}(x+0) + (1-\alpha)\mathbf{y}(x-0)$ en appelant $\mathbf{y}(x-0)$ et $\mathbf{y}(x+0)$ les valeurs de $\mathbf{y}$ à gauche et à droite de x et en posant $\alpha = \int_0^{+\infty} F(t)\,dt$.

(2) Ce résultat concernant les fonctionnelles linéaires a pu être étendu par M. Fréchet aux fonctionnelles continues quelconques. Si W_f est une fonctionnelle continue *quelconque*, on peut toujours l'exprimer sous la forme suivante :

$$W_f = \lim_{n=\infty} \int_{x^0}^{x^1} \cdots\cdots \int_{x^0}^{x^1} \Big[H_0^{(n)} + H_1^{(n)}(x_1) f(x_1) + H_2^{(n)}(x_1, x_2) f(x_1) f(x_2) + \cdots\cdots + H_n^{(n)}(x_1, x_2, \ldots\ldots x_n) f(x_1) \ldots\ldots f(x_n) \Big] dx_1\, dx_2 \ldots\ldots dx_n$$

où les fonctions $H_k^{(i)}$ sont des fonctions continues et même si l'on veut,

avec :

$$\Psi(\xi, \mu) = \mathbf{U}_{\mu F[\mu(\xi - x)]} \cdot$$

Il est clair que la fonction F étant donnée, la fonction Ψ ne peut pas être quelconque ([1]). Par exemple, on doit avoir *à priori* en appliquant cette formule pour $\mathbf{y}(t)\mu F[\mu(x-t)]$:

$$\Psi(x, \mu) = \lim_{\mu=+\infty} \int_{x^0}^{x^1} \mu F[\mu(x-\xi)]\Psi(\xi, \mu)\,du.$$

246. Si $\Psi(u, \mu)$ tend vers une fonction continue $\theta(u)$ (lorsque μ croît indéfiniment) et cela uniformément entre x^0 et x^1, on peut remplacer le second membre de (245) par l'intégrale

$$\int_{x^0}^{x^1} \mathbf{y}(\xi)\,\theta(\xi)\,d\xi.$$

Il suffirait même que la fonction $\theta(u)$ sans être continue partout, soit continue sauf en des points isolés où elle soit continue à droite et à gauche.

Réciproquement, considérons l'opération :

$$\mathbf{U}_{\mathbf{y}} = \int_{x^0}^{x^1} \mathbf{y}(\xi)\,\theta(\xi)\,d\xi \tag{246}$$

---

des polynomes en $x_1 \ldots x_n$. Dans le cas particulier où la fonctionnelle est d'*ordre entier* p, c'est-à-dire où l'on a (quelles que soient les fonctions continues $f_1(x), \ldots f_{p+1}(x)$) l'identité :

$$W_{f_1+f_2+\ldots+f_{p+1}} - \Sigma W_{f_{i_1}+f_{i_2}+\ldots+f_{i_p}} + \Sigma W_{f_{i_1}+\ldots+f_{i_{p-1}}} - \ldots$$
$$+ (-1)^p \Sigma W_{f_{i_1}} + (-1)^{p+1} W_0 \equiv 0$$

on peut supposer $H^{(n)}_{p+1} \equiv H^{(n)}_{p+2} \equiv \ldots \equiv H_n^{(n)} \equiv 0$ quel que soit $n > p$, ou écrire :

$$W_f \equiv \lim_{n=\infty} \int_{x^0}^{x^1} \cdots \int_{x^0}^{x^1} \Big[H_0^{(n)} + H_1^{(n)}(x_1)\,f(x_1) + \ldots$$
$$+ H_p^{(n)}(x_1, \ldots x_p)\,f(x_1)\ldots f(x_p)\Big]\,dx_1 \ldots dx_p.$$

Pour $p = 1$, on obtient ainsi le théorème du n° **245**.

([1]) Sur les conditions moyennant lesquelles l'expression (244) tend vers une limite, voir M. Fréchet, *Trans. of the American Math. Soc.* t. V et VI, 1904-5.

où $\theta(\xi)$ n'a que les discontinuités que nous venons de définir. C'est bien une opération linéaire et continue pour les fonctions $\mathbf{y}(x)$ continues entre x^0 et x^1. Mais on aura, en appliquant cette opération à la fonction de x : $\mu F[\mu(\xi - x)]$:

$$\Psi(\xi, \mu) = \int_{x^0}^{x^1} \mu F[\mu(\xi - t)] \theta(t) dt.$$

Or lorsque μ croît indéfiniment, le second membre tend uniformément vers $\theta(u)$. Par suite *la condition nécessaire et suffisante pour que l'opération* $\mathbf{U_y}$ *ait la forme* (246) *est que l'expression*

$$\Psi(\xi, \mu) = \mathbf{U}_{\mu F[\mu(\xi - x)]}$$

tende uniformément vers $\theta(\xi)$.

247. Si la fonctionnelle considérée a, au contraire, l'expression

$$\mathbf{U_y} = \mathbf{y}(a) \tag{247}$$

où a est un nombre compris entre x^0 et x^1, on a

$$\Psi(x, \mu) = \mu F[\mu(x - a)]$$

de sorte que $\Psi(x, \mu)$, infiniment petit en même temps que $\frac{1}{\mu}$ pour $x \neq a$, augmente au contraire comme μ pour $x = a$.

Plus généralement, considérons la fonctionnelle

$$\mathbf{U_y} = \mathbf{y}^{(p)}(a) \tag{248}$$

en supposant la fonction $\mathbf{y}(x)$ non seulement continue entre x^0 et x^1 mais encore dérivable jusqu'à l'ordre p en une abscisse de cet intervalle. En appliquant l'opération $\mathbf{U_y}$ à la fonction $\mu F[\mu(u - x)]$, on a :

$$\mathbf{U}_{\mu F[\mu(u - x)]} = (-1)^p F^{(p)}[\mu(u - a)] \times \mu^{p+1}.$$

La dernière expression est égale à :

$$(-1)^p \frac{t^{p+1} F^{(p)}(t)}{(u - a)^{p+1}}$$

lorsque $u - a \neq 0$ [en posant $t = \mu(u - a)$], et à

$$(-1)^p F^{(p)}(0) \times \mu^{p+1}$$

lorsque $u = a$.

Nous admettrons que : $t^{p+1}F^{(p)}(t)$ tend vers o lorsque t croît indéfiniment et que $F^p(0)$ soit différent de zéro et ceci quel que soit p. Tout ce qui précède reste d'ailleurs vrai, si cette condition n'est pas vérifiée. Si on la suppose maintenant vérifiée $\left(\text{il suffit par exemple de prendre : } F(t) = \frac{1}{\sqrt{\pi}} e^{-t^2}\right)$, on voit que cette fois. $\Psi(\xi, \mu)$ tend vers zéro lorsque μ croît indéfiniment, sauf pour $\xi = a$, valeur pour laquelle $\Psi(\xi, \mu)$ croît indéfiniment comme μ^{p+1}.

On a un exemple dans lequel la fonction $\Psi(\xi, \mu)$ augmente indéfiniment (pour $\xi = a$) à la façon de μ^α (α étant un nombre compris entre zéro et un) en considérant la fonctionnelle représentée par l'intégrale

$$\mathbf{U_y} = \int_0^1 \frac{\mathbf{y}(x)}{(x - a)^\alpha} dx$$

(où l'on pourrait encore évidemment multiplier la quantité sous le signe $\int$ par une fonction déterminée $\theta(x)$ finie et différente de zéro pour $x = a$).

L'étude des équations aux dérivées partielles conduit de même à envisager des expressions un peu plus compliquées pour lesquelles au voisinage de $x = a$, la quantité $\Psi(x, \mu)$ augmente indéfiniment comme $\mu^{p+\alpha}$ (p étant entier et α compris entre zéro et un).

De telles expressions se présentent donc, à notre point de vue, comme intermédiaires entre la fonctionnelle (248) (ou (247)) et la fonctionnelle de forme analogue où l'on change p en $p + 1$. Il se trouve qu'elles se montrent précisément avec ce caractère dans les questions où elles s'introduisent.

248. Les considérations précédentes s'étendent d'elles-mêmes aux fonctions de plusieurs variables, — par exemple, à une fonctionnelle $\mathbf{U_z}$ portant sur une fonction $\mathbf{z}$ de deux variables x, y considérées dans une certaine aire S.

En prenant encore

$$\Psi(\xi, \eta, \mu) = \mu^2 U_{F[\mu(\xi-x),\ \mu(\eta-y)]}$$

où $F(x, y)$ est une fonction déterminée satisfaisant à des conditions analogues à celles du n° **244** $\left(\text{par exemple } F(x, y) = \frac{1}{\pi} e^{-x^2-y^2}\right)$, on aura

$$U_z = \lim_{\mu=\infty} \iint_s z(\xi, \eta)\Psi(\xi, \eta, \mu)\, d\xi d\eta.$$

On obtient aisément les formes que prend la fonction Ψ suivant que U est une intégrale double, une intégrale de contour, etc. Nous n'entrerons point ici dans la discussion de ces résultats.

Revenons un instant, au contraire, sur les fonctionnelles telles que (248), pour observer qu'à leur égard, les résultats obtenus sur la forme de la quantité Ψ ne sont plus aussi caractéristiques qu'en ce qui regarde la fonctionnelle (246). Si, en effet, la quantité $F^{(p)}(0)$ était nulle, $\Psi(a, \mu)$ le serait également. La forme de notre fonctionnelle est donc caractérisée, non pas uniquement par la manière dont $\Psi(x, \mu)$ varie avec μ pour $x = a$, mais aussi d'après celle dont il varie pour *x voisin* de a.

249. Variation infinitésimale des fonctions de Green et de Neumann. — L'étude des équations de la Physique Mathématique conduit à appliquer ces notions à des problèmes qui ne rentrent dans aucune des catégories traitées dans les chapitres précédents.

Considérons la *fonction de Green* relative à une surface fermée S et à un point A.

On appelle ainsi [1] une fonction g des coordonnées d'un second point M, nulle sur S et telle que la fonction $G = g - \frac{1}{r}$ soit harmonique et régulière en tout point M situé à l'intérieur de S (en appelant r la distance AM). Nous indiquerons par la notation g_A^M la valeur qu'elle prend en M_A. On sait que l'on a :

$$g_A^M = g_M^A. \tag{249}$$

---

(1) Voir, par ex., POINCARÉ, *Leçons sur le potentiel newtonien*; HADAMARD, *Leçons sur la propagation des ondes*, Chap. I.

La quantité g_A^M est bien déterminée lorsque A, M, S sont fixes (d'après le principe de Dirichlet). Lorsque S est fixe, c'est une fonction bien déterminée des coordonnées de A et M ; c'est une fonction (ordinaire) de six variables. Mais, si A, M sont fixes et S variable, on voit que g est une fonctionnelle de S. Proposons-nous de calculer l'expression de la variation infinitésimale de g_A^M lorsque S varie seul.

Soient deux points A, B intérieurs à S et une surface fermée S' voisine de S ; A et B seront aussi intérieurs à S' et on pourra définir une fonction de Green g'^M_B relative à la surface S' et au point B. Nous allons maintenant calculer la différence $g_B^A - g'^B_A$.

Supposons d'abord S' entièrement intérieure à S. Les deux fonctions g_A^M et g'^M_B sont alors toutes deux définies à l'intérieur de S'.

Nous suivrons une marche toute semblable à celle qui sert à démontrer l'égalité (249) : nous appliquerons aux deux fonctions g et g' l'identité fondamentale de Green

$$\iint \left(g' \frac{dg}{dn} - g \frac{dg'}{dn}\right) dS = 0$$

valable sur la surface limite de tout domaine où g et g' sont harmoniques. On sait que, pour qu'il en soit ainsi, il faut adjoindre à la frontière donnée (en l'espèce, S') deux surfaces sphériques de rayons très petits décrites respectivement des deux points A, B comme centres. D'autre part, les intégrales sur ces dernières sphères ont des valeurs connues [1].

Leur somme algébrique est $4\pi\left(g'^A_B - g^B_A\right)$ ou (en vertu de (249)), $4\pi\left(g'^A_B - g^A_B\right)$.

Ici g' est nul sur S', mais g est différent de zéro : la formule devient ainsi

$$4\pi\left(g'^A_B - g^A_B\right) = -\iint_{S'} g \frac{dg'}{dn} dS.$$

La valeur de g est liée à la distance normale δn (supposée partout très petite) de S et de S'. En effet, g étant nul sur la surface S, on a sensiblement, sur S',

$$g = \frac{dg}{dn} \delta n.$$

---

(1) POINCARÉ, *loc. cit.*

Nous obtenons donc, finalement (en confondant S' avec S), la formule

$$(250) \qquad 4\pi\left(g_B^A - g'^A_B\right) = \iint_S \frac{dg_A^M}{dn}\frac{dg_B^M}{dn}\,\delta n.dS$$

qui donne la variation cherchée de g, cette variation se présentant sous forme d'une intégrale définie tout analogue à celles qui nous ont occupés jusqu'à présent (plus exactement, à celles par lesquelles nous exprimerons la variation d'une intégrale multiple).

Nous avons, il est vrai, supposé S' intérieur à S. Mais si aucune des deux surfaces données n'était intérieure à l'autre, nous considérerions une troisième surface S'' comprenant S et S'. On obtiendrait alors $g' - g$ comme égale à $g'' - g - (g'' - g')$, et l'on retrouverait la formule (250), sous condition de considérer δn comme positif lorsque S' est intérieur à S et comme négatif dans le cas contraire.

La formule (250) est donc vraie quelle que soit la situation relative des deux surfaces.

Si, au lieu de celles-ci, nous avions considéré des courbes fermées $\mathfrak{L}$ dans un plan, g étant alors la fonction de Green relative à l'aire limitée par une de ces courbes, la formule subsisterait en réduisant à 2 le coefficient 4 du premier membre et représentant par dS un élément de ligne et non plus un élément de surface.

On reconnaît bien alors dans le facteur $\delta n\, dS$ celui qui est intervenu dans la formule (54) du n° **87**. La comparaison avec les résultats du n° **235** nous conduit à interpréter notre formule en considérant $\frac{1}{2\pi}\frac{dg_A^M}{dn}\frac{dg_B^M}{dn}$ comme la *dérivée* de g par rapport à la forme de la ligne $\mathfrak{L}$.

Dans les formules (75) et (75') (n° **97**), $\frac{\overline{F}}{\sqrt{EG - F^2}}$ et $\frac{\sin\theta}{R}$ représentent tous deux la dérivée de la longueur d'une ligne $\mathfrak{L}$, tracée sur la surface donnée, par rapport à la forme de cette ligne ; et le raisonnement par lequel nous avons obtenu la relation (76) revient, au fond, à égaler entre elles ces deux valeurs de la dérivée.

250. On peut tirer de la formule (250), des relations entre les dérivées de g_A^B par rapport aux coordonnées x, y, z de A, x', y', z' de B. En effet, considérons le cas où la surface S′ s'obtient à partir de S par une translation δx parallèle à Ox. Soient d'autre part A′, B′ les points obtenus en effectuant sur A, B la translation $-\delta x$. La figure S′, A, B se déduit par une translation de la figure S, A′, B′. On a donc :

$$g'^{B}_{A} = g^{B'}_{A'}.$$

D'où

$$\frac{g'^{B}_{A} - g^{B}_{A}}{\delta x} = \frac{g^{B'}_{A'} - g^{B'}_{A}}{\delta x} + \frac{g^{B'}_{A} - g^{B}_{A}}{\delta x}. \tag{251}$$

Faisons tendre δx vers zéro et appliquons la formule (250), où l'on aura évidemment :

$$\delta n = \cos(n, x)\, \delta x$$

(n, x) désignant l'angle de la normale intérieure avec la direction positive de Ox. On aura à la limite :

$$\frac{\partial g}{\partial x} + \frac{\partial g}{\partial x'} = \frac{1}{4\pi} \iint \frac{dg_A}{dn} \cdot \frac{dg_B}{dn} \cdot \cos(n, x)\, dS.$$

De même, en déduisant S′ de S par une rotation autour de OZ ; on trouverait

$$y\frac{\partial g}{\partial x} - x\frac{\partial g}{\partial y} + y'\frac{\partial g}{\partial x'} - x'\frac{\partial g}{\partial y'} = \frac{1}{4\pi}\iint_S \frac{dg_A}{dn}\frac{dg_B}{dn}(y\cos(n,x) - x\cos(n,y))dS$$

et en prenant pour S′ l'homothétique de S :

$$\frac{1}{4\pi}\iint_S \frac{dg_A}{dn}\frac{dg_B}{dn}\left[x\cos(n, x) + y\cos(n, y) + z\cos(n, z)\right] dz =$$
$$x\frac{\partial g}{\partial x} + y\frac{\partial g}{\partial y} + z\frac{\partial g}{\partial z} + x'\frac{\partial g}{\partial x'} + y'\frac{\partial g}{\partial y'} + z'\frac{\partial g}{\partial z'} - g.$$

251. On pourrait également tirer de la formule (250) une méthode pour calculer la fonction de Green et, par conséquent, pour résoudre le problème de Dirichlet.

On sait, en effet, trouver cette fonction de Green pour certaines surfaces, par exemple pour la sphère. La méthode consisterait à passer d'une telle surface à une surface voisine au moyen de la formule (250). On considérerait une famille de surfaces dépendant d'un paramètre α et il faudrait résoudre au moyen d'une série d'approximations successives l'équation fonctionnelle :

$$\frac{\partial g}{\partial \alpha} = -\frac{1}{4\pi}\int \frac{dg_A}{dn}\frac{dg_B}{dn}\frac{\partial n}{\partial \alpha} dS$$

où g est connu pour $\alpha = 0$.

252. Fonction de Neumann. — Au lieu de chercher à déterminer une fonction harmonique U dans un domaine donné par ses valeurs sur le contour S, on peut se proposer de la déterminer par les valeurs de sa dérivée normale sur le contour. A ce *deuxième problème aux limites* correspond la *fonction de Neumann*, qui joue le même rôle que la fonction de Green dans le problème de Dirichlet (1).

La fonction de Neumann relative à une surface S et à un point A est définie de la manière suivante : c'est une fonction γ dont la dérivée normale est constante sur S, telle que $\gamma - \frac{1}{r} = \Gamma$ soit harmonique et régulière en tout point M intérieur à S.

Comme γ ne serait ainsi déterminé qu'à une constante près, on prend :

$$\iint_S \gamma dS = 0. \tag{252}$$

La valeur constante k de $\frac{d\gamma}{dn}$ est d'ailleurs (1) :

$$k = \frac{4\pi}{S}$$

où la quantité désignée par S est l'aire de S.

La fonction ainsi définie satisfait à la condition :

$$\gamma_A^B = \gamma_B^A.$$

En effet, puisque $\frac{d\gamma}{dn}$ est constant sur S, on a (moyennant la relation (252)).

$$\iint_S \left(\gamma_A^M \frac{d\gamma_B^M}{dn} - \gamma_B^M \frac{d\gamma_A^M}{dn}\right) dS = 0.$$

Or, d'après l'identité de Green, le premier membre est égal à

$$4\pi\gamma_A^B - 4\pi\gamma_B^A,$$

ce qui démontre la proposition.

Nous allons encore calculer la variation de γ. On a comme précédemment :

$$4\pi\left(\gamma'^B_A - \gamma^B_A\right) = \iint_S \left(\gamma' \frac{d\gamma}{dn} - \gamma \frac{d\gamma'}{dn}\right) dS$$

---

(1) Voir Hadamard, *Leçons sur la propagation des ondes et les équations de l'hydrodynamique*, Ch. I, n° 24.

en supposant par exemple S intérieur à S' et en désignant par γ' la fonction de Neumann relative à S'. Avec les mêmes notations que précédemment, nous aurons, en indiquant par ..... les termes de l'ordre de ε^2 :

$$\gamma'_{M} = \gamma'_{M'} - \varepsilon\lambda \frac{d\gamma'_{M'}}{dn'} + \ldots = \gamma'_{M'} - \varepsilon\lambda \frac{4\pi}{S'} + \ldots$$

où M' est le point de S' situé sur la normale à S en M et $\lambda = \delta n$. On a donc :

$$\iint_S \gamma'_{M} \frac{d\gamma_{M}}{dn} dS = \frac{4\pi}{S}\left[\iint_S \gamma'_{M'} dS - \frac{4\pi\varepsilon}{S'} \iint \lambda dS\right] + \ldots$$

Or, on sait (¹) que dS' est lié à dS par la relation

$$dS' = dS\,[1 - \varepsilon\lambda c] + \ldots$$

en appelant c la courbure moyenne $\left(\frac{1}{R} + \frac{1}{R'}\right)$ de S (les rayons de courbure étant comptés positivement vers l'intérieur). Par suite :

$$\iint_S \gamma'_{M'} dS = \iint_S \gamma'_{M'} dS' + \varepsilon \iint \lambda c \gamma'_{M'} dS + \ldots$$

La première des intégrales du second membre étant nulle, il vient :

$$\iint_S \gamma'_{M} \frac{d\gamma_{M}}{dn} dS = \frac{4\pi}{S}\varepsilon \iint_S \lambda\left(-\frac{4\pi}{S'} + c\gamma'_{M}\right) dS + \ldots$$

Pour calculer $\iint_S -\gamma \frac{d\gamma'}{dn} dS$, cherchons l'expression de $\left(\frac{d\gamma'}{dn}\right)_M$. On a

$$(253)\quad \left(\frac{d\gamma'}{dn}\right)_M = \left[\left(\frac{d\gamma'}{dn}\right)_M - \left(\frac{d\gamma'}{dn'}\right)_M\right] + \left[\left(\frac{d\gamma'}{dn'}\right)_M - \left(\frac{d\gamma'}{dn'}\right)_{M'}\right] + \left[\frac{d\gamma'}{dn'}\right]_{M'}.$$

Or on a évidemment :

$$\left(\frac{d\gamma'}{dn'}\right)_M - \left(\frac{d\gamma'}{dn'}\right)_{M'} = -\varepsilon\lambda\left(\frac{d^2\gamma'}{dn'^2}\right)_M + \ldots$$

et par hypothèse :

$$\left(\frac{d\gamma'}{dn'}\right)_{M'} = \frac{4\pi}{S'}.$$

(¹) Voir Darboux, *Leçons sur la théorie des surfaces*, t. I, n° **185**.

Reste à calculer le premier crochet de la formule (253). Pour cela, rapportons la surface S à un trièdre trirectangle d'origine M et d'axes $M\xi$, $M\eta$, Mn (Mn étant la normale intérieure à S). Dans ces conditions, on aura :

$$\left(\frac{d\gamma'}{dn'}\right)_M = \left(\frac{\partial\gamma'}{\partial\xi}\right)_M \cos(n', \xi) + \left(\frac{\partial\gamma'}{\partial\eta}\right)_M \cos(n', \eta) + \left(\frac{\partial\gamma'}{\partial n}\right)_M \cos(n', n).$$

On obtiendra les parties principales des trois cosinus en remplaçant au voisinage de M la surface S par son plan tangent et la surface S′ par une surface dont la cote est $\varepsilon\lambda$. Ces parties principales sont proportionnelles à

$$-\varepsilon\frac{\partial\lambda}{\partial\xi}, \quad -\varepsilon\frac{\partial\lambda}{\partial\eta}, \quad 1.$$

D'où

$$\left(\frac{d\gamma'}{dn'}\right)_M = -\left(\frac{\partial\gamma'}{\partial\xi}\right)_M \varepsilon\frac{\partial\lambda}{\partial\xi} - \left(\frac{\partial\gamma'}{\partial\eta}\right) \varepsilon\frac{\partial\lambda}{\partial\eta} + \left(\frac{\partial\gamma'}{\partial n}\right)_M + \dots$$

On a ainsi :

$$-\iint_S \gamma\frac{d\gamma'}{dn}\,dS = \varepsilon\iint \lambda\frac{d^2\gamma'}{dn'^2}\gamma dS - \frac{4\pi}{S'}\iint_S \gamma dS$$
$$-\varepsilon\iint_S \left(\frac{\partial\lambda}{\partial\xi}\frac{\partial\gamma'}{\partial\xi} + \frac{\partial\lambda}{\partial\eta}\frac{\partial\gamma'}{\partial\eta}\right)\gamma dS + \dots$$

La deuxième intégrale du second membre est nulle par hypothèse.

Nous arrivons enfin à la formule :

$$\frac{1}{\varepsilon}\left(\gamma'^{B}_{A} - \gamma^{B}_{A}\right) =$$
$$\iint_S \left[\frac{1}{4\pi}\left(-\frac{\partial\lambda}{\partial\xi}\frac{\partial\gamma^M_B}{\partial\xi} - \frac{\partial\lambda}{\partial\eta}\frac{\partial\gamma^M_B}{\partial\eta} + \lambda\frac{d^2\gamma^M_B}{dn'^2}\right)\gamma_A + \frac{\lambda}{S}\left(-\frac{4\pi}{S'} + c\gamma^M_B\right)\right] dS + \dots$$

ou, pour ε infiniment petit,

$$(254)\quad \delta\gamma^B_A = \frac{1}{4\pi}\iint\left[\left(\frac{\partial(\delta n)}{\partial\xi}\frac{\partial\gamma^M_B}{\partial\xi} + \frac{\partial(\delta n)}{\partial\eta}\frac{\partial\gamma^M_B}{\partial\eta} + \frac{d^2\gamma^M_B}{dn^2}\delta n\right)\gamma^M_A\right.$$
$$\left. + \frac{4\pi}{S}\left(-\frac{4\pi}{S} + c\gamma^M_B\right)\delta n\right] dS.$$

On voit que le premier membre sera bien déterminé si l'on connaît δn d'une part et les valeurs de γ^M_A, γ^M_B *sur la surface* S d'autre part. Mais la symétrie qui existe entre les points A et B n'apparaît pas sur le second membre.

253. Pour l'obtenir, introduisons les paramètres différentiels relatifs à la surface S. Soit, d'une manière générale,

$$Edu^2 + 2Fdudv + Gdv^2$$

l'élément linéaire de la surface S. Le *paramètre différentiel du premier ordre* relatif à la fonction U ([1]) est la quantité :

$$\Delta_1 U = \frac{G\left(\frac{\partial U}{\partial u}\right)^2 - 2F\frac{\partial U}{\partial u}\frac{\partial U}{\partial v} + E\left(\frac{\partial U}{\partial v}\right)^2}{EG - F^2}$$

et le *paramètre différentiel du second ordre*, l'expression :

$$\Delta_2 U = \frac{1}{H}\frac{\partial}{\partial u}\left(\frac{G\frac{\partial U}{\partial u} - F\frac{\partial U}{\partial v}}{H}\right) + \frac{1}{H}\frac{\partial}{\partial v}\left(\frac{E\frac{\partial U}{\partial u} - F\frac{\partial U}{\partial v}}{H}\right)$$

avec $H = \sqrt{EG - F^2}$.

Si $\Delta_1(U, V)$ est la forme polaire (n° **14**) de $\Delta_1 U$, on a ([1]) une formule analogue à celle de Green :

$$\iint_{\mathcal{A}} \Delta_1(U, V)\, dS + \int_L V\frac{dU}{d\nu}\, ds + \iint_{\mathcal{A}} V\Delta_2 U dS = 0.$$

où $\mathcal{A}$ est une portion de la surface S limitée par le contour L et ν la normale à L située dans le plan tangent à S. En particulier, si $\mathcal{A}$ est la surface S tout entière, L se réduit à un point, ce qui donne :

$$(255)\qquad \iint_S \Delta_1(U,V)\, dS + \iint_S V\Delta_2 U dS = 0.$$

Au point M, l'élément linéaire se réduit à $d\xi^2 + d\eta^2$ et, par suite, $\Delta_1(U, V)$ à

$$\Delta_1(U, V) = \frac{\partial_1 U}{\partial_1 \xi}\frac{\partial_1 V}{\partial_1 \xi} + \frac{\partial_1 U}{\partial_1 \eta}\frac{\partial_1 V}{\partial_1 \eta}$$

en indiquant par l'indice 1 les dérivées prises par rapport à ξ, η en considérant la 3e coordonnée n comme fonction des deux autres sur S.

([1]) Voir Darboux, *Leçons sur la théorie des surfaces*, Liv. VII, Chap. I.

Ces dérivées sont liées à $\frac{\partial U}{\partial \xi}, \ldots$ par les relations

$$\frac{\partial_1 U}{\partial_1 \xi} = \frac{\partial U}{\partial \xi} + \frac{\partial n}{\partial \xi}\frac{\partial U}{\partial n}, \ldots$$

et, pour le second ordre,

$$\frac{\partial_1{}^2 U}{\partial_1 \xi^2} = \frac{\partial^2 U}{\partial \xi^2} + 2\frac{\partial n}{\partial \xi}\frac{\partial^2 U}{\partial \xi \partial n} + \left(\frac{\partial n}{\partial \xi}\right)^2 \frac{\partial^2 U}{\partial n^2} + \frac{\partial^2 n}{\partial \xi^2}\frac{\partial U}{\partial n}$$

où l'on a, toujours au point M,

$$\frac{\partial n}{\partial \xi} = 0, \qquad \frac{\partial^2 n}{\partial \xi^2} = \frac{1}{R'_1}$$

(en appelant R'_1 le rayon de courbure de la section normale par $\eta = 0$). Donc, en ce même point

$$\frac{\partial_1 U}{\partial_1 \xi} = \frac{\partial U}{\partial \xi}$$

et par suite :

$$\Delta_1(U, V) = \frac{\partial U}{\partial \xi}\frac{\partial V}{\partial \xi} + \frac{\partial U}{\partial \eta}\frac{\partial V}{\partial \eta}$$

pendant que

$$\Delta_2 U = \frac{\partial_1{}^2 U}{\partial_1 \xi^2} + \frac{\partial_1{}^2 U}{\partial_1 \eta^2} = \frac{\partial^2 U}{\partial \xi^2} + \frac{\partial^2 U}{\partial \eta^2} + c\frac{\partial U}{\partial n}.$$

On pourra, dès lors, dans la première parenthèse sous le signe $\iint$ de la formule (254), remplacer l'ensemble des deux premiers termes par $\Delta_1(\delta n, \gamma_B^M)$, et le troisième $\frac{d^2\gamma_B^M}{dn^2}$, égal à $-\left(\frac{\partial^2\gamma_B^M}{\partial \xi^2} + \frac{\partial^2\gamma_B^M}{\partial \eta^2}\right)$ (puisque la fonction γ_B^M est harmonique à l'intérieur de S) par :

$$\frac{d^2\gamma_B^M}{dn^2} = c\frac{d\gamma_B^M}{dn} - \Delta_2\gamma_B^M = \frac{4\pi}{S}c - \Delta_2\gamma_B^M.$$

D'où :

$$\delta\gamma_A^B = \frac{1}{4\pi}\iint_S \left[\gamma_A^M \Delta_1(\delta n, \gamma_B^M) - \left(\frac{4\pi}{S}\right)^2 \delta n + \delta n \gamma_A^M\left(\frac{4c\pi}{S} - \Delta_2\gamma_B^M\right) + \frac{4\pi c\gamma_B^M}{S}\delta n\right] dS.$$

La formule (254) donne

$$\iint_S \Delta_1(\delta n \gamma_A^M, \gamma_B^M)\, dS + \iint_S \delta n \gamma_A^M \cdot \Delta_2\gamma_B^M = 0.$$

D'autre part on a évidemment :

$$\Delta_1(\delta n \gamma_A^M, \gamma_B^M) = \delta n\, \Delta_1(\gamma_A^M, \gamma_B^M) + \gamma_A^M\, \Delta_1(\delta n, \gamma_B^M).$$

Moyennant ces deux relations, l'expression de $\delta\gamma_A^B$ devient :

$$(254') \quad \delta\gamma_A^B = \iint_S \left[\frac{1}{4\pi}\Delta_1(\gamma_A^M, \gamma_B^M) + \frac{c}{S}(\gamma_A^M + \gamma_B^M) - \frac{4\pi}{S^2}\right]\delta n\, dS.$$

Cette forme, symétrique en A et B, détermine cette fois la valeur de $\delta\gamma_A^B$ connaissant seulement δn et les valeurs de γ_A^M, γ_B^M sur la surface S. La formule s'étend comme tout à l'heure au cas où les surfaces voisines S et S' sont disposées l'une par rapport à l'autre de façon quelconque.

LIVRE III

LES CONDITIONS DE L'EXTREMUM LIBRE

CHAPITRE PREMIER

LA MÉTHODE DE JACOBI-CLEBSCH

I. CAS D'UNE FONCTION INCONNUE

254. La variation seconde. — Supposons que l'on ait trouvé une extrémale λ remplissant les conditions du premier ordre telles que nous les avons formulées au Livre précédent.

Nous avons maintenant à rechercher si cette ligne fournit bien un extremum de notre intégrale.

A cet effet, nous allons d'abord poursuivre la marche générale indiquée au Livre Premier (n° **39**) en étudiant la *variation seconde* de l'intégrale considérée I (dérivée seconde de I par rapport au paramètre α) et exprimant que cette variation est essentiellement positive ou essentiellement négative.

Nous avons constaté, il est vrai, que cette méthode ne peut pas nous fournir d'une façon certaine les conditions suffisantes pour l'extremum. Nous ne sommes assurés que d'une chose : c'est que l'invariance du signe de la variation seconde (celle-ci devant être positive dans le cas du minimum et négative dans le cas du maximum) est pour cet extremum une condition nécessaire.

Comme les conditions nécessaires que nous obtiendrons ainsi découleront, elles aussi, de la méthode qui nous fournira les conditions suffisantes, l'étude de la variation seconde, telle que nous allons la faire maintenant, serait, à strictement parler, inutile, de sorte qu'on pourrait, à la rigueur, faire commencer le présent Livre au Chap. II.

Elle est nécessaire cependant, car elle fait apparaître des notions et des propriétés qu'il importe de connaître pour l'intelligence du problème, et qui sont liées d'une manière étroite à toutes les questions qu'on peut se poser sur le Calcul des Variations.

255. Considérons d'abord l'intégrale

$$(1) \qquad I = \int_{x^0}^{x^1} f(y', y, x)\, dx$$

à une seule fonction inconnue, dans les conditions du Livre II, Chap. I, c'est-à-dire en supposant les extrémités $A(x^0, y^0)$ et $B(x^1, y^1)$ de la ligne d'intégration fixes. La variation première peut s'écrire (nº **53**) en posant toujours

$$I^{(y)} = F(y) = f_y - \frac{d}{dx} f_{y'},$$

sous l'une quelconque des deux formes

$$\delta I = \int_{x^0}^{x^1} (f_y \delta y + f_{y'} \delta y')\, dx,$$

$$\delta I = \int_{x^0}^{x^1} I^{(y)}\, \delta y\, dx = \int_{x^0}^{x^1} F(y)\, \delta y\, dx.$$

Ces deux expressions sont équivalentes entre elles, ou, si l'on veut, les deux quantités sous le signe $\int$ sont équivalentes au sens du nº **27** : leur différence est la dérivée, par rapport à x, de l'expression $f_{y'} \delta y$.

Nous déduirons de là, par une seconde application de l'opération δ, les deux expressions suivantes de la variation seconde

$$(2) \quad \delta^2 I = \int_{x^0}^{x^1} \delta y\, \delta F(y)\, dx + \int_{x^0}^{x^1} F(y)\, \delta^2 y\, dx,$$

$$(3) \quad \delta^2 I = \int_{x^0}^{x^1} (f_{yy}\delta y^2 + 2 f_{yy'} \delta y \delta y' + f_{y'y'} \delta y'^2)\, dx + \int_{x^0}^{x^1} (f_y \delta^2 y + f_{y'} \delta^2 y')\, dx$$

Mais si la ligne dont nous partons est une extrémale, *la seconde intégrale disparaît dans chacune des deux formules précédentes*. Elle peut être considérée comme obtenue en substituant la fonction $\delta^2 y$ à δy dans la variation première, laquelle est identiquement nulle. On peut donc écrire simplement :

$$(2') \quad \delta^2 I = \int_{x^0}^{x^1} \delta y \delta F(y)\, dx,$$

$$(3') \quad \delta^2 I = \int_{x^0}^{x^1} (\mathrm{A}\delta y'^2 + 2\mathrm{B}\delta y \delta y' + \mathrm{C}\delta y^2)\, dx = \int_{x^0}^{x^1} \mathrm{f}(\delta y', \delta y)\, dx$$

en posant

$$\mathrm{A} = f_{y'y'} \quad , \quad \mathrm{B} = f_{yy'} \quad , \quad \mathrm{C} = f_{yy}.$$

$$\mathrm{f}(\mathrm{y}', \mathrm{y}) = \mathrm{A}\mathrm{y}'^2 + 2\mathrm{B}\mathrm{y}\mathrm{y}' + \mathrm{C}\mathrm{y}^2.$$

A leur tour, d'après la manière même dont elles ont été obtenues, les expressions (2) et (3) sont équivalentes entre elles, pourvu que les extrémités soient fixes et, de plus, que $\delta y'$ soit *continu* : Dans les formules (2), (3), la différence des deux quantités sous le signe $\int$ est la dérivée par rapport à x de la quantité

$$(4) \qquad \delta(f_{y'}\delta y) = \delta f_{y'}\delta y + f_{y'}\delta^2 y$$

(laquelle est alors nulle aux limites) ; et la même chose a lieu pour les expressions (2'), (3'), à ceci près que le terme $\delta^2 y$ est supprimé.

Si, au contraire, $\delta y'$ n'est pas nul aux limites, ou s'il présente des discontinuités, l'expression (2) reste valable ; mais l'expression (3) doit être corrigée par des termes contenant les valeurs de la quantité

$$(4') \qquad \delta f_{y'}\delta y$$

aux extrémités, ou les variations brusques de cette quantité.

255 *bis*. On peut envisager les variations successives et, en particulier, la variation seconde, sous un point de vue un peu différent de celui qui précède.

Considérons, non plus une différentielle δy (relative à la variable α), mais un accroissement fini Δy de y, de sorte que, y étant l'ordonnée de λ, $y + \Delta y$ est l'ordonnée d'une ligne variée $\mathfrak{L}$. La différence des valeurs de I relatives à $\mathfrak{L}$ et à λ est

$$\underset{(\mathfrak{L})}{I} - \underset{(\lambda)}{I} = \int_{x^0}^{x^1} \left[f(y' + \Delta y', y + \Delta y, x) - f(y', y, x) \right] dx.$$

Supposons la quantité sous le signe $\int$, au second membre, développable par la formule de Taylor. On pourra écrire :

$$\underset{(\mathfrak{L})}{I} - \underset{(\lambda)}{I} = \int_{x^0}^{x^1} (f_{y'}\Delta y' + f_y \Delta y)\, dx$$
$$+ \frac{1}{2}\int_{x^0}^{x^1} (f_{y'^2}\Delta y'^2 + 2 f_{yy'}\Delta y \Delta y' + f_{y^2}\Delta y^2)\, dx + \ldots$$

ou, si on limite la formule au second terme

$$\underset{(\mathfrak{L})}{I} - \underset{(\lambda)}{I} = \int_{x^0}^{x^1} (f_{y'}\Delta y' + f_y \Delta y)\, dx$$
$$+ \frac{1}{2}\int_{x^0}^{x^1} (f_{y'^2}\Delta y'^2 + 2 f_{y'y}\Delta y \Delta y' + f_{y^2}\Delta y^2)\, dx + \int_{x^0}^{x^1} \mathrm{R}\, dx,$$

R désignant le reste.

Le premier terme, dans le second membre de l'une quelconque de ces deux formules, n'est autre (au changement près de δy en Δy) que l'expression précédemment trouvée pour la variation première ; Δy étant une fonction de x continue et nulle aux extrémités, il est nul si λ est une extrémale.

Le second terme n'est autre (au même changement près) que la moitié de l'expression (3').

Celle-ci se présente donc comme *la partie quadratique*, par rapport aux valeurs de δy et de $\delta y'$, *de l'accroissement de I développé par la formule de Taylor*.

256. Considérant à nouveau la variation δy, nous poserons, pour abréger $\delta y = \mathbf{y}$. Nous désignerons par $\mathbf{I}^{(\mathbf{y})} = \mathbf{F}(\mathbf{y})$ la variation $\delta F(y)$, soit, en développant

$$(5)\quad \mathbf{I}^{(\mathbf{y})} = \mathbf{F}(\mathbf{y}) = \delta f_y - \frac{d}{dx}\delta f_{y'} = \mathbf{C}\delta y + \mathbf{B}\delta y' - \frac{d}{dx}(\mathbf{B}\delta y + \mathbf{A}\delta y').$$

F(**y**) est un polynôme différentiel linéaire du second ordre par rapport à **y**. L'équation

$$(\mathbf{E}) \qquad \mathbf{F}(\mathbf{y}) = 0$$

n'est autre que ce que nous avons désigné au n° **21** (notions préliminaires) sous le nom d'*équation aux variations* correspondant à l'équation $F(y) = 0$ des extrémales ; et nous avons établi en cet endroit que si l'on avait obtenu une intégrale de $F(y) = 0$, dépendant d'un paramètre, soit $\Psi(x, \alpha)$, la dérivée Ψ'_α est solution de l'équation $\mathbf{I}^{(\mathbf{y})} = 0$. Si l'on a trouvé l'équation générale des extrémales $y = y(x, \alpha, \beta)$, on aura par là même intégré l'équation aux variations, son intégrale générale étant (n° **21**) :

$$c\frac{\partial y}{\partial \alpha} + c'\frac{\partial y}{\partial \beta},$$

où c, c' désignent deux constantes arbitraires.

Dans le problème qui nous occupe et où l'on suppose l'extrémale λ déterminée, on l'aura obtenue en général après avoir trouvé l'équation générale des extrémales et, s'il en est ainsi, on connaîtra l'intégrale générale de l'équation aux variations.

257. Considérons de même l'intégrale à plusieurs fonctions inconnues :

$$I = \int_{x^0}^{x^1} f(y'_1, y'_2, \dots y'_n, y_1, \dots y_n, x)\, dx$$

prise entre deux points fixes A et B et supposons qu'il existe une extrémale λ joignant A et B. Par un calcul analogue à celui qui a été fait pour $n = 1$, on obtiendra les expressions suivantes :

$$\underset{(\lambda)}{\delta I} = \int_{x^0}^{x^1} \Big(\sum_i F_i \delta y_i\Big)\, dx = \int_{x^0}^{x^1} \sum_i (f_{y_i}\delta y_i + f_{y'_i}\delta y'_i)\, dx$$

et (pour $F_1 = F_2 \dots = F_n = 0$)

$$(2\ bis) \quad \delta^2 I = \int_{x^0}^{x^1} \Big(\sum_i \mathbf{F}_i \mathbf{y}_i\Big)\, dx$$

$$(3\ bis) \quad \delta^2 I = \int_{x^0}^{x^1} \Big[\sum_{i,k} (\mathbf{A}_{ik}\mathbf{y}'_i\mathbf{y}'_k + 2\mathbf{B}_{ik}\mathbf{y}_i\mathbf{y}'_k + \mathbf{C}_{ik}\mathbf{y}_i\mathbf{y}_k)\Big]\, dx = \mathbf{I}$$

en posant :

$$\mathbf{F}_i = \delta F_i \qquad \text{avec} \qquad \delta y_i = \mathbf{y}_i$$

et :

$$\mathbf{A}_{ik} = f_{y'_i y'_k}, \qquad \mathbf{B}_{ik} = f_{y_i y'_k}, \qquad \mathbf{C}_{ik} = f_{y_i y_k}$$

Les équations

$$\text{(E)} \qquad \mathbf{F}_i = 0$$

ou *équations aux variations* correspondant aux équations $F_i = 0$, sont des équations linéaires et du second ordre en $\mathbf{y}_1, \ldots \mathbf{y}_n$. D'autre part, le discriminant de la forme quadratique $\Phi = \sum_{i,k} \mathbf{A}_{ik} \mathbf{y}'_i \mathbf{y}'_k$ est le déterminant fonctionnel par rapport à $y_1'', \ldots y_n''$ des premiers membres F_i des équations des extrémales. Nous continuerons à supposer qu'il ne s'annule pas entre A et B, de sorte que la forme Φ est toujours décomposable en une somme de n carrés de formes linéaires indépendantes.

La forme Φ n'est autre que l'ensemble des termes quadratiques par rapport aux $\mathbf{y}'$ dans la forme

$$(6) \qquad \mathbf{f}(\mathbf{y}, \mathbf{y}') = \sum_{i,k} f_{y'_i y'_k} \mathbf{y}'_i \mathbf{y}'_k + 2 \sum_{i,k} f_{y_i y'_k} \mathbf{y}_i \mathbf{y}'_k + \sum_{i,k} f_{y_i y_k} \mathbf{y}_i \mathbf{y}_k$$

qui figure sous le signe $\int$ dans la formule (3 *bis*).

La connaissance de $\mathbf{f}$ permet à elle seule d'écrire les équations aux variations : on a, en effet,

$$(7) \qquad \delta f_{y_i} = \sum_k f_{y_i y_k} \delta y_k + \sum_k f_{y_i y'_k} \delta y'_k = \frac{1}{2} \mathbf{f}_{\mathbf{y}_i}$$

$$(7') \qquad \delta f_{y'_i} = \sum_k f_{y'_i y_k} \delta y_k + \sum_k f_{y'_i y'_k} \delta y'_k = \frac{1}{2} \mathbf{f}_{\mathbf{y}'_i}$$

et, par conséquent,

$$(8) \qquad \mathbf{I}^{(\mathbf{y}_i)} = \mathbf{F}_i(\mathbf{y}) = \delta F_i = \delta\left(f_{y_i} - \frac{d}{dx} f_{y'_i}\right) = \frac{1}{2}\left(\mathbf{f}_{\mathbf{y}_i} - \frac{d}{dx} \mathbf{f}_{\mathbf{y}'_i}\right).$$

Ainsi, *les équations* (E) *ne sont autres que celles que l'on obtiendrait en annulant la variation première de l'intégrale* (5 *bis*) —

c'est-à-dire (au facteur 2 près) de la partie quadratique (par rapport aux δy, $\delta y'$) de l'accroissement de I —, *les* **y** *étant considérés comme fonctions inconnues.*

258. Nous allons maintenant établir que : *Les polynomes différentiels tels que* **F**, ou *les systèmes différentiels tels que*

$$(\mathrm{E}) \qquad \mathbf{F}_1 = 0, \; \mathbf{F}_2 = 0, \ldots, \; \mathbf{F}_n = 0$$

sont identiques à leurs adjoints.

C'est un résultat auquel nous avons été conduits au n° **142**. Nous allons le vérifier ici, et retrouver directement l'équation (109') obtenue en cet endroit.

Le fait même que les $\mathbf{F}_i$ sont les premiers membres des équations des extrémales relatives à l'intégrale $\int \frac{1}{2} \mathbf{f} dx$ nous conduit, en effet, à l'identité

$$(9) \qquad \mathbf{z}_i \mathbf{F}_i(\mathbf{y}) = -\frac{d}{dx} \frac{1}{2} \mathbf{z}_i \mathbf{f}_{\mathbf{y}'_i} + \frac{1}{2}\left(\mathbf{z}_i \mathbf{f}_{\mathbf{y}_i} + \mathbf{z}'_i \mathbf{f}_{\mathbf{y}'_i}\right)$$

(qui n'est autre que la formule (5) de la page 60, en y remplaçant respectivement y_i, f, F_i par $\mathbf{y}_i$, $\frac{1}{2}\mathbf{f}$, $\mathbf{F}_i$ et δy_i par $\mathbf{z}_i$). Or on a (n° **14**) :

$$\sum_i (\mathbf{z}_i \mathbf{f}_{\mathbf{y}_i} + \mathbf{z}'_i \mathbf{f}_{\mathbf{y}'_i}) = \sum_i (\mathbf{y}_i \mathbf{f}_{\mathbf{z}_i} + \mathbf{y}'_i \mathbf{f}_{\mathbf{z}'_i}).$$

Si donc on ajoute entre elles les différentes égalités déduites de (9) en donnant à l'indice i toutes les valeurs de 1 à n et que l'on retranche du résultat obtenu celui qu'on en déduit en permutant les **y** avec les **z**, il vient

$$(10) \qquad \sum_i [\mathbf{z}_i \mathbf{F}_i(\mathbf{y}) - \mathbf{y}_i \mathbf{F}_i(\mathbf{z})] = \frac{d\Omega}{dx}$$

Ω ayant la valeur

$$(11) \qquad \Omega(\mathbf{y}, \mathbf{z}) = \frac{1}{2} \sum_i (\mathbf{y}_i \mathbf{f}_{\mathbf{z}'_i} - \mathbf{z}_i \mathbf{f}_{\mathbf{y}'_i}).$$

Si, en particulier, les **y** et les **z** sont des solutions des équations (**E**), on a

$$(12) \qquad \Omega = \text{const.}$$

Or ceci n'est autre chose que la relation (109') précédemment obtenue au n° **142**, comme le montrent les formules (7') qui font connaître les variations des quantités $f_{y'_i}$.

Dans le cas d'une équation unique, la formule (10) se réduit à

$$(13) \qquad \mathbf{zF(y) - yF(z)} = \frac{d\Omega}{dx}$$

$$(13') \qquad \Omega = \mathbf{A(zy' - yz')}.$$

Le résultat qu'elle exprime apparaît d'ailleurs intuitivement sur l'expression (5) (n° **256**), laquelle s'écrit encore

$$(14) \qquad \mathbf{F(y)} = \mathbf{Hy} - \frac{d}{dx}(\mathbf{Ay'}) \quad , \quad \mathbf{H} = \mathbf{C} - \frac{d\mathbf{B}}{dx}$$

c'est-à-dire sous la forme caractéristique (n° **28**) d'un polynôme différentiel du deuxième ordre identique à son adjoint.

Ceci montre même que, réciproquement, tout polynôme différentiel du second ordre identique à son adjoint — c'est-à-dire tout polynôme de la forme (14) — peut-être considéré comme déduit d'une variation seconde d'intégrale définie, — celle de l'intégrale (3'), avec **B** quelconque et $\mathbf{C} = \mathbf{H} + \frac{d\mathbf{B}}{dx}$.

259. L'observation de Legendre. — Plaçons nous dans le cas de $n = 1$. Pour que l'extrémale λ fournisse un extremum, il faut que $\delta^2 I$ ait forcément un signe déterminé, quel que soit δy. Il en est évidemment ainsi, toutes les fois que la forme quadratique en **y**, **y'**

$$(15) \qquad \mathbf{f} = \mathbf{Ay'^2} + 2\mathbf{Byy'} + \mathbf{Cy^2}$$

est définie, quel que soit x ou même si elle est le carré d'une expression linéaire en **y** et **y'**.

Supposons qu'il n'en soit pas ainsi. Legendre a observé que la question serait résolue si l'on pouvait amener la quantité (15) à vérifier cette condition en transformant l'intégrale (3') comme on l'a fait pour la variation première, c'est-à-dire en ajoutant à l'élément différentiel une expression de même forme dont l'intégrale soit nulle.

Nous chercherons donc à déterminer une fonction j de x telle que l'expression :

$$(16)\quad \mathbf{A}\mathbf{y}'^2 + 2\mathbf{B}\mathbf{y}\mathbf{y}' + \mathbf{C}\mathbf{y}^2 + \frac{d}{dx}(\mathbf{j}\mathbf{y}^2) = \mathbf{A}\mathbf{y}'^2 + 2(\mathbf{B}+\mathbf{j})\mathbf{y}\mathbf{y}' + \left(\mathbf{C} + \frac{d\mathbf{j}}{dx}\right)\mathbf{y}^2$$

soit un carré parfait :

$$(16')\quad \mathbf{A}\mathbf{y}'^2 + 2\mathbf{B}\mathbf{y}\mathbf{y}' + \mathbf{C}\mathbf{y}^2 + \frac{d}{dx}(\mathbf{j}\mathbf{y}^2) = \mathbf{A}(\mathbf{y}' - \gamma\mathbf{y})^2$$

où γ est une certaine fonction de x.

La quantité j cherchée devra satisfaire à l'*équation de Riccati* :

$$(17)\qquad (\mathbf{B} + \mathbf{j})^2 - \mathbf{A}\left(\mathbf{C} + \frac{d\mathbf{j}}{dx}\right) = 0.$$

Si l'on peut trouver à cette équation une intégrale continue et finie entre x^0 et x^1, on aura :

$$\delta^2 I = \int_{x^0}^{x^1} \mathbf{A}(\mathbf{y}' - \gamma\mathbf{y})^2 dx$$

en posant :

$$\gamma = -\frac{\mathbf{B} + \mathbf{j}}{\mathbf{A}}$$

et par conséquent, si **A** ne s'annule pas entre x^0 et x^1, $\delta^2 I$ aura un signe indépendant de la variation **y**.

260. Les résultats de Jacobi. — Reste à intégrer l'équation de Riccati (17). Jacobi a montré que cette équation peut être considérée comme intégrée lorsqu'on connaît l'équation générale des extrémales. C'est ce que nous établirons de la façon suivante.

Pour écrire que la forme quadratique (16) est le carré, au coefficient **A** près, d'une combinaison linéaire

$$\mathbf{y}' - \gamma\mathbf{y},$$

considérons une fonction **y** qui vérifie l'équation différentielle

$$\mathbf{y}' - \gamma\mathbf{y} = 0.$$

Cette fonction annulera manifestement la variation de l'intégrale

$$\int_{x^0}^{x^1} \mathbf{A}(\mathbf{y}' - \gamma\mathbf{y})^2 dx = \int_{x^0}^{x^1} \left[\mathbf{A}\mathbf{y}'^2 + 2\mathbf{B}\mathbf{y}\mathbf{y}' + \mathbf{C}\mathbf{y}^2 + \frac{d}{dx}(\mathbf{j}\mathbf{y}^2)\right] dx.$$

Elle annulera donc aussi celle de l'intégrale $\int (\mathbf{A}\mathbf{y}'^2 + 2\mathbf{B}\mathbf{y}\mathbf{y}' + \mathbf{C}\mathbf{y}^2)\,dx$. Celle-ci, en effet, ne diffère de la précédente que par un terme exactement intégrable $\int_{x^0}^{x^1} \frac{d}{dx}(\mathbf{j}\mathbf{y}^2).\,dx$, dont, comme nous l'avons rappelé au n° **51**, la variation est identiquement nulle si les extrémités de la ligne d'intégration sont fixes.

On obtiendra donc toute fonction γ en considérant une intégrale $\mathbf{z}$ de l'équation (E) du n° **256** et posant

$$\gamma = \frac{\mathbf{z}'}{\mathbf{z}}. \tag{18}$$

261. Réciproquement toute fonction γ ainsi obtenue fournit une solution de la question posée. Cela résulte déjà de ce que ces fonctions ont exactement le même degré de généralité que les solutions de l'équation (17) et c'est ce qu'on vérifie sans difficulté directement.

Mais cela ressort aussi immédiatement du fait que le polynôme linéaire $\mathbf{F}$ est identique à son adjoint, autrement dit, de l'identité (13) (n° **258**).

Dans cette identité, substituons pour $\mathbf{z}$ une solution de l'équation aux variations : nous obtenons ainsi une valeur de $\mathbf{F}(\mathbf{y})$ et, en la reportant dans la variation seconde prise, cette fois, sous la forme (2′) celle-ci devient

$$\delta^2 I = \int_{x^0}^{x^1} \frac{\mathbf{y}}{\mathbf{z}} \frac{d}{dx} [\mathbf{A}(\mathbf{y}\mathbf{z}' - \mathbf{z}\mathbf{y}')]\,dx \tag{19}$$

ou par une intégration par parties

$$\delta^2 I = \int_{x^0}^{x^1} - \mathbf{A}(\mathbf{y}\mathbf{z}' - \mathbf{z}\mathbf{y}') \left(\frac{\mathbf{y}}{\mathbf{z}}\right)' dx = \int_{x^0}^{x^1} \mathbf{A} \left(\mathbf{y}' - \frac{\mathbf{z}'}{\mathbf{z}}\,\mathbf{y}\right)^2 dx \tag{20}$$

car le terme tout intégré

$$\mathbf{A}\mathbf{y}\left(\mathbf{y}\frac{\mathbf{z}'}{\mathbf{z}} - \mathbf{y}'\right) \tag{21}$$

est nul aux limites.

La fonction $\gamma = \frac{\mathbf{z}'}{\mathbf{z}}$ fournit donc bien la transformation demandée

On pourrait d'ailleurs, bien entendu, arriver au même résultat en reprenant d'une manière convenable les calculs mêmes que nous avons faits au numéro précédent. C'est ce que nous ferons un peu plus loin, dans le cas plus général de n fonctions inconnues.

262. Condition de Jacobi. — La question est résolue au point de vue formel.

Mais pour que la transformation de Legendre ainsi obtenue soit légitime, il faut que la quantité $\mathbf{j}$ reste finie entre x^0 et x^1 ; par conséquent, en prenant $\mathbf{j} = -\left(\mathbf{B} + \mathbf{A}\,\frac{\mathbf{z}'}{\mathbf{z}}\right)$, il faut que $\mathbf{z}$ *reste différent de zéro entre ces mêmes limites.*

Or toute solution $\mathbf{z}$ de l'équation aux variations peut être considérée comme la dérivée (pour $\alpha = 0$) d'une intégrale de $F(z) = 0$ dépendant d'un paramètre α et qui se réduit à y pour $\alpha = 0$. Par conséquent, dire qu'il y a une solution $\mathbf{z}$ de l'équation aux variations qui ne s'annule pas entre x^0 et x^1, c'est dire qu'il y a une famille d'extrémales Λ à un paramètre α contenant l'extrémale λ et dont l'enveloppe touche λ en des points tous extérieurs à l'arc AB. Ou encore, c'est dire que les extrémales Λ infiniment voisines de λ ne coupent pas λ entre A et B.

Si cette condition est remplie, on aura l'identité (20).

Considérons en particulier la solution $\mathbf{z}_1$ de l'équation aux variations qui s'annule pour $x = x^0$. Si le *foyer conjugué* (n° **100**) du point A est extérieur au sens strict à notre intervalle d'intégration, cette solution sera différente de zéro dans ce même intervalle, le point A excepté. Par raison de continuité, sera également différente de zéro [1] au point A la solution $\mathbf{z}$ qui s'annule en un point situé sur le prolongement de notre arc d'extrémale au-delà de A, mais très près de A. Les considérations précédentes seront donc applicables à cette solution.

Nous dirons que la *condition de Jacobi* est vérifiée si l'équation aux variations possède une solution $\mathbf{z}$ différente de zéro dans l'intervalle (x^0, x^1). Pour que la condition soit vérifiée *au sens strict*, $\mathbf{z}$ devra être différent de zéro même en A et B ; il pourra, au con-

---

[1] En vertu de ce fait que la dérivée $\frac{d\mathbf{z}_1}{dx}$ est différente de zéro en A.

traire, s'annuler en ces points si la condition ne doit être vérifiée qu'*au sens large*.

On voit, en particulier, que la condition est vérifiée au sens strict si le foyer conjugué de A est extérieur à l'intervalle et qu'elle l'est encore, au sens large, si ce foyer coïncide avec B.

La condition de Jacobi est évidemment vérifiée dans tout intervalle suffisamment petit. Pour trouver un tel intervalle autour d'un point donné $x = x'$, il suffit de prendre une solution de l'équation (**E**) qui ne soit pas nulle pour cette valeur de x. Elle sera également différente de zéro dans un certain intervalle comprenant x'.

Il résulte de ce qui précède que si la condition de Jacobi est vérifiée au sens strict et que **z** soit la solution différente de zéro, on aura, quelle que soit la variation $\delta y = \mathbf{y}$ nulle aux limites, la formule (20).

263. Cette formule subsiste si la condition de Jacobi est vérifiée au sens large.

Pour le démontrer, commençons par prendre l'intégrale (19) entre deux limites x'^0 et x'^1 dont l'une est un peu supérieure à x^0, et l'autre un peu inférieure à x^1. Les transformations précédentes sont encore applicables à l'intégrale ainsi prise, sauf qu'il faut tenir compte du terme tout intégré (21) qui s'introduit dans le passage de la formule (19) à la formule (20), savoir

$$\left[\mathbf{A}\,\frac{\mathbf{y}}{\mathbf{z}}(\mathbf{yz}' - \mathbf{zy}')\right]_{x'^0}^{x'^1}.$$

Mais, si l'on fait tendre x'^0 vers x^0 et x'^1 vers x'^1, ce terme tend vers zéro, et cela lors même que **z** est nulle en x^0, par exemple. En effet, la quantité $\frac{\mathbf{z}'}{\mathbf{z}}$ est alors de l'ordre de $\frac{1}{x'^0 - x^0}$ tandis que, moyennant l'hypothèse indiquée, le facteur $\mathbf{Ay}^2$ qui la multiplie est du second ordre par rapport à $x'^0 - x^0$. On a donc bien encore la formule (20).

264. Si maintenant, dans cette formule, nous supposons que **A** est constamment positif entre x^0 et x^1, $\delta^2 I$ sera nécessairement positif.

Il ne pourra même être nul que si δy est lui-même identiquement nul dans tout l'intervalle. En effet, on devrait alors avoir identiquement $\delta y' - \gamma\, \delta y = 0$, ce qui donne

$$\mathbf{y} = \delta y = Ce^{\int \gamma dx}$$

C désignant une constante. Or celle-ci devrait être nulle puisque δy est nul aux limites.

Ces conclusions sont encore vraies si **A**, tout en ne pouvant devenir négatif, est susceptible de s'annuler entre x^0 et x^1, pourvu qu'il ne soit identiquement nul dans aucun intervalle (cas que nous avons déjà écarté précédemment (voir n° **66**)).

Toutefois, la portée de cette remarque est notablement réduite si l'on observe que, pour **A** nul en un point de l'intervalle d'intégration, la condition de Jacobi cesse le plus souvent d'avoir un sens. Un tel point est, en effet, un *point singulier* pour l'équation différentielle des extrémales et pour l'équation aux variations (**E**). Les intégrales de cette dernière ne sont plus régulières, en général (¹).

On appelle *condition de Legendre* pour le minimum (maximum), la condition que le coefficient $\mathbf{A} = f_{y'^2}$ soit constamment positif (négatif) dans l'intervalle (x^0, x^1). Elle est vérifiée *au sens strict* si **A** ne peut même pas s'annuler ; au sens *large*, si elle implique seulement $\mathbf{A} \geqq 0$ (ou $\mathbf{A} \leqq 0$, pour le maximum).

265. Conditions suffisantes. — D'après cette définition et celle qui a été donnée de la condition de Jacobi (n° **262**), nous voyons que :

La variation seconde est toujours positive si l'on a les conditions de Legendre (pour le minimum) **et de Jacobi**, *même au sens large*.

Elle ne peut être nulle sans que δy soit identiquement nul, si la condition de Jacobi est vérifiée au sens strict (²).

(¹) L'équation $\mathbf{A} = 0$ ayant, dans ce cas, une racine multiple (puisque **A** ne change pas de signe) on n'a même pas, en général, affaire à un point singulier satisfaisant aux conditions de Fuchs (voir GOURSAT, *Cours d'Analyse*, t. II, p. 450, n° 409).

(²) Si la condition de Jacobi n'est vérifiée qu'au sens large, $\delta^2 I$ est nul (d'après la formule (20)) lorsqu'on prend δy égal à la solution **z** de l'équation (**E**) qui s'annule aux deux extrémités de l'intervalle d'intégration.

266. Conditions nécessaires. — Nous allons montrer qu'inversement, le signe de la variation seconde ne peut pas être déterminé si les deux conditions précédentes ne sont pas vérifiées à la fois (tout au moins au sens large).

a) Condition de Legendre. — Supposons que **A** soit négatif en un point de notre extrémale et, par conséquent (**A** étant continu), sur tout un arc $M_1 M_2$ (*fig.* 30) autour de ce point. Nous pourrons prendre cet arc assez petit pour qu'il soit intérieur à AB et aussi (n° **262**) pour que la condition de Jacobi y soit vérifiée. Dès lors si l'on forme une famille de courbes variées joignant A, B qui coïncident avec λ sauf sur l'arc $M_1 M_2$ — autrement dit, si l'on prend **y** nul, sauf entre M_1 et M_2 — on aura :

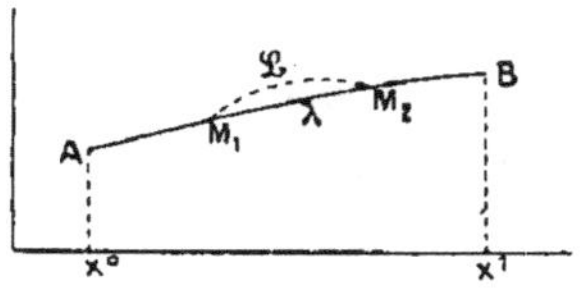

Fig. 30.

$$\delta^2 I_A^B = \delta^2 I_{M_1}^{M_2}.$$

Or la condition de Jacobi étant vérifiée dans M_1M_2, où **A** reste négatif, la dernière expression sera négative ; et il n'y aura pas minimum. Ainsi **A** ne doit jamais être négatif entre A et B.

La condition de Legendre (au sens large) *est nécessaire pour l'existence de l'extremum.*

267. *b) Condition de Jacobi.* — **A** étant supposé toujours différent de 0 et, pour fixer les idées, positif, je dis que *le minimum n'a pas lieu* s'il existe une solution de l'équation aux variations qui s'annule en deux points A′, A″ de l'intervalle donné, l'un au moins de ces deux zéros étant intérieur au sens strict à cet intervalle — autrement dit, *si la condition de Jacobi n'est pas remplie au moins au sens large.*

Il est clair tout d'abord qu'on peut avoir dans ces conditions une variation seconde nulle. Il suffit de prendre pour δy une quantité **z** égale (comme au n° **265**, note (²)) à la solution en question entre les deux points A′, A″ et identiquement nulle dans le reste de l'intervalle, — ce qui est possible puisque la fonction **z** ainsi déterminée est continue (¹) en A′ et en A″.

(¹) Nous rappelons qu'en vertu des résultats du livre I, n° **48**, les discontinuités subies par la dérivée de **z** en A′ et en A″ peuvent toujours être écartées.

Les discontinuités éprouvées par la quantité (4′) en ces deux points seront elles-mêmes nulles, de sorte qu'on aura bien

$$\delta^2 I = 0$$

puisque $\delta^2 I$ est la somme de ces discontinuités et de l'intégrale $\int \mathbf{z}\mathbf{F}(\mathbf{z})\,dx$.

Mais (contrairement à ce qui se passait au n° **263**) cette valeur 0 ainsi prise par l'intégrale

$$(3') \qquad \mathbf{I} = \int \mathbf{f}(\delta y', \delta y)\,dx$$

n'est certainement pas un minimum, car la ligne AA′A″B (*fig.* 31) à laquelle elle correspond *n'annule pas* la variation de l'intégrale (3′).

La ligne en question est, en effet, à tangente discontinue en A′ et en A″. Or, en ces deux points, les conditions du n° **170** ne sont pas vérifiées.

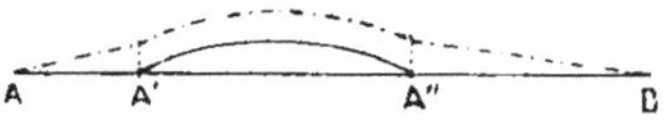

Fig. 31.

Fig. 32.

Par conséquent, si avec M. Schwarz, au lieu de prendre δy égal à la quantité $\mathbf{z}$ qui vient d'être introduite, on donne à cette variation δy la valeur

$$\mathbf{y} = \mathbf{z} + \varepsilon \mathbf{y}$$

où ε est un nombre très petit et $\mathbf{y}$ une fonction arbitraire nulle aux limites, le terme en ε dans cette nouvelle valeur de $\mathbf{I} = \delta^2 I$, sera en général différent de zéro. Ce terme sera donné ici par la formule aux limites (7) n° **131**, soit

$$(22) \qquad (\varepsilon \mathbf{y} \mathbf{f}_{\mathbf{z}'})_{A'}^{A''};$$

il suffira de prendre $\varepsilon \mathbf{y}$ de signe contraire à $\mathbf{f}_{\mathbf{z}'} = \mathbf{A}z'$ en A′ ou en A pour rendre négative la quantité (22) (et, par conséquent, la valeur totale de $\mathbf{I}$ pour ε suffisamment petit).

La courbe représentative de la fonction $\mathbf{y}$ (trait mixte de la *fig.* 31) a deux point anguleux de mêmes abscisses respectives que A′, A″.

Mais on peut aussi placer ces discontinuités en deux points A'_1, A''_1 d'abscisses un peu différentes de celles de A', A'', mais situées sur l'axe des x, et composer alors la courbe d'un trait curviligne $A'_1 A''_1$ (*fig.* 32) rejoignant deux portions AA'_1, A''_1B de l'axe des x. La formule (γ) (n° **131**) donnera alors pour le terme en ε de la nouvelle valeur de **I**

$$(23) \qquad \left[(\mathbf{f} - \mathbf{z}'\mathbf{f}_{\mathbf{z}'})\,\delta x\right]_{A'}^{A''} = -\,(\mathbf{A}\mathbf{z}'^2\delta x)_{A'}^{A''},$$

δx désignant successivement les segments $A'A'_1$, $A''A''_1$. Ce terme est bien différent de zéro : il sera certainement négatif si l'on prend δx négatif en A' et positif en A'', c'est-à-dire de manière à accroître, dans les deux cas, l'intervalle $A'A''$.

Soit, en particulier, **y** une solution de l'équation

$$(\mathrm{E}_\varepsilon) \qquad \mathbf{F}(\mathbf{y}) = \varepsilon\mathbf{y}.$$

D'après le théorème du n° **19**, une telle solution pourra être prise très voisine de **z** pour ε très petit. Comme d'ailleurs A' et A'' sont pour **z** des zéros simples (n° **102** *bis*), **y** s'annulera en deux points A'_1, A''_1, respectivement voisins de A' et de A''. Si on prend δy égal à **y** entre ces deux points et identiquement nul dans le reste de l'intervalle donné, il viendra

$$\delta^2 I = \int_{A'_1}^{A''_1} \varepsilon\mathbf{y}^2 dx$$

de sorte que $\delta^2 I$ aura le signe de la quantité arbitraire ε.

268. D'une manière générale, ce que nous venons de dire nous montre qu'entre un point C' pris sur l'arc $A'A''$ de la *fig.* 31 et le point B (si celui-ci est distinct de A''), il existe des chemins donnant à l'intégrale I une valeur plus petite que $C'A''B$.

Le plus avantageux de ces chemins sera la ligne Λ_1 (*fig.* 33) qui, tracée de C' à B satisfait à l'équation (**E**), si cette ligne donne le minimum de **I** entre les deux points en question.

C'est ce qui aura lieu si la condition de Jacobi est vérifiée entre l'abscisse c du point C' et l'abscisse x^1.

Dans ces conditions, en effet, la ligne Λ_1 annulera la variation première de $\mathbf{I}$ et en rendra la variation seconde positive (¹). Ceci ne suffirait pas, dans le cas général, pour affirmer que A_1 réalise le minimum de $\mathbf{I}$; mais il en est autrement ici (comparer n° **272**), grâce au fait que la quantité sous le signe $\int$ de $\mathbf{I}$ est entière et du second degré par rapport à $\mathbf{y}$, $\mathbf{y}'$.

Si donc la condition de Jacobi est vérifiée au sens strict dans l'intervalle $A''B$, on pourra prendre le point C, projection de C' sur Ox, assez voisin de A'' pour qu'elle le soit encore dans l'intervalle B, et on aura, en choisissant ainsi le point C', une détermination de $\mathbf{y}$ (l'ordonnée de la ligne $AA'C'B$) qui rendra $\mathbf{I}$ négatif.

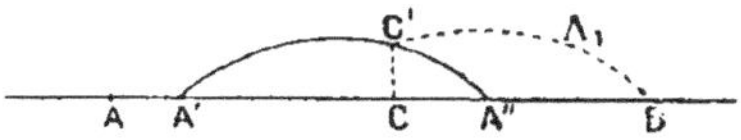

FIG. 33.

On peut d'ailleurs toujours supposer qu'il en est ainsi. Dans le cas contraire, en effet, nous remplacerions le point B (en vertu de la remarque II du n° **36**) par un autre plus rapproché de A'' (compris entre A'' et le foyer conjugué à droite de A'') sur lequel nous opérerions comme il vient d'être dit.

Lorsque le point A' coïncide avec A (de sorte que A'' est en $\mathfrak{A}$), nous sommes ainsi conduits (relativement à l'intégrale $\mathbf{I}$) à la construction de *Darboux-Erdmann*.

Celle-ci consiste à prendre dans l'intervalle AB, un point C et sur l'ordonnée de ce point, un point voisin C' et à tracer des arcs d'extrémales (relatives à $\mathbf{I}$, c'est-à-dire satisfaisant à l'équation (E)) AC', $C'B$. Dans les hypothèses où nous nous sommes placés (par conséquent en supposant la condition de Jacobi vérifiée entre C et B) ces deux lignes forment entre C' un angle *rentrant*, autrement dit, dont la concavité est tournée à l'opposé de AB.

Nous vérifierons plus loin (ch. IV) dans l'étude directe de I, que la variation seconde ainsi obtenue est bien négative. Si B est très voisin de $\mathfrak{A}$, elle peut s'évaluer par la formule (23), soit

(24) $$\delta^2 I = -\mathbf{A}(x^1 - \mathfrak{x})\mathbf{y}'^2_{\mathrm{n}}.$$

(¹) Il est clair que la variation seconde de $\mathbf{I}$ est de même forme que $\mathbf{I}$ lui-même.

269. Relation avec le théorème de Sturm. — Ainsi, *s'il existe, entre* A et B, *deux foyers conjugués* (l'un au moins distinct de A et de B), $\delta^2 I$ aura tel signe que l'on voudra, et *il n'y aura par conséquent, pas d'extremum.*

Il en est ainsi en particulier, *si* A *a un foyer conjugué à l'intérieur de l'intervalle.*

Sous cette dernière forme, on peut dire que nous avons bien la réciproque de la condition de Jacobi prise sous l'une des formes que nous lui avons données au n° **262**.

Mais sous la première, nos raisonnements prouvent encore autre chose.

Nous voyons en effet (moyennant la condition $\mathbf{A} \lesseqgtr 0$) que

1° $\delta^2 I$ garde un signe constant, si l'équation (**E**) admet une solution qui ne s'annule jamais entre A et B ;

2° $\delta^2 I$ ne garde pas un signe constant, s'il y a une solution de l'équation (**E**) qui s'annule deux fois entre A et B, l'un au moins de ces deux zéros étant intérieur à AB au sens strict.

Les conclusions des deux énoncés précédents étant contradictoires, les hypothèses le sont nécessairement. Dès lors, *dans tout intervalle* MN *où* **A** *garde un signe constant sans jamais s'annuler, si deux intégrales distinctes de* $\mathbf{F}(\mathbf{y}) = 0$ *s'annulent deux fois dans* MN : — $\mathbf{y}_1$ *en* a_1, b_1 *et* $\mathbf{y}_2$ *en* a_2, b_2 — *les intervalles* (a_1, b_1), (a_2, b_2) *ne peuvent être intérieurs l'un à l'autre.*

Car, si par exemple (a_1, b_1) était intérieur à (a_2, b_2) on pourrait trouver un intervalle AB intérieur à $a_2 b_2$, comprenant $a_1 b_1$ et distinct de ceux-ci. En appliquant à l'intervalle AB et aux solutions $\mathbf{y}_1$, $\mathbf{y}_2$ les raisonnements précédents, on arriverait évidemment à une contradiction.

On peut encore dire que *si un point* A *se déplace sur la courbe, son foyer conjugué* (*soit à droite, soit à gauche*) *se déplace dans le même sens.*

Le résultat que nous venons d'énoncer n'est autre que le célèbre théorème obtenu par Sturm [1] pour une équation linéaire du second ordre quelconque

$$(25) \qquad -\mathbf{F}(\mathbf{y}) = \mathbf{A}\mathbf{y}'' + \mathbf{A}_1\mathbf{y}' + \mathbf{A}_2\mathbf{y} = 0.$$

---

[1] STURM. — *Mémoire sur les équations différentielles du second ordre.* Journal de Liouville (tome I, p. 106), 1836.

L'équation aux variations (E) n'est pas la plus générale du second ordre; elle est identique à son adjointe et, par conséquent, telle que $\mathbf{A}_1 = \frac{d\mathbf{A}}{dx}$. Mais il est aisé de voir qu'on peut ramener toute équation de la forme (25) à remplir cette condition en multipliant son premier membre par un facteur convenable ([1]).

Par contre, nous avons supposé que le coefficient **A** garde un signe constant. Cette supposition est essentielle, non seulement pour la validité du raisonnement, mais pour le résultat lui-même. Car il est clair qu'il suffit de considérer deux fonctions $\mathbf{y}_1$ et $\mathbf{y}_2$ nulles respectivement en (a, b), (a_1, b_1) (dont les positions respectives sont quelconques), pour obtenir une équation présentant la propriété contraire au théorème de Sturm : l'équation

$$\begin{vmatrix} \mathbf{y}'' & \mathbf{y}' & \mathbf{y} \\ \mathbf{y}''_1 & \mathbf{y}'_1 & \mathbf{y}_1 \\ \mathbf{y}''_2 & \mathbf{y}'_2 & \mathbf{y}_2 \end{vmatrix} = 0.$$

270. Les résultats acquis dans ce qui précède permettent également de donner au théorème de Sturm les deux extensions suivantes auxquelles s'applique d'ailleurs la démonstration classique du théorème.

I. Considérons en même temps que l'équation

$$\mathbf{F}(\mathbf{y}) = 0 \tag{25}$$

la suivante :

$$\mathbf{F}(\mathbf{y}) + \mathbf{Q}\mathbf{y} = 0 \tag{26}$$

où Q est une fonction de x, ayant le même signe que **A**.

Si l'équation (25) admet une solution différente de zéro dans tout l'intervalle (x^0, x^1), l'équation (26) ne peut en admettre une qui s'annule deux fois dans le même intervalle.

Si, en effet, **t** était cette solution, on pourrait reprendre le dernier raisonnement du n° **267** en remplaçant ε par Q et **y** par **t**. On verrait ainsi que $\delta^2 I$ serait de signe contraire à **A** pour $\delta y = \mathbf{t}$, au lieu que cette variation a essentiellement le signe de **A**, puisque la condition de Jacobi est vérifiée en ce qui concerne l'équation (25).

II. *Si l'équation linéaire sans second membre*

$$\mathbf{F}(\mathbf{y}) = 0 \tag{25}$$

([1]) On prendra ce facteur égal à la quantité $\frac{1}{\mathbf{A}} e^{\int \frac{\mathbf{A}_1}{\mathbf{A}} dx}$.

admet une solution **z** *différente de zéro dans l'intervalle* (x^0, x^1), *l'équation à second membre*

$$-\mathbf{F}(\mathbf{y}) = Q(x) \tag{25'}$$

(où Q est de signe constant) *ne peut admettre de solution qui s'annule pour deux valeurs* a', a'' *de* x *intérieures* (même au sens large) *à cet intervalle et qui soit, entre* a' *et* a'', *de signe contraire à* **QA**.

Car une telle solution, substituée à **y** dans le dernier raisonnement du n° **267** donnerait pour la variation $\delta^2 I$ la valeur $\int_{a'}^{a''} Q\mathbf{y}dx$ au lieu que cette variation seconde est essentiellement du même signe que **A**.

Si la solution **z** *s'annule en* x^0 *et en* x^1 *et qu'il en soit de même d'une solution* **t** *de l'équation* (25'), *cette dernière aura, entre* x^0 *et* x^1, *le signe de* **QA**.

Sans quoi la contradiction que nous venons de relever s'appliquerait à l'intervalle (coïncidant ou non avec (x^0, x^1)) où **t** serait du signe contraire à **QA** (1).

Toutes ces démonstrations ne sont valables que pour une équation aux variations, c'est-à-dire identique à son adjointe. Mais la transformation par laquelle nous avons ci-dessus ramené le cas général à celui-là continue à s'appliquer ici, grâce à ce fait que le facteur (cf. p. 331 note (1)) par lequel on multiplie le premier membre de l'équation est toujours de signe constant.

Les conclusions sont donc encore exactes sous la seule condition $\mathbf{A} \neq 0$.

---

(1) Il résulte de là que **t** ne peut s'annuler trois fois dans l'intervalle (x^0, x^1) : sans quoi **t** — ou, à son défaut (dans le cas de zéros doubles), une solution voisine convenablement choisie de l'équation (25') — contreviendrait aux résultats du texte dans l'un au moins des intervalles partiels délimités par ces zéros.

On peut encore dire que, **y** *étant une fonction quelconque, tout intervalle* (*intérieur à* (x^0, x^1)) *qui comprend trois zéros de* **y** *comprend au moins un zéro de* **F**(**y**).

On a ainsi une propriété tout analogue au théorème de Rolle. On la déduirait directement de ce dernier en remarquant que **F**(**y**) peut s'écrire sous la forme $\mu \frac{d}{dx}\left(\nu \frac{d}{dx}\frac{\mathbf{y}}{\mathbf{z}}\right)$, où μ et ν sont des fonctions déterminées de x.

On obtiendrait de même des polynômes différentiels linéaires **F**(**y**) d'ordre p tels que tout intervalle qui comprend $p+1$ zéros de **y** comprenne nécessairement un zéro de **F**(**y**). Comme on s'en assurera aisément, **F**(**y**) possède certainement cette propriété si l'équation **F**(**y**) $= 0$ admet un système de solutions fondamentales telles que non-seulement leur déterminant général, mais chacun des $p-1$ mineurs qu'on en déduit en y supprimant les r dernières lignes et les r dernières colonnes ($r = 1, 2, \ldots, p-1$) soit différent de zéro dans tout l'intervalle considéré.

271. Les raisonnements des deux numéros précédents consistent, nous venons de le voir, à remonter des propriétés de la variation seconde à la manière dont s'annulent les solutions des équations aux variations.

La conclusion fournie à cet égard par la double proposition dont nous sommes partis au n° **270** n'est évidemment autre que la double proposition réciproque :

« La condition de Legendre pour le minimum étant supposée vérifiée,

1° si la variation seconde est positive pour toute variation acceptable de **y**, une solution de l'équation aux variations ne peut s'annuler plus d'une fois dans l'intervalle donné (ou tout au plus deux fois, aux deux extrémités) ;

2° si la variation seconde peut être rendue négative, une solution de l'équation aux variations a au moins un zéro intérieur au sens strict à l'intervalle donné ».

Appliquons cette conclusion à l'intégrale

$$\mathrm{I}_h = \int_{x^0}^{x^1} [\mathbf{f}(\mathbf{y}', \mathbf{y}) - h\mathbf{y}^2]\,dx \tag{27}$$

où **f** a le même sens que précédemment (avec $\mathbf{A} > 0$), pendant que h est un paramètre arbitraire.

Si h est suffisamment grand et négatif, la forme quadratique sous le signe $\int$ est définie positive pour toutes les valeurs envisagées de x. Si donc on définit les foyers conjugués à l'aide des solutions de l'équation

$$(\mathrm{E}_h) \qquad -\mathbf{F}(\mathbf{y}) + h\mathbf{y} = 0,$$

$$\left[-\mathbf{F}(\mathbf{y}) = \mathbf{A}\mathbf{y}'' + \dots = \frac{1}{2}\frac{d}{dx}\mathbf{f}_{\mathbf{y}'} - \frac{1}{2}\mathbf{f}_{\mathbf{y}}\right].$$

qui exprime que la variation δI_h est nulle, le point A n'aura pas de foyer conjugué dans notre intervalle.

Si, au contraire, h est suffisamment grand et positif, l'intégrale (28) peut assurément être rendue négative (il suffit de donner à **y** une détermination arbitraire et de prendre h supérieur au rapport

$$\int_{x^0}^{x^1} \mathbf{f}(\mathbf{y}', \mathbf{y})\,dx : \int_{x^0}^{x^1} \mathbf{y}^2 dx).$$

Comme ici la condition de Legendre est vérifiée, ceci prouve que le conjugué de A est entre A et B.

Donc, comme la position du foyer conjugué en question (du moins dès que ce foyer est à distance finie) varie continument (1) avec h, il existe une valeur déterminée (2) de ce paramètre pour laquelle le conjugué de A sera précisément B.

De plus, comme il résulte de ce qui précède que la distance de deux foyers conjugués tend vers zéro avec $\frac{1}{h}$ (pour $h > 0$), il en résulte aussi, par des raisonnements tout analogues, qu'à chaque valeur de l'entier positif p correspond une valeur déterminée h telle que le $p^{\text{ième}}$ foyer de A coïncide avec B.

Les théorèmes obtenus dans cette voie, et auxquels ceux que nous venons d'énoncer servent de point de départ, forment aujourd'hui un chapitre important de la théorie des équations différentielles (3). Nous nous bornerons à ces indications sur lesquelles nous aurons d'ailleurs à revenir à propos des intégrales multiples.

272. D'après ce que nous avons vu au livre I, la variation seconde ne suffit pas à nous renseigner en général sur l'existence de l'extremum. Mais il est un cas où la question doit être regardée comme résolue par ce qui précède : c'est celui où la quantité sous le signe $\int$ est du second degré par rapport aux fonctions inconnues et à leurs dérivées : car alors la somme de la variation première (supposée nulle) et de la variation seconde représente *rigoureusement* et non à des infiniment petits d'ordre supérieur près, la quantité dont s'augmente d'après ce qui a été vu au n° **255** *bis*, l'intégrale lorsqu'on passe d'une ligne d'intégration à une autre.

Les conclusions obtenues dans ce cas particulier peuvent d'ailleurs, comme nous le verrons, servir à l'étude du cas général. On aura, dans ce but, à les appliquer à l'intégrale

$$(28) \qquad I = \int_{x^0}^{x^1} (y'^2 - hy^2)\,dx$$

---

(1) En effet son abscisse est racine de l'équation $\mathbf{y} = 0$, dont le premier membre est (Not. prélim., chap. II) une fonction continue de h, et il en est racine simple (n° **102**).

(2) Cette valeur est unique, d'après notre théorème I du n° **270**.

(3) Voir Picard, *Traité d'Analyse*, tome III.

h étant une constante positive, et la fonction inconnue y étant assujettie à s'annuler aux limites.

L'équation des extrémales

$$-\frac{1}{2}F'(y) = y'' + hy = 0$$

donne

(29) $$y = C\sin\left(\sqrt{h}(x - x')\right)$$

C et x' étant des constantes d'intégration. On peut choisir celles-ci de manière que y ne s'annule pas entre x^0 et x^1 si l'on a

(29 *bis*) $$\sqrt{h}(x^1 - x^0) < \pi.$$

Donc, dans ces conditions, l'intégrale (28) sera essentiellement positive : d'après les formules du n° **261**, elle peut s'écrire

$$\int_{x^0}^{x^1} [y' - \sqrt{h}y \operatorname{cotg} \sqrt{h}(x - x')]^2 dx$$

en désignant par x' un nombre assujetti aux inégalités

$$x' < x^0 \quad , \quad x' + \frac{\pi}{\sqrt{h}} > x^1,$$

On peut donc (en tirant h de l'inégalité (29 *bis*) énoncer la conclusion suivante :

y étant une fonction assujettie à s'annuler pour $x = x^0$ et pour $x = x^1$, l'intégrale

$$\int_{x^0}^{x^1} \left(y'^2 - \frac{\pi^2}{(x^1 - x^0)^2}y^2\right)dx$$

est toujours positive :

Autrement dit ;

le rapport

$$\frac{\int_{x^0}^{x^1} y^2 dx}{\int_{x^0}^{x^1} y'^2 dx}$$

est toujours au plus égal à $\frac{(x^1 - x^0)^2}{\pi^2}$.

Il n'atteint cette valeur que si y a la forme (29) $\left(\text{avec } x' = x^0, h = \frac{\pi^2}{(x^1 - x^0)^2}\right)$.

II. CAS D'UN NOMBRE QUELCONQUE D'INCONNUES

273. La généralisation de Clebsch. — La méthode que nous venons d'exposer a été étendue par Clebsch au cas de n fonctions inconnues. Nous n'insisterons que sur les détails qui ne se retrouvent pas dans le cas de $n = 1$.

Nous nous proposerons, pour généraliser l'observation de Legendre, de trouver une forme quadratique

$$\mathbf{J}(\mathbf{y}) = \mathbf{J}(\mathbf{y}_1, \mathbf{y}_2, \dots \mathbf{y}_n) = \sum_{i,k} \mathbf{j}_{i,k}\mathbf{y}_i\mathbf{y}_k$$

telle qu'en ajoutant $\frac{d\mathbf{J}}{dx}$ à la quantité entre crochets dans l'égalité (3 *bis*) (n° **257**), on obtienne une forme quadratique en $\mathbf{y}$ et $\mathbf{y}'$

$$(30) \qquad \mathbf{f}_1(\mathbf{y}', \mathbf{y}) = \mathbf{f} + \frac{d}{dx}(\mathbf{J}(\mathbf{y})) = \mathbf{f} + \sum \frac{d\mathbf{j}_{ik}}{dx}\mathbf{y}_i\mathbf{y}_k + \sum \frac{\partial \mathbf{J}}{\partial y_i} y'_i$$

décomposable en n carrés indépendants seulement (au lieu de $2n$) de formes linéaires en $\mathbf{y}$, $\mathbf{y}'$, autrement dit, qui puisse être exprimée au moyen de n arguments tels que

$$(31) \qquad \begin{cases} \mathbf{y}'_1 - \mathbf{Y}_1 = \mathbf{y}'_1 - \gamma_1^1\mathbf{y}_1 - \gamma_2^1\mathbf{y}_2 + \dots - \gamma_n^1\mathbf{y}_n, \\ \mathbf{y}'_2 - \mathbf{Y}_2 = \mathbf{y}'_2 - \gamma_1^2\mathbf{y}_1 - \gamma_2^2\mathbf{y}_2 + \dots - \gamma_n^2\mathbf{y}_n, \\ \dots\dots\dots\dots\dots\dots\dots\dots \\ \mathbf{y}'_n - \mathbf{Y}_n = \mathbf{y}'_n - \gamma_1^n\mathbf{y}_1 - \dots\dots\dots - \gamma_n^n\mathbf{y}_n. \end{cases}$$

Cette expression sera (puisque les termes quadratiques en $\mathbf{y}'$ de la forme $\mathbf{f}$ sont identiques à ceux de $\mathbf{f}_1$ et proviennent évidemment des termes correspondants en $\mathbf{y}'_1 - \mathbf{Y}_1$, $\mathbf{y}'_2 - \mathbf{Y}_2, \dots$)

$$(32) \qquad \mathbf{f}_1(\mathbf{y}', \mathbf{y}) = \Phi(\mathbf{y}'_1 - \mathbf{Y}_1, \dots \mathbf{y}'_n - \mathbf{Y}_n).$$

Pour exprimer qu'il en est ainsi, il suffit (n° **13**) d'écrire, avec Clebsch, que les dérivées $\frac{\partial \mathbf{f}_1}{\partial \mathbf{y}_i}$, $\frac{\partial \mathbf{f}_1}{\partial \mathbf{y}'_i}$ s'annulent toutes lorsqu'on donne aux nombres $\mathbf{y}$, $\mathbf{y}'$ des valeurs vérifiant les équations $\mathbf{y}'_i - \mathbf{Y}_i = 0$.

Or, d'autre part, ces dernières peuvent être considérées comme des équations différentielles définissant les *fonctions* $\mathbf{y}$ de x ; et l'on sait que, à ce titre, elles admettent des solutions telles que, pour une valeur déterminée quelconque de x, les $\mathbf{y}$ prennent des valeurs *numériques* quelconques données, les valeurs numériques correspondantes des $\mathbf{y}'$ se déduisant de celles-là par les équations en question.

Dès lors, on voit qu'il est nécessaire et suffisant d'exprimer que tout système de solution $\mathbf{y}$ des équations différentielles

$$(33)\qquad \begin{cases} \mathbf{y}'_1 - \mathbf{Y}_1 = \mathbf{y}'_1 - \gamma^1_1 \mathbf{y}_1 - \dots - \gamma^1_n \mathbf{y}_n = 0 \\ \mathbf{y}'_2 - \mathbf{Y}_2 = \mathbf{y}'_2 - \gamma^2_1 \mathbf{y}_1 - \dots - \gamma^2_n \mathbf{y}_n = 0 \\ \dots\dots\dots\dots\dots\dots \\ \mathbf{y}'_n - \mathbf{Y}_n = \mathbf{y}'_n - \gamma^n_1 \mathbf{y}_1 - \dots - \gamma^n_n \mathbf{y}_n = 0 \end{cases}$$

satisfait également aux équations différentielles

$$(34)\qquad \frac{\partial \mathbf{f}_1}{\partial \mathbf{y}_1} = \frac{\partial \mathbf{f}_1}{\partial \mathbf{y}_2} = \dots = \frac{\partial \mathbf{f}_1}{\partial \mathbf{y}_n} = 0$$

$$(34')\qquad \frac{\partial \mathbf{f}_1}{\partial \mathbf{y}'_1} = \frac{\partial \mathbf{f}_1}{\partial \mathbf{y}'_2} = \dots = \frac{\partial \mathbf{f}_1}{\partial \mathbf{y}'_n} = 0.$$

Or, de ces équations, nous pouvons tout d'abord tirer les combinaisons

$$(35)\qquad \frac{\partial \mathbf{f}_1}{\partial \mathbf{y}_i} - \frac{d}{dx}\frac{\partial \mathbf{f}_1}{\partial \mathbf{y}'_i} = 0 \qquad (i = 1, 2, \dots n)$$

c'est-à-dire les équations obtenues en annulant la variation première de l'intégrale

$$\int \mathbf{f}_1(\mathbf{y}, \mathbf{y}')\,dx.$$

Mais, comme précédemment, les termes correspondant à l'intégrale de la différentielle exacte $\frac{d\mathbf{J}}{dx}$ disparaissent et nous voyons encore que *les fonctions* $\mathbf{y}$ *représentent une extrémale pour l'intégrale* $\mathbf{I}$ *elle-même*.

Les polynômes (31) sont donc nécessairement obtenus en considérant n solutions des équations aux variations (**E**), soit

$$(36)\qquad \begin{cases} \mathbf{z}_1, \mathbf{z}_2, \dots \mathbf{z}_n ; \\ \mathbf{t}_1, \mathbf{t}_2, \dots \mathbf{t}_n ; \\ \dots\dots \end{cases}$$

et déterminant, pour chaque valeur de i, les coefficients $\gamma_1^i, \gamma_2^i, \dots \gamma_n$ par les n équations du premier degré

$$(37) \quad \begin{cases} \mathbf{z}'_i - \gamma_1^i \mathbf{z}_1 - \dots - \gamma_n^i \mathbf{z}_n = 0, \\ \mathbf{t}'_i - \gamma_1^i \mathbf{t}_1 - \dots - \gamma_n^i \mathbf{t}_n = 0, \\ \dots\dots\dots\dots \end{cases}$$

274. Réciproquement, si les coefficients γ sont ainsi déterminés, chacun des systèmes de fonctions $\mathbf{z}_1, \mathbf{z}_2, \dots, \mathbf{z}_n; \dots$ vérifiera les équations différentielles (35) et, par conséquent, nous n'aurons plus à nous occuper des équations (34) : elles auront certainement lieu si nous satisfaisons aux équations (34').

Ces dernières vont faire apparaître la seule différence qui existe entre le cas de n quelconque et celui de $n = 1$, à savoir que les systèmes de fonctions (36) ne sont pas des solutions *quelconques* des équations aux variations.

L'identité (30) donne en effet $\left(\text{puisque le terme } \sum \frac{d\mathbf{j}_{ik}}{dx} \mathbf{y}_i \mathbf{y}_k \text{ ne contient pas les } \mathbf{y}'\right)$

$$\frac{\partial \mathbf{f}_1}{\partial \mathbf{y}'_i} = \frac{\partial \mathbf{f}}{\partial \mathbf{y}'_i} + \frac{\partial \mathbf{J}}{\partial \mathbf{y}_i} \qquad (i = 1, 2, \dots n).$$

Dans ces équations, substituons aux $\mathbf{y}$ l'un quelconque des systèmes de fonctions (36), par exemple, $\mathbf{y}_i = \mathbf{z}_i$: les premiers membres s'annulent. Multiplions alors les équations ainsi obtenues par $\mathbf{t}_1, \mathbf{t}_2, \dots \mathbf{t}_n$, ces dernières quantités étant encore prises dans le tableau (36), et ajoutons. Si maintenant nous permutons les $\mathbf{z}$ avec les $\mathbf{t}$ et que nous retranchions, les termes provenant de la forme $\mathbf{J}$ se détruiront par une nouvelle application de la remarque rappelée au n° **14** (Notions préliminaires). Il restera donc

$$(38) \qquad \sum_i (\mathbf{t}_i \mathbf{f}_{\mathbf{z}'_i} - \mathbf{z}_i \mathbf{f}_{\mathbf{t}'_i}) = 0.$$

Le premier membre de cette relation n'est autre que la quantité désignée précédemment par $\Omega(\mathbf{z}, \mathbf{t})$: nous avons vu au n° **258** que pour deux solutions quelconques des équations aux variations, cette quantité *est indépendante de x*.

Nous dirons que deux telles solutions sont *associées* lorsque la constante ainsi obtenue aura la valeur *zéro*.

D'après ce qui vient d'être démontré, *les fonctions* (36) *doivent former pour les équations aux variations, un système de solutions associées deux à deux.*

275. Je dis maintenant que l'ensemble des conditions qui viennent d'être ainsi trouvées est *suffisant* pour la transformation annoncée.

Supposons que nous ayons obtenu, pour les équations aux variations, un système de n solutions associées deux à deux, les quantités (36), que nous nommerons *solutions spéciales*.

Deux combinaisons linéaires quelconques des solutions (36) sont également associées entre elles : c'est-à-dire que si nous considérons les quantités

$$(39)\qquad \begin{cases} Z_1 = a\mathbf{z}_1 + b\mathbf{t}_1 + \dots \\ Z_2 = a\mathbf{z}_2 + b\mathbf{t}_2 + \dots \\ \cdot\quad\cdot\quad\cdot\quad\cdot\quad\cdot\quad\cdot\quad\cdot \\ Z_n = a\mathbf{z}_n + b\mathbf{t}_n + \dots \end{cases}$$

où a, b,... sont des constantes, et les quantités analogues $T_1, \dots T_n$ obtenues en remplaçant ces constantes par d'autres analogues a', b',..., on aura encore $\Omega(Z, T) = 0$. Les identités évidentes

$$(40)\qquad \Omega(a\mathbf{z} + b\mathbf{t}, \mathbf{u}) = a\Omega(\mathbf{z}, \mathbf{u}) + b\Omega(\mathbf{t}, \mathbf{u}), \qquad \Omega(\mathbf{z}, \mathbf{t}) = -\Omega(\mathbf{t}, \mathbf{z})$$

donnent, en effet, aisément

$$(40\ bis)\qquad \begin{cases} \Omega(a\mathbf{z} + b\mathbf{t} + c\mathbf{u} + \dots, a'\mathbf{z} + b'\mathbf{t} + c'\mathbf{u} + \dots) \\ \qquad = (ab' - ba')\Omega(\mathbf{z}, \mathbf{t}) + (ac' - ca')\Omega(\mathbf{z}, \mathbf{u}) + \dots \end{cases}$$

Nous appellerons *déterminant spécial* formé avec les solutions spéciales considérées, le déterminant du tableau (36)

$$(41)\qquad D = \begin{vmatrix} \mathbf{z}_1 & \mathbf{z}_2 & \dots & \mathbf{z}_n \\ \mathbf{t}_1 & \mathbf{t}_2 & \dots & \mathbf{t}_n \\ \cdot & \cdot & \cdot & \cdot \end{vmatrix}$$

et nous supposerons ce déterminant *différent de zéro*.

Les raisonnements mêmes qui précèdent nous permettront de

trouver la transformation cherchée. Déterminons, en effet, les γ par les équations

$$(37)\quad \begin{cases} \mathbf{z}'_i - \gamma_1^i \mathbf{z}_1 - \gamma_2^i \mathbf{z}_2 - \dots - \gamma_n^i \mathbf{z}_n = 0 \\ \mathbf{t}'_i - \gamma_1^i \mathbf{t}_1 - \gamma_2^i \mathbf{t}_2 - \dots - \gamma_n^i \mathbf{t}_n = 0 \\ \dots\dots\dots\dots\dots\dots \end{cases} \quad (i = 1, 2, \dots n)$$

ce qui est possible en vertu de l'inégalité $\mathbf{D} \neq 0$; puis, avec ce choix des γ, considérons les n polynômes

$$(42)\quad \begin{cases} \dfrac{\partial \Phi}{\partial (\mathbf{y}'_1 - \mathbf{Y}_1)} - \mathbf{f}_{\mathbf{y}'_1} = \mathbf{J}_{\mathbf{y}_1} \\ \dfrac{\partial \Phi}{\partial (\mathbf{y}'_2 - \mathbf{Y}_2)} - \mathbf{f}_{\mathbf{y}'_2} = \mathbf{J}_{\mathbf{y}_2} \\ \dots\dots\dots\dots\dots \end{cases}$$

$\mathbf{Y}_1, \dots \mathbf{Y}_n$ étant les fonctions linéaires qui figurent dans les formules (31). Ces polynômes ne contiennent plus que les $\mathbf{y}$, car il est clair que les $\mathbf{y}'$ s'éliminent dans la soustraction. Je dis que, par rapport à ces quantités $\mathbf{y}$ (x ayant une valeur déterminée quelconque) ils sont les dérivées partielles d'une même forme quadratique.

Pour le démontrer, il suffit (Notions préliminaires n° **14**) d'établir l'identité

$$(43)\qquad \mathbf{z}_1 \mathbf{J}_{\mathbf{t}_1} + \mathbf{z}_2 \mathbf{J}_{\mathbf{t}_2} + \dots + \mathbf{z}_n \mathbf{J}_{\mathbf{t}_n} = \mathbf{t}_1 \mathbf{J}_{\mathbf{z}_1} + \dots + \mathbf{t}_n \mathbf{J}_{\mathbf{z}_n}.$$

Or, celle-ci a lieu si on prend, pour les $\mathbf{z}$ d'une part, pour les $\mathbf{t}$ de l'autre, deux lignes quelconques du tableau (36) : car alors elle se réduit à la relation $\Omega(\mathbf{z}, \mathbf{t}) = 0$, les premiers termes des expressions (42) étant nuls en vertu de (33).

Elle aura lieu également si l'on remplace $\mathbf{z}_1, \mathbf{z}_2, \dots \mathbf{z}_n$ par les quantités $Z_1, \dots$ définies par les équations (39) et $\mathbf{t}_1, \mathbf{t}_2, \dots \mathbf{t}_n$ par des combinaisons analogues T : car ces quantités Z, T vérifient encore les équations (33) et la relation $\Omega(Z, T) = 0$.

Mais (toujours pour une valeur déterminée de x) on peut choisir les coefficients $a, b, \dots$ de manière que $Z_1, Z_2, \dots Z_n$ aient des valeurs données quelconques : il suffit de résoudre par rapport à $a, b, \dots$ les équations (39) dont le déterminant est supposé différent de zéro. De même $T_1, T_2, \dots T_n$ peuvent recevoir des valeurs arbitraires moyennant un choix convenable de $a', b', \dots$

Donc, l'égalité (43) est bien une identité.

Donc, enfin, il existe une forme quadratique $\mathbf{J}$, telle que l'on ait

$$(44)\qquad \frac{\partial \mathbf{J}}{\partial \mathbf{y}_i} = \mathbf{J}_{\mathbf{y}_i} \qquad (i = 1, 2, \ldots n).$$

Les premiers membres représentant les dérivées partielles par rapport aux $\mathbf{y}'$ de la forme $\frac{d\mathbf{J}}{dx}$, il suffira de déterminer la forme $\mathbf{J}$ par les relations (44) pour satisfaire, d'après ce qui précède, à toutes les conditions du problème.

275. On peut également étendre au cas de plusieurs fonctions inconnues la méthode employée au n° **261** dans le cas d'une inconnue unique, et basée sur la propriété que possède le système des équations aux variations d'être identique à son adjoint.

A cet effet, partons de la première forme de la variation seconde, celle qui est donnée par la formule (2 *bis*), à savoir

$$(2\ bis)\qquad \mathbf{I} = \delta^2 I = \int_{x_0}^{x_1} \left[\sum_i \mathbf{y}_i \mathbf{F}_i(\mathbf{y})\right] dx$$

$\mathbf{y}_1, \ldots \mathbf{y}_n$ désignant des variations quelconques (nulles aux limites).

Le déterminant $\mathbf{D}$ du tableau (36) étant différent de zéro, nous pourrons établir entre $\mathbf{y}_1, \ldots \mathbf{y}_n$ et les quantités de ce tableau les relations

$$(45)\qquad \begin{cases} \mathbf{y}_1 = \rho \mathbf{z}_1 + \sigma \mathbf{t}_1 + \ldots \\ \mathbf{y}_2 = \rho \mathbf{z}_2 + \sigma \mathbf{t}_2 + \ldots \\ \cdot\quad \cdot\quad \cdot\quad \cdot\quad \cdot\quad \cdot\quad \cdot \\ \mathbf{y}_n = \rho \mathbf{z}_n + \sigma \mathbf{t}_n + \ldots \end{cases}$$

$\rho, \sigma, \ldots$ étant n fonctions convenablement choisies de x, et, au lieu de considérer comme fonctions arbitraires $\mathbf{y}_1, \ldots \mathbf{y}_n$, nous pourrons faire jouer ce rôle aux fonctions $\rho, \sigma, \ldots$, les unes étant liées linéairement aux autres.

Je vais montrer qu'on peut transformer la variation seconde, de manière que la quantité sous le signe $\int$ soit une forme quadratique par rapport aux n dérivées $\frac{d\rho}{dx}, \frac{d\sigma}{dx}, \ldots$ les coefficients étant des fonctions déterminées de x.

Dans le cas d'une seule inconnue, les quantités ρ, σ,... se réduisaient à une seule

$$\rho = \frac{\mathbf{y}}{\mathbf{z}}$$

dont la dérivée figure au carré dans la formule (20). C'est donc bien la généralisation naturelle de cette formule que nous allons obtenir.

Remplaçons les $\mathbf{y}$ par leurs valeurs (45) dans la formule (2 *bis*), là où ils sont écrits explicitement (mais non dans les expressions différentielles $\mathbf{F}_i(\mathbf{y})$). La quantité sous le signe $\int$ devient ainsi une expression linéaire en ρ, σ,... Le coefficient de ρ est

$$\mathbf{z}_1\mathbf{F}_1(\mathbf{y}) + \mathbf{z}_2\mathbf{F}_2(\mathbf{y}) + \ldots + \mathbf{z}_n\mathbf{F}_n(\mathbf{y}).$$

Les $\mathbf{z}$ formant une solution des équations aux variations, l'identité (10) nous montre que ce coefficient peut s'écrire

$$\frac{d}{dx}\Omega(\mathbf{y}, \mathbf{z})$$

et la variation seconde

$$\text{(46)} \qquad \int \left[\rho \frac{d}{dx}\Omega(\mathbf{y}, \mathbf{z}) + \sigma \frac{d}{dx}\Omega(\mathbf{y}, \mathbf{t}) + \ldots \right] dx$$

ou, en intégrant par parties

$$\text{(46')} \qquad -\int \left[\frac{d\rho}{dx}\Omega(\mathbf{y}, \mathbf{z}) + \frac{d\sigma}{dx}\Omega(\mathbf{y}, \mathbf{t}) + \ldots \right] dx$$

le terme tout intégré

$$\text{(47)} \qquad \rho\Omega(\mathbf{y}, \mathbf{z}) + \sigma\Omega(\mathbf{y}, \mathbf{t}) + \ldots$$

disparaissant aux limites.

Or les quantités $\Omega(\mathbf{y}, \mathbf{z})$, $\Omega(\mathbf{y}, \mathbf{t})$,... sont des fonctions linéaires et homogènes des dérivées $\frac{d\rho}{dx}$, $\frac{d\sigma}{dx}$,... Les formules (45) donnent, en effet,

$$\Omega(\mathbf{y}, \mathbf{z}) = \rho\Omega(\mathbf{z}, \mathbf{z}) + \sigma\Omega(\mathbf{t}, \mathbf{z}) + \ldots + \rho' \sum_i \frac{1}{2} \mathbf{z}_i \frac{\partial \Phi}{\partial \mathbf{z}_i} + \sigma' \sum_i \frac{1}{2} \mathbf{z}_i \frac{\partial \Phi}{\partial \mathbf{t}_i} + \ldots$$

expression où les termes en ρ, σ,.., disparaissent d'après notre hypothèse sur les solutions **z**, **t**... Donc $\Omega(\mathbf{y}, \mathbf{z})$ est bien une fonction linéaire de ρ', σ',... et l'intégrale (46') porte sur une fonction quadratique Θ des mêmes quantités.

On passe d'ailleurs aisément de celles-ci à celles que nous avions introduites précédemment : car en différentiant les relations (45), on a

$$(45')\quad \begin{cases} \rho'\mathbf{z}_1 + \sigma'\mathbf{t}_1 + \dots = \mathbf{y}'_1 - \rho\mathbf{z}'_1 - \sigma\mathbf{t}'_1 - \dots \\ \dots\dots\dots\dots\dots\dots \\ \rho'\mathbf{z}_n + \sigma'\mathbf{t}_n + \dots = \mathbf{y}'_n - \rho\mathbf{z}'_n - \sigma\mathbf{t}'_n - \dots \end{cases}$$

Les seconds membres représentent nécessairement les quantités que nous avons appelées plus haut $\mathbf{y}'_1 - \mathbf{Y}_1, \dots \mathbf{y}'_n - \mathbf{Y}_n$: celles-ci sont liées, comme on voit, à ρ', σ',... par la substitution linéaire (45) et la forme quadratique Θ, quantité sous le signe $\int$ dans (46'), se déduit de Φ par cette même substitution.

277. Les mêmes méthodes s'appliquent aux *intégrales contenant des dérivées d'ordre supérieur*. Par exemple, la variation seconde de l'intégrale

$$I = \int_{x^0}^{x^1} f(y^{(p)}, y^{(p-1)}, \dots y', y, x)\,dx$$

aura (cf. n° **255**) l'expression

$$(48)\qquad \delta^2 I = \int \mathbf{f}(\mathbf{y}^{(p)}, \mathbf{y}^{(p-1)}, \dots, \mathbf{y}', \mathbf{y})\,dx$$

f étant une forme quadratique ; ou encore, — comme on le voit d'ailleurs immédiatement en remplaçant **f** par $\frac{1}{2}(\mathbf{y}\mathbf{f}_\mathbf{y} + \mathbf{y}'\mathbf{f}_{\mathbf{y}'} + \dots + \mathbf{y}^{(p)}\mathbf{f}_{\mathbf{y}^{(p)}})$, —

$$(48')\qquad \delta^2 I = \int \mathbf{y}\mathbf{F}(\mathbf{y})\,dx$$

si du moins la quantité

$$(49)\qquad \mathbf{M}_1\mathbf{y} + \mathbf{M}_2\mathbf{y}' + \dots + \mathbf{M}_p\mathbf{y}^{(p-1)}$$

est continue et nulle aux limites. **F**, $\mathbf{M}_i$ sont, dans ces expressions, calculés à l'aide de $\frac{1}{2}\,\mathbf{f}$ et de **y** comme F, M_i l'ont été à l'aide de f et de y au n° **123**. Le signe de cette variation dépendra exclusivement du coefficient **A** de $\mathbf{y}^{(p)2}$ si on peut lui donner la forme

$$\int_{x^0}^{x^1} \mathbf{A}(\mathbf{y}^{(p)} - \gamma_1\mathbf{y}^{(p-1)} - \gamma_2\mathbf{y}^{(p-2)} - \ldots)^2 dx = \int \mathbf{A}(\mathbf{y}^{(p)} - \mathbf{Y})^2 dx.$$

Pour cela, comme aux n^{os} **260, 273**, les p solutions de l'équation différentielle $\mathbf{y}^{(p)} - \mathbf{Y} = 0$ devront être solutions de l'équation $\mathbf{F}(\mathbf{y}) = 0$, solutions *associées deux à deux*, c'est-à-dire annulant l'intégrale première

(49') $$\Omega(\mathbf{y}, \mathbf{z}) = \mathbf{N}_1\mathbf{y} + \mathbf{N}_2\mathbf{y}' + \ldots + \mathbf{N}_p\mathbf{y}^{(p-1)} - \mathbf{M}_1\mathbf{z} - \mathbf{M}_2\mathbf{z}' - \ldots - \mathbf{M}_p\mathbf{z}^{(p-1)}$$

($\mathbf{N}_1, \ldots \mathbf{N}_p$ étant les quantités que l'on déduit de $\mathbf{M}_1, \ldots \mathbf{M}_p$ en remplaçant **y** par **z**).

De plus, il faudra ajouter la condition que le *déterminant spécial*, — c'est-à-dire, ici, le déterminant formé avec ces p fonctions et leurs dérivées jusqu'à l'ordre $p - 1$, — soit différent de zéro entre x^0 et x^1.

Nous n'entrerons pas dans le détail de cette démonstration, ni de la démonstration inverse d'après laquelle on obtient bien ainsi la transformation cherchée, ceci étant compris (n° **191**) dans l'étude analogue relative au problème de Mayer. Nous ferons d'ailleurs (ch. V) une étude directe de l'extremum de I.

278. Les solutions associées. — Peut-on former, pour le système (**E**), un tableau de n solutions vérifiant les relations (38)?

La question ne se pose pas pour $n = 1$. Pour $n > 1$ le système (**E**) admet $2n \geqq 4$ solutions indépendantes. Soient $S^{(1)}, S^{(2)}, S^{(3)}$ trois d'entre elles. Les deux premières, introduites dans Ω, donnent à cette quantité une valeur constante (en général différente de 0). Il en est de même de $S^{(1)}$ et $S^{(3)}$. Soient ω_2, ω_3 les constantes ainsi obtenues : la combinaison $\Sigma^{(2)} = \omega_3 S^{(2)} - \omega_2 S^{(3)}$ (c'est-à-dire une combinaison de la forme (39), les **z** et les **t** étant les éléments de $S^{(2)}$ et de $S^{(3)}$ et les constantes a, b ayant respectivement les valeurs ω_3, $-\omega_2$) donnera évidemment une solution associée à $S^{(1)}$.

Si l'on dispose de deux nouvelles solutions distinctes des premières, on pourra en déduire (en leur adjoignant $S^{(2)}$ ou $S^{(3)}$) une combinaison linéaire analogue $\Sigma^{(3)}$ qui soit associée à $S^{(1)}$ et à $\Sigma^{(2)}$: et ainsi de suite. Si l'on a déjà obtenu ν solutions associées, il faudra, pour en obtenir une de plus, former avec les $2n - \nu$ solutions restantes une combinaison assujettie à ν conditions linéaires. On peut donc obtenir une telle combinaison tant que ν ne sera pas égal à n.

279. Recherches de M. von Escherich [1]. — Nous allons démontrer que, par contre, il est impossible de former un système de solutions associées distinctes en nombre supérieur à n. Cette démonstration repose sur une relation établie entre le déterminant général (n° **26**) d'un système de $2n$ solutions

$$(50) \qquad S^{(h)} : \mathbf{y}_1^{(h)}, \mathbf{y}_2^{(h)}, \ldots \mathbf{y}_n^{(h)} \qquad (h = 1, 2, \ldots 2n)$$

des équations (**E**) et les symboles Ω formés avec ces solutions. Nous multiplierons le déterminant général en question

$$\Delta = \begin{vmatrix} \mathbf{y}'^{(1)}_1 & \mathbf{y}'^{(1)}_2 \ldots\ldots & \mathbf{y}'^{(1)}_n & \mathbf{y}^{(1)}_1 & \mathbf{y}^{(1)}_2 \ldots & \mathbf{y}^{(1)}_n \\ \mathbf{y}'^{(2)}_1 & \mathbf{y}'^{(2)}_1 \ldots\ldots & & & & \\ \cdot & \cdot & \cdot & \cdot & \cdot & \cdot \\ \mathbf{y}'^{(2n)}_1 & \mathbf{y}'^{(2n)}_2 \ldots & \mathbf{y}'^{(2n)}_n & \mathbf{y}^{(2n)}_1 & \ldots\ldots & \mathbf{y}^{(2n)}_n \end{vmatrix},$$

ou, sous une forme abrégée

$$\Delta = |\, \mathbf{y}'^{(h)}_1 \ \mathbf{y}'^{(h)}_2 \ldots \mathbf{y}'^{(h)}_n \ \mathbf{y}^{(h)}_1 \ \mathbf{y}^{(h)}_2 \ldots \mathbf{y}^{(h)}_n \,| \; \} \; h = 1, \ldots 2n$$

par le discriminant **A** de la forme Φ : celui-ci sera écrit sous la forme

$$\mathbf{A} = \begin{vmatrix} \mathbf{A}_{i1} & \mathbf{A}_{i2} \ldots & \mathbf{A}_{in} & \mathbf{B}_{i1} & \ldots & \mathbf{B}_{in} \\ 0 & 0 & 0 & \varepsilon_{ki} & \ldots & \varepsilon_{kn} \end{vmatrix} \begin{matrix} \} \; i = 1, \ldots n \\ \} \; k = 1, \ldots n, \end{matrix}$$

cette notation exprimant d'une manière analogue à la précédente, que le déterminant, composé de $2n$ lignes et de $2n$ colonnes, a l'une quelconque de ses n premières lignes formée des quantités $\mathbf{A}_{i1}, \ldots \mathbf{A}_{in}, \ldots \mathbf{B}_{i1}, \ldots \mathbf{B}_{in}$ et l'une quelconque de ses n dernières, de n zéros et de n quantités $\varepsilon_{k1}, \ldots \varepsilon_{kn}$. Un tel déterminant sera bien égal à **A** si l'on fait

$$\varepsilon_{kl} = \begin{cases} 0, \text{ pour } k \neq l \\ 1, \text{ pour } k = l \end{cases}$$

[1] *Sitzungsber. Ac. der Wiss. Wien*, t. 107 (trois communications).

les quantités $A_{i1}, \ldots A_{in}, B_{i1}, \ldots B_{in}$ étant celles qui figurent dans l'intégrale (3 *bis*).

Le produit ΔA sera, dans ces conditions,

$$\Delta A = | \, f_{y'^{(h)}_1} \; f_{y'^{(h)}_2} \ldots \quad f_{y'^{(h)}_n} \; y^{(h)}_1 \; y^{(h)}_2 \ldots y^{(h)}_n \, | \{ (h = 1, 2, \ldots 2n).$$

Multiplions encore le déterminant ainsi obtenu par le déterminant identique

$$\Delta A = | -y^{(h)}_1 \; -y^{(h)}_2 \ldots \; -y^{(h)}_n \; f_{y'^{(h)}_1} \; f_{y'^{(h)}_2} \ldots f_{y'^{(h)}_n} \, | \{ (h = 1, 2, \ldots 2n).$$

Nous aurons, en tenant compte de la définition des symboles Ω, la relation [1]

$$(51) \qquad \Delta^2 A^2 = | \, \Omega_{h1} \quad \Omega_{h2} \ldots \quad \Omega_{hn} \, | \\ = | \, \Omega_{hh'} \, | \quad (h, h' = 1, 2, \ldots 2n)$$

où l'on a posé

$$\Omega_{hh'} = \Omega(y^{(h)}, y^{(h')}).$$

Si $n+1$ des solutions (50) — par exemple, les $n+1$ premières — étaient associées deux à deux, le déterminant du second membre de (51) aurait ses $(n+1)^2$ premiers éléments nuls et serait lui-même nul, comme on le voit en développant suivant la règle de Laplace en produits de mineurs formés, les uns avec les n premières, les autres avec les n dernières colonnes.

Or, le premier membre de l'identité (51) que nous venons d'obtenir est nécessairement différent de zéro si la forme Φ est générale et les solutions (50) indépendantes.

280. Reprenons, avec M. von Escherich, un système quelconque donné de n solutions $\Sigma^{(1)}, \ldots \Sigma^{(n)}$ indépendantes et associées et n autres solutions quelconques $S^{(1)}, \ldots S^{(n)}$ formant avec les premières un système fondamental. D'après ce qui précède, aucune de nos n dernières solutions ne sera associée à la fois aux n premières $\Sigma^{(n)}$. Mais nous pouvons (en raisonnant comme au n° **278**) supposer que l'une

(1) Le déterminant (51) est évidemment, en vertu de l'identité $\Omega(\mathbf{z},\mathbf{t}) = -\Omega(\mathbf{t},\mathbf{z})$, ce que l'on nomme un *déterminant symétrique gauche* (voir Encyclop. des Sc. Math., I 2, n° 29 de l'*Édition française*).

On sait (*loc. cit.*) qu'un tel déterminant, lorsque son ordre est pair, est toujours un carré parfait, ce qui est bien d'accord avec la forme du premier membre de l'identité (51).

Pour $n = 2$, par exemple, le second membre de (51) est le carré de la quantité

$$\Omega_{12}\Omega_{34} + \Omega_{13}\Omega_{42} + \Omega_{14}\Omega_{23}.$$

d'entre elles, $S^{(1)}$ par exemple, est associée aux $n-1$ solutions $\Sigma^{(2)}, \ldots \Sigma^{(n)}$.

Désignons de même par $S^{(h)}$ ($h = 1, 2, \ldots, n$) une combinaison de $S^{(1)}, \ldots S^{(n)}$ associée à toutes les solutions Σ à l'exception de $\Sigma^{(h)}$, de sorte que

$$(52) \qquad \Omega(\Sigma^{(h)}, S^{(h')}) = 0 \qquad (h' \neq h).$$

Quant à $\Omega(\Sigma^{(h)}, S^{(h)})$, il est, d'après ce qui précède, nécessairement différent de zéro. Comme nous pouvons multiplier chacune des $S^{(h)}$ par un facteur constant arbitraire, on peut admettre qu'on a

$$(53) \qquad \Omega(\Sigma^{(h)}, S^{(h)}) = 1.$$

On peut également admettre que les $S^{(h)}$ *sont associées entre elles.* On rendra, en effet, $S^{(1)}$ associée aux solutions suivantes en la remplaçant par la combinaison (au sens du n° **278**)

$$S^{(1)} - \lambda_2 \Sigma^{(2)} - \lambda_3 \Sigma^{(3)} - \ldots$$

avec

$$\lambda_h = \Omega(S^{(1)}, S^{(h)}).$$

On obtiendra ensuite le même résultat pour $S^{(2)}$ en lui retranchant une combinaison linéaire de $\Sigma^{(3)}, \Sigma^{(4)}, \ldots$; et ainsi de suite.

Les solutions Σ, S ainsi déterminées forment d'ailleurs un système fondamental car elles rendent égal à $\pm \frac{1}{A}$ le déterminant Δ.

Un tel ensemble de deux systèmes de n solutions associées qui vérifient en outre les relations (52), (53) se nomme un système de *solutions en involution.* Il peut être considéré comme formé de n couples

$$\Sigma^{(1)}, S^{(1)}; \ \Sigma^{(2)}, S^{(2)}; \ \ldots$$

chacune des solutions dont il se compose étant associée à toutes les autres à l'exception de celle qui fait partie du même couple.

Nous venons de voir que, *un système quelconque de n solutions indépendantes associées étant donné, on peut toujours en trouver un autre en involution avec lui.*

En particulier, *n solutions associées étant données, il existe toujours n autres solutions associées formant avec les premières un système fondamental.*

281. Nous venons de voir qu'il y a une infinité de systèmes en involution. Soient

$$S^{(1)}, S^{(2)}, \ldots, S^{(n)}; \ \Sigma^{(1)}, \Sigma^{(2)}, \ldots, \Sigma^{(n)}$$

et

$$\mathfrak{T}^{(1)},\ \mathfrak{T}^{(2)},\ldots,\ \mathfrak{T}^{(n)}\ ;\ \mathrm{T}^{(1)},\ \mathrm{T}^{(2)},\ldots,\ \mathrm{T}^{(n)}$$

deux d'entre eux. Les $\mathfrak{T}$, T sont des combinaisons linéaires des S, Σ, à coefficients constants. Désignons par a_{hk}, α_{hk} ; b_{hk}, β_{hk} ces coefficients, de sorte que

$$(54)\quad \left\{\begin{aligned} \mathfrak{T}^{(h)} &= a_{h1}S^{(1)} + a_{h2}S^{(2)} + \ldots \\ &\quad + a_{hn}S^{(n)} + \alpha_{h1}\,\Sigma^{(1)} + \alpha_{h2}\,\Sigma^{(2)} + \ldots + \alpha_{hn}\,\Sigma^{(n)}, \\ \mathrm{T}^{(h)} &= b_{h1}S^{(1)} + b_{h2}S^{(2)} + \ldots \\ &\quad + b_{hn}S^{(n)} + \beta_{h1}\Sigma^{(1)} + \beta_{h2}\,\Sigma^{(2)} + \ldots + \beta_{hn}\,\Sigma^{(n)}, \end{aligned}\right\}\quad (h = 1, 2, \ldots n)$$

(toujours au sens du n° **278**, de sorte que chacune des égalités précédentes équivaut à n équations de la forme (39)).

Ecrivons que l'on a

$$(55)\qquad \Omega(\mathfrak{T}^{(h)},\ \mathrm{T}^{(h')}) = \begin{cases} 0 & , \text{ si } h \neq h' \\ 1 & , \text{ si } h = h' \end{cases}$$

en tenant compte des relations analogues qui ont lieu pour les S, Σ. Si nous nous servons, pour évaluer le premier membre de (55), de l'identité (40 *bis*), nous trouvons que les coefficients considérés doivent remplir les conditions

$$(56)\quad \begin{cases} a_{h1}\beta_{h'1} - \alpha_{h1}b_{h'1} + a_{h2}\beta_{h'2} - \alpha_{h2}b_{h'2} + \ldots + a_{hn}\beta_{h'n} - \alpha_{hn}b_{h'n} = 0 \ (\text{pour } h \neq h') \\ a_{h1}\beta_{h1} - \alpha_{h1}b_{h1} + a_{h2}\beta_{h2} - \alpha_{h2}b_{h2} + \ldots + a_{hn}\beta_{hn} - \alpha_{hn}b_{hn} = 1 \end{cases}$$

au nombre de n^2 en tout.

De même les relations

$$(57)\qquad \Omega(\mathfrak{T}^{(h)},\ \mathfrak{T}^{(h')}) = \Omega(\mathrm{T}^{(h)},\ \mathrm{T}^{(h')}) = 0$$

donneront les conditions (au nombre de $n^2 - n$, en tenant compte de ce qu'elles se réduisent à des identités pour $h = h'$ et ne changent pas quand on y permute h et h')

$$(58)\quad \begin{cases} a_{h1}\alpha_{h'1} - a_{h'1}\alpha_{h1} + a_{h2}\alpha_{h'2} - a_{h'2}\alpha_{h2} + \ldots + a_{hn}\alpha_{h'n} - a_{h'n}\alpha_{hn} = 0 \\ b_{h1}\beta_{h'1} - b_{h'1}\beta_{h1} + b_{h2}\beta_{h'2} - b_{h'2}\beta_{h2} + \ldots + b_{hn}\beta_{h'n} - b_{h'n}\beta_{hn} = 0. \end{cases}$$

Les substitutions linéaires analogues à (54) dont les coefficients vérifient les $2n^2 - n$ relations (56), (58) forment évidemment un groupe [1], puisqu'elles sont caractérisées par la propriété de conserver les relations (52), (53), (57).

---

[1] Voir, par exemple, JORDAN, *Cours d'Analyse*, tome III, n° 156.

Ce groupe, découvert par Hermite dans ses recherches sur les fonctions abéliennes ([1]), est connu ([2]) sous le nom de *groupe abélien*.

Chacune des substitutions en question a visiblement pour déterminant ± 1 puisque, d'après l'égalité (51) elles ne changent pas la valeur absolue du déterminant général Δ.

282. Nous verrons plus loin (n° **371**) que pour obtenir un système de solutions associées des équations aux variations, il suffit de les déduire des solutions des équations primitives (E) en dérivant (n^{os} **21**, **256**) par rapport à n constantes d'intégration convenablement choisies, qui ne sont autres que les constantes a_i (ou les constantes b_i) du n° **149** (Liv. II).

On obtient immédiatement des systèmes de solutions associées par la remarque simple suivante :

Deux solutions **z**, **t**, *sont nécessairement associées si* $\mathbf{z}_1, \mathbf{z}_2, \ldots \mathbf{z}_n$; $\mathbf{t}_1, \mathbf{t}_2, \ldots \mathbf{t}_n$ *sont nuls pour une même valeur* x' *de* x.

En effet, chaque terme du premier membre de (38) contient en facteur soit un **z**, soit un **t**. Il suffit donc de faire $x = x'$ pour voir que la quantité constante Ω est nulle.

Nous considérons donc toutes les solutions telles que les valeurs des inconnues soient nulles en x'. Il y en a exactement n indépendantes puisque, pour achever d'en définir une, il faudrait se donner les valeurs des n dérivées premières pour cette même valeur de x.

Nous aurons donc bien ainsi un tableau possédant les propriétés demandées.

Nous pouvons d'ailleurs former ce tableau en partant d'un système de $2n$ solutions indépendantes *quelconques*

$$
(59)\qquad \left\{\begin{array}{llll}
\mathbf{y}_1^{(1)}, & \mathbf{y}_2^{(1)}, \ldots & \mathbf{y}_n^{(1)}; \\
\mathbf{y}_1^{(2)}, & \mathbf{y}_2^{(2)}, \ldots & \mathbf{y}_n^{(2)}; \\
\ldots & \ldots & \ldots \\
\mathbf{y}_1^{(2n)}, & \mathbf{y}_2^{(2n)}, \ldots & \mathbf{y}_n^{(2n)}.
\end{array}\right.
$$

Il suffira d'en faire des combinaisons linéaires à coefficients constants telles que toutes les inconnues s'annulent en x', combi-

---

([1]) *C. R. de l'Acad. des Sc.*, 1855.
([2]) Voir Jordan, *Traité des Substitutions*.

naisons dont le nombre est précisément n comme nous venons de le voir.

283. Condition de Jacobi. — Reste la condition que le déterminant spécial $\mathbf{D} = \mathbf{D}(x)$ soit différent de zéro.

Cette condition devra être vérifiée pour toute valeur de x comprise entre x^0 et x^1. Elle est, en effet, nécessaire pour que les coefficients γ ou ρ définis par les équations (37), (45), existent et soient finis. Elle correspond, en un mot, à la condition $\mathbf{z} \neq 0$ qui s'introduisait dans le cas d'une seule inconnue.

Nous désignerons par $\mathbf{D}_{x'}(x)$ le déterminant $\mathbf{D}$, lorsque les solutions associées auront été formées par le procédé du numéro précédent à l'aide de la valeur $x = x'$. Pour qu'il soit différent de zéro dans notre intervalle d'intégration, il faut d'abord que x' soit extérieur à cet intervalle, puisque, pour $x = x'$, tous les éléments de $\mathbf{D}_{x'}$ sont nuls.

D'autre part dire que le déterminant du tableau (36) est égal à zéro, pour une valeur déterminée de x, c'est dire que l'on peut former avec des fonctions de ce tableau des combinaisons linéaires

$$(40) \qquad Z_i = a\mathbf{z}_i + b\mathbf{t}_i + \dots$$

qui soient toutes nulles pour cette valeur de x.

Mais d'après la signification actuelle des fonctions $\mathbf{z}, \mathbf{t}, \dots$, de telles combinaisons peuvent être considérées comme formées avec les éléments du tableau (39) et définies par la double condition : 1° de s'annuler en x ; 2° de s'annuler en x'.

La condition nécessaire et suffisante pour qu'elles existent s'obtiendrait donc en annulant le déterminant qui s'écrit (avec la notation du n° **279**)

$$\mathbf{D}(x', x) = \Big| \mathbf{y}_1^{(h)}(x')\,\mathbf{y}_2^{(h)}(x') \dots \mathbf{y}_n^{(h)}(x')\,\mathbf{y}_1^{(h)}(x)\,\mathbf{y}_2^{(h)}(x) \dots \mathbf{y}_n^{(h)}(x) \Big| \quad (h = 1, 2, \dots 2n)$$

de sorte que ce déterminant est nul ou différent de zéro en même temps que $\mathbf{D}_{x'}(x)$.

Il est même aisé de trouver la relation entre ces deux quantités. Si, pour fixer les idées, on choisit, pour former le tableau (36), les solutions définies — outre les conditions $\mathbf{z}_i(x) = \mathbf{t}_i(x') = \dots = 0$,

— par les suivantes

$$\mathbf{z}'_1(x') = 1, \ \mathbf{z}'_2(x') = \mathbf{z}'_3(x') = \ldots = 0;$$
$$\mathbf{t}'_2(x') = 1, \ \mathbf{t}'_1(x') = \mathbf{t}'_3(x') = \ldots = 0;$$
$$\cdots\cdots\cdots\cdots\cdots\cdots$$

on trouvera facilement[1], en désignant par Δ le déterminant général des solutions (59)

$$\mathbf{D}(x', x) = \mathbf{D}_{x'}(x)\,\Delta(x').$$

Nous aurons à exprimer que la valeur commune des deux membres de cette égalité est au contraire constamment différente de zéro lorsque x varie de x^0 à x^1 (limites incluses). Si l'on peut choisir x' de manière qu'il en soit ainsi, nous dirons que la *condition de Jacobi* est vérifiée au sens strict.

284. Le déterminant D n'est autre que celui que nous avons rencontré dans la discussion du n° **105** et le déterminant **D** correspond à la seconde forme de l'équation D = 0 indiquée en cet endroit. L'équation D = 0 ou **D** = 0 détermine, nous l'avons vu, les points où l'extrémale λ est touchée par l'enveloppe d'une famille d'extrémales ayant avec la première un point commun d'abscisse x'.

Si, par contre, il est différent de zéro dans l'intervalle (x^0, x^1) cela veut dire (n° **105**) que tout point suffisamment voisin de l'arc d'extrémale considérée peut être joint au point x' par une seconde extrémale voisine de λ.

La condition de Jacobi est toujours vérifiée si x^0 et x^1 sont suffisamment voisins de x'. Nous avons fait cette constatation au n° **105** ; mais cela apparaît également lorsqu'on écrit cette condition sous la forme

$$\mathbf{D}(x', x) \neq 0. \tag{60}$$

La partie principale de $\mathbf{y}_i(x)$ pour x voisin de x', est, en effet,

$$\mathbf{y}_i(x) = \mathbf{y}_i(x') + (x - x')\mathbf{y}'_i(x').$$

---

[1] Il suffit d'adjoindre aux solutions (36) n autres solutions formant avec elles un système fondamental et d'égaler entre elles deux expressions (pour l'une d'elles, voir n° **26**) du déterminant de la substitution par laquelle on passe de ce système fondamental au système (59).

Portons ces expressions dans le déterminant **D** et retranchons la colonne de rang k ($k = 1, 2, \ldots n$) de la colonne correspondante de rang $n + k$. Chacune de n dernières colonnes contenant alors $x - x'$ en facteur, le déterminant est de l'ordre de $(x - x')^n$, le coefficient de $(x - x')^n$ étant

$$|\mathbf{y}_1^{(h)}(x')\ \mathbf{y}_2^{(h)}(x')\ldots\ \mathbf{y}_n^{(h)}(x')\ \mathbf{y}'^{(h)}_1(x')\ \mathbf{y}'^{(h)}_2(x')\ldots\ \mathbf{y}'^{(h)}_n(x')|;\quad h = 1, 2, \ldots 2n.$$

Nous reconnaissons dans ce coefficient le déterminant général Δ lequel, du moment que les solutions (59) sont indépendantes, ne peut pas être nul pour $x = x'$.

En particulier, $\mathbf{D}(x', x)$ est toujours différent de zéro pour $x = x^0$, si x' est supposé très voisin de x^0 ; pour les autres valeurs de x comprises dans notre intervalle, la condition $\mathbf{D}(x', x) \neq 0$ peut évidemment être remplacée, dans les mêmes conditions par $\mathbf{D}(x^0, x) \neq 0$.

L'intervalle dans lequel la condition de Jacobi est vérifiée est limité par la première valeur de x (s'il en existe) qui vérifie l'équation $\mathbf{D}(x^0, x) = 0$. Le point correspondant de notre extrémale est le *foyer conjugué* du point A. Ce foyer peut d'ailleurs ne pas exister, la condition de Jacobi ayant alors lieu si loin que s'étende l'intervalle d'intégration à partir de x^0.

D'après ce qui précède, nous voyons que *la condition de Jacobi est vérifiée au sens strict si le foyer conjugué de A est au-delà de* B.

On dira que la condition de Jacobi est vérifiée *au sens large*, si B est le foyer conjugué de A.

285. Au lieu de formuler la condition de Jacobi comme nous venons de le faire ci-dessus, nous aurions pu la faire consister dans l'existence de n solutions associées *quelconques* dont le déterminant spécial soit différent de zéro dans tout notre intervalle.

Une telle condition serait encore suffisante pour la validité des raisonnements précédents.

Elle serait certainement remplie si celle du n° **283** l'était (les solutions spéciales correspondantes étant celles qui s'annulent en x').

Lorsque, au contraire, le foyer conjugué de A est entre A et B, la condition dont il s'agit ne peut pas être remplie par des solutions s'annulant toutes en un même point voisin de A. Mais il n'est pas évident *a priori* qu'elle ne puisse pas l'être par un autre système de solutions spéciales.

Nous démontrerons plus loin (nº **292**) qu'il n'en saurait être ainsi : cela résultera *a posteriori*, de ce que la variation seconde peut être rendue (même si la condition de Legendre est vérifiée) de signe contraire à celui de la forme Φ : ce qui serait impossible s'il existait un système de solutions associées tel que $D \neq 0$.

Les deux formes de condition de Jacobi dont nous venons de parler sont donc *entièrement équivalentes l'une à l'autre*.

286. Nous avons dit (nº **102** *bis*) que l'équation $\mathbf{z} = 0$ qui détermine les foyers conjugués dans le cas d'une seule inconnue, n'avait jamais que des racines simples.

Il n'en est plus de même pour l'équation $D = 0$ (D étant un déterminant spécial) qui lui correspond dans le cas de $n > 1$. Il est clair tout d'abord (cf. nº **284**) que l'une ou l'autre des équations équivalentes $\mathbf{D}(x^0, x) = 0$, $D_{x^0}(x) = 0$ admet $x = x^0$ comme racine multiple d'ordre n.

Mais cette même circonstance peut également se présenter pour une racine différente de x^0, autrement dit pour un foyer conjugué de A.

C'est ce qui arrive évidemment, par exemple, pour un *foyer absolu* (nº **103**), c'est-à-dire lorsque les extrémales issues d'un même point A viennent toutes se couper en un second point $x = \mathfrak{x}$: alors les solutions des équations aux variations qui s'annulent pour $x = x^0$, s'annulent aussi toutes pour $x = \mathfrak{x}$ et, au voisinage de cette dernière valeur, le déterminant spécial est encore de l'ordre de $(x - \mathfrak{x})^n$.

Un élément d'intégrale qui se comporte de cette manière est *l'élément linéaire de l'espace riemannien* [1]

$$f(dx, dy, dz) = \frac{1}{x^2 + y^2 + z^2 + a^2}\sqrt{dx^2 + dy^2 + dz^2}$$

(1) Voir RIEMANN, *Œuvres*, page 292 de la trad. Laugel. Paris, Gauthier-Villars, 1898.

(a étant une constante) : les extrémales [1] sont les *droites riemanniennes* (cercles orthogonaux à la sphère $x^2 + y^2 + z^2 + a^2 = 0$) et toutes celles d'entre elles qui passent par le point (x_0, y_0, z_0) passent également par celui dont les coordonnées sont

$$\frac{a^2 x_0}{x_0^2 + y_0^2 + z_0^2}, \quad \frac{a^2 y_0}{x_0^2 + y_0^2 + z_0^2}, \quad \frac{a^2 z_0}{x_0^2 + y_0^2 + z_0^2}.$$

287. Moyennant la condition de Jacobi, on a la formule

$$(61) \qquad \delta^2 I = \int_{x^0}^{x^1} \Phi(\mathbf{y}'_1 - \mathbf{Y}_1, \mathbf{y}'_2 - \mathbf{Y}_2, \ldots \mathbf{y}'_n - \mathbf{Y}_n)\, dx.$$

Nous ne rechercherons pas si, comme dans le cas d'une seule inconnue (n° **263**) cette formule subsiste lorsque la condition de Jacobi n'a lieu qu'au sens large.

Cette question se résoudrait aisément si A et B étaient des zéros simples du déterminant spécial : on verrait encore, dans ces conditions, que le terme tout intégré (47) s'annule en ces points.

Mais on vient de voir que les choses ne se passaient pas ainsi et que, en particulier, l'équation $\mathrm{D}_{x^0}(x) = 0$ avait $x = x^0$ comme racine multiple [2] ; qu'elle pouvait même avoir une telle racine différente de x^0, à savoir l'abscisse du foyer conjugué de A.

288. Conditions suffisantes. — La *condition de Legendre* pour le minimum sera, au sens *strict*, que la forme Φ soit définie positive pour toute valeur de x telle que $x^0 \leqslant x \leqslant x^1$; au sens *large*, que cette même forme soit définie ou semi-définie.

La variation seconde sera nécessairement positive si l'on a la condition de Legendre pour le minimum (même au sens large) **et la condition de Jacobi** (au sens strict).

---

(1) Ces extrémales se déterminent par l'intégration des équations (41) du n° **82**. Pour la méthode d'intégration, voir, par exemple APPELL, *Traité de Mécanique*, t. I, n° **141**, p. 190 et suiv., 2e édit.

(2) Dans ce cas particulier, d'ailleurs, la racine multiple en question se trouve ne pas compromettre l'exactitude de la formule (61), les quantités ρ, σ, ... qui figurent dans la quantité (47) n'étant alors infinies que du premier ordre. Il en est de même, pour la même raison, en ce qui regarde la racine multiple qui correspond au foyer conjugué dans l'exemple du numéro précédent.

Il est même certain que, si ces deux conditions ont lieu au sens strict, $\delta^2 I$ ne peut s'annuler que pour des variations identiquement nulles. Car, en vertu de la formule (61), $\delta^2 I = 0$ exige alors $\mathbf{y}'_1 - \mathbf{Y}_1 = \mathbf{y}'_2 - \mathbf{Y}_2 = \ldots, \mathbf{y}'_n - \mathbf{Y}_n = 0$, c'est-à-dire les équations différentielles (33). Mais, d'autre part, les $\mathbf{y}$ doivent être nuls pour $x = x^0$; l'ensemble de ces conditions initiales et des équations différentielles (33) donne bien $\mathbf{y}_1 \equiv \mathbf{y}_2 \equiv \ldots \mathbf{y}_n \equiv 0$.

289. Nécessité des conditions précédentes. — 1° Supposons que, en un point M de notre intervalle d'intégration, la *condition de Legendre* relative au minimum ne soit pas vérifiée, même au sens large, c'est-à-dire que la forme Φ soit indéfinie (ou définie négative) en ce point, et qu'il existe par conséquent un système de valeurs $\chi_1, \ldots \chi_n$ des arguments donnant à cette forme une valeur négative φ_1.

Si, dans la variation seconde

$$\int \mathbf{f}(\mathbf{y}'_1, \ldots \mathbf{y}'_n, \mathbf{y}_1, \ldots \mathbf{y}_n)\,dx$$

on donne aux $\mathbf{y}_i$ les valeurs $\mathbf{u}\chi_i$, $\mathbf{u}$ étant une nouvelle fonction de x, elle prendra la forme

$$\int \mathbf{h}(\mathbf{u}', \mathbf{u})\,dx \tag{62}$$

le coefficient de $\mathbf{u}'$ dans la forme $\mathbf{h}$ étant égal à φ_1 en M et, par conséquent, négatif au voisinage de ce point.

Elle sera donc certainement négative, d'après les conclusions précédemment obtenues (n° **266**), si l'on prend $\mathbf{u}$ différent de zéro dans un certain intervalle pris autour de M et nul partout ailleurs, pourvu que l'intervalle en question soit assez petit pour vérifier la condition de Jacobi relative à l'intégrale (62).

290. 2° Supposons maintenant que, la condition de Legendre étant vérifiée, la *condition de Jacobi* ne le soit pas, c'est-à-dire qu'il existe entre x^0 et x^1 deux foyers conjugués A′, A″, de sorte que les abscisses x', x'' de ces deux points soient distinctes et liées par la relation

$$\mathbf{D}(x', x'') = 0. \tag{63}$$

Nous serons encore certains qu'il n'y a pas extremum.

Le raisonnement général du n° **267** peut en effet s'appliquer d'une manière complète au cas actuel.

La variation seconde peut être rendue nulle puisqu'il existe des fonctions $\mathbf{z}_1, \mathbf{z}_2, \ldots \mathbf{z}_n$ qui vérifient les équations

$$\mathbf{F}_1(\mathbf{z}) = \mathbf{F}_2(\mathbf{z}) = \ldots = \mathbf{F}_n(\mathbf{z}) = 0 \tag{E}$$

(d'où résulte l'évanouissement des intégrales (2 *bis*), (3 *bis*)), et qui s'annulent en A′, A″.

Elle peut être rendue négative, — du moins si l'un au moins des points A′, A″ est différent de A et de B ; — car en prenant les $\mathbf{y}$ comme il vient d'être dit (à savoir égaux à la solution $\mathbf{z}$ des équations (**E**) entre A′ et A″ et à zéro pour $x^0 < x < x'$ ou $x'' < x < x^1$) on n'obtient pas une extrémale pour l'intégrale (3 *bis*).

Si l'on remplace les fonctions $\mathbf{y}_i$ par

$$\mathbf{y}_i = \mathbf{z}_i + \varepsilon \mathbf{y}_i \tag{64}$$

(les $\mathbf{y}_i$ étant nuls aux limites) on aura une valeur de $\delta^2 I$ dans laquelle le terme en ε sera

$$\varepsilon \sum_i (\mathbf{y}_i \mathbf{f}_{\mathbf{z}'_i})_{A'}^{A''}. \tag{65}$$

terme qui ne sera pas nul si les $\mathbf{y}_i$ sont arbitraires.

291. Si on altère les variations $\mathbf{y}$ non plus comme il vient d'être indiqué, mais en substituant aux points A′, A″ deux points voisins A'_1, A''_1, ainsi que nous l'avons déjà fait au n° **267**, la nouvelle valeur de I, sera d'après les formules du n° **131**,

$$\left[\left(\mathbf{f} - \sum_i \mathbf{z}'_i \mathbf{f}_{\mathbf{z}'_i}\right)\delta x\right]_{A'}^{A''} = - [\Phi(\mathbf{z}'_1, \ldots \mathbf{z}'_n)\delta x]_{A'}^{A''} \tag{65'}$$

(δx désignant encore successivement les segments $\overline{A'A'_1}$, $\overline{A''A''_1}$).

Elle sera donc de signe contraire à celui de Φ (et même différente de zéro [1]) si A'_1, A''_1 sont extérieurs au segment $A'A''$.

Les choses se passeront ainsi, en particulier, si l'on emploie la méthode sous la forme de Darboux-Erdmann. Prenons $x' = x^0$ et, par conséquent, x'' égal à l'abscisse $\mathfrak{x}$ du foyer conjugué $\mathfrak{A}$ de A. Considérons deux solutions

$$\mathbf{y}_1, \ldots \mathbf{y}_n;$$
$$\mathbf{z}_1, \ldots \mathbf{z}_n$$

des équations aux variations telles que les $\mathbf{y}$ soient tous nuls en A et en $\mathfrak{A}$ tandis que les $\mathbf{z}$, égaux respectivement aux $\mathbf{y}$ en un point $x = c$ choisi comme au n° **268**, s'annulent pour $x = x^1$. Si, comme nous avons le droit de le supposer, x^1 est très voisin de $\mathfrak{x}$, $\mathbf{z}$ aura la forme (65'), avec $\delta x = \overline{\mathfrak{A}B} = x^1 - \mathfrak{x}$.

Au contraire, on ne peut pas étendre en toute généralité le procédé indiqué en dernier lieu au n° **267** et fondé sur l'intégration de l'équation $(\mathbf{E}_\varepsilon)$.

Cette extension se fait sans difficulté (en considérant les solutions des équations

$$\mathbf{F}_i(\mathbf{y}) = \varepsilon \mathbf{y}_i$$

au lieu de celles des équations aux variations données) si x'' est pour l'équation (63) une racine simple.

Mais, ce raisonnement serait mis en défaut (ou tout au moins demanderait à être modifié) si cette équation admettait x'' comme racine multiple. Or nous avons vu que pour $n > 1$ ce cas peut effectivement se présenter.

292. Puisque, dans l'hypothèse où nous nous sommes placés aux deux numéros précédents, la variation seconde peut devenir négative lorsque la forme Φ est positive, il ne peut exister, dans ces conditions, aucun système de n solutions associées dont le déterminant spécial reste différent de zéro de $x = x^0$ à $x = x^1$.

C'est la conclusion annoncée au n° **285**.

---

[1] Le contraire exigerait (en supposant, bien entendu, $\delta x \neq 0$) que $\mathbf{z}'_1, \ldots \mathbf{z}'_n$ fussent nuls en A' ou en A''. Comme il en est déjà de même de $\mathbf{z}_1, \mathbf{z}_2, \ldots, \mathbf{z}_n$ et que ces fonctions sont, d'autre part, solutions du système linéaire (E), elles seraient alors identiquement nulles.

Les résultats qui précèdent conduisent ici encore à une proposition analogue au théorème de Sturm (n° **269**) : on montrera, exactement comme au n° **269** que *les racines des équations*

$$(66) \qquad \mathbf{D}(a, x) = 0 \quad , \quad \mathbf{D}(b, x) = 0$$

se séparent réciproquement.

Plus généralement, si **D** est le déterminant spécial de n solutions associées quelconques, deux racines consécutives de l'équation

$$(67) \qquad \mathbf{D} = 0$$

ne peuvent comprendre plus d'une racine d'une équation $\mathbf{D}(a,x) = 0$.

Toutefois, la démonstration, qui n'est faite que pour des équations aux variations (comparer n° **270**), suppose en outre la condition de Legendre. Notamment il n'est pas établi par ce qui précède que le théorème ait lieu lorsque la forme Φ, tout en étant toujours générale (condition nécessaire pour que les solutions soient régulières), renferme des carrés des deux signes.

293. Notons tout de suite que la méthode des n°s **267**, **290** s'étend d'elle-même au cas où l'intégrale donnée contient des dérivées d'ordre supérieur et montre, dans ce cas, la nécessité d'une condition de Jacobi analogue aux précédentes.

La forme (48') de la variation seconde est, en effet, identique à celle que nous avions trouvée pour le cas de $p = 1$. Elle est, d'autre part, valable toute les fois que la quantité

$$(49) \qquad \mathbf{M}_1\mathbf{y} + \mathbf{M}_2\mathbf{y}' + \ldots + \mathbf{M}_p\mathbf{y}^{(p-1)}$$

est continue et nulle aux limites. Or c'est ce qui a lieu si on a trouvé une solution de l'équation

$$(\mathrm{E}) \qquad \mathbf{F}(\mathbf{y}) = 0$$

qui, pour deux valeurs x', x'' de x comprises entre x^0 et x^1, s'annule ainsi que ses $p - 1$ premières dérivées, et si l'on fait **y** égal à la solution ainsi trouvée pour $x' \leq x \leq x''$ et à zéro dans le reste de notre intervalle.

Ce choix de **y** donnera donc à la variation seconde la valeur zéro. De plus, comme précédemment (si l'une au moins des valeurs x', x'' est intérieure, au sens strict, à l'intervalle (x^0, x^1)), cette valeur n'est pas un extremum, la dérivée $\mathbf{y}^{(n)}$ étant discontinue et cette discontinuité ne vérifiant pas les conditions que l'on déduirait du n° **131** pour l'évanouissement de la variation première, à moins que **A** ne soit nul au point de discontinuité ou **y** identiquement nul.

Donc la variation seconde peut être rendue négative si l'équation (**E**) possède une solution qui vérifie les conditions ci-dessus indiquées.

293 *bis*. Nous avons fait les calculs, dans ce qui précède, en partant d'une variable indépendante donnée x. Le cas de la *forme paramétrique* n'est pas distinct du premier (n° **75**) pour tous les problèmes d'extremum faible et, *à fortiori*, pour tous ceux qui regardent la variation seconde : On emploiera, pour le ramener au premier, les formules de passage des n°s **71**, **74**, ou mieux (étant donné que la forme paramétrique s'applique aux questions d'origine géométrique) le système de coordonnées considéré au n° **114**, l'arc s d'extrémale étant alors pris pour variable indépendante : dans le cas du plan par exemple, la nouvelle fonction inconnue sera, dans ces conditions, la distance normale de la courbe variée à ζ.

Weierstrass(¹) a étudié la variation seconde dans ces conditions.

(¹) Voir BOLZA, *Lectures on the Calculus of Variations*, pp. 131-133.

CHAPITRE II

LA MÉTHODE DE WEIERSTRASS ET LES CONDITIONS SUFFISANTES DE L'EXTREMUM

I. FAISCEAUX D'EXTRÉMALES ET CONSTRUCTION DE WEIERSTRASS

294. Nous avons obtenu jusqu'ici des conditions nécessaires pour l'extremum ; mais notre méthode ne nous fournit pas de conditions suffisantes, puisqu'elle ne nous renseigne que sur le signe de la variation seconde.

Nous pourrons, en la modifiant convenablement, arriver par elle aux conditions du minimum *faible*. (Voir plus loin n° **365**). Mais, même dans ce cas, — le seul qu'elle permette de traiter — l'analogie avec les méthodes du calcul différentiel ordinaire est ici trompeuse. Nous verrons qu'il est notablement plus simple de rechercher une expression exacte de l'accroissement subi par l'intégrale et non plus son expression approchée.

C'est ce qu'ont fait, indépendamment l'un de l'autre, Weierstrass et M. Darboux.

295. Faisceau spécial. — Dans cette nouvelle manière d'opérer, au lieu de parvenir finalement à la condition de Jacobi, nous la prendrons comme point de départ, et nous la supposerons, dès l'abord, vérifiée.

Plaçons-nous, pour commencer, dans le cas d'une seule fonction inconnue, λ étant l'extrémale considérée ; A, B les deux points donnés entre lesquels elle doit fournir l'extremum de l'intégrale

$$(1) \qquad I = \int_{x^0}^{x^1} f(y', y, x)dx$$

ou

$$(1') \qquad I = \int_{t_0}^{t_1} \bar{f}(\dot{x}, \dot{y}, x, y)dt.$$

Les extrémales dépendent ici de deux paramètres. On peut donc, d'une infinité de manières, constituer avec elles des familles à un seul paramètre α. Une telle famille sera dite un *faisceau spécial* ou, simplement, un *faisceau*. Ce faisceau sera dit *régulier*, dans une région déterminée du plan si, les extrémales Λ qui le composent s'y comportant régulièrement, on peut faire passer, par chaque point de cette région, une d'entre elles et une seule, — ou, plus exactement, une et une seule telle que α soit compris entre certaines limites déterminées — la valeur correspondante de α variant continument avec les coordonnées x, y du point, et admettant des dérivées partielles en x, y.

Le tracé de cette extrémale Λ, lorsqu'on donne le point (x, y) se nomme la *construction de Weierstrass* relative à notre problème.

296. Revenons à l'extrémale considérée. Nous admettrons que l'arc AB de cette extrémale *est entouré d'un faisceau*, c'est-à-dire qu'il existe au moins un faisceau spécial dont λ fait partie et qui est régulier dans toute une région $\mathcal{R}$ autour de l'arc AB.

La région $\mathcal{R}$ devra, si l'intégrale est prise sous la forme (1), comprendre un segment (non nul) de parallèle à l'axe des y autour de chaque point de λ : elle aura, par conséquent, la forme d'une *bande* telle que celle qui est ombrée sur la figure 34.

La condition que, par chaque point d'une bande telle que $\mathcal{R}$ il passe une extrémale Λ et une seule *revient à la condition de Jacobi* (celle-ci étant prise au sens strict) : elle est vérifiée si, x étant quelconque entre x^0 et x^1, la quantité

$$\frac{\partial y}{\partial \alpha}$$

solution de l'équation aux variations (n° **99**) a un signe constant pour $\alpha = 0$ (et par conséquent aussi lorsque α est situé dans un certain intervalle qui comprend zéro). C'est ce que nous avons vu au n° **99**, pour le cas où le faisceau est formé d'extrémales issues d'un même point et qui subsiste (n° **106**) pour les autres faisceaux.

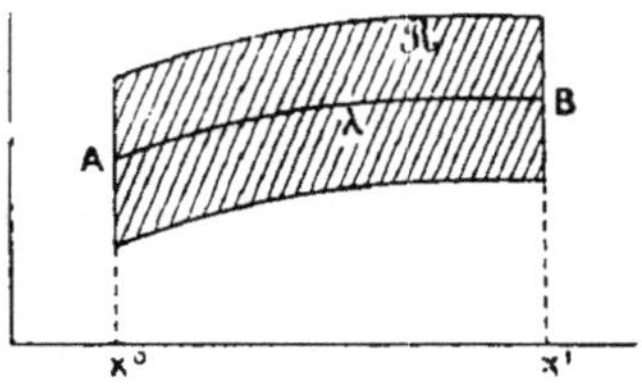

FIG. 34.

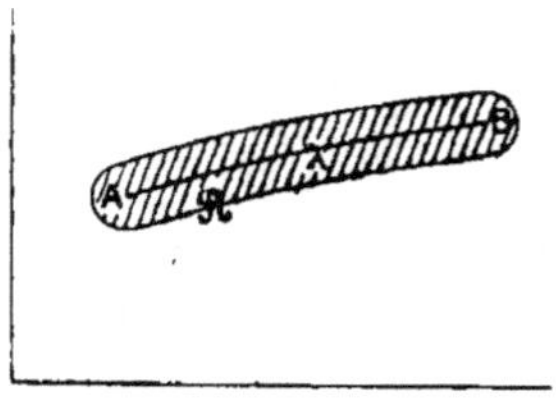

FIG. 35.

Comme l'inégalité $\frac{\partial y}{\partial \alpha} \neq 0$ revient, nous le savons, à la condition de Jacobi, il y a bien équivalence entre cette condition et l'existence d'un faisceau régulier.

Si, au lieu de la forme (1), notre intégrale a la forme paramétrique

$$(1') \qquad \int \bar{f}(dx, dy, x, y)$$

la région $\mathfrak{R}$ comprendra autour de chaque point de λ un certain cercle : elle aura donc la forme représentée *fig.* 35. Ici encore une telle bande existera (cf. n° **114**) si, sur λ le foyer conjugué de A est au-delà de B.

297. Nous supposerons, enfin (¹), qu'on connaisse une courbe Γ transversale à toutes les extrémales Λ, le point où elle est transversale à λ étant soit l'une des extrémités A de notre arc d'intégration, soit un point A' situé sur un des prolongements de cet arc.

La courbe Γ pourra d'ailleurs se réduire au seul point A' : c'est la première hypothèse envisagée au numéro précédent.

(¹) Cette hypothèse sera, en général, vérifiée d'elle-même : la condition d'être transversale aux lignes Λ donne, en effet, pour Γ, une équation différentielle du premier ordre, et il y aura une courbe solution de cette équation qui passera par A'.

297 *bis*. Enfin, dans beaucoup de cas, on pourra remplacer le point A' par le point A et faire partir les extrémales A de ce point. Nous cessons ainsi, il est vrai, de satisfaire à l'une des conditions que nous nous étions imposées (n° **295**) : le paramètre α, à savoir par exemple, le coefficient angulaire de la tangente à l'extrémale en A, n'est plus une fonction continue des coordonnées du point M lorsque celui-ci s'approche de A. Le faisceau n'est donc plus complètement régulier. Mais, ce qui sera souvent suffisant, l'intégrale I_A^M prise suivant cette extrémale spéciale reste continue dans ces conditions : elle est infiniment petite avec la distance AM.

Cette forme de la méthode est celle même de Weierstrass.

298. Cas de plusieurs fonctions inconnues. — Lorsque l'intégrale contiendra n fonctions inconnues — de sorte que les extrémales dépendront de $2n$ constantes arbitraires — nous donnerons le nom de *faisceau spécial* à une famille dépendant de n paramètres (ceux-ci pouvant être assujettis à des conditions d'inégalité, mais telles que chacun d'eux puisse varier au moins dans un certain intervalle lorsque les autres sont fixes) et composée d'extrémales A rencontrant traversalement une multiplicité fixe [1] Γ : une surface fixe (pouvant exceptionnellement se réduire à une courbe ou même à un point) dans le cas de l'espace ordinaire ($n = 2$).

On voit apparaître ici une différence importante avec le cas de $n = 1$. *Une famille quelconque* (d'extrémales) *à n paramètres n'est pas susceptible de former un faisceau.* On sait en effet [2] que dans l'espace ordinaire, par exemple, une famille de courbes à deux paramètres n'admet pas, en général, de surface orthogonale, la condition d'orthogonalité se traduisant par une équation aux différentielles totales ; et il est évident qu'on en peut dire autant pour la condition de transversalité.

Comme les extrémales transversales à une multiplicité fixe dépendent de n paramètres, on voit que le faisceau est composé des extrémales les plus générales qui soient transversales à Γ ou à une portion déterminée de Γ.

---

[1] Pour n quelconque, la multiplicité Γ sera définie par une (cas général) ou exceptionnellement plusieurs équations entre les $n + 1$ coordonnées x, y_i.

[2] DARBOUX. — *Théorie des Surfaces*. Tome II, p. 256.

Le faisceau sera encore dit *régulier* dans une région $\mathfrak{R}$ de l'espace à $n+1$ dimensions si on peut faire passer par chaque point de cette région une extrémale spéciale et une seule, dont les paramètres soient des fonctions continues et dérivables des coordonnées de ce point : autrement dit, si on peut effectuer la *construction de Weierstrass*.

Nous admettrons encore que l'extrémale λ fait partie d'un tel faisceau, lequel est régulier dans toute une région $\mathfrak{R}$ entourant l'arc considéré **AB** (la multiplicité correspondante Γ coupant λ au point A ou en un point A' situé sur le prolongement de notre arc, et pouvant d'ailleurs se réduire à ce point) : autrement dit, que λ *est entourée d'un faisceau.*

Celui-ci restera d'ailleurs arbitraire dans une large mesure. On l'obtiendra en faisant passer, par le point A, par exemple, une surface quelconque Γ transversale à λ, puis traçant par un autre point quelconque de cette surface l'extrémale qui lui est transversale. Il restera à disposer de Γ de manière à vérifier la condition de régularité.

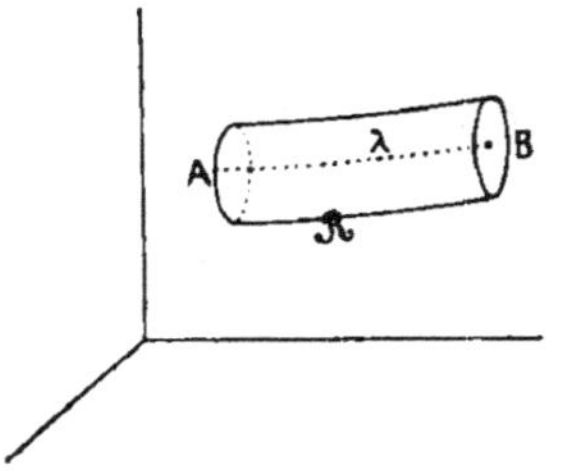

FIG. 36.

Si Γ se réduit au point A', cette condition se réduit encore à la condition de Jacobi indiquée au n° **284** (1).

Quand à la région $\mathfrak{R}$, elle aura dans le cas de $n=2$, c'est-à-dire dans l'espace à trois dimensions, la forme d'une sorte de cylindre ou de surface canal, telle que celle qui est représentée *fig.* 36 (ou par une figure analogue à (35) pour l'intégrale sous forme paramétrique).

II. LA FORMULE DE WEIERSTRASS

299. Admettons que l'arc donné est entouré d'un faisceau et soit $\mathfrak{L}$ une ligne joignant A et B qui ait avec λ un voisinage défini par le nombre ε. Si ce nombre est suffisamment petit, $\mathfrak{L}$ sera en-

(1) Nous verrons plus loin que, pour un faisceau spécial quelconque, on trouve la forme de condition de Jacobi indiquée au n° **285**.

tièrement contenue dans la région de régularité du faisceau. Nous avons, sous cette condition, à calculer l'accroissement

$$\Delta I = I_{(\mathfrak{L})}{}_{\text{A}}^{\text{B}} - I_{(\lambda)}{}_{\text{A}}^{\text{B}}. \tag{68}$$

La *formule aux limites* (Livre II, chap. III) permet à Weierstrass de mettre cet accroissement sous forme d'une intégrale unique prise suivant $\mathfrak{L}$.

Pour cela, soit Λ l'extrémale spéciale qui passe par un point quelconque M de $\mathfrak{L}$, et soit m le point où cette extrémale est trans-

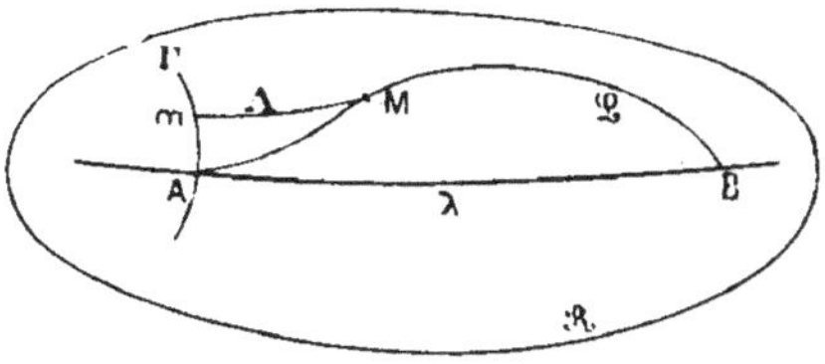

Fig. 37.

versale à la ligne ou à la surface fixe Γ. Plaçons-nous d'abord dans le cas où Γ passe par A et considérons (*fig.* 37) la différence

$$|I| = I_{(\mathfrak{L})}{}_{\text{A}}^{\text{M}} - I_{(\Lambda)}{}_{m}^{\text{M}}. \tag{69}$$

Cette différence est nulle lorsque M est en A et égale à ΔI lorsque M est en B (puisque, dans ces deux cas, Λ coïncide avec λ) : on a donc

$$\Delta I = \int_{\mathfrak{L}} \delta |I| = \int_{\mathfrak{L}} \delta \Big[I_{(\mathfrak{L})}{}_{\text{A}}^{\text{M}} - I_{(\Lambda)}{}_{m}^{\text{M}} \Big],$$

en désignant par $\delta\,|I|$ la différentielle de $|I|$ lorsque M se déplace sur $\mathfrak{L}$.

Si Γ est transversal à λ en un point A′ différent de A (mais situé sur le prolongement de l'arc AB au-delà de A) la formule précédente est encore exacte (*fig.* 38).

En effet, la différence (69) est alors égale à $-I_{(\lambda)}^{A}$ lorsque M est en A, et à $-I_{(\lambda)}^{A} + \Delta I$ lorsque M est en B.

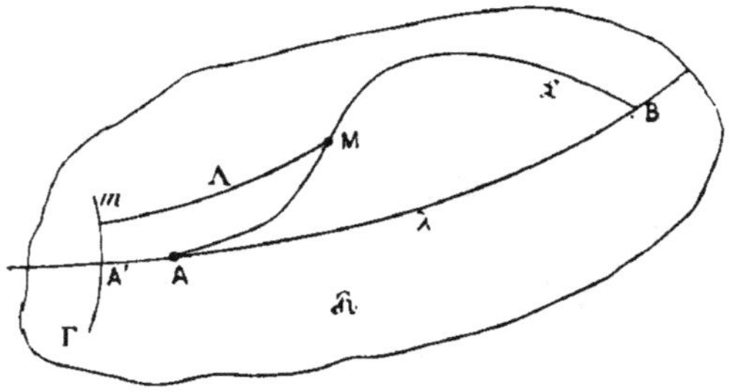

Fig. 38.

Si l'on prend simplement pour les extrémales Λ celles qui partent de A′ (*fig.* 39) on aura, de même

$$\Delta I = \int \delta I_{(\mathfrak{L})A}^{M} \quad \delta I_{(\Lambda)A'}^{M}.$$

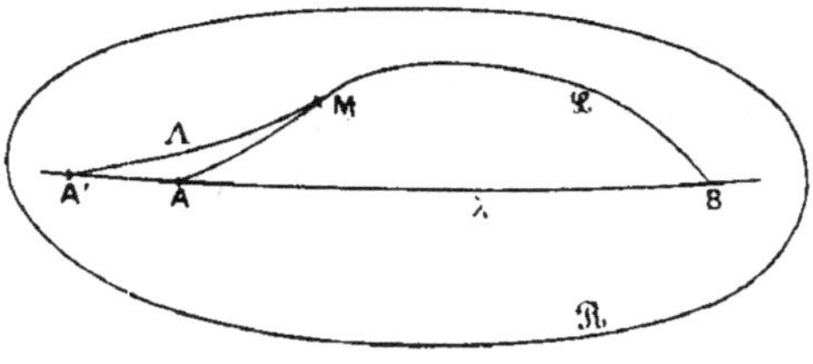

Fig. 39.

300. Formule de Weierstrass. — Cela posé, traitons d'abord, avec Weierstrass, le cas de l'intégrale

$$(1') \qquad I = \int \overline{f}(dx, dy, x, y)$$

donnée sous forme paramétrique. Lorsque le point M se déplacera sur $\mathfrak{L}$, la différentielle de $I_{(\mathfrak{L})}$ ne sera autre que l'élément d'intégrale suivant $\mathfrak{L}$.

Quant à la différentielle de $I_{(\Lambda)}$, elle sera donnée par la formule aux limites (page 142). Le déplacement de l'une des extrémités étant nul ou transversal à Λ, cette formule se réduira à

$$(\bar{7}) \qquad \underset{(\Lambda)}{\delta I} = \bar{f}_{\overline{X}} \delta x + \bar{f}_{\overline{Y}} \delta y$$

où $\overline{X}$, $\overline{Y}$ sont proportionnels aux cosinus directeurs de la tangente à Λ en M. *On aura donc finalement*

$$(70) \quad \Delta I = \int \overline{\mathcal{E}}(x, y ; \overline{X}, \overline{Y}, dx, dy) = \int \overline{\mathcal{E}}(x, y, \overline{X}, \overline{Y}, \dot{x}, \dot{y}) dt$$

avec

$$(71) \qquad \overline{\mathcal{E}}(x, y ; \overline{X}, \overline{Y}, \dot{x}, \dot{y}) = \bar{f}(\dot{x}, \dot{y}, x, y) - \dot{x}\bar{f}_{\overline{X}} - \dot{y}\bar{f}_{\overline{Y}}$$

$\dot{x}$, $\dot{y}$ étant relatifs à la ligne $\mathfrak{L}$.

Telle est la **formule de Weierstrass** qui va nous donner la solution complète du problème.

Si l'on avait affaire à l'intégrale

$$(1) \qquad I = \int_{x^0}^{x^1} f(y', y, x) dx$$

la formule $(\bar{7})$ serait remplacée par

$$(7) \qquad \begin{cases} \underset{(\Lambda)}{\delta I} = f_Y \delta y + (f - Y f_Y) \delta x \\ \qquad = [y' f_Y + f(Y, y, x) - Y f_Y] dx. \end{cases}$$

La formule de Weierstrass serait donc ici

$$(70 \ bis) \qquad \Delta I = \underset{(\mathfrak{L})}{I} - \underset{(\lambda)}{I} = \int_{x^0}^{x^1} \mathcal{E}(x, y ; Y, y') dx$$

$\mathcal{E}$ ayant, cette fois, l'expression

$$(71 \ bis) \quad \mathcal{E}(x, y ; Y, y') = f(y', y, x) - f(Y, y, x) - (y' - Y) f_Y(Y, y, x)$$

en appelant y' le coefficient angulaire de la tangente à $\mathfrak{L}$ en un point quelconque M et Y le coefficient angulaire de la tangente à l'extrémale spéciale Λ qui passe en M.

Remarque. — On serait arrivé au même résultat si, au lieu de la variation infinitésimale de la différence $[I]$, on avait, comme le faisait Weierstrass lui-même [1] considéré celle de la somme

$$I_{(\lambda)m}^{M} + I_{(\mathfrak{L})M}^{B} \tag{72}$$

variation évidemment identique à la première (au signe près).

La somme (72) a la valeur $I_{(\mathfrak{L})}$ lorsque M est en A et la valeur $I_{(\lambda)}$ lorsque M est en B.

301. Les deux expressions $\bar{\mathcal{E}}$ et $\mathcal{E}$ semblent notablement différentes; on peut rétablir l'analogie en ajoutant à $\bar{\mathcal{E}}$, l'expression identiquement nulle :

$$\bar X \bar f_{\bar X}(\bar X, \bar Y, x, y) + \bar Y \bar f_{\bar Y}(\bar X, \bar Y, x, y) - \bar f(\bar X, \bar Y, x, y)$$

ce qui donne :

$$\begin{aligned}\bar{\mathcal{E}}(x, y, \bar X, \bar Y, \dot x, \dot y) &= \bar f(\dot x, \dot y, x, y) - \bar f(\bar X, \bar Y, x, y)\\ &- (\dot x - \bar X)\bar f_{\bar X}(\bar X, \bar Y, x, y) - (\dot y - \bar Y)\bar f_{\bar Y}(\bar X, \bar Y, x, y).\end{aligned}$$

Les deux formules (70) et (70 *bis*) ont maintenant des formes semblables; on passe d'ailleurs de l'une à l'autre à l'aide des formules (33), (33') (livre II) moyennant lesquelles on a bien comme il résulte *a priori* de ce qui précède

$$\mathcal{E}dx = \bar{\mathcal{E}}dt.$$

302. Cas de plusieurs inconnues. — Nous n'aurons rien à changer au raisonnement qui précède pour l'appliquer aux intégrales

$$I = \int_{A}^{B} \bar f(dy_1, dy_2, \ldots dy_{n+1}, y_1, y_2, \ldots y_{n+1}) \tag{73}$$

$$I = \int_{x^0}^{x^1} f(y'_1, \ldots y'_n, y_1, \ldots y_n, x)\,dx \tag{73 bis}$$

---

[1] Cf. par exemple Zermelo, *Thèse*. Berlin, 1894.

qui contiennent n fonctions inconnues. Nous calculerons encore $\underset{(A)}{\delta I}$ par les formules aux limites (n° **131**) et la **formule de Weierstrass** sera

$$(74) \qquad \Delta I = \int \overline{\mathcal{E}}(y_1, \ldots, y_{n+1}; Y_1, \ldots Y_{n+1}, \dot{y}_1, \ldots \dot{y}_{n+1})\, dt$$

$$\overline{\mathcal{E}}(y_1, \ldots y_{n+1}; \overline{Y}_1, \ldots \overline{Y}_{n+1}, \dot{y}_1, \ldots \dot{y}_{n+1}) = \overline{f}(\dot{y}_1, \dot{y}_2, \ldots \dot{y}_{n+1}, y_1, \ldots y_{n+1})$$
$$- \dot{y}_1 \overline{f}_{\overline{Y}_1} - \dot{y}_2 \overline{f}_{\overline{Y}_2} - \ldots - \dot{y}_n \overline{f}_{\overline{Y}_n} - \dot{y}_{n+1} \overline{f}_{\overline{Y}_{n+1}}$$

ou

$$(74\ bis) \qquad \Delta I = \int \mathcal{E}(x, y_1, \ldots y_n; Y_1, \ldots Y_n, y'_1, \ldots y'_n)\, dx$$

$$\mathcal{E}(x, y_1, \ldots, y_n; Y_1, \ldots Y_n, y'_1, \ldots y'_n) = f(y'_1, \ldots y'_n, y_1, \ldots y_n, x)$$
$$- f(Y_1, \ldots Y_n, y_1, \ldots y_n, x) - (y'_1 - Y_1) f_{Y_1} - (y'_2 - Y_2) f_{Y_2} - \ldots$$
$$- (y'_n - Y_n) f_{Y_n}.$$

Dans chacune des deux quantités $\mathcal{E}dx$ et $\overline{\mathcal{E}}dt$, les termes soustractifs représentent encore la différentielle de $\underset{(A)}{I}$ évaluée à l'aide des formules aux limites (γ) ou ($\overline{\gamma}$), pendant que le premier terme correspond à $\underset{(\mathfrak{L})}{\delta I}$. Les dérivées désignées par des petites lettres sont relatives à $\mathfrak{L}$; les grandes lettres représentent celles qui sont relatives à l'extrémale spéciale.

303. Propriétés des symboles $\mathcal{E}$, $\overline{\mathcal{E}}$. — La méthode de Weierstrass ramène l'étude de l'extremum cherché à celle du signe des quantités $\mathcal{E}$ ou $\overline{\mathcal{E}}$.

Ces quantités $\mathcal{E}$, $\overline{\mathcal{E}}$ dépendent :

1° Des coordonnées d'un point M, x et y, par exemple, dans le cas de $n = 1$.

2° Elles dépendent ensuite d'une première direction en ce point, celle de l'extrémale spéciale, définie (toujours dans le cas de $n = 1$) par le coefficient angulaire Y pour la forme (1) et, pour la forme paramétrique, par les deux quantités $\overline{X}$ et $\overline{Y}$, par rapport auxquelles $\overline{\mathcal{E}}$ est homogène et de degré zéro.

3° Enfin $\mathcal{E}$ dépend d'une seconde direction, celle qui est définie (pour $n = 1$) par le coefficient angulaire y', de même que $\overline{\mathcal{E}}$ dépend des deux paramètres $\dot{x}$ et $\dot{y}$, par rapport auxquels il est homogène et de degré 1.

La quantité $\mathcal{E}$ (ou $\overline{\mathcal{E}}$) est nulle si les deux directions dont elle dépend coïncident. Nous dirons alors, avec M. Kneser, qu'elle s'annule *ordinairement*. Elle serait dite, au contraire, s'annuler *extraordinairement* si l'on avait $\mathcal{E} = 0$, les deux directions restant cependant distinctes.

Remarques. — I. En parlant des deux directions dont dépend $\overline{\mathcal{E}}$ (cas de la forme paramétrique), nous voulons parler, bien entendu, de directions de *demi droites*, chacune d'elles devant avoir un sens déterminé. Si ces deux directions sont directement opposées, $\overline{\mathcal{E}}$ sera en général différent de zéro et s'il s'annule, ce sera *extraordinairement*. D'après ce qui a été dit au n° **73**, Livre II, on ne peut pas indiquer *a priori* de relation entre une valeur de $\overline{\mathcal{E}}$ et celle qui s'en déduit en changeant simultanément les signes de $\dot{x}$, $\dot{y}$ ou ceux de $\overline{X}$, $\overline{Y}$.

II. Comme nous l'avons vu au n° **166** la quantité $\mathcal{E}$ ou $\overline{\mathcal{E}}$ est identiquement nulle lorsque f ou $\overline{f}$ est linéaire par rapport aux dérivées.

304. Interprétations géométriques. — D'après la manière même dont nous les avons obtenues, $\mathcal{E}$ et $\overline{\mathcal{E}}$ sont susceptibles de l'interprétation suivante :

Menons, par le point M l'extrémale (unique) qui est tangente en ce point à la première direction dont nous avons parlé au n° **303** et, sur cette extrémale, prenons un point quelconque A (*fig.* 40). Menons d'autre part, par le point M, une ligne quelconque tangente à la deuxième direction dont dépend $\mathcal{E}$ ou $\overline{\mathcal{E}}$, et coupons cette ligne en un point M' par une second extrémale voisine de la première issue de A. Les différentielles $\overline{\mathcal{E}}dt$ ou $\mathcal{E}dx$ représenteront la quantité

Fig. 40.

$$\overline{\mathcal{E}}dt = \mathcal{E}dx = I_{M}^{M'} + I_{A}^{M} - I_{A}^{M'}. \tag{75}$$

Ceci n'est autre chose que ce qui précède, puisque, au dernier membre, le premier terme représente l'élément d'intégrale suivant

MM′ et l'ensemble des deux autres, la variation de l'intégrale prise suivant une extrémale issue de A.

305. Nous voyons du même coup que la quantité $\overline{\mathcal{E}}dt$ *ne change pas de valeur par un changement de variables* opéré sur x, y, puisqu'elle est égale à l'expression (75), laquelle est indépendante du système de coordonnées employé. $\overline{\mathcal{E}}$ sera donc lui-même invariant par cette transformation, si celle-ci n'est accompagnée d'aucun changement opéré sur le paramètre t.

Dans les mêmes conditions $\mathcal{E}$ sera (puisque $\mathcal{E}dx$ est aussi invariant) multiplié par la dérivée de l'ancienne variable x par rapport à la nouvelle, dérivée prise lorsqu'on se déplace suivant $\mathfrak{C}$.

306. Quand au mode de formation de $\mathcal{E}$, nous en aurons une interprétation simple en partant de la *figurative* (n° **68**)

$$u = f(y').$$

Aux deux directions de coefficients angulaires y', Y correspondent deux points de cette courbe : l'un de coordonnées y' et $u = f(y', y, x)$; l'autre de coordonnées Y et $U = f(Y, y, x)$; et l'on a

$$\mathcal{E} = u - U - (y' - Y)f_Y.$$

La quantité $\mathcal{E}(x, y; Y, y')$ représente donc la différence entre l'ordonnée de la figurative et l'ordonnée correspondante de la tangente à cette courbe au point d'abscisse Y (*fig.* 41). Dès lors pour que $\mathcal{E}$ garde un signe constant quel que soit y' au point (x, y), il faut et il suffit que la figurative soit *tout entière* d'un même côté de sa tangente. Pour que $\mathcal{E}$ garde un signe constant pour des valeurs de y' suffisamment voisines de Y, il faut et il suffit que la figurative ne traverse pas sa tangente en (Y, U) : cela revient à dire qu'elle est *convexe* en ce point et à se donner le sens de la convexité.

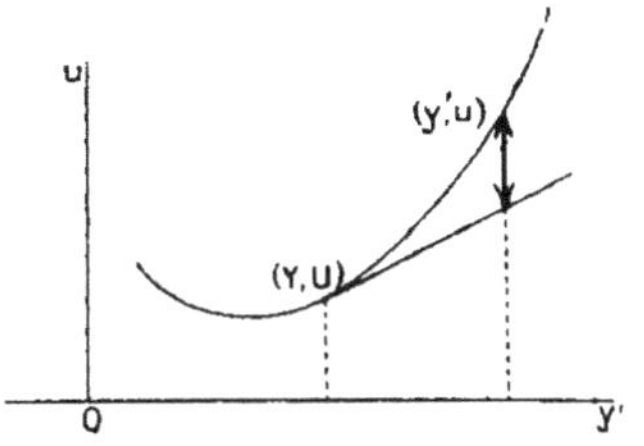

Fig. 41.

Il en résulte que *le signe de $\mathcal{E}$ est alors déterminé par celui de la dérivée seconde* : $\frac{d^2U}{dY^2} = f_{Y^2}$.

C'est ce que l'on voit, comme on sait, en remarquant que les termes soustractifs de l'expression (71) sont les deux premiers termes de la valeur de $f(y', y, x)$ développée par la formule de Taylor suivant les puissances de $(y' - Y)$. On a donc, en utilisant la valeur connue du reste, une expression de $\mathcal{E}$, savoir

$$(76) \qquad \mathcal{E} = \frac{1}{2}(y' - Y)^2 f''_{\eta^2}$$

η étant une quantité intermédiaire entre Y et y'.

307. Nous étendrons sans difficulté ce qui précède au cas de *plusieurs fonctions inconnues*. Pour l'intégrale

$$\int f(y'_1, \dots y'_n, y_1, \dots y_n, x)\,dx$$

la quantité

$$\mathcal{E} = f(y'_1, \dots ; y'_n) - f(Y_1, \dots Y_n) - \sum_i (y'_i - Y_i) f_{Y_i}$$

(où nous avons supprimé les lettres $y_1, \dots y_n, x$, qui ont les mêmes valeurs dans tous les termes) peut encore s'exprimer par la formule de Taylor (1) : on a

$$(77) \qquad \mathcal{E} = \frac{1}{2}\sum_{i,k}(y'_i - Y_i)(y'_k - Y_k)\frac{\partial^2 f}{\partial\eta_i \partial\eta_k}$$

où η_i est, pour chaque valeur de l'indice i, une quantité comprise entre Y_i et y_i : plus précisément

$$(78) \qquad \eta_i = Y_i + \tau(y'_i - Y_i) \qquad (i = 1, 2, \dots n)$$

τ étant un nombre compris entre zéro et un (le même pour toutes les valeurs de i).

On reconnaît, dans le second membre de (77), la forme que nous avons appelée Φ (n° **59**) où $\mathbf{y}_i$ est changé en $y'_i - Y_i$ et y'_i en η_i.

Si donc cette forme quadratique est définie positive pour toutes les valeurs des arguments qu'elle renferme (et cela lorsqu'on donne aux x, y les valeurs correspondant au point considéré, aux y' tous

---

(1) Voir, p. ex. Goursat, *Cours d'Analyse*, t. I, n° 51 (p. 119-121).

les systèmes de valeurs que sont susceptibles de prendre les quantités désignées tout à l'heure par η_i), $\mathcal{E}$ sera encore certainement positif.

L'interprétation géométrique est tout aussi immédiate. Bornons-nous, pour ne faire intervenir que l'espace ordinaire, au cas où le nombre des fonctions inconnues est de deux. La figurative sera alors une surface, (y'_1, y'_2, u) et (Y_1, Y_2, U) sont deux points de cette surface, $\mathcal{E}$ représente le segment intercepté entre la surface et son plan tangent en l'un de ces points, sur l'ordonnée de l'autre point.

La condition que Φ soit définie positive pour certaines valeurs de y' exprime que cette surface est convexe en un de ses points et tourne sa concavité vers les f positifs.

308. Quelques complications apparentes s'introduisent pour l'intégrale prise *sous forme paramétrique*. Bornons nous à l'intégrale

$$\int \bar{f}(\dot{x}, \dot{y})\, dt.$$

Géométriquement parlant, l'expression de $u = \bar{f}$ en fonction de $\dot{x}$ et de $\dot{y}$ représente (**85**) une nappe de cône ou une courbe en coordonnées homogènes. L'inégalité $\mathcal{E} > 0$ exprime que ce cône ou cette courbe tournent leur concavité dans le sens des $\bar{f}$ croissants.

Nous pourrons encore appliquer à la quantité $\overline{\mathcal{E}}$ sous la forme du n° **301** la formule (77) et nous aurons

$$\overline{\mathcal{E}}(x, y\,; \overline{X}, \overline{Y}, \dot{x}, \dot{y}) = \frac{1}{2}\left[(\dot{x} - \overline{X})^2 \bar{f}_{\xi^2} + 2(\dot{x} - \overline{X})(\dot{y} - \overline{Y})\bar{f}_{\xi\eta} + (\dot{y} - \overline{Y})^2 \bar{f}_{\eta^2}\right]$$

avec

$$(79) \qquad \left.\begin{aligned} \xi &= \overline{X} + \tau(\dot{x} - \overline{X}) \\ \eta &= \overline{Y} + \tau(\dot{y} - \overline{Y}) \end{aligned}\right\} \quad 0 < \tau < 1.$$

Or, nous avons trouvé (n° **84** *bis*) pour $\bar{f}_{\dot{x}^2}$, $\bar{f}_{\dot{x}\dot{y}}$, $\bar{f}_{\dot{y}^2}$ les expressions

$$\bar{f}_{\dot{x}^2} = \overline{\mathbf{A}}\dot{y}^2, \qquad \bar{f}_{\dot{x}\dot{y}} = -\overline{\mathbf{A}}\dot{x}\dot{y}, \qquad \bar{f}_{\dot{y}^2} = \overline{\mathbf{A}}\dot{x}^2.$$

Donc on a

$$\overline{\mathcal{E}} = \frac{1}{2}\overline{\mathbf{A}}\left[(\dot{x} - \overline{X})^2\eta^2 - 2(\dot{x} - \overline{X})(\dot{y} - \overline{Y})\xi\eta + (\dot{y} - \overline{Y})^2\xi^2\right]$$
$$= \frac{1}{2}\overline{\mathbf{A}}\left[(\dot{x} - \overline{X})\eta - (\dot{y} - \overline{Y})\xi\right]^2$$

ou plus simplement, en tenant compte de (79)

$$(80) \qquad \overline{\mathcal{E}} = \frac{1}{2}\overline{\mathbf{A}}(\dot{x}\overline{Y} - \dot{y}\overline{X})^2$$

de sorte que le signe de $\overline{\mathcal{E}}$ est identique à celui de $\overline{\mathbf{A}}$, cette dernière quantité étant toutefois calculée en remplaçant $\dot{x}$, $\dot{y}$ par ξ, η.

Comme il est évident *a priori*, si l'on utilise les formules (33), (33′) du livre II, on retombe sur le résultat du n° **306** : on a, moyennant ces formules,

$$(81) \qquad \overline{\mathbf{A}} = \frac{1}{\dot{x}^3} f_{\dot{y}^2},$$

où le dénominateur est égal à un quand on prend x comme variable indépendante.

309. Toutefois, il est un cas où la formule (80) n'est pas applicable, c'est celui où les deux directions ($\overline{X}$, $\overline{Y}$) et ($\dot{x}$, $\dot{y}$) sont directement opposées, c'est-à-dire celui où les deux rapports $\frac{\overline{X}}{\dot{x}}$ et $\frac{\overline{Y}}{\dot{y}}$, sont égaux, mais où leur valeur commune est négative. La formule (80) donnerait alors pour $\overline{\mathcal{E}}$ la valeur *zéro*, laquelle, en général, n'est pas exacte. Cela tient à ce que pour une certaine valeur du nombre que nous avons appelé τ, à savoir $\tau = \frac{\overline{X}}{\overline{X} - \dot{x}} = \frac{\overline{Y}}{\overline{Y} - \dot{y}}$, on a

$$\xi = \eta = 0$$

ce qui donne, pour $\overline{\mathbf{A}}$ une valeur infinie.

On peut, pour éviter ce cas d'exception, indiquer pour $\overline{\mathcal{E}}$ une autre expression due à Weierstrass et que nous empruntons à l'ouvrage de M. Bolza [1]. Remplaçons $\dot{x}$, $\dot{y}$ par les quantités (qui leur seront

[1] *Lectures on Calculus of Variations*, p. 140-141.

supposées proportionnelles) $\cos\theta$, $\sin\theta$ et $\overline{X}$, $\overline{Y}$ par $\cos\Theta$, $\sin\Theta$, comme il est légitime de le faire (sous la seule réserve de multiplier ensuite le résultat obtenu par la quantité (positive) $\sqrt{\dot{x}^2+\dot{y}^2}$). $\overline{\mathcal{E}}$ est nul pour $\Theta = 0$. Sa dérivée par rapport à Θ est

$$-\cos\theta\left(\overline{f}_{\overline{X}^2}\frac{d\overline{X}}{d\Theta}+\overline{f}_{\overline{X}\overline{Y}}\frac{d\overline{Y}}{d\Theta}\right)-\sin\theta\left(\overline{f}_{\overline{X}\overline{Y}}\frac{d\overline{X}}{d\Theta}+\overline{f}_{\overline{Y}^2}\frac{d\overline{Y}}{d\Theta}\right)$$

ou, en remplaçant $\overline{f}_{\overline{X}^2}, \overline{f}_{\overline{X}\overline{Y}}, \overline{f}_{\overline{Y}^2}$ par leurs valeurs en fonction de $\overline{A}$ et $\frac{d\overline{X}}{d\Theta}$, $\frac{d\overline{Y}}{d\Theta}$ par $-\sin\Theta$, $\cos\Theta$,

$$\frac{\partial\overline{\mathcal{E}}}{\partial\Theta} = \sin(\Theta-\theta)\overline{A}_{\Theta}$$

c'est-à-dire [1] qu'elle diffère par le facteur $\overline{A}_{\Theta}$ de celle de $1-\cos(\Theta-\theta)$. Le rapport des deux fonctions $\overline{\mathcal{E}}$ et $1-\cos(\Theta-\theta)$ nulles toutes deux pour $\Theta=\theta$ est, dès lors, égal, d'après une formule connue [2], au rapport de leurs dérivées pour une certaine valeur ϑ de l'argument comprise entre Θ et θ, et il vient

$$(82)\qquad \overline{\mathcal{E}}(x, y; \cos\Theta, \sin\Theta, \dot{x}, \dot{y}) = \sqrt{\dot{x}^2+\dot{y}^2}[1-\cos(\Theta-\theta)]\overline{A}_{\vartheta}.$$

Cette formule suppose seulement que les deux dérivées en question ne s'annulent pas simultanément pour la valeur ϑ de l'argument : c'est ce dont on peut être assuré *si la différence $\Theta-\theta$ est au plus égale à π en valeur absolue*. On peut d'ailleurs toujours supposer qu'il en est ainsi, chacun des arguments Θ et θ n'étant défini qu'à un multiple de 2π près.

Pour appliquer la formule (82), on disposera de cet entier arbitraire de manière à donner à la différence $\Theta-\theta$ sa valeur absolue minima.

La relation (82) fait connaître la valeur de $\overline{\mathcal{E}}$ même lorsque les deux directions dont elle dépend sont directement opposées : la différence $|\Theta-\theta|$ est alors égale à π, le facteur $1-\cos(\Theta-\theta)$ à 2.

---

[1] La notation $\overline{A}_{\Theta}$ indique que, dans le calcul de $\overline{A}$, on doit remplacer $\dot{x}$ et $\dot{y}$ par $\cos\Theta$ et $\sin\Theta$ respectivement.

[2] Voir, p. ex. SERRET, *Cours de Calcul différentiel et intégral*, 2e édition, tome I, p. 22 (n° 17).

On peut encore retrouver la relation précédente sous une autre forme, en remplaçant $\dot{x}$ et $\dot{y}$ par cos θ et sin θ dans la fonction $\overline{f}$ elle-même. Soit

$$(83) \qquad \overline{f}(\theta) = \overline{f}(\cos\theta, \sin\theta, x, y)$$

la fonction de θ ainsi obtenue. On a [1] les relations

$$(84) \qquad \overline{f}_{\dot{x}} = \overline{f}(\theta)\cos\theta - \overline{f}'(\theta)\sin\theta, \qquad \overline{f}_{\dot{y}} = \overline{f}(\theta)\sin\theta + \overline{f}'(\theta)\cos\theta.$$

En différentiant l'une d'elles par rapport à θ et tenant encore compte des égalités (44) du n° **84** *bis*, on voit que la quantité désignée précédemment par $\overline{\mathbf{A}}$ a, dans ces conditions, la valeur

$$(85) \qquad \overline{\mathbf{A}} = \overline{f}(\theta) + \frac{d^2\overline{f}}{d\theta^2}.$$

On retrouve d'ailleurs bien la quantité $\overline{f} + \frac{d^2\overline{f}}{d\Theta^2}$ multipliée par $\sin(\Theta - \theta)$, en prenant directement la dérivée, de $\overline{\mathcal{E}}$ par rapport à Θ, après avoir remplacé $\overline{f}_{\mathrm{X}}$, $\overline{f}_{\mathrm{Y}}$ par leurs valeurs tirées de (84).

On voit que la condition $\overline{\mathcal{E}} > 0$ s'écrit encore

$$(86) \qquad \overline{f} + \frac{d^2\overline{f}}{d\theta^2} > 0.$$

Nous aurions, d'ailleurs, pu passer de l'expression $\overline{\mathbf{A}}$ considérée au n° **84** *bis* à l'expression (85) que nous venons d'obtenir en remarquant que chacune d'elles est liée au rayon de courbure de la figurative. La quantité $\overline{f}(\cos\theta, \sin\theta, x, y)$ est, en effet, l'inverse du rayon vecteur de la courbe $\overline{f}(\dot{x}, \dot{y}, x, y) = 1$ et la quantité (85) est dès lors au facteur $\frac{(\overline{f}^2 + \overline{f}'^2)^{\frac{3}{2}}}{\overline{f}^3}$ près, l'expression connue de la courbure en coordonnées polaires. On retomberait sur la solution que nous venons de trouver en formant cette courbure à l'aide de l'équation cartésienne $\overline{f}(\dot{x}, \dot{y}, x, y) = 1$.

---

[1] En vertu des identités

$$\overline{f} = \dot{x}\overline{f}_{\dot{x}} + \dot{y}\overline{f}_{\dot{y}} = \cos\theta\,\overline{f}_{\dot{x}} + \sin\theta\,\overline{f}_{\dot{y}},$$

$$\overline{f}'(\theta) = -\overline{f}_{\dot{x}}\sin\theta + \overline{f}_{\dot{y}}\cos\theta.$$

310. L'expression (82) nous montre que le rapport

$$\bar{\mathcal{E}}_1 = \frac{\bar{\mathcal{E}}(x, y; \bar{X}, \bar{Y}, \dot{x}, \dot{y})}{1 - \cos(\Theta - \theta)}$$

(où $\Theta - \theta$ est l'angle compris entre $-\pi$ et $+\pi$, que font entre elles les deux directions $(\bar{X}, \bar{Y})$, $(\dot{x}, \dot{y})$) est une fonction continue des paramètres qui définissent ces deux directions, même lorsque celles-ci coïncident.

Une quantité jouissant d'une propriété toute semblable existe pour l'intégrale (1) : c'est le rapport

$$\mathcal{E}_1 = \frac{\mathcal{E}(x, y; Y, y')}{(y' - Y)^2}.$$

III. MÉTHODES DE HILBERT ET DE DARBOUX-KNESER

311. Avant de développer les conséquences de la formule de Weierstrass, nous indiquerons la forme sous laquelle la méthode précédente a été obtenue par M. Darboux et celle sous laquelle elle a été mise récemment par M. Hilbert.

Méthode de Hilbert. Proposons-nous d'abord, avec M. Hilbert, de rechercher directement si la différence $I_{(\mathfrak{T})} - I_{(\lambda)}$ peut s'exprimer par une intégrale unique prise suivant $\mathfrak{T}$. Il suffit évidemment d'obtenir sous cette forme le second terme $I_{(\lambda)}$. Soit donnée l'intégrale

$$(1) \qquad I_{(\mathfrak{T})}{}^{B}_{A} = \int_{x^0 \atop (\mathfrak{T})}^{x^1} f(y', y, x)\,dx.$$

Nous chercherons une fonction $\varphi(y', y, x)$ telle que l'on ait d'abord

$$\int_{x^0 \atop (\lambda)}^{x^1} \varphi(y', y, x)\,dx = \int_{x^0 \atop (\lambda)}^{x^1} f(y', y, x)\,dx$$

et ensuite que

$$\int_{x^0 \atop (\mathfrak{L})}^{x^1} \varphi(y', y, x)\,dx$$

ait une valeur constante pour toutes les courbes $\mathfrak{L}$ passant par A, B, c'est-à-dire que la variation de cette dernière intégrale soit nulle identiquement.

Comme nous l'avons vu au n° **128** (livre II), il faut et il suffit pour cela, que l'on ait :

$$\varphi(y', y, x) = P(x, y) + y'Q(x, y)$$

avec

$$P_y - Q_x = 0. \tag{87}$$

Pour réaliser la première condition, nous supposerons $f(y', y, x) - \varphi(y', y, x)$ nul sur λ. Puisque nous disposons de deux fonctions inconnues P, Q, nous nous arrangerons encore pour que $f(x, y, p) - \varphi(x, y, p)$, qui s'annule pour $p = y'$, prenne, pour $p \neq y'$, un signe constant sur λ, ou, plus exactement pour que $\frac{\partial}{\partial y'}(f - \varphi)$ soit nul sur cette courbe. On aura donc, sur λ,

$$P(x, y) + y'Q(x, y) = f(y', y, x) \quad ; \quad Q(x, y) = f_{y'},$$

c'est-à-dire

$$P(x, y) = f - y'f_{y'} \quad ; \quad Q(x, y) = f_{y'}.$$

En dehors de λ, nous prendrons

$$P(x, y) = f(Y, y, x) - Yf_Y(Y, y, x) ; \qquad Q(x, y) = f_Y(Y, y, x)$$

Y étant une certaine fonction de x, y égale à y' sur λ. Moyennant ces valeurs de P, Q, la condition (87) s'écrit

$$f_y - Yf_{Yy} - Yf_{Y^2}\frac{\partial Y}{\partial y} - f_{Yx} - f_{Y^2}\frac{\partial Y}{\partial x} = 0. \tag{87'}$$

C'est une équation aux dérivées partielles linéaire en Y. Pour l'intégrer, on doit intégrer d'abord le système différentiel

$$\frac{dx}{f_{Y^2}} = \frac{dy}{Yf_{Y^2}} = \frac{dY}{f_y - Yf_{Yy} - f_{Yx}}.$$

On a d'abord

$$Y = \frac{dy}{dx} = y',$$

ce qui nous conduit à l'équation différentielle du second ordre

$$f_y - f_{y'x} - y'f_{y'y} - y''f_{y'^2} = 0.$$

Cette dernière équation n'est autre que l'équation (E_1) (nº **59**) des extrémales de I. Les équations des caractéristiques de l'équation (87') sont donc :

$$y = \Psi(x, \alpha, \beta) \qquad Y = \frac{\partial}{\partial x}\Psi(x, \alpha\ \beta)$$

où α, β sont deux paramètres auxiliaires et où la première est l'équation générale des extrémales. L'intégrale générale de l'équation (87') s'obtiendra en remplaçant β par une fonction arbitraire de α dans ces expressions. Alors $\Psi(x, \alpha, \beta)$ deviendra une simple fonction de x et de α. Ainsi l'intégrale générale de (1) est représentée par :

$$y = \chi(x, \alpha) \qquad Y = \frac{\partial}{\partial x}\chi(x, \alpha).$$

Ces équations expriment que la fonction $Y(x, y)$ représente le coefficient angulaire Y de la tangente en (x, y) à l'extrémale A du faisceau spécial :

$$z = \chi(x, \alpha)$$

qui passe en ce point.

On a donc, avec cette signification de Y,

$$\varphi(y', y, x) = f(Y, y, x) + (y' - Y)f_Y(Y, y, x). \tag{88}$$

Déduisant de là la valeur de $I_{(\lambda)}$, on retrouve bien la formule de Weierstrass pour ΔI.

312. Nous avons ainsi établi cette formule indépendamment de notre formule aux limites.

Inversement, la formule (70 *bis*) — et, par conséquent, la méthode que nous venons d'exposer — permettent, comme l'a remarqué M. Hilbert de retrouver la formule (γ) relative à la variation de l'intégrale suivant une extrémale.

Cette formule équivaut en effet visiblement au résultat du n° **304**, lorsqu'une des extrémités reste fixe. On peut d'ailleurs ramener le cas général à celui-là, en faisant varier successivement les deux extrémités, ou le traiter directement en appliquant la formule (70 *bis*) à la ligne variée AA'B'B (notation du n° **129**), avec un faisceau dont fassent partie à la fois AB et A'B'.

313. Le calcul serait un peu plus compliqué pour le cas de plusieurs inconnues, mais les résultats en sont évidents *a priori* si nous utilisons ceux qui ont été démontrés au liv. II, chap III. (n°s 145 et suiv.)

Soit, en effet, l'intégrale

$$I = \int_{x^0}^{x^1} f(y'_1, y'_2, \dots y'_n, y_1, \dots y_n, x)\, dx.$$

Proposons-nous par analogie avec ce qui précède, de trouver une seconde intégrale de la forme

$$(89) \quad \int_{x^0}^{x^1} [f_{Y_1} dy_1 + \dots + f_{Y_n} dy_n + (f - Y_1 f_{Y_1} - Y_2 f_{Y_2} - \dots - Y_n f_{Y_n}) dx]$$

(où Y_1, Y_2, ... Y_n doivent être des fonctions convenablement choisies de x, y_1, y_2, ... y_n) qui, prise le long d'une ligne quelconque entre A et B, ait la valeur constante $\underset{(\lambda)}{I}$.

Il faudra pour cela que la quantité sous le signe $\int$ soit une différentielle exacte.

Or, s'il en est ainsi, l'intégrale (89) est une certaine fonction des coordonnées x, y_1, y_2, ... y_n du point B (le point A étant considéré comme fixe). Soit J cette fonction : on aura

$$\frac{\partial J}{\partial y_i} = f_{Y_i} \qquad (i = 1, 2, \dots n)$$

$$\frac{\partial J}{\partial x} = f - Y_1 f_{Y_1} - \dots - Y_n f_{Y_n}.$$

Entre ces $n + 1$ équations, nous pouvons éliminer les n quantités $Y_1, \dots, Y_n$.

Or cette élimination est précisément celle que nous avons été conduits à faire au n° **147** : le résultat n'est autre que l'équation aux dérivées partielles écrite en cet endroit sous la forme

$$\frac{\partial J}{\partial x} + H\left(\frac{\partial J}{\partial y_1} \cdots \frac{\partial J}{\partial y_n}, y_1, \ldots y_n, x\right) = 0.$$

Nous avons trouvé l'intégrale générale de cette équation : elle nous montre (n° **147**) que $Y_1, \ldots Y_n$ peuvent être considérés comme définis par une famille d'*extrémales transversales à une surface fixe* (laquelle peut se réduire à une courbe ou à un point).

314. Méthode de Darboux-Kneser. — Pendant que Weierstrass remplaçait la méthode de Jacobi-Clebsch par une autre entièrement rigoureuse, M. Darboux arrivait au même résultat [1] en abordant le problème tel que le posent la Géométrie (théorie des lignes géodésiques) et la Mécanique analytique.

Il prend, lui aussi, pour point de départ la considération des extrémales issues d'un même point, ou, plus généralement, il introduit la notion des *familles orthogonales* (qui sont ici des familles transversales) de trajectoires. Mais, en déduisant de cette notion un système de coordonnées convenables, intimement lié d'ailleurs à la théorie des équations aux dérivées partielles sous la forme où nous l'avons rencontrée au Livre II, il obtient, pour l'élément de l'intégrale donnée, une forme remarquable qui fait apparaître immédiatement la conclusion.

Cette forme est particulièrement simple dans le cas qu'il a considéré en particulier, celui de l'action maupertuisienne (n° **75**), où f est la racine carrée d'une forme quadratique par rapport aux dérivées. Mais la méthode elle-même s'étend au cas général comme l'a montré M. Kneser [2] en introduisant la notion de *transversalité*.

L'intégrale étant prise sous la forme paramétrique (1'), considérons encore une famille spéciale d'extrémales et supposons que

---

(1) D'après un renseignement que je dois à l'obligeance de M. Darboux, c'est en 1866-67, dans un cours professé au Collège de France, qu'il a commencé à exposer ses méthodes de Calcul des Variations. On les trouvera dans les tomes II et III (livres V et VI) des *Leçons sur la théorie des surfaces*.

(2) *Lehrbuch der Variationsrechnung*, p. 49 et suiv.

cette famille permette la construction de Weierstrass dans le domaine $\mathfrak{R}$.

Ajoutons-y l'hypothèse *que $\overline{f}$ ait sur ces extrémales spéciales un signe constant*.

Moyennant cette dernière condition l'intégrale

$$J = \int \overline{f}(dx, dy, x, y)$$

prise le long d'une extrémale spéciale, Λ, à partir du point m où cette extrémale coupe la ligne Γ du n° **297** (ou encore, à partir d'un point fixe par lequel passe constamment Λ) variera toujours dans le même sens lorsqu'on se déplacera sur Λ en s'éloignant de m ; et par conséquent, une fois le paramètre α donné la valeur, de J définira sans ambiguité (dans la région $\mathfrak{R}$) un point de Λ.

Dès lors, pour trouver le signe de la différence

$$\Delta I = I_{(\mathfrak{T})A}^{\ \ B} - I_{(\lambda)A}^{\ \ B}$$

(où $\mathfrak{T}$ est toujours une ligne entièrement située dans $\mathfrak{R}$) on prendra α et J comme coordonnées curvilignes.

Les lignes J = const. seront, comme Γ, transversales aux lignes Λ, d'après le théorème du n° **137**. On pourra, sur $\mathfrak{T}$, exprimer $\overline{f}(dx, dy, x, y)$ sous forme d'une fonction $\overline{g}(d\alpha, dJ, \alpha, J)$ homogène et du premier degré en $d\alpha$, dJ, et on aura

$$I_{(\mathfrak{T})A}^{\ \ B} = \int_{\substack{A\\(\mathfrak{T})}}^{B} \overline{g}\left(\frac{d\alpha}{dt}, \frac{dJ}{dt}, \alpha, J\right) dt$$

t étant un paramètre qui croît constamment sur $\mathfrak{T}$.

Mais puisque J a la même valeur sur $\mathfrak{T}$ ou sur λ en A et B, on peut écrire

$$I_{(\lambda)A}^{\ \ B} = \int_{\substack{A\\(\mathfrak{T})}}^{B} \frac{dJ}{dt}\, dt.$$

D'où

$$\Delta I = \int_{\substack{A\\(\mathfrak{T})}}^{B} \left[\overline{g}\left(\frac{d\alpha}{dt}, \frac{dJ}{dt}, \alpha, J\right) - \frac{dJ}{dt}\right] dt. \tag{90}$$

Soit donc :

$$G = \bar{g}(\dot{\alpha}, \dot{J}, \alpha, J) - \dot{J}.$$

La question de l'extremum se ramènera à celle du signe de G.

Dans le cas particulier des lignes géodésiques, $\bar{f}$ est la racine carrée d'une forme quadratique en $\dot{J}$, $\dot{\alpha}$. Comme il doit se réduire à $\dot{J}$ au terme en $\dot{\alpha}^2$ près pour $\dot{\alpha}$ infiniment petit, on doit avoir (C étant une fonction de α, J)

(91) $$\bar{f}(d\alpha, dJ, \alpha, J) = \sqrt{dJ^2 + C^2 d\alpha^2}.$$

Cette forme, obtenue par Gauss, s'étend comme l'a indiqué M. Darboux [1], au cas des équations de la dynamique : on a [2], avec des paramètres J, α_1, $\alpha_2, \ldots \alpha_{n-1}$ convenablement choisis

(92) $$\bar{g}^2 = 2(U + h)T = \dot{J}^2 + \sum_{i,k} C_{ik}\dot{\alpha}_i\dot{\alpha}_k,$$

les C_{ik} étant des fonctions des coordonnées, telles que la forme quadratique $\sum_{i,k} C_{ik}\dot{\alpha}_i\dot{\alpha}_k$ soit définie positive. Ceci donne bien

(93) $$G = \bar{g} - \dot{J} > 0.$$

Pour obtenir, dans le cas d'une intégrale quelconque de la forme (1'), la formule qui correspond à (91), écrivons (en vertu de la formule de Taylor)

(94) $$G(\dot{\alpha}, \dot{J}, \alpha, J) = [\bar{g}(0, \dot{J}, \alpha, J) - \dot{J}] + \frac{\partial g}{\partial \dot{\alpha}}\dot{\alpha} + \frac{1}{2}\frac{\partial^2 g}{\partial \dot{\alpha}_1^2}\dot{\alpha}^2$$

avec $|\dot{\alpha}_1| < \dot{\alpha}$.

Or, pour $\dot{\alpha} = 0$, on a, en vertu de la définition même de J

$$\bar{g}(0, \dot{J}, \alpha, J) - \dot{J} = 0.$$

Ainsi le premier terme du second membre de (94) est nul. Il en est de même du second.

---

[1] DARBOUX. — *Leçons sur la théorie des surfaces*, t. II, livre V.
[2] DARBOUX. — *Loc. cit.*, p. 491.

Car la relation

$$\frac{\partial}{\partial \alpha} \overline{g}(0, \dot{J}, \alpha, J) = 0$$

exprime que les courbes $\alpha =$ const., $J =$ const. sont transversales entre elles.

Le signe de G dépend donc de celui de $\frac{\partial^2 \overline{g}}{\partial \alpha^2}$.

En fait, cette quantité G est liée étroitement à la quantité $\overline{\mathcal{E}}$ de Weierstrass et il est aisé de voir que les deux méthodes elles-mêmes peuvent se ramener l'une à l'autre.

Nous avons, en effet, formé l'élément

$$\delta [I]$$

de l'intégrale ΔI en retranchant de celui de l'intégrale donnée la différentielle

$$\delta I^{\text{M}}_{(\text{A})^m}.$$

Or $J = I^{\text{M}}_{(\text{A})^m}$.

La différence ΔI est donc bien considérée, au fond, comme engendrée par la variation de la quantité que nous avons appelée plus haut $[I]$, de sorte que l'on a

$$\overline{\mathcal{E}} dt = \overline{g}(d\alpha, dJ, \alpha, J) - dJ.$$

315. Ainsi la méthode de Darboux-Kneser est, en somme, identique à celle de Weierstrass. Elle exige, il est vrai, une hypothèse de plus, à savoir que l'élément de l'intégrale donnée garde un signe constant.

Mais cette hypothèse, que nous retrouverons d'ailleurs en d'autres circonstances, peut être considérée comme vérifiée, en général, moyennant une transformation simple si $\overline{\mathcal{E}}$ a un signe constant.

S'il en est ainsi, en effet, l'intégrale étant supposée prise sous forme paramétrique et $\overline{f}$ étant la quantité sous le signe $\int$, la nappe conique qui représente $\overline{f}$ comme fonction des dérivées $\dot{x}$, $\dot{y}$ (pour nous en tenir au cas de deux variables) a (n° **308**) sa concavité tournée dans le même sens, vers les $\bar{f}$ croissants par exemple si ε est positif.

Il existera dès lors en chaque point (x, y) une infinité de plans par rapport à chacun desquels cette nappe soit tout entière située du côté des $\bar{f}$ positifs : tel sera, par exemple, un plan tangent quelconque, ou le plan $\mathfrak{L}_1 + \mathfrak{L}_2 = 0$, en désignant par $\mathfrak{L}_1$, $\mathfrak{L}_2$ les premiers membres des équations de deux tels plans tangents.

Soit

$$u - P\dot{x} - Q\dot{y} = 0$$

l'équation d'un plan ainsi choisi : la différence

$$(95) \qquad \bar{f} - P\dot{x} - Q\dot{y}$$

sera positive quels que soient $\dot{x}$, $\dot{y}$.

Si maintenant on fait varier x, y, les coefficients angulaires P, Q seront aussi variables. Grâce à l'arbitraire qui, comme nous venons de le voir, entre dans leur détermination, on pourra évidemment s'arranger pour qu'ils satisfassent, au moins dans une certaine région, à la relation

$$\frac{\partial P}{\partial y} - \frac{\partial Q}{\partial x} = 0.$$

Dès lors, $P dx + Q dy$ sera une différentielle exacte que l'on pourra retrancher de l'élément de l'intégrale donnée sans changer notre problème de calcul des variations. On aura ainsi remplacé $\bar{f}$ par la quantité toujours positive (95).

En fait, dans les applications, la condition $\bar{f} > 0$ se trouve le plus souvent vérifiée d'elle-même.

On arrivera au même résultat pour la forme (1) de l'intégrale, en considérant une droite qui laisse la figurative tout entière du côté des f positifs, — droite dont l'existence résulte de considérations analogues aux précédentes. Si $P + Qy'$ désigne l'ordonnée de cette droite, on sera encore conduit à retrancher cette quantité de f, ou à retrancher de l'élément d'intégrale la différentielle $P dx + Q dy$.

Pour le cas actuel, d'ailleurs, la question est encore plus simple. Nous n'avons, en effet, à nous occuper que des extrémales spéciales, sur lesquelles y' reste fini. On peut dès lors, en général, assigner un minimum m à f et on atteindra le but que nous avons en vue en remplaçant f par $f - m$.

On appliquera aisément une remarque tout analogue à l'intégrale prise sous forme paramétrique.

316. Il est clair que toutes ces considérations s'étendent d'elles-mêmes au cas de n fonctions inconnues. Les coordonnées curvilignes à introduire seront les n paramètres dont dépend une extrémale du faisceau, joints à une quantité J qui sera l'intégrale prise sur cette extrémale à partir de sa rencontre avec la surface Γ qui est transversale au faisceau. Les surfaces J = const. seront d'ailleurs, elles aussi, transversales à ce même faisceau. Dès lors, on sera encore amené à introduire la quantité G, premier membre de (93), laquelle sera susceptible des mêmes transformations que la quantité (94).

Les considérations du numéro précédent seront également valables dans ces nouvelles conditions.

IV. LES CONDITIONS SUFFISANTES

317. La *formule de Weierstrass*

$$\underset{(\mathfrak{L})}{I} - \underset{(\lambda)}{I} = \int \mathcal{E}\,dt \tag{70}$$

ou

$$\underset{(\mathfrak{L})}{I} - \underset{(\lambda)}{I} = \int \mathcal{E}\,dx \tag{70 bis}$$

va nous fournir immédiatement des conditions suffisantes pour le maximum ou le minimum cherché, c'est-à-dire des conditions suffisantes pour que la différence $\underset{(\mathfrak{L})}{I}{}_A^B - \underset{(\lambda)}{I}{}_A^B$ soit essentiellement positive, ou essentiellement négative.

Il en sera ainsi, en effet, *si l'on est assuré que la quantité* $\mathcal{E}$, — ou la quantité $\mathcal{E}$, dans le cas de la forme paramétrique — *conserve un signe constant et déterminé tout le long de la ligne variée* $\mathcal{E}$, et cela pour toute ligne $\mathfrak{L}$ acceptable, c'est-à-dire pour toute ligne appartenant au champ $\mathbf{K}_\varepsilon$ du n° **46** (dans le cas de l'extremum faible) ou au champ $\mathbf{K}_\varepsilon$ (dans le cas de l'extremum fort).

318. La question à laquelle nous sommes ainsi ramenés va relever des méthodes de l'Algèbre et du Calcul différentiel.

Dire que $\mathfrak{L}$ doit faire partie du champ $\mathbf{K}_\varepsilon$ ou $\mathbf{K}_\varepsilon$ revient, en effet, à dire que, sur cette ligne, les éléments qui figurent dans $\mathcal{E}$ sont assujettis aux restrictions suivantes :

a) Le point M est très voisin de notre arc d'extrémale.

b) L'une des directions dont dépend $\mathcal{E}$ ou $\mathcal{E}$, celle de l'extrémale spéciale Λ, est fonction de M — elle est déterminée comme il est expliqué aux n° **311**, **314** — et coïncide avec celle de λ lorsque le point M est sur cette ligne.

c) La seconde direction, celle de la tangente à $\mathfrak{L}$, est très voisine de celle de λ (c'est-à-dire fait un angle très petit avec celle de la tangente à λ en un point voisin de M) s'il s'agit d'un extremum faible (autrement dit dans le champ $\mathbf{K}_\varepsilon$); elle est quelconque [1] pour un extremum fort (champ $\mathbf{K}_\varepsilon$).

Nous devrons donc étudier le signe de $\mathcal{E}$ ou de $\mathcal{E}$ moyennant les hypothèses *a*), *b*), *c*).

Toutefois, nous ferons subir une modification à l'hypothèse *b*).

Nous ne nous servirons pas de ce que la direction de l'extrémale spéciale est entièrement déterminée en fonction de la position de M. Nous nous contenterons de remarquer que :

b') La direction de Λ est — dans l'un ou l'autre des champs $\mathbf{K}_\varepsilon$ ou $\mathbf{K}_\varepsilon$ — très voisine de celle de λ [au même sens que dans *b*)].

Cette propriété appartient nécessairement [en vertu de *a*) et de la régularité du faisceau [2]] à la direction de Λ du moment que celle-ci possède la propriété *b*). Nous la substituerons à *b*).

Si le signe de $\mathcal{E}$ est ainsi rendu constant, il le sera *a fortiori* dans les conditions primitives.

---

[1] Dans le cas où x est pris comme variable indépendante, on doit tenir compte des restrictions indiquées précédemment (livre II, ch. II, § II).

[2] Il y a exception aux environs de A, dans le cas limite où le faisceau est formé des extrémales issues de ce point (n° **297** *bis*).

La propriété ainsi retenue de la tangente à λ est indépendante du choix du faisceau.

Grâce à cette manière de procéder, nous pourrons donc faire abstraction de la manière dont ce faisceau a été formé, pourvu qu'il comprenne l'arc AB de λ et soit régulier autour de lui.

319. Condition de Weierstrass. — Supposons, pour fixer les idées, que notre intégrale ne contienne qu'une fonction inconnue et ait la forme

$$I = \int_{x^0}^{x^1} f(y', y, x)\, dx. \tag{1}$$

Nous pouvons, de plus, admettre qu'il s'agit d'un minimum, — la recherche du maximum de I pouvant toujours se ramener à celle du minimum de l'intégrale analogue $(-I)$.

D'après ce qui précède, si l'extrémale λ est entourée d'un faisceau, il suffit, pour assurer un MINIMUM FAIBLE :

que la quantité $\mathcal{E}$ soit positive pour tout point (x, y) voisin de λ et pour tout couple de deux directions faisant chacune un angle très petit avec λ.

Rappelons, une fois pour toutes, que d'après les principes du Calcul infinitésimal, la condition que nous venons d'énoncer a le sens suivant (pour l'intégrale (1)) :

il existe un nombre positif ε tel que les inégalités

$$x^0 \leqq x \leqq x^1, \tag{96}$$

$$\begin{cases} a) & |y - \psi(x)| < \varepsilon \\ b') & |Y - \psi'(x)| < \varepsilon \\ c) & |y' - \psi'(x)| < \varepsilon \end{cases} \tag{97}$$

(où $y = \psi(x)$ est l'équation de l'extrémale λ) *entraînent*

$$\mathcal{E}(x, y\,;\, Y, y) > 0. \tag{98}$$

La condition ainsi énoncée est dite la **condition de Weierstrass pour le minimum faible.**

S'il y a n fonctions inconnues, la condition de Weierstrass pour le minimum faible s'énoncera de même, sauf que chacune des inégalités (97 a, b', c) devra être remplacée par n inégalités analogues, où les lettres y, y', Y, ψ, ψ' seront affectées de l'indice i, ($i = 1, 2, \dots, n$).

Dans le cas de la forme paramétrique, on devra substituer à ces mêmes inégalités les suivantes

$$(97\ bis) \quad \begin{cases} \bar{a} & \text{dist. } \overline{MN} < \varepsilon \\ \bar{b'} & \text{angle } T, \tau < \varepsilon \\ \bar{c} & \text{angle } t, \tau < \varepsilon \end{cases}$$

où t, T sont les deux directions (celle de $\mathfrak{T}$ et celle de Λ) dont dépend $\bar{\mathcal{E}}$; N, un point de notre arc de l'extrémale λ ; τ, la tangente à λ en ce point. Nous aurions d'ailleurs pu substituer les inégalités $\bar{a}$), $\bar{b'}$), $\bar{c}$) à a), b'), c) même pour l'intégrale (1) : nous avons simplement (voir n° **45**) pris pour N le point qui a même abscisse que M.

320. De même, si notre arc d'extrémale est entouré d'un faisceau, il suffira, pour le MINIMUM FORT, que :

la quantité $\mathcal{E}$ (ou $\bar{\mathcal{E}}$) soit positive pour tout point de λ et pour tout couple de deux directions dont la première[1] fasse un angle très petit avec λ,

ce qui signifie, rigoureusement parlant :

il existe un nombre positif ε *tel que les inégalités* (96) *et* (97 a, b') (ou $\bar{a}$, $\bar{b'}$) entraînent $\mathcal{E} > 0$ (ou $\bar{\mathcal{E}} > 0$).

Ceci est la condition de Weierstrass pour le minimum fort.

321. Tout ce qui précède peut donc se résumer dans l'énoncé suivant, pour le minimum faible :

La ligne λ fournit nécessairement un minimum faible entre les points A, B, si

I. elle est une extrémale ;

---

[1] Si le faisceau était issu du point A (n° **297** *bis*), la condition que l'extrémale spéciale fasse un angle très petit avec λ ne serait plus nécessairement vérifiée et, par conséquent, le signe de $\mathcal{E}$ devrait être assuré sans le concours de l'hypothèse b').

II. elle est entourée d'un faisceau (condition de *Jacobi* au sens **strict).**

III. la condition de Weierstrass pour le minimum faible (n° 319) est vérifiée

et dans le suivant, pour le minimum fort :

La ligne λ fournit nécessairement un minimum fort, si

I. elle est une extrémale ;

II. elle est entourée d'un faisceau ;

III. la condition de Weierstrass pour le minimum fort (n° 320) est vérifiée :

321 *bis. Exemple.* Soit, comme précédemment, l'intégrale

$$\int_A^B V ds = \int_A^B V(x, y, z)\sqrt{dx^2 + dy^2 + dz^2}.$$

Nous avons vu (n° **168**) qu'on a

$$\overline{\mathcal{E}}(x, y, z; X, Y, Z, \dot{x}, \dot{y}, \dot{z}) = V(x, y, z)\sqrt{\dot{x}^2 + \dot{y}^2 + \dot{z}^2}\,(1 - \cos\alpha)$$

α étant l'angle des deux directions (X, Y, Z), $(\dot{x}, \dot{y}, \dot{z})$.

Donc, l'inégalité $\overline{\mathcal{E}} \geqq 0$ a toujours lieu lorsque la fonction V est positive. Moyennant cette hypothèse, par conséquent, un *minimum fort est fourni par tout arc d'extrémale qui vérifie la condition de Jacobi.*

Cette conclusion reste vraie lorsqu'il s'agit du minimum sur une surface donnée, puisque (n° **133**) la formule aux limites et, par conséquent, l'expression de $\overline{\mathcal{E}}$ tirée de la formule (74) restent inaltérées dans ces conditions.

La condition de Jacobi est en particulier suffisante pour le minimum (fort) dans le cas des *géodésiques.* C'est, bien entendu, ce que l'on voit immédiatement en prenant la longueur de l'arc de courbe sous la forme (91). Cette méthode, qui est celle de M. Darboux, équivaut, nous l'avons vu, à la précédente.

322. Remarque. — L'une ou l'autre des deux conditions de Weierstrass peut avoir lieu au sens *large* ou au sens *strict,* suivant que l'inégalité correspondante a elle-même lieu (sous les conditions indiquées) au sens large ou au sens strict lorsque les deux directions dont dépend $\mathcal{E}$ ou $\overline{\mathcal{E}}$ sont distinctes, c'est-à-dire suivant que cette quantité peut ou non s'annuler *extraordinairement* (n° **303**).

Pour l'usage que nous avons fait jusqu'ici de ces conditions (n°s **319, 320**) nous n'avons eu besoin de les supposer remplies qu'au sens *large*.

323. On peut encore avec M. Poincaré (¹), exprimer la condition de Weierstrass (au sens strict ou au sens large) pour le minimum en disant que l'expression

$$f(Y_1 + \varepsilon_1, Y_2 + \varepsilon_2, \ldots Y_n + \varepsilon_n, y_1, \ldots y_n, x) - \sum_i \varepsilon_i f_{Y_i}$$

a, lorsqu'on la considère comme fonction des ε, un minimum (strict ou large) pour $\varepsilon_1 = \varepsilon_2 = \ldots = \varepsilon_n = 0$: minimum absolu s'il s'agit de la condition pour le minimum fort, relatif pour le minimum faible. Cette condition équivaut évidemment à $\mathcal{E} \geqq 0$ en posant $\varepsilon_i = y'_i - Y_i$.

324. Relations entre la condition de Weierstrass et celle de Legendre. — Reprenons la valeur de $\mathcal{E}$ donnée par la formule (71 *bis*).

Nous avons vu au n° **306**, que cette valeur pourrait s'écrire sous la forme

$$(76) \qquad \mathcal{E} = \frac{1}{2}(y' - Y)^2 f_{\eta^2}.$$

De là résultent immédiatement les conséquences suivantes :

1° Supposons d'abord que $\mathbf{A} = f_{y'^2}$ soit positif lorsque **M** est voisin de λ et y' voisin du coefficient angulaire de la tangente à λ, — autrement dit, moyennant les inégalités (97, *a*, *c*), si l'on a choisi ε assez petit. Mais, d'autre part, si Y et y' sont tous deux compris entre $\psi'(x) - \varepsilon$ et $\psi'(x) + \varepsilon$, il en sera de même de η et f_{η^2} sera positif. Donc il en sera de même de $\mathcal{E}$ et *la condition ainsi énoncée entraîne la condition de Weierstrass pour le minimum faible.*

(¹) *Les Méthodes nouvelles de la Mécanique céleste*, t. III, p. 261.

Inversement, d'ailleurs, si, au voisinage de certains points de λ et pour y' voisin de $\psi'(x)$, $\mathbf{A} = f_{y'^2}$ est négatif, la condition de Weierstrass pour le minimum faible n'est pas vérifiée.

2° Supposons maintenant que $\mathbf{A}$ soit positif pour *toute valeur de y'*. Il en sera alors de même du second membre de (76). Donc *cette condition assure la condition de Weierstrass pour le minimum fort*. Mais, cette fois, il n'y a pas là une condition nécessaire (à moins que la condition de Weierstrass ne doive être vérifiée pour toutes les directions possibles de l'extrémale λ).

Pareille conclusion se déduit, pour le cas de plusieurs inconnues, de la formule (77) écrite au n° **307**.

Si la forme Φ est définie positive quelles que soient les valeurs des y', on a la condition de Weierstrass pour le minimum fort.

Si la forme $\Phi(\mathbf{y}_1, \mathbf{y}_2, \ldots \mathbf{y}_n)$ est seulement définie positive pour $y'_1, \ldots y'_n$ respectivement voisins des coefficients angulaires de l'extrémale λ, on a la condition de Weierstrass pour le minimum faible.

Les quantités $\mathbf{A}$ et Φ ne sont autre chose que les premiers membres des *conditions de Legendre* introduites précédemment dans l'étude de la variation seconde.

Ces premiers membres dépendent d'un point (le point de coordonnées x, y) et d'une direction en ce point (définie par la ou les quantités y'). En tenant compte de cette dépendance, on voit qu'*on peut remplacer la condition de Weierstrass par celle de Legendre, celle-ci étant vérifiée au sens strict en tout point de la bande $\mathfrak{R}$ et pour les directions suffisamment peu inclinées sur la tangente à λ* (condition pour le minimum faible) ou *pour toutes les directions* (condition — suffisante — pour le minimum fort).

325. La condition de Legendre ainsi considérée est différente de celle qui se présentait au chapitre précédent : cette dernière n'était, en effet, envisagée que *sur* l'extrémale même, et non dans la bande $\mathfrak{R}$.

Peut-on passer de l'un de ces deux types de conditions à l'autre.

La réponse est affirmative, du moins en ce qui regarde le *minimum faible*.

Soit, en effet, l'intégrale (1) : supposons que la quantité $\mathbf{A} = f_{y'^2}$ soit positive *et non nulle* pour toutes les valeurs de x appartenant à l'intervalle d'intégration (limites comprises) lorsqu'on remplace y par l'ordonnée de l'extrémale λ et y' par le coefficient angulaire de la tangente correspondante. Nous admettons que **A** est une fonction continue des variables x, y, y' (pour toutes les valeurs que nous aurons à donner à ces dernières). Dans ces conditions, l'inégalité $\mathbf{A} > 0$, sera également vérifiée (n° **4**) pour toutes les valeurs de x, y, y' voisines de celles que nous venons d'indiquer, c'est-à-dire pour toutes celles qui vérifient les inégalités (97), où ε est un certain nombre positif que l'on peut assigner.

Donc, *la condition de Legendre, vérifiée sur l'extrémale λ* (c'est-à-dire, celle qui est intervenue au chapitre précédent) *est équivalente, aux cas limites près, à la condition de Weierstrass pour le minimum faible.*

Nous disons " aux cas limites près ", car ce qui résulte des considérations précédentes, c'est que :

1° La condition de Legendre, vérifiée *au sens large* (c'est-à-dire égalité admise) est *nécessaire* pour que l'on ait la condition de Weierstrass correspondant au minimum faible ;

2° La condition de Legendre, au sens strict est *suffisante* pour cette même condition de Weierstrass.

On raisonnerait de même dans le cas d'un nombre quelconque de fonctions inconnues en invoquant non plus seulement le principe du n° **4**, mais la remarque présentée à la fin du n° **12**. Celle-ci prouve, en effet, que la forme Φ, supposée définie positive (et jamais semi-définie) sur λ, est aussi définie au voisinage de cette ligne.

Par contre, la condition de Legendre, vérifiée *au sens large* sur λ peut ne pas entraîner la condition de Weierstrass. C'est ce qui a lieu dans l'exemple de Scheeffer (n° **41**) : **A** est alors positif en général sur l'extrémale considérée, mais il est nul pour $x = a$, et l'on a

$$\mathbf{A} = 2(x-a)^2 + 6(x-a)y'$$

quantité susceptible d'être négative quelque petit que soit y', si x est suffisamment voisin de a.

Le cas de la forme paramétrique peut être ramené au précédent, puisqu'il s'agit du minimum faible (voir n^{os} **70, 75**). On raisonnera d'ailleurs directement sur l'intégrale (1') par exemple, à l'aide de l'expression $\overline{\mathbf{A}}$. Si on assujettit $\dot{x}, \dot{y}$ à des relations qui les empêchent d'être tous deux nuls ou d'être infinis, par exemple à l'équation $\dot{x}^2 + \dot{y}^2 = 1$, cette quantité $\mathbf{A}$ doit être regardée comme parfaitement continue, ce qui permet de lui étendre sans modification les considérations précédentes.

326. Pouvons-nous appliquer des considérations analogues au *minimum fort*? En ce qui regarde les directions, il est clair que nous ne pouvons pas remplacer ici celle de $\mathfrak{T}$ par celle de la tangente à λ.

Voyons si nous avons le droit de ramener le point M à être sur l'extrémale λ au lieu d'être dans le voisinage.

Avant de considérer à ce point de vue la condition de Legendre, reprenons celle de Weierstrass.

Nous avons vu que le rapport

$$\mathcal{E}_1 = \frac{\mathcal{E}(x, y; Y, y')}{(y' - Y)^2}$$

ou (avec les notations du n° **310**) le rapport

$$\overline{\mathcal{E}}_1 = \frac{\mathcal{E}(x, y; \overline{X}, \overline{Y}, \dot{x}, \dot{y})}{1 - \cos(\overline{\Theta} - \Theta)}$$

est une fonction continue de y', Y ou des directions $(\dot{x}, \dot{y})$, $(\overline{X}, \overline{Y})$ même lorsque les deux directions ainsi définies coïncident.

Nous appellerons *condition de Weierstrass modifiée* la condition que $\mathcal{E}_1$ ou $\overline{\mathcal{E}}_1$ ait un signe déterminé (le signe $+$, dans le cas du minimum).

Cette condition est évidemment équivalente à la condition de Weierstrass précédemment énoncée, tant que le dénominateur n'est pas nul.

Nous dirons que cette *condition de Weierstrass modifiée* a lieu *au sens strict* si son premier membre $\mathcal{E}_1$ ou $\overline{\mathcal{E}}_1$ est positif *et non nul* quelles que soient les directions (distinctes ou non) qui y figurent.

Ceci est suffisant pour que la condition de Weierstrass sous sa forme primitive ait lieu au sens strict. Mais l'inverse n'a pas lieu.

Cela étant, prenons d'abord l'intégrale sous forme paramétrique

$$I = \int \bar{f}(dx, dy, x, y).$$

Supposons $\bar{E}_1$ positif *et non nul* lorsque le point (x, y) décrit λ, que $\overline{X}$, $\overline{Y}$ sont les cosinus des angles que fait la tangente à λ avec les axes coordonnés et que x, y sont deux quantités quelconques telles que la somme de leurs carrés soit égale à 1. Alors la même quantité sera encore positive, d'après le n° **4**, lorsque x, y, $\overline{X}$, $\overline{Y}$, satisferont aux inégalités (97 bis $\bar{a}$, $\bar{b}$) (ε étant un nombre convenablement choisi une fois pour toutes).

Ainsi, *la condition de Weierstrass modifiée, vérifiée au sens strict* (c'est-à-dire de manière que la quantité $\bar{E}_1$ ne soit jamais nulle) *lorsque le point* M *est sur* λ *et la direction* $(\overline{X}, \overline{Y})$ *tangente à* λ, *est encore vérifiée dans des conditions voisines de celle-là* [1].

D'autre part, la formule (82) (n° **309**) montre que si l'inégalité $\bar{\mathbf{A}} > 0$ a lieu au sens strict, il en est de même de la condition de Weierstrass modifiée. Donc cette inégalité $\bar{\mathbf{A}} > 0$, analogue à la condition de Legendre, entraîne la condition de Weierstrass pour le minimum fort dans $\mathfrak{R}$, si elle est vérifiée pour toutes les directions autour de tout point (x, y) de λ.

327. Mais la même conclusion ne s'étend pas à l'intégrale (1); car, dans le cas du minimum fort, y' peut devenir infini et, dans ces conditions (voir n° **4**), le théorème de continuité précédemment invoqué ne s'applique plus.

Exemple. Considérons, l'intégrale :

$$(98) \qquad \int_0^1 (ay'^2 - byy'^3)\,dx$$

où a et b sont des nombres positifs, et où l'on suppose $y(0) = y(1) = 0$. L'équation des extrémales :

$$(99) \qquad \frac{d}{dx}(2ay' - 3byy'^2) = 0$$

---

[1] Ceci est valable (avec la même démonstration) qu'il s'agisse de minimum fort ou du minimum faible (les deux directions $(\overline{X}, \overline{Y})$ et (x, y) pouvant, dans le second cas, être supposées tangentes à λ).

est vérifiée pour $y' = 0$. Il y a donc une extrémale — l'axe Ox — passant par les extrémités données. Sur cette extrémale λ, on a :

$$f_{y'^2} = 2a > 0$$

quel que soit y' pour $0 \leq x \leq 1$. Cependant on n'a pas le droit d'en conclure que $\mathcal{E}(x, y; Y, y')$ est positif sur toute courbe $\mathfrak{L}$ ayant avec Ox un voisinage d'ordre zéro. En effet :

$$\mathcal{E}(x, y; Y, y') = a(y' - Y)^2 - by[y'^3 - Y^3 - 3(y' - Y)Y^2].$$

$\mathfrak{L}$ étant supposé avoir avec λ un voisinage (d'ordre zéro) suffisamment étroit, Y reste (conformément à la condition b') du n° **318**) fini et même très petit.

Donc, pour toute valeur de y, si petite qu'elle soit, pourvu qu'elle ne soit pas nulle, on peut prendre y' assez grand en valeur absolue pour que $\mathcal{E}$ ait le signe du terme $-byy'^3$, et, par conséquent, on peut prendre y' tel que $\mathcal{E}$ soit négatif.

On peut même ajouter que, pour $|y'|$ suffisamment grand, la valeur de $\mathcal{E}$ est dans un rapport aussi voisin qu'on le veut de l'unité avec le terme $-byy'^3$.

Il est d'ailleurs évident que les parties principales des intégrales $\int f dx$, $\int \mathcal{E} dx$ doivent être les mêmes, puisque ces intégrales ont pour différence — d'après le calcul même du n° **300** — la quantité, nécessairement finie, dont varie $I_{(\lambda)}$.

Les résultats restent sensiblement les mêmes si, à l'exposant 3 du second terme, on substitue un exposant quelconque p plus grand que 2 (¹).

Des considérations toutes semblables s'appliqueront même, en général, toutes les fois que (l'extrémale λ considérée étant Ox) la quantité f sous le signe $\int$ sera de la forme

$$f(y', y, x) = f_1(y', y, x) + yf_2(y', y, x)$$

f_1 étant tel que la quantité $\mathcal{E}$ correspondante est forcément positive, mais non f_2, et le quotient des deux quantités $\mathcal{E}$ calculées respectivement à l'aide de f_2 et de f_1 étant infiniment grand avec y'.

M. Bolza, à qui l'on doit la découverte de la singularité qui nous occupe actuellement, prend

$$f = ay'^2 - 4byy'^3 + 2bxy'^4$$

(¹) Toutefois si p est pair, ce que nous venons de dire ne s'applique que pour y positif.

la limite inférieure d'intégration étant zéro. Alors le terme prépondérant (pour y' très grand), dans $\mathcal{E}$ comme dans f, est, si x a une valeur déterminée différente de zéro, le terme $2bxy'^4$, qui ne donne pas lieu à la singularité en question. Mais celle-ci se produit, au contraire, si l'on prend x très petit en même temps que y et $\frac{1}{y'}$; tel, par exemple, que $|xy'| < |y|$.

Nous voyons ainsi que, dans le cas où x est pris comme variable indépendante et où il s'agit d'un minimum fort, on ne peut pas, soit pour la condition de Legendre, soit pour celle de Weierstrass, induire des résultats obtenus sur λ ceux qui ont lieu dans la région voisine $\mathcal{R}$ (¹).

328. En résumé, les conditions suffisantes du n° **321** peuvent être remplacées par les suivantes :

Il suffit, pour le **minimum faible,** *que* :
λ soit une extrémale ;
elle soit **entourée d'un faisceau ;**
elle vérifie en chacun de ses points **et pour la direction de la tangente en ce point, la condition de Legendre** *au sens strict.*

Il suffit, pour le **minimum fort,** *que* :
λ soit une extrémale ;
elle soit **entourée d'un faisceau ;**
elle vérifie, en chacun de ses points, et **pour toute direction autour de ce point, la condition $\bar{A} > 0$** (*au sens strict*) si l'intégrale est sous forme paramétrique ;
ou *que l'on ait, en* **chaque point de la région voisine $\mathcal{R}$** *et* **pour toute direction autour de ce point,** *la* **condition de Legendre** *au sens strict*, si x est pris comme variable indépendante.

(¹) M. Bolza a étudié (*Trans. of the Americ. Math. Society*, vol. 7, p. 314 ; 1906), une forme de condition suffisante applicable aux cas de cette espèce.

CHAPITRE III

CONDITIONS NÉCESSAIRES. EXEMPLES

I. LES CONDITIONS NÉCESSAIRES

329. Examinons maintenant si les conditions que nous avons reconnues suffisantes sont également nécessaires.

Condition de Weierstrass. — D'après l'interprétation donnée au n° **304** pour $\mathcal{E}$ ou $\overline{\mathcal{E}}$, il est presque évident que la condition de Weierstrass, du moins au sens large, doit être vérifiée en chaque point M_0 de λ pour qu'il y ait extremum. Car si, en ce point, il existait une direction rendant $\mathcal{E}$ (ou $\overline{\mathcal{E}}$) négatif et que M_0M' (*fig.* 42) soit un segment ayant cette direction, la différentielle de I lorsqu'on remplacerait l'extrémale λ par le chemin $AM'M_0B$ (AM' étant une extrémale), savoir $\mathcal{E}dx$ ou $\overline{\mathcal{E}}dt$, serait également négative.

Dès qu'il existe une direction M_0M' se comportant comme nous venons de le dire, il n'y a pas minimum fort ; et si une telle direction peut être prise aussi voisine qu'on le veut de celle de λ, soit en un point M_0 déterminé, soit en un point variable (comme il arrive dans l'exemple de Schœffer, voir n° **41**), il n'y a pas non plus minimum faible.

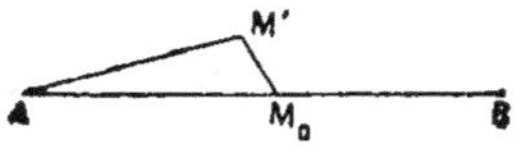

Fig. 42.

Notre raisonnement suppose, il est vrai, que l'on peut toujours joindre le point A au point M' par une extrémale infiniment peu différente de λ, c'est-à-dire que la condition de Jacobi est vérifiée entre A et M_0. Mais cela a certainement lieu pour A suffisamment rapproché de M_0 et du moment que le minimum n'est pas atteint dans ces conditions, il est inexistant *a fortiori* si le point A s'éloigne (nº **36**, Remarque II).

On peut d'ailleurs, ce qui nous sera quelquefois plus commode faire complètement abstraction de la condition de Jacobi. Nous avons vu en effet (nº **129**) que la formule aux limites si elle suppose que AM_0 est une extrémale n'exige pas la même hypothèse en ce qui regarde la ligne AM'. La différentielle de I telle qu'elle vient d'être considérée dans le raisonnement précédent conserve donc son expression quelle que soit la forme de l'arc AM' : il suffit qu'elle soit infiniment voisine de λ, et cela de telle manière que les formules relatives à la variation première restent applicables.

Cette démonstration revient encore à appliquer à la ligne variée $AM'M_0B$ les formules de Weierstrass, le faisceau étant constitué par les extrémales issues de A. L'intégrale $\int \mathcal{E}dx$ ou $\int \overline{\mathcal{E}}dt$, prise suivant le segment $M'M_0$ est du premier ordre (la longueur M_0M' étant prise comme infiniment petit principal). L'intégrale analogue suivant M_0B est nulle. Elle est également nulle le long de AM' si cette ligne est une extrémale et dans le cas contraire elle est infiniment petite du second ordre, pourvu, au moins que AM' ait avec λ un voisinage d'ordre un : car alors l'angle de AM' avec l'extrémale spéciale sera aussi infiniment petit du premier ordre, et cet angle figure au carré dans $\mathcal{E}$ ou dans $\overline{\mathcal{E}}$.

Ainsi, nous trouvons comme condition nécessaire la *condition de Weierstrass vérifiée au sens large* en tout point de λ. Cette condition, comme on le voit n'est pas absolument équivalente à la condition suffisante (lorsqu'on la joint à la condition de Jacobi) qui a été indiquée précédemment et qui faisait intervenir non seulement les points situés sur λ, mais aussi les points situés dans le voisinage de λ. Tout au plus dans le cas de la forme paramétrique avons-nous vu qu'on peut ramener ceux-ci à ceux-là, mais en supposant la condition de Weierstrass (modifiée) vérifiée au sens *strict*.

330. Pour l'intégrale (98) du nº **327**, on ne peut pas avoir $\mathcal{E} < 0$ lorsqu'on prend le point M_0 sur l'extrémale $y = 0$. Mais si l'ordonnée de M_0 est différente de zéro, nous avons vu que $\mathcal{E}$ peut être rendu négatif pour y' suffisamment grand, et qu'il augmente indéfiniment comme y'^3.

Prenons, par exemple, l'ordonnée de M_0 positivement d'ailleurs, aussi petite que le nécessitera le voisinage imposé entre $\mathcal{L}$ et λ. Joignons AM_0 et, d'autre part, traçons par B une ligne droite BM' (*fig.* 43), coupant l'ordonnée de M_0 au dessus de M_0 (mais ayant cependant, entre le point ainsi déterminé et le point B, le voisinage demandé avec λ). Joignons enfin M_0 à un point M' de la ligne ainsi tracée par un segment de droite M_0M' de coefficient angulaire y' positif et très grand.

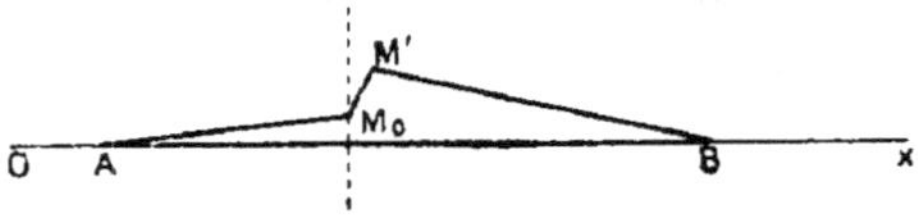

Fig. 43.

Les intégrales relatives à AM_0 et à $M'B$ ont visiblement des limites supérieures que l'on peut assigner sans connaître y'. Au contraire, l'intégrale relative à M_0M', laquelle est négative, est, pour y' très grand, de l'ordre de y'^2 en valeur absolue $\left(\text{puisque } f \text{ ou } \mathcal{E} \text{ augmente (n° } \mathbf{327}) \text{ comme } y'^3\right.$, tandis que l'intervalle d'intégration — savoir, la projection de M_0M' sur AB — est de l'ordre de $\left.\frac{1}{y'}\right)$.

Donc l'intégrale totale est négative et, par conséquent bien que la condition de Jacobi soit vérifiée (puisque l'équation aux variations [1] se réduit à $y'' = 0$), *il n'y a pas maximum.*

La même conclusion s'étend évidemment aux autres valeurs de l'entier p considérées au n° **327**.

Au reste, on constate ici par un calcul direct que cette conclusion subsiste lorsqu'on prend M_0 sur Ox (quoique les valeurs de $\mathcal{E}$ sur M_0M'

---

(1) On vérifie d'ailleurs aisément ce fait sur l'équation (99) qui s'intègre en exprimant x et y en fonction de y'. Les extrémales sont des cubiques à rebroussement (*fig.* ci-dessous) qui coupent Ox sous un angle droit en un point et sous un angle aigu en un autre, le segment ainsi intercepté augmentant indéfiniment lorsque l'angle aigu tend vers zéro.

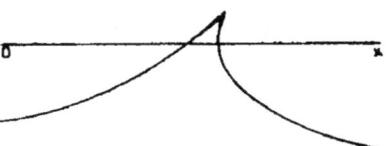

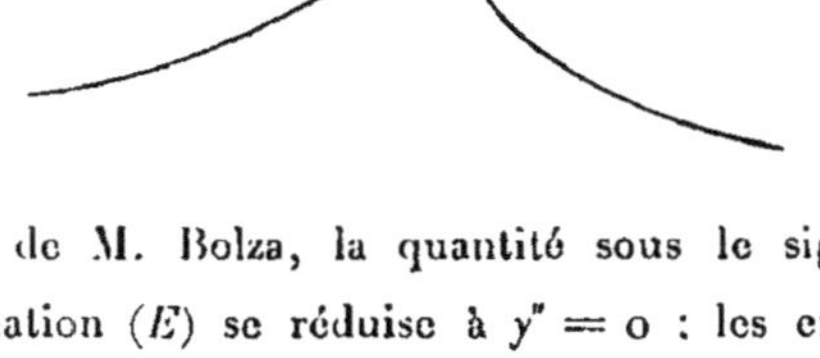

Dans l'exemple de M. Bolza, la quantité sous le signe $\int$ est choisie de manière que l'équation (E) se réduise à $y'' = 0$: les extrémales sont donc des droites.

cessent alors d'être toutes négatives). L'intégrale (98) prise suivant M_0M' est, en effet

$$\int_{M_0}^{M'} (ay'^2 - byy'^3)dx = \int_0^k (ay' - byy'^2)dy = aky' - \frac{bk^2y'^2}{2}$$

(k désignant l'ordonnée de M') et est bien de l'ordre de $-y'^2$ lorsque y' est très grand (k restant sensiblement constant).

Il en est de même pour l'intégrale de M. Bolza

$$\int_0^1 (ay'^2 - 4byy'^3 + 2bxy'^4)dx :$$

il faut alors faire coïncider le point M_0 avec A, lequel coïncide lui-même avec l'origine O des coordonnées. L'intégrale suivant OM' est alors $aky' - bk^2y'^2$.

331. Il résulte en particulier de ce qui précède que si $\overline{\mathcal{E}}(x, y; \overline{X}, \overline{Y}, \dot{x}, \dot{y})$ prend des valeurs non nulles et de signes contraires en un point de λ pour des valeurs convenablement choisies de $\dot{x}$, $\dot{y}$, il ne peut y avoir ni maximum ni minimum fort.

Or, moyennant l'homogénéité de $\overline{f}$, $\overline{\mathcal{E}}$ est, lui aussi, une fonction homogène et du premier degré de $\dot{x}$, $\dot{y}$: il donne lieu à l'égalité

$$(100) \qquad \overline{\mathcal{E}}(x, y; \overline{X}, \overline{Y}, k\dot{x}, k\dot{y}) = k\overline{\mathcal{E}}(x, y; \overline{X}, \overline{Y}, \dot{x}, \dot{y}).$$

Si cette relation avait lieu pour toute valeur de k, $\overline{\mathcal{E}}$ changerait de signe par le changement de $\dot{x}$, $\dot{y}$ en $-\dot{x}$, $-\dot{y}$.

Comme nous l'avons dit au n° **73**, nous ne supposons pas qu'il en soit ainsi. On aperçoit maintenant la raison de cette restriction : si la relation

$$\overline{f}(k\dot{x}, k\dot{y}, x, y) = k\overline{f}(\dot{x}, \dot{y}, x, y)$$

s'étendait aux valeurs négatives de k, *aucun extremum fort ne pourrait exister*. En traçant, à partir d'un point quelconque M_0 de λ, deux petits segments M_0M', M_0M'' de directions directement opposées (*fig.* 44) on aurait deux chemins $AM'M_0B$, $AM''M_0B$ donnant pour l'intégrale l'un une valeur plus grande, l'autre une valeur plus petite que $I_{(\lambda)}$.

L'égalité (100) aura lieu quel que soit k — et, par conséquent, l'extremum fort sera impossible — si $\overline{f}$ est une fonction *rationnelle* ou, plus généralement, une fonction analytique *uniforme* de $\dot{x}$, $\dot{y}$.

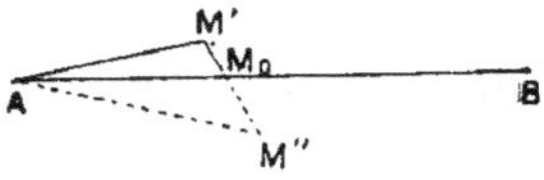

FIG. 44.

Cette remarque, indépendante d'ailleurs du nombre des inconnues, ne s'applique, bien entendu qu'à la forme paramétrique. Si x était imposé comme variable indépendante, un seul des deux chemins $AM'M_0B$, $AM''M_0B$ serait admissible : le premier, sur la *fig.* 44.

Par exemple, l'*action hamiltonienne*, où le temps est pris comme variable indépendante, peut admettre des minima, quoique la quantité pour le signe $\int$ soit rationnelle et quadratique par rapport aux dérivées : il est évident *a priori*, par exemple, que l'intégrale $\int (x'^2 + y'^2 + z'^2)\,dt$, action dans le cas d'un point matériel libre et isolé dans l'espace, est minima lorsque le point est en repos.

II. CONDITION DE JACOBI

332. Nous avons vu que si B est au-delà du foyer conjugué $\mathfrak{A}$ de A, la variation seconde peut recevoir un signe quelconque. Il n'y a donc point d'extremum dans ces conditions.

Il nous sera utile (nº **335**) de reprendre à cet égard le raisonnement du nº **268** (méthode de Darboux-Erdmann) en y faisant figurer les extrémales voisines de λ elles-mêmes, et non les solutions de l'équation aux variations qui les représentent en première approximation.

Comme au nº **268**, supposons (ainsi que nous en avons le droit) que B soit compris entre $\mathfrak{A}$ et le deuxième foyer conjugué de A, c'est-à-dire le conjugué de $\mathfrak{A}$, de sorte que l'arc AB pourra être décomposé en deux arcs AC, CB dont chacun vérifie la condition de Jacobi au sens strict. Un point C' de même abscisse que C et voisin de C pourra être joint à A et à B par des arcs d'extrémales variant d'une façon continue, puisque chacun des faisceaux issus de A et de B est régulier en C. Soient alors $y(x, \alpha)$, $z(x, \alpha)$ (α étant un paramètre nul avec CC') les coordonnées de ces extrémales

AC′, C′B, de sorte que les quantités

$$(101) \qquad \mathbf{y} = \left(\frac{\partial y}{\partial \alpha}\right)_{\alpha = 0} \quad , \quad \mathbf{z} = \left(\frac{\partial z}{\partial \alpha}\right)_{\alpha = 0}$$

seront deux solutions de l'équation aux variations (**E**).

Appelons $\mathfrak{L}$ la courbe variée (*fig.* 46) formée des arcs d'extrémales AC′, C′B, et qui dépend de α. Soit δ la variation relative à α, à partir d'une valeur quelconque de α. AC′ et C′B étant des extrémales et les extrémités A, B étant fixes, la formule $(\overline{\gamma})$ donne

$$\delta \underset{(\mathfrak{L})}{I} = \delta I_{A}^{C'} + \delta I_{C'}^{B} = (f_{y'} \delta y)_{C'} - (f_{z'} \delta z)_{C'}.$$

D'ailleurs $y = z$ (et, par conséquent $\delta y = \delta z$) en C′. On aura donc :

$$(102) \qquad \delta \underset{(\mathfrak{L})}{I} = (f_{y'} - f_{z'}) \frac{\partial y}{\partial \alpha} = (y' - z') f_{\eta^2} \frac{\partial y}{\partial \alpha}$$

et

$$(102') \qquad \underset{(\mathfrak{L})}{I} - \underset{(\lambda)}{I} = \int_0^\alpha (f_{y'} - f_{z'}) \frac{\partial y}{\partial \alpha} \delta\alpha = \int_0^\alpha f_{\eta^2} (y' - z') \frac{\partial y}{\partial \alpha} d\alpha$$

η étant compris entre $y'(c, \alpha)$ et $z'(c, \alpha)$.

D'après ces formules, en y faisant, pour simplifier, α égal à la différence d'ordonnée $\Delta y = \overline{CC'}$, nous voyons que l'accroissement $\underset{(\mathfrak{L})}{I} - \underset{(\lambda)}{I}$ aura le signe de f_{η^2} ou le signe opposé suivant que

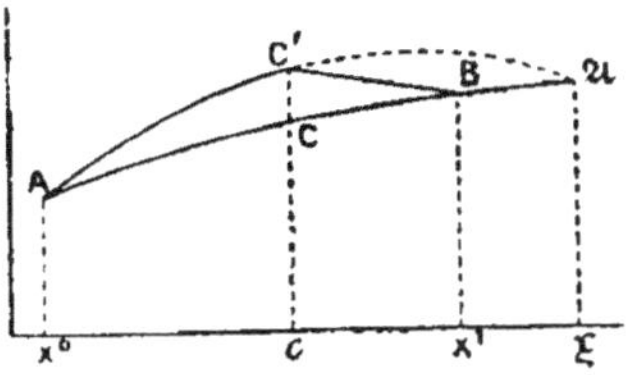

Fig. 45.

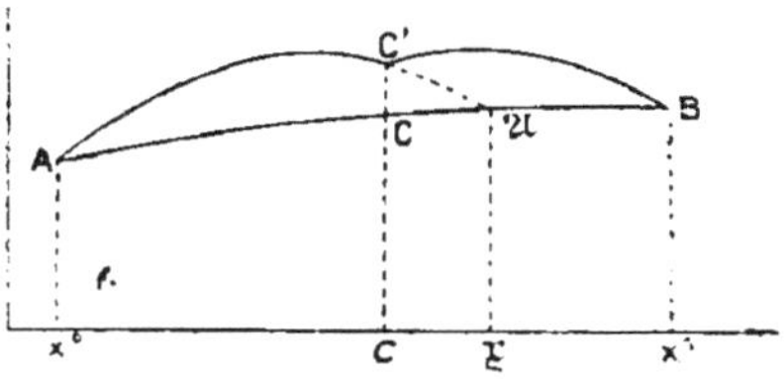

Fig. 46.

le produit $(y' - z')\Delta y$ sera positif ou négatif, c'est-à-dire suivant que l'*angle des deux arcs d'extrémales en* C′ *tournera sa concavité* (*fig.* 45) *ou sa convexité* (*fig.* 46) *vers l'arc primitif* AB.

Le second cas se présentera lorsque le prolongement de l'arc AC′ sera situé entre BC′ et AB. La condition nécessaire et suffisante pour cela sera — si du moins ce prolongement ne coupe plus BC' entre $x = c$, abscisse de C, et $x = x^1$, c'est-à-dire si (comme nous le supposons) la condition de Jacobi est vérifiée entre ces limites — qu'il aille rencontrer AB en un point situé en deçà de B.

Donc, s'il en est ainsi, la différence des intégrales suivant $\mathfrak{L}$ et suivant λ n'aura pas le signe de **A**.

La formule (102) fait aussi connaître la dérivée seconde $\frac{\partial^2 I}{\partial \alpha^2}$ pour $\alpha = 0$ c'est-à-dire la valeur correspondante de la variation seconde. Il suffit d'y diviser par α le facteur $y' - z'$ qui s'annule avec α, puis de faire tendre α vers zéro. On a ainsi (puisque η devient, à la limite, égal à y')

$$\frac{\partial^2 I}{\partial \alpha^2} = [(\mathbf{y}' - \mathbf{z}')\,\mathbf{y} f_{y'^2}]_C = [\mathbf{A}\mathbf{y}(\mathbf{y}' - \mathbf{z}')]_C. \tag{103}$$

On arriverait au même résultat en opérant comme nous venons de la faire sur l'intégrale **I** considérée au chapitre I, et, par conséquent, en effectuant la construction telle que nous l'avons exposée au n° **268**.

Le signe de la quantité (103) est donné par les remarques précédentes (1). Elle sera d'ailleurs différente de zéro tant que les fonctions **y**, **z** ne coïncideront pas identiquement (2), c'est-à-dire tant que B ne sera pas un foyer conjugué de A.

333. Cas de deux foyers conjugués. — Ainsi, si, par exemple, la condition de Weierstrass pour le minimum est supposée vérifiée, l'arc AB d'extrémale réalise certainement un minimum de l'intégrale quand le point B est situé en-deça du foyer conjugué $\mathfrak{A}$ de A ; mais il cesse certainement de fournir ce minimum si B est au-delà de $\mathfrak{A}$.

Que se passe-t-il lorsque B *coïncide* avec $\mathfrak{A}$?

La méthode de Darboux-Erdmann permet également de répondre à cette question. Nous la résoudrons tout d'abord en consi-

---

(1) Voir dans DARBOUX, *Leçons sur la théorie des surfaces*, t. III, pp. 97-98, une détermination directe du signe de cette expression.

(2) On ne peut avoir (en C) $\mathbf{y}' = \mathbf{z}'$ sans que **y** et **z** soient identiquement égaux, puisque ces fonctions vérifient toutes deux l'équation du second ordre (**E**) et qu'on a déjà $\mathbf{y}_C = \mathbf{z}_C$.

dérant avec Jacobi [1] l'enveloppe $\mathfrak{E}$ des extrémales issues de A, enveloppe qui touche l'extrémale donnée λ au point $\mathfrak{A}$.

Suivons cette courbe $\mathfrak{E}$ à partir de $\mathfrak{A}$ dans un sens tel que la direction correspondante de la tangente soit celle de la tangente en $\mathfrak{A}$ à l'extrémale λ parcourue de $\mathfrak{A}$ en A. Soit Λ une extrémale issue de A et qui touche $\mathfrak{E}$ en un point $\mathfrak{c}$ de l'arc $\mathfrak{A}\mathfrak{c}$ (*fig.* 47), ainsi obtenu.

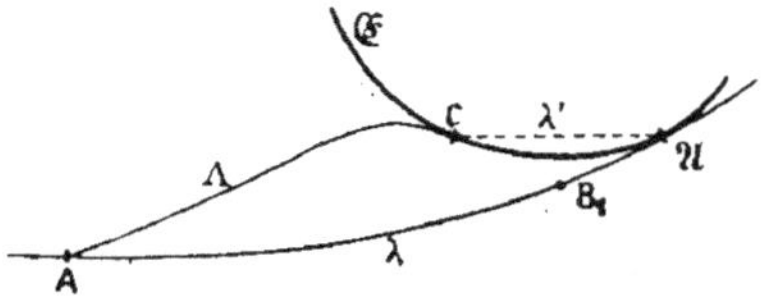

Fig. 47.

Si $\mathfrak{L}_1$ est la ligne formée de l'arc $A\mathfrak{c}$ de Λ et de l'arc $\mathfrak{c}\mathfrak{A}$ de $\mathfrak{E}$, *l'intégrale prise suivant $\mathfrak{L}_1$ est égale à l'intégrale prise suivant λ.*

En effet, lorsque le point $\mathfrak{c}$ varie sur $\mathfrak{E}$, la variation de $\underset{(\mathfrak{L}_1)}{I}$ s'obtient par le même calcul qui donne la formule de Weierstrass (n° **300**, Remarque), soit

$$\delta \underset{(\mathfrak{L}_1)}{I} = \mathcal{E}\delta x = \overline{\mathcal{E}}\delta t.$$

Elle est donc nulle : car, les tangentes à l'arc $\mathfrak{c}\mathfrak{A}$ et à l'arc $A\mathfrak{c}$ prolongé étant identiques en direction et sens, on a $\mathcal{E} = \overline{\mathcal{E}} = 0$. L'intégrale prise suivant $\mathfrak{L}_1$ est dès lors constante. Or, $\mathfrak{L}_1$ se réduit à λ lorsque le point $\mathfrak{c}$ est en $\mathfrak{A}$.

Nous avons donc déjà une ligne variée qui donne à l'intégrale une valeur égale à $\underset{(\lambda)}{I}$.

Mais (absolument comme au n° **267**) *cette valeur n'est pas la plus petite possible*. Car $\mathfrak{E}$ n'est pas une extrémale (puisqu'il n'y a qu'une seule extrémale tangente à $\mathfrak{E}$ en $\mathfrak{A}$, à savoir λ).

Si, en particulier, on joint $\mathfrak{c}$ à $\mathfrak{A}$ par un arc λ' d'extrémale (*fig.* 47) infiniment petit en même temps que la distance $\mathfrak{c}\mathfrak{A}$, — ce qui est possible puisque le faisceau des extrémales issues de $\mathfrak{A}$ est régulier autour de $\mathfrak{A}$ — et qu'on substitue cet arc à la portion

[1] *Vorlesungen über Dynamik*, 6e leçon.

correspondante de $\mathfrak{C}$, on diminuera l'intégrale (1) et la ligne $\mathfrak{L}$ ainsi déduite de $\mathfrak{L}_1$ donnera pour I une valeur *plus petite* que λ.

La construction ainsi effectuée est on le voit, toute semblable à celle de Darboux-Erdmann : elle n'en diffère que parce qu'on a substitué au point C′, variable sur une ordonnée fixe, le point $\mathfrak{c}$, variable sur $\mathfrak{C}$.

334. Notre raisonnement suppose seulement que, sur la courbe $\mathfrak{C}$, l'un au moins des deux arcs issus de $\mathfrak{A}$ a sa tangente dirigée dans le sens indiqué.

Ceci a lieu dans tous les cas énumérés aux nos **102-103** sauf celui du foyer *en pointe* dans lequel, comme nous le verrons tout à l'heure, on arrive effectivement à un résultat opposé.

Si $\mathfrak{A}$ est un *foyer ordinaire* ou un *foyer en talon*, nous voyons que le minimum relatif n'a plus lieu en $\mathfrak{A}$, — même le minimum faible : car la ligne $\mathfrak{L}$ du numéro précédent a un voisinage du premier ordre aussi étroit qu'on le veut avec λ.

Quant au minimum absolu, il cesse certainement (2) *avant* le point $\mathfrak{A}$.

Nous venons, en effet, d'obtenir une courbe $\mathfrak{L}$ donnant $I_{(\mathfrak{L})^A}^{\mathfrak{A}} < I_{(\lambda)^A}^{\mathfrak{A}}$. Soit maintenant B un point de λ situé entre A et $\mathfrak{A}$; appelons $\mathfrak{L}'$ la courbe formée de la courbe $\mathfrak{L}$ de A à $\mathfrak{A}$ puis de l'arc $\mathfrak{A}$B de λ. On aura :

$$I_{(\mathfrak{L}')^A}^{B} - I_{(\lambda)^A}^{B} = \left[I_{(\mathfrak{L})^A}^{\mathfrak{A}} - I_{(\lambda)^A}^{\mathfrak{A}} \right] - 2\, I_{(\lambda)^B}^{\mathfrak{A}}.$$

$\mathfrak{L}$ une fois tracée, la quantité entre crochets est un nombre négatif déterminé ; le terme $I_{(\lambda)^B}^{\mathfrak{A}}$ est aussi petit que l'on veut si B est pris suffisamment voisin de $\mathfrak{A}$. Par conséquent, on peut trouver un point B_1, entre A et $\mathfrak{A}$, assez près de $\mathfrak{A}$ pour que l'on ait :

$$I_{(\mathfrak{L}')^A}^{B} < I_{(\lambda)^A}^{B}$$

lorsque B est sur λ entre B_1 et $\mathfrak{A}$.

(1) En effet, l'arc λ', vérifiant toutes les conditions suffisantes énumérées au chap. précédent, donne le minimum de l'intégrale prise entre ses deux extrémités (comparer plus loin, chap. VII).

(2) Darboux, *Leçons sur la théorie des surfaces*, t. III, pp. 90-91.

Le cas où le point A est mobile sur une courbe donnée Γ (entièrement analogue, comme nous le verrons, au précédent) fournit [1] un exemple élémentaire du fait général que nous venons de constater. Supposons que la courbe en question soit une ellipse. Une normale AB à cette ellipse fournira, si le point B est suffisamment voisin du point d'incidence A, un minimum de la distance du point B à la courbe. Ceci subsiste si le point B s'éloigne, à quelque distance que ce soit de A, dans la direction qui, en A, est extérieure à l'ellipse. Dans la direction opposée, au contraire, le minimum relatif est interrompu au point de contact 𝔄 de la normale considérée avec la développée.

Mais le minimum absolu cesse dès le point B_1 où, pour la première fois, cette normale rencontre un des axes, point par lequel on peut évidemment mener à l'ellipse deux normales égales. Ce point est situé entre A et 𝔄 : il ne coïncide avec 𝔄 que lorsque A est un sommet du grand axe. C'est précisément le cas où 𝔄 est un foyer en pointe : alors le minimum (et même ici le minimum absolu) y persiste.

335. Si le foyer conjugué de A est un *foyer en pointe*, on peut démontrer avec M. Osgood [2] que le minimum a encore lieu lorsque B coïncide avec ce foyer.

Cela est évident si la variable indépendante x est donnée. Celle-ci, en effet, ne devra varier qu'entre x^0 et x^1. Or, dans le cas du foyer en pointe, le faisceau formé par les extremales issues de A est régulier en tous les points voisins de 𝔄 et situés en-deça de de l'ordonnée $x = x^1$. Donc les raisonnements du chapitre précédent restent valables.

Pour étendre cette conclusion à une intégrale prise sous forme paramétrique, reprenons le raisonnement du n° **332** (sans lui substituer cette fois celui du n° **268**, lequel serait en défaut).

Soient toujours c une abscisse intermédiaire entre x^0 et x^1, à laquelle correspond sur notre extrémale le point C, et soit C′ un point (d'abscisse c) voisin de C.

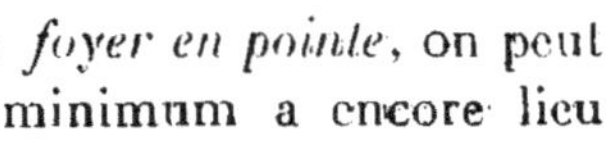

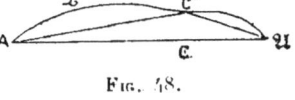

Fig. 48.

D'après le raisonnement du n° **332**, si (le point C′ étant déplacé continument à partir de C) l'angle en C′ ne tourne pas sa concavité vers λ, l'intégrale $I_{(AC'B)}$ sera inférieure à $I_{(\lambda)}$ et celle-ci ne fournira

(1) Darboux, *loc. cit.*

(2) *Transactions of the American math. Soc.*, t. II, pp. 166-182.

pas un minimum. C'est, comme nous l'avons vu à l'endroit cité, ce qui aura lieu si l'extrémale AC′ coupe λ entre C et B.

Supposons au contraire que, pour toute position du point C′ au voisinage de C, l'angle en C′ tourne sa concavité vers λ. Alors on aura aussi, pour de telles positions de C′,

$$I_{(AC'B)} > I_{(\lambda)A}^{B}.$$

Or, la ligne variée coupera nécessairement l'ordonnée $x = c$ au moins en un point C′ et (comparer plus loin nº **375**), si elle a avec λ un voisinage (d'ordre zéro) suffisamment étroit, l'intégrale correspondante sera supérieure à celle qui est prise suivant les deux arcs d'extrémales AC′, C′B. Donc, s'il en est ainsi, — c'est-à-dire si l'extrémale AC′ ne coupe pas λ entre C et B — il y a bien minimum.

Si le point B est un foyer ordinaire, les deux cas que nous venons d'énumérer se présentent (nº **103**) suivant qu'on prend C′ d'un côté ou de l'autre de λ. Le premier cas a lieu, au contraire, pour toute position de C′ si B est un foyer en talon ; le second, si B est un foyer en pointe.

Donc le minimum a lieu dans cette dernière hypothèse et non dans les deux autres (¹).

Observons toutefois que dans le cas du foyer ordinaire, le minimum a lieu pour des variations *unilatérales* (celles qui sont du côté de λ où n'est pas l'enveloppe : il n'en est pas ainsi (nº **332**)) si B est au-delà du foyer conjugué.

(¹) La démonstration de M. Osgood lui-même est différente. Elle consiste, l'élément d'intégration $\overline{f}(dx, dy, x, y)$ étant supposé positif autour de $\mathfrak{A}$, — ce qui (nº **315**) ne diminue pas la généralité — à considérer le lieu (a) des points a pris sur les diverses extrémales Λ issues de A et tels que l'on ait $I_{(\Lambda)A}^{a} = I_{(\lambda)A}^{\mathfrak{A}}$: lieu qui est transversal à λ et, par suite, entièrement situé du même côté de l'enveloppe $\mathfrak{E}$ que notre arc d'extrémale. Ce lieu divise la partie du plan voisine de λ en deux régions : la proposition annoncée a lieu lorsque $\mathfrak{L}$ est tout entière contenue dans la même région que λ — parce que celle-ci n'est pas traversée par $\mathfrak{E}$, de sorte que le faisceau des extrémales issues de A n'y cesse pas d'être régulier — et aussi lorsque $\mathfrak{L}$ traverse (a) en un point a, parce que, limitée à ce point, l'intégrale est au moins égale à $I_{(\lambda)}$ et qu'elle ne peut qu'augmenter ensuite.

336. Si enfin on est dans le cas particulier du *foyer absolu*, toutes les extrémales issues de A venant passer par le point 𝔄, toutes ces extrémales donneront à l'intégrale prise entre A et 𝔄 *la même valeur*, ainsi qu'il a été établi au n° **139** *bis*.

Cette valeur est d'ailleurs un minimum : la démonstration générale du chap. précédent reste en effet valable à cet égard, la construction de l'extrémale spéciale étant encore possible, avec continuité de l'intégrale en tout point M voisin de 𝔄 (puisque pour faire passer une extrémale par M et A, il suffit de la faire passer par M et 𝔄 [1]).

Il y donc, en ce cas, minimum large.

337. La discussion que nous venons de faire donne en particulier, la conséquence suivante :

S'il existe autour du foyer conjugué 𝔄 des points par lesquels on ne peut faire passer aucune extrémale issue de A, le minimum cesse certainement au point 𝔄.

En effet, on est alors, d'après ce qui précède, dans le cas du *foyer ordinaire*.

338. On peut se demander si les conditions nécessaires sont les mêmes lorsque, au lieu d'imposer aux lignes variées comme nous l'avons fait pour notre minimum faible, un voisinage du premier ordre, on les assujettit à un voisinage d'ordre plus élevé.

Si la condition de Legendre, — ou, ce qui revient au même, la condition de Weierstrass pour le minimum faible — ne sont pas vérifiées, même au sens large, il n'y a assurément pas minimum, quel que soit l'ordre du voisinage. Car la variation seconde peut être rendue négative et, par conséquent, on peut diminuer l'intégrale par des variations du type considéré au Livre I.

Mais si la quantité $\mathcal{E}$, en général positive, s'annule sur l'extrémale pour certaines valeurs de x, les conclusions peuvent changer avec l'ordre du voisinage imposé.

---

[1] Toutefois, ce raisonnement est en défaut si la propriété de joindre A à 𝔄 avec régularité entre ces deux points, n'appartient pas à toutes les extrémales issues de l'un d'eux, mais seulement à celles dont les coefficients angulaires en A ou en 𝔄 sont compris entre certaines limites.

C'est le cas pour l'exemple de Scheeffer. Nous savons que dans cet exemple le minimum faible ordinaire correspondant au voisinage du premier ordre, n'est pas réalisé.

Nous allons voir qu'il n'en est pas de même si l'on est sûr que la ligne variée, supposée à tangente continue, doit avoir avec l'extrémale primitive un voisinage du second ordre.

Nous pouvons, pour le démontrer, supposer que dans l'intégrale (5) du n° **41**, a est nul (en prenant $x - a$ pour nouvelle variable) et que $x^0 = -x^1$ (en éloignant dans le cas contraire, celle des deux limites d'intégration qui est la plus rapprochée de l'origine). Nous pourrons alors écrire l'intégrale donnée sous la forme

$$(104) \qquad I = \int_0^{x^1} [x^2(y'^2_+ + y'^2_-) + x(y'^3_+ - y'^3_-)]\,dx$$

en désignant par y'_+ et y'_- les valeurs de y' pour deux valeurs égales et de signes contraires de x. Or on a

$$y'^3_+ - y'^3_- = (y'_+ - y'_-)(y'^2_+ + y'_+ y'_- + y'^2_-)$$
$$= 2\eta x(y'^2_+ + y'_+ y'_- + y'^2_-)$$

η désignant une valeur de la dérivée seconde. Le second terme de la quantité sous le signe $\int$, dans la formule (104) sera donc inférieur au premier en valeur absolue si l'on sait que cette dérivée seconde est inférieure à $\frac{1}{2}\frac{y'^2_+ + y'^2_-}{y'^2_+ + y'_+ y'_- + y'^2_-}$. Or ce dernier rapport est toujours plus grand que $\frac{1}{3}$.

Donc il y a minimum, dans l'exemple de Scheeffer, si les fonctions du champ sont assujetties à avoir leur dérivée première continue et leur dérivée seconde inférieure à $\frac{1}{3}$ en valeur absolue.

339. Une circonstance tout analogue se présente à propos de la condition de Jacobi. Si celle-ci est vérifiée *au sens strict* (et si on a la condition de Weierstrass), l'extremum est assuré au moins pour un voisinage du premier ordre. Si elle n'est *pas* vérifiée *même au sens large*, il ne peut y avoir extremum, quel que soit l'ordre du voisinage, puisque nous savons que la variation seconde elle-même peut recevoir un signe arbitraire. Dans ces deux cas, par conséquent, la conclusion est la même pour tous les ordres de voisinage, à partir du premier.

Il en est autrement dans le cas limite où l'arc d'intégration a pour extrémités deux foyers conjugués. Nous avons vu qu'alors l'extremum, même faible, n'existe pas en général.

Il est au contraire toujours assuré si l'on impose un voisinage du second ordre.

Cette restriction oblige, en effet, la courbe variée à être du même côté que l'extrémale donnée par rapport à l'enveloppe $\mathfrak{E}$ considérée au n° **333** (ce qui assure l'extremum en vertu du n° **101**).

Il n'en serait autrement que si cette enveloppe avait avec l'extrémale un contact d'ordre supérieur au premier.

Or, c'est ce qui ne peut avoir lieu.

Si, en effet,

$$y = \Psi(x, \alpha)$$

est l'équation générale des extrémales du faisceau, l'enveloppe est représentée par cette même équation, mais où α est une fonction de x définie par l'équation

$$\mathbf{y} = \frac{\partial \Psi}{\partial \alpha} = 0. \tag{105}$$

Cette détermination de y donne d'abord

$$y' = \frac{\partial \Psi}{\partial x}$$

puis (toujours sur l'enveloppe)

$$y'' = \frac{\partial^2 \Psi}{\partial x^2} + 2\frac{\partial^2 \Psi}{\partial \alpha \partial x}\frac{d\alpha}{dx} + \frac{\partial^2 \Psi}{\partial \alpha^2}\left(\frac{d\alpha}{dx}\right)^2$$

où $\frac{d\alpha}{dx}$ est fourni par la différentiation de (105), soit

$$\frac{\partial^2 \Psi}{\partial \alpha^2}\frac{d\alpha}{dx} + \frac{\partial^2 \Psi}{\partial \alpha \partial x} = 0. \tag{105'}$$

Le premier terme de y'' n'est autre que la dérivée $\frac{d^2 y}{dx^2}$ prise sur l'extrémale. Il n'y aurait donc contact du second ordre que si l'ensemble des deux autres termes s'annulait, soit en vertu de (105'),

$$\frac{\partial^2 \Psi}{\partial \alpha \partial x} = \frac{\partial \mathbf{y}}{\partial x} = 0.$$

Or, $\mathbf{y}$, solution d'une équation linéaire régulière, ne peut s'annuler en même temps que sa dérivée par rapport à x (¹).

III. EXEMPLES

340. La méthode de Weierstrass est valable dans tout domaine $\mathfrak{R}$ en chaque point duquel subsistent les hypothèses dont nous sommes partis, savoir :

1° La *régularité du faisceau*, telle qu'elle a été définie au n° **295** ;

2° La *condition de Weierstrass*.

La ligne λ fournira dès lors l'extremum non seulement par rapport aux lignes voisines, mais par rapport à toute autre ligne joignant les points A et B et ne sortant pas du domaine en question (pourvu que l'inégalité $\mathcal{E} > 0$ — (s'il s'agit d'un minimum) ait lieu pour deux directions *quelconques* autour d'un point quelconque de ce domaine).

341. **Extremum au voisinage d'un point**. — Une première application de ce que nous venons de dire ressort des résultats du Liv. II, ch. III, p. 118-123.

Nous avons vu, en cet endroit, que si la quantité sous le signe $\int$ est supposée continue et dérivable (jusqu'à l'ordre trois) et si le problème correspondant (l'intégrale étant prise sous forme paramétrique) est ordinaire pour toutes les directions possibles aux environs d'un point A, on peut entourer ce point d'une région $\mathfrak{R}$ telle que tout point B de cette région puisse être joint à A par une

---

(¹) Le raisonnement précédent serait en défaut si l'on avait, en $\mathfrak{A}$, $\frac{\partial^2 \Psi}{\partial \alpha^2} = 0$, la valeur de $\frac{d\alpha}{dx}$ tirée de (105) étant alors infinie. On se convainc aisément (en prenant α comme variable indépendante) que la conclusion subsiste : elle subsiste même *a fortiori*, ce cas correspondant, en général, à un point de rebroussement de $\mathfrak{C}$, et toujours à $y'' = \infty$.

extrémale entièrement contenue dans $\mathfrak{R}$ et par une seule : — extrémale qui, d'après la manière même dont nous l'avons obtenue et en vertu des théorèmes connus sur les fonctions implicites, varie continument avec la position du point B.

Si, en outre la condition de Weierstrass pour le minimum fort est vérifiée dans $\mathfrak{R}$ pour toutes les directions possibles ([1]), on voit que *l'extrémale ainsi tracée réalise, entre* A *et* B, *le minimum de l'intégrale par rapport à tout chemin ne sortant pas de* $\mathfrak{R}$.

342. Au lieu d'être limité au voisinage d'un point A, le domaine $\mathfrak{R}$ considéré au n° **340** pourra comprendre tout l'espace. Dans ce cas, l'extremum sera *absolu*.

C'est ainsi que les choses se passent évidemment dans le cas du **plus court chemin** d'un point à un autre.

Plus généralement, considérons l'intégrale

$$\int V(x, y, z)\sqrt{dx^2 + dy^2 + dz^2}$$

du n° **75**. La fonction V est, dans les applications, toujours positive (et non nulle). Dès lors la condition de Weierstrass est toujours vérifiée (n° **321** *bis*). Si donc le faisceau issu de A est régulier dans tout l'espace, c'est-à-dire si par un point quelconque B et le point A, on peut faire passer une extrémale bien déterminée et variant d'une manière continue avec la position du point B, l'extremum AB réalisera un maximum absolu.

Nous avons vu (n° **115**) qu'il en est ainsi pour les **brachistochrones relatives à la pesanteur.** La cycloïde du n° **115** est donc *brachistochrone absolue*.

Au contraire, dans le cas des **géodésiques de la sphère** (grands cercles), tout point de la surface a un *foyer* — le point diamétralement opposé — lequel est un *foyer absolu*. Tout arc de grand cercle qui ne contient pas deux foyers conjugués — autrement dit, tout arc plus petit qu'une demi-circonférence — donne le minimum de la distance sphérique. Ce minimum cesse, au contraire,

(1) On peut faire rentrer dans cette condition celle que le problème soit ordinaire. L'ensemble de ces deux hypothèses revient, en effet, à dire que la condition de Weierstrass modifiée est vérifiée au sens strict.

pour un arc plus grand que la demi-circonférence. Pour un arc égal à une demi-circonférence, il subsiste comme minimum *large*, conformément aux conclusions du n° **336**.

On trouve, dans le Mémoire cité de M. Osgood (Voir la note de la page 407), l'application des théorèmes précédents aux géodésiques dans des cas plus généraux.

343. Considérons maintenant l'intégrale

$$I = \int \sqrt{z}\sqrt{dx^2 + dz^2}$$

qui représente l'action dans le mouvement d'un point pesant.

L'enveloppe $\mathfrak{E}$ des extrémales issues d'un point donné A ($x = 0$, $z = z^0$) est (n° **116**) la *parabole de sûreté*. Par tout point B intérieur à cette courbe passent deux extrémales : l'une, que nous désignerons par λ_1, touche l'enveloppe extérieurement à l'arc AB (*fig.* 15) ; l'autre λ_2 touche l'enveloppe entre A et B.

Au contraire, si le point B est extérieur à la parabole de sûreté, les extrémales λ_1, λ_2 cessent d'exister.

Soient, d'autre part, AA_1, BB_1 les perpendiculaires abaissées des deux points A, B sur l'axe des x (directrice commune des paraboles extrémales) : A_1 étant, par conséquent, le sommet de la parabole de sûreté. Le chemin AA_1B_1B (*fig.* 49) est une *solution discontinue* annulant la variation première.

Nous allons démontrer que le minimum de l'action entre les points A et B est nécessairement fourni soit par l'arc AB de la parabole que nous avons appelée λ_1, soit par la ligne brisée AA_1B_1B.

Plus précisément, si $\mathfrak{L}$ est une ligne quelconque allant de A en B (et supposée située tout entière dans la région $z \geqslant 0$) :

1° L'action suivant $\mathfrak{L}$ est supérieure à l'action suivant λ_1, si $\mathfrak{L}$ est tout entière située à l'intérieur de la parabole de sûreté ;

2° L'action suivant $\mathfrak{L}$ est supérieure à celle qui correspond au chemin AA_1B_1B, si $\mathfrak{L}$ sort de la parabole de sûreté (ce qui arrive forcément si B est extérieur à cette parabole).

1° Si $\mathfrak{L}$ est tout entière intérieure à la parabole de sûreté, nous pouvons, entre chacun de ses points M et le point A, tracer la parabole que nous avons appelée λ_1. Cette ligne est bien déterminée et varie d'une manière continue, tant qu'on ne sort pas de la parabole de sûreté ; elle coïncide avec l'extrémale λ_1 que l'on considère, lorsqu'on parvient à la seconde extrémité B commune à cette extrémale et à $\mathfrak{T}$. La série des paraboles λ_1 ainsi tracées constitue donc un faisceau *régulier* (à l'intérieur de $\mathfrak{E}$).

La condition de Weierstrass étant remplie, l'arc d'extrémale λ_1 fournit bien une action moindre que la ligne $\mathfrak{T}$ dans les conditions indiquées.

2° Si la ligne $\mathfrak{T}$, issue du point A qui est intérieur à la parabole de sûreté, sort de cette parabole, elle la rencontre en un ou plusieurs points : soit $\mathfrak{m}$ le premier d'entre eux en partant de A.

Les conditions précédentes subsistent en ce qui concerne l'arc A$\mathfrak{m}$. On diminuera donc l'action en remplaçant cette partie du chemin par l'arc d'extrémale (unique) λ qui part de A et touche $\mathfrak{E}$ en $\mathfrak{m}$.

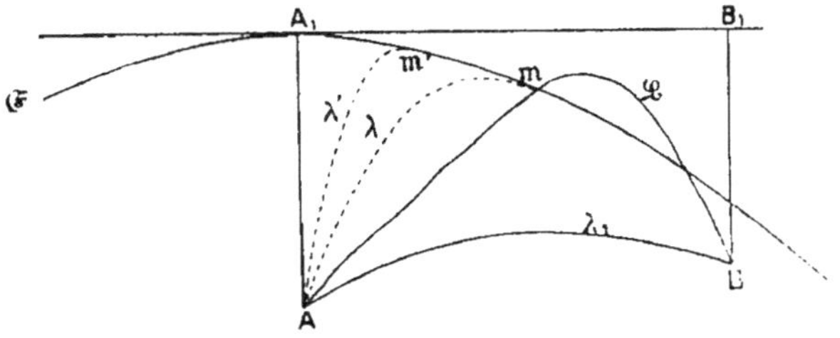

FIG. 49.

Mais d'autre part, soit $\mathfrak{m}'$ un autre point de la parabole de sûreté situé entre A_1 et $\mathfrak{m}$. Si l'on trace de même l'extrémale λ' issue de A et tangente à $\mathfrak{E}$ en $\mathfrak{m}'$ (*fig.* 49) on aura (n° **333**) :

$$\int_{(\lambda)A}^{\mathfrak{m}} = \int_{(\lambda')A}^{\mathfrak{m}'} + \int_{(\mathfrak{E})\mathfrak{m}'}^{\mathfrak{m}}.$$

Déplaçons le point $\mathfrak{m}'$ sur $\mathfrak{E}$ jusqu'à l'amener à coïncider avec le point A_1 : l'extrémale A$\mathfrak{m}'$ devient la verticale AA_1, et on voit ainsi qu'on diminue le résultat en remplaçant $\mathfrak{T}$ par cette verticale, suivie d'un chemin qui va de A_1 en B.

Cette seconde partie donnant manifestement une action plus grande que la verticale B_1B, notre conclusion est démontrée [1].

---

[1] La partie A_1B_1 de l'axe des x donne évidemment une intégrale nulle.

344. Pour avoir le minimum, il faut donc prendre celui des deux chemins λ_1 ou AA_1B_1B qui fournit la plus petite action.

La ligne λ_1 est évidemment celle qui convient si le point B est très rapproché de A.

Conformément à la remarque du n° **334**, cette propriété cessera non seulement lorsque le point B atteindra la parabole de sûreté de foyer A, mais avant qu'il en soit ainsi.

Soit

$$(106) \qquad (x-h)^2 - 4m(z-m) = 0$$

l'équation d'une parabole λ_1, les coordonnées h, $2m$ du foyer étant liées par la relation

$$(107) \qquad h^2 - 4m(z^0 - m) = 0$$

qui exprime que λ_1 passe par A. Soient x, z les coordonnées d'un second point B pris sur λ_1. L'action suivant AA_1B_1B est $\frac{2}{3}\left(z^{0\frac{3}{2}} + z^{\frac{3}{2}}\right)$. L'action suivant l'arc de parabole λ_1 a la valeur

$$\int_0^x \sqrt{z}\,dx\sqrt{1+\left(\frac{dz}{dx}\right)^2} = \int \sqrt{z}\,dx\sqrt{1+\frac{(x-h)^2}{4m^2}} = \frac{1}{\sqrt{m}}\int_0^x z\,dx$$
$$= \frac{x}{3}\,\frac{x^2 - 3hx + 3(h^2+4m^2)}{4m^{\frac{3}{2}}}.$$

Ces deux valeurs de l'action sont égales lorsque les points A, B sont sur une même verticale : car alors les deux chemins qui les fournissent sont tous deux (cf. page 118, note 1) composés des deux portions de verticales AA_1, A_1B.

Sur une parabole λ déterminée passant par A et non réduite à une droite double, la différence

$$(108) \qquad I_{(AA_1B_1B)} - I_{(\lambda)A}^{B} = \frac{2}{3}\left[z^{0\frac{3}{2}} + z^{\frac{3}{2}} - x\,\frac{x^2 - 3hx + 3(h^2+4m^2)}{8m^{\frac{3}{2}}}\right]$$

(considérée comme fonction des coordonnées du point B variable sur la courbe) s'annule une fois et une seule de chaque côté de A, comme le montre aisément l'étude de sa dérivée par rapport à x.

Soit N le point ainsi obtenu : on en obtient le lieu sous une forme simple en posant

$$(109) \qquad \sqrt{\frac{4mz}{x^2}} = u \qquad \sqrt{\frac{4mz^0}{x^2}} = v$$

(les radicaux étant pris positivement). L'élimination de x, z, z^0 entre les équations (106), (107), (109) et celle qu'on obtient en annulant la différence (108) donne

$$2(u^3 + v^3) - 3(u^2 + v^2) + 1 = 0,$$

équation qui se décompose en

$$u + v - 1 = 0$$

(laquelle correspond au cas où $x = 0$, c'est-à-dire où A et B sont sur une même verticale et où nous venons de voir que la différence (108) est effectivement nulle) et en

$$(110) \qquad 2(u^2 - uv + v^2) - (u + v) - 1 = 0.$$

Cette dernière représente dans le plan des m, une ellipse (*fig.* 50) dont le petit axe n'est autre que le segment de la droite $u + v = 1$ compris entre les droites $u = 0$, $v = 0$, pendant que le grand axe est, par conséquent, dirigé suivant la droite $u = v$.

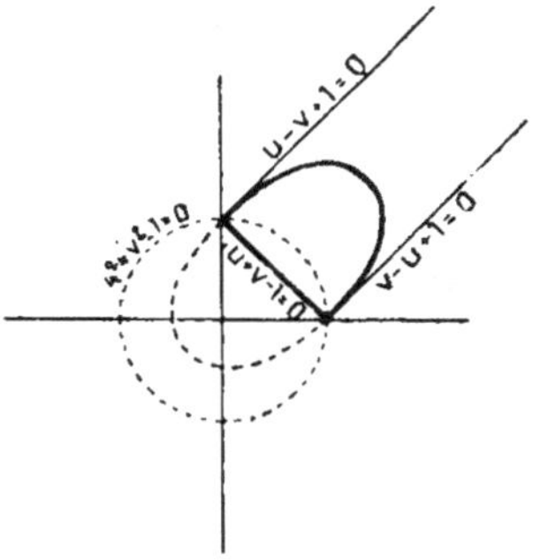

FIG. 50.

A tout système de valeurs positives de u, v (telles que $u + v \geqq 1$ et $|u - v| \leqq 1$) correspond (z^0 étant donné) un système déterminé de valeurs de x^2, z, $\frac{h}{x}$, m, c'est-à-dire, à une symétrie près par rapport à l'axe des z, un point B déterminé et une parabole λ passant par ce point. Si u, v satisfont, en outre, à l'équation (110), B et λ seront tels que l'expression (108) s'annule. D'après le résultat de M. Darboux, le foyer conjugué de A ne devra pas, dans ces conditions, être situé entre A et B : c'est-à-dire que, relativement aux points A et B considérés, λ devra être la parabole λ_1 et non la parabole λ_2 ; et c'est ce que l'on vérifie aisément [1].

Si, enfin, après avoir exprimé x^2 et z en fonction de u et de v, on remplace ces quantités elles-mêmes par les expressions

$$u = \frac{t^2 + t\sqrt{3}}{1 + t^2}, \qquad v = \frac{1 + t\sqrt{3}}{1 + t^2},$$

---

[1] La condition que doivent remplir u, v (vérifiant ou non l'équation (110)), pour que la parabole λ correspondante (supposée réelle) soit une parabole λ_1 et non une parabole λ_2, est $u^2 + v^2 - 1 > 0$. Autrement dit, le point de coordonnées u, v doit être extérieur au cercle représenté en trait discontinu sur la *fig.* .

t variant de o à $+\infty$ (ce qui correspond à la partie de l'ellipse (110) située dans la région $u > 0$, $v > 0$), on voit que la courbe (N), lieu du point N, peut être considérée comme représentée par les équations

$$\left.\begin{aligned} \left(\frac{x}{z^0}\right)^2 &= \frac{2^4\sqrt{3}\,t^3(1 + t\sqrt{3} + t^2)}{(1 + t\sqrt{3})^4} \\ \frac{z}{z^0} &= \left(\frac{t^2 + t\sqrt{3}}{1 + t\sqrt{3}}\right)^2 \end{aligned}\right\} 0 \leq t.$$

La courbe (N) ainsi obtenue a un point singulier à apparence ordinaire à l'origine et des branches paraboliques verticales comme $\mathfrak{C}$. Mais le rapport des abscisses des deux courbes correspondant à une même ordonnée est nul tant à l'origine qu'à l'infini. Il a son maximum $\left(\text{égal à } \frac{1}{\sqrt{2+\sqrt{3}}} = \frac{\sqrt{2}}{1+\sqrt{3}}\right)$ pour $t = 1$ ($z = z^0$).

M. Mac Neish (¹) a étudié à un point de vue tout analogue le problème de la *surface de révolution minima*, dont nous avons parlé au n° **116** *bis*.

345. Si maintenant nous nous reportons à ce que nous avons dit d'une manière générale relativement à l'intégrale

$$\int z^p ds \qquad (p > 0,\ z \geqq 0)$$

aux nᵒˢ **116-119**, nous reconnaîtrons que les conclusions qui viennent d'être formulées lui sont entièrement applicables.

Si en effet deux points A, B peuvent être joints par deux arcs d'extrémales, nous avons établi qu'un et un seul de ces deux arcs vérifie la condition de Jacobi. Cet arc, tant qu'il existe — c'est-à-dire tant que l'un des deux points donnés est à l'intérieur de la courbe $\mathfrak{C}$ correspondant à l'autre — réalise la construction de Weierstrass entre ces deux points.

Il en résulte qu'il fournit un minimum relatif, et même un minimum absolu par rapport à tout chemin $\mathfrak{L}$ entièrement intérieur à $\mathfrak{C}$.

Par rapport aux chemins qui traversent $\mathfrak{C}$, le minimum sera

(¹) *Ann. of Math.*, série 2, t. 7 (1905); p. 65.

certainement fourni par la ligne brisée AA_1B_1B (n° **343**). La démonstration donnée à cet égard dans le cas de $p = \frac{1}{2}$ repose en effet uniquement sur ce que la parabole de sûreté est tangente en A à xx' et dépourvue de point de rebroussement.

Or ces propriétés appartiennent (n° **119**) à $\mathfrak{C}$, quel que soit le nombre positif p.

346. On peut ramener à une question d'extremum libre celle, qui s'est posée au n° **219** à propos du **mouvement curviligne d'un point pesant soumis au frottement**, de savoir si la droite AB fournit un maximum pour la vitesse finale $\sqrt{u_1}$ d'un tel point, supposé parti de A avec une vitesse initiale donnée (en l'absence de résistance fonction de la vitesse), parmi toutes les trajectoires assujetties à être tangentes à cette droite en A et en B.

Nous apporterons toutefois une restriction de plus en convenant encore que l'angle θ de la tangente à la ligne variée avec Ox doit retrouver en B la même valeur qu'il avait en A (au lieu de varier de $2k\pi$, comme il pourrait le faire sans cela).

Nous admettrons, en outre, que la réaction normale ne change jamais de sens sur les trajectoires considérées, qu'elles restent, par exemple, toujours sinistrorsum $\left(\text{ce qui suppose en particulier que l'angle de AB avec } Ox \text{ est compris entre o et } \frac{\pi}{2}\right)$. L'équation (195) donnera

$$u^1 = e^{-2\tau\theta^1} \int e^{2\tau\theta}(dx - \tau dy)$$

et si, comme nous le supposons, la valeur de θ est donnée aux limites, nous aurons à chercher le maximum de l'intégrale qui figure au second membre et dans laquelle on a $\theta = \operatorname{arc\,tg} \frac{dy}{dx}$.

Cette intégrale rentre bien dans le type général (1') étudié en ce moment. On doit remarquer toutefois qu'ici $\overline{f}(x, y, dx, dy)$ n'est pas une fonction bien déterminée de dx, dy. Sa valeur ne peut être exactement assignée que par l'étude de la variation continue de θ le long de $\mathfrak{C}$.

Supposons que nous puissions prendre y comme variable indépendante, et écrire par conséquent notre intégrale sous la forme

$$\int_{y^0}^{y^1} e^{-2\tau \operatorname{arc\,tg} x'}(x' - \tau)\,dy.$$

La condition de Jacobi est toujours remplie, puisque les extrémales sont des lignes droites. La condition de Legendre l'est également, et au sens strict, pour toutes les valeurs de x, y, x'. La fonction

$$f(x', x, y) = e^{-2\tau \operatorname{arc\,tg} x'}(x' - \tau)$$

a, en effet, pour dérivée seconde par rapport à x'

$$f_{x'^2} = \frac{-4\tau(1 + \tau^2)}{(1 + x'^2)^2}\, e^{-2\tau \operatorname{arc\,tg} x'}.$$

La droite AB réalise donc le maximum dans les conditions où nous venons de nous placer, c'est-à-dire si, outre la condition d'être bi-tangentes à AB, les courbes variées sont assujetties à celles que y y varie toujours dans le même sens.

Or, nous devons admettre qu'il en est ainsi, si nous conservons la double hypothèse que nous avons adoptée. Si, en effet, θ, initialement compris entre o et π, était susceptible de sortir de cet intervalle, il devrait atteindre en décroissant, soit certaines valeurs inférieures à zéro, soit (puisqu'il doit finalement revenir à sa valeur primitive), certaines valeurs supérieures à π. Dans l'un ou l'autre de ces deux cas, la ligne $\mathfrak{L}$ cesserait d'être sinistrorsum, d'après l'expression (189′) n° **216**, de N.

On aurait pu encore, dans les mêmes hypothèses, partir de l'expression $\bar{f}(x, y, \cos\theta, \sin\theta)$ en fonction de θ et employer la formule (86) du n° **309**. On a immédiatement

$$\bar{f} + \frac{d^2\bar{f}}{d\theta^2} = -4\tau(1 + \tau^2)\sin\theta e^{2\tau\theta}.$$

Cette formule donne bien le résultat cherché, d'après ce qui a été dit au n° **309**, si les arguments θ de la ligne variée et d'une extrémale spéciale ne diffèrent pas de plus de π et ne comprennent pas entre eux de valeur égale à un multiple de π : double condition que nous devons considérer comme toujours vérifiée, ainsi que nous venons de le voir.

347. Dans tous les raisonnements généraux qui précèdent, nous avons admis que les données du problème étaient régulières, c'est-à-dire que la fonction f était finie et continue ainsi que ses dérivées des deux premiers ordres, par rapport aux différentes variables dont elle dépend et que $f_{y'^2}$ (dans le cas d'une seule inconnue) était différent de zéro. Mais, lors même qu'il n'en serait pas ainsi, les raisonnements précédents pourront être encore valables : il suffira que l'on connaisse un faisceau spécial régulier et que l'on soit assuré que l'intégrale $\int \mathcal{E} dx$ est finie et de signe déterminé.

Considérons, par exemple, l'intégrale

$$I = \int_0^a \left(xy'^2 + m^2 \frac{y^2}{x} \right) dx$$

où m est un nombre positif donné et cherchons-en le minimum, y étant assujetti à s'annuler pour $x = 0$ et à prendre, pour $x = a$ la valeur b. Les extrémales, fournies par l'équation différentielle

$$(E) \qquad \frac{d}{dx}(xy') - \frac{m^2 y}{x} = xy'' + y' - m^2 \frac{y}{x} = 0$$

ont pour équation en termes finis

$$y = \alpha x^m + \beta x^{-m}.$$

Toutes celles qui correspondent à $\beta = 0$ passent par l'origine des coordonnées. (Pour $m = 1$, ce seront des lignes droites). L'une d'entre elles passe par le point (a, b) et donne à l'intégrale la valeur

$$I = mb^2.$$

Cette valeur est un minimum. C'est ce que nous prouverons par le raisonnement général. La construction de Weierstrass est évidemment possible en prenant pour extrémales spéciales celles qui partent de l'origine ; et $\mathcal{E}$ est positif.

La seule difficulté qui puisse se présenter est que $\mathcal{E}$ devienne infini (pour $x = 0$).

Mais si l'intégrale I est infinie, elle est nécessairement infinie positive et la question ne se pose pas.

Dans le cas contraire, l'intégrale prise de 0 à x suivant $\mathfrak{C}$ tend par définition vers o avec x, et il en est de même de l'intégrale prise suivant l'extrémale spéciale, qui a la valeur my^2.

Dès lors, au lieu de faire croître x de o à a, faisons-le décroître de a à o. La quantité $|I|$ du nº **299**, recevant d'abord la valeur de $I_{(\mathfrak{L})} - mb^2$, sera constamment décroissante ; et nous venons de voir qu'elle tend finalement vers o.

On a donc bien $I_{(\mathfrak{L})} - mb^2 = 0$.

CHAPITRE IV

LIMITES VARIABLES, SOLUTIONS DISCONTINUES ET VARIATIONS UNILATÉRALES

I. LIMITES VARIABLES SUR DES COURBES DONNÉES

348. Nous avons dit que sous sa forme primitive, la théorie de Weierstrass supposait toujours le faisceau formé avec les extrémales issues d'un même point. C'est M. Kneser qui a donné à la notion de faisceau le sens plus étendu avec lequel elle a été prise dans ce qui précède. Grâce à cette extension, il a pu montrer que les méthodes précédentes s'étendent d'elles-mêmes au cas où l'une des extrémités A de la ligne d'intégration n'est plus fixe, mais simplement assujettie à se mouvoir sur une courbe ou sur une surface donnée Γ.

Il suffira pour cela de composer le faisceau avec les extrémales transversales à Γ.

On pourra alors répéter sans modification (comparer *fig.* 37, 38) les raisonnements des nos **317-321** et l'on trouvera encore

$$(70) \qquad \underset{(\mathfrak{T})}{I} - \underset{(\lambda)}{I} = \int_{\mathfrak{L}} \mathcal{E}\,dx,$$

de sorte que l'extrémale donnée λ fournit pour l'intégrale considérée une valeur plus petite que tout autre chemin suffisamment voisin joignant B à un point A′ de Γ si, en tout point d'une certaine région $\mathfrak{R}$ autour de λ :

1° Il passe une extrémale et une seule du faisceau ainsi constitué (par conséquent transversale à Γ), laquelle varie continûment avec la position du point ;

2° La condition de Weierstrass (relative au minimum fort ou au minimum faible selon les cas) est vérifiée.

La seconde de ces deux conditions est identique à celle qui intervenait dans le cas des extrémités fixes. La première peut se mettre sous une forme analogue à la condition de Jacobi : l'intégrale des équations aux variations qui (dans le cas d'une seule inconnue) devra être différente de zéro sur l'arc AB — ou, pour n quelconque, les solutions dont le déterminant spécial devra ne pas s'annuler sur cet arc — sont celles qu'on déduit de la famille transversale à Γ.

349. Le champ fonctionnel actuel comprenant visiblement à son intérieur celui où nous nous étions placés aux chapitres précédents, les conditions de notre nouvel extremum doivent comprendre celle de l'ancien; et, la condition de Weierstrass étant la même de part et d'autre, la différence, s'il y en a une, doit porter sur la condition de Jacobi.

En fait, on voit immédiatement que notre nouvelle condition de Jacobi est au moins aussi restrictive que la première. Celle-ci exigeait simplement qu'il existât un faisceau régulier : nous exigeons maintenant que ce faisceau soit formé d'une manière donnée à l'avance.

La limite des positions que l'on peut donner au point B de manière à satisfaire à la condition de Jacobi ainsi modifiée, s'obtient en prenant l'enveloppe des extrémales transverales à Γ, puis le point de contact (le plus rapproché de A) entre cette enveloppe et l'extrémale λ : c'est ce que l'on peut appeler le *foyer conjugué de* Γ sur l'extrémale (1).

350. On montrera également que les conditions précédentes sont nécessaires, en répétant les raisonnements du n° **332**. On verra

(1) Ce foyer sera déterminé (dans le cas d'une seule fonction inconnue) par une équation de la forme $\mathbf{y} + h\mathbf{z} = 0$, où $\mathbf{y} = \frac{\partial y}{\partial \alpha_1}$ et $\mathbf{z} = \frac{\partial y}{\partial \alpha_2}$ sont deux solutions de l'équation aux variations, dérivées de y par rapport aux deux constantes arbitraires dont dépend l'intégrale générale de (E). Pour déterminer h, on devra considérer la relation α_1 et α_2 qui exprime qu'une extrémale est transversale à Γ, et h sera la valeur de $\frac{d\alpha_2}{d\alpha_1}$ tirée de cette relation. On verra facilement que la courbe Γ y intervient par sa *courbure* en A.

de même que le minimum cesse déjà en général lorsque le point B coïncide avec le foyer conjugué, l'exception correspondant au cas du foyer en pointe. Le chemin qu'il conviendra d'employer se composera (*fig.* 51).

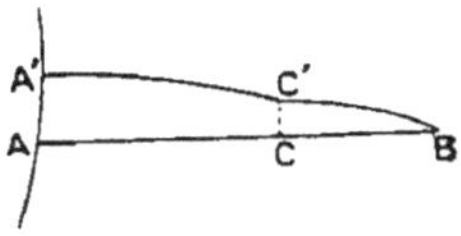

FIG. 51.

1° D'un segment d'extrémale transversale à Γ;

2° D'un segment d'extrémale aboutissant en B.

L'extremum aura lieu ou non suivant que l'angle formé par ces deux lignes sera sortant ou rentrant.

Comme précédemment, lorsque B coïncidera avec le foyer conjugué, l'extremum persistera si un voisinage du second ordre est imposé.

351. *Le foyer de toute courbe (ou surface)* Γ *transversale à* λ *en* A *est situé entre* A *et le foyer conjugué* 𝔄 *de* A.

Ce fait qui n'est pas distinct du théorème de Sturm [1] (n° **269**) revient à celui que nous avons constaté au n° **349**.

Nous savons de par la condition de Jacobi telle qu'elle a été obtenue dans les chapitres précédents que l'extremum n'a plus lieu sur l'arc A𝔄. Or cet extremum devrait persister (la condition de Weierstrass étant vérifiée) si quelque faisceau que ce soit restait régulier sur tout cet arc et, par conséquent, si Γ n'avait pas de foyer conjugué entre A et 𝔄.

Plus généralement, considérons (en nous plaçant, pour simplifier, dans le cas du plan) deux courbes différentes Γ, Γ_1 toutes deux transversales en A à λ et, par conséquent, tangentes entre elles. Nous supposerons que ces deux courbes ne se traversent pas en A et que Γ_1 est (pour fixer les idées) du même côté de Γ que notre arc AB.

Supposons, d'autre part :

1° Que la condition de Weierstrass pour le minimum faible est vérifiée aux environs de l'extrémale λ;

2° Que l'élément d'intégrale donnée est positif en A sur λ et, par

---

[1] Il suffit, pour s'en convaincre, de se reporter à la forme de l'équation qui détermine le foyer de Γ (voir la note précédente).

conséquent aussi sur toute ligne ayant avec la première un voisinage du premier ordre.

Alors je dis que *le foyer de Γ_1 sera plus rapproché de A que celui de Γ*.

Soit en effet B un point de λ plus rapproché de A que le foyer conjugué de Γ_1. La condition de Weierstrass étant vérifiée, le minimum faible est assuré, c'est-à-dire que tout chemin joignant B à un point de Γ_1 et ayant avec λ un voisinage du premier ordre suffisamment étroit donnera à l'intégrale I une valeur plus grande que $I_{(\lambda)}$.

Il en sera dès lors forcément de même, sous les mêmes hypothèses de voisinage, pour un chemin quelconque joignant B à un point de Γ : car un tel chemin se compose d'une partie BA'_1 (*fig.* 52) comprise entre B et Γ_1 et d'une partie A'_1A' comprise entre les deux courbes Γ_1, Γ : or cette dernière, d'après les hypothèses faites, donne dans l'intégrale un terme positif.

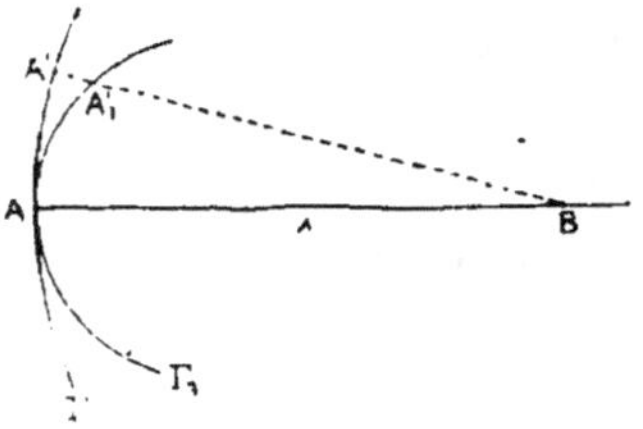

Fig. 52.

Donc si l'arc AB ne comprend pas le foyer conjugué de Γ_1, il ne comprend pas non plus celui de Γ, lequel, par conséquent, est nécessairement plus éloigné que le premier. La coïncidence de ces deux points n'est toutefois pas exclue par le raisonnement précédent.

Nous avons vu que le foyer conjugué d'une courbe Γ sur λ varie avec la courbure de Γ en A. Le théorème actuel nous montre le sens de cette variation [1].

Les résultats seraient renversés si AB satisfaisait aux conditions du maximum et non à celles du minimum, ou si l'élément d'intégrale était négatif au lieu d'être positif.

En un mot, notre conclusion correspond au cas où le signe de l'élément d'intégrale est aussi celui de $\mathcal{E}$; elle serait inverse si ces

---

[1] On peut même, lorsque les foyers de Γ et de Γ_1 sur λ sont donnés, déduire aisément de ce que nous venons de dire des limites pour le rapport $\frac{\overline{A'A_1}}{\overline{AA'}^2}$, c'est-à-dire pour la différence des courbures de Γ et de Γ_1. On utiliserait, à cet effet, les remarques que nous indiquerons plus loin aux nos **397**, **397** *bis*.

deux signes étaient opposés. C'est d'ailleurs le premier cas qui se présente habituellement [1].

Si l'on avait plusieurs fonctions inconnues, les courbes Γ et Γ_1 seraient en général remplacées par deux surfaces, et l'on pourrait recommencer le raisonnement précédent si l'on savait que ces deux surfaces ne se traversent pas au voisinage de A. Mais c'est ce qui n'a pas nécessairement lieu.

352. Nous serons conduits à des considérations tout analogues si nous cherchons avec M. Bliss [2] les conditions du minimum pour le

Cas où les deux extrémités de la ligne d'intégration sont variables et simplement assujetties à décrire respectivement deux courbes données Γ, Γ^1.

Soient A, B deux points pris respectivement sur ces courbes et joints par un arc d'une extrémale λ. Pour simplifier le langage, nous appellerons sens de gauche à droite, sur cette extrémale, celui qui va de A en B.

La courbe Γ a, sur λ, deux foyers conjugués, l'un à gauche $\mathfrak{g}'$, l'autre à droite $\mathfrak{g}$ (chacun de ces foyers pouvant ne pas exister, auquel cas nous le considérons comme indéfiniment éloigné).

De même la courbe Γ^1 aura deux foyers conjugués, l'une $\mathfrak{g}'^1$ à gauche et l'autre $\mathfrak{g}^1$ à droite.

Le point $\mathfrak{g}$ est le foyer conjugué de $\mathfrak{g}'$, puisque ces deux points correspondent à deux zéros consécutifs d'une même intégrale de l'équation aux variations; et le point $\mathfrak{g}^1$ est le foyer conjugué de $\mathfrak{g}'^1$. Il en résulte, en particulier, que les deux points $\mathfrak{g}^1$, $\mathfrak{g}$ se succèdent dans le même ordre que $\mathfrak{g}'^1$, $\mathfrak{g}'$.

Si maintenant l'arc d'extrémale AB doit réaliser un minimum de l'intégrale I par rapport à toutes les lignes voisines joignant un point de Γ à un point de Γ^1, il faudra tout d'abord que la condition de Weierstrass correspondante soit réalisée.

De plus il faudra, évidemment, que les deux foyers $\mathfrak{g}$ et $\mathfrak{g}'^1$

---

[1] Nous avions précédemment montré (n° **315**) qu'on pouvait toujours considérer ce premier cas comme réalisé. Mais la transformation employée à cet effet, à savoir l'addition, à l'élément d'intégrale, d'une certaine différentielle exacte, ne serait plus légitime ici.

[2] *Math. Ann.*, t. 58, p. 70; 1904.

soient extérieurs à l'arc AB. Mais cette dernière condition est comprise dans la suivante que nous allons établir :

L'ordre des points $\mathfrak{g}$, $\mathfrak{g}^1$ — ou, ce qui revient au même, celui des points $\mathfrak{g}'$, $\mathfrak{g}'^1$, — *doit être inverse de l'ordre* A, B.

Autrement dit, les six points dont nous venons de parler (s'ils existent tous) doivent être rangés dans l'ordre $\mathfrak{g}'^1$, $\mathfrak{g}'$, A, B, $\mathfrak{g}^1$, $\mathfrak{g}$.

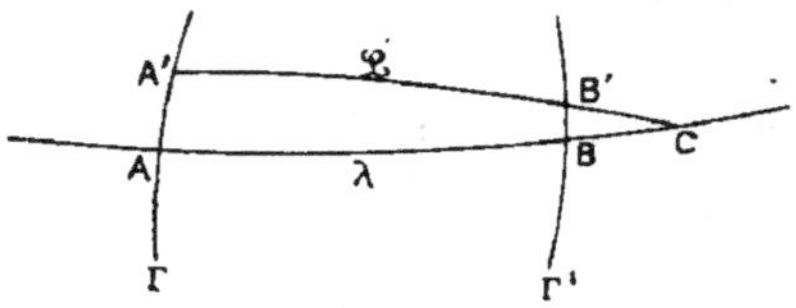

FIG. 53.

Supposons, en effet, que $\mathfrak{g}^1$ soit à la droite de $\mathfrak{g}$ et soit C un point compris entre eux deux sur λ, — situé, par conséquent, au-delà de $\mathfrak{g}$, mais en deçà de $\mathfrak{g}^1$. Il existera des lignes telles que $\mathfrak{L}$ (*fig.* 53) joignant un point A' de Γ au point C et donnant lieu à l'inégalité

$$I_{(\mathfrak{L})}{}^{C}_{A'} < I_{(\lambda)}{}^{C}_{A}.$$

Mais si B' est le point où une telle ligne coupe Γ^1, on aura

$$I^{C}_{B'} > I^{C}_{B}$$

car, d'après nos hypothèses, l'arc BC correspond à un minimum de I par rapport aux lignes terminées au point C et à la courbe Γ^1, contrairement à ce qui a lieu pour l'arc AC et la courbe Γ.

Donc, par différence,

$$I_{(\mathfrak{L})}{}^{B'}_{A'} < I_{(\lambda)}{}^{B}_{A}$$

et, par conséquent, dans ces conditions, le minimum cherché ne serait point réalisé.

353. *Inversement*, supposons que $\mathfrak{g}$ soit, au contraire, à droite de $\mathfrak{g}^1$ et soit encore C un point compris entre eux deux. Je dis que pour tout chemin A'B' suffisamment voisin de AB (le voisinage étant d'ordre zéro ou d'ordre un, suivant la nature de la condition de Weierstrass) et tracé entre Γ et Γ^1, on aura

$$I^{B'}_{A'} > I^{B}_{A}.$$

En effet, B′ étant voisin de B et le point C étant situé au-delà du foyer de Γ¹, [on peut joindre B′ à C par une ligne (voisine de λ) telle que l'on ait

$$(111) \qquad I_{B'}^{C} < I_{B}^{C}].$$

Mais on aura ainsi un chemin A′B′C allant de la ligne Γ au point C et comme, par rapport à de tels chemins, l'arc AC réalise le minimum, on pourra écrire l'inégalité :

$$I_{A'}^{C} > I_{A}^{C}.$$

Donc, par différence,

$$I_{A'}^{B'} > I_{A}^{B}.$$

Comme nous voulions le démontrer.

La condition précédemment imposée aux foyers $\mathfrak{g}$, $\mathfrak{g}^1$, jointe à la condition de Weierstrass est donc nécessaire et suffisante, le seul cas qui reste douteux étant celui où $\mathfrak{g}$ coïnciderait avec $\mathfrak{g}^1$, $\mathfrak{g}'$ avec $\mathfrak{g}'^1$.

Cette même condition est encore nécessaire s'il y a plusieurs fonctions inconnues (de sorte que Γ, Γ¹ sont, en général remplacés par des surfaces [1]), mais nous ne serions plus assurés qu'elle est suffisante, un point sur lequel nous nous sommes appuyés plus haut restant à démontrer (celui que nous avons mis entre crochets).

354. *Exemples.* Considérons encore l'**action relative au mouvement d'un point pesant,** en nous bornant, pour simplifier, aux figures tracées dans un plan vertical fixe.

Cherchons d'abord le chemin qui donne la plus petite valeur à l'intégrale

$$I = \int \sqrt{z}\, ds = \int \sqrt{z} \sqrt{dx^2 + dz^2}$$

parmi tous ceux qui vont d'une droite donnée Γ à un point donné B du plan vertical en question. Proposons-nous, dans ce but, de

[1] La condition serait encore suffisante si Γ était remplacé par une ligne mais c'est alors la démonstration relative à sa nécessité qui pourrait tomber en défaut.

trouver une extrémale passant par B et coupant Γ à angle droit, c'est-à-dire une parabole satisfaisant à ces deux conditions et ayant pour directrice la droite xx' représentée par l'équation $z = 0$.

On construira un telle parabole par une méthode tout analogue à celle des n^{os} **115, 118.** Les paraboles qui ont xx' pour directrice et qui coupent Γ à angle droit sont comme on le constatera sans difficulté, toutes homothétiques entre elles par rapport au point d'intersection [1] O de Γ et de xx'. Elles ont pour enveloppe deux droites fixes $\mathfrak{E}$, $\mathfrak{E}'$ (rectangulaires) [2] passant par O. Le point de contact d'une quelconque de ces droites $\mathfrak{E}$, $\mathfrak{E}'$ avec la parabole est sur la perpendiculaire à OF mené par le foyer F correspondant. Les deux points de contact sont d'ailleurs situés, sur la courbe, de part et d'autre du point A où elle est normale à Γ.

Soit λ_0 l'une de ces paraboles normales à Γ et ayant xx' pour directrice. Pour chercher la parabole homothétique qui doit passer par le point B, on n'a, comme au n° **115**, qu'à joindre OB. Si B est à l'intérieur de l'angle ($\mathfrak{E}$, $\mathfrak{E}'$), cette droite coupera λ_0 en deux points b_1, b_2, à chacun desquels correspond, par homothétie, une solution du problème (cf. n° **115**) [3]. Les points b_1, b_2 comprenant entre eux un des points de contact de λ_0 avec l'enveloppe, il en résulte qu'une et une seule des deux paraboles correspondantes satisfait à la condition de n'avoir aucun point de contact avec l'enveloppe $\mathfrak{E}$ (*fig.* 54) sur l'arc AB compris entre le point B et le point d'incidence de la normale Γ.

Dès lors, la discussion sera toute pareille à celle que nous avons donnée pour le cas des deux extrémités fixes. Le minimum sera fourni :

1° Ou bien par la parabole λ_1 dont nous venons de parler ;

2° Ou bien par la perpendiculaire BB_1 abaissée du point B sur la directrice précédée du segment OB_1 de celle-ci (lequel donne un terme nul dans l'intégrale).

---

(1) Il est clair que ces paraboles ne peuvent exister si Γ est parallèle à xx'.

(2) Le lieu des foyers F de ces paraboles est évidemment une droite issue de O. L'enveloppe se compose des bissectrices des angles formés par la droite en question avec xx'.

(3) On peut aussi, évidemment, construire le foyer de la parabole cherchée, par intersection de la droite OF, laquelle est ici connue (voir la note précédente) avec le cercle décrit de B comme centre et tangent à xx'.

Nous avons raisonné dans le cas de l'action. Mais toutes les propriétés précédentes des extrémales et des foyers conjugués (à l'exception, bien entendu, de ce qui concerne le point F, et aussi de l'orthogonalité de $\mathfrak{C}$ avec $\mathfrak{C}'$) subsistent pour l'intégrale

$$\int z^p ds$$

considérée aux n^os **116-119**.

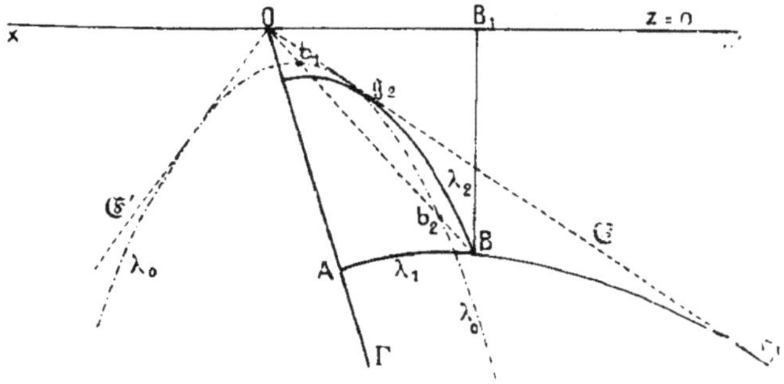

Fig. 54.

Ces propriétés étant seules nécessaires à nos raisonnements, nos conclusions s'étendent à toute valeur positive de p et peuvent même s'étendre aisément aux valeurs négatives (par exemple au problème des brachistochrones).

355. Supposons enfin que les *deux extrémités* AB *soient variables* sur deux droites données Γ, Γ¹ lesquelles coupent xx' en O, O¹. Alors l'intégrale I peut devenir nulle. Il suffit de faire coïncider A et B avec le point d'intersection des deux droites (si celui-ci a un z positif) ou encore de prendre A et B sur la directrice.

Il n'y a donc pas à chercher de minimum absolu. Nous allons voir qu'il n'y a pas non plus de minimum relatif.

Si, d'abord, le point d'intersection de Γ, Γ¹ est du côté des z négatifs, il n'y a pas de parabole extrémale répondant à la question [1].

---

[1] On déterminera l'extrémale λ, soit en construisant le foyer (à l'aide de deux droites issues de O et de O¹ respectivement), soit par homothétie, en me-

Dans le cas contraire, il existe bien une telle extrémale λ (et une seule) (¹) (*fig.* 55) satisfaisant aux conditions du premier ordre. Sur cette courbe, la perpendiculaire élevée par F à OF détermine les foyers conjugués de Γ (lesquels sont bien conjugués l'un de l'autre (nº **352**), puisqu'ils sont en ligne droite avec F). La perpendiculaire à O'F détermine de même les foyers conjugués $\mathfrak{g}^1$, $\mathfrak{g}'^1$ de Γ^1.

Les points $\mathfrak{g}$, $\mathfrak{g}^1$ *sont rangés dans le même ordre que* A, B. On s'assure aisément que (comme le montre la *fig.* 55) l'ordre des points $\mathfrak{g}$, $\mathfrak{g}^1$, comme celui des points A, B, est le même que celui des points O, O' sur xx'.

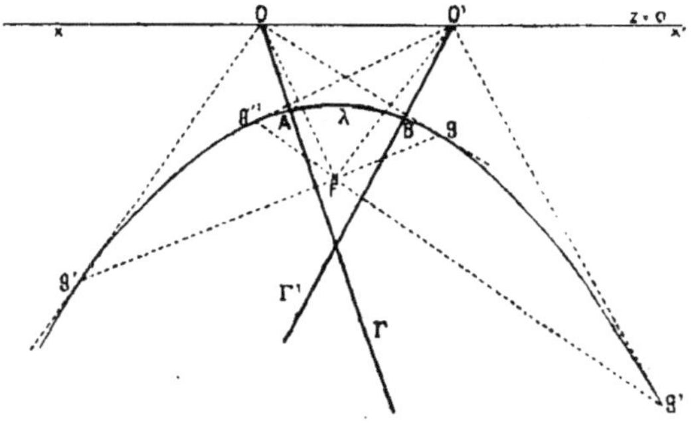

Fig. 55.

Donc, d'après le théorème de M. Bliss, le minimum relatif, — même faible — n'a pas lieu.

Ici encore, cette conclusion s'étend d'elle-même à l'intégrale plus générale $\int z^p ds$.

II. LIGNES FERMÉES

356. Supposons maintenant que λ soit une ligne extrémale fermée et qu'il s'agisse de savoir si elle fournit pour l'intégrale une valeur plus petite que les autres lignes fermées voisines.

---

nant, à une extrémale fixe λ_0, des normales parallèles respectivement à Γ et à Γ^1.

Si le point d'intersection de Γ, Γ^1 était du côté des z négatifs, il en serait de même de λ (notre homothétie devenant inverse) et cette solution serait inacceptable.

(¹) Voir la note précédente.

Nous nous bornerons encore au cas d'une seule fonction inconnue [1].

Rapportons les points voisins de λ à un système de coordonnées curvilignes tel que celui qui est formé par leur distance normale y à la ligne λ (considérée comme positive ou comme négative suivant qu'elle se porte d'un côté ou de l'autre de λ) et par l'arc x de λ qui détermine la position du pied de cette normale. Nous considérerons, en même temps que la figure primitive (*fig.* 56), une figure auxiliaire image de la première (*fig.* 57) dans laquelle x et y seront considérées comme des coordonnées cartésiennes ordinaires.

L'arc x n'est évidemment défini qu'à un nombre entier près, si, — ce qui ne diminue évidemment pas la généralité —, nous prenons comme unité la longueur totale de notre ligne fermée λ. Nous pourrons à volonté, par conséquent, assujettir x à être compris entre 0 et 1 ou considérer comme équivalents deux points de la *fig.* 57 ayant même ordonnée et dont les abscisses diffèrent d'un nombre entier.

Pour simplifier, nous désignerons par une même lettre un point de la *fig.* 56 et son image dans la *fig.* 57, en ajoutant toutefois, dans cette dernière, des indices supérieurs entre parenthèses pour désigner les points équivalents entre eux.

Une ligne fermée voisine de λ sera représentée sur la *fig.* 57 par une ligne allant de l'ordonnée $x = 0$ à l'ordonnée $x = 1$ et dont les extrémités A', $A'^{(1)}$ auront même y.

Comme le minimum doit avoir lieu en particulier si ces extrémités coïncident avec les primitives, il est clair qu'il ne saurait exister si l'on n'a pas :

1° La condition de Weierstrass correspondant au genre de minimum que l'on a en vue ;

2° La condition de Jacobi pour l'intervalle ($x = 0$, $x = 1$).

Inversement, s'il en est ainsi, et si ces conditions sont vérifiées au sens strict, le minimum de l'intégrale entre deux points *donnés* (de même y) pris dans la *fig.* 57 sur les ordonnées $x = 0$, $x = 1$, — c'est-à-dire le minimum de l'intégrale sur une ligne fermée $\mathfrak{L}$

(1) Le problème n'a pas été résolu, à notre connaissance, pour $n > 1$.

(*fig.* 56) voisine de λ partant d'un point *donné* A' et y revenant, — est fourni par une extrémale Λ.

Reste à savoir si ce minimum augmente avec la valeur absolue de l'y du point A'.

Pour cela comme l'a montré M. Poincaré (¹), non seulement le point A ($x = 0$, $y = 0$) ne doit pas avoir son foyer dans l'intervalle (0, 1), mais *il ne doit avoir aucun foyer conjugué, d'abscisse si grande qu'elle soit.*

C'est ce que nous montrerons par une nouvelle application du raisonnement qui nous a servi au n° **332**.

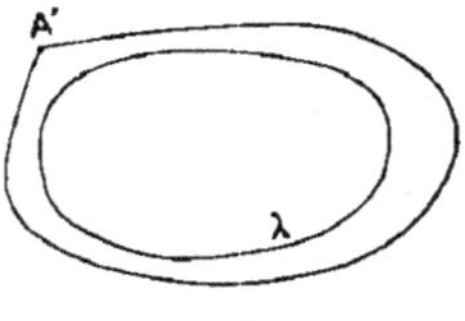

Fig. 56.

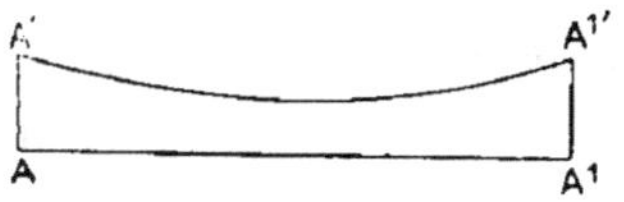

Fig. 57.

La condition de l'extremum sera, ici encore, que, sur l'extrémale qui vient d'être définie, l'angle en A' (*fig.* 56) soit *sortant*. Sur la *fig.* 57, cette condition est que la différence des coefficients angulaires des tangentes en A', $A'^{(1)}$ ait le même signe que la valeur commune des ordonnées de ces deux points.

Soit α cette valeur commune. L'équation de l'extrémale Λ dépend du paramètre α. La dérivée

$$\mathbf{y}(x) = \left(\frac{\partial y}{\partial \alpha}\right)_{\alpha = 0}$$

est une solution de l'équation aux variations, qui prend pour $x = 0$ et pour $x = 1$, la valeur 1. La condition pour qu'il y ait extremum est

$$\mathbf{y}'(1) > \mathbf{y}'(0)$$

ou, si l'on veut (puisque $\mathbf{y}(0) = \mathbf{y}(1) = 1$)

$$(112) \qquad \mathbf{y}(0)\mathbf{y}'(1) - \mathbf{y}(1)\mathbf{y}'(0) > 0.$$

C'est cette condition dont nous allons montrer l'équivalence avec celle qui a été énoncée tout à l'heure.

(¹) *Les méthodes nouvelles de la Mécanique céleste*, t. III, p. 283.

A cet effet, remarquons que la fonction

$$\mathbf{y}_1(x) = \mathbf{y}(x+1)$$

est aussi une solution de l'équation aux variations. Il en résulte que l'expression

$$\Omega(\mathbf{y}, \mathbf{y}_1) = \mathbf{A}(\mathbf{y}\mathbf{y}'_1 - \mathbf{y}'\mathbf{y}_1)$$

est une constante. Or le premier membre de l'inégalité (112) n'est autre (au facteur **A** près) que la valeur de cette expression pour $x = 0$.

Donc, si l'inégalité (112) est vérifiée, la différence

$$\mathbf{y}(x)\mathbf{y}'(x+1) - \mathbf{y}(x+1)\mathbf{y}'(x) \tag{112 bis}$$

sera constamment positive (puisque **A** ne change pas de signe), et le rapport

$$\frac{\mathbf{y}(x+1)}{\mathbf{y}(x)} \tag{113}$$

toujours croissant. Pour $x = 0$ ce rapport est égal à 1 : il est donc plus grand que 1 pour toute valeur positive de x. Appliquant cette remarque dans l'intervalle (0, 1), puis dans l'intervalle (1, 2), etc..., nous voyons que **y** *ne peut s'annuler pour aucune valeur positive de x.*

Pour $x < 0$, c'est $\mathbf{y}(x)$ qui est plus grand que $\mathbf{y}(x+1)$. Il en résulte encore que **y** *ne peut pas s'annuler non plus pour x négatif.*

Donc, comme nous l'avions annoncé, la condition de Jacobi doit être vérifiée dans l'intervalle $(-\infty, +\infty)$.

Supposons, au contraire, l'angle A' *rentrant* et, par conséquent, le premier membre de (112) négatif. Alors, non seulement le rapport (113) sera décroissant, mais sa dérivée restera en valeur absolue supérieure à un nombre fixe, — du moins, assurément, tant que **y** ne changera pas de signe. Cette dérivée ne diffère en effet de la quantité Ω que par le facteur $\mathbf{A}\mathbf{y}^2$. Or celui-ci admet une limite supérieure déterminée, en vertu des inégalités

$$\mathbf{y}(x+1) < \mathbf{y}(x) \qquad (x > 0,\ \mathbf{y} > 0),$$
$$\mathbf{y}(x+1) > \mathbf{y}(x) \qquad (x < 0,\ \mathbf{y} > 0),$$

(qui résultent de la décroissance du rapport (113)).

Donc **y** s'annule pour une certaine valeur positive x' de x.

De même **y** doit s'annuler pour une certaine valeur négative x'' de l'abscisse ; et, par conséquent, *la condition de Jacobi n'est pas vérifiée dans tout intervalle*. En particulier, comme il existe aussi une solution de l'équation aux variations (la quantité $\mathbf{y}(x - n)$) qui s'annule pour $x = x' + n$ et pour $x = x'' + n$ (en désignant par n un entier positif quelconque), le point A devra admettre un foyer conjugué entre ces deux limites, n étant supposé pris assez grand pour que la seconde d'entre elle soit positive.

En un mot, d'une manière générale, l'absence de foyer conjugué est (en y adjoignant, bien entendu, la condition de Weierstrass) une condition nécessaire et suffisante pour l'extremum. Toutefois, un cas échappe à notre démonstration, celui où l'inégalité (112) serait remplacée par une égalité. Alors l'étude de **y** ne pourrait plus être substituée à celle de y. La possibilité de ce cas exceptionnel est d'ailleurs dans la nature des choses : il se présente manifestement lorsque λ fait partie d'une suite continue d'extrémales fermées, lesquelles (n° **139**) donnent alors toutes la même valeur à l'intégrale. Dans ce cas on a identiquement

$$y(x+1, \alpha) = y(x, \alpha). \tag{114}$$

Mais il peut arriver que l'on ait

$$\mathbf{y}(x+1) = \mathbf{y}(x),$$

c'est-à-dire qu'il existe des extrémales se fermant aux infiniment petits du second ordre près, sans qu'elle puissent se fermer rigousement, c'est-à-dire sans qu'on ait la relation (114) [1].

357. Nous indiquerons en quelques mots la démonstration donnée par M. Poincaré et fondée sur des principes tout différents.

Supposons que l'origine A (*fig.* 57) des coordonnées ait un foyer conjugué $\mathfrak{A}$ dont l'abscisse soit comprise entre deux entiers consécutifs n et $n+1$. Alors, le point A et le point $A^{(n+1)}$ de coordonnées $n+1$, o — ou encore les points $A'(o, y)$ et $A'^{(n+1)}(n+1, y)$ — pourront

---

(1) Le criterium donné en premier lieu, et fondé sur le sens de l'angle en A', est d'ailleurs valable dans tous les cas. Lorsque la quantité (112 *bis*) est nulle, cet angle a, avec π, une différence d'ordre supérieur au premier (la distance du point A' à λ étant prise pour infiniment petit principal).

être joints par une ligne $\mathfrak{L}'$, donnant à l'intégrale I une valeur inférieure à $(n+1) \underset{(\lambda)}{I}$.

Sur la figure primitive, $\mathfrak{L}'$ sera une ligne fermée faisant $n+1$ fois le tour de λ : c'est ce que l'on a représenté, sur la *fig.* 58, pour le cas de $n+1=2$.

Or on démontre (1) qu'une telle ligne présente toujours au moins n points doubles et peut dès lors être considérée comme la somme de $n+1$ lignes fermées partielles, dont chacune se ferme après un seul tour : c'est ce que montre, pour $n+1=2$, l'inspection de la *fig.* 58.

Il est clair que l'une au moins de ces portions donnera une intégrale inférieure à $\underset{(\lambda)}{I}$: ce qui démontre que la condition est nécessaire.

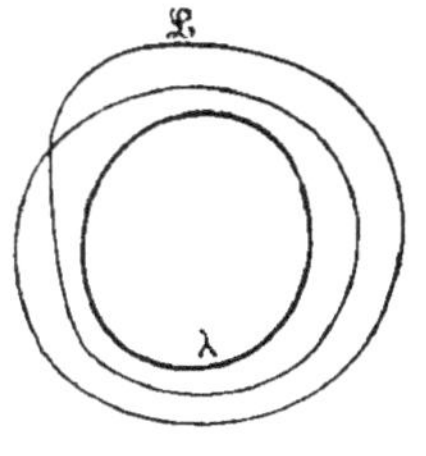

Fig. 58

358. Pour démontrer qu'elle est suffisante, M. Poincaré introduit les extrémales *asymptotiques* à λ. La théorie de ces lignes est d'ailleurs étroitement liée à celle des équations du Calcul des Variations. L'analyse de M. Poincaré (2), n'ayant d'autre point de départ que les équations canoniques de Hamilton, subsiste sans modification pour notre problème général (dans le cas de l'extremum libre). Mais, précisément pour cette raison, nous nous abstiendrons comme nous l'avons fait précédemment de développer cette analyse à laquelle nous renverrons le lecteur. Nous montrerons seulement comment, dans le problème que nous venons d'examiner (comme dans le problème général de la Dynamique) l'absence de foyer conjugué conduit à l'existence des asymptotiques.

Du moment, en effet, qu'il n'existe pas de foyers conjugués, les solutions de l'équation aux variations qui prennent pour $x=0$ la valeur 1, se répartissent, si nous les considérons exclusivement pour les valeurs positives de x, en deux catégories :

1° Celles qui s'annulent pour une valeur positive de x ;

2° Celles qui ne s'annulent pas pour $x>0$.

Il résulte de ce qui précède qu'il existe des solutions des deux catégories et le raisonnement présenté plus haut montre même que toutes les solutions $\mathbf{y}$ pour lesquelles la quantité (112 *bis*) (ou ce qui revient au même la quantité (112)) est négative appartiennent à la première catégorie, toutes celles pour lesquelles elle est positive, à la seconde.

Les premières ont au point commun $(0, 1)$ des dérivées $\mathbf{y}'(0)$ plus petites que les secondes, comme ont le voit immédiatement en appliquant l'équation $\Omega=$ const. à deux solutions dont la première

(1) POINCARÉ, *loc. cit.*, p. 284.

(2) *Ibid.*, p. 286.

s'annule (pour $x = \xi > 0$), l'autre non et donnant à x successivement les valeurs o, ξ.

Pour la même raison, si nous désignons par $\mathbf{y}_\xi$ la solution de l'équation aux variations qui s'annule pour $x = \xi$ et est égale à 1 pour $x = 0$, la valeur de la dérivée $\mathbf{y}'_\xi(0)$ est une fonction croissante de ξ.

Donc il existe une valeur de $\mathbf{y}'(0)$ supérieure à toutes celles qui correspondent à des solutions susceptibles de s'annuler pour $x > 1$ et inférieure à toutes celles qui correspondent à des solutions ne s'annulant pas dans les mêmes conditions. La solution $\mathbf{y}_\infty$ (égale à 1 pour $x = 0$) dont la dérivée prend pour $x = 0$, la valeur ainsi définie est la limite de $\mathbf{y}_\xi$ lorsque ξ augmente indéfiniment.

De plus, pour cette solution limite $\mathbf{y}_\infty$ l'expression (112 *bis*) est nulle, et *le rapport* (113) *est égal à une constante.*

Cette constante est d'ailleurs plus petite que l'unité, puisque la solution qui prend la même valeur pour $x = 0$ et pour $x = 1$ n'admet aucun zéro et a, par conséquent, pour $x = 0$, une dérivée plus grande que $\mathbf{y}_\infty$.

Soit e^{-k} cette constante ($k > 0$) : $\mathbf{y}_\infty$ est évidemment le produit de e^{-kx} par une fonction périodique de x (solution dont la théorie des équations linéaires à coefficients périodiques prévoit d'ailleurs l'existence, mais sans préjuger si k est réel ou imaginaire).

Il tend vers zéro lorsque x augmente indéfiniment. Cette solution $\mathbf{y}_\infty$, — et toutes celles qu'on en déduit en la multipliant par une constante arbitraire — sont des *solutions asymptotiques*.

Il existe de même une solution $\mathbf{y}_{-\infty}$, asymptotique pour les valeurs très grandes et négatives de x. Celle-ci est égale au produit d'une fonction périodique par une exponentielle croissante. La relation

$$\Omega(\mathbf{y}_\infty, \mathbf{y}_{-\infty}) = A(\mathbf{y}_{-\infty}\mathbf{y}'_{+\infty} - \mathbf{y}_{+\infty}\mathbf{y}'_{-\infty}) = \text{const.}$$

montre (la constante du dernier membre étant différente de zéro [1]) que cette exponentielle n'est autre que e^{+kx}. C'est, pour ce cas particulier, la relation générale entre les « exposants caractéristiques ».

359. On démontre [2] que les principaux résultats qui précèdent

---

[1] Cette constante est négative. On a, en effet, $\mathbf{y}_\infty(0) = \mathbf{y}_{-\infty}(0) = 1$, et $\mathbf{y}_{-\infty}(1) > 1 > \mathbf{y}_\infty(1)$. Or ces dernières inégalités donnent

$$\mathbf{y}'_{-\infty}(0) > \mathbf{y}'_\infty(0)$$

sans quoi la différence $\mathbf{y}_\infty(x) - \mathbf{y}_{-\infty}(x)$, nulle pour $x = 0$, devrait contrairement à ce que nous savons, s'annuler une seconde fois dans l'intervalle (0, 1).

[2] Il suffit, pour que le raisonnement précédent devienne applicable, d'établir que $\frac{d\xi}{dy'^0}$ ne s'annule pas, ξ étant l'abscisse du point où une extrémale issue de A' rencontre λ et y'^0 le coefficient angulaire de cette extrémale en A'.

subsistent lorsqu'on considère les y eux-mêmes et les extrémales voisines de λ, au lieu des $\mathbf{y}$.

De plus les asymptotiques ainsi obtenues sont telles qu'il en passe une et une seule (de chaque série) par un point quelconque (voisin de λ) : cette asymptotique se confond avec λ elle-même lorsque le point considéré est sur cette courbe.

En un mot, *les asymptotiques d'une famille forment un faisceau régulier autour de* λ.

Dès lors la méthode à suivre ([1]) n'est autre, au fond, que la méthode de Darboux-Kneser. Elle consiste à mener les lignes transversales à la famille d'asymptotiques en question. Comme ces transversales sont également telles qu'il en passe une et une seule par chaque point voisin de λ, les considérations du n° **314** s'appliquent, et le théorème est démontré.

III. SOLUTIONS DISCONTINUES

360. L'extremum d'une intégrale entre deux points peut, comme l'a montré M. Carathéodory ([2]), être fourni par une solution discontinue.

Toutefois, la question se complique ici de ce que la condition de Weierstrass ne peut pas être vérifiée pour toutes les directions (ainsi qu'il arrivait dans les exemples précédents). Il résulte du n° **171** qu'une solution discontinue est impossible si la figurative est partout convexe, et par conséquent si $\mathcal{E}$ ou $\overline{\mathcal{E}}$ sont de signe constant.

Nous devrons donc (en supposant toujours, pour fixer les idées, que nous ayons en vue un *minimum*) distinguer les directions *fortes* à savoir celles qui, lorsqu'on remplace Y par le coefficient angulaire (ou $\overline{X}$, $\overline{Y}$ par les cosinus directeurs) d'une telle direction, vérifient la condition de Weierstrass pour le minimum, quelle que soit la seconde direction y' (ou $\dot{x}, \dot{y}$) ; et les directions *faibles*, qui ne possèdent pas cette propriété ([3]).

([1]) Poincaré. — *Loc. cit.*, p. 288.

([2]) Voir surtout *Math. Ann.*, t. 62, p. 450.

([3]) Il va être question uniquement de la recherche d'un extremum *fort*. Il faudrait modifier la terminologie précédente si on voulait l'appliquer à l'extremum faible : une direction (ou ce qui revient au même, un point de la figurative) remplirait ou non, pour l'extremum faible, la condition analogue à

Dans le cas de l'intégrale (1), on voit, si l'on se reporte à ce qui a été dit au nº **306**, qu'une direction forte correspond à un point de la figurative telle que la tangente en ce point soit une *droite extrême* ([1]) de cette courbe, c'est-à-dire telle que (tout en ayant un point commun avec elle) elle la laisse tout entière d'un même côté.

Dans le cas, — qui est celui où nous allons nous placer —, de la forme paramétrique

$$(1') \qquad I = \int \bar{f}(\dot{x}, \dot{y}, x, y)\, dt$$

nous supposerons comme au nº **314**, $\bar{f}$ constamment positif et même différent de zéro. La *figurative*, définie par l'équation (47') du nº **85**, est alors une courbe fermée (*fig.* 59) comprenant l'origine à son intérieur (puisque ses rayons vecteurs sont tous positifs).

Ici encore, les directions fortes correspondront aux points $(\overline{X}, \overline{Y})$ où la tangente à la figurative est droite extrême. En effet, la tangente à la figurative au point $(\overline{X}, \overline{Y})$ de cette courbe ayant pour équation (comme nous l'avons déjà écrit au nº **86**)

$$(114) \qquad 1 - X\bar{f}_{\overline{X}} - Y\bar{f}_{\overline{Y}} = 0,$$

si l'on y remplace les coordonnées courantes X, Y par les coordonnées $\dot{x}$, $\dot{y}$ d'un second point de la figurative, on voit, en tenant compte de la relation

$$\bar{f}(\dot{x}, \dot{y}, x, y) = 1$$

que le premier membre de l'équation (114) devient identique à la quantité $\bar{\mathcal{E}}(x, y; \overline{X}, \overline{Y}, \dot{x}, \dot{y})$ et qu'il est positif si $(\dot{x}, \dot{y})$ est du même côté de la tangente (114) que l'origine.

---

celle qui définit, dans le texte, les directions fortes, suivant le sens de la courbure de la figurative.

Notons également que, dans le cas d'un extremum faible, la ligne variée devrait être également à point anguleux puisque sa tangente devrait toujours avoir une direction voisine de l'une ou de l'autre de celles qui se croisent en P.

([1]) En allemand : *Stützgerade* (droite d'appui).

361. S'il existe une solution ayant pour point anguleux un point donné P(x, y), les directions des tangentes en ce point sont celles des droites qui joignent l'origine aux points de contact a_1, a_2 (*fig.* 59) d'une tangente double à la figurative correspondante à ce point. Soient $(\dot{x}_1, \dot{y}_1)$, $(\dot{x}_2, \dot{y}_2)$ ces deux directions, avec

$$\dot{x}_1 = \cos \mathfrak{z}_1, \quad \dot{y}_1 = \sin \mathfrak{z}_1,$$
$$\dot{x}_2 = \cos \mathfrak{z}_2, \quad \dot{y}_2 = \sin \mathfrak{z}_2.$$

$\mathfrak{z}_1$, $\mathfrak{z}_2$ peuvent être choisis de manière qu'une droite issue de l'origine et d'argument (angle avec l'axe des x) compris entre $\mathfrak{z}_1$ et $\mathfrak{z}_2$ coupe la tangente double entre a_1 et a_2, ce qui entraîne évidemment que leur différence est inférieure à π : soit, par exemple $\mathfrak{z}_2 < \mathfrak{z}_1 < \pi + \mathfrak{z}_2$.

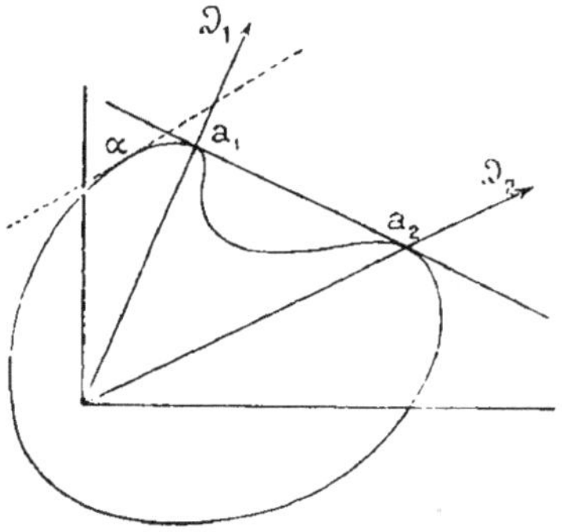

Fig. 59.

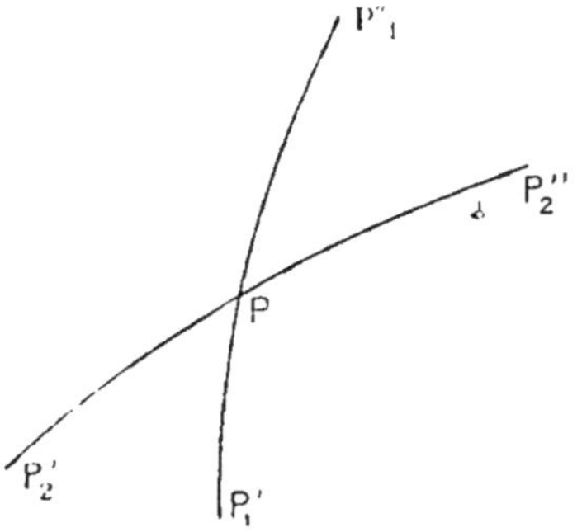

Fig. 60.

Par le point P passent deux extrémales tangentes aux directions $\mathfrak{z}_1$, $\mathfrak{z}_2$, les extrémales $P'_1PP''_1$, $P'_2PP''_2$ (*fig.* 60) dont chacune est, comme cela est nécessaire (n^{os} **71** et **73**), supposée décrite dans un sens déterminé, tel qu'on rencontre les lettres qui la désignent dans l'ordre où nous venons de les énoncer (1). Par conséquent, $P'_1PP''_2$, $P'_2PP''_1$, seront deux solutions discontinues.

Pour que l'une ou l'autre d'entre elles puisse vérifier la condition de Weierstrass, il faut évidemment que les deux directions qui viennent d'être définies soient fortes et que, par conséquent, a_1a_2 soit droite extrême.

---

(1) Les directions d'arguments $\mathfrak{z}_1$, $\mathfrak{z}_2$ sont celles des *demi-droites* tangentes aux deux extrémales et correspondant à ces sens de description.

Supposons qu'il en soit ainsi (de sorte qu'en particulier, a_1 et a_2 ne sont pas points d'inflexion), et soit α un point de la figurative, voisin de a_1 ou de a_2, la droite qui le joint à l'origine faisant avec l'axe des x un angle θ voisin de ϑ_1 ou de ϑ_2. L'inspection de la *fig.* 59 montre immédiatement que la direction ainsi obtenue est forte si θ est inférieur à ϑ_2 ou supérieur à ϑ_1 (en supposant toujours $\vartheta_2 < \vartheta_1$) et faible si θ est compris entre ϑ_1 et ϑ_2..

362. Donnons, en second lieu à x, y des valeurs un peu différentes de celles qui correspondent au point P, et soit Q le nouveau point du plan des xy ainsi considéré.

En ce point les équations simultanées

$$\bar f_{\dot x_1} - \bar f_{\dot x_2} = 0,$$
$$\bar f_{\dot y_1} - \bar f_{\dot y_2} = 0$$

qui définissent (n° **171**) les solutions discontinues, feront connaître un couple de nouvelles directions voisines des premières. Si, en effet, la courbure de la figurative en a_1 et en a_2 et, par conséquent, les quantités

$$\bar A_1 = \bar A(\cos\vartheta_1, \sin\vartheta_1, x, y),$$
$$\bar A_2 = \bar A(\cos\vartheta_2, \sin\vartheta_2, x, y)$$

sont différentes de zéro, le déterminant fonctionnel des premiers membres des équations précédentes par rapport à ϑ_1, ϑ_2, soit (1)

$$\frac{D(\bar f_{\dot x_1} - \bar f_{\dot x_2}, \bar f_{\dot y_1} - \bar f_{\dot y_2})}{D(\vartheta_1, \vartheta_2)} = \bar A_1 \bar A_2 \sin(\vartheta_1 - \vartheta_2)$$

ne sera pas nul, et ces équations détermineront bien deux arguments, fonctions continues de x, y et dont les dérivées seront données par les formules (1)

---

(1) On a, par exemple,

$$\frac{\partial}{\partial\vartheta_1}\bar f_{\dot x_1} = -\bar f_{\dot x_1^2} \sin\vartheta_1 + \bar f_{\dot x_1\dot y_1}\cos\vartheta_1 = -\bar A_1 \sin^3\vartheta_1 - \bar A_1 \sin\vartheta_1 \cos^2\vartheta_1 = -\bar A_1 \sin\vartheta_1\,;$$

cette relation et les autres analogues qu'on peut en déduire en changeant ϑ_1 en ϑ_2 ou $\dot x_1$ en $\dot x_2$, $\dot y_1$ en $\dot y_2$ entraînent celles du texte.

$$\begin{aligned}
\overline{A}_1 \sin(\vartheta_1 - \vartheta_2)\, d\vartheta_1 &= [(\overline{f}_{x\dot{x}_1} - \overline{f}_{x\dot{x}_2}) \cos\vartheta_2 + (\overline{f}_{x\dot{y}_1} - \overline{f}_{x\dot{y}_2}) \sin\vartheta_2]\, dx \\
&\quad + [(\overline{f}_{y\dot{x}_1} - \overline{f}_{y\dot{x}_2}) \cos\vartheta_2 + (\overline{f}_{y\dot{y}_1} - \overline{f}_{y\dot{y}_2}) \cos\vartheta_2]\, dy \\
&= [\overline{f}_{x\dot{x}_1} \cos\vartheta_2 + f_{x\dot{y}_1} \sin\vartheta_2 - \overline{f}_x(\vartheta_2)]\, dx \\
&\quad + [\overline{f}_{y\dot{x}_1} \cos\vartheta_2 + \overline{f}_{y\dot{y}_1} \sin\vartheta_2 - \overline{f}_y(\vartheta_2)]\, dy, \\
-\overline{A}_2 \sin(\vartheta_1 - \vartheta_2)\, d\vartheta_2 &= [\overline{f}_{x\dot{x}_2} \cos\vartheta_1 + \overline{f}_{x\dot{y}_2} \sin\vartheta_1 - \overline{f}_x(\vartheta_1)]\, dx \\
&\quad + [\overline{f}_{y\dot{x}_2} \cos\vartheta_1 + \overline{f}_{y\dot{y}_2} \sin\vartheta_1 - \overline{f}_y(\vartheta_1)]\, dy
\end{aligned}$$

en posant, pour abréger,

$$\begin{aligned}
\overline{f}_x(\vartheta) &= \overline{f}_x(\vartheta, x, y) = \overline{f}_x(\cos\vartheta, \sin\vartheta, x, y) \\
\overline{f}_y(\vartheta) &= \overline{f}_y(\vartheta, x, y) = \overline{f}_y(\cos\vartheta, \sin\vartheta, x, y).
\end{aligned}$$

363. Supposons maintenant que le point Q se déplace à partir de P, sur l'un des quatre arcs d'extrémales PP'_1, PP''_1, PP'_2, PP''_2, construits au n° précédent.

Proposons-nous de savoir si la direction de la tangente en ce point (direction dont l'argument sera désigné par θ) sera forte ou faible.

θ étant initialement égal à ϑ_1 ou à ϑ_2, tout dépendra du signe de la quantité

$$\frac{d}{dt}(\theta - \vartheta_i) . dt \qquad (i = 1, 2)$$

où dt est positif sur les arcs PP''_1, PP''_2, négatif sur PP'_1, PP'_2. dt est d'ailleurs un élément d'arc (puisque nous avons pris $\dot{x}_1^2 + \dot{y}_1^2 = \dot{x}_2^2 + \dot{y}_2^2 = 1$). $d\vartheta_i$ est donné par les formules qui viennent d'être calculées, en y faisant $dx = \cos\vartheta_i dt$, $dy = \sin\vartheta_i dt$. $d\theta = \frac{1}{R} dt$ est donné par la formule du n° **87**.

Portant ces valeurs dans la quantité à évaluer, il vient, en désignant par t_1 ou t_2 la variable t suivant qu'elle est relative à l'extrémale $P'_1PP''_1$ ou à l'extrémale $P'_2PP''_2$,

$$(115) \left\{\begin{aligned}
&\overline{A}_1 \sin(\vartheta_1 - \vartheta_2) \frac{d}{dt_1}(\theta - \vartheta_1) \\
&= \overline{f}_x(\vartheta_2) \cos\vartheta_1 + \overline{f}_y(\vartheta_2) \sin\vartheta_1 - \overline{f}_x(\vartheta_1) \cos\vartheta_2 - \overline{f}_y(\vartheta_1) \sin\vartheta_2 \\
&\qquad = \overline{A}_2 \sin(\vartheta_1 - \vartheta_2) \frac{d}{dt_2}(\theta - \vartheta_2).
\end{aligned}\right.$$

Comme, en vertu de la condition de Weierstrass, $\overline{A}_1$ et $\overline{A}_2$ sont positifs (**308**), on voit que $\frac{d}{dt_1}(\theta - \varpi_1)$ *et* $\frac{d}{dt_2}(\theta - \varpi_2)$ *sont de même signe.*

Dès lors, il résulte de ce qui précède que, *au point* P, *on peut associer d'une manière et d'une seule deux des quatre arcs* P'_1P, P'_2P, PP''_1, PP''_2 *de manière à obtenir une ligne sur laquelle la direction de la tangente soit constamment forte* (au moins tant qu'on ne s'éloigne pas trop de P).

On prendra, à cet effet, les arcs P'_2P, PP''_1 si la valeur commune des quantités (115) est positive; les arcs P'_1P, PP''_2 si cette valeur est négative.

La conclusion serait en défaut si les quantités (115) étaient nulles. Mais dans ce cas, comme l'indique également M. Carathéodory, il est très vraisemblable qu'il existe encore une ligne (et une seule) possédant la propriété précédente; ligne qui est alors en général, sans point anguleux et formée des deux branches d'une même extrémale $P'_1PP''_1$ ou $P'_2PP''_2$.

Les points du plan en lesquels on a :

$$\overline{f}_x(\varpi_2)\cos\varpi_1 + \overline{f}_y(\varpi_2)\sin\varpi_1 - \overline{f}_x(\varpi_1)\cos\varpi_2 - \overline{f}_y(\varpi_1)\sin\varpi_2 = 0,$$

formeront en général (s'ils existent) une courbe : on est conduit à admettre qu'en chacun de ces points, deux points anguleux consécutifs d'une même solution discontinue viennent à se confondre [1].

364. Restons dans le cas où les quantités (115) sont différentes de zéro, de sorte qu'au point P se rejoignent deux arcs forts d'extrémales formant par leur ensemble une solution discontinue. Soit, par exemple, $P'_2PP''_1$ cette ligne brisée sur laquelle nous pouvons supposer les points P'_2, P''_1 marqués de manière que la direction de la tangente soit forte de P jusqu'en P'_2 et de P jusqu'en P''_1, et même que la quantité $\frac{d}{dt}(\theta - \varpi_2)$ soit positive et non nulle sur tout l'arc P'_2P; la quantité $\frac{d}{dt}(\theta - \varpi_1)$, sur tout l'arc PP''_1 [2].

---

[1] Carathéodory, *loc. cit.*, p. 473-474.

[2] Il est nécessaire de remarquer que les quantités en question ont, en un point de l'arc P'_2P ou PP''_1 autre que P, des expressions différentes de celles

Dès lors ces quantités — qui sont des fonctions continues, non seulement de l'arc l porté (positivement dans un cas, négativement dans l'autre) à partir de P, par lequel est défini un point sur une de nos branches de solution discontinue, mais aussi des coordonnées x, y du point P — garderont encore le même signe si nous déplaçons ce point anguleux P au voisinage de sa position primitive : elles le garderont le long d'arcs de solutions discontinues tracés dans ces nouvelles conditions et de longueurs déterminées T_1, T_2 celles-ci étant seulement assujetties à être inférieures (et non égales) aux longueurs primitives P'_1P, PP''_2.

Nous avons donc ainsi (si le déplacement du point P est suffisamment petit) *une série d'arcs de solutions discontinues dépendant de deux paramètres et donnant lieu, en chacun de leurs points, à la condition $\bar{\mathcal{E}} > 0$, quelle que soit la seconde direction en ce point.*

365. Parmi ces arcs, choisissons-en une série dépendant d'un paramètre unique : celle que nous obtiendrons en faisant décrire au point anguleux P un arc de courbe $\mathcal{C}$ (*fig.* 61). Nous aurons

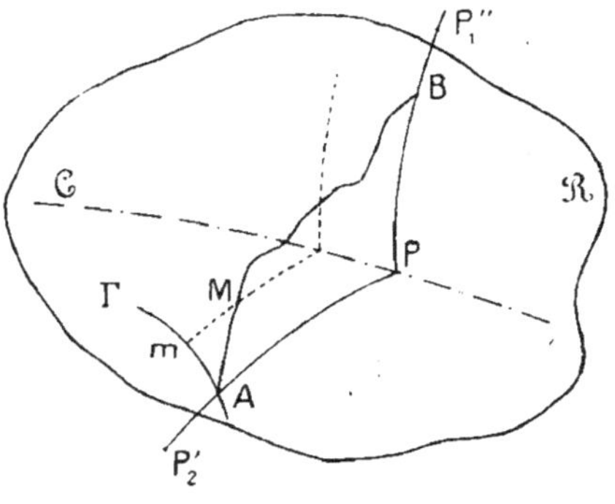

Fig. 61.

ainsi un *faisceau* de solutions discontinues. Nous dirons que ce faisceau est *régulier* dans une région $\mathcal{R}$ autour de $\mathcal{C}$ si, par chaque point M de $\mathcal{R}$ passe une de ces lignes (supposées, bien entendu, régulières, au point anguleux P près) et une seule. C'est ce qui

---

que nous avons calculées plus haut, grâce à ce que θ n'est plus égal à $\mathfrak{I}_1$ ni à $\mathfrak{I}_2$. Mais cette circonstance ne met pas en défaut la continuité de ces quantités, seule invoquée en ce moment.

arrivera si la tangente à $\mathcal{C}$ est constamment extérieure à l'angle $(\mathfrak{S}_1, \mathfrak{S}_2)$ et si en outre le faisceau formé par les arcs P'_2P est régulier d'un côté de $\mathcal{C}$; le faisceau formé par les arcs PP''_1, de l'autre côté [1].

Γ étant une ligne transversale à toutes les extrémales du faisceau P'_2P (et passant, pour fixer les idées, par A), tout point M de $\mathfrak{R}$ pourra, dans ces conditions, être joint à Γ, soit par un arc d'extrémale analogue à P'_2P, si M est du même côté de $\mathcal{C}$ que A (comme cela a lieu sur la *fig.* 61) ; — soit par un arc de solution discontinue si le point M est du même côté de $\mathcal{C}$ que B : arc (Mm, *fig.* 61) d'extrémale ou de solution discontinue sur lequel la direction de la tangente sera constamment *forte* et auquel nous donnerons le nom de **chemin spécial**.

S'il en est ainsi, et si les points A, B sont intérieurs à $\mathfrak{R}$ et pris sur la ligne brisée primitive $P'_2PP''_1$, *celle-ci réalisera le minimum de l'intégrale* (1') *entre ces deux points.*

Le raisonnement fondamental du n° **300** est entièrement applicable ici, à condition de substituer le *chemin spécial* que nous venons de définir à l'extrémale spéciale Λ. Ce raisonnement repose uniquement, en effet, sur :

1° L'existence du faisceau régulier, admise d'après ce que nous venons de dire ;

2° La formule aux limites, laquelle s'applique sans modifications aux solutions discontinues, du moment qu'on a les conditions fondamentales (139) du n° **171** [2] ;

---

(1) On peut se proposer de faire partir les arcs P'_2P d'un point fixe A'. Cette condition détermine $\mathcal{C}$ (puisque, sur chaque arc d'extrémale intérieur à $\mathfrak{R}$, existe un seul point où l'on ait $\theta = \mathfrak{S}_2$) et par suite la série des arcs PP''_1. Le point de contact $\mathfrak{A}'$ de l'un de ceux-ci avec leur enveloppe sera le *foyer* de A' sur la solution discontinue. Voir à ce sujet : CARATHÉODORY, *Thèse* (Göttingue, 1904) § 8, 9 et BOLZA, *American Journal*, t. XXX, p. 209.

(2) Soit, en effet, APB une solution discontinue, A'P'B' une solution voisine (brisée en P') : on aura dans le passage de la première à la seconde :

$$\underset{(AP)}{\delta I} = (\overline{f}_{x'}\delta x + \overline{f}_{y'}\delta y)_P - (\overline{f}_{x'}\delta x + \overline{f}_{y'}\delta y)_{A'},$$

$$\underset{(PB)}{\delta I} = (\overline{f}_{x'}\delta x + \overline{f}_{y'}\delta y)_B - (\overline{f}_{x'}\delta x + \overline{f}_{y'}\delta y)_P$$

Les termes relatifs à P ont la même valeur de part et d'autre en vertu des relations (139) du n° **171** ; donc si l'on additionne membre à membre, ces

3° La condition de Weierstrass, qui est réalisée en vertu des considérations précédentes.

L'existence du minimum est donc démontrée, et il a lieu par rapport à toutes les lignes qui restent intérieures à $\mathfrak{R}$.

366. Signalons encore une autre remarque importante à laquelle les résultats précédents ont conduit M. Carathéodory.

Soit une extrémale qui, sur une partie de son parcours, fournit un extremum fort. D'après nos résultats généraux, cela implique que la direction de sa tangente, sur tout ce parcours, est forte et correspond, par conséquent, à un point de la figurative telle que la tangente soit droite extrême.

Supposons que, en continuant à suivre cette extrémale λ, on trouve qu'à partir d'un certain point P elle cesse de vérifier la condition de Weierstrass pour l'extremum fort. M étant un point variable sur λ, la tangente à la figurative au point qui correspond à la tangente à λ en M devra couper la figurative à partir du moment où M dépasse la position de P. S'il en est ainsi, c'est, en général, que, au moment où M coïncide avec P, la tangente en question est devenue tangente double.

Les raisonnements des n^{os} précédents nous montrent alors, sauf dans des cas exceptionnels, l'existence d'une seconde branche d'extrémale formant avec la première une solution discontinue laquelle à son tour, fournit un extremum et à ce point de vue, par conséquent, doit être considérée comme la véritable continuation de l'extrémale primitive.

IV. VARIATIONS UNILATÉRALES

367. L'étude des problèmes de *variations unilatérales* nous donnera un exemple tout à fait général du fait constaté au n° **41**, à savoir que la considération des variations successives ne peut, à elle seule, renseigner en toute certitude sur l'existence de l'extremum.

---

termes disparaissent et l'on trouve pour la variation de I sur le chemin total APB, la même expression que si ce chemin n'avait pas de point anguleux.

Nous avons déjà utilisé un fait analogue à la fin du n° **158**.

Dans ce cas, en effet (voir n° **161**), si les conditions du premier ordre sont vérifiées, la variation première n'est plus nulle, mais positive et (si ces conditions sont vérifiées au sens strict) ne peut s'annuler qu'avec la variation de la fonction inconnue elle-même.

Dès lors, si le raisonnement général du n° **38** était valable, ces conditions devraient suffire à assurer le minimum.

Nous verrons plus loin (n° **388**) qu'il n'en est rien. Il faut (si du moins le voisinage imposé aux lignes variées n'est que d'ordre zéro ou un) que la condition de Legendre correspondante soit vérifiée : autrement dit que (à la condition de Jacobi près) le signe de la variation seconde concorde avec celui de la variation première.

Pour le moment nous allons supposer cette concordance réalisée.

Considérons, par exemple, avec M. Bliss (1), le problème étudié au n° **165**, celui de l'extremum d'une intégrale lorsque la ligne d'intégration est assujettie à rester dans la région du plan qui est située d'un certain côté d'une courbe donnée $\mathcal{C}$ (*fig.* 62).

Les deux extrémités A, B seront supposées données et, pour plus de généralité, intérieures au sens strict (2) à la région en question. On aura alors une ligne λ vérifiant les conditions du premier ordre (n° **165**) en la composant d'un arc d'extrémale AP aboutissant en un point P de $\mathcal{C}$, d'un arc PQ de $\mathcal{C}$ et d'un arc d'extrémale QB, si l'on suppose :

1° Que AP et QB sont tangents à $\mathcal{C}$ en P et Q respectivement (3) ;

2° Que, le long de PQ, la condition de minimum par rapport aux variations unilatérales est vérifiée.

Si x est pris comme variable indépendante, cette condition est (n° **161**) que $I^{(y)}$ ait un signe déterminé, le signe + si la région permise est située, par rapport à $\mathcal{C}$, du côté des y positifs.

---

(1) *Transactions of the American Math. Soc.* t. V, 1904, p. 477.

(2) Le cas où le point A, par exemple, serait sur $\mathcal{C}$, peut être regardé comme cas particulier de celui que nous traitons dans le texte, l'arc AP, défini plus loin, étant alors nul.

(3) L'extremum ne peut avoir lieu que dans ces conditions, d'après le n° **166**, si la quantité $\mathcal{E}$ n'est pas susceptible de s'annuler extraordinairement. Dans le cas contraire, AP et $\mathcal{C}$ peuvent avoir en P, des tangentes différentes (convenablement liées entre elles) et satisfaire ainsi aux conditions du premier ordre. Mais il n'y aurait pas en général, extremum fort, sauf dans des cas particuliers qu'on aborderait par des méthodes analogues à celles qui servent pour les solutions discontinues (n°s précédents). Quant au minimum faible, il donnerait alors lieu à une observation analogue à celle de la page 439, note 3.

Pour la forme paramétrique, la condition du premier ordre a été obtenue au n° **165**. Mais, même dans ce cas, nous pouvons supposer les coordonnées choisies de manière que x soit toujours croissant sur $\mathcal{C}$ et, par conséquent, dans le voisinage de cette courbe, sur les extrémales qui lui sont tangentes.

Le minimum qui correspond à la forme paramétrique comprenant (*Cf.* n° **71**), comme condition nécessaire, le minimum correspondant dans le cas où x est pris comme variable indépendante, on devra encore avoir, sur l'arc PQ de $\mathcal{C}$, la condition indiquée tout à l'heure

$$I^{(y)} > 0$$

que, pour plus de facilité, nous allons supposer vérifiée *au sens strict*.

Dans ces conditions, recherchons si le chemin APQB donne bien le minimum (fort ou faible) de I, les lignes du champ étant assujetties à ne pas traverser $\mathcal{C}$.

Il faut évidemment, pour cela, tout d'abord, que AP réalise le minimum (fort ou faible) par rapport aux autres chemins joignant A à P.

Nous supposerons donc la condition de Weierstrass (pour le minimum fort ou pour le minimum faible suivant les cas) vérifiée dans le voisinage de AP, et nous supposerons également que cet arc AP vérifie la condition de Jacobi et cela au sens strict.

Ces mêmes conditions seront supposées vérifiées par l'arc QB.

Mais, conformément à ce qui a été dit plus haut, nous ferons une hypothèse de plus relative à l'arc PQ de $\mathcal{C}$. Nous admettrons que celui-ci vérifie, non seulement la condition $I^{(y)} > 0$, mais encore, et même au sens strict, la *condition de Legendre pour le minimum*.

368. De ces hypothèses on déduit, relativement à la disposition des extrémales tangentes à $\mathcal{C}$, des conséquences qui vont nous être utiles.

Une extrémale tangente à $\mathcal{C}$ peut être considérée comme définie par l'abscisse α de son point de contact avec $\mathcal{C}$; soit

$$Y = \chi(x, \alpha) \tag{116}$$

l'ordonnée de l'extrémale ainsi définie. Elle vérifie l'équation différentielle

$$F(Y) = f_Y - \frac{d}{dx} f_{Y'} = -AY'' + \varphi(Y', Y, x) = 0$$
$$(\varphi = f_Y - f_{xY'} - Y' f_{YY'})$$

du n° **59**. Au contraire, l'ordonnée $y = \psi(x)$ de $\mathcal{C}$ vérifie l'inégalité

$$F(y) = -Ay'' + \varphi(y', y, x) > 0$$

Or **A** est supposé positif. Donc, au point de contact $x = \alpha$, où y est égal à Y et y' à Y', on a

(117) $$Y'' - y'' = \frac{\partial^2 Y}{\partial x^2} - \psi''(x) > 0,$$

c'est-à-dire que les extrémales sont, par rapport à $\mathcal{C}$, du côté des y positifs, autrement dit *du même côté que la région permise*.

369. De plus, comme on a, quel que soit α, pour $x = \alpha$,

$$\frac{\partial Y}{\partial x} - \psi'(x) = 0,$$

cette relation, différentiée totalement (c'est-à-dire en considérant α comme identiquement égal à x) par rapport à x, et comparée à l'inégalité précédente, donne (toujours au point de contact)

$$\frac{\partial^2 Y}{\partial x \partial \alpha} < 0$$

et si, comme nous l'avons supposé, l'inégalité $F(y) > 0$ est vérifiée par $\mathcal{C}$ au sens strict, il en est de même de celle que nous venons d'obtenir.

Dès lors (n° **4**) cette inégalité a lieu non seulement pour $x = \alpha$, mais encore pour toute valeur de $x - \alpha$ comprise entre zéro et un nombre déterminé l et pour toute valeur de α comprise entre l'abscisse α_0 du point P et l'abscisse α_1 du point Q) la valeur de $\left|\frac{\partial^2 Y}{\partial x \partial \alpha}\right|$ étant, dans ces conditions, constamment supérieure à un nombre fixe h.

Comme on a $\frac{\partial Y}{\partial x} = 0$ pour $x = \alpha$, cela montre que, pour x plus grand que α et plus petit que $\alpha + l$, $\frac{\partial Y}{\partial \alpha}$ est négatif et supérieur en valeur absolue à $h(x - \alpha)$.

Convenons de ne considérer sur chacune des extrémales (116) que l'arc situé à droite du point de contact, c'est-à-dire celui qui correspond à $x \geqslant \alpha$. Dans ces conditions, Y varie, pour x donné (et $x - \alpha \leqslant l$), en sens inverse de α. Lorsque α décroit depuis x jusqu'à $x - l$ (du moins tant que cette valeur est supérieure à α_0), Y *croît constamment*, depuis la valeur $\psi(x)$ jusqu'à une limite plus grande $\left(\text{en vertu de l'inégalité } \left|\frac{\partial^2 Y}{\partial x \partial \alpha}\right| > h(x - \alpha)\right)$ que $\psi(x) + \frac{hl^2}{2}$.

Donc, si nous traçons, au-dessus de $\mathcal{C}$, la courbe dont l'ordonnée est égale à celle de $\mathcal{C}$ augmentée de $\frac{hl^2}{2}$, nous voyons, que par tout point de la région limitée par la nouvelle courbe en question, par $\mathcal{C}$, par un arc de l'extrémale PP′ tangente à $\mathcal{C}$ en P et par l'ordonnée de Q

$$x = \alpha_1$$

(ou même par une ordonnée d'abscisse un peu supérieure à α_1), il passe une extrémale (116) et (sous la condition $x \geqslant \alpha$) une seule.

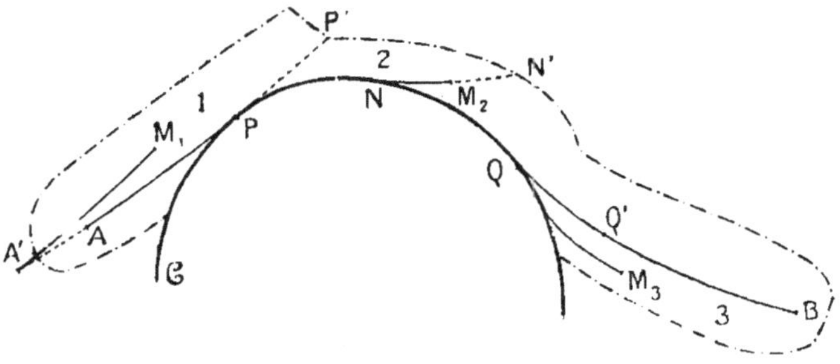

Fig. 62.

Les extrémales en question (suivies, à partir du point de contact, dans le sens des x croissants) *forment dans toute cette région* (laquelle est numérotée 2 sur la figure 62) *un faisceau régulier*.

370. D'autre part, *ces mêmes extrémales forment un faisceau régulier autour de tout l'arc* QB.

Ceci résulte, comme on va le voir, de ce que cet arc vérifie la condition de Jacobi (au lieu qu'aucune condition de cette espèce n'intervient dans la région 2).

Si, en effet, on dérive l'expression (116) de Y par rapport à α, et qu'on fasse ensuite α égal à l'abscisse α_1 du point Q, la dérivée

$$y = \left(\frac{\partial Y}{\partial \alpha}\right)_{\alpha = \alpha_1}$$

ainsi obtenue représentera, le long de QB, une solution de l'équation aux variations. Or cette solution, qui n'est pas identiquement nulle (nous venons de voir qu'elle est négative) est nulle en Q $\left(\text{l'équation } \frac{\partial Y}{\partial \alpha} = 0\right.$ exprime, en effet, que Q est le point de contact de l'extrémale variable avec son enveloppe$\left.\right)$: donc elle coïncide (à un facteur constant près) avec celle qu'on obtiendrait en opérant comme au n° **99**, à l'aide d'extrémales toutes issues de Q ; et elle est, par conséquent, différente de zéro sur tout l'arc QB, le point Q excepté.

Donc, en même temps que les extrémales issues de Q, les extrémales (116) forment un faisceau régulier dans toute une région (numérotée 3 sur la figure 62) de forme analogue à celles qui ont été considérées au n° **296** (*fig.* 35 s'il s'agit de la forme paramétrique, *fig.* 34 dans le cas contraire).

Cette conclusion pourrait rester douteuse pour le voisinage du point Q (puisque **y** y est nul) si ce voisinage ne faisait partie de la région 2, pour laquelle la régularité du faisceau a été démontrée plus haut.

371. Chemin spécial. — Il existe de même un faisceau régulier entourant AP et composé d'extrémales représentées par l'équation (116). Mais nous le laisserons de côté et, autour de AP, nous constituerons le faisceau avec des extrémales issues de A ou, comme précédemment, d'un point A′ situé au voisinage de A sur le prolongement de l'arc d'extrémale AP. En vertu de la condition de Jacobi, qui est encore supposée vérifiée au sens strict, un tel faisceau, si A′ est suffisamment voisin de A, sera régulier dans tout le voisinage de l'arc AP. Nous désignerons par le chiffre 1 (voir *fig.* 62) ce domaine de régularité (en n'en conservant que la partie située au-dessus de $\mathcal{C}$ et non commune avec la région 2).

Cela posé, imaginons qu'on substitue au point A le point A′ et au point B un point quelconque M d'une des régions 1, 2, 3 qui viennent d'être définies. Notre problème de minimum unilatéral admettra encore, du moins en ce qui regarde les conditions du premier ordre, une solution voisine de λ. Si on a pris pour M un point (M_1, *fig.* 62) situé dans la région 1, cette solution se composera simplement[1] d'un arc d'extrémale issue de A'. Si, au contraire, M est un point (M_2, M_3, *fig.* 62) d'un des domaines 2, 3, elle sera formée de l'arc A'P, d'un arc PN de $\mathfrak{C}$ et d'un arc d'extrémale tangent à $\mathfrak{C}$, lequel, dans la région 2, sera tel que sa projection sur l'axe des x soit inférieure à l.

Nous désignerons par la dénomination de *chemin spécial*, et nous désignerons par la notation Λ, la solution ainsi construite. Il résulte de ce qui précède qu'en tout point voisin de λ et situé dans la région permise aboutit un chemin spécial et un seul.

Bien entendu, rien n'empêcherait, dans tout ce qui précède, de remplacer le faisceau issu de A' par tout autre faisceau (transversal en A' à une courbe Γ) régulier autour de AP et comprenant AP.

372. Conditions suffisantes. — La construction du chemin spécial ainsi défini constitue, pour notre problème actuel, la *construction de Weierstrass*.

Moyennant cette construction, la méthode de Weierstrass va s'appliquer sans modification à notre problème actuel et nous montrer que les conditions énumérées jusqu'ici, jointes, s'il y a lieu, à la condition de Weierstrass pour le minimum fort dans la région 2, sont *suffisantes* pour le minimum demandé.

On considérera, à cet effet, la différence

$$[I] = I^{M}_{(\mathfrak{L})A'} - I^{M}_{(\Lambda)A'},$$

Λ désignant le chemin spécial qui aboutit en M. Il suffit évidemment, pour pouvoir écrire la formule de Weierstrass, de s'assurer que la variation de $\underset{(\Lambda)}{I}$ se calcule encore par la formule aux limites.

Or, pour la région 1, cette formule se présente dans les condi-

[1] On se convaincra aisément que les extrémales issues de A', voisines de P et situées au-dessous de AP ne coupent $\mathfrak{C}$ qu'en un point voisin de P et d'abscisse inférieure à celle de P et que, par conséquent, l'arc qui joint A' à un point quelconque de la région 1 est tout entier dans la région permise.

tions habituelles. En un point des deux autres régions, on aura à ajouter les variations de I^{N}_{P} et de I^{M}_{N}. Mais nous avons vu au n° **166** que, $\mathcal{E}$ étant nul en N, les termes correspondant au déplacement de ce point se détruisent. La formule aux limites ne change donc pas de forme et le théorème est démontré.

La condition de Legendre, étant vérifiée au sens strict sur $\mathcal{C}$, entraîne, dans toute la région 2 (si l a été pris assez petit) la condition de Weierstrass pour le minimum faible (n° **325**). Comme cette dernière est déjà supposée dans les régions 1 et 3, le minimum faible est assuré. Nous voyons qu'il suffit, pour cela, que l'on ait, outre les conditions du premier ordre déjà indiquées,

1° les conditions de Legendre et de Jacobi (au sens strict) sur les arcs AP, QB;

2° la condition de Legendre (au sens strict) sur l'arc PQ.

Quand au minimum fort, il est démontré par ce qui précède, moyennant :

1° La condition de Jacobi (au sens strict) pour les arcs AP, QB et la condition de Weierstrass pour le minimum fort au voisinage de chacun de ces arcs;

2° la condition de Weierstrass pour le minimum fort, au voisinage de l'arc PQ.

La théorie précédente s'étend d'elle-même au cas (voir la *fig.* 23, p. 184) où λ se diviserait un nombre quelconque de fois en arcs d'extrémales et arcs de courbe limite.

373. Nous reviendrons plus loin sur le fait que la condition de Legendre pour le minimum (du moins prise au sens large) est nécessaire même pour le minimum unilatéral.

Si, d'autre part, cette même condition de Legendre est vérifiée au sens strict, elle entraîne la condition de Weierstrass pour le minimum faible.

Comme les conditions relatives aux arcs d'extrémales AP, QB sont celles de l'extremum libre, nous n'avons rien à ajouter à leur égard.

Il nous reste à prouver que, pour le minimum *fort*, la condition de Weierstrass correspondante est nécessaire sur PQ.

374. La démonstration est, à une légère modification près, toute semblable à celle qui a été donnée au n° **329**.

Puisque la condition de Legendre est toujours vérifiée, les extrémales (116) sont encore situées dans la région permise, et on pourra s'en servir pour constituer le faisceau spécial.

Dans ces conditions, supposons qu'en un point M_0 de l'arc PQ existe une seconde direction qui, jointe à celle de la tangente à $\mathcal{C}$, rende $\mathcal{E}$ (ou $\overline{\mathcal{E}}$) négatif.

Si cette seconde direction est telle que, en se déplaçant à partir de M_0 dans cette direction, on pénètre au-dessous de $\mathcal{C}$ (région défendue), le chemin varié qu'on considèrera est tout analogue à celui qui est représenté *fig.* 42 (p. 398) : il en diffère en ce que la ligne AM′ sera remplacée par un arc d'extrémale NM′ tangente à $\mathcal{C}$ (1).

Si, au contraire, la direction en question est au-dessus de celle de la tangente à $\mathcal{C}$, de sorte que, suivie à partir de M_0, elle pénètre dans la région permise, il faudra tracer l'arc tangent à $\mathcal{C}$ en sens inverse et après le segment M_0M' : la ligne variée sera alors $APM_0M'NQB$, M′N étant tangent à $\mathcal{C}$ en un point N dont l'abscisse est supérieure à celle de M′.

Dans le premier cas, le raisonnement même qui a été fait plus haut, montre que (moyennant la propriété supposée à M_0M') la ligne variée indiquée donne bien un résultat plus petit que λ.

Dans le second cas, il faudra modifier ce raisonnement en composant le faisceau spécial avec les extrémales (116) considérées exclusivement pour $x \leqslant \alpha$ et non plus pour $x \geqslant \alpha$.

Dans les deux cas, d'ailleurs, on peut (en employant le même faisceau spécial que dans l'étude des conditions suffisantes) prendre pour NM′ ou M′N, non plus une extrémale tangente à $\mathcal{C}$, mais une ligne quelconque dont les tangentes fassent avec celles de $\mathcal{C}$ un angle de l'ordre de $\sqrt{\overline{M_0M'}}$. La longueur du segment NM′ ou M′N serait aussi du même ordre, et la partie correspondante de l'intégrale (70) ou (70 *bis*) (n° **300**) serait (puisque $\mathcal{E}$ ou $\overline{\mathcal{E}}$ est de l'ordre du carré de l'angle des deux directions qu'il contient) comparable à $\overline{M_0M'}^{\frac{3}{2}}$, au lieu que celle qui correspond au segment $\overline{M_0M'}$ est de l'ordre de ce segment même.

---

(1) M_0M' devant être assez petit pour que $\mathcal{E}$ n'y change pas de signe, le point N devra, lui aussi, être voisin de M′ et de M_0.

375. Les raisonnements qui précèdent peuvent s'étendre aux problèmes à plus d'une fonction inconnue, par exemple à celui qui a été considéré au n° **168** et dans lequel la ligne d'intégration $\mathfrak{L}$, tracée dans l'espace ordinaire, est assujettie à être tout entière dans une certaine région de cet espace.

Toutefois, il est aisé de voir que des circonstances nouvelles s'introduiront en ce qui concerne les conditions de Jacobi. Soit

$$\varphi(x, y, z) \geqq 0$$

l'inégalité qui définit la région $\mathfrak{R}$ dans laquelle la ligne $\mathfrak{L}$ doit être située, de sorte que

$$\varphi(x, y, z) = 0$$

est l'équation de la surface S qui limite cette région.

Une ligne λ qui fournit, dans ces conditions le minimum d'une intégrale I entre deux points A et B intérieurs à $\mathfrak{R}$ est nécessairement composée d'au moins deux arcs d'extrémales *libres* (c'est-à-dire satisfaisant aux conditions du premier ordre pour l'extremum libre) AP, QB, reliés entre eux par un arc PQ situé sur S et vérifiant les conditions de minimum unilatéral : soit (en adoptant, comme précédemment, x pour variable indépendante)

$$\frac{I^{(y)}}{\varphi_y} = \frac{I^{(z)}}{\varphi_z} = \rho \tag{118}$$

avec

$$\rho > 0. \tag{118'}$$

Les égalités (118) expriment que PQ est une *extrémale liée*, c'est-à-dire annule la variation première *sur la surface* S.

Si, comme dans le cas du plan, on suppose que PQ vérifie la condition de Legendre pour le minimum, les extrémales tangentes à PQ sont par rapport à S, du côté $\varphi > 0$ [1]...

---

[1] Soient, en effet x, y, z les coordonnées de PQ ; x, Y, Z les coordonnées du point qui a même x que le premier sur une extrémale tangente à PQ ; $\mathbf{A}_{11}$, $\mathbf{A}_{12} = \mathbf{A}_{21}$, $\mathbf{A}_{22}$ les coefficients de la forme Φ qui intervient dans la condition de Legendre. L'extrémale annulant les quantités $I^{(Y)}$, $I^{(Z)}$, les relations (118) s'écrivent

$$\mathbf{A}_{11}(Y'' - y'') + \mathbf{A}_{12}(Z'' - z'') = \rho\varphi_y,$$
$$\mathbf{A}_{12}(Y'' - y'') + \mathbf{A}_{22}(Z'' - z'') = \rho\varphi_z$$

d'où, en multipliant par $(Y'' - y'')$, $(Z'' - z'')$ et ajoutant

$$\rho[\varphi_y(Y'' - y'') + \varphi_z(Z'' - z'')] = \mathbf{A}_{11}(Y'' - y'')^2 + 2\mathbf{A}_{12}(Y'' - y'')(Z'' - z'') + \mathbf{A}_{22}(Z'' - z'')^2.$$

Le second membre étant positif et non nul (puisque Φ est définie positive et $Y'' - y''$, $Z'' - z''$ non tous deux nuls), il en est de même du premier : ce que donne bien le résultat du texte.

Mais ici, il est visible qu'une condition de Jacobi doit être vérifiée par l'arc PQ. Celui-ci doit, en effet, fournir le minimum de l'intégrale par rapport aux lignes tracées entre les mêmes points P, Q sur S : il doit donc vérifier la condition de Jacobi correspondant à cette sorte de minimum.

Moyennant cette condition, PQ peut être considéré comme entouré d'un faisceau régulier d'extrémales *liées* situées sur S.

Si maintenant on prend les différentes extrémales *libres* qui sont tangentes (dans le voisinage de l'arc PQ) à ces extrémales liées, et qui dépendent de deux paramètres α, β (β, paramètre dont dépend l'extrémale liée ; α, abscisse du point de contact), elles forment (lorsqu'on en prend les arcs qui correspondent à $x > \alpha$) un faisceau régulier dans une région analogue à la région 2 de la *fig.* 62 (¹).

Mais il faut, en outre, que ces mêmes extrémales forment également un faisceau régulier autour de l'arc QB.

Or ceci exige une nouvelle condition et cette dernière est, contrairement à ce qui se passait dans le plan, plus restrictive que la condition de Jacobi relative à l'arc AP.

376. Sans étudier de plus près la question que nous venons de poser, il n'est pas inutile de noter que plusieurs des problèmes traités dans ce qui précède ne l'ont été que pour une seule fonction inconnue et que les méthodes employées ne se généralisent pas, au moins immédiatement, aux problèmes analogues à plus de deux dimensions : tel est, par exemple, le cas pour la discussion de l'extremum entre deux foyers conjugués (nᵒˢ **333-336**) ; pour les lignes dont les deux extrémité sont mobiles (nᵒˢ **352-355**) ; pour les lignes fermées.

De nouvelles recherches intéressantes seraient donc à faire sur cet ensemble de sujets.

(¹) Soient, en effet, Y, Z les coordonnées d'une de ces extrémales libres ; y, z, celles d'une extrémale liée. Ces dernières formant un faisceau régulier, on peut, par un changement de variables, supposer qu'elles ont pour équation $y = C^{te} = \beta$. Le déterminant $\frac{D(Y, Z)}{D(\alpha, \beta)}$, divisé par $(x - \alpha)$, donne un quotient différent de zéro pour $x = \alpha$, comme il résulte aisément des relations

$$\left(\frac{\partial Y}{\partial \beta}\right)_{x=\alpha} = \frac{\partial y}{\partial \beta} = 1, \quad \left(\varphi_y \frac{\partial Y}{\partial \beta} + \varphi_z \frac{\partial Z}{\partial \beta}\right)_{x=\alpha} = \left(\varphi_y \frac{\partial Y}{\partial \alpha} + \varphi_z \frac{\partial Z}{\partial \alpha}\right)_{x=\alpha} = 0,$$

$$\left(\varphi_y \frac{\partial^2 Y}{\partial x \partial \alpha} + \varphi_z \frac{\partial^2 Z}{\partial x \partial \alpha}\right) = -\left(\varphi_y (Y'' - y'') + \varphi_z (Z'' - z'')\right) \neq 0.$$

CHAPITRE V

CAS DES DÉRIVÉES D'ORDRE SUPÉRIEUR

377. Faisceau. — Considérons, avec les notations du n° **123**, l'intégrale :

$$I = \int_{x^0}^{x^1} f(y^{(p)}, y^{(p-1)}, \dots y', y, x)\,dx \tag{119}$$

prise le long d'une courbe variable $\mathfrak{L}$ joignant deux points A, B d'abscisses x^0, x^1 en lesquelles les valeurs de $y, y', \dots y^{(p-1)}$ sont données. Admettons qu'il existe une extrémale $\lambda\,(y = \psi(x))$ parmi les courbes $\mathfrak{L}$. Nous dirons que cette extrémale est *entourée d'un faisceau* s'il existe

1° une famille à p paramètres d'extrémales Λ — ayant un contact d'ordre $p - 1$ avec λ en un point A' (1) d'abscisse $x'^0 = x^0 - h$, voisin de A, mais extérieur à AB ou, exceptionnellement, confondu avec A — l'une d'elles étant par conséquent, λ elle-même ;

2° d'autre part, un nombre positif ε,

tels que, $\mathfrak{L}$ étant une ligne quelconque ayant avec λ un voisinage d'ordre $p - 1$ défini par le nombre ε et M un point quelconque de $\mathfrak{L}$ ayant une abscisse comprise entre x^0 et x^1, on puisse trouver une extrémale Λ et une seule de la famille en question, ayant un contact d'ordre $p - 1$ avec $\mathfrak{L}$ en M, extrémale qui variera continu-

(1) On pourrait former des faisceaux plus généraux (dont les extrémales ne passeraient pas nécessairement par un même point) en partant de *conditions de transversalité* déduites des résultats du n° **131**. Nous nous bornerons, pour simplifier, à ceux qui ont été considérés dans le texte.

ment si l'on fait varier continument la position de M et les valeurs de $y', \ldots y^{(p-1)}$ en ce point.

Les extrémales relatives à I dépendent de $2p$ constantes : il y a donc le nombre de paramètres nécessaire pour assujettir l'une d'elles à deux contacts d'ordre $p - 1$. Les équations

$$(120) \quad \Psi(x'^0, \alpha_1, \ldots \alpha_{2p}) = \psi(x'^0), \Psi'(x'^0, \alpha_1, \ldots \alpha_{2p}) = \psi'(x'^0), \ldots, \Psi^{(p-1)}(x'^0, \alpha_1, \ldots \alpha_{2p}) = \psi^{(p-1)}(x'^0)$$

$$(120\ bis) \quad \Psi(x, \alpha_1, \ldots \alpha_{2p}) = y, \Psi'(x, \alpha_1, \ldots \alpha_{2p}) = y', \ldots \Psi^{(p-1)}(x, \alpha_1, \ldots \alpha_{2p}) = y^{(p-1)}$$

(où $y = \Psi(x, \alpha_1, \alpha_2, \ldots \alpha_{2p})$ est l'intégrale générale de l'équation $F(y) = 0$) sont résolubles en $\alpha_1, \alpha_2, \ldots \alpha_{2p}$, et donnent pour ces paramètres des valeurs constantes (que nous prendrons nulles), lorsque l'on a

$$y = \psi(x), \; y' = \psi'(x), \ldots y^{(p-1)} = \psi^{(p-1)}(x).$$

Notre extrémale sera entourée d'un faisceau si ces mêmes équations restent résolubles lorsqu'on donne à $x, y, y', \ldots y^{(p-1)}$ des valeurs respectivement voisines de celles que nous venons d'écrire : plus précisément, des valeurs vérifiant les inégalités (96) (n° **319**) et

$$(121) \qquad |y^{(k)} - \psi^{(k)}x| < \varepsilon \qquad (k = 0, 1, \ldots p - 1).$$

C'est ce qui arrivera si le déterminant fonctionnel

$$\frac{D[\Psi(x'^0, \alpha_1, \ldots \alpha_{2p}), \Psi'(x'^0, \alpha_1, \ldots \alpha_{2p}), \ldots \Psi^{(p-1)}(x'^0, \alpha_1, \ldots \alpha_{2p}); \Psi(x, \alpha_1, \ldots \alpha_{2p}), \ldots \Psi^{(p-1)}(x, \alpha_1, \ldots \alpha_{2p})]}{D(\alpha_1, \ldots \alpha_{2p})}$$

est différent de zéro pour $\alpha_1 = \alpha_2 = \ldots = \alpha_{2p} = 0$ (et pour toute valeur de x entre x'^0 et x^1).

Ce déterminant peut s'écrire

$$(122) \quad \| \mathbf{y}_i(x'^0) \quad \mathbf{y}'_i(x'^0) \ldots \mathbf{y}_i^{(p-1)}(x'^0) \quad \mathbf{y}_i(x) \quad \mathbf{y}'_i(x) \ldots \mathbf{y}_i^{(p-1)}(x) \| \qquad i = 1, 2, \ldots 2p$$

la notation étant celle du n° **279** et les fonctions $\mathbf{y}_i = \frac{\partial \Psi}{\partial \alpha_i}$ étant un système de $2p$ solutions indépendantes de l'équation aux variations $\mathbf{F}(\mathbf{y}) = 0$.

La condition qu'il soit différent de zéro représentera ici la *condition de Jacobi*.

Si les p derniers paramètres $\alpha_{p+1}, \alpha_{p+2}, \ldots, \alpha_{2p}$ sont, comme cela est possible, choisis de manière à ce que leur annulation entraîne, quels que soient les paramètres restants, les équations (120), — autrement dit si $\Psi(x, \alpha_1, \ldots \alpha_p, 0, \ldots 0) - \psi(x)$ s'annule ainsi que ses dérivées jusqu'à l'ordre $p - 1$, pour $x = x^0 + h$, — cette condition se réduira à

$$(122\ bis) \qquad 0 \neq |\mathbf{y}_i(x) \quad \mathbf{y}'_i(x) \ldots \mathbf{y}_i^{(p-1)}(x)| \; (i = 1, \ldots p).$$

Son second membre est une forme du *déterminant spécial* considéré au n° **277**. Les solutions $\mathbf{y}_1, \ldots \mathbf{y}_p$ définies par la propriété précédente sont, en effet, associées deux à deux, puisque chaque terme de l'expression (49') de Ω contient en facteur l'une ou l'autre des fonctions sur lesquelles ce symbole porte ou de leurs dérivées jusqu'à l'ordre $p - 1$, et que (pour les fonctions $\mathbf{y}_i$) toutes ces quantités sont nulles en A'.

La première valeur de x (à partir de x^0) pour laquelle le déterminant (122) ou (122 *bis*) s'annule, définit le foyer conjugué de A'. La condition de Jacobi sera vérifiée au sens strict si (pour A' suffisamment voisin de A ou coïncidant avec A) ce foyer est au-delà de B; et au sens large, si le foyer de A coïncide avec B.

Si maintenant, l'arc AB de λ étant entouré d'un faisceau, la courbe variée $\mathfrak{L}$ a, avec λ, un voisinage (d'ordre $p - 1$ au moins) assez étroit, il existera, en chaque point M de $\mathfrak{L}$, une *extrémale spéciale* Λ (c'est-à-dire une extrémale du faisceau $\Psi(x, \alpha_1, \ldots \alpha_p, 0, \ldots 0)$, ayant, par conséquent, un contact d'ordre $p - 1$ avec λ en A') qui aura avec $\mathfrak{L}$ un contact d'ordre $p - 1$ en M.

378. Extremum faible et extremum fort. — La méthode de Weierstrass, — au moins dans son état actuel, — ne s'applique qu'au cas qui vient d'être mentionné, c'est-à-dire à celui où la ligne $\mathfrak{L}$ est assujettie à avoir avec λ un voisinage d'ordre au moins égal à $p - 1$.

Si le voisinage ainsi imposé à $\mathfrak{L}$ n'est que d'ordre $p - 1$, un extremum réalisé dans ces conditions est dit un *extremum fort*.

Si le voisinage imposé est d'ordre p, on dit qu'il y a *extremum faible*.

Il résulte de là que, dans la recherche actuelle, nous pourrons toujours supposer y exprimé en fonction de x. En effet, au moyen d'un changement de variables, on peut supposer que x aille en croissant sur λ et que y' soit borné. Il en sera dès lors également ainsi pour les courbes $\mathcal{L}$, qui ont avec λ un voisinage d'ordre n au moins (si $n \geqq 2$). Il n'y aura donc plus intérêt, ici, à employer la forme paramétrique.

379. Soit donc déterminée, pour chaque point M de la ligne variée $\mathcal{L}$, l'extrémale spéciale Λ issue du point A′ et qui a avec $\mathcal{L}$ un contact d'ordre $p - 1$ en M. Nous considèrerons la quantité, variable avec M,

$$[I] = I_{(\mathcal{L})A}^{\;M} - I_{(\Lambda)A}^{\;M}$$

et nous écrirons la différence cherchée sous la forme

$$\Delta I = I_{(\mathcal{L})A}^{\;B} - I_{(\lambda)A}^{\;B} = \int_{A\,(\mathcal{L})}^{B} \delta[I].$$

La variation $\underset{(\Lambda)}{\delta} I$ se calculera par la formule (99) du nº **131**. Mais ici cette formule se simplifiera notablement, puisque, en vertu de l'ordre de contact qui existe entre $\mathcal{L}$ et Λ, $\delta y^{(k)} - y^{(k+1)}\delta x$ est nul pour $k < p - 1$. La formule se réduit dès lors à

$$\begin{aligned}\delta[I] &= f(y^{(p)}, y^{(p-1)}, y^{(p-2)}, \ldots, y, x)\,\delta x \\ &\quad - \left[f(Y, y^{(p-1)}, y^{(p-2)}, \ldots, y, x) + (y^{(p)} - Y) f_Y(Y, y^{(p-1)}, \ldots, y, x)\right]\delta x.\end{aligned}$$

où $y, y', \ldots y^{(p-1)}$ ont, par hypothèse, la même valeur sur $\mathcal{L}$ et sur Λ pendant que $y^{(p)}$, Y sont les valeurs de la dérivée $p^{\text{ième}}$ de y prise respectivement sur $\mathcal{L}$ et sur Λ.

On a donc

$$\Delta I = \int_{A\,(\mathcal{L})}^{B} \mathcal{E}\,dx, \tag{123}$$

avec

$$\left\{\begin{aligned}&\mathcal{E}(x, y, y', \ldots y^{(p-1)};\, Y, y^{(p)}) \\ &\quad = f(y^{(p)}, y^{(p-1)}, \ldots y, x) - f(Y, y^{(p-1)}, \ldots y, x) \\ &\qquad - (y^{(p)} - Y) f_Y(Y, y^{(p-1)}, \ldots, y, x).\end{aligned}\right. \tag{124}$$

380. Conditions suffisantes. — Opérant comme au nº **318**, nous remarquerons que Y est (moyennant les inégalités (121)) très voisin de $\psi^{(p)}(x)$.

Dès lors, nous pouvons énoncer les conditions suffisantes suivantes :

Pour que le chemin AB, *supposé appartenant à une extrémale* $\lambda (y = \psi(x))$ *et entouré d'un faisceau, réalise le minimum d'ordre* $p - 1$ (minimum *fort*) *de l'intégrale* (119), *il suffit que* (ε étant pris suffisamment petit) *la quantité* $\mathcal{E}$ *définie par la formule* (124) *soit positive moyennant les inégalités* (96), (121) *et*

$$(121\ b') \qquad | \mathrm{Y} - \psi^{(p)}(x) | < \varepsilon.$$

Les inégalités (121) expriment, en effet, le voisinage d'ordre $p - 1$ entre $\mathfrak{L}$ et λ.

La condition que $\mathcal{E}$ soit positif moyennant les inégalités (96), (121), (121 b') représente ici la *condition de Weierstrass pour le minimum fort.*

De même :

Pour que le chemin AB *appartenant à une extrémale et entouré d'un faisceau — réalise le minimum d'ordre* p (minimum *faible*) *de l'intégrale* (119), *il suffit* — condition de Weierstrass pour le minimum faible — *que* (ε étant pris suffisamment petit) $\mathcal{E}$ *soit positif moyennant les inégalités* (96), (121), (121 b') *et*

$$(121\ c) \qquad | y^{(p)} - \psi^{(p)}(x) | < \varepsilon.$$

381. On peut transformer ces conditions comme nous l'avons fait aux n^os **324-325**. L'expression de $\mathcal{E}$ montre que l'on a

$$\mathcal{E}(x, y, y', \ldots y^{(p-1)}; \mathrm{Y}, y^{(p)}) = \frac{1}{2} (y^{(p)} - \mathrm{Y})^2 f_{\eta^2}(\eta, y^{(p-1)}, \ldots y', y, x)$$

où η est un nombre compris entre $y^{(p)}$ et Y. Alors, nous pourrons poser :

$$\mathcal{E}(x, y, \ldots y^{(p-1)}; \mathrm{Y}, y^{(p)}) = (y^{(p)} - \mathrm{Y})^2\, \mathcal{E}_1(x, y, \ldots y^{(p-1)}, \mathrm{Y}, y^{(p)})$$

l'expression $\mathcal{E}_1$ étant la fonction continue de $x, y, \ldots y^{(p-1)}, y^{(p)}, \mathrm{Y}$, qui est égale à $\dfrac{\mathcal{E}}{(y^{(p)} - \mathrm{Y})^2}$ lorsque $(y^p - \mathrm{Y})$ n'est pas nul et à $\frac{1}{2} f_{\mathrm{Y}^2}(\mathrm{Y}, y^{(p-1)}, \ldots y, x)$ lorsque $y^{(p)} = \mathrm{Y}$.

La condition $\mathcal{E}_1 > 0$, le premier membre étant différent de zéro même pour $y^{(p)} = \mathrm{Y}$, sera (au sens strict) la condition de Weierstrass *modifiée*.

On verra dès lors comme aux nos **325-328** — toujours sous condition de l'existence du faisceau —, qu'*il y aura extremum fort si* $\mathcal{E}_1(x, y, y', \dots y^{(p-1)}, Y, y^{(p)})$ *a un signe constant moyennant les inégalités* (96), (121), *en tout point de* λ *et quel que soit le nombre arbitraire* $y^{(p)}$ *et qu'il y aura extremum faible si* $f_{y^{(p)^2}}$ (égal à $2\mathcal{E}_1(x, y, \dots y^{(p-1)}, y^{(p)}, y^{(p)})$) *a un signe constant sur* λ *sans jamais s'annuler*.

382. Les conditions précédentes, prises au sens large sur λ, sont *nécessaires* pour l'extremum.

1° Si d'abord la *condition de Jacobi* du n° **358** n'est pas vérifiée (même au sens large), c'est-à-dire si en faisant $h = 0$, par conséquent $x'^0 = x^0$, dans le déterminant spécial (122), ce déterminant s'annule non seulement pour $x = x^0$, mais pour une autre valeur $\mathfrak{x}$ de x inférieure à x^1, il existera une solution de l'équation aux variations (combinaison linéaire de $\mathbf{y}^{(1)}, \dots \mathbf{y}^{(2p)}$) qui s'annulera, avec ses dérivées jusqu'à l'ordre $p - 1$ pour $x = x^0$ et pour $x = \mathfrak{x}$.

Cette solution (considérée entre les limites x^0 et $\mathfrak{x}$) donnera une variation seconde nulle, et on en déduira une variation seconde négative en raisonnant comme au n° **293** [1]. L'extremum est donc impossible.

2° Il en est de même si la *condition de Weierstrass* (minimum fort ou minimum faible suivant les cas) n'est pas vérifiée en un point de λ, c'est-à-dire s'il existe une abscisse comprise entre x^0 et x^1 et une valeur μ de $y^{(p)}$ pour lesquelles $\mathcal{E}_1(x, y, y' \dots y^{(p-1)}; Y, \mu)$ est négatif. En effet, menons par le point correspondant M_0 de λ un arc de courbe $z(x)$ tel que l'on ait, en M_0 :

$$z = \psi(x), \dots z^{(p-1)} = \psi^{(p-1)}(x), z^{(p)} = \mu.$$

Alors prenons sur cet arc un point M_1, d'abscisse inférieure à celle de M_0 et assez voisin de M_0 pour que $\mathcal{E}_1(x, z, z', \dots z^{(p-1)}; Y, z^{(p)})$ soit encore négatif (sans jamais s'annuler) sur l'arc M_0M_1. Joignons maintenant A à M_1 par une ligne quelconque ayant un contact d'ordre $p - 1$ avec λ en A et avec M_1M_0 en M_1. On aura pour la

---

[1] On étendra également, sans difficulté, au problème actuel la méthode de Darboux-Erdmann (nos **267, 332**).

ligne $AM_1 M_0B$ ainsi formée :

$$\Delta I = \int_{M_1}^{M_0} (Y - z^{(p)})^2 \mathcal{E}_1 dx + \int_{A}^{M_1} (Y - y^{(p)})^2 \mathcal{E}_1 dx.$$

Si maintenant on suppose que la ligne AM_1 ait un voisinage d'ordre p avec λ, on voit que $Y - y^{(p)}$ sera un infiniment petit du premier ordre (l'infiniment petit principal étant la longueur de $M_1 M_0$) sur cette ligne, tandis que $Y - z^{(p)}$ différera peu de $\mu - y^{(p)}$ sur M_1M_0. Par suite la seconde intégrale sera infiniment petite du second ordre ; la première sera du premier ordre et négative. Dès lors ΔI sera négatif lorsque l'arc M_1M_0 sera assez petit.

383. Il faut observer ici que l'impossibilité de l'extremum fort que nous avons rencontrée (n° **331**) dans le cas des intégrales portant sur des fonctions uniformes des coordonnées et de leurs dérivées premières ne se présente plus pour $p > 1$. En effet (Cf. n° **70**) la variation de x est nécessairement de même sens sur l'extrémale λ et sur les lignes $\mathfrak{L}$ qui ont avec elle un voisinage d'ordre $p - 1$, si $p \geqslant 2$, puisque les tangentes à λ et à $\mathfrak{L}$ font alors entre elles des angles très petits.

CHAPITRE VI

RETOUR AUX MÉTHODES ANCIENNES

384. La méthode de Weierstrass nous a donné une solution complètement rigoureuse de notre problème. Mais si les considérations développées au Chap. I ne nous ont pas amenés à ce résultat, nous allons voir que, convenablement complétées, elles sont cependant capables de fournir les conditions suffisantes cherchées en ce qui regarde le minimum *faible*. Pour cela, nous emploierons les considérations du n° **255** *bis*.

Soit $z = y + \Delta y$, l'ordonnée d'une courbe $\mathfrak{C}$ terminée en A et B, ayant avec λ un voisinage du premier ordre. On aura :

$$|\Delta y| < \varepsilon, \quad |\Delta y'| < \varepsilon \tag{125}$$

entre x^0 et x^1 (avec $\Delta y = 0$ pour $x = x^0, x^1$).

Il s'agit d'étudier le signe de la différence

$$D = \int_{x^0}^{x^1} [f(y' + \Delta y', y + \Delta y, x) - f(y', y, x)]dx.$$

Or on a (comme au n° **16**)

$$f(y' + \Delta y', y + \Delta y, x) - f(y', y, x) = \Delta y f_y + \Delta y' f_{y'} + \frac{1}{2}[(\Delta y)^2 f_{y^2} + 2(\Delta y)(\Delta y')f_{yy'} + (\Delta y')^2 f_{y'^2}] + R$$

avec

$$|R| < \frac{M\varepsilon'}{6}[(\Delta y)^2 + (\Delta y')^2]$$

où M est un nombre fixe (limite supérieure, en valeur absolue, des dérivées troisièmes de f) et ε' une quantité infiniment petite en même temps que $(\Delta y)^2 + (\Delta y')^2$. On peut donc écrire :

$$D = \Delta I + \frac{1}{2}\Delta^2 I + r$$

en posant :

$$\Delta I = \int_{x^0}^{x^1} (f_y \Delta y + f_{y'} \Delta y')\, dx$$

$$\Delta^2 I = \int_{x^0}^{x^1} [f_{y^2}(\Delta y)^2 + 2 f_{yy'} \Delta y\, \Delta y' + f_{y'^2}(\Delta y')^2]\, dx$$

(126) $$r = \theta \frac{M\varepsilon'}{6} \int_{x^0}^{x^1} [(\Delta y)^2 + (\Delta y')^2]\, dx$$

avec $|\theta| < 1$.

ε' peut d'ailleurs être pris aussi petit qu'on le veut si nos deux fonctions ont entre elles un voisinage du premier ordre assez étroit.

Or nous avons vu au n° **255** *bis* que λ étant une extrémale, on a $\Delta I = 0$.

Si donc nous démontrons que $|\Delta^2 I|$ est supérieur à

$$h \int_{x^0}^{x^1} [(\Delta y)^2 + (\Delta y')^2]\, dx,$$

où h est un nombre fixe, il sera démontré que D est positif.

385. Méthode de Weierstrass-Scheeffer. — Pour Scheeffer, le fait en question résulte de celui que nous avons démontré au n° **272**, à savoir l'existence d'une limite supérieure [1] pour le

---

[1] Une telle limite supérieure (mais moins précise) peut s'obtenir sans recours aux calculs du n° **272**, en partant de l'inégalité (inégalité de Schwarz)

$$\left[\int_{x^0}^{x^1} UV dx\right]^2 \leqslant \int_{x^0}^{x^1} U^2 dx \times \int_{x^0}^{x^1} V^2 dx$$

où U et V sont deux fonctions quelconques de x.

Appliquons cette inégalité au cas où l'on a : $U = y'$, $V = 1$. Alors :

$$\left[\int_{x^0}^{x} y' dx\right]^2 \leqslant \int_{x^0}^{x} y'^2 dx \times \int_{x^0}^{x} dx$$

rapport $\dfrac{\int_{x^0}^{x^1} y^2\,dx}{\int_{x^0}^{x^1} y'^2 dx}$ où y est une fonction quelconque nulle aux extrémités.

La méthode de Jacobi-Clebsch donne en effet, en supposant les conditions de Legendre et de Jacobi vérifiées *au sens strict*

$$\Delta^2 I = \int_{x^0}^{x^1} \mathbf{A}\mathbf{z}^2\,\rho'^2 dx$$

(où $\rho = \dfrac{\Delta y}{\mathbf{z}}$, $\mathbf{z}$ ayant la même signification qu'aux n^{os} **261** et suivants) : ce qui donne

$$|\Delta^2 I| > A \int_{x^0}^{x^1} \rho'^2 dx$$

A étant le minimum de la quantité (continue et différente de zéro) $\mathbf{A}\mathbf{z}^2$ entre x^0 et x^1.

Or on a (n° **272**), puisque ρ est nul en x^0 et en x^1 sans être identiquement nul,

$$(127) \qquad \int_{x^0}^{x^1} \rho^2 dx \leqq \frac{(x^1 - x^0)^2}{\pi^2} \int_{x^0}^{x^1} \rho'^2 dx$$

ou :

$$\int_{x^0}^{x^1} \rho^2 dx \geqq \frac{\pi^2}{\pi^2 + (x^1 - x^0)^2} \int_{x^0}^{x^1} (\rho^2 + \rho'^2) dx.$$

Par suite, on pourra écrire :

$$|\Delta^2 I| > B \int_{x^0}^{x^1} (\rho^2 + \rho'^2)\, dx$$

B désignant un nombre positif fixe indépendant de Δy.

---

et comme y est nul pour $x = x^0$. :

$$y^2 \leqq (x - x^0) \int_{x^0}^{x} y'^2 dx \leqq (x - x^0) \int_{x^0}^{x^1} y'^2 dx.$$

D'où, en intégrant de x^0 à x^1 :

$$\int_{x^0}^{x^1} y^2 dx \leqq \frac{(x^1 - x^0)^2}{2} \int_{x^0}^{x^1} y'^2 dx.$$

D'ailleurs, observons que l'on a :

$$\frac{\Delta y^2 + \Delta y'^2}{\rho^2 + \rho'^2} = \frac{\Delta y^2 + \Delta y'^2}{\left(\frac{\Delta y}{\mathrm{z}}\right)^2 + \left(\frac{\mathrm{z}\Delta y' - \mathrm{z}'\Delta y}{\mathrm{z}^2}\right)^2}.$$

C'est le quotient de deux formes quadratiques en Δy et $\Delta y'$ qui sont définies positives et à coefficients bornés. Il a donc un maximum, qui est, comme on sait, racine d'une équation du second degré dont les coefficients sont bornés et différents de zéro. Ce maximum a donc une limite supérieure positive H indépendante de Δy et de x ; ce qui donne l'inégalité demandée

$$(127\ bis) \qquad |\Delta^2 I| > \frac{\mathrm{B}}{\mathrm{H}} \int_{x^0}^{x^1} (\Delta y^2 + \Delta y'^2)\, dx.$$

386. La démonstration s'étend aisément au cas de plusieurs inconnues : en reprenant les notations des nos **273**, **276**, la forme Φ est définie et il en est de même de la forme $\Theta(\rho', \sigma', \ldots)$ qu'on en déduit par la substitution (45) : en les supposant positives pour fixer les idées, le rapport

$$\frac{\Theta(\rho', \sigma' \ldots)}{\rho'^2 + \sigma'^2 + \ldots}$$

a un minimum qui n'est nul pour aucune valeur de x et qui, continu par rapport à x, reste, par conséquent, supérieur à un nombre positif A. On a donc d'après l'expression trouvée au n° **287** pour $\delta^2 I$

$$\delta^2 I > \mathrm{A} \int_{x^0}^{x^1} (\rho'^2 + \sigma'^2 + \ldots)\, dx$$

et en appliquant à chacune des fonctions ρ, $\sigma \ldots$ la conclusion du n° **272**,

$$\delta^2 I > \mathrm{B} \int_{x^0}^{x^1} (\rho'^2 + \sigma'^2 + \ldots + \rho^2 + \sigma^2 + \ldots)\, dx.$$

Mais, d'après les formules (45) la quantité sous le signe $\int$ peut être considérée comme une forme définie par rapport aux $2n$ quantités $\mathbf{y}$, $\mathbf{y}'$ et on peut écrire

$$\delta^2 I > h \int_{x^0}^{x^1} (\mathbf{y}'^2_1 + \ldots + \mathbf{y}'^2_n + \mathbf{y}_1^2 + \ldots + \mathbf{y}_n^2)\, dx$$

h étant encore un nombre positif fixe.

Cette inégalité, en remplaçant $\mathbf{y}_i$, $\mathbf{y}'_i$ par Δy_i, $\Delta y'_i$ et $\delta^2 I$ par $\Delta^2 I$, conduit, comme précédemment, à la conclusion demandée.

387. Méthode de M. Kneser. — L'emploi de l'inégalité (127) devient inutile, comme l'a montré M. Kneser, si l'on suit non la marche indiquée par Legendre, mais celle qu'avait proposée [1] Lagrange lui-même et qui consiste à transformer la variation seconde de manière à faire apparaître sous le signe $\int$ non un carré parfait, mais une somme de deux carrés. Il est clair, par exemple que l'inégalité

$$\int f(\mathbf{y}', \mathbf{y})\, dx > h \int (\mathbf{y}'^2 + \mathbf{y}^2)\, dx$$

est immédiatement assurée si la forme

$$f(\mathbf{y}', \mathbf{y}) = \mathbf{A}\mathbf{y}'^2 + 2\mathbf{B}\mathbf{y}\mathbf{y}' + \mathbf{C}\mathbf{y}^2$$

a pu être remplacée par une expression telle que

$$\mathbf{A}(\mathbf{y}' - \gamma \mathbf{y})^2 + \varepsilon \mathbf{y}^2,$$

dans laquelle ε a le signe du premier terme. Or, ceci revient à remplacer la forme

$$\varphi = f - \varepsilon \mathbf{y}^2$$

par un carré parfait et, pour arriver à ce résultat, il suffira d'opérer sur φ comme nous avons opéré précédemment sur f. L'équation $\mathbf{F}(\mathbf{z}) = 0$ sera alors remplacée par

$$\mathbf{F}(\mathbf{z}) + \varepsilon \mathbf{z} = 0.$$

Or, si ε est suffisamment petit, cette dernière admet une intégrale aussi voisine qu'on veut de la quantité $\mathbf{z}$ que nous avons fait

(1) *Théorie des fonctions analytiques.* (Œuvres t. IX, p. 204).

intervenir au n° **260**, de sorte que si la condition de Jacobi est vérifiée au sens strict pour la première de ces deux équations, elle le sera aussi (voir aussi n° **105** *bis*) pour la seconde.

De même, dans le cas de plusieurs inconnues, on posera (f étant la forme qui intervient au n° **273**)

$$\varphi(y'_1,\dots y'_n, y_1,\dots y_n) = f(y'_1,\dots y'_n, y_1,\dots y_n) - \varepsilon(y_1^2 + \dots y_n^2)$$

et l'on transformera par la méthode de Clebsch l'intégrale $\int \varphi dx$.

388. Contrairement à ce que nous venons de constater dans les numéros qui précèdent, la méthode des variations, telle qu'elle a été exposée au n° **38**, donne, comme nous l'avons annoncé au n° **367**, un résultat inexact lorsqu'il s'agit des *variations unilatérales*.

C'est ce que les calculs que nous venons de développer vont nous permettre de démontrer.

Si, en effet, en employant toujours les notations du n° **384**, nous mettons à part le terme ΔI, ces calculs montrent, du moins en supposant l'intervalle d'intégration assez petit pour vérifier la condition de Jacobi au sens strict, que la partie restante

$$D - \Delta I$$

de l'accroissement de I est (comparer les inégalités (126), (127 *bis*)) comprise entre

$$h \int_{x^0}^{x^1} \Delta y'^2 dx$$

et

$$h' \int_{x^0}^{x^1} \Delta y'^2 dx,$$

h et h' étant deux nombres du même signe, celui de **A** (et dont nous supposerons que h est le plus petit en valeur absolue).

Il est alors aisé de voir que cette quantité $D - \Delta I$ peut être rendue supérieure en valeur absolue à

$$\Delta I = \int_{x^0}^{x^1} I_{(y)} \Delta y \, dx.$$

Soit, en effet, N une limite supérieure de $|I^{(y)}|$. On aura

$$|\Delta I| < N \int_{x^0}^{x^1} |\Delta y|\, dx.$$

Or on peut écrire (Δy étant nul aux limites)

$$\int_{x^0}^{x^1} \Delta y'^2 dx = -\int_{x^0}^{x^1} \Delta y\, \Delta y'' dx.$$

Si donc nous supposons (comme cela a lieu au n° **373**) Δy de signe constant, et si nous prenons $\Delta y''$ également de signe constant et de module au moins égal à un nombre fixe μ, on aura

$$\int_{x^0}^{x^1} \Delta y'^2 dx > \mu \int_{x^0}^{x^1} |\Delta y|\, dx.$$

$|D - \Delta I|$ dépassera donc la valeur de ΔI si l'on a

$$\mu |h| > N.$$

L'inégalité

$$|\Delta y''| > \frac{N}{|h|}$$

peut, il est vrai, pour un intervalle donné, être incompatible avec la seconde des inégalités (125) (n° **384**) ; mais il n'en est certainement pas ainsi si l'intervalle considéré est suffisamment petit [1] ce que nous avons toujours le droit de supposer d'après notre remarque fondamentale II du n° **36**.

Considérons, par exemple, une courbe plane dont un arc très petit AB va être déformé (ses extrémités restant fixes) dans le sens de la *concavité* de la courbe.

La longueur de cet arc commencera par diminuer. Mais elle sera revenue à sa valeur primitive lorsque l'arc aura pris une position symétrique de la première par rapport à la corde AB et, à partir de ce moment, elle prendra des valeurs supérieures à celle dont on est parti.

---

(1) Il suffit qu'il soit inférieur à $\frac{2\varepsilon |h|}{N}$.

388 *bis*. Par contre, *le minimum unilatéral a lieu moyennant la seule condition du premier ordre* (celle-ci étant prise au sens strict) *si les chemins variés sont assujettis à avoir, avec le chemin primitif* λ, *un voisinage du second ordre suffisamment étroit.*

Soit, en effet, N' une limite inférieure de $|I^{(y')}|$ dans tout l'intervalle d'intégration, limite inférieure qui, par hypothèse, existe et est positive. Le terme ΔI dépassera certainement $D - \Delta I$ si l'on a constamment

$$|\Delta y''| < \frac{N'}{|h'|}.$$

389. La méthode de Clebsch n'est elle-même autre chose qu'un cas particulier de la méthode de Weierstrass ou, ce qui revient au même, de celle de M. Hilbert : celui auquel se réduit cette méthode lorsqu'on réduit f à ses termes du second ordre par rapport à δy, $\delta y'$, les extrémales devenant alors celles qui sont données par l'équation ou les équations aux variations.

Prenons le cas d'une seule fonction inconnue et réduisons f à

$$f = \mathbf{A}y'^2 + 2\mathbf{B}yy' + \mathbf{C}y^2.$$

La quantité (88) du n° **311** sera

$$\varphi = \mathbf{A}Y^2 + 2\mathbf{B}yY + \mathbf{C}y^2 + 2(y' - Y)(\mathbf{A}Y + \mathbf{B}y)$$

ce qui donne

$$f - \varphi = \mathbf{A}(y' - Y)^2.$$

Quand à Y, c'est le coefficient angulaire de l'extrémale spéciale qui passe au point (x, y). Or nous composerons un faisceau spécial en prenant

$$y = \alpha \mathbf{z}$$

où $\mathbf{z}$ est une solution de l'équation linéaire (**E**), laquelle coïncide ici avec (E). L'extrémale de ce faisceau qui passe en un point donné (défini par une valeur de x et une valeur de y) correspond à $\alpha = \frac{y}{\mathbf{z}}$; son coefficient angulaire est

$$Y = \alpha \mathbf{z}' = \frac{\mathbf{z}'}{\mathbf{z}}\, y.$$

Nous reconnaissons bien (puisqu'il n'y a pas lieu, ici, de distinguer **y** de y) le résultat obtenu au n° **260**. Il devait d'ailleurs bien en être ainsi, car en cet endroit nous avons cherché à retrancher de la quantité sous le signe $\int$ une quantité linéaire en $\delta y'$ et qui, multipliée par dx donne une différentielle exacte. C'est précisément ce que veut la méthode de M. Hilbert.

Occupons-nous enfin d'avoir la signification de la quantité $\mathbf{jy}^2$ (n° **259**) dont nous venons de considérer la différentielle. Pour cela, il suffit de supposer d'abord que la ligne variée soit une extrémale spéciale, en ajoutant cette hypothèse que la quantité **y** correspondante s'annule pour une certaine valeur x' de x égale ou inférieure à x^0 (c'est-à-dire que les extrémales spéciales ont une enveloppe touchant λ au point A′ dont l'abscisse est x').

Si **y** est l'ordonnée d'une telle extrémale, le second membre disparaît dans l'identité (16′) (n° **259**); en intégrant celle-ci depuis x' jusqu'à x, il vient

$$\int_{x'}^{x} f(\mathbf{y}', \mathbf{y})\, dx = -(\mathbf{jy}^2)_x.$$

Donc *le terme* $-\mathbf{jy}^2$ *n'est autre que la quantité* $I^{\mathrm{M}}_{(\mathrm{A}')}$ considérée au n° **299**, à savoir la valeur de l'intégrale donnée prise de A′ à M sur l'extrémale spéciale qui aboutit en ce dernier point.

L'identité des deux méthodes est donc complètement établie.

390. Dans le cas d'un nombre quelconque d'inconnues, les n solutions (36) du n° **273** définissent encore un faisceau, celui que l'on obtient en considérant les coefficients ρ, σ,... comme des constantes dans les formules (45), autrement dit, un point étant donné dans l'espace à $n+1$ dimensions par un système de valeurs de $x, y_1, \ldots y_n$, la résolution des équations (45) par rapport à $\rho, \sigma, \ldots$ définit l'extrémale spéciale qui passe en ce point. Les quantités soustractives aux seconds membres des formules (45) sont les coefficients angulaires de cette extrémale. En les retranchant de $y'_1, \ldots y'_n$ pour porter ces différences dans la fonction Φ, on obtient la quantité $\mathcal{E}$, sous la forme que donnerait la formule (77).

Quant à la condition que les solutions (36) soient associées deux à deux, il est clair maintenant qu'elle correspond à la nécessité pour les extrémales spéciales de former une famille transversale. C'est ce que l'on vérifiera aisément en remarquant que si les extrémales A forment une famille transverale, la quantité $q_1\delta y_1 + \dots + q_n\delta y_n$ (où $q_i = f_{y'_i}$) est, d'après le principe même de la méthode de Weierstrass, une différentielle exacte. On pourra donc recommencer sur elle le calcul fait au n° **142** sur l'expression (104). Le résultat sera évidemment que le premier membre de (109') — et non plus seulement la différence (109) — est nul. D'après ce qui a été vu au n° **258**, ceci donne bien $\Omega = 0$.

Nous retrouvons le théorème du n° **137** (à savoir que les extrémales ne peuvent être tranversales à une surface sans être transversale à une infinité d'autres) dans le fait que Ω est une constante et que, par conséquent, il suffit d'en annuler la valeur en un point de notre extrémale.

391. Nous pouvons tirer de là un nouveau moyen d'obtenir des solutions associées. Comme nous l'avons vu, en effet, si $u(x, y, z, a_1, a_2) + c$ est une intégrale complète de l'équation aux dérivées partielles (116) du n° **147**, les équations

$$\frac{\partial u}{\partial a_1} = b_1, \quad \frac{\partial u}{\partial a_2} = b_2$$

et de même, d'une manière générale, les équations

$$\frac{\partial u}{\partial a_1} = b_1, \quad \frac{\partial u}{\partial a_2} = b_2, \dots \quad \frac{\partial u}{\partial a_n} = b_n \tag{128}$$

— si u est une intégrale complète de l'équation aux dérivées partielles à laquelle conduit un problème de calcul des variations à n fonctions inconnues et $a_1, a_2, \dots a_n$ les n constantes arbitraires dont elle dépend — représentent une extrémale quelconque. Nous savons également (n° **150**) qu'en y faisant varier les constantes b, les a restant fixes, les extrémales ainsi obtenues forment une famille transversale.

Il résulte de là que *les n solutions*

$$(128\ bis)\quad \begin{cases} \left(z_1^{(1)} = \frac{\partial y_1}{\partial b_1},\ z_2^{(1)} = \frac{\partial y_2}{\partial b_1},\dots\ z_n^{(1)} = \frac{\partial y_n}{\partial b_1}\right); \\ \left(z_1^{(2)} = \frac{\partial y_1}{\partial b_2},\ z_2^{(2)} = \frac{\partial y_2}{\partial b_2},\dots\ z_n^{(2)} = \frac{\partial y_n}{\partial b_2}\right); \\ \dots\dots\dots\dots \\ \left(z_1^{(h)} = \frac{\partial y_1}{\partial b_h},\ z_2^{(h)} = \frac{\partial y_2}{\partial b_h},\dots\dots\dots \right); \\ \dots\dots\dots\dots \end{cases}$$

des équations aux variations sont associées deux à deux. C'est ce que l'on vérifie d'ailleurs par un calcul direct (1).

Nous avons d'ailleurs ainsi le système le plus général de solutions associées ; car les équations (128) permettent d'obtenir (par un choix convenable de l'intégrale complète) la famille transversale la plus générale (2).

392. Mais on peut aller plus loin si on fait intervenir les considérations des nos **279-281** ; on peut établir que non seulement les solutions (128 *bis*) sont associées deux à deux, mais qu'il en est de même des solutions $y_1^{(h)}, y_2^{(h)},\dots y_n^{(h)}$ $(h = 1, 2,\dots n)$ obtenues en remplaçant les a_h par les b_h, et que *ces dernières forment avec les premières un système en involution.*

Si, en effet, on considère x comme une constante, les considérations du n° **149** donnent

$$(129)\qquad du = \sum_i q_i dy_i = \sum_h b_h da_h.$$

Mais les relations (128) et $\frac{\partial u}{\partial y_i} = q_i$ permettent d'exprimer les y_i et les q_i en fonction des a et des b (si u est bien une intégrale complète (3)). En supposant ces expressions reportées dans l'identité précé-

(1) JORDAN. — *Cours d'Analyse*. Tome III ; p. 518 de la première édition, où est également établi le résultat que nous indiquons au numéro suivant.

(2) Une telle famille peut, en effet, être considérée comme définie (cf. n° **151** *bis*) par une solution particulière U de l'équation aux dérivées partielles ; et il suffira de prendre l'intégrale complète de manière qu'elle comprenne cette solution U.

(3) Voir GOURSAT, *Leçons sur l'intégration des équations aux dérivées partielles du premier ordre*, p. 97 et plus haut, n° **150**.

dente et opérant sur celle-ci comme nous l'avons fait sur l'identité (104) au n° **142** (le rôle des paramètres α, β étant joué successivement par a_h, $a_{h'}$; b_h, $b_{h'}$; a_h, b_h ou a_h $b_{h'}$: en un mot, par deux quelconques des $2n$ constantes a, b), nous aurons les relations

$$(130)\quad \left\{ \begin{array}{l} \sum_i \left(\frac{\partial y_i}{\partial a_h}\frac{\partial q_i}{\partial a_{h'}} - \frac{\partial q_i}{\partial a_h}\frac{\partial y_i}{\partial a_{h'}} \right) = \sum_i \left(\frac{\partial y_i}{\partial b_h}\frac{\partial q_i}{\partial b_{h'}} - \frac{\partial q_i}{\partial b_h}\frac{\partial y_i}{\partial b_{h'}} \right) = 0 \\ \sum_i \left(\frac{\partial y_i}{\partial a_h}\frac{\partial q_i}{\partial b_{h'}} - \frac{\partial q_i}{\partial a_h}\frac{\partial y_i}{\partial b_{h'}} \right) = 0 \; (h \neq h'); \; \sum_i \left(\frac{\partial y_i}{\partial a_h}\frac{\partial q_i}{\partial b_h} - \frac{\partial y_i}{\partial b_h}\frac{\partial q_i}{\partial a_h} \right) = 1 \end{array} \right\} \; (h, h' = 1, 2, \ldots n).$$

Mais nous avons désigné $\frac{\partial y_i}{\partial a_h}$ par $\mathbf{y}_i^{(h)}$, $\frac{\partial y_i}{\partial b_h}$ par $\mathbf{z}_i^{(h)}$ et quant à $\frac{\partial q_i}{\partial a_h}$, $\frac{\partial q_i}{\partial b_h}$, nous savons (voir toujours n^{os} **257-258**) qu'ils ont les valeurs $\mathbf{f}_{\mathbf{y}'_i{}^{(h)}}$, $\mathbf{f}_{\mathbf{z}'_i{}^{(h)}}$.

Donc les premiers membres des égalités (130) représentent bien des expressions Ω formées avec les solutions **y**, **z**, et notre proposition est démontrée.

Elle revient d'ailleurs, au fond, à un résultat connu de la théorie des transformations de contact [1] ; et cette circonstance nous explique, en vertu d'une remarque de M. Goursat [2], l'intervention du groupe abélien telle que nous l'avons constatée au n° **281**.

393. Nous trouverons aussi aisément l'interprétation de la quantité désignée au n° **273** par J, si nous supposons, pour simplifier, que les extrémales spéciales ont un point commun A' d'abscisse x'. En appliquant l'identité (30) (n° **273**) à ces extrémales, on voit encore que J est, à une constante près, l'intégrale prise à partir de ce point commun sur l'extrémale spéciale qui aboutit au point considéré, c'est-à-dire la quantité $I_{(A)}^{M}{}_{A'}$ du n° **299**.

---

(1) En effet, les expressions y, q en fonction des a, b (x étant toujours regardé comme constant) définissent, en vertu de l'identité (128), une *transformation de contact en* x, p (Goursat, *loc. cit.*, Ch. III, n° **110**, p. 279). Les relations (129) du texte ne sont autres que celles qu'on déduirait des formules (16) de l'ouvrage de M. Goursat (*loc. cit.*, p. 281) en y prenant d'abord les y, q comme variables indépendantes, puis exprimant les dérivées ainsi introduites à l'aide des dérivées inverses (celles de y, q par rapport aux a, b) comme on le déduit des formules (12) du même ouvrage (*loc. cit.*, p. 270).

(2) *Bull. de la Soc. Math. de Fr.*, t. XXX, p. 153 ; 1902.

CHAPITRE VII

LE MINIMUM STRICT ET LE THÉORÈME DE M. OSGOOD

394. Soit l'arc AB de l'extrémale λ. Il correspond à un minimum fort s'il est entouré d'un faisceau et si la condition de Weierstrass pour le minimum fort est vérifiée.

Supposons cette condition vérifiée *au sens strict* [1], de sorte que $\mathcal{E}$ ou $\overline{\mathcal{E}}$ ne peut s'annuler extraordinairement. Alors le minimum sera également strict : l'arc considéré sera seul à donner pour l'intégrale I la valeur minima parmi tous ceux qui vont de A à B en restant compris dans le domaine de régularité du faisceau.

En effet (en partant, par exemple, de la forme paramétrique), la différence

$$\underset{(\mathfrak{L})}{I} - \underset{(\lambda)}{I} = \int_{A}^{B} \overline{\mathcal{E}} dt$$

est essentiellement positive et ne peut s'annuler que si $\overline{\mathcal{E}}$ est constamment nul : c'est-à-dire, si $\mathfrak{L}$ est tangente en chacun de ses points à l'extrémale spéciale qui passe en ce point. Or, ceci nécessite que $\mathfrak{L}$ soit elle-même une extrémale spéciale, laquelle ne peut être autre que λ.

395. Mais il y a plus, et nous allons, avec M. Osgood [2], obtenir pour cette différence $\underset{(\mathfrak{L})}{I} - \underset{(\lambda)}{I}$ une *limite inférieure*.

---

(1) Il n'est pas nécessaire, ici, que l'on ait, au sens strict, la condition de Weierstrass *modifiée* (n° **326**).

(2) *Trans. of the Amer. Math. Soc.*, t. III (1901), p. 273-295.

La proposition ainsi obtenue correspondra à celle que nous avons rappelée au n° **5** des Notions préliminaires pour les extrema des fonctions ordinaires.

Constituons un faisceau avec les extrémales issues de A (ou plutôt du point A′ considéré au n° **297**) et un autre avec celles qui sont issues de B (ou du point B′ analogue à A′). Soit $\mathfrak{R}$ la région de régularité commune à ces deux faisceaux, et donnons-nous d'abord un point M de $\mathfrak{R}$.

Joignons A à M par une extrémale Λ ; B à M par une extrémale Λ'. Chacune d'elles remplit les conditions du minimum fort : car les extrémales issues de A, par exemple, forment un faisceau autour de AM comme autour de AB ; et, d'autre part, la condition de Weierstrass est vérifiée.

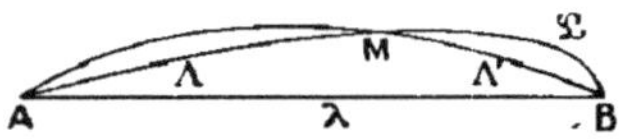

Fig. 63.

Dès lors, soit $\mathfrak{L}$ une ligne allant de A en B, assujettie à rester dans le domaine $\mathfrak{R}$ et à passer par le point M (*fig.* 63) : les intégrales prises suivant cette ligne, de A à M et de M à B, seront respectivement supérieures (ou au moins égales) à celles qui sont prises sur les extrémales AM, MB. On aura donc :

$$(131) \qquad I_{(\mathfrak{L})} > I_{(\Lambda)A}^{\;M} + I_{(\Lambda')M}^{\;B}$$

Le second membre de cette inégalité est supérieur à $I_{(\lambda)A}^{\;B}$: il en diffère d'une quantité positive k, qui n'est pas nulle, d'après ce qui a été dit au numéro précédent. Il en est donc *a fortiori* de même pour $I_{(\mathfrak{L})}$.

Ainsi, *si la courbe* $\mathfrak{L}$ *est assujettie à rester dans le domaine* $\mathfrak{R}$ ET A PASSER PAR LE POINT M EXTÉRIEUR A λ, *la différence des intégrales prises suivant cette courbe et suivant* λ *a une limite inférieure positive :* k.

396. La démonstration donnée par M. Osgood est fondée sur un principe différent.

Nous partirons de l'intégrale

$$(1) \qquad I = \int_{x^0}^{x^1} f(y', y, x)\, dx$$

et nous supposerons, cette fois, que l'on a (au sens strict) la *condition de Weierstrass modifiée* du n° **326**.

La différence $\underset{(\mathfrak{T})}{I} - \underset{(\lambda)}{I}$ est donnée par l'intégrale $\int \mathcal{E} dx$ et, d'autre part $\mathcal{E}$ est, avec $(y' - Y)^2$ dans un rapport auquel on peut assigner une limite inférieure. Nous pouvons, d'ailleurs, par un changement de variables (le changement de y en $y - \psi(x)$) ([1]), faire que les extrémales spéciales aient pour équation générale $y = \text{const.}$; Y sera alors nul, et nous serons ramenés avec M. Osgood à trouver une limite inférieure de l'intégrale $\int_{\mathfrak{T}} y'^2 dx$.

Soient $y = 0$ l'équation de λ; (c, d) (avec $x^0 < c < x^1$) un point extérieur par lequel on sait que doit passer $\mathfrak{T}$: on aura

$$\int_{x^0}^{c} y' dx = -\int_{c}^{x^1} y' dx = d.$$

Si maintenant, dans l'inégalité de M. Schwartz

$$\int_{x^0}^{c} U^2 dx \cdot \int_{x^0}^{c} V^2 dx \geqslant \left(\int_{x^0}^{c} UV dx\right)^2,$$

nous faisons $U = 1$, $V = y'$, il viendra

$$\int_{x^0}^{c} y'^2 dx \geqslant \frac{\left(\int_{x^0}^{c} y' dx\right)^2}{\int_{x^0}^{c} dx} = \frac{d^2}{c - x^0}.$$

C.Q.F.D.

Cette démonstration s'étend aisément au cas de plusieurs fonctions inconnues.

397. Remarques. — On voit que, si les conditions de minimum strict sont remplies, *la différence* $\underset{(\mathfrak{T})}{I} - \underset{(\lambda)}{I}$ *est au moins de l'ordre de* d^2, d étant le segment intercepté entre λ et $\mathfrak{T}$ sur une ordonnée déterminée quelconque.

([1]) Ce changement de variables ne modifie la quantité $\mathcal{E}$ que dans un rapport positif dont on a des limites supérieure et inférieure (voir n° **305**).

Par contre, si la condition de Jacobi n'est pas vérifiée, on peut tracer, entre A et B, une ligne $\mathfrak{L}$ telle que $I_{(\mathfrak{L})}$, soit plus petit que $I_{(\lambda)}$ d'une quantité au moins égale à Kd^2 (K étant un coefficient que l'on peut assigner) : car tel est évidemment l'ordre du second membre de la formule (22′) (n° **267**).

La même conclusion s'obtient sans difficulté si c'est la condition de Weierstrass qui est en défaut, à l'aide du raisonnement du n° **266**. Mais, cette fois, il faut que l'ordonnée sur laquelle on compte d traverse la région où la condition de Weierstrass n'est pas vérifiée.

Enfin, ce que nous venons de dire s'étend sans difficulté au cas où l'une des extrémités est variable, puisqu'alors (n° **348**) l'expression $\int \mathcal{E}dx$ de la différence cherchée subsiste, ainsi que les raisonnements des n° **266, 267**.

397 *bis*. Les propositions inverses sont également vraies ; autrement dit :

1° Même si le minimum strict a lieu, on peut trouver des lignes variées $\mathfrak{L}$ telles que l'accroissement correspondant de l'intégrale soit au plus égal à Kd^2 (K étant une certaine quantité indépendante de $\mathfrak{L}$) ;

2° Même si la condition de Jacobi n'est pas vérifiée [1] la substitution d'une ligne variée $\mathfrak{L}$ à λ ne peut diminuer l'intégrale d'une quantité plus grande que Kd^2, K étant toujours une constante et d le segment intercepté entre $\mathfrak{L}$ et λ sur une ordonnée déterminée.

L'une ou l'autre de ces deux propositions s'établit aisément en remarquant que si $\mathfrak{L}$ dépend continument d'un paramètre α, l'accroissement de l'intégrale est de l'ordre de $(\Delta\alpha)^2$, et (pour 2°) que ceci s'applique en particulier au chemin ACC′B des n°s **332**, **335**.

398. Supposons maintenant qu'au lieu de connaître un point déterminé par lequel doit passer la ligne variée, on connaisse simplement une certaine région $\mathcal{R}_1$ entourant λ et dont cette ligne

[1] Toutefois, nous supposons ici que B est en deçà du second foyer conjugué de A, et l'ordonnée sur laquelle on compte d doit satisfaire à la double condition imposée à CC′ au n° **332**.

variée doit sortir (tout en continuant à être comprise dans $\mathfrak{R}$). Nous distinguerons deux cas, suivant que x est pris comme variable indépendante ou qu'il s'agit au contraire de la forme paramétrique.

1° Pour l'intégrale

$$\int f(y', y, x)\,dx$$

la région $\mathfrak{R}_1$ dont nous supposons que $\mathfrak{L}$ devra sortir aura la forme d'une bande entourant λ et comprise entre les deux ordonnées extrêmes $x = x^0$, $x = x^1$ (*fig.* 64). La ligne $\mathfrak{L}$ devra certainement traverser la frontière σ de cette bande, puisqu'elle part du point intérieur A et renferme cependant des points extérieurs.

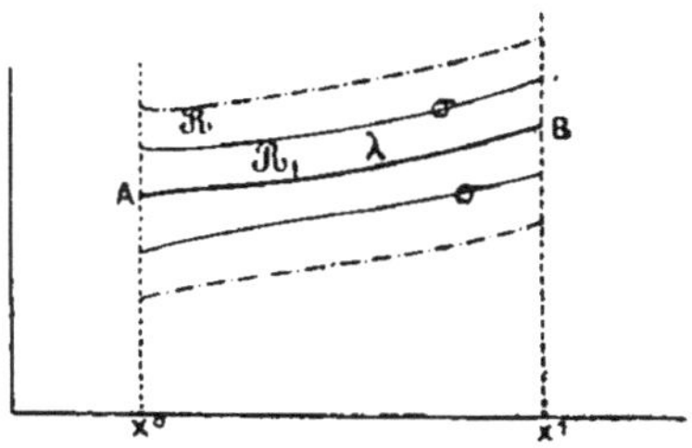

FIG. 64.

Nous nous servirons du raisonnement que nous venons de faire d'après M. Osgood. Supposons effectué le même changement de variables qu'au numéro précédent et soit m une limite inférieure de $|\Delta y|$ sur σ, c'est-à-dire du segment d'ordonnée compris entre $\mathfrak{L}$ et λ. Il existera certainement sur $\mathfrak{L}$ un point d'ordonnée $\pm m$. Si c est l'abscisse de ce point, on aura

$$\underset{(\mathfrak{L})}{I} - \underset{(\lambda)}{I} > \frac{km^2}{c - x^0} > \frac{km^2}{x^1 - x^0}$$

k étant un coefficient numérique que nous pouvons assigner *a priori*, ainsi qu'il a été expliqué plus haut.

Dans le cas de plusieurs inconnues, on aura de même

$$\underset{(\mathfrak{L})}{I} - \underset{(\lambda)}{I} > k\frac{(\Delta y_1)^2 + (\Delta y_2)^2 + \ldots + (\Delta y_n)^2}{x^1 - x^0}$$

k étant encore un coefficient connu *a priori*. La bande $\mathfrak{R}_1$ de la *fig.* 64 sera remplacée par une sorte de cylindre ou de surface canal entourant λ et limitée d'ailleurs par les plans $x = x^0$, $x = x^1$. En chaque point de la frontière ainsi obtenue, l'une au moins des coordonnées sera différente de celle qui correspond à la même abscisse x. La plus grande Δy_i de ces différences sera supérieure à un nombre fixe m : on aura

$$\underset{(\mathfrak{T})}{I} - \underset{(\lambda)}{I} > \frac{Km^2}{x^1 - x^0}$$

toutes les fois que la ligne $\mathfrak{T}$ ira du point A au point B en traversant quelque part la frontière σ de $\mathfrak{R}_1$.

Rappelons toutefois que toutes les évaluations précédentes ne sont certaines que pour les lignes qui restent comprises à l'intérieur de la région $\mathfrak{R}$ définie plus haut. Le théorème que nous avons démontré est donc le suivant :

Soit $\mathfrak{R}$ la région de la régularité définie au n° **395**. Soit $\mathfrak{R}_1$ une autre région de forme analogue et dont la frontière soit intérieure au sens strict à $\mathfrak{R}$. Si les conditions du minimum fort sont réalisées au sens strict, à tout choix de la région $\mathfrak{R}_1$ correspondra un nombre positif h tel que l'inégalité

$$\underset{(\mathfrak{T})}{I} - \underset{(\lambda)}{I} > h$$

soit vérifiée pour toute ligne $\mathfrak{T}$ allant de A à B et qui, tout en étant intérieure à $\mathfrak{R}$, ne soit pas intérieure à $\mathfrak{R}_1$.

398 *bis*. Si l'intégrale est prise sous forme paramétrique, la région $\mathfrak{R}_1$, de même que la région $\mathfrak{R}$ entourera non seulement l'arc d'extrémale AB, mais aussi les points A et B : elle aura la forme représentée par la *fig.* 65. Nous emploierons, cette fois, le résultat du n° **395**. Si M est un point quelconque de la frontière σ de $\mathfrak{R}_1$ nous avons vu qu'il existait un minimum pour la différence $\underset{(\mathfrak{T})}{I} - \underset{(\lambda)}{I}$ lorsque la ligne $\mathfrak{T}$, intérieure à $\mathfrak{R}$, est assujettie à passer par le point M : ce minimum est donné par la formule (131) (n° **395**) ; il varie évidemment d'une manière continue lorsque le point M varie sur σ. Il a donc lui-même un minimum h, auquel la différence $\underset{(\mathfrak{T})}{I} - \underset{(\lambda)}{I}$ restera toujours supérieure lorsque, dans son trajet de A en B, la ligne $\mathfrak{T}$ traversera la frontière σ.

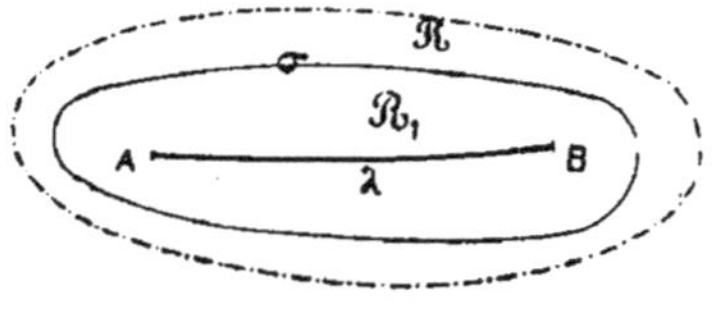

Fig. 65.

Le théorème du numéro précédent est donc encore vrai ici.

On voit que $I_{(\lambda)}$ ne peut pas être la limite de l'intégrale prise suivant une ligne joignant AB et variable dans $\mathfrak{R}$, si cette ligne ne tend pas vers λ.

399. Il importe de remarquer qu'on peut aller plus loin et que la conclusion précédente s'étend aux *intégrales généralisées* auxquelles nous avons fait allusion au n° **64**.

$\mathfrak{L}$ est alors une ligne continue, en ce sens que les coordonnées y varient continument : mais il n'est pas supposé qu'elle ait une tangente en aucun point.

Plusieurs méthodes ont été indiquées (¹) pour étendre (moyennant certaines restrictions) à des lignes de cette nature la définition d'une intégrale I telle que celles qui ont été considérées dans ce qui précède. Nous n'aurons pas besoin d'étudier en détail ces définitions : toutes possèdent, en effet, les propriétés suivantes qui suffiront à notre raisonnement :

1° Si $\mathfrak{L}$ est une ligne satisfaisant aux conditions que nous avions postulées jusqu'à présent (c'est-à-dire, dans le cas où il ne figure sous le signe $\int$ que des dérivées premières, une ligne continue et à tangente continue sauf en des points isolés) l'intégrale généralisée existera aussi et aura la même valeur que l'intégrale prise au sens ordinaire.

2° Si l'intégrale généralisée a un sens pour une ligne $\mathfrak{L}$, elle a aussi un sens pour un arc quelconque de $\mathfrak{L}$, et les intégrales relatives à deux arcs consécutifs ont pour somme l'intégrale relative à l'arc total formé par leur ensemble.

3° Soit $\mathfrak{L}$ une ligne quelconque allant de A à B et à laquelle on ait pu généraliser, par l'une quelconque des méthodes auxquelles nous venons de faire allusion, la notion de l'intégrale I, et soit $I_{(\mathfrak{L})}$ l'intégrale généralisée ainsi obtenue. Il existera une série de lignes

$$L_1,\ L_2, \ldots\ L_n, \ldots . \tag{132}$$

régulières (c'est-à-dire satisfaisant aux conditions que nous avons

---

(¹) Voir les travaux cités au n° **64** (note de la page 71).

admises jusqu'ici), allant de A à B [1], qui tendent vers $\mathfrak{L}$ lorsque n augmente indéfiniment, — c'est-à-dire qui ont avec elle un voisinage (d'ordre zéro) de plus en plus étroit — et telles que les intégrales (au sens ordinaire du mot)

$$(132\ bis) \qquad \underset{(L_1)}{I}, \underset{(L_2)}{I}, \ldots \underset{(L_n)}{I}, \ldots$$

aient pour limite $\underset{(\mathfrak{L})}{I}$.

Cela posé, supposons que $\mathfrak{L}$ passe par un point déterminé M extérieur à notre extrémale. Nous pourrons supposer qu'il en est de même pour les différentes lignes L_n [2]. Les termes successifs de la suite (132 *bis*) seront alors tous supérieurs à $\underset{(\lambda)}{I} + h$, où h est la quantité définie tout à l'heure.

Donc il en sera de même pour $\underset{(\mathfrak{L})}{I}$.

400. Application à l'objection de du Bois-Reymond. — Les considérations précédentes nous fourniront une seconde démonstration [3] du théorème déjà établi aux nos **65-65** *bis*. Nous montrerons sans admettre l'existence des dérivées secondes sur la ligne λ, que celle-ci ne peut fournir un extremum, — par exemple un minimum — de l'intégrale sans être une extrémale (sauf le cas des solutions discontinues étudiées précédemment).

A cet effet, considérant un point M de λ, au voisinage duquel la tangente varie continument, nous distinguerons deux cas :

a) En M et, par conséquent, au voisinage de ce point — la condition de Legendre ou, ce qui revient au même, la condition de Weierstrass pour le minimum faible est vérifiée au sens strict.

On peut prendre sur λ un point M′ assez rapproché de M pour que : 1° l'arc MM′ de λ soit dans le domaine de régularité d'un faisceau issu de M, de sorte que, en particulier, il passe une extré-

---

(1) Il peut arriver que les extrémités des lignes L_n ne coïncident pas toutes avec A ou B, mais tendent simplement vers ces points. Il est clair qu'on ramènera cette hypothèse à celle qui est admise dans le texte en joignant ces extrémités à A ou à B par des segments de droites $\left(\text{infiniment petits avec } \frac{1}{n}\right)$ que l'on ajoutera à L_n.

(2) Même remarque que dans la note précédente.

(3) Voir la *Thèse* de Mlle N. Gernet (Göttingue, 1902).

male Λ de ce faisceau par M et M'; 2° que cette extrémale ait avec λ un voisinage du premier ordre aussi étroit qu'on voudra [1]; 3° que, en particulier, les valeurs des y'_i sur Λ soient assez voisines de celles des y'_i sur λ pour vérifier encore la condition de Legendre au sens strict. Λ donnera alors un minimum relatif (faible) de $I_M^{M'}$; et en vertu du voisinage du premier ordre qui existe entre λ et Λ, on aura $I_{(\Lambda)M}^{M'} < I_{(\lambda)M}^{M'}$. Si on appelle λ_1 la courbe qui coïncide avec Λ entre M et M' et avec λ au dehors, λ_1 est une courbe admissible d'après nos hypothèses et on a $I_{(\lambda_1)A}^{B} = I_{(\Lambda)M}^{M'} + I_{(\lambda)A}^{M} + I_{(\lambda)M'}^{B} < I_{(\lambda)A}^{B}$. Donc $I_{(\mathfrak{L})A}^{B}$ ne peut avoir un minimum relatif d'ordre 0 ou 1 pour la courbe λ si λ n'est pas une extrémale près de M, et par conséquent entre A et B, puisque M est quelconque entre A et B.

Si, en M, on avait, pour toutes les directions, la condition de Weierstrass pour le minimum fort, on pourrait supposer la tangente continue en ce point, appliquer le même raisonnement à l'arc d'extrémale joignant deux points voisins de M et de part et d'autre de M. Il montrerait, conformément aux conclusions du n° **172**, qu'il ne peut y avoir de solution discontinue dans ces conditions.

401. *b*) Au point M où la tangente à λ varie continument, la condition de Legendre n'est pas vérifiée, même au sens large. Dans le cas, par lequel nous allons commencer, de l'intégrale

$$(1)\qquad \int f(y', y, x)\,dx$$

cela revient à dire que l'on a la condition de Legendre pour le *maximum*.

Alors, la ligne λ, extrémale ou non, ne fournira assurément pas le minimum. Nous pourrons en effet trouver deux directions de

---

[1] En effet, la tangente à Λ tourne, entre M et M', d'un angle auquel l'équation (52) du n° **87** permet d'assigner une limite supérieure. Cette limite est aussi celle de l'angle qu'elle fait avec la droite MM'. Mais cette dernière — et aussi les tangentes à λ le long de l'arc MM' — font par hypothèse avec la tangente en M des angles très petits avec la distance MM'.

coefficients angulaires y'_1, y'_2, inclinées en sens opposés sur la tangente en M (soit $y'_2 < y' < y'_1$) et telles que la quantité $\mathcal{E}(x, y; Y, y'_2)$ soit négative et non nulle pour tout point voisin de M et pour toute valeur de Y comprise entre

$$y' - \varepsilon \text{ et } y'_1 \qquad (0 < \varepsilon < y' - y'_2);$$

sa valeur absolue aura alors, dans ces conditions, un minimum μ différent de zéro.

Soit M' un point de λ voisin de M. Si, par M', nous menons (*fig.* 66) la ligne de coefficient angulaire y'_2 jusqu'à rencontre en M_1 avec une ligne de coefficient angulaire y'_1 menée par le point M, la projection de M_1M' sur l'axe des x sera avec la projection de MM' dans un rapport qui ne tendra pas vers zéro, mais vers un nombre positif déterminé k, lorsque le point M' se rapprochera de M sur λ.

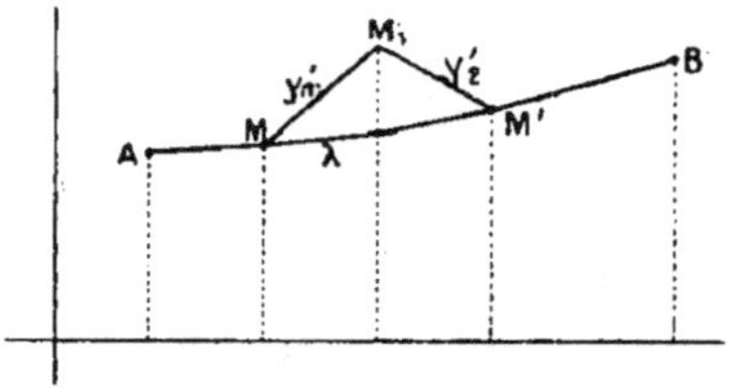

Fig. 66.

Or (y'_1 et y'_2 une fois choisis), on pourra prendre M' assez voisin de M : 1° pour que ces deux points puissent être joints par une extrémale de coefficient angulaire supérieur à $y' - \varepsilon$; 2° que cette extrémale puisse être entourée d'un faisceau formé par les extrémales issues de M et régulier dans une région comprenant la ligne brisée MM_1M' ainsi que l'arc MM' de λ ; 3° que, en un point P quelconque de ce dernier arc, la quantité $\mathcal{E}$ soit aussi petite que l'on voudra lorsque les deux directions qui y figurent sont l'une celle de l'extrémale MP, l'autre celle de la tangente en P à λ [1].

Supposons, en particulier l'arc MM' assez près de M pour que, dans ces conditions, $\mathcal{E}$ soit inférieur en valeur absolue à $k\mu$: la formule fondamentale (70 *bis*), appliquée à l'arc MM' et à la ligne brisée MM_1M' montre que l'on aura

$$I_{(MM_1M')} < I_{(\lambda)M}^{M'}$$

(1) $\mathcal{E}$ est, en effet, infiniment petit avec l'angle de ces deux directions. Or, ici, toutes deux, lorsque M' tend vers M, ont pour limite celle de la tangente à λ en ce point.

Donc on diminuera l'intégrale en remplaçant l'arc MM' par MM_1M', et comme y'_1, y'_2 ont pu être pris aussi voisins que l'on a voulu de y' (quitte à choisir le point M' en conséquence) il n'y a même pas minimum faible.

On remarquera que ceci démontre à nouveau le résultat du n° **388** relatif aux variations unilatérales. Car le chemin MM_1M' peut être (par une permutation de y'_1 avec y'_2, s'il y a lieu) tracé à volonté d'un côté ou de l'autre de λ.

Le cas de plusieurs inconnues, — par exemple de l'intégrale

$$\int f(y', z', y, z, x)\,dx\ —$$

se ramène au précédent (cf. n° **289**) en faisant passer par l'extrémale considérée une surface ; autrement dit, en prenant pour y et z des fonctions de x et d'un paramètre u, lesquelles coïncident par exemple avec les coordonnées de l'extrémale donnée pour $u = 0$. L'intégrale proposée deviendra

$$\int f_1(u', u, x)\,dx \tag{133}$$

où

$$f_1(u', u, x) = f\left(\frac{\partial y}{\partial x} + \frac{\partial y}{\partial u}u', \frac{\partial z}{\partial x} + \frac{\partial z}{\partial u}u', y, z, x\right). \tag{134}$$

Si la ligne λ donnait le minimum cherché, elle fournirait également celui de l'intégrale (133). Nous venons de voir que cela n'a certainement pas lieu si $\frac{\partial^2 f_1}{\partial u'^2}$ est négatif. Or la relation (134) donne

$$\frac{\partial^2 f_1}{\partial u'^2} = \Phi\left(\frac{\partial y}{\partial u}, \frac{\partial z}{\partial u}\right).$$

On pourra donc prendre cette quantité négative par un choix convenable de $\frac{\partial y}{\partial u}$, $\frac{\partial z}{\partial u}$ si la forme Φ n'est pas essentiellement positive.

Le double raisonnement que nous venons de présenter, de même que celui du n° **65** *bis*, n'est en défaut que si la quantité **A**, discriminant de la forme Φ (ou la quantité $f_{y'^2}$ dans le cas de l'intégrale (1)) est nulle tout le long de λ.

Seulement, nous aboutissons à une conclusion moins complète que précédemment. Nous démontrons simplement qu'il ne peut pas y avoir extremum, et non pas que la variation première elle-même ne peut pas s'annuler.

402. Par contre, notre nouvelle démonstration a l'avantage de s'appliquer aux *intégrales généralisées*.

Cet avantage est d'ailleurs manifestement lié à l'inconvénient que nous venons de signaler. Il est clair que, pour traiter le cas des intégrales généralisées, il faut laisser de côté la variation première, laquelle (ainsi que la différentiation sous le signe $\int$) n'a plus de sens dans ces conditions.

Il en est de même (du moins tant qu'on ne fait pas de nouvelles conventions) pour la notion de voisinage du premier ordre. Nous envisagerons donc exclusivement le minimum *fort*.

De plus, nous nous bornerons au cas où la condition de Weierstrass est indépendante de la direction, c'est-à-dire où, en un point déterminé quelconque elle est toujours vérifiée (même au sens strict) ou toujours non vérifiée (même au sens large) quelles que soient les directions qui interviennent dans $\mathcal{E}$.

Soit alors $\mathfrak{L}$ une ligne quelconque allant de A en B, qui admette ou non des tangentes mais à laquelle on ait pu étendre dans les conditions précédemment indiquées, la définition de l'intégrale I. Je dis que (moyennant l'hypothèse qui vient d'être faite sur la condition de Weierstrass) cette valeur de I n'est pas un minimum si $\mathfrak{L}$ n'est pas une extrémale.

a) Si, en un point quelconque de $\mathfrak{L}$, et, par conséquent, aux environs de ce point, la condition de Weierstrass pour le minimum fort a lieu, le raisonnement du n° **400** s'applique sans modification (sauf la suppression de ce qui est relatif au voisinage du premier ordre) à une ligne régulière L_n joignant deux points M, M′ de $\mathfrak{L}$. Il montre que, si M et M′ sont suffisamment rapprochés et L_n suffisamment voisin de $\mathfrak{L}$, on aura $I_{(L_n)}{}_{M}^{M'} > I_{(\Lambda)}{}_{M}^{M'}$, Λ désignant encore l'arc d'extrémale MM′.

Mais (par hypothèse) on peut choisir, entre M et M′, les lignes successives L_n, de plus en plus voisines de $\mathfrak{L}$, de manière que les quantités $I_{(L_n)}$ tendent vers l'intégrale $I_{(\mathfrak{L})}{}_{M}^{M'}$ relative à l'arc de MM′ de $\mathfrak{L}$.

Donc cette intégrale est *au moins égale* à $I_{(\Lambda)^M}^{M'}$.

Je dis que l'*égalité est impossible si, entre* M *et* M', $\mathfrak{L}$ *ne coïncide pas avec* Λ.

Soit, en effet, M'' un point de $\mathfrak{L}$ situé entre M et M' (et dont par conséquent, la distance tant à M qu'à M' est inférieure à une quantité donnée à l'avance aussi petite qu'on le veut) et, lequel pourra être joint à M par un arc d'extrémale Λ' et à M' par un arc d'extrémale Λ''. $I_{(\mathfrak{L})^M}^{M'}$ sera, pour les raisons qui viennent d'être indiquées, au moins égal à $I_{(\Lambda')} + I_{(\Lambda'')}$. Or, nous l'avons vu, cette dernière somme supérieure à $I_{(\Lambda)}$, ne peut lui être égale que si M'' est situé sur Λ. Cette conclusion s'appliquant à tout point M'' de l'arc MM', nous voyons que, *pour fournir un minimum fort, la ligne* $\mathfrak{L}$ *doit être une extrémale dans toute région où la condition de Weierstrass pour le minimum fort est vérifiée.*

403. *b*) Supposons maintenant qu'en un point M de λ, on ait, au contraire (pour toutes les directions possibles), la condition de Weierstrass pour le *maximum*.

Nous allons voir qu'*alors* I *peut recevoir des valeurs négatives infiniment grandes sur des lignes aussi voisines qu'on le veut de* $\mathfrak{L}$.

Supposons d'abord cette fois l'intégrale prise sous la forme paramétrique :

$$I = \int \overline{f}(\dot{x}, \dot{y}, x, y)\, dt$$

Nous avons vu (n° **315**) que, la condition de Weierstrass pour le maximum étant vérifiée, on pouvait certainement trouver au point (x, y), deux nombres P, Q qui donnent lieu pour toute valeur de $\dot{x}$, $\dot{y}$, à l'inégalité

$$\overline{f} + P\dot{x} + Q\dot{y} < 0.$$

Si dans cette inégalité nous changeons $\dot{x}$, $\dot{y}$ en $-\dot{x}$, $-\dot{y}$, il viendra, en ajoutant,

$$(135) \qquad \overline{f}(\dot{x}, \dot{y}, x, y) + \overline{f}(\dot{x}, \dot{y}, -x, -y) < 0.$$

Soit $-h$ la valeur du premier membre de cette inégalité divisé par $\sqrt{\dot{x}^2+\dot{y}^2}$. Par le point $M(x, y)$ de $\mathfrak{L}$, menons un segment MM_1 de direction $(\dot{x}, \dot{y})$ et de longueur ε. Si celle-ci est prise suffisamment petite le segment ainsi obtenu aura avec $\mathfrak{L}$ le voisinage demandé. Or, en adjoignant à $\mathfrak{L}$ le chemin MM_1 parcouru deux fois en sens inverse, on ajoute à l'intégrale la quantité négative $-h\varepsilon$; il en sera d'ailleurs sensiblement de même si l'on remplace ce double chemin MM_1 par les deux côtés MM_1, M_1M' sensiblement égaux à ε, d'un triangle (*fig.* 67) de côté ε et d'angle en M_1 aussi petit qu'on le voudra, ayant pour base une corde très petite MM' de L.

Comme cette opération peut être effectuée autant de fois qu'on le veut (en prenant l'angle au sommet de plus en plus petit sans changer ε) sur une partie quelconque de $\mathfrak{L}$, on pourra bien diminuer l'intégrale de $nh\varepsilon$, où n est un entier aussi grand qu'on le veut.

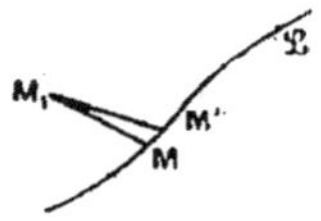

Fig. 67.

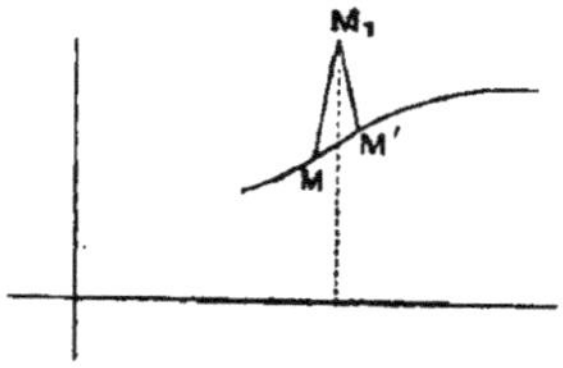

Fig. 68.

On constatera maintenant sans difficulté que ce raisonnement se transporte au cas où x est pris pour variable indépendante : il suffit que les triangles dont il vient d'être question aient (*fig.* 68) leurs côtés MM_1, M_1M' sensiblement verticaux, c'est-à-dire de coefficients angulaires (l'un négatif, l'autre positif) très grands en valeur absolue [1].

[1] Si $f_{y'^2}$ est toujours négatif, la figurative tournera partout sa concavité vers les y' négatifs. Il en résulte aisément que, soit pour $y'=+\infty$, soit pour

$y'=-\infty$ (voir les figures ci-jointes) on aura $f=-\infty$ et que, en tout cas, la quantité $f(y')+f(-y')$ sera négative pour y' suffisamment grand, sa valeur

La construction s'étend d'elle-même au cas de plusieurs fonctions inconnues : par λ on fera passer une surface, ainsi qu'il a été expliqué au n° **401**.

En un mot, lorsque la condition de Weierstrass n'est pas vérifiée, il n'y a pas lieu de chercher de minimum parce qu'*on peut donner des valeurs négatives infiniment grandes à l'intégrale en faisant décrire à $\mathfrak{T}$ un nombre suffisant de sinuosités.*

404. Un exemple intéressant de ces circonstances s'offre dans le premier problème de Calcul des Variations qui se soit posé (après celui de la ligne droite) celui du *solide de révolution de moindre résistance*, considéré par Newton, puis par Legendre et repris dans d'importants travaux récents [1].

On considère un projectile, de révolution autour d'un axe $x'x$, et qui se meut dans l'air, parallèlement à cet axe, avec une vitesse donnée V (qu'on peut prendre égale à l'unité). On suppose que l'air exerce sur un élément quelconque de la surface une résistance normale proportionnelle au carré de la composante normale de la vitesse V.

Il s'agit de rendre minima la résultante (évidemment parallèle à $x'x$) des résistances ainsi exercées.

La méridienne de la surface étant rapportée à deux axes rectangulaires dont le premier est $x'x$, on a à rechercher le minimum de l'intégrale

$$I = \int \frac{y\,dy^3}{dx^2 + dy^2}$$

étendue à la méridienne en question.

Nous examinerons le cas où l'on donne les deux parallèles extrêmes de la portion de surface envisagée, autrement dit, les deux extrémités A, B de l'arc de méridienne.

---

absolue restant supérieure à ky', où k est un nombre fixe. Ceci entraîne la conclusion du texte, lorsqu'on prend les coefficients angulaires de MM_1 et de M_1M' égaux et de signes contraires.

[1] Voir AUGUST, *Journ. f. Math.*, t. 103 (1888); ARMANINI, *Annali di Mat.*, 3e série, t. 4 (1900); LAMPE, *Verh. d. deutsche phys. Ges.*, t. 3 (1901); KNESER, *Arch. der Math. und Phys.*, 3e série, t. 2 (1901).

Prenons y comme variable indépendante : l'intégrale s'écrit

$$I = \int_{y^0}^{y^1} \frac{y\,dy}{1 + \left(\frac{dx}{dy}\right)^2}.$$

Or la quantité sous le signe $\int$ devient très petite lorsque $\frac{dx}{dy}$ est très grand, c'est-à-dire lorsque la tangente est sensiblement horizontale.

On arrive dès lors à ce résultat paradoxal que l'intégrale, et par suite, la résistance étudiée, peuvent être rendues *aussi petites qu'on le veut*. Il suffit de faire décrire à la méridienne des sinuosités (*fig.* 69) sensiblement parallèles à $x'x$.

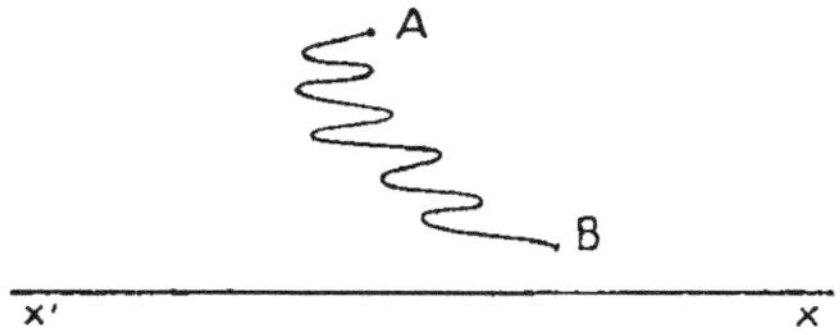

FIG. 69.

Ce résultat est d'accord avec le fait que la condition de Legendre n'est pas ici réalisée [1].

Il est d'ailleurs physiquement absurde. La raison de ce paradoxe est [2] que, pour une surface sinueuse de cette espèce, la loi de résistance adoptée, qui est d'ailleurs toujours hypothétique, devient complètement inacceptable.

Aussi les auteurs précédemment cités [2] ont-ils été conduits à admettre que x devait varier dans un sens constant sur la méridienne. On a alors une question de minimum unilatéral avec inégalités différentielles (n° **213** *bis*) mais dans un cas particulièrement simple.

Si, en même temps que x, l'ordonnée y pouvait avoir des maxima et des minima (hypothèse où l'application de la loi de résistance précédente serait *a fortiori* inadmissible au point de vue

---

(1) $f_{x'^2} = \frac{2y(3x'^2 - 1)}{(1 + x'^2)^3}$.

(2) Voir en particulier AUGUST, *loc. cit.*

physique), l'intégrale, qui devrait alors être prise sous forme paramétrique, ne pourrait *a priori* (n° **331**) avoir ni maximum ni minimum. Il est aisé de vérifier qu'en effet elle pourrait, dans ces conditions, recevoir une valeur quelconque entre $-\infty$ et $+\infty$. Il suffirait (Cf. *fig.* 70) de composer la méridienne de deux branches, l'une sensiblement perpendiculaire à $x'x$, l'autre sinueuse à oscillations sensiblement parallèles à Oy. Cette dernière donnerait une intégrale très petite, l'autre une intégrale sensiblement égale à la variation de $\frac{y^2}{2}$. Celle-ci pourra être prise aussi grande qu'on voudra et, suivant qu'on mettra les sinuosités à la branche le long de laquelle y est décroissant ou à celle le long de laquelle il est croissant, l'intégrale sera positive ou négative.

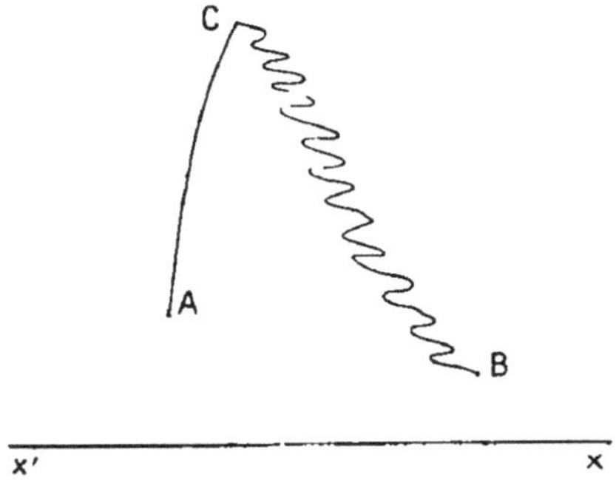

FIG. 70.

405. Il est intéressant de comparer les résultats qui précèdent avec ceux que nous avons rencontrés à propos de la variation seconde (voir n° **271**).

A étant supposé positif, nous venons de voir que, pour rendre l'intégrale supérieure à un nombre positif arbitraire, il suffirait de prendre pour ligne d'intégration une ligne brisée composée d'un très grand nombre de côtés alternativement parallèles à deux directions faisant l'une avec l'autre un angle de 180°.

Il est évident par là que, d'une manière générale, *l'influence du signe de* **A** *est prépondérante dès que la ligne d'intégration présente un grand nombre de sinuosités.*

C'est ce que montre également, de son côté, l'étude de la variation seconde.

Prenons celle-ci sous la forme [1]

(136) $$\delta^2 I = \int_{x^0}^{x^1} (\mathbf{A}\mathbf{y}'^2 + \mathbf{C}\mathbf{y}^2)\,dx.$$

La quantité sous le signe $\int$ a nécessairement le signe de **A** lorsque **AC** $>$ o. Mais c'est ce qui a lieu aussi, même lorsque cette inégalité n'est pas vérifiée, si la valeur absolue de $\mathbf{y}'$ est suffisamment grande par rapport à celle de **y**, c'est-à-dire *si cette dernière quantité varie d'une manière proportionnellement très rapide.*

Admettons pour préciser, que non seulement **A** mais aussi **C** gardent un signe invariable dans l'intervalle d'intégration, ces deux signes étant différents.

Le rapport des deux termes dont se compose la somme (136) est égal au quotient d'une valeur prise par **A** dans l'intervalle d'intégration par une valeur de **C** dans le même intervalle, multiplié par le rapport

(137) $$\frac{\int_{x^0}^{x^1} \mathbf{y}'^2 dx}{\int_{x^0}^{x^1} \mathbf{y}^2 dx}.$$

Ce dernier — ou rapport de la valeur moyenne de $\mathbf{y}'^2$ à la valeur moyenne de $\mathbf{y}^2$ — est une mesure de ce qu'on pourrait appeler le *degré d'oscillation* de **y** : notion qui intervient dans une foule d'applications des Mathématiques. Ce rapport est, par exemple, très grand si **y** est de la forme $\alpha \sin \frac{x}{\alpha}$ que nous avons considérée au n° **45**, c'est-à-dire s'il représente en fonction du temps une coordonnée d'un point animé de vibrations à très courte période (quelle que soit d'ailleurs l'amplitude de ces variations).

Dès que le rapport (137) est suffisamment grand, c'est le terme en $\mathbf{y}'^2$ de l'expression (136) qui donne son signe à $\delta^2 I$.

Nous savons d'ailleurs que le rapport (137) ne peut pas être infiniment petit : il est, d'après le n° **272**, supérieur à $\frac{\pi^2}{(x^1 - x^0)^2}$; de sorte que, si l'on donne à notre intervalle d'intégration une grandeur inférieure à la plus petite valeur de $\pi \sqrt{\left|\frac{\mathbf{A}}{\mathbf{C}}\right|}$ la variation seconde a nécessairement le signe de **A** :

[1] Toute variation seconde peut être ramenée à cette forme. Il suffira, par exemple, en partant de l'expression (3'), d'écrire la forme de (16) (n° **259**) avec j = — **B**.

406. Convenons, avec M. Hilbert, de dire qu'il y a minimum *limité* si, h étant choisi suffisamment petit et l'intervalle d'intégration étant divisé en parties égales ou inférieures à h, il y a minimum lorsqu'on assujettit la ligne variée à couper λ au moins une fois dans chacun de ces intervalles partiels.

Le minimum limité sera déterminé par la seule condition de Legendre ou de Weierstrass. Si celle-ci est réalisée, on pourra toujours prendre les intervalles partiels assez petits pour que la condition de Jacobi y soit remplie $\left(\text{nous venons de voir qu'il suffisait de prendre } h \text{ inférieur au minimum de } \pi\sqrt{\left|\frac{A}{C}\right|}\right)$.

Il est clair que les conditions du minimum limité ont précisément pour effet d'imposer à la ligne $\mathfrak{L}$ un nombre arbitrairement grand de sinuosités.

407. Par contre, il est bon de rappeler que, si la condition de Jacobi n'est pas vérifiée, l'intégrale (136) — qui, nous venons de le voir, peut prendre des valeurs positives (pour $\mathbf{A} > 0$) arbitrairement grandes, — peut aussi ($\mathbf{y}$ étant toujours assujetti à s'annuler aux limites) être rendue arbitrairement grande et négative, puisqu'il suffit, pour cela, de multiplier par une constante très grande la fonction $\mathbf{y}$ choisie comme il a été expliqué au n° **267** et qui rend $\mathbf{I} < 0$.

408. Enfin, c'est encore, au fond, cette influence des sinuosités qui intervient dans le cas du n° **388** (variations unilatérales). Si les sinuosités sont assez grandes et surtout assez rapides, l'influence du terme en $\Delta y'^2$ peut être supérieure non seulement à celle du terme en Δy^2, mais à celle du terme en Δy. C'est ce qui arrive par exemple si (avec $x^0 = 0$, $x^1 = \pi$) on prend

$$\Delta y = \varepsilon \sin^2 mx$$

où ε et m sont l'un très petit, l'autre très grand et ont entre eux une relation convenable.

Pour que $|\Delta y|$ reste très petit, il suffit que le produit εm le soit. Le rapport $\dfrac{\int_0^\pi \Delta y'^2\,dx}{\int_0^\pi \Delta y\,dx}$ est, au contraire, égal à $\dfrac{\varepsilon m^2}{4}$ et peut être aussi grand qu'on veut sans que εm cesse d'être très petit.

Le choix de Δy opéré au n° **388** (ou même celui du n° **401**) revient au fond à celui-ci, mais en n'en prenant qu'une oscillation, c'est-à-dire en ne prenant Δy différent de zéro (et égal à l'expression précédente) que dans un intervalle égal à $\dfrac{\pi}{m}$.

NOTE A

SUR LES FONCTIONS IMPLICITES

Nous nous proposons, dans cette note, de compléter les résultats classiques relatifs à l'existence des fonctions implicites, en vue de l'application qui en est faite au liv. II, Ch. II, (nos **99-120**) à la détermination de l'extrémale qui joint deux points donnés.

I

1. Considérons les équations (¹)

$$(1)\quad \begin{cases} f_1(u_1, \ldots u_n, x_1, x_2, \ldots x_p) = v_1, \\ f_2(u_1, \ldots u_n, x_1, \ldots x_p) = v_2, \\ \cdot\quad\cdot\quad\cdot\quad\cdot\quad\cdot\quad\cdot\quad\cdot\quad\cdot\quad\cdot\quad\cdot\quad\cdot \\ f_n(u_1, u_2, \ldots u_n, x_1, \ldots x_p) = v_n, \end{cases}$$

dans lesquelles les premiers membres sont supposés avoir des dérivées premières finies et continues (²), et supposons que le déterminant fonctionnel

$$\Delta = \frac{D(f_1, \ldots f_n)}{D(u_1, \ldots u_n)}$$

soit différent de zéro (positif pour fixer les idées) pour

$$u_1 = u_2 = \ldots u_n = 0$$

tant que le point de coordonnées $x_1, \ldots x_p$ reste compris *au sens*

(¹) On modifiera sans difficulté la démonstration de manière à l'appliquer au cas où les équations, au lieu d'être résolues par rapport à $v_1, \ldots v_n$, contiendraient ces quantités aux premiers membres.

(²) Il suffit, d'une manière plus précise, de supposer que les fonctions f admettent des dérivées (premières) par rapport aux u et que celles-ci sont continues par rapport aux x et aux u.

large dans un certain domaine fini D. Supposons encore pour simplifier l'écriture que l'on a

$$f_i(0,0\ldots0,x_1,\ldots x_p) = 0 \qquad (i = 1,2,\ldots n)$$

ce qui ne diminuera pas la généralité puisqu'on est ramené à ce cas en écrivant les équations (1) sous la forme

$$(1') \qquad \varphi_i(u_1,\ldots u_n,x_1,\ldots x_p) = w_i \qquad (i = 1,2,\ldots n)$$

$$\begin{cases} \varphi_i(u_1,\ldots x_p) = f_i(u_1,\ldots u_n,x_1,\ldots x_p) - f_i(0,\ldots 0,x_1,\ldots x_p) \\ w_i \qquad\quad = v_i - f_i(0,\ldots 0,x_1,\ldots x_p). \end{cases}$$

Si l'on donnait à $x_1,\ldots x_p$ des valeurs fixes ou voisines de nombres fixes, un théorème fondamental du Calcul différentiel nous afirmerait l'existence de deux nombres positifs ε, η tels que, pour chaque système de valeurs de $v_1,\ldots v_n$ satisfaisant aux conditions

$$|v_i| < \eta \qquad (i = 1,2,\ldots n)$$

les équations (1) admettent en $u_1,u_2,\ldots u_n$ une solution et une seule vérifiant les inégalités

$$(2) \qquad |u_i| < \varepsilon \qquad (i = 1,2,\ldots n)$$

De plus, les u sont des fonctions continues des v et des x : il en résulte, en particulier que ε pourrait être remplacé par n'importe quel autre nombre positif plus petit, pourvu qu'on diminue η en conséquence.

Nous avons besoin (Cf. n° **105**) de démontrer que cette conclusion reste valable lorsque le point $(x_1,\ldots x_p)$ est variable à l'intérieur de D, autrement dit, que les valeurs de η correspondant aux différentes positions de ce point ont une limite inférieure non nulle.

Pour $n = 1$, la démonstration n'est pas distincte de celle que nous avons déjà donnée dans le texte (voir n° **99** et de même, n° **369**). Soit l'unique équation

$$f(u, x_1,\ldots x_p) = v,$$

dans laquelle nous supposons que $\frac{\partial f}{\partial u}$ soit positif (par exemple) et différent de zéro lorsqu'on remplace u par zéro et x_1, $x_2,\ldots x_p$ par les coordonnées d'un point quelconque compris (au sens large) dans le domaine D.

D'après ce qui a été dit au n° **4**, l'inégalité

$$\frac{\partial f}{\partial u} > 0$$

subsistera lorsque (x_1, x_2,...x_p étant toujours arbitraires dans D, frontière comprise) on donnera à u n'importe quelle valeur comprise entre $-\varepsilon$ et $+\varepsilon$ (ε étant un nombre positif convenablement choisi). On peut même (en diminuant au besoin ε) supposer qu'elle subsistera au sens strict. En vertu de la continuité (supposée) de $\frac{\partial f}{\partial u}$, ceci entraîne, comme on sait, (Cf. n° **5**) l'existence d'un nombre γ tel que, dans ces conditions on ait toujours

$$\frac{\partial f}{\partial u} > \gamma.$$

Dès lors, f, qui est nul avec u, variera, lorsque u croîtra de $-\varepsilon$ à $+\varepsilon$, toujours dans le même sens et entre deux limites comprenant entre elles $-\varepsilon\gamma$ et $+\varepsilon\gamma$.

Autrement dit, l'existence pour notre équation d'une solution et d'une seule vérifiant l'inégalité (unique) (2), et fonction continue de u et de x, est établie pour toute valeur de v inférieure en valeur absolue à $\eta = \varepsilon\gamma$: ce qui est la proposition à démontrer.

2. Le théorème relatif à $n > 1$ se déduit de celui qui est relatif à $n = 1$ en passant, comme on le fait [1] pour démontrer le théorème relatif à x_1,...x_p fixes, de chaque valeur de n à la suivante. Nous prendrons, pour simplifier l'écriture, le cas de $n = 2$, le raisonnement étant d'ailleurs le même pour toutes les autres valeurs de n.

Soient donc les équations

$$(1\ bis)\qquad \begin{cases} f_1(u_1, u_2, x_1, \ldots x_p) = v_1 \\ f_2(u_1, u_2, x_1, \ldots, x_p) = v_2 \end{cases}$$

aux inconnues u_1, u_2. Le déterminant fonctionnel

$$\Delta = \frac{D(f_1, f_2)}{D(u_1, u_2)}$$

[1] Voir par exemple GOURSAT, *Cours d'Analyse*, t. I, p. 51.

étant différent de zéro dans tout le domaine D, il faut que l'une au moins des quatre dérivées

$$(4) \qquad \frac{\partial f_i}{\partial u_k} \qquad (i, k = 1, 2)$$

ne soit pas nulle en chaque point de ce domaine. Supposons d'abord que $\frac{\partial f_1}{\partial u_1}$ soit différent de zéro en tout point $M(x_1, \ldots x_p)$ de D pour $u_1 = u_2 = 0$ et par conséquent aussi (**4**) pour u_1, u_2 compris entre $-\varepsilon_1$ et $+\varepsilon_1$ (ε_1 étant un nombre convenablement choisi). Alors nous pourrons appliquer le résultat qui vient d'être établi (relativement à $n = 1$) à la première des deux équations (1 *bis*), considérée comme donnant l'inconnue u_1. u_2 sera, à cet effet, considéré comme une variable x_1 et il faudra écrire l'équation sous la forme analogue à (1'), savoir

$$(3) \quad f_1(u_1, u_2, x_1, .., x_p) - f_1(0, u_2, x_1, \ldots x_p) = w_1 = v_1 - f_1(0, u_2, x_1, \ldots x_p).$$

Nous constaterons ainsi l'existence d'un nombre positif η_1 tel que pour toute position de M dans le domaine D (la frontière étant toujours comprise), pour toute valeur de u_2 comprise entre $-\varepsilon_1$ et $+\varepsilon_1$ et pour toute valeur de w_1 comprise entre $-2\eta_1$ et $+2\eta_1$, cette équation admette en u_1 une solution (et une seule) également comprise entre $-\varepsilon_1$ et $+\varepsilon_1$.

Pour que $|w_1|$ soit inférieur à $2\eta_1$, il suffira d'ailleurs que $|v_1|$ soit inférieur à η_1 et que, d'autre part, il en soit de même de $|f_1(0, u_2, x_1, \ldots x_p)|$ ce qui a lieu (puisque f_1 est continu) pour $|u_2|$ inférieur à ε'_1 (ou $0 < \varepsilon'_1 < \varepsilon_1$.)

Si l'on remplace u_1 par la fonction continue ainsi définie de u_2, v_1, x, le premier membre de la seconde équation (1 *bis*) deviendra une fonction continue Φ de $u_2, v_1, x_1, \ldots x_p$. La dérivée de cette fonction par rapport à u_2 est [1]

$$\frac{\Delta}{\left(\frac{\partial f_1}{\partial u_1}\right)}.$$

Elle est donc différente de zéro dans tout le domaine D_1 à $p+1$ dimensions obtenu en faisant varier M dans D et v_1 de $-\eta_1$ à $+\eta_1$.

---

[1] GOURSAT, *loc. cit.*, p. 53.

On peut appliquer à nouveau le théorème relatif à $n = 1$ à l'équation

$$\Phi(u_2, v_1, x_1, \dots x_p) = v_2 ,$$

en la traitant comme on a fait pour (3). Cette équation pour $|v_2| < \eta_2$, admettra donc en u_2 une solution et une seule comprise entre $-\varepsilon_2$ et $+\varepsilon_2$, si les nombres positifs ε_2 et η_2 ont été convenablement choisis et si on a, au besoin, diminué la valeur de η_1. Ceci revient bien à la conclusion que nous voulions établir : il suffira de prendre pour ε le plus petit des nombres ε_1, ε'_1, ε_2 ; pour η, un nombre inférieur à η_1 et à η_2, et tel, de plus, que pour $|v_1|$ et $|v_2|$ inférieurs à η, $|u_1|$ et $|u_2|$ soient inférieurs à ε, ce qui est possible, puisque les fonctions implicites u_1, u_2 des v et des x sont (uniformément) continues pour $u_1 = u_2 = 0$.

La démonstration n'est cependant pas complète. Le raisonnement précédent subsiste si au lieu de $\frac{\partial f_1}{\partial u_1}$, c'est une autre des quatre dérivées (4) qui est différente de zéro dans tout le domaine D ; mais il tombe en défaut si chacune de ces quantités peut s'annuler dans ce domaine.

Pour échapper à cette difficulté, remarquons que le déterminant, étant positif (par exemple), non nul et, d'autre part, continu dans D et sur sa frontière, doit être supérieur à un nombre positif fixe γ et que, par conséquent, l'une au moins des quantités (4) qui en sont les éléments doit être en valeur absolue supérieure au nombre $\sqrt{\frac{\gamma}{2}}$.

Comme, d'autre part, chacune des fonctions (4) est uniformément continue, si elle est supérieure en valeur absolue à $\sqrt{\frac{\gamma}{2}}$ au point $(\xi_1, \xi_2, \dots \xi_p)$, elle sera supérieure à $\frac{1}{2}\sqrt{\frac{\gamma}{2}}$ dans toute la région $\mathfrak{R}$ du domaine D définie par les inégalités

$$(x_i - \xi_i) < \delta,$$

δ étant un nombre qui sera le même pour tous les points de D et pour les quatre fonctions (4). Les nombres ε, η existent donc assurément dans toute région telle que $\mathfrak{R}$. Or le domaine D tout entier (si du moins on le suppose analytique et limité par un nombre fini de surfaces analytiques régulières) peut être considéré comme constitué par un nombre fini de ces régions ; et ceci permet de terminer la démonstration : car, comme précédemment, les valeurs à prendre pour ε, η seront chacune au plus égale à la plus petite de celles qui correspondent aux différentes régions partielles, η étant, en outre, choisi assez petit pour que les inégalités $|v_i| < \eta$ entraînent $|u_i| < \varepsilon$, ainsi qu'il est possible en vertu de la continuité des fonctions implicites u.

Cette remarque finale permettrait d'ailleurs, à elle seule d'établir le théorème qui nous occupe. Elle montre, en effet, le domaine D étant divisé en deux ou plusieurs parties, que le théorème en question devait être en défaut pour une au moins d'entre elles s'il était en défaut pour le domaine total. Dans ces conditions un raisonnement classique, et que nous retrouverons d'ailleurs plus loin (n° **5**), permet de voir qu'il devrait, pour cela, être également en défaut autour d'un point (au moins) de D : ce que nous savons n'être pas.

Le raisonnement serait tout semblable s'il s'agissait de passer du cas de $n = 2$ à celui de $n = 3$; et ainsi de suite.

Dans le cas du n° **105**, on a

$$f_i(u_1, \ldots u_n, x) = \frac{1}{x - x^0}[\Psi_i(x, u_1, \ldots u_n) - \Psi_i(x, 0, \ldots 0)]; v_i = \frac{y_i - \Psi_i(x, 0, \ldots 0)}{x - x^0},$$

où

$$y_i = \Psi_i(x, u_1, \ldots u_n) \qquad (i = 1, 2, \ldots n)$$

désigne l'équation générale des extrémales issues du point A (d'abscisse x^0), l'extrémale primitive correspondant à $u_1 = u_2 = \ldots = 0$.

II

3. Considérons maintenant les équations

$$\begin{cases} X = f(x, y) \\ Y = \varphi(x, y) \end{cases}$$

— c'est-à-dire les équations d'une correspondance entre les points (x, y) et (X, Y) de deux plans, — non point au voisinage d'un point ou d'une ligne déterminée, mais dans une région plus ou moins étendue des deux plans en question. Alors, la condition

$\frac{D(X, Y)}{D(x, y)} \neq 0$ ne suffit plus pour que ces équations soient résolubles par rapport à x, y lorsque X, Y sont donnés. Non seulement ces équations peuvent être impossibles pour certaines valeurs de X, Y: mais même il peut arriver qu'un seul et même système de valeurs de ces dernières quantités corresponde à plusieurs systèmes de valeurs de x, y.

Au lieu de points qui décrivent des plans, on peut considérer deux points (x, y, z) et (X, Y, Z) dont le premier décrit une sphère s, le second une sphère S. Supposons qu'à chaque position du premier point sur s corresponde une position du second sur S. m étant une position déterminée du premier point, soient u, v deux paramètres définissant sur la sphère s la position d'un point voisin de m de manière que x, y, z aient des dérivées continues par rapport à u, v et que les trois déterminants fonctionnels

$$\frac{D(y, z)}{D(u, v)}, \quad \frac{D(z, x)}{D(u, v)}, \quad \frac{D(x, y)}{D(u, v)}$$

ne soient pas tous nuls (par exemple, deux, convenablement choisies, des coordonnées cartésiennes x, y, z, ou encore la longitude et la latitude rapportées à une ligne des pôles qui ne passe pas par m). Soient de même U, V des paramètres vérifiant sur la sphère S et au voisinage du point M qui correspond à m, des hypothèses analogues à celle que nous venons d'admettre pour u, v sur S.

Si l'on admet qu'au voisinage du point considéré, U, V sont des fonctions continues de u, v qu'elles admettent des dérivées continues, et que le déterminant fonctionnel

$$\frac{D(U, V)}{D(u, v)}, \tag{5}$$

est différent de zéro au point considéré, — ou, comme nous le dirons pour abréger, que le déterminant fonctionnel du point M par rapport au point m est différent de zéro[1] — il existera nous

---

[1] Cette condition est, comme on le voit aisément, indépendante du choix des paramètres u, v, U, V dans les conditions indiquées dans le texte. Elle exprime d'ailleurs qu'à toute aire suffisamment petite prise sur s au voisinage de m en correspond sur S, une autre dont le rapport à la première est supérieur à un nombre positif fixe.

le savons, deux nombres positifs ε, η tels qu'à tout point M_1 de S vérifiant la condition

$$MM_1 < \eta$$

correspondra un point m_1 et un seul de s vérifiant la condition

$$mm_1 < \varepsilon.$$

Si au contraire le point m_1 n'était plus assujetti à rester dans le voisinage d'un point déterminé m et pouvait décrire une certaine portion finie de la sphère S, il pourrait arriver, comme dans le cas du plan, que le point m qui donne naissance à un point donné M ne soit plus bien déterminé.

Mais il n'en est plus de même si les hypothèses précédentes sont supposées vérifiées (1) sur la sphère *entière*.

Nous allons démontrer que si, sur *toute* la sphère s, la correspondance précédente est supposée définie et son déterminant fonctionnel différent de zéro :

1° *A tout point donné* M *de* S *correspond un point* m,

2° *Ce point* m *est unique*.

1° La première partie du théorème se démontre aisément. Prenons sur s une fois pour toutes un point m_0 dont le correspondant sur S est M_0. Soit maintenant M un point donné quelconque de S. Joignons M_0M par une ligne continue quelconque L, par exemple par un arc de grand cercle, plus petit qu'une demi circonférence, dont nous pourrons supposer chaque point défini par la distance θ qui le sépare de M_0.

Nos hypothèses étant, en particulier, vérifiées en m_0, nous savons que pour θ suffisamment petit, le correspondant du point M existe. S'il n'en était pas de même pour toutes les valeurs de θ, on pourrait diviser celles-ci en deux catégories :

1° les valeurs θ_1 telles que tout point M de L pour lequel on a l'inégalité $0 \leqq \theta \leqq \theta_1$ ait un correspondant sur s.

2° les valeurs θ_2 telles que certains points M de L n'aient pas de

(1) Il va sans dire que le choix des paramètres u, v, U, V peut varier — et varie en fait — avec celui du point m où on se propose de calculer le déterminant fonctionnel (5).

correspondant sur s, quoique leur distance à M_0 soit comprise entre o et δ_2.

Toute valeur δ_1 étant nécessairement inférieure à toute valeur δ_2, il devrait, comme on sait, exister une quantité δ' au moins égale à toutes les quantités δ_1 et au plus égale à toutes les quantités δ_2. Le point M' ainsi défini de S devrait être tel que tous les points compris entre M_0 et M' aient des correspondants m, tandis qu'au delà de M' et au voisinage immédiat de ce point, il en existe d'autres sans correspondants.

Or ceci est une impossibilité. En effet le point M' lui-même aurait nécessairement un correspondant m' (à savoir le point d'accumulation ou l'un des points d'accumulation des points m dont les correspondants M tendraient vers M'). Il en serait par conséquent de même de tous les points voisins de M' puisque nos hypothèses fondamentales sont vérifiées en m'.

Donc il n'existe pas de valeur δ_2 et le point M a un correspondant.

5. 2° Pour établir que ce correspondant est unique, nous commencerons par montrer que chacune des deux quantités ε, η introduites tout à l'heure (n° **3**) (et dont la première peut être encore définie comme le rayon d'une calotte sphérique, de pôle m, telle que deux points différents de cette calotte ne puissent avoir le même correspondant sur S) — peut être supposée supérieure à une même quantité fixe, quel que soit le point m.

Cette proposition s'établit comme le théorème analogue (¹) bien connu relatif aux fonctions continues. Supposons, pour un instant, qu'elle ne soit pas vraie, et divisons la sphère s en un certain nombre de parties (par exemple, par des méridiens faisant entre eux des angles égaux et des parallèles équidistants). Il faudrait que dans l'une au moins des subdivisions ainsi créées, il fût impossible de trouver un minimum positif pour ε et un minimum positif pour pour η : car si ces minima existaient pour chacune des subdivisions, on en déduirait comme précédemment, leur existence pour la surface entière.

Cette subdivision qui mettrait ainsi en échec la proposition que

(¹) Voir, par exemple, GOURSAT, *Cours d'Analyse*, T. I, n° 70 p. 161-162.

nous voulons démontrer, pourrait à son tour être partagée en subdivisions partielles, pour l'une au moins desquelles le même fait devrait se reproduire. En poursuivant ainsi, on pourrait évidemment s'arranger de manière que les subdivisions successives deviennent infiniment petites dans toutes leurs dimensions : elles tendraient alors vers un point déterminé M_0, au voisinage duquel l'une au moins des quantités ε et η devrait nécessairement prendre (au moins en certains points) des valeurs très petites. Or ceci ne peut avoir lieu, car au point M_0 lui-même correspondent deux nombres ε, η différents de zéro et, par conséquent, en tout point suffisamment voisin, les quantités analogues seront évidemment supérieures à ε' et à η', ε' et η' désignant des nombres inférieurs d'aussi peu qu'on veut à ε et à η [1].

De cette démonstration résulte qu'on peut prendre les nombres ε et η constants. Il résulte de là en particulier que si deux points distincts pris sur s avaient le même correspondant sur S, leur distance sphérique ne pourrait en tous cas être inférieure à ε.

6. Ceci établi, soient m et m_1 ces deux points qui sont supposés avoir même correspondant M. Joignons-les par un arc de grand cercle l : celui-ci aura pour image une ligne fermée L partant du point M et y revenant.

Prenons sur S un point fixe arbitraire O. Il est impossible que tous les points de L soient à une distance de O moindre que η (ce nombre ayant la valeur minima dont l'existence résulte du numéro précédent) : car on pourrait alors considérer O comme l'image d'un point o de s, situé à une distance de m inférieure à ε et à la ligne L correspondrait nécessairement, sur s, une ligne l entièrement intérieure à la calotte de pôle o et de rayon sphérique ε, ligne partant du point m et y revenant.

---

(1) On peut présenter le raisonnement précédent sous une autre forme (également employée pour établir le théorème auquel nous avons fait allusion sur les fonctions continues) et qui consiste à remarquer que si l'on donne à ε, par exemple, la plus grande valeur possible en chaque point, cette quantité ε, rayon d'une calotte sphérique de pôle M, est une fonction continue de la position de m, grâce à ce fait que deux calottes de cette espèce ne peuvent être intérieures (au sens strict) l'une à l'autre. En tant que fonction continue, elle admet nécessairement une limite inférieure effectivement atteinte et par conséquent non nulle.

Cela posé, supposons encore que le point O ne soit diamétralement opposé à aucun point de la ligne L (¹). Joignons-le à chaque point P de cette ligne par un arc de grand cercle moindre qu'une demi-circonférence (lequel, en vertu de la restriction précédente, variera continuement lorsque le point P se déplacera sur L) arc sur lequel nous prendrons un point P_t tel que l'on ait

$$OP_t = t.\ OP$$

t étant un certain nombre compris entre 0 et 1. Nous désignerons par L_t le lieu du point P_t ainsi obtenu lorsque t reste fixe et que P décrit L.

Soit λ la plus grande des distances OP. Donnons d'abord à t une valeur quelconque comprise entre l'unité et le nombre t_1 (positif, puisque d'après ce qui précède λ est supérieur à η) qui vérifie la relation

$$\lambda(1 - t_1) = \frac{\eta}{2}.$$

Tout point P_t de L_t sera à une distance inférieure à $\frac{\eta}{2}$ du point P dont il dérive et il lui correspondra par conséquent sur s, un point parfaitement déterminé intérieur à la calotte sphérique σ qui a pour pôle p (correspondant de P) et pour rayon ε.

Seront également à une distance du point P moindre que η les points P_t déduits des points d'un certain arc de L, à savoir l'arc continu qui comprend le point P et dont tous les points sont à une distance de P inférieure à $\frac{\eta}{2}$. Tout l'arc ainsi obtenu de L_t correspondra donc à un certain arc de courbe intérieur à σ.

Chaque point P_t de L_t peut être ainsi déduit non seulement du point correspondant P, mais d'une infinité d'autres points P′ de L

(¹) Le point O ne pourrait vérifier cette condition si la ligne L comprenait tous les points de S. Mais ce cas ne peut se présenter ici. Car, d'après nos hypothèses, le rapport d'une aire de S à l'aire correspondante de s est inférieur à un nombre fixe K. Comme d'autre part, l'arc de cercle l est compris à l'intérieur d'une aire sphérique s_0 que l'on peut prendre aussi petite que l'on veut, il suffit de prendre KS_0 inférieure à l'aire de la sphère S pour trouver une région qui n'embrasse pas toute cette sphère et à l'intérieur de laquelle la ligne L est assurément comprise.

(points suffisamment voisins du premier) et l'on a, par conséquent, une infinité de moyens de définir le point p qu'on lui fera correspondre sur s. Mais tous ces moyens conduiront forcément au même résultat sans quoi on aurait une ligne fermée (la ligne $P_t PP' P_t$) entièrement intérieure à la calotte sphérique de pôle P_t et de rayon η, ligne qui correspondrait, sur s, à une ligne continue ouverte, contrairement à ce que nous avons constaté plus haut [1].

En un mot, à chaque ligne L_t, pour $1 \geqq t \geqq t_1$, correspondra une ligne continue l_t de s, laquelle variera d'une manière continue avec t.

La ligne l_t ne se ferme à aucun moment, car ses deux extrémités, autrement dit les deux points qui ont pour image M_t, varient continûment et, par conséquent, ne sauraient coïncider sans que leur distance soit au préalable devenue inférieure à ε, ce qui est impossible.

Mais, en opérant sur L_{t_1} comme nous l'avons fait sur L, nous pourrons définir l'image l_t de L_t pour toute valeur de t comprise entre t_1 et t_2, le nombre t_2 étant défini par l'égalité

$$\lambda(t_1 - t_2) = \frac{\eta}{2}$$

et obtenir ainsi une ligne *ouverte* l_{t_2} ayant pour image la ligne fermée L_{t_2} ; puis de celle-ci une ligne l_{t_3}, et ainsi de suite.

Or, en poursuivant ainsi, nous aboutirons nécessairement à une contradiction : car, pour une certaine valeur de q le $\left(\text{plus grand entier contenu dans } \frac{2\lambda}{\eta}\right)$, la ligne L_{t_q} laquelle serait toujours *fermée* et aurait toujours pour image sur s une ligne *ouverte*, laquelle serait tout entière comprise dans la calotte de pôle O et de rayon η ; or nous savons que ceci ne peut avoir lieu.

Le théorème est donc complètement démontré.

7. La démonstration repose, comme on le voit, sur la déformation progressive du contour L_t, lequel, coïncidant primitivement

---

[1] Si la ligne L avait des points doubles, on devrait bien entendu, opérer séparément sur chacun des arcs qui se croisent en un de ces points. Il est d'ailleurs aisé de voir qu'on peut toujours exclure cette hypothèse.

(pour $t = 1$) avec L, est, dans sa position finale, tout entier voisin de O. Elle pourrait se recommencer en remplaçant les sphères par n'importe quelles autres surfaces possédant cette propriété que toute ligne fermée L tracée sur l'une d'elles puisse être, par déformation continue, réduite à être infiniment petite.

Il en est autrement sur les surfaces de *genre* différent de zéro, c'est-à-dire sur celles qui ne possèdent pas la propriété dont nous venons de parler. Sur le tore, par exemple, un parallèle ou un méridien quelconque sont des lignes que nulle déformation continue effectuée sur la surface ne peut ramener aux environs d'un point unique.

Or, on voit aisément que, si les sphères s et S étaient remplacées par des tores, le théorème dont nous venons de nous occuper n'aurait plus lieu.

Sur des *hypersphères*, (surfaces représentées, dans l'espace à n dimensions, par des équations de la forme

$$(x_1 - a_1)^2 + (x_2 - a_2)^2 + \dots + (x_n - a_n)^2 = r^2$$

n étant au moins égal à trois), ce théorème subsiste avec sa démonstration, car le procédé indiqué tout à l'heure pour réduire progressivement le contour L à un point s'étend de lui-même à ce nouveau cas.

Au contraire, le *théorème n'est pas vrai pour* $n = 2$, c'est-à-dire pour deux circonférences ; si sur la première, c, d'entre elles, on définit un point quelconque par l'angle au centre ϑ sous lequel est vu l'arc compris entre ce point et un point fixe origine des arcs, et si on opère de même sur la seconde C en introduisant l'angle au centre analogue θ, la correspondance définie par la relation $\theta = k\vartheta$, (k étant un entier) sera telle qu'à un point de C correspondent k points de c, distincts entre eux et cela quoique la dérivée $\frac{d\theta}{d\vartheta}$ dont dépend le rapport des déplacements de deux points correspondants ne s'annule jamais.

Cela tient, comme nous venons de le voir, à ce que, sur la circonférence C, on peut suivre des chemins fermés non réductibles par continuité à un point, à savoir, ceux qui font (une ou plusieurs fois) le tour de la circonférence.

Pour affirmer qu'à un point de C correspond un point unique

de c, il faut donc s'assurer que, pour θ augmentant de 2π, la variation de Θ est, en valeur absolue, de 2π exactement (et non d'un multiple de 2π).

Inversement, cette condition, jointe à celle que $\frac{d\Theta}{d\theta}$ ne change pas de signe, est évidemment suffisante pour la conclusion demandée.

Les résultats que nous venons d'obtenir sont ceux que nous avons invoqués au n° **112** [1]. Nous avons tenu compte (n° **112** bis)

---

[1] M. Gordon Bill (*Bull. of the Amer. Math. Soc.* t. XV, p. 374), a indiqué une méthode différente de celle que nous avons donnée au n° **112**, pour établir que les sphères l'une de rayon 1, l'autre de rayon ρ, considérées en cet endroit, satisfont à la condition envisagée dans la présente note, c'est-à-dire que le déterminant fonctionnel du point (x, y, z) de la seconde par rapport au point (α, β, γ) de la première est différent de zéro. Cette méthode consiste à adjoindre aux équations :

$$\varphi(s, \alpha, \beta, \gamma) = x,$$
$$\psi(s, \alpha, \beta, \gamma) = y,$$
$$\chi(s, \alpha, \beta, \gamma) = z,$$

(qui définissent les trajectoires issues du point A (origine des coordonnées) en fonction de l'arc AM $= s$ d'une de ces trajectoires et des cosinus directeurs α, β, γ de la tangente en A) l'équation

$$\alpha^2 + \beta^2 + \gamma^2 = 1$$

et à former le déterminant fonctionnel

$$\begin{vmatrix} \frac{dx}{ds} & \frac{\partial x}{\partial \alpha} & \frac{\partial x}{\partial \beta} & \frac{\partial x}{\partial \gamma} \\ \frac{dy}{ds} & \frac{\partial y}{\partial \alpha} & \frac{\partial y}{\partial \beta} & \frac{\partial y}{\partial \gamma} \\ \frac{dz}{ds} & \frac{\partial z}{\partial \alpha} & \frac{\partial z}{\partial \beta} & \frac{\partial z}{\partial \gamma} \\ 0 & \alpha & \beta & \gamma \end{vmatrix}$$

des premiers membres de ces équations par rapport à s, α, β, γ. Le fait que ce déterminant, qui peut s'écrire

$$\begin{vmatrix} \alpha + \dots & s + \dots & 0 + \dots & 0 + \dots \\ \beta + \dots & 0 + \dots & s + \dots & 0 + \dots \\ \gamma + \dots & 0 + \dots & 0 + \dots & s + \dots \\ 0 & \alpha & \beta & \gamma \end{vmatrix} = -s(\alpha^2 + \beta^2 + \gamma^2) + \dots = -s + \dots$$

est différent de zéro, tant que s est inférieur à une certaine limite, montre que si les équations en question ont une solution pour $x = x_1$, $y = y_1$, $z = z_1$, elles satisfont aux conditions du théorème des fonctions implicites dans le voisinage de ce point : ce qui équivaut au fait à établir.

Ce raisonnement qu'on pourrait compléter de manière à obtenir une expres-

de la condition supplémentaire dont nous venons de constater la nécessité pour $n = 2$.

---

sion précise de la valeur de s (et par conséquent de $\rho = AM$) jusqu'à laquelle il est valable, pourrait remplacer celui des nos 110-111. Bien entendu, il ne dispense pas, au contraire, de ceux qui ont été développés dans la présente note : il a pour but de montrer qu'on est, en l'espèce, dans les conditions où ces derniers sont valables.

TABLE DES MATIÈRES

NOTIONS PRÉLIMINAIRES

CHAPITRE PREMIER

MAXIMA ET MINIMA DES FONCTIONS D'UNE OU DE PLUSIEURS VARIABLES. FORMES QUADRATIQUES

CHAPITRE II

DES ÉQUATIONS DIFFÉRENTIELLES. ÉQUATIONS AUX VARIATIONS

LIVRE I

LA POSITION DU PROBLÈME

CHAPITRE PREMIER

LA MÉTHODE DE LAGRANGE. DÉFINITION DES VARIATIONS

Pages

CHAPITRE II

LA NOTION DE VOISINAGE

LIVRE II

LA VARIATION PREMIÈRE ET LES CONDITIONS DU PREMIER ORDRE

CHAPITRE PREMIER

TRANSFORMATION FONDAMENTALE ET LEMME FONDAMENTAL

CHAPITRE II

L'EXTREMUM LIBRE (CONDITIONS DU PREMIER ORDRE) DANS LE CAS DES LIMITES FIXES

I. *Application du lemme fondamental. Extrémales*

CHAPITRE IV

CAS DES LIMITES VARIABLES. VARIATIONS UNILATÉRALES SOLUTIONS DISCONTINUES

CHAPITRE V

PROBLÈMES ISOPÉRIMÉTRIQUES

CHAPITRE VI

LE PROBLÈME DE MAYER

Pages

I. *Établissement des équations du problème*

II. *Propriétés des extrémales. Exemples*

CHAPITRE VII

GÉNÉRALISATIONS. LE CALCUL FONCTIONNEL

LIVRE III

LES CONDITIONS DE L'EXTREMUM LIBRE

CHAPITRE PREMIER

LA MÉTHODE DE JACOBI-CLEBSCH

I. *Cas d'une fonction inconnue*

II. *Cas d'un nombre quelconque d'inconnues*

CHAPITRE II

LA MÉTHODE DE WEIERSTRASS ET LES CONDITIONS SUFFISANTES DE L'EXTREMUM

I. *Faisceau d'extrémales et construction de Weierstrass*

II. *La formule de Weierstrass*

III. *Méthodes de Hilbert et de Darboux-Kneser*

IV. *Les conditions suffisantes*

CHAPITRE III

CONDITIONS NÉCESSAIRES. EXEMPLES

I. *Les conditions nécessaires*

II. *Condition de Jacobi*

III. *Exemples*

CHAPITRE IV

LIMITES VARIABLES, SOLUTIONS DISCONTINUES ET VARIATIONS UNILATÉRALES

I. *Limites variables sur des courbes données*

II. *Lignes fermées*

III. *Solutions discontinues*

SAINT-AMAND (CHER). — IMPRIMERIE SCIENTIFIQUE BUSSIÈRE

Extrait du Catalogue des publications de la Librairie Scientifique

A. HERMANN ET FILS

KŒNIGS (G.). — **Leçons de Cinématique théorique,** avec notes de MM. DARBOUX et COSSERAT. Grand in-8, 500 pages. 1897 . . **15 fr.** » »

GOURSAT (E.). — **Leçons sur l'Intégration des équations aux dérivées partielles du second ordre.** 2 volumes grand in-8, 1896-98 . . . . **18 fr.** » »

CANTOR (G.). — **Fondements de la Théorie des ensembles transfinis,** trad. MAROTTE . . . . **4 fr. 50**

TANNERY (J.). — **Introduction à la Théorie des fonctions d'une variable.** 2e édition en 2 volumes. Tome I, 1904 . . . . . **14 fr.** » »
Tome II *(sous presse).*

MACH (E.). — **La Mécanique, Exposé historique et critique de son développement.** Trad. sur la 4e édit. par **Ed. BERTRAND** (avec introduction de Em. PICARD), 500 pages avec figures et portraits, 1904. **15 fr.** » »

ROUSE BALL (W.). — **Histoire des Mathématiques.** Traduction **FREUND.** 2 vol. grand in-8, 1906-1908 . . . . **20 fr.** » »

ROUSE BALL. — **Récréations mathématiques,** 3 vol. . **15 fr.** » »

FABRY (E.). **Traité de Mathématiques générales,** avec préface de M. DARBOUX. 1908, (480 pages) . . . . **9 fr.** » »

BJERKNES. — (Trad. **Houel**). **Niels-Henrik Abel.** Grand in-8, 380 pages avec portrait. . . . . **6 fr.** » »

ADHÉMAR (R. d'). — **L'équation de Fredholm.** 1908 . . **3 fr. 50**

DESCARTES. — **La Géométrie.** 1866, in-4 . . . . . . **5 fr.** » »

DUHEM (P.). — **Les Origines de la statique,** 2 vol. . . **20 fr.** » »

DUHEM (P.). — **Etudes sur Léonard de Vinci,** 2 vol . . **27 fr.** » »

GOURSAT (E.). — **Leçons sur l'Intégration des équations aux dérivées partielles du premier ordre** . . . . **14 fr.** » »

GREEN (G.). **Mathematical Papers.** New edition . . . . **20 fr.** » »

KLEIN (F.). — **Leçons sur les mathématiques** . . . . **6 fr.** » »

LAURENT (H.). — **Géométrie analytique générale** . . **6 fr.** » »

LEGENDRE (A. M.). — **Théorie des nombres,** nouvelle édit. 2 vol. . . . . **40 fr.** » »

LOBATSCHEWSKY. — **Pangéométrie** . . . . **5 fr.** » »

LOBATSCHEWSKY. — **Théorie des parallèles.** . . . . **5 fr.** » »

MENDIZABAL-TAMBORREL. — **Tables de logarithmes à huit décimales** . . . . **30 fr.** » »

OLTRAMARE. — **Calcul de généralisation.** . . . . . **6 fr.** » »

TANNENBERG. — **Leçons sur les applications géométriques du calcul infinitésimal** . . . . **6 fr.** » »

THÉON DE SMYRNE. — **Exposé des connaissances mathématiques utiles pour la lecture de Platon,** trad. DUPUIS . **6 fr.** » »

VINTÉJOUX (F.). — Nouv. **Tables d'intérêts composés et d'annuités.** . . . . **10 fr.** » »

FABRY (E.). — **Problèmes et Exercices de Mathématiques générales,** 1910 . . . . **10 fr.** » »

ANDOYER (H.). — **Cours d'Astronomie,** 2 vol. 1909 . . **19 fr.** » »

HADAMARD (J.). — **Mém. sur le problème d'analyse relatif à l'équilibre des plaques élastiques encastrées.** Paris, 1908, in-4, 128 pages . . . . **7 fr.** » »

HADAMARD (J.). — **Essai sur l'étude des fonctions données par leur développement de Taylor. Et sur les propriétés des fonctions entières et en particulier d'une fonction considérée par Riemann** (Mém. couronné par l'Académie des Sciences). 2 mém. in-4, 1892-94, 132 pages . . . . **10 fr.** » »

SAINT-AMAND, (CHER). — IMPRIMERIE BUSSIÈRE

www.ingramcontent.com/pod-product-compliance
Lightning Source LLC
Chambersburg PA
CBHW051402230426
43669CB00011B/1736
9782011264893